新刊 廣解四書讀本

◉蔣伯潛 廣解
◉朱熹 集註

《新刊廣解四書讀本》之緣起

——政治大學中國文學系　陳逢源　教授

蔣伯潛（一八九二～一九五六），名起龍，又名尹耕，以字行。浙江富陽人。清光緒三十三年（一九〇七）考入杭州府中學堂。畢業後，因家境困難，先在紫閬小學、美新小學任教，四年後考入北京高等師範學校國文系就讀，深受錢玄同、馬敘倫、胡適、魯迅等大師的影響，確立學術方向，又得見康有為、梁啟超、章太炎等大家，與聞清代今古文之學，也曾參與五四運動，接受西方自由思潮[1]。畢業後，投身教育，先後於浙江嘉興省立第二中學，以及杭州第一中學、第一師範、女子中學等校擔任教職，以培養人才為終身職志，深有教育理念。民國十六年（一九二七）擔任《三五日報》主筆，抨擊惡政，針砭時弊，展現知識分子應有的風骨，名聲漸起。抗戰期間，應邀擔任上海大夏大學、無錫國學專修學校教職，同時兼任世界書局特約編審，上海淪陷之後，回鄉任中學教員，從事著述，抗日勝利後，接受上海市立師範專科學校中文系主任之職，民國三十七年（一九四八）出任杭州師範學校校長，後出任浙江圖書館研究部主任，並多次擔任省、市人大代表，於一九五五年調任浙江文史館研究員，隔年病逝，享年六十四歲。

蔣伯潛一生從事於教育工作，關注思想傳承，兼及文化出版事業，學術無分流派，研究不立門戶，筆耕不輟，展現寬闊的視野，著作在經學方面有《經與經學》、《十三經概論》、《經學纂要》；子學方面有《諸子通考》、《諸子學纂要》、《諸子與理學》；文學方面有《文體論纂要》、《字與詞》、《章與句》、《體裁與風格》、《詩與詞》、《散文與駢文》；文獻學方面有《校讎目錄學纂要》；小學方面有《文字學纂要》，另外還有《中學國文教學法》，類型廣泛，成就斐然。

蔣伯潛轉益多師，學植深厚，眼界既高，視野開闊，從西化思潮轉入國故的檢討，以深入淺出的方式，引導年輕學子進入國學殿堂，自謙是「忽經、忽子，忽漢、忽宋，忽今、忽古，忽程朱、忽陸王，殆欲無所不窺，而其結果則直是一無所見，一無所得，泛而不專，雜而不精，譬自門隙窺宮室之美，而終為門外漢也」[2]，然而摒除門戶之見，從文獻角度，建構對傳統的理解，以深厚的國學基礎，以及薪傳理念，串貫其中，文字簡明，提供客觀而完整的知識，誠乃其撰作特色之所在。

錢伯城曾於《經與經學》的前言歸納了蔣伯潛的成就是：一文字通俗，深入淺出；二、打破舊觀念，建立新思想；三、立論公允，不偏不倚；四、結合實際，具體實用；五、古今中外，貫穿配合[3]，確實是中肯之言。再者，在各種學科分別介紹之外，也從事回歸傳統經注的語譯，《語譯廣解四書讀本》即是蔣伯潛於抗戰之際，兼任世界書局特約編審時，受粹芬閣主人沈知方委託所作。沈知方（一八八三～一九四九），原名芝芳，致力出版事業，先後參與商務印書館、中華書局出版工作，又創辦了世界書局，然而沈氏念茲在茲的是要用《四書》來傳承民族精神。於是商請王緇塵講解，作《廣解四書讀本》，後又由蔣伯潛重加譯述，作《語譯廣解四書讀本》，沈知方於〈刊行序〉言其緣起，云：

> 學淺才疏，未能會通，因請同邑王緇塵先生為之講解，先生學識豐富，究心經學，每多創獲，解釋尤不厭往復再三，曲譬善喻，務在發其聾聵，開其茅塞。……當一二八滬戰發生時，炮火連天，鳥無靜枝，魚無恬波，老弱填於溝壑，妻子散而至四方，景象之慘，亙古罕見。思彼孔、孟二聖當春秋戰國之世，暴亂日作，欲救以仁義，而時君皆迂視之，不得行其道，乃退而授徒著書，以遺後人，時至今日，《四書》非救人之藥石乎？因又請王先生演為廣解，期業務之暇，資以自習。……版既鋟，名曰《廣解四書讀本》。復慮義有周，理有未

契，曾請碩學名儒，一再校訂，八一三事變以後，又請富陽蔣伯潛先生重加譯述，蓋余自經營書業，出版書籍數十萬冊，從無若此書之慎重者，以深知聖人之言，皆吾人日用之珍，身由之而修，業由之而建，政由之而成，教由之而興。譯得其當，理隨事解，語或乖迕，差以千里，不可不慎也。稿既成，因易名為《語譯廣解四書讀本》。嗚呼！經師難遇，經師尤以通俗為難，若蔣先生之所譯述，庶無閒然矣。[4]

救國之念，淑世之志，深見書業人的情懷，尤其在強敵謀我日亟，烽火連天，兵禍不已，家國離亂，文化淪喪的黑暗時代，更能深切感受到文化薪傳的危機，以及《四書》的價值與意義。於是反復調整，再三易稿，關注之深，可以概見，最後由蔣伯潛總成其事，首頁列沈知方主稿，蔣伯潛註釋，其中曲折，足見《語譯廣解四書讀本》不僅是書籍出版工作而已，更有兩人契合目標，以及沈知方衰病之餘的堅持，所以兩人一同列名，用以標示兩人的志業所在。蔣伯潛於民國二十七年（一九三八）底正式接手，越半年而完成，〈蔣序〉言其始末云：

前年冬，先生（沈知方）出《四書廣解稿》，謂曰：「《四書》者，余童年之所習也，及長寘之胸臆不敢忘。今老矣，閱世久，益覺其可寶，小之一人之身心，大之家國天下莫之能違也。注家雖多，要以朱子為能發其義蘊，而病後生之未能盡喻也。釋以今語，應有裨於初學，是稿經通人筆削，已非一次，今以就正，願為之潤色焉。」……越半載始殺青，時先生已臥病，余亦以用力過勤，病腦甚劇。……先生病中猶殷殷念及是書，曰：「將印行為周甲之紀念。」嗚呼！孰知今茲方排印成書，而先生之歸道山已一年乎。[5]

家國危急之時，又加上身殘病重，然而兩人以完成《四書》註譯為念，其中的艱困，以及心境的轉折，如今已難揣度，然蔣氏自承「初約但為正謬潤色，而下筆不能自休」[6]，其用心所在，已可見一斑。人情趨新好奇，然而歷經險巇，閱世既深，終於體會聖人開示宏謨懿範的深切，以及傳統經典的可貴，尤其迭經思想的變革，遠從明末理學、心學之爭，清初漢學、宋學之異，近到清末古文學、今文學的分歧，乃至於民國傳統與西學之不同，紛紛擾擾之中，歸於純粹，而以朱熹《四書章句集注》為核心，實有其深刻的反省，以及洞悉世情的智慧。所謂語譯固然是最基礎的工作，卻也是傳布後學最有效的方式。沈知方言及戰亂之時，世界書局總廠被佔，損失不可勝計，但日日所思，念茲在茲，仍是註譯《四書》工作是否完成，雖然生前未及見其面世，但志業有傳，影響及於後世，似乎也為紛亂時局，留下最可貴的見證。

從《廣解四書讀本》至《語譯廣解四書讀本》，沈知方一方面借重蔣伯潛的盛名，另一方面更是看重蔣伯潛深厚國學根柢，以及豐富的文獻知識，而如何剔除歷來說法的歧異，真確掌握經典意涵，進而引導後學，才是用意所在。雖然以「譯以今語」、「裨於初學」作為宗旨，但與一般的注譯讀本相較，《語譯廣解四書讀本》並非經文注譯而已，更多工作是回應歷來注解的分歧，以《語譯廣解四書讀本》釋「格物」為例，云：

> 朱注說：「格，至也。物，猶事也。窮至事物之理，欲其極處無不到也。」又說：「物格者，物理之極處，無不到也。」所以格物是要窮盡事物之理，無不知曉之意。王守仁早年讀了這幾句，就對著一株竹，細細地格起來；後來竟格不出所以然，而至於生病了。他於是恍然大悟，以為「格物」之「格」，當解作《孟子》「格君心之非」的「格」。故說：「物者，事也。凡意之所發，必有其事；意所在之事謂之物。格者，正也。正其不正，以歸於正之謂也。」又說：「致知云者，致吾心之良知焉耳。」（詳見〈大學問〉）王氏認為吾心本有良知，不假外求，故以朱子「即物窮理」之說為務外遺內，博而寡要。但其他就以此相號召。流弊所至，致學者束書不觀，以為只要憑吾心之知，即可應付萬事，反不如朱子「即物窮理」之說，較為切實。清陳澧說：

「格物但當訓為至事；至事者，猶言親歷其事也。天下之大，古今之遠，不能親歷；讀書即無異親歷也。故格物者；兼讀書閱歷言之也；致知者，猶言增長見識也。」（見《東塾讀書記》）陳氏所說，淺近切實，可為朱注發明。[7]

於說明之中，理學、心學乃至於清代考據學各家宗主說法，以及論述的理由，具體呈現，雖然以朱注為是，卻保留歷代之爭議，提供讀者進一步的思考，用意並非炫耀博學，乃是期許讀者於辨析疑義當中，獲致真確的了解。然而就以朱熹作「格致補傳」，《語譯廣解四書讀本》並非排入經文，而是置於說明當中，並且列舉朱熹改動之處，云：「上述一段，為朱子所補《大學》之闕文，今仍附錄於此，以便讀者之研究。」[8]凡此可見蔣伯潛宗奉朱注，卻十分謹慎。蔣伯潛自謙「避地蝨處，無故籍可資參考，僅就平時記憶所及，采漢、宋諸家之說，繹述朱注，間亦為之補正，而下筆未能自休，蕪雜之譏，知所難免。」[9]兼採漢、宋，補正朱注，回歸於經文意旨思考，也就成為本書最大特色，也是檢討歷來思想分歧之後，回歸朱熹《四書章句集注》思考的結果，凡此皆需有大魄力與大視野。

朱熹統合《大學》、《論語》、《中庸》、《孟子》[10]，完成《四書章句集注》，確立先四書後五經的學術進程，《四書》自此成立，而揭示「道統」，不僅證明儒學有聖聖相傳之淵源，更提醒後世學者要有以身繼之的情懷，俾使儒學歸於純粹。[11]朱熹與《四書》可以說是互為主體，分析朱熹學術，未能按覈《四書章句集注》，無法了解其貢獻所在，研究《四書章句集注》，未能明瞭朱熹學術的轉折，同樣難以得其究竟。兩者既相互關聯，無可離棄，只是在科舉制度的推波助瀾之下，《四書章句集注》成為榮身之階，許多學者缺乏相應的體會，視為學術威權，必欲去之而後快，甚至執其一偏之見，大肆攻擊。然而回歸學術的根本，朱熹《四書章句集注》開示儒學體系，建立切己的修養進程，以清聖祖玄燁帝王之尊，宏大的氣魄，乃有更深層的體會：

> 朕一生所學者，為治天下，非書生坐觀立論之易。今集朱子之書，恐後世以借朱子之書自為名者，所以朕敬述而不作，未敢自有議論。往往見元明至於我朝，註作講解，總不出朱子，而各出己見，每有駁雜，反為有玷宋儒之本意。……凡讀是書者，諒吾志不在虛詞，而在至理；不在責人，而在責己。求之天道而盡人事，存，吾之順；末，吾之寧。[12]

「志不在虛詞，而在至理；不在責人，而在責己」、「求之天道而盡人事」可以說深切之言。

蔣伯潛《語譯廣解四書讀本》援取朱熹《四書章句集注》，又兼括明清以來各家之說，守其根本，梳理歧出，可以說是融通「述」、「作」的精神，不僅可以提供學者深入的脈絡，也可以協助讀者建立知識的基礎。以朱熹注解為核心，介紹歷來說法，引導後續思考，更藉由分類的方式，提供讀者建立體系性知識，既適合初學入門，又可以深究淵源，細膩的安排，便於檢索、按覈、思考，可謂極具巧思。

蔣伯潛《語譯廣解四書讀本》有著書業人的堅持，在走過西化風潮，烽火連天之際，回歸於儒家經典當中尋求生命安頓的思考，所謂「經師難遇，經師尤以通俗為難」，確實是十分中肯的說明。後來海峽兩岸分治，呈現不同的意識形態。為回應馬列思想，反制文革的反傳統訴求，臺灣推行文化復興運動，加強倫理道德教育，落實文化薪傳，四書成為臺灣強調的學術重點，[13]因此中學教育特別列有「中國文化基本教材」，落實儒家思想的傳承，[14]《語譯廣解四書讀本》也有許多不同版本，成為頗為流行的書籍，只是沿襲既久，幾經改版，已難見原貌。筆者濫竽教席，於東吳大學講授四書課程，即是以《語譯廣解四書讀本》作為指定教科書，提供同學建立學術視野，了解四書真諦，今欣聞商周出版社擬加入新式標點，重新編排刊印為《新刊廣解四書讀本》，誠乃十分可喜之事。時移世異，但情懷深切感人，於重新刊印之際，列其緣由以弁其端，期許讀者體察撰作背景，了解前輩學者用心所在，於充實知識之外，實有更深刻的意義存焉。

注釋：

1 蔣伯潛撰《十三經概論》（臺北：中新書局，一九七七年四月）〈自序〉，頁二～三。

2 蔣伯潛撰《十三經概論‧自序》，頁三～四。

3 錢伯城撰〈前言〉，收入蔣伯潛、蔣祖怡撰《經與經學》（上海：上海書店，一九七七年五月），頁二。

4 沈知方撰〈語譯廣解四書讀本刊行序〉，蔣伯潛解，《語譯廣解四書讀本》（臺北：臺灣啟明書局，一九五二年八月），頁一～二。

5 蔣伯潛撰《語譯廣解四書讀本‧蔣序》，頁一。

6 蔣伯潛撰《十三經概論‧自序》，頁四。

7 蔣伯潛撰《語譯廣解四書讀本‧大學》，頁五。

8 蔣伯潛撰《語譯廣解四書讀本‧大學》，頁一一。

9 蔣伯潛撰《語譯廣解四書讀本‧蔣序》，頁一。

10 按：有關四書排序，方式頗為分歧，例來多以《大學》、《論語》、《孟子》、《中庸》為序，體現朱熹規畫之儒學進程，然而為求符應孔子、曾子、子思、孟子道統之傳的線索，本文以《大學》、《論語》、《中庸》、《孟子》作為列舉順序。

11 參見拙撰〈從體證到建構：朱熹四書章句集注的撰作歷程〉，《朱熹與四書章句集注》（臺北：里仁書局，二〇〇六年九月），頁一一七～一三六。

12 清聖祖玄燁撰〈御製朱子全書序〉，朱熹撰《朱子全書》（古香齋《朱子全書》本臺北：廣學社印書館，一九七七年二月），頁五～七。

13 臺灣從民國四十三學年度（一九五四年）開始，師範學校國文科中必須加授四書課程，四十五學年度（一九五六年）高級中學也採取同樣的措施。以四書作為「中國文化基本教材」自然也起了積極的推廣作用，見馮大綸〈高中國文選授論語孟子之我見〉（《孔孟月刊》一：五，一九六三年一月）。

14 拙撰〈臺灣近五十年（一九四九～一九九八）四書學之研究〉，收入《朱熹與四書章句集注》，頁四一四～四一五。

目錄

新刊廣解四書讀本

大學

大學新解

大學新解

廣解

大學本小戴禮記中之一篇，宋以前並不單行。宋仁宗天聖八年，以大學賜新第進士王拱宸等。程頤嘗云：「大學，孔氏之遺書，而初學入德之門也。於今可見古人為學次第者，獨賴此篇之存，而論孟次之。」朱子作大學章句；以與中庸、論語、孟子並列為「四書」。是本篇之自小戴禮記中抽出，特加提倡，起於宋朝。朱注說：「大，舊音泰，今讀如字。」按唐陸德明經典釋文也說：「大，舊音泰；劉音直帶反。」舊音，指漢儒鄭玄等音讀；劉氏名宗昌，著有禮記音一書。朱子是從劉宗昌的音讀的。朱子認為本篇中有脫簡錯簡，作章句時，有所移補，故四書中之大學與十三經注疏本小戴禮記中之大學篇不同。朱子又分之為「經」一章，「傳」十章；以為「經」為孔子之意而曾子述之，「傳」則曾子之意而門人記之。按鄭玄禮記目錄僅言子思作中庸，而不及大學之作者。虞松刻石經於魏表引漢賈逵的話：「孔伋窮居於宋，懼家學之不明，作大學以經之，中庸以緯之。」這

朱熹章句

程子曰：「大學，孔氏之遺書，而初學入德之門也。」於今可見古人為學次第者，獨賴此篇之存，而論、孟次之。學者必由是而學焉，則庶乎其不差矣。

是說大學也是子思所作了。至朱子，方斷定出於曾子，所以清代的漢學家多不信他。但子思是曾子的弟子，安知朱子所說曾子門人記大學之傳者，不就是子思呢？這一篇，可以說是儒家最有系統的一篇文章，以「明明德」為「新民」之本，以誠、正、修、齊，為治平之基，把道德論和政治論打成一篇，熔人生哲學和政治哲學於一爐，以發揮其「德治」的主張，組織至為完密。孫中山先生論道德，論政治，也有許多論據本於此篇。（詳見戴季陶孫文主義之哲學的基礎。）故雖是二千餘年以前的作品，在現代仍有研究的價值的。

大學之道，在明明德，在親民，在止於至善。

廣解《 朱子註：「大學者，大人之學也。」朱子所謂「大人，」就是孟子說的「大人者不失其赤子之心者也」的「大人。」孟子嘗說樂正子是善人，是信人，又解釋道：「可欲之謂善，有諸己之謂信，充實之謂美，充實而有光輝之謂大。」道德修養完滿，故能充實而有光輝。「大學之道，」就是養成此種充實而有光輝的理想的人格之修養方法。朱子大學章句序首句說：「大學之書，古之大學所以教人之法也。」是以「大學」為古代所辦的大學，似與註中所說「大人之學，」自相矛盾。其實，古代小學所教，只是書、數、及灑掃、應對、

朱熹章句 程子曰：「親，當作新。」

大學者，大人之學也。明，明之也。明德者，人之所得乎天，而虛靈不昧，以具眾理而應萬事者也。但為氣稟所拘，人欲所蔽，則有時而昏；然其本體之明，則有未嘗息者。故學者當因其所發而遂明之，以復其初也。新者，革其舊之謂也，言既自明其明德，又當推以及人，使之亦有以去其舊染之汙也。止者，必至於是而不遷之意。至善，則事理當然之極也。言明明德、新民，皆當至於至善之地而不遷。蓋必其有以盡夫天理之極，而無一毫人欲之私也。此三者，大學之綱領也。

進退之節；俊秀子弟升入大學以後，方教以窮理正心修已治人之道，使能養成充實光輝的理想的人格。朱子的兩種說法，並不是相反的。

「明德，」是光明的德性，是人人生來具有的，是備具眾理、足以應付萬事的。有時，這種光明的德性的人欲所蔽，便昏昧不明了。這和太陽隱於烏雲，鏡子蒙著灰塵一般，看似昏暗，本體的光明，卻並未消失；烏雲吹散了，灰塵拭淨了，仍可以恢復它本來的光明。上一個「明」字是動詞。「明明德，」是要把人欲除去，使本有的明德格外光明起來。這是修養方法的第一步。

「親民」的「親」字，王守仁仍作親字解。他以為本篇下文「君子賢其賢而親其親，小人樂其樂而利其利，」「如保赤子，」「民之所好好之，民之所惡惡之，此之謂民之父母，」皆是「親」字意；尚書堯典「克明峻德就」是「明明德，」「以親九族」至「平章百姓，協和萬邦，」便是「親民。」（詳見陽明先生傳習錄。）這樣講法原也可通。朱子說，「親當為新，」是根據程頤的話；因為下文所引湯之盤銘，康誥，詩經的句子，都以「新」字為主。尚書金縢篇，成王說：「惟朕小子其新逆。」成王這句話是說要親自迎接周公。「親逆」寫作「新逆，」正和「新民」寫作「親民」一樣。這是程朱讀「親」為「新」的一個有力的旁證。新是去舊維新的意思；「新民」是使人人能去其舊染之汙，「日日新、又日新」地振作起來。由「明明德」而「新民，」便是論語孔子所說的「己欲立而立人，己欲達而達人，」中庸所說的「成己」「成物，」孟子所說的「先知覺後知，先覺覺後覺。」由此可知大人之學，不但要能自明其明德，以獨善其身，還要能使人人自新，以兼善天下哩！

「至善」就是「最善」的意思。「止至善」就是以「至善」為最後的目的，定要做到，不半途而廢的意思。無論是修己的「明明德，」化民的「新民，」都要達到這「至善」的地步；下文的「為人君止於仁，為人臣止於敬，為人子止於孝，為人父止於慈，與國人交止於信，」也是說要「止於至善」而已。

以上所說「明明德，」「新民，」「止於至善，」是大學的三大綱領。

知止而后有定，定而后能靜，靜而后能安，安而后能慮，慮而后能得。

廣解《 后，同後。「知止」就是知道所當止的最善的境界。一個人如果能夠曉得最善的境界，以之為理想的目的，才有一定的意志；意志一定，心就能靜，不會妄動了；心不妄動，不論到什麼地方，都能感到安穩；到處安穩，思慮自然周到；思慮處處能周到，做人才能達到理想的目的，最善的境界，而得其所止了。

朱熹章句 后，與後同，後放此。止者，所當止之地，即至善之所在也。知之，則志有定向。靜，謂心不妄動。安，謂所處而安。慮，謂處事精詳。得，謂得其所止。

物有本末，事有終始；知所先後，則近道矣。

廣解　萬物各有本末，譬如一株樹，根株為本，枝葉為末。萬事各有終始，始就是開端，終就是結局。「本」和「始」是所先，「末」和「終」是所後。就上文所說言之，則「明明德」是「本，」「新民」是「末；」「知止」是「始，」「能得」是「終。」就下節所說言之，則「平天下」是「末，」是「終，」是「所後；」「格物致知」是「本，」是「始，」是「所先。」能瞭然於事物之終根本末，而知所先後，則循序漸進，不至錯亂凌躐，故曰「近道。」

朱熹章句　明德為本，新民為末。知止為始，能得為終。本始所先，末終所後。此結上文兩節之意。

古之欲明明德於天下者，先治其國；欲治其國者，先齊其家；欲齊其家者，先脩其身；欲脩其身者，先正其心；欲正其心者，先誠其意；欲誠其意者，先致其知。致知在格物。

廣解　中庸說：「譬如行遠，必自邇；譬如登高，必自卑。」這是儒家的根本主張。本節就是推說這箇道理的。

「明明德於天下，」就是「平天下。」平天下必須先把自己的國家治好；如自己的國還不能治，怎能使天下的人都悅服呢？但要治理一國又必須先把自己的家整理好；要整理一家，叫家裏的都看自己的樣子，聽自己的命令，必須使

朱熹章句　治，平聲，後放此。明明德於天下者，使天下之人皆有以明其明德也。心者，身之所主也。誠，實也。意者，心之所發也。實其心之所發，欲其一於善而無自欺也。致，推極也。知，猶識也。推極吾之知識，欲其所知無不盡也。格，至也。物，猶事也。窮至事物之理，欲其極處無不到也。此八者，大學之條目也。

自己的行為，可做人家的模範；所以說：「欲治其國者，先齊其家；欲齊其家者，先脩其身。」大凡一個人以心為主宰，要脩身，必須使心無邪念；要心無邪念，必須使心意誠實。所以說：「欲脩其身者，先正其心；欲正其心者，先誠其意。」但人怎麼才能誠意呢？第一要知道事物的緩急先後；要知道事物的緩急先後，就須「先致其知。」所以說：「欲誠其意者，先致其知。」「致」是推而極之之意。至於怎樣才能「致知」呢？他說：「致知在格物。」「格物」二字卻有許多的解釋了。

朱注說：「格，至也。物，猶事也。窮至事物之理，欲其極處無不到也。」又說：「物格者，物理之極處，無不到也。」所以格物是要窮盡事物之理，無不知曉之意。王守仁早年讀了這幾句，就對著一株竹，細細地格起來；後來竟格不出所以然，而至於生病了。他於是恍然大悟，以為「格物」之「格，」當解作孟子「格君心之非」的「格。」故說：「物者，事也。凡意之所發，必有其事；意所在之事謂之物。格者，正也。正其不正，以歸於正之謂也。」又說：「致知云者，致吾心之良知焉耳。」（詳見大學問）王氏認為吾心本有良知，不假外求，故以朱子「即物窮理」之說為務外遺內，博而寡要。但其他就以此相號召。流弊所至，致學者束書不觀，以為只要憑吾心之知，即可應付萬事，反不如朱子「即物窮理」之說，較為切實。清陳澧說：「格物但當訓為至事；至事者，猶言親歷其事也。天下之大，古今之遠，不能親歷；讀書即無異親歷也。故格物者，兼讀書閱歷言之也；致知者，猶言增長見識也。」（見東塾讀書記。）陳氏所說，淺近切實，可為朱注發明。

物格而后知至，知至而后意誠，意誠而后心正，心正而后身脩，身脩而后家齊，家齊而后國治，國治而后天下平。

朱熹章句　治，去聲，後放此。物格者，物理之極處無不到也。知至者，吾心之所知無不盡也。知既盡，則意可得而實矣，意既實，則心可得而正矣。脩身以上，明明德之事也。齊家以下，新民之事也。物格知至，則知所止矣。意誠以下，則皆得所止之序也。

廣解《　這段是將上文的意思，反覆鄭重說明。「物格，」是事物都閱歷到；「知至，」是知識已推完盡；由此而意以誠，心以正，身以脩，家以齊，國以治，天下以平。身脩以上，是「明明德；」齊家以下，是「新民。」「物格」「知至，」則知所「止；」意誠以下，是得所「止；」所「止」者，誠、正、修、齊、治平，即「至善」之域。

自天子以至於庶人，壹是皆以脩身爲本。其本亂，而末治者否矣。其所厚者薄，而其所薄者厚，未之有也。

廣解《 庶人，就是小百姓。「壹是，」同「一切。」正心誠意、致知、格物，無非是為的脩身；齊家、治國、平天下，其根本還在脩身。所以說：「自天子以至於庶人，壹是皆以脩身為本。」

「本」指修身；「末」指齊家治國平天下；身既不脩，而要想家齊國治天下平，這是一定做不到的。所以說：「其本亂，而末治者否矣。」一個人在社會裏，勢不能無親疏厚薄。所厚者無過於「身」而家次之，國與天下又次之；對於最厚的身，尚不能修，怎能澤及天下呢？所以說：「其所厚者薄，而其所薄者厚，未之有也。」

上面一大段，朱子以為是「經，」是「孔子之言，而曾子述之。」以後十段，朱子以為是「傳，」是「曾子之意，而門人記之。」此段為本篇總論，先述大學之道有「明明德，」「親民，」「止至善」三綱領；次述「格物、」「致知、」「誠意、」「正心、」「脩身、」「齊家、」「治國、」「平天下」八條目。以下再分段述之。

朱熹章句 壹是，一切也。正心以上，皆所以脩身也。齊家以下，則舉此而措之耳。本，謂身也。所厚，謂家也。此兩節結上文兩節之意。

康誥曰：「克明德。」大甲曰：「顧諟天之明命。」帝典曰：「克明峻德。」皆自明也。

廣解《 康誥，是尚書中的篇名，周公封康叔作。「克」字，作能夠解；「克明德」就是能夠明明德。大，同泰。大甲也是

朱熹章句 康誥，周書。克，能也。大，讀作泰。諟，古是字。大甲，商書。顧，謂常目在之也。諟，猶此也，或曰審

尚書中的篇名。大甲，商王，湯之孫。既立，無道，伊尹放之於桐。後大甲悔過，復歸於亳，作太甲。「諟」同是，作「此」字解。「顧」是顧到的意思，就是要顧到天命我的明德的命令。帝典就是堯典。也是尚書中的篇名。峻，作大字解。堯典作「俊。」以上所引尚書三語，都是說自明其明德，故曰「皆自明也。」

上面一段，朱子以為即是傳之首章，釋「明明德。」

湯之盤銘曰：「苟日新，日日新，又日新。」康誥曰：「作新民。」詩曰：「周雖舊邦，其命維新。」是故君子無所不用其極。

廣解《

湯，就是成湯，為商朝的開國聖王。盤，就是盥洗的盆。成湯於盥洗的盆上，刻著「苟日新」等三句話。苟，作誠字解。新，除去舊染之汙的意思。說人誠能日去其舊染之汙，又當「日日新，」「又日新，」始終不間斷地養成新習慣，新生活，新道德。「作」即振作興起之意。自己固要做成一個新的人，同時并要鼓勵他人，也做一個新的人。「周雖舊邦，其命維新，」是詩經、大雅、文王篇裏贊美文王的句子。周從立國到文王時，已數百年，所以稱為「舊邦。」文王時更新百度，使人民個個自新，這就是文王所以受天命，王天下的緣故。所以說「其命維新。」「是故君子無所不用其極，」是作大

也。天之明命，即天之所以與我，而我之所以為德者也。常目在之，則無時不明矣。峻，書作俊。帝典，堯典，虞書。峻，大也。結所引書，皆言自明己德之意。

朱熹章句　盤，沐浴之盤也。銘，名其器以自警之辭也。苟，誠也。湯以人之洗濯其心以去惡，如沐浴其身以去垢。故銘其盤，言誠能一日有以滌其舊染之汙而自新，則當因其已新者，而日日新之，又日新之，不可略有間斷也。鼓之舞之之謂作，言振起其自新之民也。詩大雅文王之篇。言周國雖舊，至於文王，能新其德以及於民，而始受天命也。自新新民，皆欲止於至善也。

學的人，總結本節的話，說君子於自新新民，皆欲止於至善，無不盡心極力地做去。

上面一段，朱子是傳之二章，釋「新民。」

詩云：「邦畿千里，惟民所止。」詩云：「緡*蠻黃鳥，止於丘隅。」子曰：「於止，知其所止。可以人而不如鳥乎！」

廣解《　「邦畿千里，」二句，見商頌玄鳥篇。古時天子之國，稱邦畿、地方有一千里之大，為人民所聚集居止之處，所以說「惟民所止。」「緡蠻黃鳥，止于丘隅，」二句，見小雅緜蠻篇。緡，音民。緡蠻，鳥叫的聲音。黃鳥，是一種小鳥。丘隅，山的一角。說緡蠻緡蠻地叫著的黃鳥，棲止在山的一角裏。孔子對這兩句詩經歎美道：「像這種小鳥，尚且曉得可棲止的地方去棲止，可以人而不如鳥嗎？」一句。

詩云：「穆穆文王，於*緝熙敬止。」爲人君，止於仁；爲人臣，止於敬；爲人子，止於孝；爲人父，止於慈；與國人交，止於信。

廣解《　「穆穆文王」二句，見大雅文王篇。「穆穆，」深遠的意思。「於，」音烏，歎辭。「緝，」作繼續解。「熙，」作光明解。詩人贊美文王，能繼續明其明德，敬其所止，必於至善，毫

朱熹章句　詩商頌玄鳥之篇。邦畿，王者之都也。止，居也，言物各有所當止之處也。緡，詩作綿。詩小雅緜蠻之篇。緡蠻，鳥聲。丘隅，岑蔚之處。子曰以下，孔子說詩之辭。言人當知所當止之處也。

朱熹章句　於緝之於，音烏。詩文王之篇。穆穆，深遠之意。於，歎美辭。緝，繼續也。熙，光明也。敬止，言其無不敬而安所止也。引此而言聖人之止，無非至善。五者乃其目之大者也。學者於

不苟且。作大學的人，因再說明做人應該做到那樣，才算止於至善，所以說：「為人君的，應做到仁愛萬民；為人臣的，應做到敬事君上；為人子的，應做到孝順父母；為人父的，應做到慈愛子女；與國人交往，應做到言而有信。」

按以上四段，(「康誥曰：克明德」以下至「與國人交止於信。」)禮記本在「此以沒世不忘也」之後。朱子認為是錯簡，故移於此。

詩云：「瞻彼淇澳，菉竹猗猗！有斐君子，如切如磋，如琢如磨，瑟兮僩兮，赫兮喧兮，有斐君子，終不可諠兮。」如切如磋者，道學也。如琢如磨者，自脩也。瑟兮僩兮者，恂慄也。赫兮喧兮者，威儀也；有斐君子，終不可諠兮者，道盛德至善，民之不能忘也。

廣解　此節所引詩經，見衛風淇澳篇。瞻，就是望。淇，水名。澳，音鬱。水邊的地方。毛詩作「奧。」菉，通綠。猗，音依。猗猗，茂盛的樣子。意思是說望那淇水旁邊綠色的竹，竟這樣的茂盛啊！斐，文質彬彬的樣子。意思是說君子道德茂盛，如淇澳的菉竹一般。切是剖開，琢是雕刻，磋磨是磨牠光來。這是以治玉石骨角比喻君子之修養，循序而進，精益求精。瑟，嚴密的樣子，僩，讀若限，武毅的樣子。赫喧，煊赫盛大的樣子。說君子的儀容，嚴密而武毅，又煊赫而盛大。諠音萱，作忘記解。說這樣的君子，是使人終身不能忘記

此，究其精微之蘊，而又推類以盡其餘，則於天下之事，皆有以知其所止而無疑矣。

朱熹章句　澳，於六反。菉，詩作綠。猗，叶韻音阿。僩，下版反。喧，詩作咺，諠，詩作諼；並況晚反。恂，鄭氏讀作峻。

詩衛風淇澳之篇。淇，水名。澳，隈也。猗猗，美盛貌。興也。斐，文貌。切以刀鋸，琢以椎鑿，皆裁物使成形質也。磋以鑢鍚，磨以沙石，皆治物使其滑澤也。治骨角者，既切而復磋之。治玉石者，既琢而復磨之。皆言其治之有緒，而益致其精也。瑟，嚴密之貌。僩，武毅之貌。赫喧，宣著盛大之貌。諠，忘也。道，言也。學，謂講習討論之事，自修者，省察克治之功。恂慄，戰懼也。威，可畏也。儀，可象也。引詩而釋之，以明明德者之止於至善。道學自修，言其所以得之

的。「如切如磋者，道學也，」以下，是作者的申說。「道學，」「自修，」說君子的脩治工夫。恂慄，因恐懼而發抖，是戰戰兢兢，不敢疏忽委靡的意思。及其道德修治已成，他煊赫盛大望之儼然的儀容，必能使人肅然起敬。這樣文質彬彬的君子，道德已極盛大，人民是終身不會忘記的。「如切如磋者道學也」以下一段，亦見爾雅釋訓篇。本為古代解釋詩經之文，作者引之。

之由。恂慄、威儀，言其德容表里之盛。卒乃指其實而歎美之也。

詩云：「於戲！前王不忘。」君子賢其賢而親其親，小人樂其樂而利其利，此以沒世不忘也。

廣解

「於戲前王不忘」句，見周頌烈文篇。於戲，同嗚呼。朱子說，「前王」指文武。「君子，」是「後賢後王。」「小人」指後世的人民。樂，音洛。後世蒙前王之澤，被前王之化，故君子則賢其所賢，親其所親；小人則樂其所樂，利其所利；所以前王雖然歿世，人終不能忘記他的。

上面四段，朱子以為是傳之三章，釋「止於至善。」

按以上二段，(「詩云：瞻彼淇澳，」以下至「此以沒世不忘也。」)禮記本在「故君子必誠其意」之下。朱子認為是錯簡。故移於此。

朱熹章句

於戲，音嗚呼。樂，音洛。詩周頌烈文之篇。於戲，歎辭。前王，謂文、武也。君子，謂其後賢後王。小人，謂後民也。此言前王所以新民者止於至善，能使天下後世無一物不得其所，所以既沒世而人思慕之，愈久而不忘也。此兩節詠歎淫泆，其味深長，當熟玩之。

子曰：「聽訟，吾猶人也。必也，使無訟乎！」無情者，不得盡其辭，大畏民志。此謂知本。

廣解《 聽訟，聽訴訟者的言語，就是現在審判官的審訊訟事。「使無訟，」是以德化人，使他們自己向善，不致涉訟。上兩句，是論語顏淵篇。記孔子的話。作大學的人，「無情者，不得盡其辭，」是說人都感化向善，即使偶然有人涉訟，也不敢把不實不盡的言辭來瀆陳。「民志」是社會中多數人的意志所表現的「社會的制裁。」能以道之以德，齊之以禮，則雖有惡人，亦大人畏懼社會的制裁，不敢以虛辭誣控他人了。這就叫做「知本。」

上面一段，朱子以為是傳之四章，釋「本末。」

按此段，禮記本在「止於信」之下，「所謂修身在正其心者」之上。朱子認為是錯簡，故移此。

朱熹章句 猶人，不異於人也。情，實也。引夫子之言，而言聖人能使無實之人不敢盡其虛誕之辭。蓋我之明德既明，自然有以畏服民之心志，故訟不待聽而自無也。觀於此言，可以知本末之先後矣。

此謂知本，此謂知之至也。

廣解《 此兩句，禮記本在「其所厚者薄，而其所薄者厚，未之有也」之下。朱子移此。「此謂知本」句，程子以為是多餘的話，應該刪去。「此謂知之至也」以上，朱子以為「別有闕文，此特其結語耳。」

又說這是傳之五章，「蓋釋格物致知之義，而今亡矣。」

朱熹章句 程子曰：「衍文也。」此句之上別有闕文，此特其結語耳。

因又取程子之意以補之道：「所謂致知在格物者，言欲致吾之知，在即物而窮其理也。蓋人心之靈，莫不有知；而天下之物，莫不有理。惟於理有未窮，故其知有不盡也。是以大學始教，必使學者，即凡天下之物，莫不因其已知之理而益窮之，以求至乎其極。至於用力之久，而一旦豁然貫通焉，則眾物之表裏精粗無不到，而吾心之全體大用無不明矣。此謂物格，此謂知之至也。」

上述一段，為朱子所補大學之闕文。今仍附錄於此，以便讀者之研究。

所謂誠其意者，毋自欺也。如惡惡臭，如好好色，此之謂自謙；故君子必慎其獨也。

廣解》 上「惡」字，上「好」字，都讀去聲。「謙」讀為「慊，」苦刧反，是愜意的意思，即孟子「行有不慊於心」之慊。「惡惡臭，好好色，」發於心之自然，非有所矯飾，故以為誠意之喻。誠意的第一要著在「毋自欺，」故君子必慎其獨。

朱熹章句 惡、好上字，皆去聲。謙讀為慊，苦劫反。誠其意者，自修之首也。毋者，禁止之辭。自欺云者，知為善以去惡，而心之所發有未實也。謙，快也，足也。獨者，人所不知而己所獨知之地也。言欲自修者知為善以去其惡，則當實用其力，而禁止其自欺。使其惡惡則如惡惡臭，好善則如好好色，皆務決去，而求必得之，以自快足於己，不可徒苟且以殉外而為人也。然其實與不實，蓋有他人所不及知而己獨知之者，故必謹之於此以審其幾焉。

小人閒居爲不善，無所不至；見君子而后厭然揜其不善，而著其善。人之視己，如見其肺肝然，則何益矣？此謂誠於中，形於外。故君子必慎其獨也。

廣解《　「閒居」就是獨居的意思。小人閒居，沒事的時候，甚麼壞事都會做出來。厭然，遮遮掩掩的樣子。「揜」與「掩」通。小人雖為不善，但一見君子，他就覺得自己的行為不好，遮遮掩掩地把不善的地方遮掩起來，好的地方顯露起來。可是在別人看來，好像看見他的肺肝一般，早已明白，這樣遮掩又有甚麼好處呢？這就叫做「誠於中，必形於外，」故君子必慎其獨。

朱熹章句　閒，音閑。厭，鄭氏讀為黶。閒居，獨處也。厭然，消沮閉藏之貌。此言小人陰為不善，而陽欲揜之，則是非不知善之當為與惡之當去也；但不能實用其力以至此耳。然欲揜其惡而卒不可揜，欲詐為善而卒不可詐，則亦何益之有哉！此君子所以重以為戒，而必謹其獨也。

曾子曰：「十目所視，十手所指，其嚴乎！」

廣解《　這是引曾子的話，伸明上述「如見其肺肝然」的意義。十目十手，極言看著他，指著他的人之多；這是多麼的嚴厲呢！

朱熹章句　引此以明上文之意。言雖幽獨之中，而其善惡之不可揜如此。可畏之甚也。

富潤屋，德潤身；心廣體胖。故君子必誠其意。

廣解《　「富潤屋」是說有錢的人，裝修住屋；這是比喻。「德潤身」就是孟子所說的「粹然現於面，盎於背，施於四

朱熹章句　胖，步丹反。胖，安舒也。言富則能潤屋矣，德則能潤身矣，故心無愧怍，則廣大寬平，而體常舒泰，德之潤身者然也。蓋善之

體，」胖，音盤。叩「盤」之假借字。盤，樂也，安舒也。能誠其意，則心無愧怍，而廣大寬平；體亦因之安樂舒泰了。

上面四段，朱子以為是傳之六章，釋「誠意。」

按這四段，(「所謂誠其意者」以下「至故君子必誠其意。」)禮記本在「詩云瞻彼淇澳……」之上。朱子把以下諸段移在前面，故此下即接「所謂脩身在正其心者」一段。

所謂脩身在正其心者：身有所忿懥*，則不得其正。有所恐懼，則不得其正。有所好樂*，則不得其正。有所憂患，則不得其正。心不在焉，視而不見，聽而不聞，食而不知其味。此謂脩身，在正其心。

廣解

朱子引程頤說，「身有」之身當作「心。」懥，音致。忿懥，恨恨發怒的意思。好，去聲。樂音義效切，亦去聲。好樂，就是愛好喜歡的意思。這是說凡人有所忿懥、恐懼、好樂、憂患，則其心為情感所動，往往不得其正。若心不專注，另想別事，就是開著眼睛看，側著耳朵聽，張著口吃，也不看見，不聽到，不知道它的滋味了。所以說脩身，在正其心。心正，則不知為情感所蔽了。

上一段，朱子以為是傳之七章，釋「正心脩身。」

實於中而形於外者如此，故又言此以結之。

朱熹章句

程子曰：「身有之身當作心。」忿，弗粉反。懥，敕值反。好、樂，並去聲。忿懥，怒也。蓋是四者，皆心之用，而人所不能無者。然一有之而不能察，則欲動情勝，而其用之所行，或不能不失其正矣。心有不存，則無以檢其身，是以君子必察乎此而敬以直之，然後此心常存而身無不修也。

所謂齊其家，在脩其身者：人之其所親愛而辟焉，之其所賤惡而辟焉，之其所畏敬而辟焉，之其所哀矜而辟焉，之其所敖惰而辟焉。故好而知其惡，惡而知其美者，天下鮮矣。故諺有之曰：「人莫知其子之惡，莫知其苗之碩。」此謂身不脩不可以齊其家。

廣解《 朱注：「之猶於也。」古書上「之」字作「於」字用的很多。例如呂氏春秋應言篇：「則莫宜之此鼎矣。」「之」字也用作「於」字。辟同僻，是偏的意思。「親愛，」指自己所親愛的人。「賤惡，」指自己所看不起或厭惡的人。惡去聲。「畏敬，」指自己所害怕和所敬重的人。「哀矜」指自己所哀憐的人。敖同傲。「敖惰，」指自己所驕傲和怠慢的人。對這四種人，情感既然不同，便不免有一種偏見了。「好而」之「好，」「惡而」之「惡，」皆去聲。鮮，上聲，少也。愛好這人而能知道他的劣點，厭惡這人而能知道他的優點的，是天下少能有的。諺，就是俗語。人對於自己的兒子，總是不知他的惡處；自己所種的苗，總以為還不茂盛。溺愛者不明，貪得者無厭，就因為情感上存著偏見的緣故。治家，最忌的是這類偏見。有了偏見，則家人骨肉之間便永遠不得和洽。所以說：「身不脩，不可以齊其家。」

上面一段，朱子以為是傳之八章，釋「脩身齊家。」

朱熹章句 辟，讀為僻。惡而之惡、敖、好，並去聲。鮮，上聲。

人，謂眾人。之，猶於也。辟，猶偏也。五者，在人本有當然之則；然常人之情惟其所向而不加審焉，則必陷於一偏而身不修矣。諺，音彥。碩，叶韻，時若反。

諺，俗語也。溺愛者不明，貪得者無厭，是則偏之為害，而家之所以不齊也。

所謂治國，必先齊其家者：其家不可教，而能教人者，無之。故君子不出家而成教於國。孝者，所以事君也。弟者，所以事長也。慈者，所以使眾也。康誥曰：「如保赤子。」心誠求之，雖不中，不遠矣。未有學養子而后嫁者也。

廣解

弟，同悌。中，去聲。此段是說治國當先從齊家做起。若自己家裏的人，尚不能教導，那裏還能教導別人呢？人能孝親，就可以事君；能敬兄，就可以事長上；能慈愛下輩，就可以使役民眾。孝、悌、慈，都是家庭裏的道德；故君子不出家外，而可以成教於國。「如保赤子，」是尚書康誥篇中的句子。嬰兒雖不能言，如保姆能誠誠實實的去推求，他的意思，關心他的飢飽冷煖痛癢，雖然未必能夠事事猜中，但相差也不遠了。一般的女子並未先學養兒子的方法而後去嫁人，所以只要齊家得法，把孝悌慈等家庭道德推之於事君事長使眾，而又心誠求之，國自然也能治了。

朱熹章句

弟，去聲。長，上聲。身修，則家可教矣；孝、弟、慈，所以修身而教於家者也；然而國之所以事君事長使眾之道不外乎此。此所以家齊於上，而教成於下也。中，去聲。此引書而釋之，又明立教之本不假強為，在識其端而推廣之耳。

一家仁，一國興仁。一家讓，一國興讓。一人貪戾，一國作亂。其機如此。此謂一言僨事，一人定國。堯舜帥天下以仁，而民從之。桀紂帥天下以暴，而民從之。其所令，反其所好，而民不從。是故君子有諸己，而后求諸人；無諸己，而后非諸人。所藏乎身不恕，而能喻諸人者，未之有也。故治國在齊其家。

廣解　帥，同率。這段仍申說治國必先齊家的道理。倘若一家人能夠仁愛，則一國人的仁愛之心，也都引起來了。一家人能夠禮讓，則一國的人禮讓之心也都引起來了。倘若做領袖的人貪心狠戾，那末一國的人，也因而作亂了。天下一切的事情都是動機，這樣動機極微，影響很大。所以說一言可以敗事，一人可以定國。再以歷史證之：堯舜以仁愛領導天下，百姓也跟著他為仁愛之事；桀紂以殘暴領導天下，百姓也跟著他做殘暴之事。上行下效，是一定的道理。若自己所行的是殘暴之事，而要想使百姓做仁愛的事，是必不肯聽從的。所以君子必定先使自己有了善行，而後方可求之他人；先使自己沒有惡行，而可以責之他人。如此說來，自己沒有推己及人的恕道，而想人家信從你的話，是一定不會有的。又總結說：「故治國，在齊其家。」

朱熹章句　僨，音奮。

一人，謂君也。機，發動所由也。僨，覆敗也。此言教成於國之效。好，去聲。

此又承上文一人定國而言。有善於己，然後可以責人之善；無惡於己，然後可以正人之惡。皆推己以及人，所謂恕也，不如是，則所令反其所好，而民不從矣。喻，曉也。通結上文。

詩云：「桃之夭夭，其葉蓁蓁。之子于歸，宜其家人。」宜其家人，而后可以教國人。詩云：「宜兄宜弟。」宜兄宜弟，而后可以教國人。詩云：「其儀不忒，正是四國。」其爲父子兄弟足法，而后民法之也。此謂治國在齊其家。

廣解　夭夭，形容桃花的鮮豔。蓁蓁，形容桃葉的茂盛。「之子」就是「這個女子。」女子出嫁，叫做「于歸。」女子嫁了人，要與夫家的人和睦。這四句詩，見周南桃夭篇。一家的

朱熹章句　夭，平聲。蓁，音臻。

詩周南桃夭之篇。夭夭，少好貌。蓁蓁，美盛貌。興也。之子，猶言是子，此指女子之嫁者而言也。婦人謂嫁曰歸。宜，猶善也。詩小雅蓼蕭篇。詩曹風鳲鳩篇。忒，差也。此三引詩，皆以詠歎上文之事，而又結之如此。其味

人能和睦，才能推其道以教一國的人。「宜兄宜弟」一句，見小雅蓼蕭篇，是說一個人與兄弟必須和睦。兄弟和睦，才能推其道以教一國的人。「其儀不忒，正是四國，」二句，見曹風鳲鳩篇。「儀，」是做人的法則。忒，是差錯的意思。要自己做人的法則沒有差錯，然後方能匡正四方的國家。作者，三引詩經的句子，又重言以申之道：正因為一家做父，做子，做兄，做弟的，都足以使人效法，百姓自然也效法他們了。這就是所謂「治國，在齊其家。」

上面三段朱子以為是傳之九章，釋「齊家治國。」

所謂平天下，在治其國者，上老老而民興孝，上長長而民興弟，上恤孤而民不倍，是以君子有絜矩之道也。

廣解《

「老老，」上一個老字，作孝養解；下一個老字，作老人解。「長長，」皆去聲，上一個長字，作敬重解，下一個長字，作長輩解。說在上位的人，能夠孝養老人，則百姓自然看樣，大家都孝養他的父母了。在上位的人能夠敬重長輩，則百姓自然看樣，大家都敬重他的兄長了。在上位的人能夠體恤孤弱，則百姓也自然看樣，不忍背故舊，而棄孤兒了。倍同背，字本作背。背死者，則不恤其孤了。絜音亦，作度字解，矩是作方的工具。荀子說：「五寸之矩，盡天下之

深長，最宜潛玩。

朱熹章句 長，上聲。弟，去聲。倍，與背同。絜，胡結反。

老老，所謂老吾老也。興，謂有所感發而興起也。孤者，幼而無父之稱。絜，度也。矩，所以為方也。言此三者，上行下效，捷於影響，所謂家齊而國治也。亦可以見人心之所同，而不可使有一夫之不獲矣。是以君子必當因其所同，推以度物，使彼我之間各得分願，則上下四旁均齊方正，而天下平矣。

方。」「絜矩之道，」就是推己度人之道。論語所說的「己所不欲，勿施於人，」是消極方面的推己度人之道，中庸所說的「所求乎子以事父，所求乎臣以事君，所求乎弟以事兄，所求乎朋友先施之，」則是己之所欲，施之於人，是積極方面的推己度人之道。就是本篇上文所說的「有諸己而後求諸人，無諸己而後非諸人，」也是推己度人之道。推己之心以度人，和執矩以度天下一切的方形一樣，所以叫做「絜矩之道。」

所惡於上，毋以使下；所惡於下，毋以事上；所惡於前，毋以先後；所惡於後，毋以從前；所惡於右，毋以交於左；所惡於左，毋以交於右：此之謂絜矩之道。

廣解　惡，去聲，厭惡的意思。中庸說：「忠恕違道不遠；施諸己而不願，亦勿施於人。」論語子貢也說：「我不欲人之加諸我也，我亦欲無加諸人。」無論對於上下左右前後的人，都應當如此。這就是「絜矩之道。」照此看來，絜矩之道，就是「忠恕。」故曾子解釋孔子「吾道一以貫之」之言說：「夫子之道，忠恕而已矣。」（見論語）

朱熹章句　惡、先，並去聲。

此覆解上文絜矩二字之義。如不欲上之無禮於我，則必以此度下之心，而亦不敢以此無禮使之。不欲下之不忠於我，則必以此度上之心，而亦不敢以此不忠事之。至於前後左右，無不皆然，則身之所處，上下、四旁、長短、廣狹，彼此如一，而無不方矣。彼同有是心而興起焉者，又豈有一夫之不獲哉。所操者約，而所及者廣，此平天下之要道也。故章內之意，皆自此而推之。

詩云：「樂只君子，民之父母。」民之所好好之，民之所惡惡之，此之謂民之父母。

廣解 樂，音洛。只，音紙，語詞。所引二語見小雅南山有臺篇。好，惡皆去聲。快樂的君子，怎樣能做「民之父母」呢？就是民所喜歡的，我從而喜歡之；民所厭惡的，我從而厭惡之。在上的人，能夠與民同好惡，共甘苦，就無愧為民之父母了。

朱熹章句 樂，音洛。只，音紙。好、惡，並去聲，下並同。詩小雅南山有臺之篇。只，語助辭。言能絜矩而以民心為己心，則是愛民如子，而民愛之如父母矣。

詩云：「節彼南山，維石巖巖。赫赫師尹，民具爾瞻。」有國者不可以不慎，辟*則爲天下僇*矣！

廣解 所以詩經，見小雅節南山篇。節，音截，高峻的樣子。師尹，周太師尹氏。赫赫，威嚴的樣子。瞻，是瞻仰之意。以高峻的南山，巖石，峻峋，比威嚴赫赫的師尹，正是百姓所同瞻仰的。辟，同僻，偏也。僇，同戮。言有國者為民眾所瞻仰，故不可以不慎。如不能行絜矩之道，與民同好惡，而有所偏私，就要為天下人所誅戮了。

朱熹章句 節，讀為截。辟，讀為僻。僇，與戮同。詩小雅節南山之篇。節，截然高大貌。師尹，周太師尹氏也。具，俱也。辟，偏也。言在上者人所瞻仰，不可不謹。若不能絜矩而好惡殉於一己之偏，則身弒國亡，為天下之大戮矣。

詩云：「殷之未喪*師，克配上帝。儀監于殷，峻命不易*。」道得衆，則得國；失衆，則失國。

廣解 所引詩經，見大雅文王篇。喪，去聲，失也。師，眾也。說殷代帝王在未失民心以前，還能夠配上帝而為天下之主。儀，作宜字解。監，作觀察解。峻，大也。易，去聲，說後

朱熹章句 喪，去聲。儀，詩作宜。峻，詩作駿。易，去聲。詩文王篇。師，眾也。配，對也。配上帝，言其為天下君，而對乎上帝也。監，視也。峻，大也。不易，言難保

來王天下者，當觀察殷紂喪亡的緣故。要知道受天的大命而為天子，是不容易的。道，言也。此詩言得民眾之心，則能得國；失民眾之心，則失國。

是故君子先慎乎德。有德此有人，有人此有土，有土此有財，有財此有用。德者，本也。財者，末也。外本內末，爭民施奪。是故財聚則民散，財散則民聚。是故言悖而出者，亦悖而入。貨悖而入者，亦悖而出。

廣解《

「先慎乎德，」是說先要謹守自己的道德。「有人，」指人民的歸附；「有土，」指境土的拓展；「有財」「有用」指國家財用的充足。「德者，本也；財者，末也，」說治國當以德為本，以財為末。「外，」作疏遠輕視解；「內，」作親近重視解。說人君如果以德為輕，而疏遠之，以財為重，而親近之，則百姓必然看樣，起而爭奪。「爭民，」是爭利於民；「施奪，」是施刦奪之政於民。上行下效，君既爭利，必釀成孟子所說「上下交征利」的情形，故朱子以為「爭鬥其民而施以刦奪之教，」就是上文所說「一人貪戾，一國作亂」的意思。推其原因，仍是在上者本末倒置，重財輕德之故。所以人君如果把百姓的財，聚集在自己的庫內，則百姓勢必散而之四方；倘把庫內的財，散與百姓，則百姓必聚集攏來，為國

也。道，言也。引詩而言此，以結上文兩節之意。有天下者，能存此心而不失，則所以絜矩而與民同欲者，自不能已矣。

朱熹章句

先慎乎德，承上文不可不慎而言。德，即所謂明德。有人，謂得眾。有土，謂得國。有國則不患無財用矣。

本上文而言。人君以德為外，以財為內，則是爭鬬其民，而施之以劫奪之教也。蓋財者人之所同欲，不能絜矩而欲專之，則民亦起而爭奪矣。外本內末故財聚，爭民施奪故民散，反是則有德而有人矣。

悖，布內反。

悖，逆也。此以言之出入，明貨之出入也。自先慎乎德以下至此，又因財貨以明能絜矩與不能者之得失也。

出力。悖，作逆字解。「言悖而出者，亦悖而入，」是賓；「貨悖而入者，亦悖而出，」是主。貨即是財。人君搜刮百姓的財貨，叫做「悖入」；百姓作亂把君主的財貨奪了去，叫做「悖出。」

康誥曰：「惟命不于常。」道善則得之，不善則失之矣。楚書曰：「楚國無以爲寶，惟善以爲寶。」舅犯曰：「亡人無以爲寶，仁親以爲寶。」

廣解

命，天命。天命不是常在那一姓的。康誥這句話，是說君主善，就能得天命；不善，就要失去天命。楚書楚國的古書。牠說楚國沒有甚麼可寶貴，行善最為寶貴。舅犯，晉文公重耳的母舅。狐偃，字子犯。重耳因驪姬之亂，出亡在外，舅犯跟著他。這兩句話，是重耳之父獻公死了，秦穆公使人勸他圖謀復國時，舅犯教他答復使者的。見禮記檀弓篇。「亡人」就是出亡的人，重耳自稱之詞。

朱熹章句

道，言也。因上文引文王詩之意而申言之，其丁寧反復之意益深切矣。

楚書，楚語。言不寶金玉而寶善人也。

舅犯，晉文公舅狐偃，字子犯。亡人，文公時為公子，出亡在外也。仁，愛也。事見檀弓。此兩節又明不外本而內末之意。

秦誓曰：「若有一个臣，斷斷兮無他技，其心休休焉，其如有容焉。人之有技，若己有之；人之彥聖，其心好之，不啻若自其口出，實能容之。以能保我子孫黎民，尚亦有利哉！人之有技，媢疾以惡之；人之彥聖，而違之俾不通；寔不能容。以不能保我子孫黎民，亦曰殆哉！」

廣解《 秦誓，尚書中的篇名。秦穆公出師襲鄭，回師到了殽的地方，為晉國所敗。穆公乃作此誓以告羣臣。「斷斷兮，」誠實專一的樣子。「休休，」寬容的樣子。「彥，」美士有文。「不啻，」就是不但。寔，和實同。「黎民，」就是眾民。「媢疾，」就是妬嫉。「惡，」去聲。「違，」是離棄的意思。「殆，」是危殆的意思。秦誓這段話是說：倘若有一個臣，誠實專一，似乎並無特長，而其胸襟寬大，有容人之量，看他人的技能，和他自己的技能一樣；見他人的彥才聖德，便有愛好之心，他人的話簡直看作是他自己說的；實在是能容人。這樣的人必能保我的子孫黎民，且有利於國家。如其見人之有技能，便以妒忌之心厭惡他；見人之才彥聖德，便設法離棄他，使不得通於君主；實在是不能容人。這樣的人，必不能保我的子孫黎民，國家便也危險了。

朱熹章句 个，古賀反，書作介。斷，丁亂反。媢，音冒。秦誓，周書。斷斷，誠一之貌。彥，美士也。聖，通明也。尚，庶幾也。媢，忌也。違，拂戾也。殆，危也。

唯仁人，放流之，迸*諸四夷，不與同中國。此謂唯仁人，爲能愛人，能惡*人。

廣解《 這一段是承上文說的。那種媢疾技能，壓抑彥聖的人，獨有仁人，才能把他放流出去，迸棄在夷狄的地方，不與同居中國。這就是說只有仁人，才能愛人，才能惡人。惡，去聲。

朱熹章句 迸，讀為屏，古字通用。迸，猶逐也。言有此媢疾之人，妨賢而病國，則仁人必深惡而痛絕之。以其至公無私，故能得好惡之正如此也。

見賢而不能舉，舉而不能先，命也。見不善而不能退，退而不能遠，過也。好人之所惡，惡人之所好，是謂拂人之性，菑必逮夫身！

廣解

鄭玄禮記大學篇注說：「『命』當為『慢，』聲之誤也。舉賢而不能使君以先己，是輕慢於人也。」程子外書說：「『命』當作『怠，』字之誤也。」朱子對這二說，也沒有決定。俞樾羣經平議說：「『先』蓋『近』字之誤。『見賢而不能舉，舉而不能近，』與『見不善而不能退，退而不能遠，』正相對成文。『近，』古文作『㞋，』篆文作[illegible]；『光』字篆文作光；兩形相似，因而致誤耳。」這段仍是承上文而言。見賢人而不能薦舉，或已薦舉而不能使人君親近他，還可以說是命運；如見不善而不能罷退，或即罷退而不能「迸諸四夷，」這卻是過失了。「好，」「惡，」皆去聲。「拂，」就是違反。「菑，」同災。「逮，」就是及。「夫」音扶。至於好惡與人相反，媢疾才技彥聖的人，必有災禍及到他的身上的。

朱熹章句

命，鄭氏云：「當作慢。」程子云：「當作怠。」未詳孰是。遠，去聲。若此者，知所愛惡矣，而未能盡愛惡之道，蓋君子而未仁者也。菑，古災字。夫，音扶。拂，逆也。好善而惡惡，人之性也；至於拂人之性，則不仁之甚者也。自秦誓至此，又皆以申言好惡公私之極，以明上文所引南山有臺、節南山之意。

是故君子有大道，必忠信以得之，驕泰以失之。生財有大道：生之者衆，食之者寡，爲之者疾，用之者舒，則財恒足矣。

廣解

「大道，」就是重要的原則。君子治國平天下，必有他重要的原則，就是「忠信以得之，驕泰以失之。」生財，也有

朱熹章句

君子，以位言之。道，謂居其位而修己治人之術。發己自盡為忠，循物無違謂信。驕者矜高，泰者侈肆。此因上所引文王、康誥之意而言。章內三言得失，

他重要的原則，要使生產的人多，坐食的人少；做生產事業的做得快，消耗的用得慢；財便常常充足了。

而語益加切，蓋至此而天理存亡之幾決矣。恒，胡登反。
呂氏曰：「國無游民，則生者眾矣；朝無幸位，則食者寡矣；不奪農時，則為之疾矣；量入為出，則用之舒矣。」
愚按：此因有土有財而言，以明足國之道在乎務本而節用，非必外本內末而後財可聚也。自此以至終篇，皆一意也。

仁者以財發身，不仁者以身發財。未有上好仁而下不好義者也；未有好義，其事不終者也；未有府庫財，非其財者也。

廣解《

仁者散財以聚民，可王天下，這叫做「以財發身。」不仁者搜刮民財，必致身遭禍殃，這叫做「以身發財。」在上者，以仁心待臣民；在下的臣民，也必能以忠義事君上。臣民都能以忠義事君上，那末無論甚麼事體都不會不成功了。府庫裏的財貨，也都是他的財貨了。

朱熹章句

發，猶起也。仁者散財以得民，不仁者亡身以殖貨。上好仁以愛其下，則下好義以忠其上；所以事必有終，而府庫之財無悖出之患也。

孟獻子曰：「畜馬乘，不察於雞豚，伐冰之家，不畜牛羊。百乘之家，不畜聚斂之臣。與其有聚斂之臣，寧有盜臣。」此謂國不以利爲利，以義爲利也。

廣解《

孟獻子，魯國的大夫，仲孫氏，名蔑。乘，去聲，四馬曰乘。古代士初試為大夫，始得備車子，駕四馬。卿大夫之

朱熹章句

畜，許六反。乘、斂，並去聲。孟獻子，魯之賢大夫仲孫蔑也。畜馬乘，士初試為大夫者也。伐冰之家，卿大夫以上，喪祭用冰者也。

家，喪祭始得用冰。伐，作鑿字解，「伐冰之家，」就是指卿大夫之家。「百乘之家，」指卿大夫有封邑的。「聚斂之臣，」指善於搜刮百姓的。「盜臣」指竊取公家財物的。孟獻子說：做大夫的，不當再細察養雞養豬的小利；卿大夫之家，不當畜牛羊以圖利；有可以出車百乘的封地之家，不當再養那些搜刮民財的家臣。與其有損義的聚斂之臣，寧可有損財的盜臣。這是說國家，不以財貨為利，而以「義」為利。

長國家而務財用者，必自小人矣；彼爲善之。小人之使爲國家，菑害並至，雖有善者，亦無如之何矣。此謂國不以利爲利，以義爲利也。

廣解《 「長，」上聲。「長國家，」就是做一國的領袖。俞樾羣經平議說：「『必自小人』者，必用小人也。」詩緜篇及江漢篇毛傳鄭箋，都說：「自，用也。」俞氏又說：「『彼，』當以小人言。『彼為善之』句，申說上文必用小人之故。言長國家而務財用所以必用小人者，以務財用之事惟彼為善之也。『善』與『能』同義。」「小人之使為國家，」猶云「為國家而惟小人是用，」則災害並至，雖尚有善人，也無法挽救了。這也是說國家不以財貨為利，而以「義」為利。以上共十四段，朱子以為是傳之十章，釋「治國平天下。」朱子又說：「凡傳十

百乘之家，有采地者也。君子寧亡己之財，而不忍傷民之力；故寧有盜臣，而不畜聚斂之臣。此謂以下，釋獻子之言也。

朱熹章句 長，上聲。「彼為善之」，此句上下，疑有闕文誤字。自，由也，言由小人導之也。此一節，深明以利為利之害，而重言以結之，其丁寧之意切矣。

章，前四章，統論綱領指趣。後六章，細論條目工夫。其第五章，乃明善之要。第六章，乃誠身之本。在初學尤為當務之急，讀者不可以其近而忽之也。」

新刊廣解四書讀本

中庸

中庸新解

廣解

中庸本小戴禮記中之一篇。漢書藝文志六藝略有中庸說，隋書經籍志經部有梁武帝中庸講義則此篇之另出單行，當在大學之前。宋儒始特加提倡。程頤謂此篇乃孔門傳授心法，善讀者玩索有得，終身用之有不能盡者。朱子作中庸章句，乃與大學、論語、孟子並列為四書。按中庸為子思所作，見於史記孔子世家及孔穎達禮記正義引鄭玄目錄。子思名伋，孔子之孫，曾子之弟子。漢書藝文志諸子略儒家有子思子。梁沈約謂小戴禮記中之中庸、表記、坊記、緇衣，皆取於子思子。（見隋書音樂志引。）今子思子已亡，本篇是否取自此書，固不可考；但為子思所作，則自來學者都無異辭。惟清人崔述謂中庸必出孟子後；袁枚謂論孟言山均稱泰山，而中庸獨稱華嶽，疑出于西京儒生依託；獨對中庸作者發生疑問。篇名「中庸」者：鄭玄目錄說：「名曰中庸者，以其記中和之為用也；庸，用也。」本篇「君子中庸」句鄭玄注又說：「庸，常也；用中為常道也。」朱子中庸章句題下注說：「中者，不偏不倚無過不及之名；庸，平常也。」又引程頤說：「不偏之謂中，不易之謂庸；中者天下之正道，

朱熹章句

子程子曰：「不偏之謂中，不易之謂庸。中者，天下之正道，庸者，天下之定理。」此篇乃孔門傳授心法，子思恐其久而差也，故筆之於書，以授孟子。其書始言一理，中散為萬事，末復合為一理，「放之則彌六合，卷之則退藏於密」，其味無窮，皆實學也。善讀者玩索而有得焉，則終身用之，有不能盡者矣。

庸者天下之定理。」似乎鄭玄，朱子，對於「庸」字，各有兩種解釋。其實，非常之理，決不可常常用牠；可以常用的，就是這看似平常的中道。「用也，」「平常也，」「常道也，」「不易之定理也，」這幾種訓解，本來是可以相通的。本篇為儒家人生哲學的名著，論心性多精語，宋明理學家都奉為先儒的心傳；而所謂「中庸之道，」實足以支配我國數千年來之民族思想；所以到現代仍有研究的價值。

天命之謂性，率性之謂道，修道之謂教。道也者，不可須臾離也；可離非道也。是故君子戒慎乎其所不睹，恐懼乎其所不聞。莫見乎隱，莫顯乎微，故君子慎其獨也。

廣解《 天命，是說由天所命；性，指人的本性。人的本性，乃由於天之所命。其所謂天，即是「自然。」性不是造作的，乃是自然生成的，所以說：「天命之謂性。」荀子正名篇說：「性者，天之就也。」性惡篇說：「不可學不可事而在天者，謂之性；可學而能、可事而成之在人者，謂之偽。」（「偽」是「人為」的意思。）王充論衡初稟篇也說：「性，生而然者也。」古代學者，對於性的善惡雖見解不同，但以性為先天生成的一點，則無異議。「天命之謂性，」也是這個意思。「率」是遵循的意思。孟子的性善說出於子思。本篇說：「率性之

朱熹章句 命，猶令也。性，即理也。天以陰陽五行化生萬物，氣以成形，而理亦賦焉，猶命令也。於是人物之生，因各得其所賦之理，以為健順五常之德，所謂性也。率，循也。道，猶路也。人物各循其性之自然，則其日用事物之間，莫不各有當行之路，是則所謂道也。修，品節之也。性道雖同，而氣稟或異，故不能無過不及之差，聖人因人物之所當行者而品節之，以為法於天下，則謂之教，若禮、樂、刑、政之屬是也。蓋人之所以為人，道之所以為道，聖人之所以為教，原其所自，無一不本於天而備於我。學者知之，則其於學知所用力而自不能已矣。故子思於此首發明之，讀者所宜深體而默識也。離，去聲。

為道，」就是性善說的本意。性命自天，率性為道，故董仲舒說：「道之大原出於天。」性是人性，道即人道；聖人以禮樂刑政之屬為教於天下，亦無非是率循人性，修明人道而已。這三句，是一書的總綱，也就是程子所說的「始言一理。」

須臾就是「一息，」指極短的時間而言。既然是人道，便是一息不可離開的。倘若可離開，那就不是人道了。所以說：「道也者，不可須臾離也；可離，非道也。」

戒慎，就是警戒謹慎之意；恐懼，就是擔心之意。是說君子對於做人的道理，雖無人目睹，也要警戒著，謹慎著；無人耳聞，也要恐懼著，擔心著。暗得看不見的地方叫「隱，」細得看不見的物事叫「微。」暗得看不見的地方，卻是最現露的；細得看不見的物事，卻是最顯著的。這就是大學所說的「誠於中必形於外，」「人之視己，如見其肺肝然，」看似隱微，實則不啻「十目所視，十手所指；」所以君子必須慎獨，雖獨居也不敢須臾離道。

道者，日用事物當行之理，皆性之德而具於心，無物不有，無時不然，所以不可須臾離也。若其可離，則為外物而非道矣。是以君子之心常存敬畏，雖不見聞，亦不敢忽，所以存天理之本然，而不使離於須臾之頃也。

見，音現。

隱，暗處也。微，細事也。獨者，人所不知而己所獨知之地也。言幽暗之中，細微之事，跡雖未形而幾則已動，人雖不知而己獨知之，則是天下之事無有著見明顯而過於此者。是以君子既常戒懼，而於此尤加謹焉，所以遏人欲於將萌，而不使其滋長於隱微之中，以至離道之遠也。

喜怒哀樂之未發，謂之中。發而皆中節*，謂之和。中也者，天下之大本也。和也者，天下之達道也。致中和，天地位焉。萬物育焉。

廣解《

「中節」之中，去聲。喜怒哀樂是人人都有的情感。但當喜怒哀樂的情感未發動的時候，此心寂然不動，故無過與不及的弊病，這就叫做「中。」如果情感發了出來，也能無過無不及，恰中其節，這就叫做「和。」「中，」是天下事事物的大本；「和，」則天下都可通行，所以說是「達道。」天地的運行，萬物的化生長養，循著這「中和」二字的原則。人如能把中和之道推而極之，則可以與天道同功，所以說：「致中和，天地位焉，萬物育焉。」這是儒家天人合一的哲學；以現代語釋之，就是把「宇宙觀」和「人生觀」打成一片，以「宇宙論」為人生哲學的基本。

上面兩段，朱子以為是第一章。又說：「子思述所傳之意以立言。首明道之本原出於天而不可易，其實體備於己而不可離；（指「天命之謂性」至「可離非道也。」）次言存養省察之要；（指戒懼慎獨數句。）終言聖神功化之極。（指「天地位萬物育」數句。）蓋欲學者於此，反求諸身而自得之，以去夫外誘之私，而充其本然之善；楊氏所謂『一篇之體要』是也。其下十章，蓋子思引夫子之言，以終此章之義。」

朱熹章句

樂，音洛。中節之中，去聲。

喜、怒、哀、樂，情也。其未發，則性也，無所偏倚，故謂之中。發皆中節，情之正也，無所乖戾，故謂之和。大本者，天命之性，天下之理皆由此出，道之體也。達道者，循性之謂，天下古今之所共由，道之用也。此言性情之德，以明道不可離之意。

致，推而極之也。位者，安其所也。育者，遂其生也。自戒懼而約之，以至於至靜之中，無少偏倚，而其守不失，則極其中而天地位矣。自謹獨而精之，以至於應物之處，無少差謬，而無適不然，則極其和而萬物育矣。蓋天地萬物本吾一體，吾之心正，則天地之心亦正矣，吾之氣順，則天地之氣亦順矣，故其效驗至於如此。此學問之極功、聖人之能事，初非有待於外，而修道之教亦在其中矣。是其一體一用雖有動靜之殊，然必其體立而後用有以行，則其實亦非有兩事也。故於此合而言之，以結上文之意。

仲尼曰：「君子中庸，小人反中庸。君子之中庸也，君子而時中*；小人之(反)中庸也，小人而無忌憚也。」

廣解《　陸德明經典釋文說王肅本作「小人之反中庸也。」十三經注疏本禮記中庸篇無「反」字。程子朱子均以為當有反字。君子能用中和之道，所以說「君子中庸。」小人不能用中和之道，事事和君子的行為相反，所以說「小人反中庸。」俞樾羣經平議說，兩「而」字皆當作「能」字解。(古書「而」「能」二字常通用，例如，戰國策「而解此環不？」就是「能解此環否。」)時代不同，則其所謂「中」者亦異。「時中，」就是隨時而處其中，無過不及。無忌憚，就是無所禁忌，膽大妄為，所以反乎中庸。按無忌憚之小人，雖事事反於中庸，而悍然自以為中庸，故「反」字不加亦可通。謝良佐上蔡語錄，倪思中庸講義，都如此說。

上面一段，朱子以為是第二章。

子曰：「中庸其至矣乎！民鮮*能久矣！」

廣解《　論語雍也篇，子曰：「中庸之為德也，其至矣乎，民鮮久矣！」此處所引，即論語所記。「鮮，」上聲，少也。

上面兩句，朱子以為是第三章。

朱熹章句　中庸者，不偏不倚、無過不及，而平常之理，乃天命所當然，精微之極致也。惟君子為能體之，小人反是。

王肅本作「小人之反中庸也」，程子亦以為然。今從之。君子之所以為中庸者，以其有君子之德，而又能隨時以處中也。小人之所以反中庸者，以其有小人之心，而又無所忌憚也。蓋中無定體，隨時而在，是乃平常之理也。君子知其在我，故能戒謹不睹、恐懼不聞，而無時不中。小人不知有此，則肆欲妄行，而無所忌憚矣。

朱熹章句　鮮，上聲。下同。過則失中，不及則未至，故惟中庸之德為至。然亦人所同得，初無難事，但世教衰，民不興行，故鮮能之，今已久矣。論語無能字。

子曰：「道之不行也，我知之矣。知者過之，愚者不及也。道之不明也，我知之矣。賢者過之，不肖者不及也。人莫不飲食也，鮮能知味也。」

廣解《　「知，」同智。「鮮，」上聲。「道」是做人之道，指「中庸」而言。聰明的人，以為中庸之道，太平常而不肯行；愚笨的人，智力有所不及，又不能行中庸之道；所以道不行了。賢德的人，以為中庸的道理太平常，不必加以闡明；不肖的人，又不求了解其意義；所以道不明了。但是中庸為人人所共由之道，不可須臾離，如人的飲食一般，故又以飲食為喻。雖然沒一個人不飲食，但能真正知味的卻很少呢！按四書辨疑說此段「行」「明」二字當互易。因為「知」「愚」就「知」言，「賢」「不肖，」就「行」言；二字互易，意更明白。司馬光與王安石書全引此段，正「行」「明」二字互易。王安石書李文公集後蘇軾中庸論皆引此文，作「道之不行，我知之矣；賢者過之，不肖者不及也。」

上面一段，朱子以為是第四章。

朱熹章句　知者之知，去聲。道者，天理之當然，中而已矣。知愚賢不肖之過不及，則生稟之異而失其中也。知者知之過，既以道為不足行；愚者不及知，又不知所以行，此道之所以常不行也。賢者行之過，既以道為不足知；不肖者不及行，又不求所以知，此道之所以常不明也。道不可離，人自不察，是以有過不及之弊。

子曰：「道其不行矣夫！」

廣解《　「夫，」音扶，與今語所用的「吧」字同。

上面一句，朱子以為是第五章。

朱熹章句　夫，音扶。由不明，故不行。

子曰：「舜其大知也與！舜好問而好察邇言，隱惡而揚善。執其兩端，用其中於民，其斯以爲舜乎！」

廣解《

「知，」同智。「與，」同歟。「好，」去聲。「舜其大知也與，」是孔子歎美舜的話。「邇言」就是淺近平凡之言，或左右親近之言；在平常人，不是忽視牠，就先入易中而為牠所蔽；舜則必細察之。「好問，」就是論語所說的「不恥下問，」「以能問於不能，以多問於寡；」「察邇言，」含有詩經「詢于芻蕘」和孟子「善知言」的兩層意思。既問之，既察之，又隱其惡而揚其善；其有過或不及，則執其兩端，折衷而用之，以求合乎中庸之道。舜之所以為舜，舜之所以為大智，就是因此。孟子說舜「取諸人以為善，」也是指此而言。

上面一段，朱子以為是第六章。

朱熹章句

知，去聲。與，平聲。好，去聲。舜之所以為大知者，以其不自用而取諸人也。邇言者，淺近之言，猶必察焉，其無遺善可知。然於其言之未善者則隱而不宣，其善者則播而不匿，其廣大光明又如此，則人孰不樂告以善哉。兩端，謂眾論不同之極致。蓋凡物皆有兩端，如小大厚薄之類，於善之中又執其兩端，而量度以取中，然後用之，則其擇之審而行之至矣。然非在我之權度精切不差，何以與此。此知之所以無過不及，而道之所以行也。

子曰：「人皆曰『予知』；驅而納諸罟擭陷阱之中而莫之知辟*也。人皆曰『予知』；擇乎中庸而不能期月守也。」

廣解《

「予知」之「知，」同智。罟，音古。擭，音畫。罟，是捕魚鳥的網；擭，是捕獸的機檻；陷阱，是捕獸的陷坑，辟，同避。期，音基；期月，匝月。人人都說自己聰明，而被人驅入罟擭陷阱之中，卻不曉得避免；人人都說自己聰明，而自己

朱熹章句

予知之知，去聲。罟，音古。擭，胡化反。阱，才性反。辟，避同。期，居之反。罟，網也；擭，機檻也；陷阱，坑坎也；皆所以掩取禽獸者也。擇乎中庸，辨別眾理，以求所謂中庸，即上章好問用中之事也。期月，匝一月也。言知禍而不知辟，以況能擇而不

所選的中庸之道，竟守不到一個月之久；這樣，還能說自己是個聰明人嗎？前二句是賓；後二句是主。

上面一段，朱子以為是第七章。

能守，皆不得為知也。

子曰：「回之爲人也，擇乎中庸得一善，則拳拳服膺而弗失之矣。」

廣解《 回，孔子弟子顏回，字淵。拳拳，奉持弗失的樣子。服膺，存在心中。上章孔子歎一般人不能常守中庸之道；此章卻舉出弟子顏淵的做人，擇乎中庸之道，得了一句善言，一件善行，就能奉持弗失，常常記在心裏。

上面一段，朱子以為是第八章。

朱熹章句 回，孔子弟子顏淵名。拳拳，奉持之貌。服，猶著也。膺，胸也。奉持而著之心胸之間，言能守也。顏子蓋真知之，故能擇能守如此，此行之所以無過不及，而道之所以明也。

子曰：「天下國家可均也，爵祿可辭也，白刃可蹈也，中庸不可能也。」

廣解《 「均，」作平治解。天下國家雖大，也有方法可以平治；高爵厚祿雖可戀，也不難辭掉；白晃晃的刀雖可怕，也可以有衝上去的時候；只有那中庸之道，卻是不容易做得到的。

上面一段，朱子以為是第九章。

朱熹章句 均，平治也。三者亦知仁勇之事，天下之至難也，然不必其合於中庸，則質之近似者皆能以力為之。若中庸，則雖不必皆如三者之難，然非義精仁熟，而無一毫人欲之私者，不能及也。三者難而易，中庸易而難，此民之所以鮮能也。

子路問強。子曰：「南方之強與*？北方之強與*？抑而強與*？寬柔以教，不報無道，南方之強也；君子居之。衽金革，死而不厭，北方之強也，而強者居之。故君子和而不流，強哉矯；中立而不倚，強哉矯；國有道，不變塞焉，強哉矯；國無道，至死不變，強哉矯！」

廣解《

與，同歟。「而」同「爾。」子路，孔子弟子字仲由。好勇，所以問孔子怎麼叫做「強。」孔子答道：「你問的是南方人的強呢？北方人的強呢？還是你自己的強呢？」「寬柔以教，」是說把寬宏大量柔和容忍的道理去教人。「不報無道，」是說即使人家以無道待我，我也不懷報復之心。這是「南方之強。」「衽」作帶著解。金革，就是刀槍甲冑之類，是說著了甲冑，帶了刀槍，和人去作戰，即使死了也不以為厭恨。這是「北方之強。」南方之強，是君子所居；北方之強，則是你們強者所居。「強哉矯，」是形容強者武勇的神氣。「和而不流，」是說以和待人卻不為流俗所移。「中立而不倚，」是說守中庸之道，而無所偏倚。就是「窮，」指未達之時而言。國有道，則雖達而在上，仍不變其未達時之所守；這就是孟子所謂「富貴不能淫。」國無道，則雖困窮危險，甚而至於死亡，寧可殺身成仁，舍生取義，亦不變其平生之所守；這就是孟子所謂「貧賤不能移，威武不能屈。」這才可說是君子之強。

上面一段，朱子以為是第十章。

朱熹章句

子路，孔子弟子仲由也。子路好勇，故問強。與，平聲。抑，語辭。而，汝也。

寬柔以教，謂含容巽順以誨人之不及也。不報無道，謂橫逆之來，直受之而不報也。南方風氣柔弱，故以含忍之力勝人為強，君子之道也。

衽，席也。金，戈兵之屬。革，甲冑之屬。北方風氣剛勁，故以果敢之力勝人為強，強者之事也。

此四者，汝之所當強也。矯，強貌。詩曰「矯矯虎臣」是也。倚，偏著也。塞，未達也。國有道，不變未達之所守；國無道，不變平生之所守也。此則所謂中庸之不可能者，非有以自勝其人欲之私，不能擇而守也。君子之強，孰大於是。夫子以是告子路者，所以抑其血氣之剛，而進之以德義之勇也。

子曰：「素隱行怪，後世有述焉，吾弗爲之矣。君子遵道而行，半途而廢；吾弗能已矣。君子依乎中庸，遯世不見知而不悔，唯聖者能之。」

朱熹章句　素，按漢書當作索，蓋字之誤也。索隱行怪，言深求隱僻之理，而過為詭異之行也。然以其足以欺世而盜名，故後世或有稱述之者。此知之過而不擇乎善，行之過而不用其中，不當強而強者也，聖人豈為之哉！遵道而行，則能擇乎善矣；半途而廢，則力之不足也。此其知雖足以及之，而行有不逮，當強而不強者也。已，止也。聖人於此，非勉焉而不敢廢，蓋至誠無息，自有所不能止也。不為索隱行怪，則依乎中庸而已。不能半途而廢，是以遯世不見知而不悔也。此中庸之成德，知之盡、仁之至、不賴勇而裕如者，正吾夫子之事，而猶不自居也。故曰唯聖者能之而已。

廣解《　朱子注：「素，按漢書當作索。蓋字之誤也。」按漢書藝文志方技略引此「素」作「索」；顏師古注，以「求索隱暗」釋之。故朱注又說：「索隱行怪，言深求隱僻之理，而過為詭異之行也。」「索隱」是好為非常之行，就是上文的「知者過之」；「行怪」是好為非常之行，就是上文的「賢者過之。」倪思中庸集義則不以朱子的改「素」字為「索」字為然。他說，「素」即是「平素」「素常」之意，與下文「素其位而行」之「素」字同義。「素隱」是以隱居為素常。則「素隱行怪，」正指老莊派之退隱曲全，寧為曳尾之龜，斷尾之雞，陳仲子之食李三咽，食鶃一哇之類。後世雖亦有稱述之者，我卻是不做的。還有些君子，本是遵著中庸之道而行，做到半路，又自己廢棄了。我卻不能這樣地隨意廢止的。總之，「素隱行怪」的是太過；「半途而廢」的是不及；君子則始終依著中庸之道做去，雖因此而不為世用，遯跡山林，無人知我，也不悔恨。這只有聖人做得到啊！

上面一段，朱子以為是第十一章。又說：「子思所引夫子之言，以明首章之義者，止此。蓋此篇大旨，以智仁勇三達德為入道之門，故於篇首，即以大舜、顏淵、子路之事明之。舜，知也；顏淵，仁也；子路，勇也。三者廢其一，則無以造道而成德矣。」總之以上數章，都在反覆說明中庸的難能可貴。

君子之道，費而隱。夫婦之愚，可以與*知焉，及其至也，雖聖人亦有所不知焉；夫婦之不肖，可以能行焉；及其至也，雖聖人亦有所不能焉。天地之大也，人猶有所憾。故君子語大，天下莫能載焉；語小，天下莫能破焉。詩云：「鳶飛戾天，魚躍於淵。」言其上下察也。君子之道，造端乎夫婦；及其至也，察乎天地。

廣解《

「與，」去聲，參預也。朱子說：「費，用之廣也。隱，體之微也。」君子之道，其用很廣大，而其體則極微妙。就其大體而論，則一般愚夫愚婦都能預聞知道。至於精微深妙之處，雖聖人也有所不知。就其一端而論，一般愚夫愚婦能夠做的，如要做到精微深妙之處，則雖聖人也有所不能！「天地之大，人猶有所憾」者，如雨暘寒暑不時之類。道則至大無外，故天下莫能載；至小無內，故天下莫能破；一般人如何能完全知道，完全履行呢？所引詩經，見大雅旱麓篇。王引之說：「廣雅云：『察，至也。』此引詩以明君子之道之大，上至於天，下至於地也。」（見經義述聞。）管子內業篇：

朱熹章句

費，符味反。費，用之廣也。隱，體之微也。與，去聲。

君子之道，近自夫婦居室之間，遠而至於聖人天地之所不能盡，其大無外，其小無內，可謂費矣。然其理之所以然，則隱而莫之見也。蓋可知可能者，道中之一事，及其至而聖人不知不能。則舉全體而言，聖人固有所不能盡也。侯氏曰：「聖人所不知，如孔子問禮問官之類；所不能，如孔子不得位、堯舜病博施之類。」愚謂人所憾於天地，如覆載生成之偏，及寒暑災祥之不得其正者。

鳶，余專反。詩大雅旱麓之篇。鳶，鴟類。戾，至也。察，著也。子思引此詩以明化育流行，上下昭著，莫非此理之用，所謂費也。然其所以然者，則非見聞所及，所謂隱也。故程子曰：「此一節，子思喫緊為人處，活潑潑地，讀者其致思焉。」結上文。

「上察於天，下極於地。」「察」字亦作「至」字解。道之初步，夫婦可以與知，可以能行，故曰「造端乎夫婦。」及其至極，則上至於天，下至於地，故曰「察乎天地。」

上面一段，朱子以為是第十二章。是子思之言，申明首章道不可離之意。

子曰：「道不遠人；人之爲道而遠人，不可以爲道。詩云：「伐柯伐柯，其則不遠。」執柯以伐柯，睨而視之，猶以爲遠。故君子以人治人，改而止。

廣解《

上面說過：「率性之謂道。」道即是人道，在日常生活之中，而不可須臾離者，故曰：「道不遠人。」若人之為道而遠於人生，遠於人情，便不是人道了。所引詩經，見豳風伐柯篇。「柯，」就是斧柄。「則，」作法則榜樣解。「睨，」是斜著眼看。伐柯，是砍木頭作斧柄。執著斧柄，去砍木頭；這木頭，也是拿來做斧柄的。我們如果要曉得所砍的木頭的長短粗細，只要看他手裏執著的斧柄怎樣就好了。現在砍木頭的人，不看手裏的斧柄，卻斜著眼睛去看別的地方，要找斧柄的樣子，豈不是大笑話嗎？故君子以人治人，能改即止；其所以治人者，都是一般人所與知而能行的。這就是張載所說「以眾人望人則易從」的意思。

朱熹章句

道者，率性而已，固眾人之所能知能行者也，故常不遠於人。若為道者，厭其卑近以為不足為，而反務為高遠難行之事，則非所以為道矣。睨，研計反。

詩豳風伐柯之篇。柯，斧柄。則，法也。睨，邪視也。言人執柯伐木以為柯者，彼柯長短之法，在此柯耳。然猶有彼此之別，故伐者視之猶以為遠也。若以人治人，則所以為人之道，各在當人之身，初無彼此之別。故君子之治人也，即以其人之道，還治其人之身。其人能改，即止不治。蓋責之以其所能知能行，非欲其遠人以為道也。張子所謂「以眾人望人則易從」是也。

「忠恕違道不遠，施諸己而不願，亦勿施於人。

廣解《　論語，曾子說：「夫子之道，忠恕而已矣。」就是「忠恕違道不遠」的意思。朱注說：「盡己之心為忠，推己及人為恕。」「忠」就積極方面說，「恕」就消極方面說；其實是一貫的。論語所說：「己欲立而立人，己欲達而達人，」是「忠；」「我不欲人之加諸我也，我亦欲無加諸人，」是「恕。」大學所說：「老吾老以及人之老，幼吾幼以及人之幼，」是「忠；」「所惡於上，無以使下，所惡於下，無以事上……，」是「恕。」所謂「忠恕，」就是大學的「絜矩之道。」上文所說的「以人治人，」亦就是「忠恕」而已。

朱熹章句　盡己之心為忠，推己及人為恕。違，去也，如春秋傳「齊師違谷七里」之違。言自此至彼，相去不遠，非背而去之之謂也。道，即其不遠人者是也。施諸己而不愿亦勿施於人，忠恕之事也。以己之心度人之心，未嘗不同，則道之不遠於人者可見。故己之所不欲，則勿以施之於人，亦不遠人以為道之事。張子所謂「以愛己之心愛人則盡仁」是也。

「君子之道四，丘未能一焉：所求乎子以事父，未能也；所求乎臣以事君，未能也；所求乎弟以事兄，未能也；所求乎朋友先施之，未能也。庸德之行，庸言之謹；有所不足，不敢不勉；有餘不敢盡。言顧行，行顧言，君子胡不慥慥爾！」

廣解《　丘、孔子的名。以所求乎子者事父，以所求乎臣者事君，以所求乎弟者事兄，以所求乎朋友者先施之於朋友：這四者都是「君子之道。」大學論「絜矩之道」一節，是就消極方面說；此節論「君子之道，」則就積極方面說；可以互

朱熹章句　子、臣、弟、友，四字絕句。求，猶責也。道不遠人，凡己之所以責人者，皆道之所當然也，故反之以自責而自修焉。庸，平常也。行者，踐其實。謹者，擇其可。德不足而勉，則行益力；言有餘而訒，則謹益至。謹之至則言顧行矣；行之力則行顧言矣。慥慥，篤實貌。言君子之言行如此，豈不慥慥乎，贊美之

相發明。自己說未能做到一樣，是他老先生自謙的話。孔子又說：我只是實踐平常的道德，謹守平常的言論。行為方面，自己覺得欠缺的，不敢不勉勵；言論方面，雖然自覺有餘，卻不敢盡言。這就是論語所說「欲訥於言而敏於行，」「言之不出，恥躬之不逮」的意思。廣雅：「慥，言行急也。」「慥慥」猶「蹙蹙，」「汲汲，」黽勉不敢緩之意。（王引之經義述聞說。）因為言要顧到行，故不可不謹；行要顧到言，故不敢不勉。君子怎麼不汲汲地自勉呢！朱子說：「慥慥，篤實貌。言『君子之言行如此，豈不慥慥乎，』贊美之也。」義亦可通。

上面三段，朱子以為是第十三章。

君子素其位而行，不願乎其外。素富貴，行乎富貴；素貧賤，行乎貧賤。素夷狄，行乎夷狄。素患難，行乎患難。君子無入而不自得焉。

廣解《 素，是「現在」的意思。君子做人，在怎樣的地位，就怎樣做法。不希望做地位以外的事，在富貴的地位，就照富貴地位去做人；在貧賤的地位，就照貧賤地位去做人；就是在夷狄的地位，也就照夷狄的地位去做人；在患難的地位，也照患難的地位去做人。君子不論在什麼地位，都是隨遇而安，悠然自得，不作非分之望，所以能「無入而不自得焉。」

也。凡此皆不遠人以為道之事。張子所謂「以責人之心責己則盡道」是也。

朱熹章句 素，猶見在也。言君子但因見在所居之位而為其所當為，無慕乎其外之心也。難，去聲。此言素其位而行也。

在上位不陵下；在下位不援上。正己而不求於人，則無怨；上不怨天，下不尤人。故君子居易以俟命，小人行險以徼幸。子曰：「射有似乎君子；失諸正鵠，反求諸其身。」

廣解

此段是作中庸的人所加的話。在上等的地位，不欺陵下面的人；在下面的地位，不攀援上面的人。一個人只要自己規規矩矩地做去，一概不求人，自然沒有什麼怨望，上不致怨天，下不致尤人了。君子素其位而行，不願乎其外，無入而不自得，故能安心居於平易的地位，以待天命的到來。小人卻要冒險鑽營，妄求富貴，希望幸而偶然得到也。徼，平聲，求也。幸是不當得而偶然得之者。末了又引孔子的話以譬喻明之。古代射時所張的箭靶，叫做「侯。」侯之中，縫上一塊皮，叫做「鵠。」鵠之中，畫著一個中心，叫做「正。」「失諸正鵠，」就是射不著侯中的正鵠。射不著正鵠，不怨別的，只是反求諸己，怨自己的身子不正而已。這一點，卻有似乎君子做人之道。

上面兩段，朱子以為是第十四章。

朱熹章句

援，平聲。

此言不愿乎其外也。易，去聲。易，平地也。居易，素位而行也。俟命，不願乎外也。徼，求也。幸，謂所不當得而得者。正，音征。鵠，工毒反。畫布曰正，棲皮曰鵠，皆侯之中，射之的也。子思引此孔子之言，以結上文之意。

君子之道，辟*如行遠必自邇，辟如登高必自卑。詩曰：「妻子好合，如鼓瑟琴。兄弟既翕，和樂且耽；宜爾室家，樂*爾妻帑。」子曰：「父母其順矣乎！」

廣解《

「辟如，」和「譬如」相同。邇，作近解，和遠字相對。卑，作低解，和高字相對。「行遠自邇，登高自卑，」就是上文「造端乎夫婦，」大學「治國必先齊家，」詩經「刑于寡妻，至于兄弟，以御于家邦」的意思。故本段全就家庭方面說。所引詩經，見小雅棠棣篇。「如鼓瑟琴」是以瑟琴喻其和諧。翕，就是合。樂音洛。也是耽歡樂的意思。妻孥，就是妻子。妻子和好，兄弟投合，室家一定很相宜，妻子一定很歡樂了。孔子讀了這詩便歎道：「果然能夠這樣，他的父母，一定也很樂意了啊！」

上面一段，朱子以為是第十五章。

朱熹章句

辟、譬同。好，去聲。耽，詩作湛，亦音耽。樂，音洛。詩小雅常棣之篇。鼓瑟琴，和也。翕，亦合也。耽，亦樂也。帑，子孫也。夫子誦此詩而贊之曰：人能和於妻子，宜於兄弟如此，則父母其安樂之矣。子思引詩及此語，以明行遠自邇、登高自卑之意。

子曰：「鬼神之爲德，其盛矣乎！視之而弗見，聽之而弗聞，體物而不可遺。使天下之人，齊明盛服，以承祭祀，洋洋乎？如在其上，如在其左右。詩曰：「神之格思，不可度思！矧可射思！」夫微之顯，誠之不可揜如此夫！」

廣解《

鬼神，視之弗見，聽之弗聞。但又無乎不在，為物之體，而物所不能遺。齊，同齋字，就是齋戒；明，作潔淨解。鬼神能使天下之人，都齋戒沐浴，整齊衣冠以奉承祭祀；祭祀的時候，又像鬼神在他之上，在他之左右，無不充滿著流動著。所引詩經，見大雅抑篇。格，作來字解。思，語助

朱熹章句

程子曰：「鬼神，天地之功用，而造化之迹也。」張子曰：「鬼神者，二氣之良能也。」愚謂以二氣言，則鬼者陰之靈也，神者陽之靈也。以一氣言，則至而伸者為神，反而歸者為鬼，其實一物而已。為德，猶言性情功效。

鬼神無形與聲，然物之終始，莫非陰陽合散之所為，是其

辭。度，入聲。矧作況字解。射，音亦，作厭怠不敬解。詩經作「斁。」鬼神來享受祭祀，無形無聲，不可意度，又何況厭怠不敬呢！夫音扶。揜同掩。此段是以鬼神喻道，並非專論鬼神。視之弗見，聽之弗聞，就是所聞「隱。」如在其上，如在其左右，體物不遺，無乎不在，就是所謂「費。」老子狀道，嘗說：「視之不見名曰夷，聽之不聞名曰希，搏之不得名曰微；」「無狀之狀，無物之物，是謂恍惚；」「惚兮恍兮，其中有象；恍兮惚兮，其中有物；窈兮冥兮，其中有精；」「周行而不殆，可以為天下母；」也是同一說法。所以末二句說：所謂道者，其微之顯，誠之不可揜，也如此吧！「此」字就指上文所說的「鬼神之德。」

上面一段，朱子以為是第十六章。按以上五章，旨在說明君子之道，用費體隱，而又不遠乎人，仍是申明首章之意。

為物之體，而物所不能遺也。其言體物，猶易所謂幹事。

齊，側皆反。

齊之為言齊也，所以齊不齊而致其齊也。明，猶潔也。洋洋，流動充滿之意。能使人畏敬奉承，而發見昭著如此，乃其體物而不可遺之驗也。孔子曰：「其氣發揚于上，為昭明焄蒿悽愴。此百物之精也，神之著也」，正謂此爾。

度，待洛反。射，音亦，詩作斁。詩大雅抑之篇。格，來也。矧，況也。射，厭也，言厭怠而不敬也。思，語辭。夫，音扶。

誠者，真實無妄之謂。陰陽合散，無非實者。故其發見之不可揜如此。

子曰：「舜其大孝也與*！德爲聖人，尊爲天子，富有四海之內，宗廟饗之，子孫保之。故大德必得其位，必得其祿，必得其名，必得其壽。故天之生物，必因其材而篤焉。故栽者培之，傾者覆之。

廣解《

「與，」同歟。孔子說：「像舜這樣真是個大孝的人吧！論他的道德，已至聖人之境；論他的地位，已是天子之

朱熹章句

與，平聲。

子孫，謂虞思、陳胡公之屬。舜年百有十歲。材，質也。篤，厚也。栽，植也。氣至而滋息為培，氣反而游散則

貴；論他的富，已有四海之大；死了之後，世世受宗廟的祭饗；他的子孫，又世世代代能保守著。由此可見有大德的聖人，必得尊位，必得大祿，必得高名，必得大壽。因為天之生人物，必因其材質而加厚之。如同樣木一樣，可栽植之材，必加以培溉；將傾倒之樹，始因而斫伐。」

「詩云：『嘉樂*君子，憲憲令德。宜民宜人，受祿于天。保佑命之。自天申之。』故大德者，必受命。」

廣解《 樂，音洛。所引詩經，見大雅假樂篇。嘉，作善字解，詩經作「假。」憲憲，興盛的樣子，詩經作「顯顯。」令德，就是美德。「宜民宜人，」說宜於治理人民。「受祿于天，」說受天祿，作天子。「保佑命之，」說天必保佑他，命他為天子。申，就是重；說天重申其命。孔子既引詩經，又加以斷語道：「所以有大德的人，必受天命。這就是孟子所說：「古之人修其天爵而人爵從之」的意思。

上面兩段，朱子以為是第十七章。

覆。

朱熹章句 詩，大雅假樂之篇。假，當依此作嘉。憲，當依詩作顯。申，重也。受命者，受天命為天子也。

子曰：「無憂者，其惟文王乎！以王季爲父，以武王爲子；父作之，子述之。武王纘大王、王季、文王之緒，壹戎衣而有天下，身不失天下之顯名，尊爲天子，富有四海之內，宗廟饗之，子孫保之。

廣解《

「大」同太。文王姬姓，名昌，殷之諸侯，為西伯。王季名季歷，文王父，武王名發，文王子，滅紂而為天子。王季，文王，武王三代，父親創業，兒子繼志述事。纘便是繼承；緒就是功業。太王，即詩經之古公亶父，王季之父。「壹戎衣」而有天下，說武王一著戎服，他用兵伐紂，便得了天下。按，朱子說「壹戎衣」見尚書武成篇。但今文尚書無武成「壹戎衣」即康誥之「壹戎殷。」鄭玄注本篇說，「衣」讀如「殷。」因為古「依」字作「月，」「殷」字亦從「月」聲。壹同殪，是誅滅之意。戎，作大解。「壹戎殷」就是滅大殷。這是陳喬樅禮記鄭讀考的解法，附錄於此。

朱熹章句

此言文王之事。書言「王季其勤王家」，蓋其所作，亦積功累仁之事也。

大，音泰，下同。

此言武王之事。纘，繼也。大王，王季之父也。書云：「大王肇基王跡。」詩云：「至于大王，實始翦商。」緒，業也。戎衣，甲冑之屬。壹戎衣，武成文，言一著戎衣以伐紂也。

「武王末受命，周公成文、武之德，追王大王、王季，上祀先公以天子之禮。斯禮也，達乎諸侯大夫，及士庶人。父爲大夫，子爲士；葬以大夫，祭以士。父爲士，子爲大夫；葬以士，祭以大夫。期之喪，達乎大夫。三年之喪，達乎天子。父母之喪，無貴賤一也。」

廣解《　期，音基，是週年的意思。末，年老的意思。說武王末年方受命為天子。周公名旦，武王弟，相成王，繼成文王武王之德業。追王，就是追溯上去，把先代加了王號。太王，王季文王的王號，是周公所追加的。先公，是說太王以前的祖宗。「斯禮，」指以天子之禮，祭祀以前的祖宗。從天子到諸侯大夫，及士與百姓，都照這個禮做。所以葬時用死者的爵位行禮，祭時則用其子的爵位行禮。旁系親屬的期年之喪，只到大夫為止，天子諸侯，可以降服。直系親屬的三年之喪，則天子也須遵守。至於父母之喪，則毫無貴賤的分別了。按三年之喪，不盡為父母之喪；嫡孫承重為祖父母，繼立者為先君，天子為后，也都是三年服。故與父母之喪分別而言。詳見王夫之四書稗疏。

上面兩段，朱子以為是第十八章。

子曰：「武王、周公，其達孝矣乎！夫*孝者，善繼人之志，善述人之事者也。春秋修其祖廟，陳其宗器，設其裳衣，薦其時食。

廣解《　達，作通字解。「達孝」猶孟子所謂「達尊；」天下之人通謂之孝，故曰達孝。夫，音扶。善繼志，善述事，指上文武王纘緒，周公成德而言。祖廟，祖宗神位所在的廟；宗器，為先世重要的祭器。裳衣，是祖先穿過的衣服。時食，就

朱熹章句　追王之王，去聲。此言周公之事。末，猶老也。追王，蓋推文武之意，以及乎王迹之所起也。先公，組紺以上至后稷也。上祀先公以天子之禮，又推大王、王季之意，以及於無窮也。制為禮法，以及天下，使葬用死者之爵，祭用生者之祿。喪服自期以下，諸侯絕；大夫降；而父母之喪，上下同之，推己以及人也。

朱熹章句　達，通也。承上章而言武王、周公之孝，乃天下之人通謂之孝，猶孟子之言達尊也。上章言武王纘大王、王季、文王之緒以有天下，而周公成文武之德以追崇其先祖，此繼志述事之大者也。下文又以其所制祭祀之禮，通於上下者言之。祖廟：天子七，諸侯

是四季應時之食物。薦，祭祀時進獻的意思。這是由武王周公，善繼志善述事，說到祭祀也，是子孫不忘先人的意思。

五，大夫三，適士二，官師一。宗器，先世所藏之重器；若周之赤刀、大訓、天球、河圖之屬也。裳衣，先祖之遺衣服，祭則設之以授尸也。時食，四時之食，各有其物，如春行羔、豚、膳、膏、香之類是也。

「宗廟之禮，所以序昭穆也。序爵，所以辨貴賤也。序事，所以辨賢也。旅酬下為上，所以逮賤也。燕毛，所以序齒也。

廣解《　宗廟裏的神位，左邊稱「昭，」右邊稱「穆，」行禮於宗廟，子孫亦以為序。序爵，以官爵的大小為序，所以辨別貴賤。「事，」是宗中行禮時的職事，分別才能，使各司一職，所以說：「辨賢。」旅酬，是眾人同飲酒的意思。逮，作及字解。按禮記郊特牲，儀禮特牲饋食禮，均說使賓弟子、兄弟之子各舉觶於其長，這便是「旅酬。」「下」及「賤，」即指弟子等而言。皆得舉觶，是下為上所酬，是普及於賤者了。燕，同飲宴的宴；毛，同耄，老也。宴老人，以年齡為序。這一節所說，都是宗廟祭祀燕飲的禮節。

朱熹章句　昭，如字。為，去聲。宗廟之次：左為昭，右為穆，而子孫亦以為序。有事於太廟，則子姓、兄弟、群昭、群穆咸在而不失其倫焉。爵，公、侯、卿、大夫也。事，宗祝有司之職事也。旅，眾也。酬，導飲也。旅酬之禮，賓弟子、兄弟之子各舉觶於其長而眾相酬。蓋宗廟之中以有事為榮，故逮及賤者，使亦得以申其敬也。燕毛，祭畢而燕，則以毛髮之色別長幼，為坐次也。齒，年數也。

「踐其位，行其禮，奏其樂，敬其所尊，愛其所親；事死如事生，事亡如事存，孝之至也。

廣解《　「其，」指祖先而言。踐，履也，登也。登先祖之位，行祖先之禮，奏祖先之樂，敬祖先之所尊，愛祖先之所親，奉事已死亡的尊親，如生存時一樣。可說是孝之極了。

朱熹章句　踐，猶履也。其，指先王也。所尊所親，先王之祖考、子孫、臣庶也。始死謂之死，既葬則曰反而亡焉，皆指先王也。此結上文兩節，皆繼志述事之意也。

「郊社之禮，所以事上帝也。宗廟之禮，所以祀乎其先也。明乎郊社之禮、禘嘗之義，治國其如示諸掌乎！」

廣解

郊，是祭天；社，是祭地；祭天地，就是奉事上帝。宗裏所供的是祖先；宗廟之禮，就是祭祀祖先。禘，是天子在宗廟中最重要的大祭。嘗，是每年秋天所行的常祭，如同今人的做七月半。論語八佾篇：「或問禘之說。子曰：『不知也。知其說者之於天下也，其如示諸斯乎！』指其掌。」與本節同意。天地是人之本，祖先是生之本，祭祀天地祖先，同是不忘本，同是一種敬鬼神的誠意。故因孝而述及祭祀祖先，又述及祭祀天地。古代以政治宗教合一，儒家尤重祭祀。祭祀時人人都恭敬誠虔，如有鬼神在上監察一般，為非作惡的念頭，自然沒有了。這是聖人神道設教的本意，可以通於治國。

朱熹章句

郊，祀天。社，祭地。不言后土者，省文也。禘，天子宗廟之大祭，追祭太祖之所自出於太廟，而以太祖配之也。嘗，秋祭也。四時皆祭，舉其一耳。禮必有義，對舉之，互文也。示，與視同。視諸掌，言易見也。此與論語文意大同小異，記有詳略耳。

哀公問政。子曰：「文武之政，布在方策。其人存，則其政舉；其人亡，則其政息。人道敏政，地道敏樹。*夫政也者，蒲盧也。

廣解

哀公是魯國的國君，名蔣。方，就是木版。策，就是竹簡編成的冊子。古時用木版竹簡代紙。方策，即指書籍而言。這是說文王、武王所施行的政事，都載在書籍上面。文

朱熹章句

哀公，魯君，名蔣。方，版也。策，簡也。息，猶滅也。有是君，有是臣，則有是政矣。夫，音扶。敏，速也。蒲盧，沈括以為蒲葦是也。以人立政，猶以地

王、武王存在的時候，一切政事都能舉行。文王、武王死了，他的政事，也就息滅了。這是儒家主張「人治」的說法。敏，是快的意思。夫，音扶。蒲盧是一種容易生長的植物。人道莫敏於政治，地道莫敏於樹植。蒲盧更是容易生長的，故以為政治易見成效之喻。

「故爲政在人，取人以身，修身以道，修道以仁。仁者，人也；親親爲大。義者，宜也；尊賢爲大。親親之殺*，尊賢之等，禮所生也。」

廣解《 人存政舉，人亡政息，故曰「為政在人。」應該怎樣的取人呢？先要看他的本身，能不能修。何以修身，曰道。何以修道，曰仁。孟子盡心篇說：「仁也者，人也。」禮記表記說：「仁者，人也。」「仁」從二人，為人相偶之道，故古書多以「人」釋「仁。」這就是說仁是做人的根本原則。論語學而，有子說：「孝弟也者，其為仁之本與。」孟子盡心篇說：「仁之實，事親是也。」又說：「親親仁也。」儒家言仁，由親及疏，故以「親親」為本。法言重黎篇也說：「事得其宜之為義。」以「宜」訓「義，」取其音義都近。親親是由於情感，尊賢是由於理智，故義以尊賢為大。殺，音所界切。作等差解。先由最親的人，以推之於次親的人，再由次親的人，以推之於疏遠的人，一等一等的推去，叫做「親親之殺。」賢者也有等

種樹，其成速矣，而蒲葦又易生之物，其成尤速也。言人存政舉，其易如此。

朱熹章句 此承上文人道敏政而言也。為政在人，家語作「為政在於得人」，語意尤備。人，謂賢臣。身，指君身。道者，天下之達道。仁者，天地生物之心，而人得以生者，所謂元者善之長也。言人君為政在於得人，而取人之則又在修身。能修其身，則有君有臣，而政無不舉矣。殺，去聲。人，指人身而言。具此生理，自然便有惻怛慈愛之意，深體味之可見。宜者，分別事理，各有所宜也。禮，則節文斯二者而已。

級；最賢者，最宜尊敬；依次推去，叫做「尊賢之等。」「親親之殺，尊賢之等，」是禮所由產生的。

（在下位，不獲乎上，民不可得而治矣。）

廣解《 這三句，鄭玄注應屬於下，此處誤重，應刪。

朱熹章句 鄭氏曰：「此句在下，誤重在此。」

「故君子不可以不修身；思修身，不可以不事親；思事親，不可以不知人；思知人，不可以不知天。

廣解《 這是承上文說的。君子要治國，便「不可以不脩身。」「脩身以道，脩道以仁」而仁以「親親為大，」故「思脩身，不可以不事親。」想以孝事親，必須知尊賢之義，庶幾取友必端，可以輔仁，故「不可以不知人。」人之性，命自天，大道即天理，知人須先知自然之理，故「不可以不知天。」

朱熹章句 為政在人，取人以身，故不可以不修身。修身以道，修道以仁，故思修身不可以不事親。欲盡親親之仁，必由尊賢之義，故又當知人。親親之殺，尊賢之等，皆天理也，故又當知天。

「天下之達道五，所以行之者三曰：君臣也，父子也，夫婦也，昆弟也，朋友之交也，五者，天下之達道也。知、仁、勇，三者，天下之達德也，所以行之者一也。」

廣解《 達道，就是人人共由之路。人與人的關係，無非是君臣，父子，夫婦，兄弟，朋友五種。（現在政體共和，似已無所謂君臣。其實，人民對於一國的領袖，一個機關中的職員對於主管者，仍有廣義的君臣關係。）達德，就是人人應有

朱熹章句 知，去聲。達道者，天下古今所共由之路，即書所謂五典，孟子所謂「父子有親、君臣有義、夫婦有別、長幼有序、朋友有信」是也。知，所以知此也；仁，所以體此也；勇，所以

的德性。知，同智，智慧，仁愛，勇敢，是知情意三種心理作用修養到極處的名稱，是到處要用到最重要的德性。朱子說：「所以行之者一也」的「一」是「誠。」按何孟春訂注的孔子家語「一也」之下，有「一者誠也」句，正與朱子相合。王引之經義述聞說「一」是衍文。「所以行之者也，」正與上文「所以行之者三」相應，不當有「一」字；此因下文「所以行之者一也」句而衍。史記通津侯傳「智、仁、勇，此三者，天下之通德，所以行之者也。」漢書公孫弘傳：「仁、智、勇，三者，所以行之者也。」皆無「一」字。鄭玄禮記注，於下文「所以行之者一也」句注：「一，謂當豫也。」於此句不釋「一」字，則鄭注本無「一」字可知。理由也很充分。

強此也；謂之達德者，天下古今所同得之理也。一則誠而已矣。達道雖人所共由，然無是三德，則無以行之；達德雖人所同得，然一有不誠，則人欲間之，而德非其德矣。程子曰：「所謂誠者，止是誠實此三者。三者之外，更別無誠。」

「或生而知之，或學而知之，或困而知之，及其知之一也。或安而行之，或利而行之，或勉強而行之，及其成功一也。」

廣解《

上智的人，不待教訓學習，自然能知曉；次一等的，須教訓學習，纔能知曉；再次一等的，一時學不會，必須苦苦地學習，纔得知曉。所以就資質說，人可分為三等。三等人雖有高下之別，但到既明曉之後，還是一樣的。至於就實踐說：有的人安然自得地做去，有的人以為有利才去做，有的人是勉強著做的。這三等人，做時雖各不同，但到成功之後，還是一樣的。

朱熹章句

強，上聲。知之者之所知，行之者之所行，謂達道也。以其分而言：則所以知者知也，所以行者仁也，所以至於知之成功而一者勇也。以其等而言：則生知安行者知也，學知利行者仁也，困知勉行者勇也。蓋人性雖無不善，而氣稟有不同者，故聞道有蚤莫，行道有難易，然能自強不息，則其至一也。呂氏曰：「所入之涂雖異，而所至之域則同，此所以為中庸。若乃企生知安行之資為不可幾及，輕困知勉行謂不能有成，此道之所以不明不行也。」

子曰：「好學近乎知*，力行近乎仁，知恥近乎勇。」

廣解

「近乎知」的「知，」同智。此節「子曰」二字，朱子以為是衍文。中庸或問說，孔子家語，「成功一也」之下，還有哀公的說話，所以其下又用「子曰。」今無哀公的問說，而尚有「子曰」二字，所以是衍文。按孔子家語是王肅所造的偽書。朱子據家語以議中庸，怕不妥當。翟灝四書考異說：「按漢書公孫弘傳，此間有「故曰」二字；「子」字或是「故」字之誤。」孔子的意思是說好學雖非「知，」但能求知，即可以破愚，故「近乎知。」力行雖非仁，但能求仁，即足以忘私，故「近乎仁。」知恥雖非勇，但能知恥，即可以起懦，故「近乎勇。」

朱熹章句

「子曰」二字，衍文。好近乎知之知，並去聲。此言未及乎達德而求以入德之事。通上文三知為知，三行為仁，則此三近者，勇之次也。呂氏曰：「愚者自是而不求，自私者殉人欲而忘反，懦者甘為人下而不辭。故好學非知，然足以破愚；力行非仁，然足以忘私；知恥非勇，然足以起懦。」

「知斯三者，則知所以修身；知所以修身，則知所以治人；知所以治人，則知所以治天下國家矣。」

廣解

「斯三者，」指好學，力行，知恥。脩身無非是脩養智，仁，勇，三達德。所以說：「如斯三者，則知所以脩身。」脩身，齊家，治國，平天下，本是一貫的；所以說：「知脩身則知所以治人；知治人，則知所以治天下國家矣。」

朱熹章句

斯三者，指三近而言。人者，對己之稱。天下國家，則盡乎人矣。言此以結上文修身之意，起下文九經之端也。

「凡爲天下國家有九經，曰：修身也，尊賢也，親親也，敬大臣也，體羣臣也，子庶民也，來百工也，柔遠人也，懷諸侯也。

廣解

「為，」就是治理的意思。「九經」，就是九項大綱。「體」就是體恤，朱子所謂「設身處地以察其心。」「子庶民」就是愛民如子。「來，」就是孟子「勞之來之」之「來，」字亦作「勑，」是勸勉的意思。（此王引之經義述聞說，與下文「所以勸百工也」正相應。）朱注說：「柔遠人，所謂『無忘賓旅』者也。」「遠人。」指遠方之人：論語說的「近者悅，遠者來，」孟子說的「天下之旅皆悅而願出於其途，」就是「柔遠人」的效果。

朱熹章句

經，常也。體，謂設以身處其地而察其心也。子，如父母之愛其子也。柔遠人，所謂無忘賓旅者也。此列九經之目也。呂氏曰：「天下國家之本在身，故修身為九經之本。然必親師取友，然後修身之道進，故尊賢次之。道之所進，莫先其家，故親親次之。由家以及朝廷，故敬大臣、體群臣次之。由朝廷以及其國，故子庶民、來百工次之。由其國以及天下，故柔遠人、懷諸侯次之。此九經之序也。」視群臣猶吾四體，視百姓猶吾子，此視臣視民之別也。

「修身則道立，尊賢則不惑，親親則諸父昆弟不怨，敬大臣則不眩，體羣臣則士之報禮重，子庶民則百姓勸，來百工則財用足，柔遠人則四方歸之，懷諸侯則天下畏之。

廣解

上文說「修身以道，」故「修身則道立。」尊賢，則事理明，自然進道而不會惑亂了；敬大臣，則信任專，自然臨事而不昏眩了。體恤羣臣，則才能之士，皆思感恩圖報，而知所以尊敬君上了。愛民如子，百姓必之感動，互相勸勉，以事其上了。勸勉百工，使之製器造物，則生之者眾，為之者疾，財用自然充足了。柔遠人，則四方之人，自然都來歸附了。懷諸侯，則天下各國，都畏服來朝了。這都是說九經的效驗。

朱熹章句

此言九經之效也。道立，謂道成於己而可為民表，所謂皇建其有極是也。不惑，謂不疑於理。不眩，謂不迷於事。敬大臣則信任專，而小臣不得以間之，故臨事而不眩也。來百工則通功易事，農末相資，故財用足。柔遠人，則天下之旅皆悅而願出於其塗，故四方歸。懷諸侯，則德之所施者博，而威之所制者廣矣，故曰天下畏之。

「齊*明盛服，非禮不動，所以修身也。去讒遠色，賤貨而貴德，所以勸賢也。尊其位，重其祿，同其好惡*，所以勸親親也。官盛任使，所以勸大臣也。忠信重祿，所以勸士也。時使薄斂，所以勸百姓也。日省月試，既稟稱事，所以勸百工也。送往迎來，嘉善而矜不能，所以柔遠人也。繼絕世，舉廢國，治亂持危，朝聘以時，厚往而薄來，所以懷諸侯也。凡為天下國家有九經，所以行之者一也。

廣解

上面說九經的效驗，這段說施行九經的方法。「齊」同齋，齋戒的意思。「明」是潔淨，盛服，大禮服。「讒」是專說人家壞話的讒人；「色」指女色。貨，就是財貨。德，就是道德。勸，是獎勵的意思。「尊其位，重其祿，」就是孟子所說「親之欲其貴，愛之欲其富」的意思。「好」「惡」皆去聲。古代同姓貴族，為一國重望所繫，故須「同其好惡。」「勸親親，」是以「親親」為天下倡。「官盛任使，」是說大臣當使屬員盛多，聽其任使，這是勸勉大臣的方法。「忠信重祿，」是說勉士以忠信之行，又給以重祿，這是勸勉士人的道理。「時使」就是論語的「使民以時」使百姓服公役當在農事空閒的時候；「薄斂，」就是減輕糧稅，廢除苛捐雜稅；這是勸勉百姓的方法。「省」是視察，「試」是考驗。「既」同「槩，」同「餼。」「既稟，」是公家發給的糧食。稱，去聲，是相當的意

朱熹章句

齊，側皆反。去，上聲。遠、好、惡、斂，並去聲。既，許氣反。稟，彼錦、力錦二反。稱，去聲。朝，音潮。

此言九經之事也。官盛任使，謂官屬眾盛，足任使令也，蓋大臣不當親細事，故所以優之者如此。忠信重祿，謂待之誠而養之厚，蓋以身體之，而知其所賴乎上者如此也。既，讀曰餼。餼稟，稍食也。稱事，如周禮稾人職，曰「考其弓弩，以上下其食」是也。往則為之授節以送之，來則豐其委積以迎之。朝，謂諸侯見於天子。聘，謂諸侯使大夫來獻。王制「比年一小聘，三年一大聘，五年一朝」。厚往薄來，謂燕賜厚而納貢薄。一者，誠也。一有不誠，則是九者皆為虛文矣，此九經之實也

思。對於百工的工作，當日省月試，視其勤惰上下，為所給既稟多少的標準；這是勸勉百工的方法。遠方的人過境，去的送他，來的迎他；有善行的嘉獎他，才能薄弱的矜恤他；這是懷柔遠人的道理。諸侯之國，有世系已絕的，使得繼續，國事已廢的，使得振興；他們國內若有亂事，當為之治平；若有危險，當為之扶持；朝天子以聘各國，當使之依一定的時期；至於幣帛，送來的不妨薄，送去的必須豐厚；這是懷諸侯的方法。以上所說，是治天下國家的九項大綱的辦法，所以「所以行之者」卻只有個「誠」字。如其不誠，則雖有種種辦法，都變成虛文故事了。鄭玄注說：「一謂當豫也。」所當豫者，就是這個「誠。」（齊召南中庸注疏考證說。）鄭朱二家之意，仍是相通的。

「凡事，豫則立，不豫則廢。言前定，則不跲；事前定，則不困；行前定，則不疚；道前定，則不窮。

廣解《

「豫，」就是準備的意思。凡百事體，都要先有準備，然後能做得成功。如果沒有豫備，必致廢敗而無所成。「跲，」音頰，朱注云：「躓也。」躓就是蹶倒的意思。俞樾羣經平議據張參五經文字，說當作「佮，」就是老子「將欲翕之」的「翕」字，是閉塞的意思。譬如演說辯論，必須先把

朱熹章句

跲，其劫反。行，去聲。凡事，指達道達德九經之屬。豫，素定也。跲，躓也。疚，病也。此承上文，言凡事皆欲先立乎誠，如下文所推是也。

要說的話豫先備好，才不至於理由站不住，也不至格格不吐了。做事也是如此，把步驟豫先定好，方不會感到困難。「疚，」就是論語「內省不疚」的疚，是慚愧悔恨的意思。一切行為，也須豫先加以思考決定，才不會慚愧悔恨；這就是論語「行寡悔」的意思。推而至於做人之道，也須豫先定妥，則不致於行不通。凡事有誠心去做，才能豫先準備；如果沒有誠心，隨隨便便的做事，就毫無豫備了。

「在下位，不獲乎上，民不可得而治矣。獲乎上有道，不信乎朋友，不獲乎上矣。信乎朋友有道，不順乎親，不信乎朋友矣。順乎親有道，反諸身不誠，不順乎親矣。誠身有道，不明乎善，不誠乎身矣。

廣解

在下位的人，不能獲得上面的信任，則百事掣肘，不能治百姓了。要獲得上面的信任，必須對朋友先有信用；對朋友沒有信用，必不能獲得上面的信任的。要對朋友有信用，須先能孝順自己的雙親；如果雙親尚不能孝順，就不能使朋友相信了。孝順雙親，先要反省自己做人是不是誠實；不誠實，則對雙親也都出以虛偽，怎麼說得上孝順呢？要誠實，又必須心中真能明白善惡；對於善惡還不明白，如何能誠實呢？這一段說「明善誠身」為「治民」之本，和大學以「致知」「誠意」為「治平」之本，是同一道理。

朱熹章句

此又以在下位者，推言素定之意。反諸身不誠，謂反求諸身而所存所發，未能真實而無妄也。不明乎善，謂未能察於人心天命之本然，而真知至善之所在也。

「誠者，天之道也。誠之者，人之道也。誠者，不勉而中*，不思而得，從容中*道，聖人也。誠之者，擇善而固執之者也。

廣解《 天道運行，真實無妄，至公無私，所以說：「誠者，天之道也。」人既受天命之性以生，自不能違背天道，而求所以「誠之，」所以說：「誠之者，人之道也。」從，七容反：「從容，」不勉強的意思。聖人自然合於天道，故不必勉強，自能合乎中和。「進而知之，」故不思而得「安而行之，」故從容中道。至於常人，揀定好的行為，堅執著做去了，所謂「擇善而固執之，」就是上文所說「擇乎中庸，得一善，則拳拳服膺，而弗失之」的意思。按朱注說：「中，並去聲。」似兩「中」字都作「合」字解。但答徐彥章書又說：「「不勉而中」之中，以未發言，恐未妥。此「中」字卻是發而無過不及之「中」。」則兩「中」字當如本字讀平聲了。既非「生知，」故須「擇善；」不能「安行，」故須「固執。」

朱熹章句 中，並去聲。從，七容反。此承上文誠身而言。誠者，真實無妄之謂，天理之本然也。誠之者，未能真實無妄，而欲其真實無妄之謂，人事之當然也。聖人之德，渾然天理，真實無妄，不待思勉而從容中道，則亦天之道也。未至於聖，則不能無人欲之私，而其為德不能皆實。故未能不思而得，則必擇善，然後可以明善；未能不勉而中，則必固執，然後可以誠身，此則所謂人之道也。不思而得，生知也。不勉而中，安行也。擇善，學知以下之事。固執，利行以下之事也。

「博學之，審問之，慎思之，明辨之，篤行之。有弗學，學之弗能弗措也；有弗問，問之弗知弗措也；有弗思，思之弗得弗措也；有弗辨，辨之弗明弗措也；有弗行，行之弗篤弗措也；人一能之，已百之；人十能之，已千之。果能此道矣，雖愚必明，雖柔必強。」

廣解

這一段是承上文「擇善固執」而言。怎樣擇善固執以誠之呢？這要從學問思辨行為上著力了。

「措，」是丟在一邊就此作罷的意思。除非不學；既學了，不到學識淵博，決不肯便罷；除非不去問人；既問人，不到完全明白，決不肯便罷；除非不去思想，既思想了，非到想出道理來，決不便罷；除非不去辨別；既辨別了，非到是非得失完全明白，決不便罷；除非不去做，既做了，非到切切實實的做出成績來，決不便罷。

人家學了一遍就會了，我就學他一百遍；人家學十回就會了，我就學他一千回。一個人果然能夠這樣方法做，即使是個呆笨的人，也聰明起來了；是個柔弱的人，也剛強起來了。

上面十四段，朱子以為是第二十章。

朱熹章句

此誠之之目也。學、問、思、辨，所以擇善而為知，學而知也。篤行，所以固執而為仁，利而行也。程子曰：「五者廢其一，非學也。」君子之學，不為則已，為則必要其成，故常百倍其功。此困而知，勉而行者也，勇之事也。明者擇善之功，強者固執之效。呂氏曰：「君子所以學者，為能變化氣質而已。德勝氣質，則愚者可進於明，柔者可進於強。不能勝之，則雖有志於學，亦愚不能明，柔不能立而已矣。蓋均善而無惡者，性也，人所同也；昏明強弱之稟不齊者，才也，人所異也。誠之者所以反其同而變其異也。夫以不美之質，求變而美，非百倍其功，不足以致之。今以鹵莽滅裂之學，或作或輟，以變其不美之質，及不能變，則曰天質不美，非學所能變。是果於自棄，其為不仁甚矣！」

自誠明，謂之性。自明誠，謂之教。誠則明矣；明則誠矣。

廣解《 自誠而明，即上文之「不思而得，從容中道，」自然合於天道，這全然是從天性而來的，所以說：「自誠明，謂之性。」自明而誠，即上文之由「明善」而「誠身，」這是從努力於學問思辨而得的，所以說「自明誠，謂之教。」前者是「生知安行，」從本以沿流；後者是「學知利行，」「困知勉行，」由流以溯源。但到了成功以後，還是一樣的，所以說：「誠則明矣；明則誠矣。」

上面一段，朱子以為是第二十一章。

朱熹章句 自，由也。德無不實而明無不照者，聖人之德。所性而有者也，天道也。先明乎善，而後能實其善者，賢人之學。由教而入者也，人道也。誠則無不明矣，明則可以至於誠矣。

唯天下至誠，爲能盡其性；能盡其性，則能盡人之性；能盡人之性，則能盡物之性；能盡物之性，則可以贊天地之化育；可以贊天地之化育，則可以與天地參矣。

廣解《 人之性，命自天，而誠是天道，故惟至誠的聖人，才能盡自己的性。人和人，所命於天的性，都是一樣的；所以說：「能盡其性，則能盡人之性。」更推而廣之，則「能盡人之性」者，亦「能盡物之性」了。天地間森羅萬象，無非是物；既能盡物之性，則我與天地合一，「可以贊天地之化育」了。可以贊天地之化育，則可以與天地並立了。這就是首章「致中和，天地位焉，萬物育焉」的意思。張載西銘所說的「乾父坤

朱熹章句 天下至誠，謂聖人之德之實，天下莫能加也。盡其性者德無不實，故無人欲之私，而天命之在我者，察之由之，巨細精粗，無毫髮之不盡也。人物之性，亦我之性，但以所賦形氣不同而有異耳。能盡之者，謂知之無不明而處之無不當也。贊，猶助也。與天地參，謂與天地並立為三也。此自誠而明者之事也。

母，民胞物與；」陸象山所說的「宇宙便是吾心，吾心即是宇宙；」也是這個道理。這是儒家最偉大的哲學理想。

上面一段，朱子以為是第二十二章。

其次致曲，曲能有誠，誠則形，形則著，著則明，明則動，動則變，變則化，唯天下至誠爲能化。

朱熹章句　其次，通大賢以下凡誠有未至者而言也。致，推致也。曲，一偏也。形者，積中而發外。著，則又加顯矣。明，則又有光輝發越之盛也。動者，誠能動物。變者，物從而變。化，則有不知其所以然者。蓋人之性無不同，而氣則有異，故惟聖人能舉其性之全體而盡之。其次則必自其善端發見之偏，而悉推致之，以各造其極也。曲無不致，則德無不實，而形、著、動、變之功自不能已。積而至於能化，則其至誠之妙，亦不異於聖人矣。

廣解　上段說的是聖人；這裏說的是賢人。「其次，」是次於聖人一等的意思。「曲，」指細微的偏於一方面事情。致，作用心去做，一點不放鬆的意思。細微的一方面的事，都能做到誠的地步，則「誠於中，必形於外，」所以說：「誠則形，形則著，著則明。」「明則動」是說：能感動眾人。「動則變，變則化」兩句，是說感動眾人之後，全社會，全人類，自能改變惡習，化成善俗了。這些都是由至誠而來的，所以說：「唯天下至誠為能化。」按康有為中庸注說：「『誠，』有諸己之信也；『形，』『著，』充實之美也；『明，』『動，』充實而有光輝之大也；『變，』『化，』大而化之之聖也。」康氏用孟子盡心篇語，就自身道德之進步言，說亦可通。

上面一段，朱子以為是第二十三章。

至誠之道，可以前知。國家將興，必有禎祥；國家將亡，必有妖孽。見乎蓍龜，動乎四體。禍福將至：善，必先知之；不善，必先知之。故至誠如神。

朱熹章句　見，音現。

禎祥者，福之兆。妖孽者，禍之萌。蓍，所以筮。龜，所以卜。

四體，謂動作威儀之閒，如執玉高卑，其容俯仰之類。凡此皆理之先見者也。然惟誠之至極，而無一毫私偽留於心目之間者，乃能有以察其幾焉。神，謂鬼神。

廣解《　禎祥是吉兆，妖孽是凶兆。蓍，是一種靈草，古用以筮；龜，古用以卜。四體，即手足，指人的動作威儀而言，如執玉高卑，其容俯仰之類。這段說至誠如神，可以前知，看似迷信之談。其實，國家興亡，人事禍福，都有其前因後果的關係。常人蔽於情感，蔽於私欲，往往當局而迷。惟至誠之聖人，無妄念，無私欲，不為情感所牽動，其理知，如天青似洗，皓月當空，無微不照，故於興亡禍福之機，瞭如指掌。且所謂「禎祥」「妖孽，」亦不專指麟鳳之瑞，物怪之妖而言。豐年厚俗，義士仁人，也都是國家的禎祥；水旱之災，澆漓之俗，奸慝貪殘之人，也都是國家的妖孽。如此推想，方能明「至誠前知」之理，方能信「至誠前知」之說。

上面一段，朱子以為是第二十四章。

誠者，自成也。而道，自道也*。誠者，物之終始；不誠，無物。是故君子誠之爲貴。誠者，非自成己而已也，所以成物也。成己，仁也；成物，知*也；性之德也，合外內之道也，故時措之宜也。

廣解

「道也」之道，音導。「誠」是自己完成人格的要件；「道」是自己當行的路徑；所以說：「誠者自成也，而道者自道也。」「物，」兼事物而言。萬事萬物，終始本末，無不以誠為主。所以「誠者，物之終始。」溝水易涸，唐花易萎；推而至於道德、事功、文藝，苟出虛偽，終歸泯滅；所以說「不誠無物。」因下斷語說：「是故君子誠之為貴。」更進一層說，則所謂誠者，不但可以完成自己的人格，還可以使一般人都完成人格，許多物都完成其所受於自然的性格。這就是論語說的「己立立人，己達達人，」大學說的「明明德」而「新民。」能完成自己的人格的人，就是「仁；」能使一切人和物都完成其受於自然之性，就是「知。」所以說：「成己，仁也；成物，知也。」知與智同。仁知是天生的德性，不假他求，所以說「性之德也。」「內」指「己，」「外」指「物；」成己成物，物我一體，無內外之殊，所以說「合外內之道也。」能有此成己成物之德，則「用行」「舍藏，」「兼善」「獨善，」無施不宜；所以說：「故時措之宜也。」

上面一段，朱子以為是第二十五章。

朱熹章句

道也之道，音導。

言誠者物之所以自成，而道者人之所當自行也。誠以心言，本也；道以理言，用也。

天下之物，皆實理之所為，故必得是理，然後有是物。所得之理既盡，則是物亦盡而無有矣。故人之心一有不實，則雖有所為亦如無有，而君子必以誠為貴也。蓋人之心能無不實，乃為有以自成，而道之在我者亦無不行矣。

知，去聲。誠雖所以成己，然既有以自成，則自然及物，而道亦行於彼矣。仁者體之存，知者用之發，是皆吾性之固有，而無內外之殊。既得於己，則見於事者，以時措之，而皆得其宜也。

故至誠無息，不息則久，久則徵，徵則悠遠，悠遠則博厚，博厚則高明。博厚，所以載物也。高明，所以覆*物也。悠久，所以成物也。博厚配地，高明配天，悠久無疆。如此者，不見而章，不動而變，無爲而成。

廣解︽　這一段申說至誠的效用。至誠法天，天行不息，故至誠亦無息。既是不息，自然可以持久。誠於中者既恆久而不息，形於外者自能有著明之徵驗，悠遠而無窮。所以能積之廣博而深厚，發為高大而光明。「博厚，」就是孟子所謂「充實之美；」「高明」就是孟子所謂「有光輝之大。」「博厚載物，」指地；「高明覆物，」指天；「悠久成物，」指天地運行不息以化育萬物。惟聖人能參天地，贊化育，而無窮極。「如此者，不見而章，不動而變，無為而成。」是這一段總結的話。見音現。說聖人的道德，能夠這樣博厚、高明、悠久，所以必自己表現，自然彰明；不必有所動作，而自然變化入神，人不必有所施為，而自然成就遠大了。

朱熹章句　既無虛假，自無間斷。久，常於中也。徵，驗於外也。此皆以其驗於外者言之。鄭氏所謂「至誠之德，著於四方」者是也。存諸中者既久，則驗於外者益悠遠而無窮矣。悠遠，故其積也廣博而深厚；博厚，故其發也高大而光明。

悠久，即悠遠，兼內外而言之也。本以悠遠致高厚，而高厚又悠久也。此言聖人與天地同用。此言聖人與天地同體。

見，音現。

見，猶示也。不見而章，以配地而言也。不動而變，以配天而言也。無為而成，以無疆而言也。

天地之道，可一言而盡也：「其爲物不貳，則其生物不測。」天地之道，博也，厚也，高也，明也，悠也，久也。今夫*天，斯昭昭之多，及其無窮也，日月星辰繫焉，萬物覆焉。今夫*地，一撮土之多，及其廣厚，載華嶽而不重，振河海而不洩，萬物載焉。今夫*山，一卷*石之多，

及其廣大，草木生之，禽獸居之，寶藏興焉。今夫*水，一勺之多，及其不測，黿鼉蛟龍魚鼈生焉，貨財殖焉。

廣解《「可一言而盡也，」就是說「可一言以蔽之。」「一言，」即指下「其為物不貳則其生物不測。」二句。不貳，就是「至誠。」天地化生萬物，所以有令人不可測度之妙者，就是因為牠的「至誠無息。」什麼叫「天地之道」呢？天地之道就是「博呀，厚呀，高呀，明呀，悠呀，久呀。」這都是「至誠」的效果。夫音扶。「多」字從重「夕，」故有重複積累之義。「昭昭」是小小的光明。「振」是「灑」的意思。史記司馬相如傳「振谿通谷，」索隱引郭璞云：「振，猶灑之也。」七經考文說：「「卷，」本作「拳。」拳石，謂石小如拳。」「勺」同杓，挹水之器。更就天地山水推而言之：天，不過這一點點的亮光所積；但是說到那無窮大的天體，則日月星辰，都懸於天，所有萬物，無不被他所覆蓋。地，不過是一撮土所積，但是說到那廣厚的大地，則載著華嶽那樣高大的山，也不覺其重；灑者大河大海那麼多的水，也不會洩去；所有的萬物，都能載得住。山不過是拳頭般的石塊所積，但是說到那廣大的山，則草木生在上面，禽獸也棲在上面，金銀煤鐵藏在山裏的寶貨，也從那裏發掘起來。水，不過是一杓一杓的水

朱熹章句 此以下，復以天地明至誠無息之功用。天地之道，可一言而盡，不過曰誠而已。不貳，所以誠也。誠故不息，而生物之多，有莫知其所以然者。

言天地之道，誠一不貳，故能各極所盛，而有下文生物之功。

夫，音扶。華、藏，並去聲。卷，平聲。勺，市若反。

昭昭，猶耿耿，小明也。此指其一處而言之。及其無窮，猶十二章及其至也之意，蓋舉全體而言也。振，收也。卷，區也。此四條，皆以發明由其不貳不息以致盛大而能生物之意。然天、地、山、川，實非由積累而後大，讀者不以辭害意可也。

所積；但是說到那深廣不測的海洋，則黿鼉蛟龍魚鼈等類，都生在那里，貨物財富都靠牠而生產。天地山水，這樣廣大繁富的宇宙，推其所以能成為如此的原理，卻不外一個「誠」字而已。

詩云：「維天之命，於穆不已。」蓋曰，天之所以爲天也。「於乎不顯，文王之德之純。」蓋曰，文王之所以爲文也。純亦不已。

廣解　於，作嗚。作呼。不，同丕。所引詩經見周頌維天之命篇。於音烏，是慨歎的聲音。穆，深遠的意思。「不已」就是「不息。」這二句說天之所以為天的道理。「於乎」同嗚呼，也是歎詞。「不」為發聲，無義。見王引之經傳釋詞。「純，」即是「不貳」的意思。此二句說文王之所以得號為文的緣故。「不貳」「不息，」皆由「至誠，」是文王之道即天道，故曰「純亦不已。」

上面三段，朱子以為是第二十六章。

朱熹章句　於，音烏。乎，音呼。詩周頌維天之命篇。於，歎辭。穆，深遠也。不顯，猶言豈不顯也。純，純一不雜也。引此以明至誠無息之意。程子曰：「天道不已，文王純於天道，亦不已。純則無二無雜，不已則無間斷先後。」

大哉聖人之道，洋洋乎發育萬物，峻極于天。優優大哉！禮儀三百，威儀三千，待其人而後行。故曰：苟不至德，至道不凝焉。故君子尊德性而道問學，致廣大而盡精微，極高明而道中庸，溫故而知新，敦厚以崇禮。是故居上不驕，爲下不倍，國有道，其言足以興；國無道其默足以容。詩曰：「既明且哲，以保其身」其此之謂與！

廣解

洋洋，充滿的樣子。峻，作高字解。優優，寬裕的樣子。這段首贊聖人之道之大，充滿宇宙之間，足以發育萬物，高與天等，寬裕廣大。禮儀，為周朝所定的大儀節，如冠婚喪祭之禮。威儀，為周朝所定的小儀節，如動作周旋之容。「三百」「三千，」極言其條數之多。「待其人而後行，」就是上文「人存政舉」的意思。至德，指聖人之德。凝，成功的意思；就是尚書皋陶謨「庶績其凝」的凝字。易繫辭說：「苟非其人，道不虛行。」也是這個意思。

尊，是恭敬奉持之意。「德性，」即「天命之性，」吾心之理。「道問學，」就是「講學問。」漢儒清儒章句訓詁之學，是「道問學；」宋明諸儒心性義理之學是「尊德性。」「尊德性而道問學，」則合漢學宋學之長，廣大精微；各臻其極；但雖極高明之境，而仍由乎中庸。「溫故而知新，」就是論語子夏所謂「日知其所亡，月無忘其所能。」「敦厚，」就是篤厚。篤厚而崇尚禮節，則重在踐履，不至如後世學者之好新奇，騖高遠，尚空談，輕實踐了。倍同背，作悖逆解。君子居上位，既不驕傲；在下位也不做逆亂之事。當國家有道的時候，他的說話足以振興國家。當國家無道的時候，君子就默而不言，亦足使自己免於禍害。詩曰：「既明且哲，以保其身，」是引詩經以解釋「默足以容」一句的意義的。所引詩經見大雅烝民篇。「與」同歟。

上面一段，朱子以為是第二十七章。

朱熹章句

包下文兩節而言。峻，高大也。此言道之極於至大而無外也。優優，充足有餘之意。禮儀，經禮也。威儀，曲禮也。此言道之入於至小而無閒也。總結上兩節。

至德，謂其人。至道，指上兩節而言也。凝，聚也，成也。

尊者，恭敬奉持之意。德性者，吾所受於天之正理。道，由也。溫，猶燖溫之溫，謂故學之矣，復時習之也。敦，加厚也。尊德性，所以存心而極乎道體之大也。道問學，所以致知而盡乎道體之細也。二者修德凝道之大端也。不以一毫私意自蔽，不以一毫私欲自累，涵泳乎其所已知。敦篤乎其所已能，此皆存心之屬也。析理則不使有毫釐之差，處事則不使有過不及之謬，理義則日知其所未知，節文則日謹其所未謹，此皆致知之屬也。蓋非存心無以致知，而存心者又不可以不致知。故此五句，大小相資，首尾相應，聖賢所示入德之方，莫詳於此，學者宜盡心焉。

倍，與背同。與，平聲。

興，謂興起在位也。詩大雅烝民之篇。

子曰：「愚而好自用，賤而好自專；生乎今之世，反古之道；如此者，烖*及其身者也。」

朱熹章句 好，去聲。烖，古災字。以上孔子之言，子思引之。反，復也。

廣解《 烖，同災。「反古之道，」朱注說：「反，復也。」鄭玄注也說：「謂孔之人不知今王之新政可從。」反古就是復古，便不合於「時中」了。這段又引孔子的話。本是愚笨的人，偏要自以為是；本是卑賤的人，偏不肯聽人指導，憑自己的意思做去，生在現今的時代，偏要復古；這樣的做人，必定要受災禍的。

「非天子，不議禮，不制度，不考文。今天下，車同軌，書同文，行*同倫。雖有其位，苟無其德，不敢作禮樂焉；雖有其德，苟無其位，亦不敢作禮樂焉。」

朱熹章句 此以下，子思之言。禮，親疏貴賤相接之體也。度，品制。文，書名。行，去聲。今，子思自謂當時也。軌，轍迹之度。倫，次序之體。三者皆同，言天下一統也。鄭氏曰：「言作禮樂者，必聖人在天子之位。」

廣解《 行，去聲。非聖人在天子之位，不能作禮樂，制法度，考定文字。按許慎說文解字序說七國之時，「車涂異軌，律令異法，衣冠異制，言語異聲，文字異形，」且老莊申商楊墨諸子，異學蠭起，正是車不同軌，書不同文，行不同倫，與此處所說相反。本篇所以如此說者，不過因春秋之末，東周之共主尚存，而當時之有位者皆無聖人之德，有其德如孔子者，又無天子之位；無德而妄作，便是愚而好自用了；無位而妄作，便是賤而好自專了。這是作者的一種曲筆，而其意則重在有位無德，有德無位，不敢作禮樂數句。不是聖德的人，雖在天子之位，不敢作禮樂。雖有聖德的人，不在天子之位，也不敢作禮樂。

子曰：「吾說夏禮，杞不足徵也；吾學殷禮，有宋存焉。吾學周禮，今用之，吾從周。」

廣解《 周定天下以後，封夏之後為杞國，殷之後為宋國。徵，就是證明的意思。按論語八佾篇，子曰：「夏禮吾能言之，杞不足徵也；殷禮吾能言之，宋不足徵也；文獻不足故也。足，則吾能徵之矣。」又說：「周監于二代，郁郁乎文哉，吾從周。」與此所說略同。論語言「宋不足徵，」而此言「有宋存焉」者，史記言子思居宋作中庸，故諱之。（閻若璩說，見四書釋地。）

上面三段，朱子以為是第二十八章。

朱熹章句 此又引孔子之言。杞，夏之後。徵，證也。宋，殷之後。三代之禮，孔子皆嘗學之而能言其意；但夏禮既不可考證，殷禮雖存，又非當世之法，惟周禮乃時王之制，今日所用。孔子既不得位，則從周而已。

王天下有三重焉，其寡過矣乎！上焉者，雖善無徵；無徵，不信；不信，民弗從。下焉者，雖善不尊；不尊，不信；不信民弗從。故君子之道，本諸身，徵諸庶民，考諸三王而不繆，建諸天地而不悖，質諸鬼神而無疑，百世以俟聖人而不惑。質諸鬼神而無疑，知天也。百世以俟聖人而不惑，知人也。

廣解《 王，去聲。「三重，」鄭玄注說：就是「三王之禮。」朱子章句引呂氏的話，說就是議禮、制度、考文。康有為中

朱熹章句 王，去聲。呂氏曰：「三重，謂議禮、制度、考文。惟天子得以行

庸注：「重」字讀平聲，作重複解。三重，說撥亂升平、太平三世之中，又各有三世；小三世之中，又各有其三世。明此世運升降之理，則可以寡過。此今文公羊家之說。「上焉者，雖善無徵，無徵不信，不信民弗從。」是說時王以前，如夏商的禮，雖然很好，因年代湮遠，無從證明；既已無從證明，便不能使人相信；不能使人相信，又怎能使百姓遵行呢？「下焉者，雖善不尊，不尊不信，不信民弗從。」是說如孔子般在下位的人，雖善於禮，因不在尊位，人也不信；不信，則百姓又那能遵行呢？所以君子之道，必定要從自身做起，然後證之百姓，又考之三代王者，沒一些繆（同謬）戾，建立於天地之間，並不反悖；即使問之鬼神，亦無所疑慮，等到百世以後，聖人出來，也不會有什麼疑惑了。「質諸鬼神」之「質，」作就正解。「知天」是知天理；「知人」是知人情。

是故君子動而世爲天下道，行而世爲天下法，言而世爲天下則，遠之則有望，近之則不厭。

廣解《 道為人所共由，與法度準則，為人所共遵者同義。說君子的舉動，行為，說話，可為世世天下人做模範。遠者慕之，故有望；近者悅之，故不厭。

之，則國不異政，家不殊俗，而人得寡過矣。」

上焉者，謂時王以前，如夏、商之禮雖善，而皆不可考。下焉者，謂聖人在下，如孔子雖善於禮，而不在尊位也。

此君子，指王天下者而言。其道，即議禮、制度、考文之事也。本諸身，有其德也。徵諸庶民，驗其所信從也。建，立也，立於此而參於彼也。天地者，道也。鬼神者，造化之迹也。百世以俟聖人而不惑，所謂聖人復起，不易吾言者也。知天知人，知其理也。

朱熹章句 動，兼言行而言。道，兼法則而言。法，法度也。則，準則也。

詩曰：「在彼無惡*，在此無射*。庶幾夙夜，以永終譽。」君子未有不如此，而蚤*有譽於天下者。

廣解《 惡，音汙。射，作妬。蚤，通早。所引詩經，見周頌振鷺篇。「惡，」去聲，厭惡的意思。「射，」詩作「斁，」鄭玄注音亦，朱子音妬，也是厭惡的意思。此處與「譽」字叶韻，以音妬為宜。「夙夜，」就是早夜。「蚤，」借作早。「在彼無惡，」即上文的「遠之則有望。」「在此無射，」即上文的「近之則不厭。」庶幾早夜孳孳，以恆久永保其令譽。君子未有不如此，而能早有令譽於天下的。

上面三段，朱子以為是第二十九章。

朱熹章句 惡，去聲。射，音妒，詩作斁。詩周頌振鷺之篇。射，厭也。所謂此者，指本諸身以下六事而言。

仲尼祖述堯舜，憲章文武，上律天時，下襲水土；辟*如天地之無不持載，無不覆*幬*。辟*如四時之錯行，如日月之代明。萬物並育而不相害，道並行而不相悖，小德川流，大德敦化，此天地之所以爲大也。

廣解《 「祖述」是宗其道而傳述之。「憲章」是取法的意思。「律，」也是法。「襲，」就是因。「辟」同譬。「幬」也是覆蓋的意思。「錯，」「代，」都是更迭的意思。「悖」是反背的意思。

朱熹章句 祖述者，遠宗其道。憲章者，近守其法。律天時者，法其自然之運。襲水土者，因其一定之理。皆兼內外該本末而言也。辟，音譬。幬，徒報反。錯，猶迭也。此言聖人之德。

「川流」是如川之流。「敦」是篤厚,「化」是化育。這一段是子思贊孔子之道,遠宗堯舜,近法文武,上法天時之順,下因水土之宜。其道之大,如天之無不覆,地之無不載;其至誠無息,如四時之更迭而運行,日月之更迭而普照。萬物並育於其間而不相害,是說天地之大;諸子之道與之並行而不相悖,是說孔子之道之大。「小德川流,」即指「並行不悖」之諸子之道,如川之流,以海為歸,所謂諸子俱出於六藝,各得一察焉以自好,終殊塗而同歸。「大德敦化,」指孔子之道,如天地之化育萬物。天地之所以為大在此;孔子之道之所以為大亦在此。

上面一段,朱子以為是第三十章。

悖,猶背也。天覆地載,萬物並育於其間而不相害;四時日月,錯行代明而不相悖。所以不害不悖者,小德之川流;所以並育並行者,大德之敦化。小德者,全體之分;大德者,萬殊之本。川流者,如川之流,脈絡分明而往不息也。敦化者,敦厚其化,根本盛大而出無窮也。此言天地之道,以見上文取辟之意也。

唯天下至聖,為能聰明睿知*,足以有臨也。寬裕溫柔,足以有容也。發強剛毅,足以有執也。齊*莊中正,足以有敬也。文理密察,足以有別也。

廣解　思想純正而靈敏;叫做「睿。」「知」同智。「發」是奮發的意思。「執」就是守。「齊」同齋。「齊莊」是敬肅莊重的意思。「文理」即條理。「密察」是詳細而明白。「聰明睿知」是「聖,」足以臨民。「寬裕溫柔」是「仁,」足以容物。「發強剛毅」是「義,」足以勵其守。「齊莊中正」是「禮,」足以致其敬。「文理密察」是「智,」足以辨別是非。唯天下至聖,方能備此五德。

朱熹章句　知,去聲。齊,側皆反。別,彼列反。聰明睿知,生知之質。臨,謂居上而臨下也。其下四者,乃仁義禮知之德。文,文章也。理,條理也。密,詳細也。察,明辯也。

溥博淵泉，而時出之。溥博如天，淵泉如淵。見*而民莫不敬，言而民莫不信，行而民莫不說*。

廣解《 見，去聲，同現。說，同悅。「溥博」是周徧而廣大的意思；「淵泉」是幽靜而深浚的意思。這是說聖人之德，周徧廣大，幽靜深浚，而又時時表現儀容於言之間，其溥博則如天；其淵泉則如淵；其表現於儀容言行，人民莫不尊敬，莫不信服，莫不歡悅。

朱熹章句 溥博，周徧而廣闊也。淵泉，靜深而有本也。出，發見也。言五者之德，充積於中，而以時發見於外也。見，音現。說，音悅。言其充積極其盛，而發見當其可也。

是以聲名洋溢乎中國，施及蠻貊；舟車所至，人力所通；天之所覆*，地之所載，日月所照，霜露所隊；凡有血氣者，莫不尊親；故曰配天。

廣解《 「施」同迤，旁及的意思。隊，同墜。這段是綜結上兩段的。聖人之德如此，所以他的聲名，充滿於中國，旁及南方之蠻，北方之貊，國外未開化諸民族。凡是船隻和車子所能到的，人的力量所能通的，天所覆的，地所載的，日月所照及的，霜露所下著的地方，凡有血氣的人，無不尊敬他，親愛他的。所以說聖人之道之大，是可以和天相配的。

上面三段，朱子以為是第三十一章。

朱熹章句 施，去聲。隊，音墜。舟車所至以下，蓋極言之。配天，言其德之所及，廣大如天也。

唯天下至誠，爲能經綸天下之大經，立天下之大本，知天地之化育，夫焉有所倚？肫肫其仁，淵淵其淵，浩浩其天。苟不固聰明聖知達天德者，其孰能知之？

廣解《

經綸，本為織絲的名詞，引伸作治理解。「大經，」就是上文所說「凡為天下國家有九經」的九項治平的大綱。「大本，」就是上文所說「中也者天下之大本也」的「中。」「知化育，」就是上文所說的「贊天地之化育。」「夫」音扶。「焉，」平聲，作「何」字解。「焉有所倚，」就是說何嘗倚著別的呢？「肫」音之純反。「肫肫，」誠懇之貌；「淵淵，」靜穆之貌；「浩浩，」廣大之貌。這三句是說天下至誠的聖人，態度誠懇，則粹然仁者；氣象靜穆，則淵泉如淵；胸襟廣大，則溥博如天。惟英雄能識英雄，惟聖人能知聖人；所以說如其不是本來聰明聖知，通達天德的人，誰能知道他呢。

上面一段，朱子以為是第三十二章。

朱熹章句

夫，音扶。焉，於虔反。經、綸，皆治絲之事。經者，理其緒而分之；綸者，比其類而合之也。經，常也。大經者，五品之人倫。大本者，所性之全體也。惟聖人之德極誠無妄，故於人倫各盡其當然之實，而皆可以為天下後世法，所謂經綸之也。其於所性之全體，無一毫人欲之偽以雜之，而天下之道千變萬化皆由此出，所謂立之也。其於天地之化育，則亦其極誠無妄者有默契焉，非但聞見之知而已。此皆至誠無妄，自然之功用，夫豈有所倚著於物而後能哉。

肫，之純反。

肫肫，懇至貌，以經綸而言也。淵淵，靜深貌，以立本而言也。浩浩，廣大貌，以知化而言也。其淵其天，則非特如之而已。

聖知之知，去聲。

固，猶實也。鄭氏曰：「惟聖人能知聖人也。」

詩曰：「衣錦尚絅，」惡其文之著也。故君子之道，闇然而日章。小人之道，的然而日亡。君子之道，淡而不厭，簡而文，溫而理，知遠之近，知風之自，知微之顯，可與入德矣。

廣解《

「衣，」去聲。錦，是有彩色的綢衣。「絅，」音迥，同褧絅，是禪衣，就是單層的罩衫。「尚，」就是加。「惡，」去聲。

朱熹章句

衣，去聲。絅，口迥反。惡，去聲。闇，於感反。前章言聖人之德，極其盛矣。此復自下學立心之始言之，而下文又推之以至其極也。

「衣錦尚絅，」是說穿了有彩色的綢衣，外面一定還要加上一件單衫，因為嫌那錦衣的文彩太顯著的緣故。按詩經衛風碩人篇：「衣錦褧衣。」又鄭風丰篇：「衣錦褧衣，裳錦褧裳。」均與此所引不同。故毛奇齡四書賸言說所引的是逸詩，康有為中庸注說所引的是魯詩。俞樾據孔穎達禮記正義說有俗本作「衣錦褧裳，」以為「尚」字是「裳」字的假借字，本作「衣錦絅尚，」是撮舉鄭風丰「衣錦褧衣，裳錦褧裳」二句之辭。說文日部引齊風雞鳴篇「東方明矣，朝既昌矣」二句，亦撮舉其辭曰「東方昌矣，」正與此同例。（見古書疑義舉例「古人引書每有增減例」。）照俞說，這句是說衣裳為錦製的，都有絅衣絅裳了。這是引詩以衣裳為比喻。「故君子之道，闇然而日章；小人之道，的然而日亡。」方是本意。章作顯著解。「的然」之「的，」錢大昕說當作「旳，」「音勺，明也。」（見十駕齋養新錄。）正是「闇然」的反面。這二句說君子之道，如衣錦尚絅，文采不露，但日久，自然會漸漸顯著起來；小人則反是，乍看是文采鮮明，但天天銷亡下去。君子之道，就待人一面說，雖淡淡不見親密，然不會使人討厭；其本質說，雖簡易溫柔，而文理粲然。

「知遠之近，知風之自，知微之顯。」俞樾古書疑義舉例說：「此三句，自來不得其解。若謂遠由於近，微由於顯，則

詩國風衛碩人、鄭之丰，皆作「衣錦褧衣」。褧、絅同。禪衣也。尚，加也。古之學者為己，故其立心如此。尚絅故闇然，衣錦故有日章之實。淡、簡、溫，絅之襲於外也；不厭而文且理焉，錦之美在中也。小人反是，則暴於外而無實以繼之，是以的然而日亡也。遠之近，見於彼者由於此也。風之自，著乎外者本乎內也。微之顯，有諸內者形諸外也。有為己之心，而又知此三者，則知所謹而可入德矣。故下文引詩言謹獨之事。

當云「知遠之由於近，知微之由於顯，」文義方明。不得但云「遠之近，微之顯」也。且「風之自」句，義不一例。「微之顯」句，亦與第一句不倫。既云「遠之近，」則當云「顯之微」矣。今按此三「之」字，皆連及之詞。「知遠之近」者，知遠與近也。「知微之顯」者，知微與顯也。「知遠之近，知風之自，知微之顯，可與入德矣。」猶易繫辭傳云：「君子知微知彰，知柔知剛，萬夫之望也。」然則「知風之自」句，當作何解？風讀為凡，風字本從凡聲，故得通用。莊子天地篇：「願先生之言其凡也。」風即凡字；猶云：「言其大凡也。」自者，「目」字之誤。周官宰夫職：「二曰師，掌官成以治凡。三曰司，掌官灋以治目。」鄭注曰：「治凡，若月計也。治目，若今之日計也。」然則「凡之與目，」事有鉅細，故以對言，正與遠近微顯一例。」按俞氏此解，比前人所解好得多。考工記：「作其鱗之而。」就是說「做牠的鱗和鬚，」「之」字亦用作連及之辭。「可與入德」之「與，」作「以」字解。禮記玉藻：「大夫有所往，必與公士為賓。」「與」字亦作「以」字用。這幾句是說君子能知遠與近，知微與顯，知大凡與細目這樣，才可以入道德之門了。

詩云：「潛雖伏矣，亦孔之昭！」故君子內省不疚，無惡*於志。君子之所不可及者，其唯人之所不見乎！

廣解《 惡，音汙。所引詩經，見小雅正月篇。「潛，」作隱藏解。「伏，」不見的意思。「孔，」作甚字解。「昭，」作明字解。這是引詩經以釋「闇然而日章」二句的。疚，作悔恨解。「惡，」去聲。君子只要自己心裏反省，沒有什麼悔恨，無愧於心，那就行了。所以接著說，君子之所不可及者，全在於人所不見的地方哩！

朱熹章句 惡，去聲。

詩小雅正月之篇。承上文言「莫見乎隱、莫顯乎微」也。疚，病也。無惡於志，猶言無愧於心，此君子謹獨之事也。

詩云：「相*在爾室，尚不愧於屋漏，」故君子不動而敬，不言而信。

廣解《 所引詩經，見大雅抑篇。相，去聲。作看字解。「爾，」就是你，指君子。「屋漏，」屋的西北隅最深之處。這二句說君子獨居內室，亦能無愧於心。所以君子沒有行動，人都敬重他；沒有說話，人都相信他。

朱熹章句 相，去聲。

詩大雅抑之篇。相，視也。屋漏，室西北隅也。承上文又言君子之戒謹恐懼，無時不然，不待言動而後敬信，則其為己之功益加密矣。故下文引詩并言其效。

詩曰：「奏假*無言，時靡有爭，」是故君子不賞而民勸，不怒而民威於鈇鉞。

廣解《 所引詩經，見商頌烈祖篇。「奏，」作進字解。「假，」假之通借字。假音格，作至字解。「靡有，」就是沒有。此處引詩，僅斷章取義，說進至無言，時無與之爭者。「無言」者，默化潛移；靡有爭者，人皆信之。即上文「不言而信，」下文「不賞而民勸，不怒而民威於鈇鉞」的意思。「鈇」同斧；「鉞」是大斧。鈇鉞，古代殺人之器。

朱熹章句 假，格同。鈇，音夫。詩商頌烈祖之篇。

奏，進也。承上文而遂及其效，言進而感格於神明之際，極其誠敬，無有言說而人自化之也。威，畏也。鈇，莝斫刀也。鉞，斧也。

詩曰：「不*顯惟德，百辟其刑之！」是故君子篤恭而天下平。

廣解　所引詩經，亦見烈祖篇。「不」發聲，無義；「不顯」就是「顯」的意思。「辟，」就是君。指諸侯。「刑，」同型；「刑之」是奉為典型。不顯，說君子所顯著的，只有德行；凡百人君，自能奉他為典型的。「篤恭而天下平。」就是論語贊舜「無為而治，」「恭已正南面而已矣」的意思。

朱熹章句　詩周頌烈文之篇。不顯，說見二十六章，此借引以為幽深玄遠之意。承上文言天子有不顯之德，而諸侯法之，則其德愈深而效愈遠矣。篤，厚也。篤恭，言不顯其敬也。篤恭而天下平，乃聖人至德淵微，自然之應，中庸之極功也。

詩曰：「予懷明德，不大聲以色。」子曰：「聲色之於以化民，末也。」詩曰：「德輶如毛。」毛猶有倫。「上天之載，無聲無臭，」至矣！

廣解　這段三引詩經，一見大雅皇矣篇，一見小雅烝民篇，三見大雅文王篇。「以」字作與字解。儀禮鄉射禮「主人以賓揖，」「以」亦解作與。此處所說的「明德，」就是大學的「明德。」這兩句說我懷明德以化民，不在大聲與大色。「聲，」指言論；「色」指儀容。子曰：「聲色之於以化民，末也。」是孔子贊這二句話。「輶，」作輕字解。說道德之感化，不著痕跡，猶如毛一般的輕。這一句是所引之詩。「倫，」比較的意思。但毛還是比較的輕。「則如毛」還是不足以形容「德。」這句是作者加的按語。下又引詩經毛傳說：「載，事也。」論語陽貨篇「天何言哉？四時行焉，百物生焉：天何言哉！」行四時，生百物，即是上天之事。言必如此二句，方為形容盡致。

上面六段，朱子以為是第三十三章。

朱熹章句　輶，由、酉二音。詩大雅皇矣之篇。引之以明上文所謂不顯之德者，正以其不大聲與色也。又引孔子之言，以為聲色乃化民之末務，今但言不大之而已，則猶有聲色者存，是未足以形容不顯之妙。不若烝民之詩所言「德輶如毛」，則庶乎可以形容矣，而又自以為謂之毛，則猶有可比者，是亦未盡其妙。不若文王之詩所言「上天之事，無聲無臭」，然後乃為不顯之至耳。蓋聲臭有氣無形，在物最為微妙，而猶曰無之，故惟此可以形容不顯篤恭之妙。非此德之外，又別有是三等，然後為至也。

新刊廣解四書讀本

論語

學而第一

子*曰：「學而時習之，不亦說*乎？有朋自遠方來，不亦樂乎？人不知而不慍*，不亦君子乎？」

廣解《 說，同悅。樂，音洛。慍，音運。何晏論語集解「馬（融）曰：「子者，男子之通稱，謂孔子也。」」按、春秋時稱卿大夫皆曰「子」曰「夫子，」故馬氏以為男子之通稱。孔子曾為魯大夫，故其弟子亦稱之曰「子，」曰「夫子。」私人聚弟子講學，以孔子為最早；故此後相沿，遂稱師曰夫子。又集解，王（肅）曰：「時者，學者以時誦習之。誦習以時，學無廢業，所以為說懌。」王氏以誦習釋習，似專指讀書而言。朱子集注則曰：「學之為言效也。人性皆善，而覺有先後；後覺者，必效先覺之所為，乃可以明善而復其初也。習，鳥數飛也。學之不已，如鳥數飛也。既學而又時時習之，則所學者熟，而中心喜說，其進自不能已矣。」朱子訓「學」為「效，」「習」為「學之不已，」則可以兼包「知」（書本）行（行為）兩方面而言，較王說為精當。因為論語所說的「學，」皆是學做人；且偏重於行為方面的實踐也。時習者，如朱注引謝氏云：「坐

朱熹章句 說、悅同。學之為言效也。人性皆善，而覺有先後，後覺者必效先覺之所為，乃可以明善而復其初也。習，鳥數飛也。學之不已，如鳥數飛也。說，喜意也。既學而又時時習之，則所學者熟，而中心喜說，其進自不能已矣。程子曰：「習，重習也。時復思繹，浹洽於中，則說也。」又曰：「學者，將以行之也。時習之，則所學者在我，故說。」謝氏曰：「時習者，無時而不習。坐如尸，坐時習也；立如齊，立時習也。」

樂，音洛。

朋，同類也。自遠方來，則近者可知。程子曰：「以善及人，而信從者眾，故可樂。」又曰：「說在心，樂主發散在外。」

慍，紆問反。

慍，含怒意。君子，成德之名。尹氏曰：「學在己，知不知在人，何慍之有。」程子曰：「雖樂於及人，不見是而無悶，乃所謂君子。」愚謂及人而樂者順而易，不知而不慍者逆而難，故惟成德者能之。然德之所以成，亦曰學之正、習之熟、說之深，而不已焉耳。

程子曰：「樂由說而後得，非樂不足以語君子。」

如尸，坐時習也；立如齊，立時習也；」無時不習，一也。如「春秋教禮樂，冬夏教詩書」；「柔日讀經，剛日讀史；」按時而習，二也。學是知新，習是溫故；學是「日知其所亡，習是月無忘其所能。」能如此，則博學篤行，雖愚必明，雖柔必強，所以中心喜悅。顏回好學，雖貧因不改其樂，便是因此。

集解包（咸）曰：「同門曰朋。」按白虎通辟雍篇說師弟子之道有三，一為朋友之道，即引本篇此語為證。孟子，子濯孺子曰：「其取友必端矣。」亦謂弟子曰友。史記孔子世家云：「孔子不仕，退而修詩書禮樂；弟子彌眾，至自遠方。」此云「有朋自遠方來，」即指弟子至自遠方。孟子以「得天下英才而教育之」為君子三樂之一，與此「朋自遠來，不亦樂乎」之意正同。

朱注：「慍，含怒意。君子，成德之名。尹氏曰：『學在己，知不知在人，何慍之有？』程子曰：『雖樂於及人，不見是而無悶，乃所謂君子。』」此皆以「人不知」為「人不知我。」集解云：「凡人有所不知，君子不怒。」焦循論語補疏引魏略記樂詳為博士，五經並授，其或質難不解，詳無慍色，牽譬引喻，至忘寢食為證。按「學而時習，」是「學不厭；」「人不知而不慍，」是「教不倦；」二者為孔子一生精神，故列之首章。

有子曰：「其為人也孝弟，而好犯上者，鮮矣！不好犯上，而好作亂者，未之有也。君子務本，本立而道生。孝弟也者，其為仁之本與？」

廣解《 有子，名若，孔子弟子。史記仲尼弟子傳裴駰集解引鄭玄云：「魯人。」按論語記孔子弟子皆稱字，閔損、冉求二人各一稱子，惟有若、曾參二人皆稱子；編撰次第，又以有子、曾子之言為第二章第三章；蓋弟子門人尊此二人之故。「弟，」今作悌。朱注：「善事父母為孝，善事兄長為弟。」「好，」去聲。「鮮」上聲，少也。「與，」令作歟。「為仁」猶言行仁。「欲仁」而「志於仁，」「用力於仁」以「求仁，」是謂「為仁。」孟子云：「仁之實，事親是也。」中庸云：「仁者，人也，親親為大。」故「為仁」以孝弟為本。「務本，」即致力於孝弟。「本立道生，」謂孝弟之行立，則仁道由此生。孔子之道，以仁為本。

子曰：「巧言令色，鮮*矣仁。」

廣解《 鮮，音險。「巧言，」是說話說得好聽，其實都是騙人的話。「令色，」是專用一種媚人的態度，去奉承人家。尚

朱熹章句 弟、好，皆去聲。鮮，上聲，下同。有子，孔子弟子，名若。善事父母為孝，善事兄長為弟。犯上，謂干犯在上之人。鮮，少也。作亂，則為悖逆爭鬥之事矣。此言人能孝弟，則其心和順，少好犯上，必不好作亂也。與，平聲。

務，專力也。本，猶根也。仁者，愛之理，心之德也。為仁，猶曰行仁。與者，疑辭，謙退不敢質言也。言君子凡事專用力於根本，根本既立，則其道自生。若上文所謂孝弟，乃是為仁之本，學者務此，則仁道自此而生也。程子曰：「孝弟，順德也，故不好犯上，豈復有逆理亂常之事。德有本，本立則其道充大。孝弟行於家，而後仁愛及於物，所謂親親而仁民也。故為仁以孝弟為本。論性，則以仁為孝弟之本。」或問：「孝弟為仁之本，此是由孝弟可以至仁否？」曰：「非也。謂行仁自孝弟始，孝弟是仁之一事。謂之行仁之本則可，謂是仁之本則不可。蓋仁是性也，孝弟是用也，性中只有箇仁、義、禮、智四者而已，曷嘗有孝弟來。然仁主於愛，愛莫大於愛親，故曰孝弟也者，其為仁之本與！」

朱熹章句 巧，好。令，善也。好其言，善其色，致飾於外，務以悅人，則人欲肆而本心之德亡矣。聖人辭不迫切，專言鮮，則絕無可知，學者所當深戒也。

書陶謨云：「何畏乎巧言令色？孔壬。」孔壬就是「甚佞」的意思。下雍也篇亦有「仁而不佞」之語。仁者誠實無偽，故適與「佞」相反。

程子曰：「知巧言令色之非仁，則知仁矣。」

曾子曰：「吾日三省吾身：爲人謀而不忠乎？與朋友交而不信乎？傳不習乎？」

廣解　史記弟子傳，曾子名參，字子輿，南武城人，孔子弟子。「省，」音醒，察也。這是說每日以三事自己反省。朱注云：「盡己之謂忠；以實之為信；傳，謂受之於師；習，謂熟之於己。曾子以此三者日省其身，有則改之，無則加勉。其自治誠切如此，可謂得為學之本矣。」又引尹氏曰：「曾子守約，故動必求諸身。」按鄭玄注云：「魯讀『傳』為『專，』今從古。」說文解字云：「專，六寸簿也。」猶今之扎記簿，所以記述師言。此別一說。

朱熹章句　省，悉井反。為，去聲。傳，平聲。曾子，孔子弟子，名參，字子輿。盡己之謂忠。以實之謂信。傳，謂受之於師。習，謂熟之於己。曾子以此三者日省其身，有則改之，無則加勉，其自治誠切如此，可謂得為學之本矣。而三者之序，則又以忠信為傳習之本也。

尹氏曰：「曾子守約，故動必求諸身。」謝氏曰：「諸子之學，皆出於聖人，其後愈遠而愈失其真。獨曾子之學，專用心於內，故傳之無弊，觀於子思孟子可見矣。惜乎！其嘉言善行，不盡傳於世也。其幸存而未泯者，學者其可不盡心乎！」

子曰：「道千乘之國，敬事而信，節用而愛人，使民以時。」

廣解　「道，」去聲，作治字解。乘，亦去聲。千乘之國，指諸侯之國，可以出兵車一千乘的。「敬，」是謹慎鄭重的意思；「事，」指政事。不敬事，則朝令暮改，如何能「信？」「用，」指國家的財用。不節，則國用不足，必致橫征暴斂，如何能「愛人？」古時候國家有大工程，都叫百姓來充工役。孔子

朱熹章句　道、乘，皆去聲。

道，治也。馬氏云：「八百家出車一乘。」千乘，諸侯之國，其地可出兵車千乘者也。敬者，主一無適之謂。敬事而信者，敬其事而信於民也。時，謂農隙之時。言治國之要，在此五者，亦務本之意也。

程子曰：「此言至淺，然當時諸侯果能此，亦足以治其國矣。聖人言雖至近，上下皆通。此三言者，若推其極，堯

以為國家要興工程，須等到農事已過，百姓閑暇的時候，纔使他來做工。就是孟子「不違農時」的意思。

舜之治亦不過此。若常人之言近，則淺近而已矣。」楊氏曰：「上不敬則下慢，不信則下疑，下慢而疑，事不立矣。敬事而信，以身先之也。易曰：『節以制度，不傷財，不害民。』蓋侈用則傷財，傷財必至於害民，故愛民必先於節用。然使之不以其時，則力本者不獲自盡，雖有愛人之心，而人不被其澤矣。然此特論其所存而已，未及為政也。苟無是心，則雖有政，不行焉。」胡氏曰：「凡此數者，又皆以敬為主。」愚謂五者反復相因，各有次第，讀者宜細推之。

子曰：「弟子入則孝，出則弟*，謹而信，汎*愛衆，而親仁；行有餘力，則以學文。」

廣解《　「弟子」對兄父而言，指青年為弟為子者。故儀禮特牲饋食禮注云：「弟子，後生也。」「出則弟」之「弟，」今作「悌。」孝，專對父母言；弟，則對兄及其他長於我者而言；故曰「入則孝，」專指在家；「出則弟，」兼指對外。又，禮記內則云：「異為孺子室於宮中。」「入，」指由己室入父母所居之室。又云：「十年，出就外傅。」「出，」指就傅而言。說亦可通。朱注云：「謹者，行之有常也；信者，言之有實也。」是謂「謹而信」句兼言行二方面說。竊疑孝弟指行，謹信指言。必慎言，乃能有信。「謹而信，」就是中庸的「庸言之謹。」「汎，」廣博普遍的意思。廣雅釋詁：「親，近也。」仁，指有仁德之人。朱注：「文指詩書六藝之文。」按「行」字統上孝弟謹信愛眾親仁而言。以餘力學文，可見孔門之學，「行」重於「知。」

朱熹章句　弟子之弟，上聲。則弟之弟，去聲。謹者，行之有常也。信者，言之有實也。汎，廣也。眾，謂眾人。親，近也。仁，謂仁者。餘力，猶言暇日。以，用也。文，謂詩書六藝之文。程子曰：「為弟子之職，力有餘則學文，不修其職而先文，非為己之學也。」尹氏曰：「德行，本也。文藝，末也。窮其本末，知所先後，可以入德矣。」洪氏曰：「未有餘力而學文，則文滅其質；有餘力而不學文，則質勝而野。」愚謂力行而不學文，則無以考聖賢之成法，識事理之當然，而所行或出於私意，非但失之於野而已。

子夏曰：「賢賢易色；事父母能竭其力；事君能致其身；與朋友交，言而有信：雖曰未學，吾必謂之學矣！」

廣解

子夏，姓卜，名商，孔子弟子。史記弟子傳集解引鄭玄說是溫人。溫，衛邑，與孔子家語弟子解云：「衛人」者合。孔穎達禮記檀弓疏云是魏人。「賢賢，」上一個「賢」字，作動詞用，是敬重的意思；下一個「賢」字是名詞，指賢人。朱注云：「賢人之賢而易其好色之心。」則「易」誤作「亦，」是替換的意思。漢書李尋傳引此語。顏師古注：「易色，輕略於色，不貴之也。」則「易」字作輕易解，當讀去聲。又廣雅釋言：「易，如也。」王念孫疏證云：「論語：『賢賢易色。』易者，如也。猶言好德如好色也。」義亦可通。三說雖不同，「賢」字皆泛指賢人。宋翔鳳則謂賢賢易色，即關雎之義，是明夫婦之倫。（見樸學齋札記。）如宋氏說，則「賢賢易色，」明夫婦之倫；「事父母能竭其力，」明父子之倫；「事君能致其身，」明君臣之倫；「與朋友交言而有信，」明朋友之倫。孟子謂三代之學，「皆所以明人倫；」故末句云：「雖曰未學，吾必謂之學矣。」中庸云：「君子之道，造端乎夫婦。」故「賢賢易色，」列於首句。

朱熹章句

子夏，孔子弟子，姓卜，名商。賢人之賢，而易其好色之心，好善有誠也。致，猶委也。委致其身，謂不有其身也。四者皆人倫之大者，而行之必盡其誠，學求如是而已。故子夏言有能如是之人，苟非生質之美，必其務學之至。雖或以為未嘗為學，我必謂之已學也。游氏曰：「三代之學，皆所以明人倫也。能是四者，則於人倫厚矣。學之為道，何以加此。子夏以文學名，而其言如此，則古人之所謂學者可知矣。故學而一篇，大抵皆在於務本。」吳氏曰：「子夏之言，其意善矣。然辭氣之間，抑揚太過，其流之弊，將或至於廢學。必若上章夫子之言，然後為無弊也。」

子曰：「君子不重，則不威；學，則不固。主忠信，無友不如己者。過，則勿憚改。」

朱熹章句 重，厚重。威，威嚴。固，堅固也。輕乎外者，必不能堅乎內，故不厚重則無威嚴，而所學亦不堅固也。人不忠信，則事皆無實，為惡則易，為善則難，故學者必以是為主焉。程子曰：「人道惟在忠信，不誠則無物，且出入無時，莫知其鄉者，人心也。若無忠信，豈復有物乎？」無、毋通，禁止辭也。友所以輔仁，不如己，則無益而有損。勿，亦禁止之辭。憚，畏難也。自治不勇，則惡日長，故有過則當速改，不可畏難而苟安也。程子曰：「學問之道無他也，知其不善，則速改以從善而已。」程子曰：「君子自修之道當如是也。」游氏曰：「君子之道，以威重為質，而學以成之。學之道，必以忠信為主，而以勝己者輔之。然或吝於改過，則終無以入德，而賢者亦未必樂告以善道，故以過勿憚改終焉。」

廣解 朱注云：「重，厚重；威，威嚴；固，堅固也。輕乎外者，必不能堅乎內；故不重，則無威嚴，而所學亦不堅固也。」按「不重，」就是輕薄。「威，」指威儀。輕薄之人，必無威儀，必不能使人尊敬。故曰「不重則不威。」集解引孔（安國）曰：「固，蔽也。」鄭玄曲禮注云：「固，謂不達於理也。」亦蔽塞之義。下文孔子告子路云：「好仁不好學，其蔽也愚；好知不好學，其蔽也蕩；好信不好學，其蔽也賊；好直不好學，其蔽也絞；好勇不好學，其蔽也亂；好剛不好學，其蔽也狂。」可見固蔽皆由於不好學，學，則不至有所固蔽了。孔注較朱注為長。「主忠信，」言為人之道，以忠信為主。故上文曾子以不忠不信反省其身。集解引鄭（玄）云：「主，親也。」則謂「主忠信」為親近忠信之人，即上文「親仁」之意，而與下句「無友不如己者」相連。「無，」同毋，禁止之詞。朱注云：「友所以輔仁；不如己，則有損而無益。」「憚」是畏難的意思。人非聖人，孰能無過。常人有過，亦未嘗不知愧悔，但往往因苟安畏難之故，而不能即改。故曰「過則勿憚改。」

曾子曰：「慎終追遠，民德歸厚矣！」

廣解

「慎終，」說父母的喪事，須辦得謹慎。「追遠，」指祭祀祖先：雖時久遠，必須追祭，示不忘本也。喪祭祀，無非示民不忘本；故能易澆薄之風俗，使民族道德，歸於敦厚。這一章是說儒家所以重喪葬祭祀之旨。墨子嘗譏儒家不信鬼神而隆喪祭之禮，是猶無魚而下網，無客而行客禮。蓋未明此旨耳。

朱熹章句

慎終者，喪盡其禮。追遠者，祭盡其誠。民德歸厚，謂下民化之，其德亦歸於厚。蓋終者，人之所易忽也，而能謹之；遠者，人之所易忘也，而能追之：厚之道也。故以此自為，則己之德厚，下民化之，則其德亦歸於厚也。

子禽問於子貢曰：「夫子至於是邦也，必聞其政。求之與*？抑與*之與*？」子貢曰：「夫子溫、良、恭、儉、讓以得之。夫子之求之也，其諸異乎人之求之與*？」

廣解

子禽，姓陳，名亢，孔子弟子。即史記弟子傳之原亢籍。原氏出於陳，陳原同氏；亢字籍，一字子禽。（見臧庸拜經日記。）按禮記檀弓鄭注，為齊人。子貢，姓端木，名賜，亦孔子弟子，衛人。「之與」的「與，」都同「歟。」「與之」的「與，」是告語的意思；石經作「予。」此章記子禽看見孔子到一個國家，必定與聞這國家的政治，因問子貢道：「還是夫子自己去求來的呢？還是人君自己情願告訴他的呢？」

「溫」是和氣，「良」是易直，「恭」是莊敬，「儉」是節制，「讓」是謙遜。子貢說：「夫子有此五項美德，所以到一個國家，得與聞這國家的政治。夫子之得與聞政治，原不是求；即說是求，我想也是和他人之求不同罷。」

朱熹章句

之與之與，平聲，下同。

子禽，姓陳，名亢。子貢，姓端木，名賜。皆孔子弟子。或曰：「亢，子貢弟子。」未知孰是。抑，反語辭。溫，和厚也。良，易直也。恭，莊敬也。儉，節制也。讓，謙遜也。五者，夫子之盛德光輝接於人者也。其諸，語辭也。人，他人也。言夫子未嘗求之，但其德容如是，故時君敬信，自以其政就而問之耳，非若他人必求之而後得也。聖人過化存神之妙，未易窺測，然即此而觀，則其德盛禮恭而不願乎外，亦可見矣。學者所當潛心而勉學也。

謝氏曰：「學者觀於聖人威儀之間，亦可以進德矣。若子貢亦可謂善觀聖人矣，亦可謂善言德行矣。今去聖人千五百年，以此五者想見其形容，尚能使人興起，而況於親炙之者乎？」張敬夫曰：「夫子至是邦必聞其政，而未有能委國而授之以政者。蓋見聖人之儀刑而樂告之者，秉彝好德之良心也，而私欲害之，是以終不能用耳。」

子曰：「父在，觀其志；父沒，觀其行。三年無改於父之道，可謂孝矣。」

廣解》 一個人於父在的時候，家中事務，自然由父作主，為子者不得自專，所以這時只能看他的志向。若父一沒，他就可以自專，這時應看他所行的事。倘若父死已有三年，還是照著父在時的老規矩行事，這個人可說是孝子了。所以說「三年」者，因為父死有三年之喪。這是集解所引孔安國說。汪中釋三九云：「三年者，言其久也。何以不改也？為其為道也。若其非道，雖朝沒而夕改可也。」「三年云者，雖終其身可也。」見〈述學〉較孔說為長。

有子曰：「禮之用，和爲貴；先王之道，斯爲美，小大由之。有所不行，知和而和，不以禮節之，亦不可行也。」

廣解》 禮記祭義云：「禮者，履此者也。」易繫辭傳云：「履以和云。」虞翻注即引「禮之用和為貴」語，蓋禮之體在敬，而其用則在和。禮主於讓，故以和為用。「先王，」指古先聖王制禮者。「斯，」指禮。先王之道，禮為最美，故事無大小，人無大小，皆由禮而行。然知禮之用在和，而一味和氣，不以禮節制之，亦不可行。必知禮之用以和為貴，而又節之以禮，則能如中庸所說「和而不流」矣。

朱熹章句 行，去聲。父在，子不得自專，而志則可知。父沒，然後其行可見。故觀此足以知其人之善惡，然又必能三年無改於父之道，乃見其孝，不然，則所行雖善，亦不得為孝矣。尹氏曰：「如其道，雖終身無改可也。如其非道，何待三年。然則三年無改者，孝子之心有所不忍故也。」游氏曰：「三年無改，亦謂在所當改，而可以未改者耳。」

朱熹章句 禮者，天理之節文，人事之儀則也。和者，從容不迫之意。蓋禮之為體雖嚴，而皆出於自然之理，故其為用，必從容而不迫，乃為可貴。先王之道，此其所以為美，而小事大事無不由之也。承上文而言，如此而復有所不行者，以其徒知和之為貴而一於和，不復以禮節之，則亦非復理之本然矣，所以流蕩忘反，而亦不可行也。程子曰：「禮勝則離，故禮之用和為貴。先王之道以斯為美，而小大由之。樂勝則流，故有所不行者，知和而和，不以禮節之，亦不可行。」范氏曰：「凡禮之體主於敬，而其用則以和為貴。敬者，禮之所以立也；和者，樂之所由生也。若有子可謂達禮樂之本矣。」愚謂嚴而泰，和而節，此理之自然，禮之全體也。毫釐有差，則失其中正，而各倚於一偏，其不可行均矣。

有子曰：「信近於義，言可復也。恭近於禮，遠恥辱也。因不失其親，亦可宗也。」

廣解 朱注云：「義者，事之宜也。復踐言也。」信而不近於義，則其言必不能踐。即勉強踐之以全其信，亦尾生之信而已。大戴禮記曾子立事云：「久而復之，可以知其信矣。」欲其言之久而可復，必近於義方可。禮記表記云：「恭以遠恥。」恭之所以能遠恥辱者，必近禮方可。下文云：「恭而無禮則勞。」恭而背禮，不但過勞，旁人必竊笑他，輕侮他，如何能遠恥辱？詩皇矣毛傳云：「因，親也。」「因不失其親，」就是親不失其所當親。上文云「親仁，」則所當親者，即是仁人。「宗」是尊敬的意思。曾子立事云：「觀其所愛親，可以知其人矣。」孟子亦有「端人取友必端」之語。故所親者不失其所當親，則此人也可尊敬了。

朱熹章句 近、遠，皆去聲。信，約信也。義者，事之宜也。復，踐言也。恭，致敬也。禮，節文也。因，猶依也。宗，猶主也。言約信而合其宜，則言必可踐矣。致恭而中其節，則能遠恥辱矣。所依者不失其可親之人，則亦可以宗而主之矣。此言人之言行交際，皆當謹之於始而慮其所終，不然，則因仍苟且之間，將有不勝其自失之悔者矣。

子曰：「君子食無求飽，居無求安，敏於事而慎於言，就有道而正焉，可謂好學也已。」

廣解 「好，」去聲。此章「飽」字，當作饜足肥鮮解。「安」字，當作逸居安樂解。「無求」者，謂不必強求之。顏回一簞食，一瓢飲，在陋巷，不改其樂，即是「君子食無求飽居無求

朱熹章句 好，去聲。不求安飽者，志有在而不暇及也。敏於事者，勉其所不足。慎於言者，不敢盡其所有餘也。然猶不敢自是，而必就有道之人，以正其是非，則可謂好學矣。凡言道者，皆

安」的一個實例。君子志道安貧，故不暇及此，「敏」是勤敏，「慎」是謹慎，下文云：「君子欲訥於言而敏於行。」意與此同。就有道之人以正其是非。不敢自以為是，故能如此，可以說是「好學」了。

子貢曰：「貧而無諂，富而無驕，何如？」子曰：「可也。未若貧而樂，富而好禮者也。」子貢曰：「詩云：『如切如磋*，如琢如磨。』其斯之謂與？」子曰：「賜也，始可與言詩已矣！告諸往而知來者。」

廣解

「樂，」音洛。古文論語作「貧而樂道。」好，去聲。「謂與」之「與」，今作「歟。」窮人看見富人，往往去諂媚他；富人看見窮人，往往要驕傲他。世俗之人，往往不能免此。故子貢問孔子道：「貧的人不諂，富的人不驕，怎麼樣？」孔子說：「好是好的；但還不及貧的人能悠然自樂，富的人能事事遵禮而行。」子貢聽了此話，知道孔子所說的道理，比自己更高一層，因把詩經衛風淇澳篇：「如切如磋，如琢如磨」的兩句話引來比喻。治骨角的匠人，把骨角切成片段，還要把牠磋光；治玉的匠人，把玉雕琢好了，還要把牠磨光；都是精益求精的道理。做人如「貧而無諂，富而無驕，」也算好了；但還得更進一層做到孔子所說的「貧而樂，

謂事物當然之理，人之所共由者也。

尹氏曰：「君子之學，能是四者，可謂篤志力行者矣。然不取正於有道，未免有差，如楊墨學仁義而差者也，其流至於無父無君，謂之好學可乎？」

朱熹章句

樂，音洛。好，去聲。

諂，卑屈也。驕，矜肆也。常人溺於貧富之中，而不知所以自守，故必有二者之病。無諂無驕，則知自守矣，而未能超乎貧富之外也。凡曰可者，僅可而有所未盡之辭也。樂則心廣體胖而忘其貧，好禮則安處善，樂循理，亦不自知其富矣。子貢貨殖，蓋先貧後富，而嘗用力於自守者，故以此為問。而夫子答之如此，蓋許其所已能，而勉其所未至也。

磋，七多反。與，平聲。

詩衛風淇澳之篇，言治骨角者，既切之而復磋之；治玉石者，既琢之而復磨之；治之已精，而益求其精也。子貢自以無諂無驕為至矣，聞夫子之言，又知義理之無窮，雖有得焉，而未可遽自足也，故引是詩以明之。往者，其所已言者。來者，其所未言者。

愚按此章問答，其淺深高下，固不待辨說而明矣。然不切則磋無所施，不琢則磨無所措。故學者雖不可安於小成，

富而好禮。」孔子見子貢善解詩意，所以也深贊子貢曰：「賜也，始可與言詩已矣！」「往，」是所已言的；「來，」是其所未言的。這是子貢「聞一以知二」的事實。

子曰：「不患人之不己知，患不知人也。」

廣解《　古代文法，凡否定語，用代詞作止詞，可以放在動詞之前。此云「不己知，」即是「不知我。」好名之心，人所同有。自己有才學，有道德，就想人家知道我，稱贊我。孔子的意思，卻以為我雖有才學道德，人家不知我，於我無損，所以說：「不患人之不己知。」人雖不知我，我卻不可不知人。例如：我知道某人有才學，有道德，我就應該敬重他，或者請教他；知道某人是個壞人，我就可以遠避他，或者防備他；所以「知人」倒是一件很重要的事情，故曰：「患不知人也。」

為政第二

子曰：「爲政以德，譬如北辰，居其所而衆星共之。」

廣解《　「為政，」是說人君施行政治。孔子重在德治，以身作則，以德感人，是曰「為政以德。」北辰，北極，是天之中

而不求造道之極致；亦不可騖於虛遠，而不察切己之實病也。

朱熹章句　尹氏曰：「君子求在我者，故不患人之不己知。不知人，則是非邪正或不能辨，故以為患也。」

朱熹章句　共，音拱，亦作拱。
政之為言正也，所以正人之不正也。德之為言得也，得於心而不失也。北辰，北極，天之樞也。居其所，不動也。共，向也，言衆星四面旋繞而歸向之也。為政以德，則無

樞。「共」同拱。北極在其位而不動，許多星，都在週圍繞著牠，向著牠。人君為政以德，則無為而治，天下歸之，其象亦如此。此章可與下文「無為而治者，其舜也與」一章參看。

為而天下歸之，其象如此。

程子曰：「為政以德，然後無為。」范氏曰：「為政以德，則不動而化、不言而信、無為而成。所守者至簡而能御煩，所處者至靜而能制動，所務者至寡而能服眾。」

子曰：「詩三百，一言以蔽*之，曰『思無邪』。」

廣解《 詩就是詩經。詩共三百十一篇，此云三百，舉其大數。中有「笙詩」六篇，有目無辭，凡三百五篇。「一言」就是一句話。「蔽」是包括的意思。「思無邪，」見詩經魯頌駉篇朱注引程子曰：「思無邪者，誠也。」易文言云：「修辭立其誠。」誠即是真；文學以「真」為第一義，詩三百篇，大之美刺朝廷政治，小之抒寫男女情感，皆能立其誠，故「思無邪」也。舊以「純正」釋「無邪，」則詩經中多寫男女戀情之作，怎麼可以說「思無邪」呢？

朱熹章句 詩三百十一篇，言三百者，舉大數也。蔽，猶蓋也。「思無邪」，魯頌駉篇之辭。凡詩之言，善者可以感發人之善心，惡者可以懲創人之逸志，其用歸於使人得其情性之正而已。然其言微婉，且或各因一事而發，求其直指全體，則未有若此之明且盡者。故夫子言詩三百篇，而惟此一言足以盡蓋其義，其示人之意亦深切矣。

程子曰：「『思無邪』者，誠也。」范氏曰：「學者必務知要，知要則能守約，守約則足以盡博矣。經禮三百，曲禮三千，亦可以一言以蔽之，曰『毋不敬』。」

子曰：「道之以政，齊之以刑，民免而無恥。道之以德，齊之以禮，有恥且格。」

廣解《 「道，」同導，謂教導之也。政，政令；刑，刑罰。「齊，」謂整飭之使歸一律。以政令教導之，有不從者，以刑罰整飭之，則民但求避免刑罰，而無羞恥之心。以德教導之，以禮整飭之，則人民自知罪惡之可恥，而歸於正。格，正也。就是尚書冏命「格其非心」之格。禮記緇衣云：「夫教之

朱熹章句 道，音導，下同。

道，猶引導，謂先之也。政，謂法制禁令也。齊，所以一之也。道之而不從者，有刑以一之也。免而無恥，謂苟免刑罰。而無所羞愧，蓋雖不敢為惡，而為惡之心未嘗忘也。

禮，謂制度品節也。格，至也。言躬行以率之，則民固有所觀感而興起矣，而其淺深厚薄之不一者，又有禮以一

以德，齊之以禮，則民有格心；教之以政，齊之以刑，則民有遯心。」正與本章說相同。「道之以政，齊之以刑，」是法家的「法治」；「道之以德，齊之以禮，」是儒家的「德治。」大戴禮孔子答衛將軍文子云：「以禮齊民，譬之於御則轡也；以刑齊民，譬之於御則鞭也。」法家的政治手腕是鞭策，儒家的政治手腕是駕馭。

子曰：「吾十有五而志於學；三十而立；四十而不惑；五十而知天命；六十而耳順；七十而從心所欲，不踰*矩。」

廣解

此章係孔子七十以後，自己追述之言，可見聖人成德立身，始終本末；學者宜仔細體察之。「吾十有五而志於學。」朱注云：「古者十五而入大學。心之所之謂之志。此所謂學，即大學之道也。志乎此，則念念在此而為之不厭矣。」「三十而立，」朱注謂：「有以自立。」「四十而不惑，」朱注謂：「於事物之所當然，皆無所疑。」「五十而知天命，」朱注謂：「天命即天道之流行而賦於物者，乃事物所以當然之故。」此猶近人之言天演。為宇宙間一切事物自然變化，自然進行之原理。「六十而耳順，」集解引鄭玄說：「耳聞其聲而知其微旨。」朱注謂「聲入心通，無所違逆。」蓋聖人對人，只要一聞其言，早已明白其言的真偽。其人胸中之是非。本

之，則民恥於不善，而又有以至於善也。一說，格，正也。書曰：「格其非心。」

愚謂政者，為治之具。刑者，輔治之法。德禮則所以出治之本，而德又禮之本也。此其相為終始，雖不可以偏廢，然政刑能使民遠罪而已，德禮之效，則有以使民日遷善而不自知。故治民者不可徒恃其末，又當深探其本也。

朱熹章句

古者十五而入大學。心之所之謂之志。此所謂學，即大學之道也。志乎此，則念念在此而為之不厭矣。有以自立，則守之固而無所事志矣。於事物之所當然，皆無所疑，則知之明而無所事守矣。天命，即天道之流行而賦於物者，乃事物所以當然之故也。知此則知極其精，而不惑又不足言矣。聲入心通，無所違逆，知之之至，不思而得也。

從，如字。從，隨也。矩，法度之器，所以為方者也。隨其心之所欲，而自不過於法度，安而行之，不勉而中也。程子曰：「孔子生而知之也，言亦由學而至，所以勉進後人也。立，能自立於斯道也。不惑，則無所疑矣。知天命，窮理盡性也。耳順，所聞皆通也。從心所欲，不踰矩，則不勉而中矣。」又曰：「孔子自言其進德之序如此者，聖人未必然，但為學者立法，使之盈科而後進，成章而後達耳。」胡氏曰：「聖人之教亦多術，然其要使

書末章云：「不知命，無以為君子也；不知禮，無以立也；不知言，無以知人也。」此言三十知禮，五十知命，六十知言。二章可以參看。「七十而從心所欲，不踰矩。」矩，所以為方，法度之器。此指做人之道而言。聖人到了此時，隨便甚麼地方，凡一言一動，一視一聽，不必注意，無不悉合乎道，故朱注以中庸「安而行之」，「不勉而中」釋之。

孟懿子問孝。子曰：「無違。」樊遲御，子告之曰：「孟孫問孝於我，我對曰『無違。』」樊遲曰：「何謂也？」子曰：「生，事之以禮。死，葬之以禮，祭之以禮。」

廣解《　孟懿子，魯大夫，姓仲孫，名何忌。懿，謚法。樊遲，名須，孔子弟子。鄭玄目錄云齊人，孔子家語弟子解及左傳杜預注並云魯人。

此章記孟懿子問孝道於孔子，孔子只告以「無違」二字。於樊遲御車時，再以告之樊遲。樊遲也不懂，所以問曰：「何謂也？」孔子乃具體的對他說：「生，事之以禮。死，葬之以禮，祭之以禮。」「生，事之以禮」者，「冬溫夏清，昏定晨省」之屬也；「死，葬之以禮」者，「為之棺椁衣衾而舉之，卜其宅兆而安厝之」之屬也。「祭之以禮」者，「春秋祭祀，以時思之；陳其簠簋而哀戚之」之屬也。均見邢昺疏。

人不失其本心而已。欲得此心者，惟志乎聖人所示之學，循其序而進焉。至於一疵不存、萬理明盡之後，則其日用之間，本心瑩然，隨所意欲，莫非至理。蓋心即體，欲即用，體即道，用即義，聲為律而身為度矣。」又曰：「聖人言此，一以示學者當優游涵泳，不可躐等而進；二以示學者當日就月將，不可半途而廢也。」愚謂聖人生知安行，固無積累之漸，然其心未嘗自謂已至此也。是其日用之間，必有獨覺其進而人不及知者。故因其近似以自名，欲學者以是為則而自勉，非心實自聖而姑為是退託也。後凡言謙辭之屬，意皆放此。

朱熹章句　孟懿子，魯大夫仲孫氏，名何忌。無違，謂不背於理。樊遲，孔子弟子，名須。御，為孔子御車也。孟孫，即仲孫也。夫子以懿子未達而不能問，恐其失指，而以從親之令為孝，故語樊遲以發之。

生事葬祭，事親之始終具矣。禮，即理之節文也。人之事親，自始至終，一於禮而不苟，其尊親也至矣。是時三家僭禮，故夫子以是警之，然語意渾然，又若不專為三家發者，所以為聖人之言也。

胡氏曰：「人之欲孝其親，心雖無窮，而分則有限。得為而不為，與不得為而為之，均於不孝。所謂以禮者，為其所得為者而已矣。」

按「冬溫、夏清，」是使親冬得暖，夏得涼；「昏定、晨省，」是夜間服事親睡，晨起時問安。棺椁衣衾，宅兆安厝，是葬的事；簠簋哀戚，是祭的事；則所謂「無違」者，是不違禮的意思。皆為事親之禮。

孟武伯問孝。子曰：「父母唯*其疾之憂。」

廣解《 孟武伯，孟懿子之子，仲孫彘也。武，是謚。唯，通惟，獨也。朱注云：「言父母愛子之心，無所不至，唯恐其有疾病，常以為憂也。人子體此，而以父母之心為心，則凡所以守其身者，不容不謹矣。」

又一說，謂「其」字，指父母而言。謂人子以憂父母之疾為孝。此說亦可通。但「父母」字當略讀。淮南子說林云：「憂父之疾者子，治之者醫。」高誘注即引「父母唯其疾之憂」語以證之。孝經孝行章云：「孝子之事親也，病則致其憂。」皆以子憂父母之疾為孝。

朱熹章句 武伯，懿子之子，名彘。言父母愛子之心，無所不至，惟恐其有疾病，常以為憂也。人子體此，而以父母之心為心，則凡所以守其身者，自不容於不謹矣，豈不可以為孝乎？舊說，人子能使父母不以其陷於不義為憂，而獨以其疾為憂，乃可謂孝。亦通。

子游問孝。子曰：「今之孝者，是謂能養。至於犬馬，皆能有養；不敬，何以別乎？」

廣解《 子游，孔子弟子，姓言，名偃。史記弟子傳說是吳人，家語弟子解說是魯人。「養，」謂飲食供奉。做人子的養親，更須有恭恭敬敬的心思，纔算是孝。若只知飲食供奉而

朱熹章句 養，去聲。別，彼列反。子游，孔子弟子，姓言，名偃。養，謂飲食供奉也。犬馬待人而食，亦若養然。言人畜犬馬，皆能有以養之，若能養其親而敬不至，則與養犬馬者何異。甚言不敬之罪，所

無恭敬的心思，那末，與養犬馬，沒有分別了。朱注即如此解。又一說：犬能守宅，馬能代人任勞，也可算是養人；但犬馬是不知恭敬的。人子養親而不知恭敬，與犬馬養人，沒有分別了。集解引包（咸）說，即如此解。

王引之經傳釋詞說「是謂能養」之「是」字，作「祇」解。言今世所謂孝者，祇說能養父母而已。禮記坊記云：「小人皆能養其親，不敬，何以辨？」義與此章同，惟易「犬馬」為小人。劉寶楠論語正義引公羊傳何休注「大夫有疾稱犬馬，」孟子子思言「今而後知君之犬馬畜伋，」謂犬馬指卑賤之人，若臧獲之類。此又一說。

上面三說都可通。總之，孔子的意思，以為人子孝親，不僅能養，尤重在能敬。

子夏問孝。子曰：「色難！有事，弟子服其勞；有酒食，先生饌：曾是以為孝乎？」

廣解《 食，音俟。饌，音撰。「色難，」謂奉事父母，須和顏悅色，使父母歡喜；這種和顏悅色，是很難的。朱注即如此解。一說「色」是承順父母的顏色。集解引包（咸）說如此。「有事，弟子服其勞，」謂家中有事，弟子出其勞力，給父兄去做。「先生，」謂父兄。「饌」猶飲食。「有酒食，先生饌，」謂有酒食的時候，請父兄先吃。孔子的意思，說做子弟的，若只代父兄服勞

以深警之也。

胡氏曰：「世俗事親，能養足矣。狎恩恃愛，而不知其漸流於不敬，則非小失也。子游聖門高弟，未必至此，聖人直恐其愛踰於敬，故以是深警發之也。」

朱熹章句 食，音嗣。

色難，謂事親之際，惟色為難也。食，飯也。先生，父兄也。饌，飲食之也。曾，猶嘗也。蓋孝子之有深愛者，必有和氣；有和氣者，必有愉色；有愉色者，必有婉容；故事親之際，惟色為難耳，服勞奉養未足為孝也。舊說，承順父母之色為難，亦通。

程子曰：「告懿子，告眾人者也。告武伯者，以其人多可憂之事。子游能養而或失於敬，子夏能直義而或少溫潤之

做事，有酒食的時候，請父兄先吃：難道就可稱孝嗎？子弟事父兄，最要緊的，為和顏悅色，使父兄歡喜。

子曰：「吾與回言終日，不違如愚；退而省其私，亦足以發。回也不愚！」

廣解　回，姓顏，字子淵，（論語中多將「子」字省去，稱顏淵。）孔子弟子，魯人。「不違如愚」者，顏回沒有一句話違反孔子；孔子說如何，他也以為可，似乎自己沒有一些識見，像呆子一樣。「退而省其私」者，等到他退出去以後，我去考察考察他私下的議論。「亦足以發」者，他私下的議論，識見很高，亦足發明義理的大體。故又說「回也不愚。」

子曰：「視其所以，觀其所由，察其所安。人焉廋哉！人焉廋哉！」

廣解　說文云：「視，瞻也。」穀梁傳隱公五年云：「常視曰視，非常曰觀。」爾雅釋詁云：「察，審也。」「視。」「觀，」「察，」雖同是看的意思，而有淺深粗細之不同。朱注云：「以，為也。」「以」是所做的事，「由」是做這件事的原因理由。「安」是心之所安，意之所樂。先自他所做的事的善惡；更進一步，詳觀他做這件事的因由；再進一步，細察他做了這件事，是否安心樂意的。「焉，」平聲，何也，安也。「廋，」隱匿也。用這三步方法去觀察人，則人之善惡，可以完全明瞭了。

色。各因其材之高下，與其所失而告之，故不同也。」

朱熹章句　回，孔子弟子，姓顏，字子淵。不違者，意不相背，有聽受而無問難也。私，謂燕居獨處，非進見請問之時。發，謂發明所言之理。愚聞之師曰：「顏子深潛純粹，其於聖人體段已具。其聞夫子之言，默識心融，觸處洞然，自有條理。故終日言，但見其不違如愚人而已。及退省其私，則見其日用動靜語默之間，皆足以發明夫子之道，坦然由之而無疑，然後知其不愚也。」

朱熹章句　以，為也。為善者為君子，為惡者為小人。觀，比視為詳矣。由，從也。事雖為善，而意之所從來者有未善焉，則亦不得為君子矣。或曰：「由，行也。謂所以行其所為者也。」察，則又加詳矣。安，所樂也。所由雖善，而心之所樂者不在於是，則亦偽耳，豈能久而不變哉？焉，於虔反。廋，所留反。焉，何也。廋，匿也。重言以深明之。程子曰：「在己者能知言窮理，則能以此察人如聖人也。」

子曰：「溫故而知新，可以為師矣！」

廣解《 朱注云：「溫，尋繹也。故者，舊所聞；新者，今所得。言學能時習舊聞，而每有新得，則所學在我，而其應不窮，故可以為人師。」按本書首章說「學而時習之。」「學」是知新；「習」是「溫故。」下文子夏曰：「日知其所亡，月無忘其所能。」「知其所亡」是知新；「無忘所能」是溫故。論衡謝短篇云：「知古不知今，謂之陸沉；知今不知古，謂之盲瞽。溫故知新，可以為師；古今不知，稱師如何？」則以古已有之者為「故，」今始有之者為「新。」在今日言之，則我國固有之文化道德為「故，」世界各國日新月異之事物哲理為「新。」「溫故，」「知新，」不可偏廢。且善「溫故」者，常能收「知新」之效。天下未知之理，未有之物，皆從已知已有者發明之。能如此，則可以為人師。

朱熹章句 溫，尋繹也。故者，舊所聞。新者，今所得。言學能時習舊聞，而每有新得，則所學在我，而其應不窮，故可以為人師。若夫記問之學，則無得於心，而所知有限，故學記譏其「不足以為人師」，正與此意互相發也。

子曰：「君子不器。」

廣解《 「君子，」指成德之人。此云「君子不器」與禮記學記之「大道不器」正同。下愚之人，不能成器；有一材一藝之人，各有所長，亦各有所短，如器之各適其用；至於成德之人，則體無不該，用無不適，是為不器之君子。下文記孔子答子貢曰：「汝器也。」瑚璉雖是珍貴之器，但終沒有到「君

朱熹章句 器者，各適其用而不能相通。成德之士，體無不具，故用無不周，非特為一才一藝而已。

子不器」的程度。

子貢問君子。子曰：「先行其言而後從之。」

廣解《 朱注引周氏曰：「『先行其言』者，行之於未言之前；『而後從之』者，言之於已行之後。」按本書下文云：「其言之不怍，則為之也難。」又云：「古者言之不出，恥躬之不逮也。」大戴記曾子制言云：「君子先行後言。」又曾子立事云：「君子微言而篤行之，行必先人，言必後人。」都可與此章所說互相印證。凡事，說時易，做時難；事情沒有做，先發議論，這是世人的通病；子貢也未能免此。

子曰：「君子周而不比，小人比而不周。」

廣解《 朱注云：「周，普遍也；比，偏黨也；皆與人親厚之意。但周公而比私耳。」王引之經義述聞云：「『周』『比』皆訓為親、為密、為合。以義合者，周也；以利合者，比也。」可見君子小人之分，『周』『比』之別，全在公私義利之間。

子曰：「學而不思，則罔；思而不學，則殆。」

廣解《 集解包曰：「學不尋思其義，則罔然無所得。不學而思，終卒不得，徒使人精神疲殆。」朱注云：「不求諸心，故

朱熹章句 周氏曰：「先行其言者，行之於未言之前，而後從之者，言之於既行之後。」范氏曰：「子貢之患，非言之艱而行之艱，故告之以此。」

朱熹章句 周，普遍也。比，偏黨也。皆與人親厚之意，但周公而比私耳。君子小人所為不同，如陰陽晝夜，每每相反。然究其所以分，則在公私之際，毫釐之差耳。故聖人於周比、和同、驕泰之屬，常對舉而互言之，欲學者察乎兩閒，而審其取舍之幾也。

朱熹章句 不求諸心，故昏而無得。不習其事，故危而不安。

昏而無得；不習其事，故危而不安。」王引之經義述聞云：「思而不學，則事無徵驗疑而不能定也。」以上三說，解「殆」字各不同。以王說為長。

中庸云：「博學之，審問之，慎思之，明辨之。」學問是「學，」思辨是「思。」本書下文子夏云：「博學而篤志，切問而近思。」博學切問是「學；」篤志近思是「思。」荀子勸學云：「小人之學也，入乎耳，出乎口。」即指「學而不思。」孟子云：「心之官則思；思則得之，不思則不得也。」即謂學而不思，迷惘無所得。本書下文，子曰：「吾嘗終日不食，終夜不寢，以思，無益，不如學也。」即說徒思之無益。皆可與本章參證。漢學家偏重訓詁考據，其弊易流為「學而不思；」宋學家陸王一派空談心性，其弊易流為「思而不學。」

子曰：「攻乎異端，斯害也已！」

廣解

自來學者，解釋此章，頗多異說。集解及朱注均訓「攻」為「治，」如考工記「攻木」「攻金」之攻；「異端，」如楊墨，背聖人之道者；言治異端之道則有害。此一說也。孫奕示兒編訓「攻」為「攻人之惡」之攻；訓「已」為「止；」攻異端，如孟子之距楊墨，能攻之距之，則其害止。此又一說也。焦循論語補疏則「攻」訓「治，」訓「錯，」為切磨之意；「已」訓

程子曰：「博學、審問、慎思、明辨、篤行五者，廢其一，非學也。」

朱熹章句　范氏曰：「攻，專治也，故治木石金玉之工曰攻。異端，非聖人之道，而別為一端，如楊墨是也。其率天下至於無父無君，專治而欲精之，為害甚矣！」程子曰：「佛氏之言，比之楊墨，尤為近理，所以其害為尤甚。學者當如淫聲美色以遠之，不爾，則駸駸然入於其中矣。」

「止；」攻乎異端，相切磨攻錯而不執一，則其害自止，即韓詩外傳所謂「別殊類，使不相害，序異端，使不相悖」之意。此又一說也。近人馬一浮則云：「四書言『端』者凡數見：一曰『執其兩端；』二曰『我叩其兩端；』三即『攻乎異端。』蓋『端』必有兩，若攻其異之一端，則有害。還須求其同之一端，則諸子百家，皆有同之一端。」馬氏之意，即易所謂「天下一致而百慮，殊塗而同歸，」諸子之道術雖不同，而其旨則一。此又一說也。以上各說，當以集解朱注為正解。

子曰：「由，誨女*，知之乎？知之爲知之，不知爲不知，是知也。」

廣解

由，孔子弟子，姓仲，字子路。史記弟子傳云，卞人。「女，」即汝字。「誨，」是「教誨。」「是知也」之「知，」同智。孔子呼子路之名而告之曰：「我教誨汝，汝知之否耶？」「誨汝」二字一讀。朱注云：「夫子告之曰：『我教汝以知之之道乎！』」則以「知之」為誨之之義矣。案荀子子道所記，則此為子路初見孔子時事。孔子告子路有云：「故君子知之曰知之，不知曰不知，言之要也；能之曰能之，不能曰不能，行之要也。」又儒效篇云：「知之曰知之，不知曰不知；內不自以誣，外不自以欺。」又非十二子篇云：「言而當，知也；默而當，亦知也。」並與此章同義。朱注謂子路好勇，蓋有強不知以為知者，故夫子告之云云。

朱熹章句

女，音汝。

由，孔子弟子，姓仲，字子路。子路好勇，蓋有強其所不知以為知者，故夫子告之曰：我教女以知之之道乎！但所知者則以為知，所不知者則以為不知。如此則雖或不能盡知，而無自欺之蔽，亦不害其為知矣。況由此而求之，又有可知之理乎？

子張學干祿。子曰：「多聞闕疑，慎言其餘，則寡尤。多見闕殆，慎行其餘，則寡悔。言寡尤，行寡悔，祿在其中矣！」

廣解《

子張，孔子弟子，姓顓孫，名師。史記弟子傳云陳人。呂氏春秋尊師篇云：魯人。按顓孫氏出陳公子顓孫昭公時顓孫奔魯，見通志氏族略。「干，」求也。「祿，」祿位也。子張想學做官，孔子即和他談祿。朱注，引呂氏云：「疑者，所未信；殆者，所未安。」又引程子云：「尤，罪自外至者也；悔，理自內出者也。」又云：「修天爵，則人爵至；君子言行能謹，得祿之道也。子張學干祿，故告之以此，使定其心，而不為利祿所動。若顏閔，則無此問矣。」孔子之意，謂多所聞，於其疑而未信者，則闕而不言；即其餘無可疑者，亦謹慎言之，則言論可以少過尤。多所見，於其疑而未安者，闕之而不行；即其餘無可疑者，亦謹慎行之，則行為可以少悔恨。如此謹慎言行，則如孟子所說：「修其天爵，而人爵從之，」不待干求而自得，故曰：「祿在其中矣。」

朱熹章句

子張，孔子弟子，姓顓孫，名師。干，求也。祿，仕者之奉也。行寡之行，去聲。

呂氏曰：「疑者所未信，殆者所未安。」程子曰：「尤，罪自外至者也。悔，理自內出者也。」愚謂多聞見者學之博，闕疑殆者擇之精，慎言行者守之約。凡言在其中者，皆不求而自至之辭。言此以救子張之失而進之也。

程子曰：「修天爵則人爵至，君子言行能謹，得祿之道也。子張學干祿，故告之以此，使定其心而不為利祿動，若顏閔則無此問矣。或疑如此亦有不得祿者，孔子蓋曰耕也餒在其中，惟理可為者為之而已矣。」

哀公問曰：「何爲則民服？」孔子對曰：「舉直錯*諸枉，則民服。舉枉錯*諸直，則民不服。」

廣解《

哀公，魯國的君主，名蔣，「哀」是死後之謚。「孔子對曰」者，凡對君上的話，都加一「對」字，表示尊敬的意思。

朱熹章句

哀公，魯君，名蔣。凡君問，皆稱孔子對曰者，尊君也。錯，捨置也。諸，眾也。程子曰：「舉錯得義，則人心服。」

「舉，」用也。「直，」正直之人也。「錯，」廢置也。「枉，」邪枉；不正直之人也。此章言要民服從，只要舉用正直之人，廢置邪枉之人；若舉用邪枉之人，廢置正直之人，則民不服。

謝氏曰：「好直而惡枉，天下之至情也。順之則服，逆之則去，必然之理也。然或無道以照之，則以直為枉，以枉為直者多矣，是以君子大居敬而貴窮理也。」

季康子問：「使民敬忠以勸，如之何？」子曰：「臨之以莊則敬，孝慈則忠，舉善而教不能則勸。」

廣解《

季康子，魯卿，季孫氏，名肥，康，是謚。

「使民敬忠以勸」者，說使人民能夠恭恭敬敬，忠心服事君上，並且互相勸勉。「以勸」之「以」連詞。閻若璩四書釋地云：「與也。」王引之經傳釋詞云：「以勸者，而勸也。」「臨，」居上臨下。「莊，」莊重有威嚴也。孔子說：執政者臨民能有莊重威嚴的態度，則人民自然會恭敬；能夠孝順他的父母，慈愛他的人民，則人民自然會忠；能舉用善人，而教化未能為善的人，則人民自然能互相勸勉。

朱熹章句

季康子，魯大夫季孫氏，名肥。莊，謂容貌端嚴也。臨民以莊，則民敬於己。孝於親，慈於眾，則民忠於己。善者舉之而不能者教之，則民有所勸而樂於為善。

張敬夫曰：「此皆在我所當為，非為欲使民敬忠以勸而為之也。然能如是，則其應蓋有不期然而然者矣。」

或謂孔子曰：「子奚不爲政？」子曰：「書云：『孝乎惟孝，友于兄弟。』施於有政，是亦爲政。奚其爲爲政？」

廣解《

朱注據偽古文尚書君陳篇：「惟孝友于兄弟，克施有政，」以為「孝乎」二字當連上讀，故曰：「『書云孝乎』者，言書之言孝如此也。」「惟孝」以下八字，亦為書語。按古文

朱熹章句

定公初年，孔子不仕，故或人疑其不為政也。書周書君陳篇。書云孝乎者，言書之言孝如此也。善兄弟曰友。書言君陳能孝於親，友於兄弟，又能推廣此心，以為一家之政。孔子引之，言如此，則是亦為政矣，

尚書為東晉梅賾所獻，乃王肅之偽書，不足據。後漢書郅惲傳鄭敬云：「雖不從政，施之有政，是亦為政。」則「孝乎惟孝，友于兄弟」二語，乃逸書之文。「施於有政」及其下，為孔子語。「孝乎惟孝」者，是贊孝之詞，其句法與禮記之「禮乎禮，」素問之「形乎形，神乎神」同。「友于兄弟」者，兄友而弟弟也。孝弟所以齊家，推之治國，則孝者所以事君，弟者所以事長。（見大學。）「施」者，推而行之之謂。孔子不仕，以孝弟教人。孝弟施於有政，是亦為政，何必以居位為「為政」呢？

何必居位乃為為政乎？蓋孔子之不仕，有難以語或人者，故託此以告之，要之至理亦不外是。

子曰：「人而無信，不知其可也。大車無輗*，小車無軏*，其何以行之哉？」

廣解《 「信」字有二義：說話必須真實；說了話，必須能踐言。人而無信，則他人對之，毫無信用，如何能行？故以車為喻，說人而無信，如大車無輗，小車無軏，不能行也。

輗音倪，軏音月。大車是載重之車，駕牛；小車是乘人之車，駕馬。車前有「轅，」就是車杠。轅的前端連著一根橫木，叫做「衡。」衡下縛「軛，」則為曲形，以駕於牛馬之項。轅端持衡之關鍵，則大車名「輗，」小車名「軏。」蓋轅端與衡均鑿圓孔，以輗軏直貫而東之，則衡軛可以活動，可以轉折，而車不致左右傾側。詳見劉寶楠論語正義引凌渙古今車制圖考。

朱熹章句 輗，五兮反。軏，音月。大車，謂平地任載之車。輗，轅端橫木，縛軛以駕牛者。小車，謂田車、兵車、乘車。軏，轅端上曲，鉤衡以駕馬者。車無此二者，則不可以行，人而無信，亦猶是也。

子張問：「十世可知也？」子曰：「殷因於夏禮，所損益可知也；周因於殷禮，所損益可知也。其或繼周者，雖百世可知也。」

廣解《　「世，」謂易姓之世，「十世」就是十代。古時候所謂「禮，」包一切典章、制度、政令、儀式以及社會上之習俗而言。「因」是沿襲，「損」是減除，「益」是增加。子張問孔子道：「十世以後的事情，可預知嗎？」孔子答以殷繼夏，周繼殷，大部分的禮是沿襲前代的；其所損所益，亦可考見。將來繼周而興者，其於周禮，亦必有所因襲損益，不難推想，雖百世亦可測知，何況十世呢？歷史是人類社會的演化，其間自有因果關係可尋，故察往可以知來。

陳禮東塾類稿則謂子張所問，乃十世以後可知十世以前之事否。因孔子言夏殷之禮，杞宋已不足徵，則十世以後，恐更不可知。孔子答以殷之禮因夏，周禮因殷，其所損益，猶可考見。其後繼周者，雖歷百世，仍可考知。至今周禮尚存，即夏殷之禮，亦尚有可考者。則以載籍已備，故百世可知也。此說亦通。

朱熹章句　陸氏曰：「也，一作乎。」

王者易姓受命為一世。子張問自此以後，十世之事，可前知乎？馬氏曰：「所因，謂三綱五常。所損益，謂文質三統。」愚按：三綱，謂：君為臣綱，父為子綱，夫為妻綱。五常，謂：仁、義、禮、智、信。文質，謂：夏尚忠，商尚質，周尚文。三統，謂：夏正建寅為人統，商正建丑為地統，周正建子為天統。三綱五常，禮之大體，三代相繼，皆因之而不能變。其所損益，不過文章制度小過不及之間，而其已然之迹，今皆可見。則自今以往，或有繼周而王者，雖百世之遠，所因所革，亦不過此，豈但十世而已乎！聖人所以知來者蓋如此，非若後世讖緯術數之學也。

胡氏曰：「子張之問，蓋欲知來，而聖人言其既往者以明之也。夫自修身以至於為天下，不可一日而無禮。天敘天秩，人所共由，禮之本也。商不能改乎夏，周不能改乎商，所謂天地之常經也。若乃制度文為，或太過則當損，或不足則當益。益之損之，與時宜之，而所因者不壞，是古今之通義也。因往推來，雖百世之遠，不過如此而已矣。」

子曰：「非其鬼而祭之，諂也。見義不為，無勇也。」

廣解《 人死稱「鬼。」「非其鬼，」是說不是自己祖先的鬼。「諂，」求媚也。「義，」就是應該做的事情。「無勇，」是沒有勇氣。「非其鬼而祭之，」是不當祭而祭；「見義不為，」是當為而不為。上二句是賓，下二句是主。

朱熹章句 非其鬼，謂非其所當祭之鬼。諂，求媚也。知而不為，是無勇也。

八佾第三

孔子謂季氏八佾舞於庭*：「是可忍也，孰不可忍也？」

廣解《 朱注云：「季氏，魯大夫季孫氏也。」集解包成謂指桓子。「八佾，」天子之樂，以八人為一排，共八排，六十四人。諸侯之樂，則六六三十六人；卿大夫之樂，則四四十六人。士之樂，則二二四人。廣雅釋詁「謂，說也。」言孔子評論季氏此事；下二句，方是孔子之言。季氏，不過魯國一大夫，照禮，只能用十六人的樂；今竟僭用八佾，於家廟，是目無天子了。故孔子大不謂然，對人說道：「像這樣僭妄無禮的事，若可容忍，還有甚麼事不可容忍呢？」

朱熹章句 佾，音逸。季氏，魯大夫季孫氏也。佾，舞列也，天子八、諸侯六、大夫四、士二。每佾人數，如其佾數。或曰：「每佾八人。」未詳孰是。季氏以大夫而僭用天子之樂，孔子言其此事尚忍為之，則何事不可忍為。或曰：「忍，容忍也。」蓋深疾之之辭。范氏曰：「樂舞之數，自上而下，降殺以兩而已，故兩之間，不可以毫髮僭差也。孔子為政，先正禮樂，則季氏之罪不容誅矣。」謝氏曰：「君子於其所不當為不敢須臾處，不忍故也。而季氏忍此矣，則雖弒父與君，亦何所憚而不為乎？」

三家者以雍徹。子曰：「『相維辟公，天子穆穆』，奚取於三家之堂？」

廣解 朱注云：「『雍，』平聲。『相，』去聲。『辟，』音必。『三家魯大夫孟孫、叔孫、季孫之家也。雍周頌篇名。徹，祭畢而收其俎也。天子宗廟之祭，則歌雍以徹。是時三家僭而用之。』『相維辟公，天子穆穆。』是雍頌裏面的兩句。相，助也。辟公，諸侯也。穆穆，謂天子容貌之莊嚴。周代天子祭祖先，諸侯都來助祭。雍頌有這兩句。三家之堂，也歌雍頌，如這兩句，又何所取義呢？

朱熹章句 徹，直列反。相，去聲。三家，魯大夫孟孫、叔孫、季孫之家也。雍，周頌篇名。徹，祭畢而收其俎也。天子宗廟之祭，則歌雍以徹，是時三家僭而用之。相，助也。辟公，諸侯也。穆穆，深遠之意，天子之容也。此雍詩之辭，孔子引之，言三家之堂非有此事，亦何取於此義而歌之乎？譏其無知妄作，以取僭竊之罪。

程子曰：「周公之功固大矣，皆臣子之分所當為，魯安得獨用天子禮樂哉？成王之賜，伯禽之受，皆非也。其因襲之弊，遂使季氏僭八佾，三家僭雍徹，故仲尼譏之。」

子曰：「人而不仁，如禮何？人而不仁，如樂何？」

廣解 禮記儒行云：「禮節者，仁之貌也；歌樂者，仁之和也。」故「人而不仁，」必不能行禮樂。所以孔子說：「如禮何？」「如樂何？」「如，」奈也。就是說「人而不仁，奈此禮樂何？」孔子的感嘆，亦為季氏等而發。季氏等以諸侯大夫，僭用天子的禮樂，把禮樂的根本意義。根本精神，都失去了！

朱熹章句 游氏曰：「人而不仁，則人心亡矣，其如禮樂何哉？言雖欲用之，而禮樂不為之用也。」

程子曰：「仁者天下之正理。失正理，則無序而不和。」

李氏曰：「禮樂待人而後行，苟非其人，則雖玉帛交錯，鐘鼓鏗鏘，亦將如之何哉？」然記者序此於八佾雍徹之後，疑其為僭禮樂者發也。

林放問禮之本。子曰：「大哉問！禮，與其奢也，寧儉；喪，與其易也，寧戚。」

廣解 集解鄭玄曰：「林放，魯人。」是否孔子弟子，放是名，或是字，諸註皆未言。林放問「禮之本，」是問禮的本

朱熹章句 林放，魯人。見世之為禮者，專事繁文，而疑其本之不在是也，故以為問。孔子以時方逐末，而放獨有志於本，故大其問。蓋得其本，則禮之全體無不在其中

原，是怎樣一個意義。「子曰：『大哉問』」者，孔子見一般人之行禮，都不過是糊裏糊塗，跟著大家去做，從來未有研究到禮的本原意義者；今見林放此問，能從大處著想，故贊美之，曰「大哉問。」奢，是陳種種排場；儉，是減省，連應該備的東西也不備；二者皆不合禮，但與其過奢，寧可過儉。集解包曰：「易，和易也。」朱注「易，治也，……言喪禮節文習熟，而無哀痛慘怛之實也。戚則一於哀而文不足耳。」禮記檀弓，子路曰：「吾聞諸夫子，喪禮，與其哀不足而禮有餘也，不若禮不足而哀有餘也。」與此同義。人子居喪，「易」與「戚」都是不合的。但與其徒重節文，而無哀痛之實，寧可哀戚而禮文不備。孔子的意思是說種種儀式，並不是「禮之本」；「禮之本」在質不在文。

子曰：「夷狄之有君，不如諸夏之亡也。」

廣解《

「亡，」同「無。」「夷狄，」謂蠻夷戎狄等野蠻部落也。「諸夏，」謂中國，諸侯各國也。刑疏云：「此章言中國禮義之盛而夷狄無也。……言夷狄雖有君長而無禮義；中國雖偶無君，若周召共和之年，而禮義不廢，故曰「夷狄之有君，不如諸夏之亡也。」」朱注引程子曰：「夷狄且有君長，不如諸夏之僭亂，反無上下之分也。」刑、程二說適相反。按此章上下各章，皆歎僭禮之事，當以程說為長。

矣。易，去聲。易，治也。孟子曰：「易其田疇。」在喪禮，則節文習熟，而無哀痛慘怛之實者也。戚則一於哀，而文不足耳。禮貴得中，奢易則過於文，儉戚則不及而質，二者皆未合禮。然凡物之理，必先有質而後有文，則質乃禮之本也。范氏曰：「夫祭與其敬不足而禮有餘也，不若禮不足而敬有餘也，喪與其哀不足而禮有餘也，不若禮不足而哀有餘也。禮失之奢，喪失之易，皆不能反本，而隨其末故也。禮奢而備，不若儉而不備之愈也；喪易而文，不若戚而不文之愈也。儉者物之質，戚者心之誠，故為禮之本。」楊氏曰：「禮始諸飲食，故汙尊而抔飲，為之簠、簋、籩、豆、罍、爵之飾，所以文之也，則其本，儉而已。喪不可以徑情而直行，為之衰麻哭踊之數，所以節之也，則其本，戚而已。周衰，世方以文滅質，而林放獨能問禮之本，故夫子大之，而告之以此。」

朱熹章句 吳氏曰：「亡，古無字，通用。」程子曰：「夷狄且有君長，不如諸夏之僭亂，反無上下之分也。」尹氏曰：「孔子傷時之亂而歎之也。亡，非實亡也，雖有之，不能盡其道爾。」

季氏旅於泰山。子謂冉有曰：「女*弗能救與*？」對曰：「不能。」子曰：「嗚呼！曾謂泰山，不如林放乎？」

廣解《 「女，」同汝。「與，」今作歟。旅，是古時候一種祭祀的名稱。古代，天子祭天下的名山大川，諸侯祭自己國內的山川，大夫只能祭家廟。「季氏旅於泰山」是大夫僭用諸侯的禮，目中無魯君也。

冉有，名求，孔子弟子，鄭玄目錄云，魯人。時為季氏家臣，故孔子謂之曰：「汝弗能救止乎？」冉有逕答以「不能，」孔子乃歎曰：「嗚呼！曾謂泰山之神不如林放乎？」意言泰山之神，決不受此違禮之祭祀也。

朱熹章句 女，音汝。與，平聲。

旅，祭名。泰山，山名，在魯地。禮，諸侯祭封內山川，季氏祭之，僭也。冉有，孔子弟子，名求，時為季氏宰。救，謂救其陷於僭竊之罪。嗚呼，歎辭。言神不享非禮，欲季氏知其無益而自止，又進林放以厲冉有也。范氏曰：「冉有從季氏，夫子豈不知其不可告也，然而聖人不輕絕人。盡己之心，安知冉有之不能救、季氏之不可諫也。既不能正，則美林放以明泰山之不可誣，是亦教誨之道也。」

子曰：「君子無所爭。必也射乎？揖讓而升，下而飲，其爭也君子！」

廣解《 君子重禮讓，故無所爭。「射，」是比試武藝。比試必想得勝；所以君子只有在比射的時候，不能無爭。古禮，射箭的時候，人須走到堂上去射。上去的時候，還要對同隊比試的人，謙遜一回，作一個揖，這就是「揖讓而升。」箭射過以後，仍作一個揖，走出堂來。等到大家都射過下來，勝負已決，負者乃飲罰酒，這就是「下而飲。」君子在和人競爭的時候，還是這樣雍容有禮，所以說：「其爭也君子！」

朱熹章句 飲，去聲。

揖讓而升者，大射之禮，耦進三揖而後升堂也。下而飲，謂射畢揖降，以俟眾耦皆降，勝者乃揖不勝者升，取觶立飲也。言君子恭遜不與人爭，惟於射而後有爭。然其爭也，雍容揖遜乃如此，則其爭也君子，而非若小人之爭矣。

子夏問曰：「『巧笑倩*兮，美目盼兮，素以爲絢*兮。』何謂也？」子曰：「繪事後素。」曰：「禮後乎？」子曰：「起予者商也！始可與言詩已矣！」

廣解

「巧笑倩兮，美目盼兮，素以為絢兮，」上二句，見詩經衛風碩人第二章；但無下一句，故朱子說是逸詩詩毛傳云：「倩，好口輔也。盼，目白黑分也。」字林云：「盼，美目也。」按「口輔」就是「頰。」上兩句是說美人笑的時候，嫣然啟齒，雙頰微窩，秋波流盼之美。素：是繪畫時，用的粉；「絢，」是五彩的顏色。朱注云：「素，粉地，畫之質也；絢，采色，畫之飾也。」又云：「繪事，繪畫之事也。後素，後於素也。」考工記曰：「繪畫之事後素功。」謂先粉地為質而後施五彩。猶人有美質，然後可加文飾。禮必以忠信為質，猶繪事必以素粉為先。」集解引鄭云：「凡繪畫，先布眾色，然後以素分布其間，以成其文；喻美女雖有倩盼美質，亦須禮以成之。」適與朱說相反。按論語記孔子論禮，重在禮之本質，而不重在繁文縟節，當以朱注為長。子夏以詩上二句說美人之貌，下一句忽說繪事，故以為問。孔子以「繪事後素」答之者，言「美」在質而文飾次之；若本無巧笑美盼之姿，而徒以脂粉服裝為飾，是益增其醜而已。此即上文諸章所說：「人而不仁如禮何，」「禮與其奢也寧儉，喪與其易也寧戚」

朱熹章句

倩，七練反。盼，普莧反。絢，呼縣反。

此逸詩也。倩，好口輔也。盼，目黑白分也。素，粉地，畫之質也。絢，采色，畫之飾也。言人有此倩盼之美質，而又加以華采之飾，如有素地而加采色也。子夏疑其反謂以素為飾，故問之。

繪，胡對反。

繪事，繪畫之事也。後素，後於素也。考工記曰：「繪畫之事後素功。」謂先以粉地為質，而後施五采，猶人有美質，然後可加文飾。禮必以忠信為質，猶繪事必以粉素為先。起，猶發也。起予，言能起發我之志意。謝氏曰：「子貢因論學而知詩，子夏因論詩而知學，故皆可與言詩。」

楊氏曰：「『甘受和，白受采，忠信之人，可以學禮。苟無其質，禮不虛行。』此『繪事後素』之說也。孔子曰『繪事後素』，而子夏曰『禮後乎』，可謂能繼其志矣。非得之言意之表者能之乎？商賜可與言詩者以此。若夫玩心於章句之末，則其為詩也固而已矣。所謂起予，則亦相長之義也。」

之意。子夏因此悟到禮之本在質不在文，禮之節文是後來所加的文飾，與美人之服飾，繪事之采色相同。孔子嘉其能聞一知二，故贊為「起予，」贊為「可與言詩。」

子曰：「夏禮，吾能言之；杞不足徵也。殷禮，吾能言之；宋不足徵也。文獻不足故也，足，則吾能徵之矣。」

廣解《　杞，音起。周武王為天子後，封夏朝的後代為杞國。封殷朝的後代為宋國。上篇云：「殷因於夏禮，所損益可知也；周因於殷禮，所損益可知也。」故此於夏殷之禮，俱曰「吾能言之。」徵，驗也，證也。言杞宋二國均不足以為證驗。文，指典冊。集解引鄭云：「獻，猶賢也。」爾雅釋言云：「獻，聖也。」此言杞宋二國典冊既亡佚，又無秉禮之遺賢，故不足為徵驗。如文獻猶足以資考證，則我能徵之矣。此章與禮記中庸禮運二篇所載，大旨相同。

朱熹章句　杞，夏之後。宋，殷之後。徵，證也。文，典籍也。獻，賢也。言二代之禮，我能言之，而二國不足取以為證，以其文獻不足故也。文獻若足，則我能取之，以證君言矣。

子曰：「禘自既灌而往者，吾不欲觀之矣！」

廣解《　禘，音地。灌，音貫。古時五年一大祭，叫做「禘。」灌者，以酒洒地上，以迎所祭之祖也。（按現在俗禮，於祭祀完畢後，以酒洒地，稱為「奠酒，」意思是送所祭之祖。與古時之「灌，」意思相同，不過先後異耳。）以酒洒地後，把祖宗

朱熹章句　禘，大計反。趙伯循曰：「禘，王者之大祭也。王者既立始祖之廟，又推始祖所自出之帝，祀之於始祖之廟，而以始祖配之也。成王以周公有大勳勞，賜魯重祭。故得禘於周公之廟，以文王為所出之帝，而周公配之，然非禮矣。」灌者，方祭

的木主排列起來，然後致祭。魯文公二年，舉行禘祭，列僖公於閔公之上，春秋認為逆祀。本章所譏，亦指此事。僖公是閔公的庶兄。在閔公的時候，僖公是臣。他弒了閔公，自即君位，是以兄繼弟的君位。文公以為僖公是兄，閔公是弟，自己是僖公的兒子，所以把父親的木主，排在叔父的上面。孔子以為閔公為君在先，僖公為君在後，不應該把僖公的木主，反排在閔公的上面。但孔子自己是魯臣，不便說魯國上代君主失禮，而心中實大大不以為然，所以只得說「吾不欲觀之矣！」按禘禮之說，學者聚訟紛紜；故對此章，亦解釋不同。此從集解孔安國說。

或問禘之說。子曰：「不知也。知其說者之於天下也，其如示諸斯乎？」指其掌。

廣解《 集解孔曰：「答以不知者，為魯諱。」則此章係接上章而言。或人聞孔子「吾不欲觀之矣」之言，故問孔子耳。中庸云：「明乎郊社之禮，禘嘗之義，治國其如示諸掌乎！」仲尼燕居所記略同。皆可與此章參看。此云「示諸斯，」而又記其動作曰「指其掌，」「斯」即指「掌」而言。

祭如在，祭神如神在。子曰：「吾不與祭，如不祭。」

廣解《 「祭，」是祭祖先；「祭神，」是祭各種神道。祭時極

之始，用鬱鬯之酒灌地，以降神也。魯之君臣，當此之時，誠意未散，猶有可觀，自此以後，則浸以懈怠而無足觀矣。蓋魯祭非禮，孔子本不欲觀，至此而失禮之中又失禮焉，故發此歎也。

謝氏曰：「夫子嘗曰：『我欲觀夏道，是故之杞，而不足徵也；我欲觀殷道，是故之宋，而不足徵也。』又曰：『我觀周道，幽厲傷之，吾舍魯何適矣。魯之郊禘非禮也，周公其衰矣！』考之杞宋已如彼，考之當今又如此，孔子所以深歎也。」

朱熹章句 先王報本追遠之意，莫深於禘。非仁孝誠敬之至，不足以與此，非或人之所及也。而不王不禘之法，又魯之所當諱者，故以不知答之。示，與視同。指其掌，弟子記夫子言此而自指其掌，言其明且易也。蓋知禘之說，則理無不明，誠無不格，而治天下不難矣。聖人於此，豈真有所不知也哉？

朱熹章句 程子曰：「祭，祭先祖也。祭神，祭外神

誠極敬，如真有祖先或神在上一般。但一般人的「祭，」都不過兒戲了事，所以孔子說：「吾不與祭，如不祭。」此章大旨是說祭祀之禮，重在誠敬，重不在祭品與儀式。

王孫賈問曰：「『與其媚於奧，寧媚於竈；』何謂也？」子曰：「不然！獲罪於天，無所禱也。」

廣解

王孫賈，王孫氏，名賈，衛國大夫，即下文所記為衛靈公治軍旅者。「與其媚於奧，甯媚於竈」二句，是那時侯通行的俗語。「奧，」室之西南隅。集解云：「奧，內也，以喻近臣；竈，以喻執政。賈，執政者，欲使孔子求昵之，故微以世俗之言感動之也。」按，孟子記彌子瑕語子路曰：「孔子主我，衛卿可得也。」彌子瑕為靈公之倖臣，賈為衛之執政，均欲與孔子接近。賈此語，殆即為彌子瑕之言而發。孔子答以「獲罪於天，無所禱」者，明己不媚奧，亦不媚竈也。

朱注謂「竈為五祀之一；祝竈當設主於竈陘，祭畢，又設饌於奧以迎尸而祭於奧。」按上數章皆言祭祀，本章孔子復以「獲罪於天無所禱也」為答，故朱子就祭祀之禮釋之。

也。祭先主於孝，祭神主於敬。」愚謂此門人記孔子祭祀之誠意。與，去聲。又記孔子之言以明之。言己當祭之時，或有故不得與，而使他人攝之，則不得致其如在之誠。故雖已祭，而此心缺然，如未嘗祭也。

范氏曰：「君子之祭，七日戒，三日齊，必見所祭者，誠之至也。是故郊則天神格，廟則人鬼享，皆由己以致之也。有其誠則有其神，無其誠則無其神，可不謹乎？吾不與祭如不祭，誠為實，禮為虛也。」

朱熹章句

王孫賈，衛大夫。媚，親順也。室西南隅為奧。竈者，五祀之一，夏所祭也。凡祭五祀，皆先設主而祭於其所，然後迎尸而祭於奧，略如祭宗廟之儀。如祀竈，則設主於竈陘，祭畢，而更設饌於奧以迎尸也。故時俗之語，因以奧有常尊，而非祭之主；竈雖卑賤，而當時用事。喻自結於君，不如阿附權臣也。賈，衛之權臣，故以此諷孔子。

天，即理也；其尊無對，非奧竈之可比也。逆理，則獲罪於天矣，豈媚於奧竈所能禱而免乎？言但當順理，非特不當媚竈，亦不可媚於奧也。

謝氏曰：「聖人之言，遜而不迫。使王孫賈而知此意，不為無益；使其不知，亦非所以取禍。」

子曰：「周監於二代，郁郁*乎文哉！吾從周。」

廣解 「周，」是周朝。「二代，」指夏殷。「監」有察看和比較的意思，言周因夏殷之禮，察其得失，較其長短，而損益之。「郁郁」是文物盛的樣子。「文」是文物，指禮儀典制等，至周而更為完備。所以說：「吾從周。」

朱熹章句 郁，於六反。
監，視也。二代，夏商也。言其視二代之禮而損益之。郁郁，文盛貌。
尹氏曰：「三代之禮至周大備，夫子美其文而從之。」

子入大廟，每事問。或曰：「孰謂鄹人之子知禮乎？入大廟，每事問。」子聞之曰：「是禮也？」

廣解 太廟，魯國祀周公之廟。鄹，是魯國的一個縣名，孔子父叔梁紇所治。「鄹人之子，」謂孔子也。孔子入太廟，每件事情，都去問人，所以或人笑孔子道：「那個說鄹人之子知禮呢？」孔子答道：「這些是禮嗎？」蓋以當時祭祀諸典均不合禮，故反詰之。按集解及朱注均謂孔子知而復問是謹慎之至，故謂「每事問」即是「禮。」今從莊述祖別記與俞樾古書疑義舉例孔子反問之說較勝。

朱熹章句 大，音泰。鄹，側留反。
大廟，魯周公廟。此蓋孔子始仕之時，入而助祭也。鄹，魯邑名。孔子父叔梁紇，嘗為其邑大夫。孔子自少以知禮聞，故或人因此而譏之。孔子言是禮者，敬謹之至，乃所以為禮也。
尹氏曰：「禮者，敬而已矣。雖知亦問，謹之至也，其為敬莫大於此。謂之不知禮者，豈足以知孔子哉？」

子曰：「『射不主皮，』爲力不同科，古之道也。」

廣解 朱注謂「射不主皮」是鄉射禮語，「為力不同科」是孔子解禮之意如此。「皮」是射侯之鵠，以皮為之。「科」即是

朱熹章句 為，去聲。
射不主皮，鄉射禮文。為力不同科，孔子解禮之意如此也。皮，革也，布侯而棲革於其中以為的，所謂鵠也。

等。射主中，不主貫皮，因為射者之力不同等。又引樂記「武王克商，散軍郊射，而貫革之射息，」以明「射不主皮」為古之道。集解馬融釋「射不主皮」曰：「言射者不但以中皮為善，亦兼取和容；」釋「為力不同科」曰：「為力，力役之事，亦有上中下設三科焉，故曰不同科。」是馬以二者並為「古之道，」與朱說異。

科，等也。古者射以觀德，但主於中，而不主於貫革，蓋以人之力有強弱，不同等也。記曰：「武王克商，散軍郊射，而貫革之射息。」正謂此也。周衰，禮廢，列國兵爭，復尚貫革，故孔子歎之。

楊氏曰：「中可以學而能，力不可以強而至。聖人言古之道，所以正今之失。」

子貢欲去告*朔之餼*羊。子曰：「賜也！爾愛其羊，我愛其禮！」

廣解

告，音谷。餼，音戲。朱注云：「告朔之禮，古者常以季冬頒來歲十二月之朔於諸侯，諸侯受而藏之祖廟，月朔則以特羊告廟。請而行之。餼，生牲也。魯自文公始不視朔，而有司猶供此羊，故子貢欲去之。」劉文淇論語騈枝則謂「告」讀如字，「告朔」是天予頒告朔於諸侯；「餼羊」則待天子告朔之使者用之。周自幽王之後，不復告朔，而魯之有司，尚循例供此餼羊，故子貢欲去之。按周禮太史云：「頒告朔於邦國。」孔子三朝記曰：「天子告朔於諸侯。」穀梁傳文六年曰：「天子不以告朔。」皆為劉說之證，較朱注為長。子貢之欲去餼羊，非真惜此區區；但憤王政之不行，故有為而發。孔子之答，則以禮雖不行，而其迹尚存，後世尚可藉以考見古制耳。

朱熹章句

去，起呂反。告，古篤反。餼，許氣反。

告朔之禮：古者天子常以季冬，頒來歲十二月之朔于諸侯，諸侯受而藏之祖廟。月朔，則以特羊告廟，請而行之。餼，生牲也。魯自文公始不視朔，而有司猶供此羊，故子貢欲去之。愛，猶惜也。子貢蓋惜其無實而妄費。然禮雖廢，羊存，猶得以識之而可復焉。若併去其羊，則此禮遂亡矣，孔子所以惜之。

楊氏曰：「告朔，諸侯所以稟命於君親，禮之大者。魯不視朔矣，然羊存則告朔之名未泯，而其實因可舉。此夫子所以惜之也。」

子曰：「事君盡禮，人以爲諂也。」

廣解《 當時君弱臣強，事君多簡傲無禮，故反以事君盡禮者為諂。孔子此言，非因人以為諂而憤慨，特歎時人莫知事君之禮而已。

朱熹章句 黃氏曰：「孔子於事君之禮，非有所加也，如是而後盡爾。時人不能，反以為諂。故孔子言之，以明禮之當然也。」程子曰：「聖人事君盡禮，當時以為諂。若他人言之，必曰我事君盡禮，小人以為諂，而孔子之言止於如此。聖人道大德宏，此亦可見。」

定公問：「君使臣，臣事君，如之何？」孔子對曰：「君使臣以禮，臣事君以忠。」

廣解《 魯定公名宋，昭公弟，「定」謚。昭公出奔，定公繼立。公室卑弱，太阿倒持，故有此問。孔子答以「君使臣以禮，臣事君以忠」者，正因當時君既失禮，臣又不忠也。

朱熹章句 定公，魯君，名宋。二者皆理之當然，各欲自盡而已。呂氏曰：「使臣不患其不忠，患禮之不至；事君不患其無禮，患忠之不足。」尹氏曰：「君臣以義合者也。故君使臣以禮，則臣事君以忠。」

子曰：「關雎樂而不淫，哀而不傷。」

廣解《 雎，音居。樂，音洛。關雎是詩經裏第一篇詩的題目。這篇詩的第一句，是「關關雎鳩。」（雎鳩，鳥名。關關，鳴聲。）取第一句中兩字為題，所以稱為「關雎」此詩歌詠君子思得淑女為配；求之不得，則輾轉反側，寤寐思之；求之既得，則鐘鼓樂之，琴瑟友之。然其得之也，雖樂而不至淫；其未得之也，雖哀而不至傷。這才是發於情而止於禮義，故孔子稱之。

朱熹章句 樂，音洛。關雎，周南國風詩之首篇也。淫者，樂之過而失其正者也。傷者，哀之過而害於和者也。關雎之詩，言后妃之德，宜配君子。求之未得，則不能無寤寐反側之憂；求而得之，則宜其有琴瑟鐘鼓之樂。蓋其憂雖深而不害於和，其樂雖盛而不失其正，故夫子稱之如此。欲學者玩其辭，審其音，而有以識其性情之正也。

劉文淇論語駢枝謂此關雎為樂章名。古之樂章皆三篇為一章，故關雎、葛覃、卷耳，樂章純名關雎。「樂而不淫，」指關雎、葛覃，「哀而不傷，」指卷耳。按葛覃詠歸甯，卷耳則懷其夫行役遠方。按本篇所記，多論禮樂，劉氏之說亦通。

哀公問社於宰我。宰我對曰：「夏后氏以松，殷人以柏，周人以栗，曰：『使民戰栗。』」子聞之曰：「成事不說，遂事不諫*，既往不咎。」

廣解

宰我，孔子弟子，名予，字子我，鄭玄目錄云：魯人。社是祀后土的地方。古時一個國家成立，必立社以祀后土，又必因土地之宜，種一種樹木於社。以明這個土地的性質，宜種何種樹木。哀公不知社樹的用意，所以問於宰我。「夏后氏以松，殷人以柏，周人以栗」者，宰我列舉三代的社樹以對哀公。「曰，『使民戰栗』」者，是接著又說周朝之以栗為社樹，是使民慄慄危懼的意思。古時候慄慄危懼的「慄」字，就寫作「栗。」他因當時魯君對臣民毫無威嚴，所以特造這話，以告哀公，希望他能重振乾綱。宰我的話，固然有他的用意。但孔子聽到了之後，大不謂然，就對宰我道：「事已成不可復解說，事已遂不可復諫止，事已往不可復追咎。」歷言三者，以責宰我，使他以後知道慎言。

按「問社，」魯論作「問主，」此從古論。「主」是社主。宰我所答的「松、」「柏、」「栗，」是做社主所用之木材。

朱熹章句

宰我，孔子弟子，名予。三代之社不同者，古者立社，各樹其土之所宜木以為主也。戰栗，恐懼貌。宰我又言周所以用栗之意如此。豈以古者戮人於社，故附會其說與？遂事，謂事雖未成，而勢不能已者。孔子以宰我所對，非立社之本意，又啟時君殺伐之心，而其言已出，不可復救，故歷言此以深責之，欲使謹其後也。

尹氏曰：「古者各以所宜木名其社，非取義於木也。宰我不知而妄對，故夫子責之。」

子曰：「管仲之器小哉！」或曰：「管仲儉乎？」曰：「管氏有三歸，官事不攝*，焉得儉？」「然則管仲知禮乎？」曰：「邦君樹塞門*；管氏亦樹塞門。邦君為兩君之好，有反坫*；管氏亦有反坫。管氏而知禮，孰不知禮？」

廣解《 管仲，名夷吾，字仲，諡曰敬，齊大夫，相齊桓公，齊國大強，為五霸之首。「器小，」言管仲的器量狹小也。或聽了孔子說管仲器小，誤以為是儉省，故問曰「管仲儉乎？」「曰：『管氏有三歸，官事不攝，焉得儉』」者，是孔子答或人之辭。「三歸，」集解包咸說：「婦人謂嫁曰歸。」管仲娶三姓女，故曰「管氏有三歸。」朱注云：「三歸，臺名，事見說苑。」按管仲築三歸之臺，見善說篇。俞樾羣經評議謂「三歸」者，言管仲自朝而歸，家有三處；一處有一處之官，不相兼攝，故下云「官事不攝。」包慎言溫故錄則訓「歸」為「饋」謂家廟以三牲獻，背大夫少牢祇具羊豕二牲之禮。此外異解尚多，不備舉。大夫家中有家臣。「攝，」是兼管各種事務。管仲家中，每一事派一人管理，與君主國家一般，故曰「官事不攝。」排場闊綽如此，故曰「焉得儉」也。「然則管仲知禮乎？」是或人因又問；孔子說管仲並不儉省；乃又疑管仲為知禮也。曰：「邦君樹塞門；管氏亦樹塞門。邦君為兩君之好，有反坫；管氏亦有反坫。管氏而知禮，孰不知禮？」又

朱熹章句 管仲，齊大夫，名夷吾，相桓公霸諸侯。器小，言其不知聖賢大學之道，故局量褊淺、規模卑狹，不能正身修德以致主於王道。焉，於虔反。

或人蓋疑器小之為儉。三歸，臺名。事見說苑。攝，兼也。家臣不能具官，一人常兼數事。管仲不然，皆言其侈。好，去聲。坫，丁念反。或人又疑不儉為知禮。屏謂之樹。塞，猶蔽也。設屏於門，以蔽內外也。好，謂好會。坫，在兩楹之間，獻酬飲畢，則反爵於其上。此皆諸侯之禮，而管仲僭之，不知禮也。

愚謂孔子譏管仲之器小，其旨深矣。或人不知而疑其儉，故斥其奢以明其非儉。或又疑其知禮，故又斥其僭，以明其不知禮。蓋雖不復明言小器之所以然，而其所以小者，於此亦可見矣。

故程子曰：「奢而犯禮，其器之小可知。蓋器大，則自知禮而無此失矣。」此言當深味也。

蘇氏曰：「自修身正家以及於國，則其本深，其及者遠，是謂大器。揚雄所謂『大器猶規矩準繩』，先自治而後治人者是也。管仲三歸反坫，桓公內嬖六人，而霸天下，其本固已淺矣。管仲死，桓公薨，天下不復宗齊。」

楊氏曰：「夫子大管仲之功而小其器。蓋非王佐之才，雖能合諸侯、正天下，其器不足稱也。道學不明，而王霸之略混為一途。故聞管仲之器小，則疑其為儉，以不儉告

是孔子答或人之言。「邦君，」謂一個國中的君主。「樹塞門」者，所以隔內外，或用木屏風，或用土牆，或在門內，或在門外，古代只有國君可用。若大夫家中，只能用簾子，掛在庭階前。今管仲家中，也樹塞門，便是僭了。「坫，」築土為之，在兩楹之間。兩國君主相會，應酬飲酒以後，把酒器還放坫上。坫為反爵之用，故曰「反坫」這也只有君主可用。今管仲家中，也用這「反坫」之禮，亦是僭禮。故說：「管仲如知禮，還有那一個人不知禮呢？」

按孟子嘗謂管仲得君如彼之專，行乎國政如彼其久，而不能以齊王，故卑之而不屑為；可與本章孔子所云「器小」參看。管仲，相桓公，九合諸侯，不以兵車，孔子嘗稱之，其功烈亦未可謂卑。特以此自滿，不能進其君於王，故又譏其器小易盈耳。

子語魯大*師樂*曰：「樂*其可知也。始作，翕*如也；從*之，純如也，皦*如也，繹*如也，以成。」

廣解《

「大，」古與「太」通。大師是樂官。樂，音樂之樂，從，今作縱。此章記孔子對魯太師論樂之語。「始作，」是說音樂初動手的時候。「翕，」是合的意思，說各樂器的相合。「從之，」是說樂的聲音揚開以後。「純，」是和諧的意思。說音調的和諧。「皦」是明白的意思，說音節的分明。「繹，」是

之，則又疑其知禮。蓋世方以詭遇為功，而不知為之範，則不悟其小宜矣。」

朱熹章句

語，去聲。大，音泰。從，音縱。

語，告也。大師，樂官名。時音樂廢缺，故孔子教之。翕，合也。從，放也。純，和也。皦，明也。繹，相續不絕也。成，樂之一終也。

謝氏曰：「五音六律不具，不足以為樂。翕如，言其合也。五音合矣，清濁高下，如五味之相濟而後和，故曰純如。合而和矣，欲其無相奪倫，故曰皦如，然豈宮自宮而

相續不斷的意思。說全套音樂之一氣呵成。「以成，」是說音樂一套已經完全奏成。「如，」字是狀詞的語尾。

儀封人請見，曰：「君子之至於斯也，吾未嘗不得見也。」從者見之。出曰：「二三子何患於喪乎？天下之無道也久矣！天將以夫子爲木鐸。」

廣解《　「儀，」是衛國一個邑名。「封人，」是掌封疆之官。「儀封人，」就是儀縣地方做封人的官。孔子到衛國的時候，儀封人來求見孔子，說道：「各國有名的人來到這裏，我是未嘗不得見的。」「從者，」是弟子從孔子者。見之，是引導儀封人見孔子。「二三子何患於喪乎」三句。是儀封人見了孔子以後，走出去對弟子們說的話。「二三子，」是對孔子許多弟子而言。「喪，」是指孔子去魯失位。「木鐸，」形如搖鈴，金口木舌，古時，發布政教時，振之以告百姓。「天將以夫子為木鐸」者，言天不久將使孔子得位以行其道。一說謂木鐸徇於路，所以教人。言天使孔子失位，周流列國，將使垂教萬世耳。亦通。

子謂韶：「盡美矣，又盡善也。」謂武：「盡美矣，未盡善也。」

廣解《　此章記孔子評論韶武二種樂章之語。韶是虞舜的樂。武是武王的樂。古時候帝王功成治定以後，常造一種樂

商自商乎？不相反而相連，如貫珠可也，故曰繹如也，以成。」

朱熹章句　請見、見之之見，賢遍反。從、喪，皆去聲。

儀，衛邑。封人，掌封疆之官，蓋賢而隱於下位者也。君子，謂當時賢者。至此皆得見之，自言其平日不見絕於賢者，而求以自通也。見之，謂通使得見。喪，謂失位去國，禮曰「喪欲速貧」是也。木鐸，金口木舌，施政教時所振，以警眾者也。言亂極當治，天必將使夫子得位設教，不久失位也。封人一見夫子而遽以是稱之，其所得於觀感之間者深矣。或曰：「木鐸所以徇于道路，言天使夫子失位，周流四方以行其教，如木鐸之徇于道路也。」

朱熹章句　韶，舜樂。武，武王樂。美者，聲容之盛。善者，美之實也。舜紹堯致治，武王伐紂救民，其功一也，故其樂皆盡美。然舜之德，性之也，又以揖遜而有天

章以歌舞太平。「盡美，」是說這種樂的音調，舞的形狀，都極其完美。「盡善，」是說這種樂章所含的道德意義也。絲毫沒有缺陷。舜受堯之禪，以揖讓得天下，故舜的樂，「盡美，」而又「盡善。」武王伐紂征誅得天下，故武王的樂，雖「盡美，」而未「盡善。」

下；武王之德，反之也，又以征誅而得天下，故其實有不同者。程子曰：「成湯放桀，惟有慙德，武王亦然，故未盡善。堯、舜、湯、武，其揆一也。征伐非其所欲，所遇之時然爾。」

子曰：「居上不寬，爲禮不敬，臨喪不哀，吾何以觀之哉？」

廣解《 「居上，」指在上位的人；居上位的人，要寬宏大度。「為禮，」指行禮的時候；行禮的時候，要恭恭敬敬。「臨喪，」指到有喪事的人家；到有喪事的人家去，應有一種悲哀的情態。否則，其為人便不足觀。

朱熹章句 居上主於愛人，故以寬為本。為禮以敬為本，臨喪以哀為本。既無其本，則以何者而觀其所行之得失哉？

里仁第四

子曰：「里仁爲美，擇不處仁，焉得知。」

廣解《 「焉，」平聲，安也，此處用作副詞。「知，」今作智。集解，鄭曰：「里者，民之所居。居於仁者之里，是為美。不處仁者之里，不得為知。」朱注云：「里有仁厚之俗為美。擇里而不處於是焉，則失其是非之本心，而不得為知矣。」鄭謂

朱熹章句 處，上聲。焉，於虔反。知，去聲。里有仁厚之俗為美。擇里而不居於是焉，則失其是非之本心，而不得為知矣。

「里仁」為「居仁者之里，」朱謂「里仁」為「里有仁厚之俗，」雖不無出入，然皆以此章所論，指卜居擇鄰而言。按孟子云：「矢人豈不仁於函人哉？矢人惟恐不傷人，函人惟恐傷人；巫匠亦然；故術不可不慎也。孔子曰：『里仁為美，擇不處仁，焉得智？』」似訓「里」字為「處，」泛指立身處事而言。孟子以「仁為人之安宅，」故曰「曠安宅而弗居，」即此章所謂「擇不處仁」也。此解亦通。

子曰：「不仁者，不可以久處約；不可以長處樂*。仁者安仁。知*者利仁。」

廣解《

「樂，」歡樂之樂。「知，」今作智。「約」是窘困的意思。不仁之人，不可以長久處在窘困的境地。若長久處在窘困的境地，必定有為非作惡的事情做出來。但又不可長久處於富貴安樂的境地。若長久處在安樂的境地，也必驕奢淫佚，做出不好的事情來。仁者能素位而行，隨遇而安，久處約而不為貧賤所移，長處樂而不為富貴所淫。知者知，仁是於己於人都有利的，所以也能行仁。此章所說「安仁」「利仁，」即中庸之「安而行之，」「利而行之。」

子曰：「唯仁者，能好*人，能惡*人。」

廣解《

「好，」「惡」皆去聲。「唯，」獨也。「仁者」大公無私，

朱熹章句

樂，音洛。知，去聲。

約，窮困也。利，猶貪也，蓋深知篤好而必欲得之也。不仁之人，失其本心，久約必濫，久樂必淫。惟仁者則安其仁而無適不然，知者則利於仁而不易所守，蓋雖深淺之不同，然皆非外物所能奪矣。

謝氏曰：「仁者心無內外遠近精粗之間，非有所存而自不亡，非有所理而自不亂，如目視而耳聽，手持而足行也。知者謂之有所見則可，謂之有所得則未可。有所存，斯不亡，有所理，斯不亂，未能無意也。安仁則一，利仁則二。安仁者非顏閔以上，去聖人為不遠，不知此味也。諸子雖有卓越之才，謂之見道不惑則可，然未免於利之也。」

朱熹章句

好、惡，皆去聲。唯之為言獨也。蓋無私

故能好人，能惡人。不是仁人，則往往發於自己情感之私了。大學言「惟仁人為能愛人，能惡人，」與本章同意。

子曰：「苟志於仁矣，無惡*也。」

廣解《 朱注：「苟，誠也。志，心之所之也。其心誠在於仁，則必無為惡之事矣。」按下文有「觀過知仁」語，仁者亦未嘗無過失，但決不至有心作惡耳。

子曰：「富與貴，是人之所欲也；不以其道，得之不處也。貧與賤，是人之所惡也；不以其道，得之不去也。

廣解《 「惡，」去聲。讀以「得之」二字連上「不以其道」為句，誤。此章言富貴為人所共欲，貧賤為人所共惡；君子豈不欲處富貴，去貧賤乎？惟不以其道，則得富貴而不處，得貧賤而不去耳。如此講解，方近人情。呂氏春秋有慶篇高誘注：「不以其道，得之不居。」畢沅校，謂「得之」當連下讀，是其證。

「君子去仁，惡乎成名？君子無終食之間違仁，造次必於是；顛沛必於是！」

廣解《 「惡，」音烏，平聲。違離也。朱注云：「終食，一飯之頃。造次，急遽苟且之時，顛沛，傾覆流離之際。」按「造次」

心，然後好惡當於理，程子所謂「得其公正」是也。游氏曰：「好善而惡惡，天下之同情，然人每失其正者，心有所繫而不能自克也。惟仁者無私心，所以能好惡也。」

朱熹章句 惡，如字。苟，誠也。志者，心之所之也。其心誠在於仁，則必無為惡之事矣。楊氏曰：「苟志於仁，未必無過舉也，然而為惡則無矣。」

朱熹章句 惡，去聲。不以其道得之，謂不當得而得之。然於富貴則不處，於貧賤則不去，君子之審富貴而安貧賤也如此。

朱熹章句 惡，平聲。言君子所以為君子，以其仁也。若貪富貴而厭貧賤，則是即「倉卒」之轉音；「顛沛」即「顛仆」之轉音。君子之所以成為君子者，以其仁也。若去仁，則何以成其為君子之名？故君子即在一飯之頃，倉卒忽遽之間，顛仆困頓之際，亦不離「仁」也。中庸云：「道也者，不可須臾離也；可離非道也。」「仁，」即是為人之道，故不可須臾離。此節與上節本為一章，分作兩段講，較易明白；但其意仍可連貫。蓋君子所「處」者「仁，」苟不以其道，而處富貴，是處不仁矣；不以其道，而去貧賤，是去仁矣。

自離其仁，而無君子之實矣，何所成其名乎？造，七到反。沛，音貝。終食者，一飯之頃。造次，急遽苟且之時。顛沛，傾覆流離之際。蓋君子之不去乎仁如此，不但富貴、貧賤、取舍之間而已也。

言君子為仁，自富貴、貧賤、取舍之間，以至於終食、造次、顛沛之頃，無時無處而不用其力也。然取舍之分明，然後存養之功密；存養之功密，則其取舍之分益明矣。

子曰：「我未見好仁者，惡*不仁者。好仁者，無以尚之。惡不仁者，其爲仁矣，不使不仁者，加乎其身。有能一日用其力於仁矣乎？我未見力不足者。蓋有之矣，我未之見也！」

廣解

「好」「惡」皆去聲。「好仁者」是一等，「惡不仁者」是一等，「用其力於仁者」又是一等，「好仁」是「仁，」是「安仁，」故曰「無以尚之。」「惡不仁」是「智，」是「利仁，」則能不使不仁之事，加諸其身。「用力於仁」是勇，是「強仁。」「用力於仁」即勉力以「為仁。」世人不肯「強仁，」往往諉為力不足；其實未有力不足者。「蓋，」疑辭，末二句，包上三層說。言世或有此三等人，而我未嘗見之。

朱熹章句

好、惡，皆去聲。

夫子自言未見好仁者、惡不仁者。蓋好仁者真知仁之可好，故天下之物無以加之。惡不仁者真知不仁之可惡，故其所以為仁者，必能絕去不仁之事，而不使少有及於其身。此皆成德之事，故難得而見之也。言好仁惡不仁者，雖不可見，然或有人果能一旦奮然用力於仁，則我又未見其力有不足者。蓋為仁在己，欲之則是，而志之所至，氣必至焉。故仁雖難能，而至之亦易也。蓋，疑辭。有之，謂有用力而力不足者。蓋人之氣質不同，故疑亦容或有此昏弱之甚，欲進而不能者，但我偶未之見耳。蓋不敢終以為易，而又歎人之莫肯用力於仁也。此章言仁之成德，雖難其人，然學者苟能實用其力，則亦無不可至之理。但用力而不至者，今亦未見其人焉，此夫子所以反覆而歎惜之也。

子曰：「人之過也，各於其黨。觀過，斯知仁矣。」

廣解《 黨，類也。朱注引程子曰：「君子常失於厚，小人常失於薄；君子過於愛，小人過於忍。」又引吳氏曰：「於此觀之，則人之仁不仁可知矣。」按毗剛毗柔，毗仁毗義，人之個性，各有不同，故過失亦各有其類。皇侃疏引殷仲堪之言曰：「直者以改邪為義，失在於寡恕；仁者以惻隱為誡，過在於容非。」故觀其過，則可以知其仁。

朱熹章句 黨，類也。程子曰：「人之過也，各於其類。君子常失於厚，小人常失於薄；君子過於愛，小人過於忍。」尹氏曰：「於此觀之，則人之仁不仁可知矣。」吳氏曰：「後漢吳祐謂：『掾以親故：受汙辱之名，所謂觀過知仁』是也。」愚按：此亦但言人雖有過，猶可即此而知其厚薄，非謂必俟其有過，而後賢否可知也。

子曰：「朝*聞道，夕死可矣！」

廣解《 「朝，」音招，早也。朱注云：「朝夕，甚言其時之短。」按此章極言欲聞道之亟，雖朝聞而夕死，亦所甘心。集解云：「言將至死不聞世之有道。」誤。

朱熹章句 道者，事物當然之理。苟得聞之，則生順死安，無復遺恨矣。朝夕，所以甚言其時之近。程子曰「言人不可以不知道，苟得聞道，雖死可也。」又曰：「皆實理也，人知而信者為難。死生亦大矣！非誠有所得，豈以夕死為可乎？」

子曰：「士志於道，而恥惡*衣惡*食者，未足與議也！」

廣解《 「惡，」如字讀。禮記學記云：「士先志。」孟子云：「士尚志。」士之志，當在於「道。」若以惡衣惡食為恥，則其志在乎口體之養矣；「未足與議」者，言此等人非真志道者，故未足與之論道也。必如顏淵之簞食瓢飲，不改其樂，子路之

朱熹章句 心欲求道，而以口體之奉不若人為恥，其識趣之卑陋甚矣，何足與議於道哉？程子曰：「志於道而心役乎外，何足與議也？」

衣敝縕袍與衣狐貉者立而不恥，方可謂之「志道，」方足與之論道。

子曰：「君子之於天下也，無適*也，無莫也，義之與比。」

廣解《 此章何氏集解無注。皇疏採范甯曰：「適，莫，猶厚薄也。比，親也。君子於人，無有偏頗厚薄，唯仁義是親也。」朱子集註云：「適，丁歷反。適，專主也。春秋傳曰：『吾誰適從』是也。莫，不肯也。比，從也。」又引謝氏曰：「適，可也。莫，不可也。……於無可無不可之間，有義存焉。」按經典釋文云：「適，鄭作敵。莫，鄭音慕，無所貪慕也。」史記范雎傳「攻適伐國，」田單傳「適人開戶，」皆以「適」為「敵。」「莫、」「慕，」一聲之轉。敵即仇敵之「敵，」是反對的意思。「慕」是向慕的意思。君子於天下之人之事，無敵莫之成見，惟「義之與比。」比，是接近的意思。

朱熹章句 適，丁歷反。比，必二反。

適，專主也。春秋傳曰「吾誰適從」是也。莫，不肯也。比，從也。

謝氏曰：「適，可也。莫，不可也。無可無不可，苟無道以主之，不幾於猖狂自恣乎？此佛老之學，所以自謂心無所住而能應變，而卒得罪於聖人也。聖人之學不然，於無可無不可之間，有義存焉。然則君子之心，果有所倚乎？」

子曰：「君子懷德，小人懷土。君子懷刑，小人懷惠。」

廣解《 朱注云：「懷，思念也。懷德，謂存其固有之善；懷土，謂溺愛其所處之安；懷刑，謂畏法；懷惠，謂貪利。」按孟子言「有恆產者有恆心，無恆產者無恆心。」懷土，正指其念念在於恆產，在於田宅。「刑，」當包禮法而言。畏禮法，故能

朱熹章句 懷，思念也。懷德，謂存其固有之善。懷土，謂溺其所處之安。懷刑，謂畏法。懷惠，謂貪利。君子小人趣向不同，公私之間而已。

尹氏曰：「樂善惡不善，所以為君子；苟安務得，所以為小人。」

自儆。尚書皐陶謨云：「安民則惠，黎民懷之。」可見小人所思念者惟在恩惠。

子曰：「放於利而行，多怨。」

廣解《 放，依也。「放於利而行，」是說，每事依利而行。「多怨」者，多招人家的怨也。朱注引程子曰：「欲利於己，必害於人，故多怨。」所以做事不當依利而行，當依義而行。

朱熹章句 放，上聲。孔氏曰：「放，依也。多怨，謂多取怨。」程子曰：「欲利於己，必害於人，故多怨。」

子曰：「能以禮讓爲國乎？何有？不能以禮讓爲國，如禮何？」

廣解《 「為國，」就是治國。「何有，」就是說有什麼難處。「禮」是「讓」之文；「讓」是「禮」之實。如不能以禮讓為國，則禮之實已亡，則所謂「禮」者，只是形式而已，故曰「如禮何」也。

朱熹章句 讓者，禮之實也。何有，言不難也。言有禮之實以為國，則何難之有，不然，則其禮文雖具，亦且無如之何矣，而況於為國乎？

子曰：「不患無位，患所以立。不患莫己知，求爲可知也。」

廣解《 「位，」指職位。「所以立，」指所以立乎此位之才德。「莫己知，」說無人知己；「可知，」說己有可以使人知之之實。荀子非十二子云：「君子能為可貴，不能使人必貴己；能為可用，不能使人必用己；能為可信，不能使人必信己。

朱熹章句 所以立，謂所以立乎其位者。可知，謂可以見知之實。程子曰：「君子求其在己者而已矣。」

故君子恥不修，不恥見汙；恥不信，不恥不見信；恥不能，不恥不見用。」與本章之旨同。

子曰：「參*乎！吾道一以貫之。」曾子曰：「唯*。」子出，門人問曰：「何謂也？」曾子曰：「夫子之道，忠恕而已矣！」

廣解　「參，」音森，曾子名。「唯，」曾子應之也。門人，弟子也。皇疏謂是曾子弟子；劉寶楠正義謂是孔子弟子；當以後說為是。「吾道一以貫之，」曾子已明白這個意思，故逕應之曰「唯。」其餘弟子不懂「一貫」的道理，等孔子走出去以後，問曾子道：「這是甚麼意義呢？」曾子因同學們不懂，而「一貫」二字是意義，一時不容易講清楚，所以把孔子的道，總括成兩個字道：「夫子之道，忠恕而已矣！」

朱注云：「盡己之謂忠，推己及人之謂恕。「而已矣」者，竭盡而無餘之辭也。」按大學論「絜矩之道」節「所惡於上無以使下……」云云；中庸「忠恕違道不遠，施諸己而不願，亦勿施於人，」并謂「君子之道，」當以所求乎子者事父，所求乎臣者事君，所求乎弟者事兄，所求乎朋友先施之；本書下文亦云，「己欲立而立人，己欲達而達人；」皆論忠恕之道。劉氏正義云：「己立己達，忠也；立人達人，恕也。二者相因，無偏用之勢。」蓋孔子之道，雖千端萬緒，其實都是一貫的，

朱熹章句　參，所金反。唯，上聲。

參乎者，呼曾子之名而告之。貫，通也。唯者，應之速而無疑者也。聖人之心，渾然一理，而泛應曲當，用各不同。曾子於其用處，蓋已隨事精察而力行之，但未知其體之一爾。夫子知其真積力久，將有所得，是以呼而告之。曾子果能默契其指，即應之速而無疑也。

盡己之謂忠，推己之謂恕。而已矣者，竭盡而無餘之辭也。夫子之一理渾然而泛應曲當，譬則天地之至誠無息，而萬物各得其所也。自此之外，固無餘法，而亦無待於推矣。曾子有見於此而難言之，故借學者盡己、推己之目以著明之，欲人之易曉也。蓋至誠無息者，道之體也，萬殊之所以一本也；萬物各得其所者，道之用也，一本之所以萬殊也。以此觀之，一以貫之之實可見矣。或曰：「中心為忠，如心為恕。」於義亦通。

程子曰：「以己及物，仁也；推己及物，恕也，違道不遠是也。忠恕一以貫之：忠者天道，恕者人道；忠者無妄，恕者所以行乎忠也；忠者體，恕者用，大本達道也。此與違道不遠異者，動以天爾。」又曰：「『維天之命，於穆不已』，忠也；『乾道變化，各正性命』，恕也。」又曰：「聖人教人各因其才，吾道一以貫之，惟曾子為能達

不過「忠恕」二字而已。

按，廣雅釋詁云：「貫，行也。」王念孫疏證謂「一以貫之，」即「一以行之，」阮元謂「一」與「壹」同。「一以貫之」者，言孔子之道，皆於行事見之，非徒以文學為教。下文問子貢云：「汝以予為多學而識之者歟？」又告之曰：「予一以貫之。」蓋恐子貢但以多學而識學聖人，而不於行事學聖人也。此別一解，說亦可通。

子曰：「君子喻於義，小人喻於利。」

廣解《 朱注云：「喻，猶曉也。義者，天理之所宜；利者，人情之所欲。」又引程子云：「君子之於義，猶小人之於利也。唯其深喻，是以篤好。」按陸九淵訪朱子於南康，嘗在白鹿洞書院講此章。與程朱所說之旨同。包慎言溫故錄則謂君子小人以位言，在位之君子，於己不當言利，而治小人則當因其所利而利之。此別一說。

子曰：「見賢思齊焉；見不賢而內自省也。」

廣解《 「賢」是有賢德的人。「思齊」者，想和他一樣，沒有高低也。「內自省」者，自己反省，有沒有像他不賢的行為。荀子修身篇云：「見善，修然，必以自存也；見不善，愀然，必以自省也。」與本章同旨。

此，孔子所以告之也。曾子告門人曰：『夫子之道，忠恕而已矣』，亦猶夫子之告曾子也。中庸所謂『忠恕違道不遠』，斯乃下學上達之義。」

朱熹章句 喻，猶曉也。義者，天理之所宜。利者，人情之所欲。程子曰：「君子之於義，猶小人之於利也。唯其深喻，是以篤好。」楊氏曰：「君子有舍生而取義者，以利言之，則人之所欲無甚於生，所惡無甚於死，孰肯舍生而取義哉？其所喻者義而已，不知利之為利故也，小人反是。」

朱熹章句 省，悉井反。思齊者，冀己亦有是善；內自省者，恐己亦有是惡。胡氏曰：「見人之善惡不同，而無不反諸身者，則不徒羨人而甘自棄，不徒責人而忘自責矣。」

子曰：「事父母幾諫，見志不從，又敬不違；勞而不怨。」

廣解《

「幾，」集解朱注皆曰：「微也。」幾諫者，以微言諫之；即禮記內則所說，「父母有過，下氣怡色，柔聲以諫」也。檀弓云：「事親有隱而無犯，」鄭玄注：「無犯，不犯顏而諫。」亦即本章「幾諫」之意。「見志不從，又敬不違」者，諫了父母，見父母之志，不肯從我的話，我仍舊要恭恭敬敬，對待父母，不可違抗父母；即內則所說：「諫若不入，起敬起孝，悅則復諫」也。「勞而不怨」者，王引之經義述聞謂「勞」當訓為「憂，」亦承上「見志不從」而言。曲禮：「三諫而不聽，則號泣而隨之。」可謂憂矣。若如通解，謂服勞不怨，則與上文「幾諫」無關，當從王說。

朱熹章句　此章與內則之言相表裏。幾，微也。微諫，所謂「父母有過，下氣怡色，柔聲以諫」也。見志不從，又敬不違，所謂「諫若不入，起敬起孝，悅則復諫」也。勞而不怨，所謂「與其得罪於鄉、黨、州、閭，寧熟諫。父母怒不悅，而撻之流血，不敢疾怨，起敬起孝」也。

子曰：「父母在，不遠遊。遊必有方。」

廣解《

遠遊，即現在所謂「出遠門。」方，是一定的地方。父母在的時候，不可出遠門。因為父母有時思念兒子，或有疾病，離得路遠，不容易回家看視父母，故曰「不遠遊。」「遊必有方」者，出門去住在那裏，必有一定的地方。如此，則父母有事，可通信，或派人到這地方來叫回去。禮記曲禮云：「所遊必有常。」玉藻云：「親老，出不易方。」與本章同旨。

朱熹章句　遠遊，則去親遠而為日久，定省曠而音問疏；不惟己之思親不置，亦恐親之念我不忘也。遊必有方，如已告云之東，即不敢更適西，欲親必知己之所在而無憂，召己則必至而無失也。范氏曰：「子能以父母之心為心則孝矣。」

子曰：「三年無改於父之道，可謂孝矣。」

廣解　此章已在學而篇見過，弟子於孔子之言，各以所聞記之；或編者偶有失校，故重出而逸其半。

朱熹章句　胡氏曰：「已見首篇，此蓋複出而逸其半也。」

子曰：「父母之年，不可不知也；一則以喜，一則以懼。」

廣解　「父母之年，」謂父母的年紀。見父母年紀大，已臻壽考，所以歡喜；見父母年紀老，將近衰亡，則又憂懼；故曰「一則以喜，一則以懼。」

朱熹章句　知，猶記憶也。常知父母之年，則既喜其壽，又懼其衰，而於愛日之誠，自有不能已者。

子曰：「古者言之不出，恥躬之不逮也。」

廣解　「古者言之不出，」是說古人說話，不肯輕易出口。躬，身也。逮，及也。古人以話出了口而做不到，為一件可恥的事，故不肯隨便說。此章所說，即「君子欲訥於言而敏於行」的意思。

朱熹章句　言古者，以見今之不然。逮，及也。行不及言，可恥之甚。古者所以不出其言，為此故也。范氏曰：「君子之於言也，不得已而後出之，非言之難，而行之難也。人惟其不行也，是以輕言之。言之如其所行，行之如其所言，則出諸其口必不易矣。」

子曰：「以約，失之者鮮矣！」

廣解　「約」字集解引孔說，作「儉約」講。朱注引謝氏，則云「不侈然以自放之謂約。」又引尹氏云：「非止謂儉約也。」其義較長。「約，」是「泰」之反，凡謹言，慎行，不浪費，皆是

朱熹章句　鮮，上聲。謝氏曰：「不侈然以自放之謂約。」尹氏曰：「凡事約則鮮失，非止謂儉約也。」

「約。」禮記 曲禮云「傲不可長，欲不可縱，志不可滿，樂不可極，」皆言「約」之道。「鮮，」上聲，少也。以約守身，而失之者少矣。

子曰：「君子欲訥於言而敏於行。」

廣解《 「訥於言」的意思，是說話慎重，不可輕易出口。「敏於行」的意思，是做事要捷速。與上文「敏於事而慎於言」這句話同義。

朱熹章句 行，去聲。謝氏曰：「放言易，故欲訥；力行難，故欲敏。」胡氏曰：「自吾道一貫至此十章，疑皆曾子門人所記也。」

子曰：「德不孤，必有鄰。」

廣解《 易文言云：「同聲相應，同氣相求。」故德立於己，則善言集，良朋來，如住家之有鄰舍，不至於孤零零。

朱熹章句 鄰，猶親也。德不孤立，必以類應。故有德者，必有其類從之，如居之有鄰也。

子游曰：「事君數，*斯辱矣！朋友數，斯疏矣！」

廣解《 「數，」音朔。朱注引程子曰：「數，煩數也。」又引胡氏曰：「事君諫，不行，則當去；導友善，不納，則當止。至於煩瀆，則言者輕，聽者厭矣。是以求榮而反辱，求親而反疏也。」吳嘉賓謂「數」與「疏」對；數者，昵之至於密者也。君子之交淡如水，小人之交甘如醴；君子淡以成，小人甘以壞。事君交友，皆如此。足以補朱注之說。

朱熹章句 數，色角反。程子曰：「數，煩數也。」胡氏曰：「事君諫不行，則當去；導友善不納，則當止。至於煩瀆，則言者輕，聽者厭矣，是以求榮而反辱，求親而反疏也。」范氏曰：「君臣朋友，皆以義合，故其事同也。」

鄭玄說：「數」當訓為數君友之過，即面相責讓的意思。曲禮云：「為人臣之禮，不顯諫。」本書謂對於朋友，當忠告善道不可則止。並與本章同義。此別一解。

公治長第五

子謂公冶長*：「可妻也。雖在縲絏之中非其罪也。」以其子妻*之。**

廣解《 公冶長，孔子弟子，公冶是姓，長是名。史記 弟子傳云：齊人，家語云：魯人。妻，去聲，謂以女給他為妻。集解引孔子曰：「縲，黑索也。絏，攣也。所以拘罪人。」攣是繫的意思。「在縲絏之中。」謂被拘繫獄中。孔子說公冶長這個人，可以把女兒給他為妻。雖曾被拘繫在監牢裏，是一樁冤枉的事情，公冶長並沒有犯甚麼罪，就以自己的女兒嫁給他。

子謂南容：「邦有道，不廢；邦無道，免於刑戮。」以其兄之子妻之。

廣解《 南容，孔子弟子，魯人、氏南宮，名縚，（家語作韜。）字子容。史記，仲尼弟子傳謂南宮括，（括亦作适）字子容。朱注及劉寶楠正義，謂縚、括、容，同是一人。朱注又云：「諡敬叔，」則誤以南容為南宮說，非是。「說，」亦作

朱熹章句 妻，去聲，下同。縲，力追反。絏，息列反。公冶長，孔子弟子。妻，為之妻也。縲，黑索也。絏，攣也。古者獄中以黑索拘攣罪人。長之為人無所考，而夫子稱其可妻，其必有以取之矣。又言其人雖嘗陷於縲絏之中，而非其罪，則固無害於可妻也。夫有罪無罪，在我而已，豈以自外至者為榮辱哉？

朱熹章句 南容，孔子弟子，居南宮。名縚，又名适。字子容，謚敬叔。孟懿子之兄也。不廢，言必見用也。以其謹於言行，故能見用於治朝，免禍於亂世也。事又見第十一篇。

或曰：「公冶長之賢不及南容，故聖人以其子妻長，而以

「閎。」南宮敬叔反，必載寶而朝，孔子以為不如速貧，見檀弓。漢書古今人表亦分列南宮敬叔南容為二人。朱子因鄭玄禮記注而誤。孔子說南容這個人，國家有道的時候，政府必不廢棄他；國家無道的時候，也不至陷於刑戮，所以把姪女兒，嫁給他。按史記孔子世家，孔子有庶兄，字孟皮，病足。是時孟皮已卒，故孔子為其女主婚。

子謂子賤：「君子哉，若人！魯無君子者，斯焉取斯？」

廣解《 子賤，孔子弟子，姓宓，（音伏）名不齊，家語云：魯人。若，此也。「若人，」猶言「這個人，」指子賤。說魯國若沒有君子，他何所取以成其君子之德呢？「斯焉取斯，」「焉」平聲，安也，作副詞用；上一個「斯」字，指子賤。下一個「斯」字，指君子之德。

按新序雜事篇記子賤治單父，單父大治，未即引孔子贊語，與此同。呂氏春秋察賢篇，言子賤治單父，鳴琴不下堂，而單父治以能任人，故逸。韓詩外傳亦記子賤治單父而民附，答孔子云：「所父事者三人，所兄事者五人，所友事者十有二人，所師者一人。」正言魯君子之多。惟君子乃能取君子為師友，故贊之曰「君子哉若人。」則下「斯」字指子賤所交之人言，亦可通。

兄子妻容，蓋厚於兄而薄於己也。」程子曰：「此以己之私心窺聖人也。凡人避嫌者，皆內不足也，聖人自至公，何避嫌之有？況嫁女必量其才而求配，尤不當有所避也。若孔子之事，則其年之長幼、時之先後皆不可知，惟以為避嫌則大不可。避嫌之事，賢者且不為，況聖人乎？」

朱熹章句 焉，於虔反。

子賤，孔子弟子，姓宓，名不齊。上斯斯此人，下斯斯此德。子賤蓋能尊賢取友以成其德者。故夫子既歎其賢，而又言若魯無君子，則此人何所取以成此德乎？因以見魯之多賢也。蘇氏曰：「稱人之善，必本其父兄師友，厚之至也。」

子貢問曰：「賜也何如？」子曰：「女，器也。」曰：「何器也？」曰：「瑚璉也。」

廣解　子貢見孔子歷評諸弟子，便問孔子：「賜也何如？」賜，是子貢的名。弟子對師，自己稱名，是古禮。「子曰：『女器也』」者，是孔子答子貢之問。「女，」即「汝」字。「器」是說成材的人。子貢聽孔子說自己是個成材的人，又問孔子是何種材器。「曰：『瑚璉也。』」又是孔子答子貢之問。瑚璉是兩種貴重的器，宗廟中用以盛黍稷，以玉為飾的。夏曰瑚，商曰璉。其製如何，已不可考。子貢雖未能為不器的君子，卻是可貴重的宗廟之器。

朱熹章句　女，音汝。瑚，音胡。璉，力展反。器者，有用之成材。夏曰瑚，商曰璉，周曰簠簋，皆宗廟盛黍稷之器而飾以玉，器之貴重而華美者也。子貢見孔子以君子許子賤，故以己為問，而孔子告之以此。然則子貢雖未至於不器，其亦器之貴者歟？

或曰：「雍也，仁而不佞。」子曰：「焉用佞？御人以口給，屢憎於人。不知其仁，焉用佞？」

廣解　雍，孔子弟子，姓冉，字仲弓。鄭玄目錄云，魯人。論衡自紀篇以為是冉伯牛之子。曲禮釋文云：「口才曰佞。」時人以佞為賢；仲弓厚重簡默；故或人稱其仁而惜其不佞。「焉，」平聲，安也。口給是言辭敏捷，辯才無礙的意思，所謂「利口」也。以口給御人則常數為人所憎惡，故重言「焉用佞，」以明佞之無用。「不知其仁」之「其」字，即指仲弓或人稱其仁，故孔子答以「不知其仁。」下文孔子責子路云：「是故惡夫佞者。」本章孔子之意重在斥「佞，」而不輕以「仁」許人之旨亦可見。

朱熹章句　雍，孔子弟子，姓冉，字仲弓。佞，口才也。仲弓為人重厚簡默，而時人以佞為賢，故美其優於德，而病其短於才也。焉，於虔反。御，當也，猶應答也。給，辨也。憎，惡也。言何用佞乎？佞人所以應答人者，但以口取辨而無情實，徒多為人所憎惡爾。我雖未知仲弓之仁，然其不佞乃所以為賢，不足以為病也。再言焉用佞，所以深曉之。或疑仲弓之賢而夫子不許其仁，何也？曰：仁道至大，非全體而不息者，不足以當之。如顏子亞聖，猶不能無違於三月之後；況仲弓雖賢，未及顏子，聖人固不得而輕許之也。」

子使漆雕開仕。對曰：「吾斯之未能信。」子說。

廣解

漆雕，複姓；開，名；孔子弟子。按史記弟子傳云，字子開。漢書藝文志有漆雕啟，當是名啟，字子開。漢人避景帝諱，故改作開。鄭玄目錄云，魯人。「斯，」此也。「說，」即悅字。孔子使漆雕開去做官。漆雕開對孔子道：「我對於做官這件事，自己還不能相信。」孔子所以聞此言而悅者，因為做官，是人人歡喜的，賢如子張，尚欲舉干祿；今漆雕開竟說還不能相信自己能做官，豈不是很難得嗎？

朱熹章句

說，音悅。

漆雕開，孔子弟子，字子若。斯，指此理而言。信，謂真知其如此，而無毫髮之疑也。開自言未能如此，未可以治人，故夫子說其篤志。

程子曰：「漆雕開已見大意，故夫子說之。」又曰：「古人見道分明，故其言如此。」謝氏曰：「開之學無可考。然聖人使之仕，必其材可以仕矣。至於心術之微，則一毫不自得，不害其為未信。此聖人所不能知，而開自知之。其材可以仕，而其器不安於小成，他日所就，其可量乎？夫子所以說之也。」

子曰：「道不行，乘桴浮于海，從我者其由與？」子路聞之喜。子曰：「由也，好勇過我；無所取材。」

廣解

桴，音孚，用竹木編成，猶現在的竹筏木筏，筏上面，也可造屋住人。也叫做簰。浮，氾也。閻若璩潛丘箚記據漢書地理志以為指氾渤海往朝鮮，即下文「欲居九夷」之意。此言當發於周遊之後，以中國莫能用己，而朝鮮有箕子之遺風，故有此歎。由，子路名。「與，」同歟。子路勇，故可從氾海也。子路聽了孔子的話，以為孔子真個要叫他同到海上去。不覺歡喜起來。不知是因為道不行，心中感慨而發。孔子見子路認了真，而如此高興，所以又戲之說：「由，你

朱熹章句

桴，音孚。從、好，並去聲。與，平聲。材，與裁同，古字借用。

桴，筏也。程子曰：「浮海之歎，傷天下之無賢君也。子路勇於義，故謂其能從己，皆假設之言耳。子路以為實然，而喜夫子之與己，故夫子美其勇，而譏其不能裁度事理，以適於義也。」

比我還要好勇；只是我連做桴的材料都還沒有哩！」（集解引鄭玄云：「無所取材者，無所取桴材。以子路不解微言，故戲之耳。」朱注則云：「材與裁同，古字借用，」譏其不能裁度事理。不如鄭說生動多矣。）

孟武伯問：「子路仁乎？」子曰：「不知也。」又問。子曰：「由也，千乘*之國，可使治其賦*也；不知其仁也。」

廣解《 孟武伯，見為政篇注。「千乘之國，」見學而篇注。賦，軍賦，謂出車徒以供兵役，就是左傳「悉索敝賦」之賦。按先進篇子路自言治國三年，可使有勇而且知方，可見子路善治軍旅。孔子不輕以仁許人，故答孟武伯之問，但舉子路所長，而云「不知其仁。」史記弟子傳作季康子問，誤。

「求也何如？」子曰：「求也，千室之邑，百乘之家，可使爲之宰*也；不知其仁也。」

廣解《 此節及下節，都是孟武伯問孔子的話。孔子答辭，均與上節同一用意。求，孔子弟子冉求。「千室之邑，」有一千家人家的縣。「百乘之家，」卿大夫之家，有車子一百輛。宰，兼指邑宰及家宰而言。

朱熹章句 子路之於仁，蓋日月至焉者。或在或亡，不能必其有無，故以不知告之。乘，去聲。賦，兵也。古者以田賦出兵，故謂兵為賦，春秋傳所謂「悉索敝賦」是也。言子路之才，可見者如此，仁則不能知也。

朱熹章句 千室，大邑。百乘，卿大夫之家。宰，邑長家臣之通號。

「赤也何如？」子曰：「赤也，束帶立於朝*，可使與賓客言也；不知其仁也。」

廣解《 赤姓公西字子華，孔子弟子。鄭玄目錄云：魯人。古時候做官的人，朝服，必加帶。朝，是朝廷。賓客，是鄰國派來的使者。先進篇，子華自言願為小相，可見他是一個外交人才。孟武伯，是魯國執政的大夫，今來問孔子弟子仁不仁，故孔子把子路等三個人的特長都告訴他，當然含有介紹的意思；且因此可見孔子對於弟子的性質才能，都在平時留心，所以他們的長處，隨口說得出來。

朱熹章句 朝，音潮。
赤，孔子弟子，姓公西，字子華。

子謂子貢曰：「女*與回也孰愈？」對曰：「賜也，何敢望回？回也聞一以知十；賜也聞一以知二。」子曰：「弗如也！吾與*女，弗如也！」

廣解《 「女」，今作汝。回，顏淵名。賜，子貢名。孔子對子貢說：「你與顏回兩個人，那一個好些？」子貢對孔子說：「我那裏敢望顏淵呢？顏淵聽得一件道理，他推悟開去，能夠曉得十件；我聽得一件道理，推悟開去，只曉得二件。」孔子聽了這話，又對子貢道：「你確是不及他的。就是我看來，你也是不及他。」「吾與女」的與，許也；是贊許的意。皇疏說，「吾與女，弗如也，」謂我和你，都不如顏淵。非是。

朱熹章句 女，音汝，下同。
愈，勝也。一，數之始。十，數之終。二者，一之對也。顏子明睿所照，即始而見終；子貢推測而知，因此而識彼。「無所不悅，告往知來」，是其驗矣。與，許也。胡氏曰：「子貢方人，夫子既語以不暇，又問其與回孰愈，以觀其自知之如何。聞一知十，上知之資，生知之亞也。聞一知二，中人以上之資，學而知之之才也。子貢平日以己方回，見其不可企及，故喻之如此。夫子以其自知之明，而又不難於自屈，故既然之，又重許之。此其所以終聞性與天道，不特聞一知二而已也。」

宰予晝寢。子曰：「朽木，不可雕也。糞土之牆，不可杇*也。於予與，何誅*？」

廣解《

杇，音汙。亦作圬。誅，是責備的意思。宰予就是宰我，見八佾篇注。「晝寢，」就是晒午覺。「朽，」腐也。「雕，」雕刻也。「糞土，」猶言穢土。「糞土之牆，」是穢土築成的牆，杇，鏝也。就是用石灰粉飾牆頭。「與，」同歟，語助詞。（清王引之經傳釋詞訓此「與」字，為「猶。」）孔子見宰予晒午覺，說道：「腐爛的木頭，不可雕刻了；穢土的牆，不可鏝了。對於宰予，還要責備他做甚麼呢？」

按韓李論語筆解謂「晝」舊文作「畫。」李匡義資暇錄云：「『寢，』梁武帝讀為寢室之寢；『晝，』當作「畫」字。言其繪畫寢室。」周密齊東野語謂嘗見隋侯白所注論語，亦言「晝」當作「畫。」春秋時士大夫多盛飾其居室。宰予晝寢，是亦未能免俗。故孔子斥之。其曰「於予與何誅」者，言「俗尚奢華，於宰予獨何責乎？」——此別一解，其說亦通。

朱熹章句

朽，許久反。杇，音汙。與，平聲，下同。晝寢，謂當晝而寐。朽，腐也。雕，刻畫也。杇，鏝也。言其志氣昏惰，教無所施也。與，語辭。誅，責也。言不足責，乃所以深責之。

子曰：「始吾於人也，聽其言而信其行。今吾於人也，聽其言而觀其行。於予與，改是。」

廣解《

此章注疏及皇本與上章併為一章。朱注亦引胡氏曰：「『子曰，』疑衍文。」孔子此言，仍為宰予而發。「始，」是從前；「今，」是現在。宰予列言語之科，是個很會說話的人。

朱熹章句

行，去聲。宰予能言而行不逮，故孔子自言於予之事而改此失，亦以重警之也。胡氏曰：「『子曰』疑衍文，不然，則非一日之言也。」范氏曰：「君子之於學，惟日孜孜，斃而後已，惟恐其不及也。宰予晝寢，自棄孰甚焉，故夫子責之。」胡氏曰：

孔子見他在晒午覺，以為這是一件極懶惰的事情，和他平常的說話，全不相符，所以歎道：「從前我對於人，聽了他的話，就相信他的行為；現在我對於人，聽了他的話，倒還要看看他的行為。這是因為宰予而改變的。」

「宰予不能以志帥氣，居然而倦。是宴安之氣勝，儆戒之志惰也。古之聖賢未嘗不以懈惰荒寧為懼，勤勵不息自強，此孔子所以深責宰予也。聽言觀行，聖人不待是而後能，亦非緣此而盡疑學者。特因此立教，以警羣弟子，使謹於言而敏於行耳。」

子曰：「吾未見剛者。」或對曰：「申棖。」子曰：「棖也慾，焉得剛？」

廣解《 集解引包曰：「申棖，魯人。」按申棖，字子周，即史記弟子傳之申黨，史記索隱作申堂，漢王政碑作申棠，文翁禮殿圖作申儻，同是一人。朱注曰：「剛，堅強不屈之意。」孔子說：「我沒有看見過剛強不屈的人。」或人之意，以為申棖，是個剛者。孔子聽了或人的話，便駁他道：「申棖這個人，是多嗜慾的，那裏能夠剛強不屈呢？」多慾之人，心役於物，易為富貴所淫，貧賤所移，故曰「焉得剛。」焉，平聲，安也。

朱熹章句 焉，於虔反。剛，堅強不屈之意，最人所難能者，故夫子歎其未見。申棖，弟子姓名。慾，多嗜慾也。多嗜慾，則不得為剛矣。

程子曰：「人有慾則無剛，剛則不屈於慾。」謝氏曰：「剛與慾正相反。能勝物之謂剛，故常伸於萬物之上；為物揜之謂欲，故常屈於萬物之下。自古有志者少，無志者多，宜夫子之未見也。棖之慾不可知，其為人得非悻悻自好者乎？故或者疑以為剛，然不知此其所以為慾爾。」

子貢曰：「我不欲人之加諸我也，吾亦欲無加諸人。」子曰：「賜也！非爾所及也。」

廣解《 子貢所言，即大學絜矩之道，亦即上文所云：「一以貫之」的忠恕之道，較「己所不欲，勿施於人，」更進一層。因「勿」者，尚是禁之之詞，「無」則出於自然矣。故孔子以「非爾所及」答之。

朱熹章句 子貢言我所不欲人加於我之事，我亦不欲以此加之於人。此仁者之事，不待勉強，故夫子以為非子貢所及。

程子曰：「我不欲人之加諸我，吾亦欲無加諸人，仁也；施諸己而不願，亦勿施於人，恕也。恕則子貢或能勉之，仁則非所及矣。」愚謂無者自然而然，勿者禁止之謂，此所以為仁恕之別。

子貢曰：「夫子之文章，可得而聞也。夫子之言性與天道，不可得而聞也。」

廣解 「夫子，」子貢稱孔子。「文章，」指孔子所修的詩、書、禮、樂。史記孔子世家云：「孔子以詩、書、禮、樂教弟子，蓋三千焉。」故云：「可得而聞。」性與天道，指易、春秋二書。漢書李尋傳贊云：「幽贊神明，通合天人之道者，莫著乎易、春秋。」下引子貢語云云。則易與春秋，皆弟子所罕聞。詳見劉寶楠正義。

朱熹章句 文章，德之見乎外者，威儀文辭皆是也。性者，人所受之天理；天道者，天理自然之本體，其實一理也。言夫子之文章，日見乎外，固學者所共聞；至於性與天道，則夫子罕言之，而學者有不得聞者。蓋聖門教不躐等，子貢至是始得聞之，而歎其美也。

程子曰：「此子貢聞夫子之至論而歎美之言也。」

子路有聞，未之能行，唯恐有聞。

廣解 「唯恐有聞」之「有，」為「又」之借字。此章是編論語的人，記子路的好處。「有聞」者，聽了孔子的話；「未之能行」者，這句話的道理，還未做到也。「唯恐有聞」者，恐怕孔子又有第二句話說出來，來不及做也。

朱熹章句 前所聞者既未及行，故恐復有所聞而行之不給也。

范氏曰：「子路聞善，勇於必行，門人自以為弗及也，故著之。若子路，可謂能用其勇矣。」

子貢問曰：「孔文子何以謂之文也？」子曰：「敏而好學，不恥下問，是以謂之文也。」

廣解 孔文子，衛國大夫，名圉，亦稱仲叔圉，「文」他的謚。俞樾羣經平議云：「下問者，非僅以貴下賤之謂；凡以能問於不能，以多問於寡，皆是。」按：謚法：「勤學好問曰文。」正與孔子所答之語相合。

朱熹章句 好，去聲。

孔文子，衛大夫，名圉。凡人性敏者多不好學，位高者多恥下問。故謚法有以「勤學好問」為文者，蓋亦人所難也。孔圉得謚為文，以此而已。

蘇氏曰：「孔文子使太叔疾出其妻而妻之。疾通於初妻之娣，文子怒，將攻之。訪於仲尼，仲尼不對，命駕而行。

子謂子產：「有君子之道四焉：其行己也恭。其事上也敬。其養民也惠。其使民也義。」

廣解《 子產，鄭大夫，姓公孫，名僑。孔子說：子產這個人，有四件君子之道。自己做人，是規規矩矩的；他事君上，是恭恭敬敬的；他撫養人民，是有恩惠的；他使用人民，是很合宜的。

子曰：「晏平仲，善與人交，久而敬之。」

廣解《 晏平仲，齊大夫，姓晏，名嬰，字仲，平是謚。孔子道：「晏平仲這個人，可說善於交友了；他和人交友，時候雖長久，仍舊能夠恭敬而不失禮。」朋友相交得長久了，往往熟不知禮，狎褻起來。因為狎褻了，往有輕佻怠慢的言動，甚至因此壞了交情。獨晏平仲能久而敬久，故孔子贊其善與人交。

子曰：「臧*文仲居蔡*，山節藻*梲*，何如其知*也？」

廣解《 臧文仲，魯大夫，臧孫辰也，仲是字，文是謚。「蔡」

疾奔宋，文子使疾弟遺室孔姞。其為人如此而謚曰文，此子貢之所以疑而問也。孔子不沒其善，言能如此，亦足以為文矣，非經天緯地之文也。」

朱熹章句 子產，鄭大夫公孫僑。恭，謙遜也。敬，謹恪也。惠，愛利也。使民義，如都鄙有章、上下有服、田有封洫、廬井有伍之類。吳氏曰：「數其事而責之者，其所善者多也，臧文仲不仁者三、不知者三是也。數其事而稱之者，猶有所未至也，子產有君子之道四焉是也。今或以一言蓋一人、一事蓋一時，皆非也。」

朱熹章句 晏平仲，齊大夫，名嬰。程子曰：「人交久則敬衰，久而能敬，所以為善。」

朱熹章句 梲，章悅反。知，去聲。臧文仲，魯大夫臧孫氏，名辰。居，猶藏也。蔡，大龜是大龜。舊說謂蔡的地方出產大龜，所以古時就稱大龜為「蔡。」蔡，或謂即蔡國，或謂是山名，在今黃梅廣濟二縣之間。俞樾羣經平議云：「蔡當讀𥛛。說文：『𥛛，楚人謂卜問吉凶為𥛛，讀若贅。』龜所以卜問吉凶，因即名之曰𥛛，蓋楚語也。龜本荊州所貢，故沿襲其語耳。𥛛與蔡音相近。孔廣森經學卮言謂「蔡蔡叔」之「蔡，」即「𥛛三苗」之「𥛛。」然則以蔡為蔡，猶以蔡為𥛛矣。」較舊解為長。古時以龜為靈物。龜大一尺二寸，尤為靈物。這種大龜只有國君得寶藏之，以供卜吉凶之用。大夫卜，但用龜之小者。臧文仲不是國君，也寶藏這種大烏龜，是僭人君之禮也。節，是屋柱上面架樑的。架樑的「節」上，刻著山，故曰「山節。」「梲，」樑上的短柱。「藻，」是水草。這短柱上畫著水草，故曰「藻梲。」禮記明堂位說：山節藻梲，是天子的廟飾。藏龜必於廟。臧文仲寶藏大龜，作龜室以居之，而僭用天子的廟飾，妄求靈物福佑，這不是極愚笨而可笑的事嗎？故曰「何如其知也。」「知」同智。

也。節，柱頭斗栱也。藻，水草名。梲，樑上短柱也。蓋為藏龜之室，而刻山於節、畫藻於梲也。當時以文仲為知，孔子言其不務民義，而謟瀆鬼神如此，安得為知？春秋傳所謂作虛器，即此事也。

張子曰：「山節藻梲為藏龜之室，祀爰居之義，同歸於不知宜矣。」

子張問曰：「令尹子文，三仕為令尹，無喜色。三已之，無慍色。舊令尹之政，必以告新令尹。何如？」子曰：「忠矣！」曰：「仁矣乎？」曰：「未知。焉得仁？」

朱熹章句

知，如字。焉，於虔反。

令尹，官名，楚上卿執政者也。子文，姓鬬，名穀於菟。

廣解《

令尹，楚執政之官。子文，楚大夫，姓鬬，名穀於菟。（音「垢烏徒。」楚人謂乳為「穀，」謂虎為「於菟。」）子文初生於邙，因是私生子，被棄於野，而虎乳之，故名。事見左傳宣公四年。）子張問孔子道：「楚國的子文，三次做令尹的官，沒有歡喜的神色。三次免令尹的官，沒有怨恨的神色。又他於新令尹上任的時候，必定把自己卸任以前所施行的政事，告知新令尹；像這樣的人，如何？」孔子道：「可算「忠」了！」子張又問：「像子文這樣的人，可算「仁」嗎？」孔子道：「未知。」接著又道：「那裏好算仁呢？」「焉，」平聲，安也。

按全祖望經史問答，子文僅再仕再已。此云「三」者，是虛數，見汪中釋三九。

「崔子弒齊君，陳文子有馬十乘，棄而違之。至於他邦，則曰，『猶吾大夫崔子也！』違之。之一邦，則又曰，『猶吾大夫崔子也！』違之。何如？」子曰：「清矣！」曰：「仁矣乎？」曰：「未知。焉得仁？」

廣解《 此節與上節相連，也是子張問孔子的話。崔子，名杼，齊大夫。齊君，為齊莊公，名光。陳文子，名須無，亦齊大夫。馬十乘，四十匹也。子張因孔子只許令尹子文以忠，不許以仁，因又舉陳文子所行事，以問孔子也。齊大夫崔杼弒

其為人也，喜怒不形，物我無閒，知有其國而不知有其身，其忠盛矣，故子張疑其仁。然其所以三仕三已而告新令尹者，未知其皆出於天理而無人欲之私也，是以夫子但許其忠，而未許其仁也。

朱熹章句 乘，去聲。崔子，齊大夫，名杼。齊君，莊公，名光。陳文子，亦齊大夫，名須無。十乘，四十匹也。違，去也。文子潔身去亂，可謂清矣，然未知其心果見義理之當然，而能脫然無所累乎？抑不得已於利害之私，而猶未免於怨悔也。故夫

齊莊公。見左傳襄公二十五年。陳文子見齊國亂了，棄掉了自己家中的四十匹馬，避到別國去，「棄而違之」的「違，」是離去的意思。到了別個國裏，看看情形，那執政的人，也和崔杼一樣；於是又換一國。不料這時候各國，都是如此。子張很看重陳文子這個人，所以又問孔子曰：「何如？」孔子說陳文子可以算是清白的人了。子張又問：「像這樣的人，可算『仁』嗎？」孔子也答以「未知。」接著也直告之曰：「焉得仁？」

如今尹子文，陳文子，在當時都算是人品極高的人。而孔子只許他是「忠，」是「清，」而不許以「仁。」可見「仁」人是不易做到的。

季文子三思而後行。子聞之曰：「再，斯可矣！」

廣解

季文子，魯大夫季孫行父也，文為其謚。季文子每做事，必要想過三回，然後去做。孔子聽人家這樣說，因曰：「做事能夠想兩回去做，已可不至於弄錯了。」

按左傳載文子將使於晉，求遭喪之禮而行，後晉襄公果卒。杜預注以為此即「三思而後行。」故朱注引以為證。凡人做事，不可不仔細，又不可太仔細。三思，則顧慮必多，不能見義勇為。後來魯宣公篡立，文子不能討，反為他使齊納賄，就是顧慮太多之故。

子特許其清，而不許其仁。

愚聞之師曰：「當理而無私心，則仁矣。今以是而觀二子之事，雖其制行之高若不可及，然皆未有以見其必當於理，而真無私心也。子張未識仁體，而悅於苟難，遂以小者信其大者，夫子之不許也宜哉。」

讀者於此，更以上章「不知其仁」、後篇「仁則吾不知」之語并與三仁夷齊之事觀之，則彼此交盡，而仁之為義可識矣。今以他書考之，子文之相楚，所謀者無非僭王猾夏之事。文子之仕齊，既失正君討賊之義，又不數歲而復反於齊焉，則其不仁亦可見矣。

朱熹章句

三，去聲。

季文子，魯大夫，名行父。每事必三思而後行，若使晉而求遭喪之禮以行，亦其一事也。斯，語辭。程子曰：「為惡之人，未嘗知有思，有思則為善矣。然至於再則已審，三則私意起而反惑矣，故夫子譏之。」

愚按：季文子慮事如此，可謂詳審，而宜無過舉矣。而宣公篡立，文子乃不能討，反為之使齊而納賂焉，豈非程子所謂私意起而反惑之驗歟？是以君子務窮理而貴果斷，不徒多思之為尚。

子曰：「寧武子，邦有道則知，邦無道則愚。其知可及也，其愚不可及也！」

廣解　寧武子，衛大夫，姓寧，名俞，武是其謚。「知，」同「智。」寧武子當衛成公有道的時候，出其才智，幫同施行政治；成公無道的時候，裝著呆木的神情，以免禍患。（按武子未事文公。朱注以有道屬文公無道屬成公，似誤。見全祖望經史問答。）孔子稱贊他：「其知可及也；其愚不可及也。」蓋人情莫不好名，往往處無道君主之下，仍不能韜光匿采，以致喪失生命，而於國事仍無濟。孔子深惜之，故稱寧武子，以為時人衒智者戒。

朱熹章句　知，去聲。甯武子，衛大夫，名俞。按春秋傳，武子仕衛，當文公、成公之時。文公有道，而武子無事可見，此其知之可及也。成公無道，至於失國，而武子周旋其閒，盡心竭力，不避艱險。凡其所處，皆智巧之士所深避而不肯為者，而能卒保其身以濟其君，此其愚之不可及也。程子曰：「邦無道能沈晦以免患，故曰不可及也。亦有不當愚者，比干是也。」

子在陳曰：「歸與！歸與！吾黨之小子狂簡，斐然成章，不知所以裁之。」

廣解　陳，是春秋時的一國。孔子此時在陳國，見道不行而思歸魯也。與，今作歟。「黨，」鄉黨之黨；「吾黨，」猶云：我的故鄉。「小子，」指弟子。孔子去魯周遊，弟子留於魯者多，故思念之也。「狂簡，」志大而略於事，言雖懷進取之志，而閱歷尚少。（此從朱注。集解孔云：「簡，大也。」）「斐然，」有文章之貌。言其學問文章，都可以成就。但尚不知所以裁正之，使成全材耳。

按張栻論語解云：「方聖人歷聘之時，詩、書、禮、樂之文，固已付門人次序之矣。及聖人歸於魯，而後有所裁定。」

朱熹章句　與，平聲。斐，音匪。此孔子周流四方，道不行而思歸之歎也。吾黨小子，指門人之在魯者。狂簡，志大而略於事也。斐，文貌。成章，言其文理成就，有可觀者。裁，割正也。夫子初心，欲行其道於天下，至是而知其終不用也。於是始欲成就後學，以傳道於來世。又不得中行之士而思其次，以為狂士志意高遠，猶或可與進於道也。但恐其過中失正，而或陷於異端耳，故欲歸而裁之也。

則謂「成章」及「裁之，」皆指詩、書、禮、樂而言。則此一說。亦可通。

子曰：「伯夷叔齊，不念舊惡，*怨是用希。」

廣解》 惡。音鄂，伯夷叔齊，殷末孤竹君之二子。父歿，讓國於中子，聞文王善養老，而往歸焉。武王滅紂，夷齊不食周粟，隱居首陽山，采薇而食，卒餓死。史記有傳。朱注云：「孟子稱其『不立於惡人之朝，不與惡人言；與鄉人立，其冠不正，望望然去之，若將浼焉；』其介如此，宜若無所容矣。然其所惡之人，能改即止，故人亦不甚怨之也。」按大戴禮記曾子立事云：「朝有過，夕改則與之；夕有過，朝改則與之。」即此「不念舊惡」之義，亦即中庸所謂「以人治人，改而止」也。

朱熹章句 伯夷、叔齊，孤竹君之二子。孟子稱其「不立於惡人之朝，不與惡人言。與鄉人立，其冠不正，望望然去之，若將浼焉。」其介如此，宜若無所容矣，然其所惡之人，能改即止，故人亦不甚怨之也。

程子曰：「不念舊惡，此清者之量。」又曰：「二子之心，非夫子孰能知之？」

子曰：「孰謂微生高直？或乞醯焉；乞諸其鄰而與*之。」

廣解》 微生，是姓；高，是名；魯國人。醯，音希，醋也。與同予。微生高素有直名。孔子卻不以為然，所以說：「誰說微生高直呢？有人向他去討醋，他自己家裏沒有，卻向鄰家討了醋來，轉給來討醋的人。」

朱熹章句 醯，呼西反。

微生姓，高名，魯人，素有直名者。醯，醋也。人來乞時，其家無有，故乞諸鄰家以與之。夫子言此，譏其曲意殉物，掠美市恩，不得為直也。

程子曰：「微生高所枉雖小，害直為大。」范氏曰：「是曰是、非曰非、有謂有、無謂無，曰直。聖人觀人於其一介之取予，而千駟萬鍾從可知焉。故以微事斷之，所以教人不可不謹也。」

子曰：「巧言令色，足恭*，左丘明恥之，丘亦恥之。匿怨而友其人，左丘明恥之，丘亦恥之。」

廣解《 朱注：「足，將樹反。足，過也。」足恭，是過於恭敬的意思。集解孔曰：「足恭，便僻貌。」邢疏云：「便僻其足以為恭，謂前却俯仰，以足為恭也。」表記，孔子曰：「君子不失足於人，不失色於人，不失口於人。」爾雅釋訓有「口柔、面柔、體柔。」巧言是口柔，即失口於人；令色是面柔，即失色於人；足恭是體柔，即失足於人；詳見臧庸拜經日記。故孔說較朱注為長。孔氏又云：「左丘明，魯太史，丘是孔子自稱其名。朱注引程子云：「左丘明，古之聞人也。」又引謝氏云：「夫子自言『丘亦恥之，』蓋『竊比老彭』之意。」「匿怨而友其人」者，謂我對某人，本有怨恨，卻故意裝出沒有怨恨的樣子，仍舊和他為友。此章所舉二種人都是虛偽的小人，故左丘明與孔子恥之。

朱熹章句 足，將樹反。足，過也。程子曰：「左丘明，古之聞人也。」謝氏曰：「二者之可恥，有甚於穿窬也。左丘明恥之，其所養可知矣。夫子自言『丘亦恥之』，蓋竊比老、彭之意。又以深戒學者，使察乎此而立心以直也。」

顏淵季路侍。子曰：「盍各言爾志？」子路曰：「願車馬，衣輕裘，與朋友共敝之而無憾。」顏淵曰：「願無伐善，無施勞。」子路曰：「願聞子之志。」子曰：「老者安之。朋友信之。少者懷之。」

廣解《 季路即子路。侍者，侍坐於孔子身邊也。盍，何不也。孔子對顏淵子路說：「何不各人說說你們的志向？」

朱熹章句 盍，音合。盍，何不也。衣，去聲。衣，服之也。裘，皮服。敝，壞也。憾，恨也。伐，誇也。善，謂有能。施，亦張大之意。勞，謂有功，易曰「勞而不朱注：「衣，去聲，服之也。敝，壞也。」按阮元校勘記云：「唐石經『輕』字旁注。案石經初刻本無『輕』字。『車馬衣裘』見管子小匡及齊語，是子路本用成語。後人涉雍也篇『衣輕裘』而誤衍『輕』字。」錢大昕復舉四證以明之。「輕」為衍字無疑。舊讀於「共」字句絕。按白虎通三綱六紀篇引此，至「敝之」絕句。北齊書唐邕傳，顯祖賜邕裘云：「朕意在車馬衣裘與卿共敝。」「敝之」亦連上讀。若連下讀，則「敝之」專指朋友矣。子路說自己的志向，情願把車馬，衣裘與朋友同坐同穿，就是坐破穿破，也不恨朋友。

朱注云：「伐，誇也。善，謂有能。施，亦張大之意。勞，謂有功。易曰：『勞而不伐，』是也。」顏淵說自己的志向，在不誇說自己的善處，不張大自己的功勞。

子路以自己和顏淵二人的志向，都說過了，遂問孔子的志向如何。孔子說自己的志向，在於「老者安之，朋友信之，少者懷之。」「少，」去聲，指年少之人。朱注云：「老者養之以安，朋友與之以信，少者懷之以恩。」

子曰：「已矣乎！吾未見能見其過而內自訟*者也。」

廣解《 「已矣乎，」是歎辭，猶俗語的「罷了，」恐其終不得見而歎之也。訟猶責也。「能見其過而內自訟」者，言能夠見

伐」是也。或曰：「勞，勞事也。勞事非己所欲，故亦不欲施之於人。」亦通。老者養之以安，朋友與之以信，少者懷之以恩。一說：安之，安我也；信之，信我也；懷之，懷我也。亦通。

程子曰：「夫子安仁，顏淵不違仁，子路求仁。」又曰：「子路、顏淵、孔子之志，皆與物共者也，但有小大之差爾。」又曰：「子路勇於義者，觀其志，豈可以勢利拘之哉？亞於浴沂者也。顏子不自私己，故無伐善；知同於人，故無施勞。其志可謂大矣，然未免出於有意也。至於夫子，則如天地之化工，付與萬物而己不勞焉，此聖人之所為也。今夫羈靮以御馬而不以制牛，人皆知羈靮之作在乎人，而不知羈靮之生由於馬，聖人之化，亦猶是也。先觀二子之言，後觀聖人之言，分明天地氣象。凡看論語，非但欲理會文字，須要識得聖賢氣象。」

朱熹章句 已矣乎者，恐其終不得見而歎之也。內自訟者。口不言而心自咎也。人有過而能自知者鮮矣，知過而能內自訟者為尤鮮。能內自訟，則其悔悟深切而能改必

到自己的過失，而在自己腹內，責罰自己也。能自訟其過，可謂不自欺，必能慎獨矣。

矣。夫子自恐終不得見而歎之，其警學者深矣。

子曰：「十室之邑，必有忠信如丘者焉；不如丘之好學也。」

廣解 「十室之邑，」極言其地方之小。丘是孔子自稱其名。孔子說：「雖然是只有十家人家的小地方，也必定有天性忠信和我一樣的人；不過沒有像我好學罷了。」此章之旨，在勉人好學，與「丘非生而知之者，好古敏以求之者也」一章相同。言忠信為天生之美質，好學始可以有成也。

朱熹章句 焉，如字，屬上句。好，去聲。十室，小邑也。忠信如聖人，生質之美者也。夫子生知而未嘗不好學，故言此以勉人。言美質易得，至道難聞，學之至則可以為聖人，不學則不免為鄉人而已。可不勉哉？

雍也第六

子曰：「雍也可使南面。」仲弓問子桑伯子。子曰：「可也；簡。」仲弓曰：「居敬而行簡，以臨其民，不亦可乎？居簡而行簡，無乃大簡乎？」子曰：「雍之言然。」

廣解 按此章「仲弓問」以下，集解本另為一章。南面，人君之位。孔子稱贊仲弓，說他有人君之度。朱注云：「子桑伯子，魯人。胡氏以為『疑即莊周所稱子桑戶者，』是也。」按莊子山木篇作子桑雽，大宗師篇作桑戶。仲弓聞孔子許己可以南面，因問子桑伯子何如。孔子答以「可」也者，僅可而

朱熹章句 南面者，人君聽治之位。言仲弓寬洪簡重，有人君之度也。子桑伯子，魯人，胡氏以為疑即莊周所稱子桑戶者是也。仲弓以夫子許己南面，故問伯子如何。可者，僅可而有所未盡之辭。簡者，不煩之謂。大，音泰。言自處以敬，則中有主而自治嚴，如是而行簡以臨民，則事不煩而民不擾，所以為可。若先自處以簡，則中無主而自治疎矣，而所行又簡，豈不失之太簡，而無法度之可守

有所未盡之辭。簡者，不煩之謂。楚辭云：「桑扈臝行。」說苑亦記子桑伯子不衣冠而處，孔子以為質美而無文，并以「易野」釋「簡」。可與本章參閱。「居敬」即舜之「恭己」；「行簡，」即舜之「無為而治。」子桑伯子蓋道家者流；秉要執本，以簡御繁，是人君南面之術；但仍須「居敬」方可。否則，便是太簡了。「大，」同太，過也。

哀公問弟子孰爲好學。孔子對曰：「有顏回者好學；不遷怒，不貳過。不幸短命死矣！今也則亡*，未聞好學者也。」

廣解

論語中所說的「學，」都是學做人，非如後世之以讀書為學也。觀此章所記，更為顯然。好，去聲。

朱注云：「遷，移也；貳，復也。怒於甲者，不移於乙；過於前者，不復於後。」

按易繫辭云：「子曰：顏氏之子，其殆庶幾乎有不善，未嘗不知；知之。未嘗復行也。」此即言顏子之「不貳過。」顏子先孔子而卒。家語謂年三十二。

李鍇南史辨之，謂史記弟子傳言顏子少孔子三十歲，其卒在伯魚之後，伯魚卒，孔子年七十；顏子卒於孔子七十一歲之年，已四十一矣。「亡，」同無。釋文云：「本或無

乎？家語記伯子不衣冠而處，夫子譏其欲同人道於牛馬。然則伯子蓋太簡者，而仲弓疑夫子之過許與？仲弓蓋未喻夫子可字之意，而其所言之理，有默契焉者，故夫子然之。

程子曰：「子桑伯子之簡，雖可取而未盡善，故夫子云可也。仲弓因言內主於敬而簡，則為要直；內存乎簡而簡，則為疏略，可謂得其旨矣。」又曰：「居敬則心中無物，故所行自簡；居簡則先有心於簡，而多一簡字矣，故曰太簡。」

朱熹章句

好，去聲。亡，與無同。遷，移也。貳，復也。怒於甲者，不移於乙；過於前者，不復於後。顏子克己之功至於如此，可謂真好學矣。短命者，顏子三十二而卒也。既云今也則亡，又言未聞好學者，蓋深惜之，又以見真好學者之難得也。

程子曰：「顏子之怒，在物不在己，故不遷。有不善未嘗不知，知之未嘗復行，不貳過也。」又曰：「喜怒在事，則理之當喜怒者也，不在血氣則不遷。若舜之誅四凶也，可怒在彼，己何與焉。如鑑之照物，妍媸在彼，隨物應之而已，何遷之有？」又曰：「如顏子地位，豈有不善？所謂不善，只是微有差失。纔差失便能知之，纔知之便更不萌作。」張子曰：「慊於己者，不使萌於再。」或曰：「詩書六藝，七十子非不習而通也，而夫子獨稱顏子為好學。顏子之所好，果何學歟？」程子曰：「學以至乎聖人之道也。」「學之道奈何？」曰：「天地儲精，得五行之

『亡』字。」俞樾羣經平議謂「亡」與下句意複，係衍字。

秀者為人。其本也真而靜。其未發也五性具焉，曰仁、義、禮、智、信。形既生矣，外物觸其形而動於中矣。其中動而七情出焉，曰喜、怒、哀、懼、愛、惡、欲。情既熾而益蕩，其性鑿矣。故學者約其情使合於中，正其心，養其性而已。然必先明諸心，知所往，然後力行以求至焉。若顏子之非禮勿視、聽、言、動，不遷怒貳過者，則其好之篤而學之得其道也。然其未至於聖人者，守之也，非化之也。假之以年，則不日而化矣。今人乃謂聖本生知，非學可至，而所以為學者，不過記誦文辭之間，其亦異乎顏子之學矣。」

子華使於齊。冉子為其母請粟。子曰：「與*之釜*。」請益。曰：「與*之庾*。」冉子與*之粟五秉*。子曰：「赤之適齊也，乘肥馬，衣輕裘。吾聞之也：『君子周急不繼富。』」

廣解

與，讀上聲，通予。釜，音府。庾，音羽。秉，音丙。子華，孔子弟子，公西赤字。冉子，鄭玄注謂即冉有。集解及朱注均云：六斗四升為釜，十六斗為庾，十六斛為秉，五秉共八十斛。戴震考工記補注謂二斗四升曰庾，十六斗曰籔，論語「與之庾，」謂於釜外更益二斗四升。蓋與之釜，已當；所益不得過於始與。其說較長。孔子使子華到齊國去。冉有為子華之母，向孔子請粟。孔子說：「給她六斗四升。」冉有請加多些。孔子說：「加她二斗四升。」冉有還以為少，自己給了她八十斛。孔子說：「子華到齊國去，乘的肥馬，穿的輕裘，可見他家並不窮。我聽到過一句老話，說：『君子是周急

朱熹章句

使、為，並去聲。子華，公西赤也。使，為孔子使也。釜，六斗四升。庾，十六斗。秉，十六斛。衣，去聲。乘肥馬、衣輕裘，言其富也。急，窮迫也。周者，補不足。繼者，續有餘。

不繼富的。』」周，給不足也。也見禮記月令注。「周急，」謂周濟困急。「繼富，」謂增其富。

原思為之宰，與之粟九百。辭。子曰：「毋！以與爾鄰里鄉黨乎！」

廣解《 原思，孔子弟子，姓原名憲字子思。此時孔子為魯司寇，以原思為家宰。「與之粟九百」者，也家宰應得之祿。此但云：「九百，」未言是斗是石，故朱注以為不可考。集解引孔氏曰：九百斗，亦是想當然耳之辭。「辭」者，原思辭不肯受也。「子曰『毋』」者，孔子說不必辭也。「以與爾鄰里鄉黨乎？」是說你如果用不到，把這粟拿回去，分送給你鄰舍同里的人罷！

朱熹章句 原思，孔子弟子，名憲。孔子為魯司寇時，以思為宰。粟，宰之祿也。九百不言其量，不可考。毋，禁止辭。五家為鄰，二十五家為里，萬二千五百家為鄉，五百家為黨。言常祿不當辭，有餘自可推之以周貧乏，蓋鄰、里、鄉、黨有相周之義。

程子曰：「夫子之使子華，子華之為夫子使，義也。而冉子乃為之請，聖人寬容，不欲直拒人。故與之少，所以示不當與也。請益而與之亦少，所以示不當益也。求未達而自與之多，則已過矣，故夫子非之。蓋赤苟至乏，則夫子必自周之，不待請矣。原思為宰，則有常祿。思辭其多，故又教以分諸鄰里之貧者，蓋亦莫非義也。」張子曰：「於斯二者，可見聖人之用財矣。」

子謂仲弓曰：「犁*牛之子，騂*且角；雖欲勿用，山川其舍諸？」

廣解《 犂，音離。騂，音星。「子謂仲弓」者，不是孔子對仲弓說，是孔子批評仲弓這個人也。犂牛，雜色的牛。皇疏載另一說云：「犂牛，耕牛。」「騂，」純赤色，「角，」牛角周正，而長短合式。「犂牛之子騂且角」者，言雜色牛生出來的小牛，卻毛赤色而角周正也。「雖欲勿用，山川其舍諸」者，是

朱熹章句 犁，利之反。騂，息營反。舍，上聲。

犁，雜文。騂，赤色。周人尚赤，牲用騂。角，角周正，中犧牲也。用，用以祭也。山川，山川之神也。言人雖不用，神必不舍也。仲弓父賤而行惡，故夫子以此譬之。言父之惡，不能廢其子之善，如仲弓之賢，自當見用於世也。然此論仲弓云爾，非與仲弓言也。

范氏曰：「以瞽瞍為父而有舜，以鯀為父而有禹。古之聖

說這種好的小牛，可用以祭祀山川之神。雖欲棄置勿用，山川之神，也是不肯捨掉牠的。此章完全是比喻。史記弟子傳：「仲弓父賤人，孔子曰犂牛之子」云云。「賤人，」謂微賤之人，故以耕牛為喻。仲弓可使南面，故以騂且角而可用作犧牲之牛為喻。論衡自紀篇云：「母犂犢騂，無害犧牲。」又云：「伯牛寢疾，仲弓潔全。」以仲弓為伯牛之子，則此章蓋以雜色之牛，喻伯牛之有惡疾也。

子曰：「回也，其心三月不違仁，其餘則日月至焉而已矣。」

廣解《　朱注云：「三月，言其久也。」猶今人言「一年到頭。」按即汪中釋三九所謂「三」是虛數。三月，孔子稱贊顏回，說他心裏，一年到頭，不與仁離開，無時無刻，不以仁存心。「其餘，」謂顏回以外的各弟子；他們心裏，或一月，或一日，偶然存心於仁而已。

季康子問：「仲由可使從政也與*？」子曰：「由也果，於從政乎何有？」曰：「賜也可使從政也與*？」曰：「賜也達，於從政乎何有？」曰：「求也可使從政也與*？」曰：「求也藝，於從政乎何有？」

賢，不係於世類，尚矣。子能改父之過，變惡以為美，則可謂孝矣。」

朱熹章句　三月，言其久。仁者，心之德。心不違仁者，無私欲而有其德也。日月至焉者，或日一至焉，或月一至焉，能造其域而不能久也。

程子曰：「三月，天道小變之節，言其久也，過此則聖人矣。不違仁，只是無纖毫私欲。少有私欲，便是不仁。」尹氏曰：「此顏子於聖人，未達一間者也，若聖人則渾然無間斷矣。」張子曰：「始學之要，當知『三月不違』與『日月至焉』內外賓主之辨。使心意勉勉循循而不能已，過此幾非在我者。」

廣解《　「與，」今作歟。「從政」者，從事政治也。仲由，即子路；賜，即子貢；求，即冉有。果者，能決斷也；達者，通達事理也；藝者，多才能也。「何有」者，猶今言「有什麼，」謂不難也。凡人有一種長處，就可以在社會上做事。季康子問這三個人，孔子把他們的才具，老老實實答之，不過分稱贊自己的弟子，也不謙虛說自己的弟子沒有才能，可謂不亢不卑。

朱熹章句　與，平聲。從政，謂為大夫。果，有決斷。達，通事理。藝，多才能。

程子曰：「季康子問三子之才可以從政乎？夫子答以各有所長。非惟三子，人各有所長。能取其長，皆可用也。」

季氏使閔*子騫爲費*宰。閔子騫曰：「善爲我辭焉！如有復我者，則吾必在汶上矣！」

廣解《　閔，音敏。騫，音牽。費，此處音祕。汶，音焚。季氏，魯國執政大夫，季孫氏也。集解引孔曰：「季氏不臣，而其邑宰數畔，聞子騫賢，故欲用之。」如孔說，則此季氏當指季康子。閔子騫，孔子弟子，姓閔，名損，字子騫，鄭玄目錄云：魯人。費，魯地名，是季氏的食邑。「宰，」邑長。閔子騫不願做季氏食邑的官，因對季氏使者如此也。「辭，」是辭謝。「復，」是再來召我。汶，水名，在魯國和齊國交界的地方。「必在汶上」者，言必定逃到汶水上去躲避，將去魯而往齊也。

朱熹章句　費，音祕。為，去聲。汶，音問。閔子騫，孔子弟子，名損。費，季氏邑。汶，水名，在齊南魯北竟上。閔子不欲臣季氏，令使者善為己辭。言若再來召我，則當去之齊。

程子曰：「仲尼之門，能不仕大夫之家者，閔子、曾子數人而已。」謝氏曰：「學者能少知內外之分，皆可以樂道而忘人之勢。況閔子得聖人為之依歸，彼其視季氏不義之富貴，不啻犬彘。又從而臣之，豈其心哉？在聖人則有不然者，蓋居亂邦、見惡人，在聖人則可；自聖人以下，剛則必取禍，柔則必取辱。閔子豈不能早見而豫待之乎？如由也不得其死，求也為季氏附益，夫豈其本心哉？蓋既無先見之知，又無克亂之才故也。然則閔子其賢乎？」

伯牛有疾。子問之，自牖*執其手，曰：「亡之！命矣夫？斯人也，而有斯疾也！斯人也，而有斯疾也！」

廣解《 牖，音有。伯牛，孔子弟子，姓冉，名耕，鄭玄目錄云：魯人。「有疾，」有病也。「牖，」窗也。「亡之，」猶言「沒命了。」又連連歎惜兩句道：「這真是命裏注定的罷？這個人會害這種病！這個人會害這種病！」痛惜之深，復次與哭顏淵同。朱注云：「牖，南牖也。禮，病者居北牖下，君視之，則遷於南牖下，使君得以南面視己。時伯牛家以此禮尊孔子。孔子不敢當，故不入其室，而自牖執其手，蓋與之永訣也。」按史記弟子傳言「伯牛有惡疾。」淮南子精神訓云：「伯牛為厲。」厲即癘之省。說文云：「癘，惡疾也。」古以癩為惡疾，即今痲瘋之類，是一種傳染病。伯牛染此惡疾，將死，孔子往視之。因係傳染惡疾，故不讓孔子入室。而孔子師生情重，仍自牖執其手，按其脈。「亡之，」言脈息已絕，故有「斯人斯疾」之歎。朱注似嫌迂曲。

朱熹章句 夫，音扶。

伯牛，孔子弟子，姓冉，名耕。有疾，先儒以為癩也。牖，南牖也。禮：病者居北牖下。君視之，則遷於南牖下，使君得以南面視己。時伯牛家以此禮尊孔子，孔子不敢當，故不入其室，而自牖執其手，蓋與之永訣也。命，謂天命。言此人不應有此疾，而今乃有之，是乃天之所命也。然則非其不能謹疾而有以致之，亦可見矣。侯氏曰：「伯牛以德行稱，亞於顏、閔。故其將死也，孔子尤痛惜之。」

子曰：「賢哉！回也。一簞食，一瓢飲，在陋巷，人不堪其憂；回也不改其樂。賢哉！回也。」

廣解《 「簞，」竹器，猶今之飯籃。「瓢，」盛水之器，以瓠瓜

朱熹章句 食，音嗣。樂，音洛。

為之。「陋巷，」房屋低舊的小弄。王念孫則謂「陋巷」即指所居之室；古時里中道曰巷，人所居亦謂之巷，故廣雅並列二訓。（見經義述聞引。）樂，歡樂之樂。大凡一個人，處富貴則歡樂，處貧賤則憂愁；只有樂道之士，富貴貧賤，都不足以動其心。此章孔子贊顏淵，說他吃的只有一籃飯，一瓢湯；住的是房屋低舊的小弄；在別人將憂愁得了不得；而他仍舊不改歡樂的態度。

簞，竹器。食，飯也。瓢，瓠也。顏子之貧如此，而處之泰然，不以害其樂，故夫子再言「賢哉回也」以深歎美之。

程子曰：「顏子之樂，非樂簞瓢陋巷也，不以貧窶累其心而改其所樂也，故夫子稱其賢。」又曰：「簞瓢陋巷非可樂，蓋自有其樂爾。其字當玩味，自有深意。」又曰：「昔受學於周茂叔，每令尋仲尼顏子樂處，所樂何事？」

愚按：程子之言，引而不發，蓋欲學者深思而自得之。今亦不敢妄為之說。學者但當從事於博文約禮之誨，以至於欲罷不能而竭其才，則庶乎有以得之矣。

冉求曰：「非不說*子之道，力不足也。」子曰：「力不足者，中道而廢；今女*畫。」

廣解　「說，」今作悅。「女，」今作汝。「畫，」讀如筆畫之畫，止也。非有以止之而自止，謂之「畫。」冉求對孔子說：「不是不喜歡夫子的道；所以不行道者，因為我自己力量不足。」按里仁篇云：「有能一日用其力於仁矣乎？吾未見力不足者。」此言「力不足者，中道而廢」者，特因冉求之言指出真是力不足者以示之。現在你是自己畫了一個界限，不向前進行，其實一點力也沒有用，那裏好說是力不足呢？

朱熹章句　說，音悅。女，音汝。

力不足者，欲進而不能。畫者，能進而不欲。謂之畫者，如畫地以自限也。

胡氏曰：「夫子稱顏回不改其樂，冉求聞之，故有是言。然使求說夫子之道，誠如口之說芻豢，則必將盡力以求之，何患力之不足哉？畫而不進，則日退而已矣，此冉求之所以局於藝也。」

子謂子夏曰：「女*爲君子儒*，無爲小人儒*！」

廣解　「女，」今作汝。「無，」同毋。孔子時，一般學者，都稱為「儒。」但學者之中，也有君子，有小人。此章孔子勉勵

朱熹章句　儒，學者之稱。程子曰：「君子儒為己，小人儒為人。」

謝氏曰：「君子小人之分，義與利之閒而已。然所謂利

子夏為君子儒，不要為小人儒也。

者，豈必殖貨財之謂？以私滅公，適己自便，凡可以害天理者皆利也。子夏文學雖有餘，然意其遠者大者或昧焉，故夫子語之以此。」

子游爲武城宰。子曰：「女得人焉耳乎？」曰：「有澹臺滅明者，行不由徑，非公事，未嘗至於偃之室也。」

廣解《　武城，魯邑名。「女，」今作汝。子游為武城之邑宰。孔子問他：「你得賢能的人了嗎？」澹臺，是姓；滅明，是名；字子羽，武城人。史記弟子傳亦在弟子之列。偃，是子游的名，子游說：「有個澹臺滅明者，他走路，走大道，不走小路捷徑；不是有公事，不到我的衙門裏來。」此言澹臺滅明人品之方正。

朱熹章句　女，音汝。澹，徒甘反。武城，魯下邑。澹臺姓，滅明名，字子羽。徑，路之小而捷者。公事，如飲射讀法之類。不由徑，則動必以正，而無見小欲速之意可知。非公事不見邑宰，則其有以自守，而無枉己殉人之私可見矣。楊氏曰：「為政以人才為先，故孔子以得人為問。如滅明者，觀其二事之小，而其正大之情可見矣。後世有不由徑者，人必以為迂；不至其室，人必以為簡。非孔氏之徒，其孰能知而取之？」愚謂持身以滅明為法，則無苟賤之羞；取人以子游為法，則無邪媚之惑。

子曰：「孟之反不伐；奔而殿，將入門，策其馬曰：『非敢後也，馬不進也。』」

廣解《　孟之反，魯大夫，名側。自己稱自己的能幹，自己的功勞，叫做「伐。」戰敗逃跑叫做「奔。」在軍隊後面拒敵叫做「殿。」殿，去聲。「策，」馬鞭也；以馬鞭鞭馬，也叫「策。」哀公十一年，魯國和齊國戰，魯軍大敗逃回。孟之反獨在後面，拒追敵兵。將入國門，乃用馬鞭鞭馬，對人說：「我並不敢在後面抵拒敵兵，因為馬不向前走，所以在後面也。」事見左傳。

朱熹章句　殿，去聲。孟之反，魯大夫，名側。胡氏曰：「反即莊周所稱孟子反者是也。」伐，誇功也。奔，敗走也。軍後曰殿。策，鞭也。戰敗而還，以後為功。反奔而殿，故以此言自揜其功也。事在哀公十一年。謝氏曰：「人能操無欲上人之心，則人欲日消、天理日明，而凡可以矜己誇人者，皆無足道矣。然不知學者欲上人之心無時而忘也，若孟之反，可以為法矣。」

子曰：「不有祝鮀*之佞，而有宋朝*之美，難乎免於今之世矣！」

廣解　祝鮀，衛大夫，字子魚。佞，有口才也。宋朝，宋公子朝，美而淫。仕於衛，通於宣姜及南子。而，與也。韓非子說林：「以管子之聖而隰朋之智。」句法正與此同。（見王引之經傳釋詞。）「難乎免於今之世」者，言現在之難免於禍害也。此孔子傷時之言。

朱熹章句　鮀，徒河反。祝，宗廟之官。鮀，衛大夫，字子魚，有口才。朝，宋公子，有美色。言衰世好諛悅色，非此難免，蓋傷之也。

子曰：「誰能出不由戶？何莫由斯道也？」

廣解　道，是做人的道理，為人人所當共由，猶之無論何人不能不由門戶出入也。禮記禮器云：「未有入室而不由戶者。」彼云：「出，」此云「入。」其義一也，人知出入由戶，而不知立身處世之當由道，故孔子歎之。

朱熹章句　言人不能出不由戶，何故乃不由此道邪？怪而歎之之辭。洪氏曰：「人知出必由戶，而不知行必由道。非道遠人，人自遠爾。」

子曰：「質勝文則野，文勝質則史；文質彬彬，然後君子。」

廣解　質，是本質。文，是文飾。野者，樸實無文，鄙陋如野人也。禮記仲尼燕居云：「敬而不中禮，謂之野。」敬是禮之質；不中禮，謂無禮之文也。史者，本為掌文辭之官；辭多浮夸，故以為「野」之反。儀禮聘禮記云：「辭多則史。」亦言其文勝於質。彬彬，集解包曰：「文質相半之貌。」

朱熹章句　野，野人，言鄙略也。史，掌文書，多聞習事，而誠或不足也。彬彬，猶班班，物相雜而適均之貌。言學者當損有餘，補不足，至於成德，則不期然而然矣。楊氏曰：「文質不可以相勝。然質之勝文，猶之甘可以受和，白可以受采也。文勝而至於滅質，則其本亡矣。雖有文，將安施乎？然則與其史也，寧野。」

子曰：「人之生也，直；罔之生也，幸而免。」

廣解　鄭玄注云：「始生之性皆正直。」此即「人之初，性本善」的意思。及為壞的習氣所染，方有邪曲誣罔。人而失其正直的天性，則難免遭禍患而死。若罔而仍得生者，幸而免耳。

子曰：「知之者不如好*之者；好*之者不如樂*之者。」

廣解　「好，」去聲。「樂，」歡樂之樂。此章包括一切學問道德之修習而言。「知之者，」不過知道此學此道之如何而已。「好之者，」則對於此學此道有進一層的愛好。「樂之者，」則「樂此不倦，」比好之者，更進一層。顏子的陋巷簞瓢，不改其樂；孔子的飯疏飲水，樂在其中，發憤忘食，樂以忘憂；對於道，都已到「樂之者」的地步。藝術家、科學家、文學家、宗教家，其研究信仰，到登峰造極時，也有這種景象。

子曰：「中人以上，可以語上也。中人以下，不可以語上也。」

廣解　人之資質，大概可分為三等，最高的為上智；最低的為下愚；平常的，皆中人也。語告也，謂教之也。孔子因材施教，故視其人之資質而所語不同。

朱熹章句　程子曰：「生理本直。罔，不直也，而亦生者，幸而免爾。」

朱熹章句　好，去聲。樂，音洛。尹氏曰：「知之者，知有此道也。好之者，好而未得也。樂之者，有所得而樂之也。」張敬夫曰：「譬之五穀，知者知其可食者也，好者食而嗜之者也，樂者嗜之而飽者也。知而不能好，則是知之未至也；好之而未及於樂，則是好之未至也。此古之學者，所以自強而不息者歟？」

朱熹章句　以上之上，上聲。語，去聲。語，告也。言教人者，當隨其高下而告語之，則其言易入而無躐等之弊也。張敬夫曰：「聖人之道，精粗雖無二致，但其施教，則必因其材而篤焉。蓋中人以下之質，驟而語之太高，非惟不子貢謂「夫子之言性與天道，不可得而聞，」亦是因此。

能以入，且將妄意躐等，而有不切於身之弊，亦終於下而已矣。故就其所及而語之，是乃所以使之切問近思，而漸進於高遠也。」

樊遲問知。子曰：「務民之義，敬鬼神而遠之，可謂知矣。」問仁。曰：「仁者先難而後獲，可謂仁矣。」

廣解

「知，」今作「智。」「民」即是「人。」「務民之義」者，猶云做人所當做之事也。「敬鬼神而遠之」者，言雖敬重鬼神而不迷信之也。能如此，可謂智了。獲，得也。「難，」做艱苦的事也。這句意義，以皇疏所採范寧之說為長，即「艱難之事，則為物先，獲功之事，而處物後，則為仁矣。」亦即宋范仲淹所謂「先天下之憂而憂，後天下之樂而樂」也。

朱熹章句

知、遠，皆去聲。民，亦人也。獲，謂得也。專用力於人道之所宜，而不惑於鬼神之不可知，知者之事也。先其事之所難，而後其效之所得，仁者之心也。此必因樊遲之失而告之。程子曰：「人多信鬼神，惑也。而不信者又不能敬，能敬能遠，可謂知矣。」又曰：「先難，克己也。以所難為先，而不計所獲，仁也。」呂氏曰：「當務為急，不求所難知；力行所知，不憚所難為。」

子曰：「知者樂水，仁者樂山。知者動，仁者靜。知者樂，仁者壽。」

廣解

「知，」今作智。「樂山」「樂水」之「樂，」音耀，喜好也。下一「樂」字，為歡樂之樂。朱注云：「知者達於事理，而周流無滯，有似於水，故樂水；仁者安於義理，而厚重不遷，有似於山，故樂山，動、靜，以體言；樂、壽，以效言也。」此章說智者仁者分三層，實則一氣貫串。蓋智者樂水，由性好動；成功多，故常樂。仁者樂山，由性好靜；慾念少，故能壽。

朱熹章句

知，去聲。樂，上二字並五教反，下一字音洛。樂，喜好也。知者達於事理而周流無滯，有似於水，故樂水；仁者安於義理而厚重不遷，有似於山，故樂山。動靜以體言，樂壽以效言也。動而不括故樂，靜而有常故壽。程子曰：「非體仁知之深者，不能如此形容之。」

子曰：「齊一變，至於魯；魯一變，至於道。」

廣解 集解包曰：「言齊魯有太公周公之餘化。太公大賢，周公聖人；今其政教雖衰，若有明君興之，齊可一變使如魯，魯可一變使如大道行之時。」按說苑，政理篇，漢書，地理志，均言太公治齊為霸術，伯禽治魯為王道。孔子之時，維齊強魯弱，然齊終是霸國，魯還存有王化。故以為齊國一變，始可至魯，魯國再一變，即可如大道行之時也。

朱熹章句 孔子之時，齊俗急功利，喜夸詐，乃霸政之餘習。魯則重禮教，崇信義，猶有先王之遺風焉，但人亡政息，不能無廢墜爾。道，則先王之道也。言二國之政俗有美惡，故其變而之道有難易。程子曰：「夫子之時，齊強魯弱，孰不以為齊勝魯也，然魯猶存周公之法制。齊由桓公之霸，為從簡尚功之治，太公之遺法變易盡矣，故一變乃能至魯。魯則修舉廢墜而已，一變則至於先王之道也。」愚謂二國之俗，惟夫子為能變之而不得試。然因其言以考之，則其施為緩急之序，亦略可見矣。

子曰：「觚*不觚*，觚*哉！觚*哉！」

廣解 觚，音孤。朱注云：「觚，稜也。或曰酒器，或曰木簡，皆器之有稜者也。不觚者，蓋當時失其制而不為稜也。觚哉，觚哉。」言不得為觚也。」按此章全為比喻之辭。言觚之所以名為觚者，以其方而有稜為觚之形也。若觚而不成觚形，則有觚之名，無觚之實，豈得謂之觚乎。孔子主正名，名與實當相符，觚不觚，蓋以喻當時之君不君，臣不臣，父不父，子不子耳。舊說皆泥於「觚」言，至不可解。

朱熹章句 觚，音孤。觚，棱也，或曰酒器，或曰木簡，皆器之有棱者也。不觚者，蓋當時失其制而不為棱也。觚哉觚哉，言不得為觚也。程子曰：「觚而失其形制，則非觚也。舉一器，而天下之物莫不皆然。故君而失其君之道，則為不君；臣而失其臣之職，則為虛位。」范氏曰：「人而不仁則非人，國而不治則不國矣。」

宰我問曰：「仁者雖告之曰：『井有仁*焉，』其從之也？」子曰：「何爲其然也？君子可逝也，不可陷也；可欺也，不可罔也。」

廣解《

「井有仁」的「仁，」通「人。」朱注引劉聘君云：「『有仁』之『仁』當作『人。』」從，謂隨之入井以救之。「其從之也」的「也，」用與「歟」字同，亦疑問助詞。逝，往也；「可逝」言可使之往。「不可陷，」言陷之入井。欺，謂誑之以理之所或有，罔，謂昧之以理之所必無。與孟子所云：「君子可欺以其方，難罔以非其道，」同一意思。下文孔子告子路云：「好仁不好學，其蔽也愚。」宰我以為仁者忠厚可欺，故為此問；孔子則據理以駁之。

朱熹章句　劉聘君曰，「有仁之仁當作人」，今從之。從，謂隨之於井而救之也。宰我信道不篤，而憂為仁之陷害，故有此問。逝，謂使之往救。陷，謂陷之於井。欺，謂誑之以理之所有。罔，謂昧之以理之所無。蓋身在井上，乃可以救井中之人；若從之於井，則不復能救之矣。此理甚明，人所易曉，仁者雖切於救人而不私其身，然不應如此之愚也。

子曰：「君子博學於文，約之以禮，亦可以弗畔*矣夫*？」

廣解《

畔，音叛。夫，音扶。文，典籍也。博覽典籍，可以多知前言往行。「禮，」是做人的種種規則儀式。博學於文而不以禮約束自身，則往往有文而無行。如能博文約禮，則可以不違道。故曰「亦可以弗畔矣夫。」畔，同叛，即背也。按此章重見顏淵篇，但無「君子」二字。

朱熹章句　夫，音扶。約，要也。畔，背也。君子學欲其博，故於文無不考；守欲其要，故其動必以禮。如此，則可以不背於道矣。程子曰：「博學於文而不約之以禮，必至於汗漫。博學矣，又能守禮而由於規矩，則亦可以不畔道矣。」

子見南子。子路不說*。夫子矢之曰：「予所否者，天厭之！天厭之！」

廣解《

「說，」今作悅。南子，是衛靈公的夫人。孔子到衛國，南子慕孔子之賢，遽然請見。孔子不便辭謝，就去見她。子路不說者，舊解謂以南子是淫婦，孔子居然去見她，故不

朱熹章句　說，音悅。否，方九反。南子，衛靈公之夫人，有淫行。孔子至衛，南子請見，孔子辭謝，不得已而見之。蓋古者仕於其國，有見其小君之禮。而子路以夫子見此淫亂之人為辱，故不悅。矢，誓

悅。按南子雖淫亂而有知人之明，故於蘧伯玉及孔子，皆特敬之。子路疑孔子之見南子，將詘身行道，故不說耳。「矢，」舊解多以為誓，下三句即誓辭。殊於情理未合。惟宦氏論語稽，訓為「直陳。」（皇疏引蔡謨註亦曰：「矢，陳也。」）直陳，即直言也。「予所否者」之「否，」當讀作否塞之否。「天厭之」之「厭，」與左傳「將以厭眾」之厭同，厭也，阻塞也。言「我所以否塞而不得行其道者，天實阻止。」意謂天未欲平治天下，故阻我不得行其道，我豈不知天命，而欲詘身行道，乃見南子以要衛君乎？臧倉沮魯平公見孟子，孟子曰：「吾之不遇魯侯，天也；臧氏之子，焉能使余不遇哉！」與孔子所說，意雖相似，而義實相同。

子曰：「中庸之為德也，其至矣乎？民鮮*久矣！」

廣解

鮮，音險。鄭玄目錄云：「名曰中庸者，以其記中和之為用也。庸，用也。」又注中庸「君子中庸」句云：「庸，常也。用中為常道也。」朱注引程子云：「不偏之謂中，不易之謂庸；中者天下之正道，庸者天下之定理。」中庸之德，謂不偏不倚，無過不及，而可以常用之德。鮮，上聲，少也。言中庸為至德，而一般人少此至德久矣。中庸亦引此語，作「中庸其至矣乎！民鮮能久矣。」字句雖稍異，意義則同。

也。所，誓辭也，如云「所不與崔、慶者」之類。否，謂不合於禮，不由其道也。厭，棄絕也。聖人道大德全，無可不可。其見惡人，固謂在我有可見之禮，則彼之不善，我何與焉。然此豈子路所能測哉？故重言以誓之，欲其姑信此而深思以得之也。

朱熹章句 鮮，上聲。

中者，無過無不及之名也。庸，平常也。至，極也。鮮，少也。言民少此德，今已久矣。

程子曰：「不偏之謂中，不易之謂庸。中者天下之正道，庸者天下之定理。自世教衰，民不興於行，少有此德久矣。」

子貢曰：「如有博施於民，而能濟衆，何如？可謂仁乎？」子曰：「何事於仁？必也聖乎？堯舜其猶病諸？夫*仁者，己欲立而立人；己欲達而達人。能近取譬，可謂仁之方也已！」

廣解

夫，音扶。子貢說：「如有人廣布恩澤於民，而能使大眾都得著救濟，怎麼樣？可以算仁人嗎？」孔子答道：「能夠如此，何止於仁呢？一定是聖人了罷？這是堯舜還愁做不到的。」接著又正色告子貢道：「所謂『仁』者，是推己以及人；自己能立了，使人也要能立；自己能達了，使人也要能達。能夠就近取譬於己，推而及之他人，可以說是為仁的方法。」

按下文孔子告子貢可以終身行之的「恕，」說：「己所不欲，勿施於人。」與本章之「己立立人，己達達人」同為推己及人，惟消極積極二方面，各就一方面說而已。大學所說絜矩之道，亦是此義。己立，己達，是成己；立人，達人，則成物矣。但欲成物，必先能成己；故為仁之方，在於取譬於近，不必好高騖遠，遽欲能成博施濟眾之聖功也。「仁，」是德目；「聖，」則為成德之名。為仁而能至乎其極，則為聖人。上文子貢云：「吾不欲人之加諸我也，我亦欲無加諸人。」孔子以為非其所及。故於子貢此問，答以博施濟眾為聖人之事，堯舜猶病；又告以為仁之方，在能近取譬也。

朱熹章句

施，去聲。博，廣也。仁以理言，通乎上下。聖以地言，則造其極之名也。乎者，疑而未定之辭。病，心有所不足也。言此何止於仁，必也聖人能之乎！則雖堯舜之聖，其心猶有所不足於此也。以是求仁，愈難而愈遠矣。夫，音扶。以己及人，仁者之心也。於此觀之，可以見天理之周流而無閒矣。狀仁之體，莫切於此。譬，喻也。方，術也。近取諸身，以己所欲譬之他人，知其所欲亦猶是也。然後推其所欲以及於人，則恕之事而仁之術也。於此勉焉，則有以勝其人欲之私，而全其天理之公矣。程子曰：「醫書以手足痿痹為不仁，此言最善名狀。仁者以天地萬物為一體，莫非己也。認得為己，何所不至；若不屬己，自與己不相干。如手足之不仁，氣已不貫，皆不屬己。故博施濟眾，乃聖人之功用。仁至難言，故止曰：『己欲立而立人，己欲達而達人，能近取譬，可謂仁之方也已。』欲令如是觀仁，可以得仁之體。」又曰：「論語言『堯舜其猶病諸』者二。夫博施者，豈非聖人之所欲？然必五十乃衣帛，七十乃食肉。聖人之心，非不欲少者亦衣帛食肉也，顧其養有所不贍爾，此病其施之不博也。濟眾者，豈非聖人之所欲？然治不過九州。聖人非不欲四海之外亦兼濟也，顧其治有所不及爾，此病其濟之不眾也。推此以求，脩己以安百姓，則為病可知。苟以吾治已足，則便不是聖人。」呂氏曰：「子貢有志於仁，徒事高遠，未知其方。孔子教以於己取之，庶近而可入。是乃為仁之方，雖博施濟眾，亦由此進。」

述而第七

子曰：「述而不作，信而好古，竊比於我老彭。」*

廣解《 竊，音切。述者，傳述舊文以教後人；作者，自己創作，著書立說也。孔子序書刪詩定禮正樂贊易修春秋而成六經，不過把古人已有的經典，採擇纂輯之，教授弟子而已，故曰「述而不作。」「信而好古，」相信古聖人之經典而愛好之也。下文云：「蓋有不知而作之者，我無是也。」又云：「好古，敏以求之。」與本章之旨同。「竊比於我老彭」者，朱注云：「竊比，尊之之辭；我，親之之辭。老彭，商賢大夫，見大戴禮，蓋信古而傳述者也。」按大戴禮記虞戴德篇老彭與仲傀並舉，漢書古今人表亦列老彭於仲虺下，仲虺即仲傀。則老彭亦商初人也。鄭玄注云：「老，老聃，彭，彭祖，」則以老彭為二人。據楚辭天問王逸注及史記五帝本紀，則彭祖為堯臣。此不曰彭老而曰老彭者，宋翔鳳以為老聃有親炙之誼，且尊周史。與朱注異。

朱熹章句 好，去聲。

述，傳舊而已。作，則創始也。故作非聖人不能，而述則賢者可及。竊比，尊之之辭。我，親之之辭。老彭，商賢大夫，見大戴禮，蓋信古而傳述者也。孔子刪詩書，定禮樂，贊周易，修春秋，皆傳先王之舊，而未嘗有所作也，故其自言如此。蓋不惟不敢當作者之聖，而亦不敢顯然自附於古之賢人；蓋其德愈盛而心愈下，不自知其辭之謙也。然當是時，作者略備，夫子蓋集羣聖之大成而折衷之。其事雖述，而功則倍於作矣，此又不可不知也。

子曰：「默而識之*，學而不厭，誨人不倦，何有於我哉？」

廣解《 識，今作誌。朱注云：「識，記也。默識，謂不言而存諸心也。」厭是滿足厭棄的意思。倦是倦怠的意思。「何有於我哉」句，舊注多不得其解。此句「何有」二字，與上文「於從政乎何有」句同一用法。譯作白話，就是說「這於我有什麼呢？」言此我已能之，沒有什麼了不得也。如此解，方與本篇下文所記答公西華，孟子公孫丑所引子貢，自承「不厭」「不倦」兩節相合。

子曰：「德之不修*，學之不講，聞義不能徙，不善不能改，是吾憂也！」

廣解《 孔子以修德、講學、徙義、改過為做人的四個要緊條件。一個人的修德是脩治道德。講學是講習學問。徙義改過就是易益卦所說「見善則遷，有過則改。」孔子以不能此四者為己憂，蓋以勉學者耳。曰：「是吾憂也。」

子之燕居，申申如也，夭夭如也。**

廣解《 夭，音腰。此弟子記孔子之態度也。「燕居，」猶閑居，謂閑暇無事之時。朱注引楊氏曰：「申申，其容舒也。夭夭，其色愉也。」按如楊說，則「申申」「夭夭」二句意義重複。漢書萬石君傳云：「子孫勝冠者在側，雖燕必冠，申申如也。」顏師古注云：「申申，整飾之貌。」「申申，」言其敬；「夭

朱熹章句 識，音志，又如字。識，記也。默識，謂不言而存諸心也。一說：識，知也，不言而心解也。前說近是。何有於我，言何者能有於我也。三者已非聖人之極至，而猶不敢當，則謙而又謙之辭也。

朱熹章句 尹氏曰：「德必脩而後成，學必講而後明，見善能徙，改過不吝，此四者日新之要也。苟未能之，聖人猶憂，況學者乎？」

朱熹章句 燕居，閒暇無事之時。楊氏曰：「申申，其容舒也。夭夭，其色愉也。」程子曰：「此弟子善形容聖人處也，為申申字說不盡，故更著夭夭字。今人燕居之時，不怠惰放肆，必太嚴厲。嚴厲時著此四字不得，怠惰放肆時亦著此四字不得，惟聖人便自有中和之氣。」

夭」言其和。「申申如，」故「望之儼然；」「夭夭如，」故「即之也溫。」此孔子燕居時之神情態度。

子曰：「甚矣，吾衰*也！久矣，吾不復*夢見周公！」

廣解 孔子屢言「吾從周，」蓋思得位行道，仍行周公之禮也。因周禮是周公所創，孔子常常想著周公這個人，所以常常夢見周公。此言「久不夢見周公」者，傷己衰老，而道終不行也。此語當是孔子晚年所說。

朱熹章句 復，扶又反。

孔子盛時，志欲行周公之道，故夢寐之間，如或見之。至其老而不能行也，則無復是心，而亦無復是夢矣，故因此而自歎其衰之甚也。

程子曰：「孔子盛時，寤寐常存行周公之道；及其老也，則志慮衰而不可以有為矣。蓋存道者心，無老少之異；而行道者身，老則衰也。」

子曰：「志於道，據*於德，依於仁，游於藝。」

廣解 據，音句。此孔子教人進德修業的方法。「志於道」者，心之所之，在於道也。「據於德」者，行道而有得於心，則執守之弗失也。「依於仁」者，無終食之間違仁也。「游於藝」者，習禮、樂、射、御、書、數、六藝以供娛樂也。禮記少儀言「士游於藝。」學記言「君子之於學，藏焉息焉修焉游焉。」亦藝於游息中習之，猶今日學校中之課外活動也。

朱熹章句 志者，心之所之之謂。道，則人倫日用之間所當行者是也。如此而心必之焉，則所適者正，而無他歧之惑矣。據者，執守之意。德者，得也，得其道於心而不失之謂也。得之於心而守之不失，則終始惟一，而有日新之功矣。依者，不違之謂。仁，則私欲盡去而心德之全也。功夫至此而無終食之違，則存養之熟，無適而非天理之流行矣。游者，玩物適情之謂。藝，則禮樂之文，射、御、書、數之法，皆至理所寓，而日用之不可闕者也。朝夕游焉，以博其義理之趣，則應務有餘，而心亦無所放矣。此章言人之為學當如是也。蓋學莫先於立志，志道，則心存於正而不他；據德，則道得於心而不失；依仁，則德性常用而物欲不行；游藝，則小物不遺而動息有養。學者於此，有以不失其先後之序、輕重之倫焉，則本末兼

子曰：「自行束脩*以上，吾未嘗無誨焉。」

廣解《 古者相見必有贄。弟子來學，奉束脩以為贄，是禮物之薄者。脩，以肉切為條而乾之者也，故脩字從肉，不可作「修。」每條肉折成一朐。五條為五朐，有十脡，紮成一束，就叫做「束脩。」（後人亦有以束帶修飾，或約束修飾，訓「束脩」二字者，但檀弓 穀梁明言「束脩」為饋問之物，餘義實不可從。）孔子言：「有人拜己為師，只要送過拜師的禮物，不論他的禮物輕至束脩，或比束脩厚，我總一樣的教誨他。」按古代學術在官，故「事師」必須「宦學，」「入官」乃能「學古。」私人講學之風，自孔子開之。且自行束脩，未嘗無誨，故雖貧如顏淵原思，亦得及門受業。教澤之廣，蓋由於此。

子曰：「不憤*，不啓；不悱*，不發；舉一隅*，不以三隅*反，則不復*也。」

廣解《 此章，孔子自言教人之法也。朱注云：「憤者，心求通而未得之意；悱者，口欲言而未能之貌。啟，謂開其意；發，謂達其辭。物之有四隅者，舉一可知其三。反者，還以相證之義。復，再告也。」按人於學有所不通，而亟欲通之，則心憤憤然；因而啟導之，則豁然貫通矣。欲言未能者，即學

該，內外交養，日用之間，無少間隙，而涵泳從容，忽不自知其入於聖賢之域矣。

朱熹章句 脩，脯也。十脡為束。古者相見，必執贄以為禮，束脩其至薄者。蓋人之有生，同具此理，故聖人之於人，無不欲其入於善。但不知來學，則無往教之禮，故苟以禮來，則無不有以教之也。

朱熹章句 憤，房粉反。悱，芳匪反。復，扶又反。憤者，心求通而未得之意。悱者，口欲言而未能之貌。啟，謂開其意。發，謂達其辭。物之有四隅者，舉一可知其三。反者，還以相證之義。復，再告也。上章已言聖人誨人不倦之意，因并記此，欲學者勉於用力，以為受教之地也。

程子曰：「憤悱，誠意之見於色辭者也。待其誠至而後告

記所謂「力不能問」也。「力不能問，然後語之，」則恍然以為先得我心矣。舉一反三，即孟子所謂「欲其自得之。」「不復」者，即學記所謂「語之而不知，雖舍之可也。」孔子教人之法，與現代教育學上的新教學法不謀而合。

之。既告之，又必待其自得，乃復告爾。」又曰：「不待憤悱而發，則知之不能堅固；待其憤悱而後發，則沛然矣。」

子食於有喪者之側，未嘗飽也。子於是日哭，則不歌。

廣解《 此章記孔子弔喪時之態度。臨喪則哀，所以「未嘗飽。」哭，謂往弔而哭；餘哀未滅，所以「不歌。」二者皆出於情之自然，弟子見而記之，非謂孔子有意如此做作也。禮記檀弓云：「食於喪者之側，未嘗飽也。」又云：「弔於人，是日不樂。」與本章所記同為一事。

朱熹章句 臨喪哀，不能甘也。哭，謂弔哭。日之內，餘哀未忘，自不能歌也。謝氏曰：「學者於此二者，可見聖人情性之正也。能識聖人之情性，然後可以學道。」

子謂顏淵曰：「用之則行，舍之則藏，唯我與爾有是夫！」*

廣解《 「舍，」今作捨，即捨棄。「用之則行，舍之則藏」者，即孟子所說「可以仕則仕，可以止則止，」「達則兼善天下，」「窮則獨善其身。」「夫」音扶，即今語之「吧。」「是」指上「用」「舍」二句。「唯我與爾有是夫」者，言只有我同你二人，有這樣的態度也。顏淵之道德學問，都與孔子相彷彿，故孔子以此稱之。

朱熹章句 舍，上聲。夫，音扶。尹氏曰：「用舍無與於己，行藏安於所遇，命不足道也。顏子幾於聖人，故亦能之。」

子路曰：「子行三軍則誰與？」子曰：「暴*虎馮*河，死而無悔者，吾不與也；必也，臨事而懼，好謀而成者也。」

廣解《 此節與上節同章。子路好勇能治軍旅，聽見孔子稱贊顏淵，心想打仗非顏淵所能，所以問：「夫子行三軍的時候，叫那個人同去呢？」暴，音抱。「馮，」音憑。爾雅釋訓云：「暴虎徒搏；馮河徒涉。」說文：「淜，無舟渡河也。」玉篇：「徒涉曰淜。」此作「馮，」為淜之假借字。言徒手打虎，無舟渡河，不顧危險，死而不悔的人，雖行三軍，我不與之俱也。必須「臨事而懼，好謀而成」者，方與他同去。「懼」是慎戰不輕敵的意思。焦循補疏謂成，猶定也。定即決定。「好，」去聲。

子曰：「富而可求也，雖執鞭*之士，吾亦爲之；如不可求，從吾所好*。」

廣解《 朱注云：「執鞭，賤者之事。設言富若可求，則雖身為賤役以求之，亦所不辭。然有命焉，非求之可得也。則安於義理而已矣！何必徒取辱哉？」按「而，」如也。「如可求，」「如不可求，」相對成文。「而」「如」古通。「好，」去聲。此章之旨，重在明富之不可求，不若從吾所好，安貧樂道之為愈。

朱熹章句 萬二千五百人為軍，大國三軍。子路見孔子獨美顏淵，自負其勇，意夫子若行三軍，必與己同。馮，皮冰反。好，去聲。暴虎，徒搏。馮河，徒涉。懼，謂敬其事。成，謂成其謀。言此皆以抑其勇而教之，然行師之要實不外此，子路蓋不知也。謝氏曰：「聖人於行藏之間，無意無必。其行非貪位，其藏非獨善也。若有欲心，則不用而求行，舍之而不藏矣，是以惟顏子為可以與於此。子路雖非有欲心者，然未能無固必也，至以行三軍為問，則其論益卑矣。夫子之言，蓋因其失而救之。夫不謀無成，不懼必敗，小事尚然，而況於行三軍乎？」

朱熹章句 好，去聲。執鞭，賤者之事。設言富若可求，則雖身為賤役以求之，亦所不辭。然有命焉，非求之可得也，則安於義理而已矣，何必徒取辱哉？蘇氏曰：「聖人未嘗有意於求富也，豈問其可不可哉？為此語者，特以明其決不可求爾。」楊氏曰：「君子非惡富貴而不求，以其在天，無可求之道也。」

子之所慎：齊*、戰、疾。

廣解《 「齊，」今作齋。祭祀鬼神時須齋戒也。戰，指戰爭。疾，就是害病。這三件事情，是孔子生平最慎重的。

子在齊，聞韶，三月，不知肉味。曰：「不圖為樂*之至於斯也！」

廣解《 「樂，」音樂之樂。「韶」是虞舜的音樂，即孔子曾稱為盡美盡善者也。孔子到齊國去，聽到了韶樂，一心專注在這上面，甚至三個月之久，不知肉的味道，說：「不料舜作的樂，好到如此！」史記孔子世家亦記此事，「三月」上有「學之」二字。則「不知肉味，」因學樂之專心致志而然矣。

冉有曰：「夫子為衛君乎？」子貢曰：「諾，吾將問之。」入曰：「伯夷叔齊何人也？」曰：「古之賢人也。」曰：「怨乎？」曰：「求仁而得仁，又何怨？」出曰：「夫子不為也。」

廣解《 為，助也。衛君，指出公輒。衛靈公逐其世子蒯聵。靈公死，國人立蒯聵之子輒。後來晉國納蒯聵，輒拒之，於是父子爭奪君位。孔子此時，適在衛國。輒很敬禮孔子。故冉有與子貢談話，而問夫子助不助輒也。子貢聽了冉有的

朱熹章句 齊，側皆反。齊之為言齊也，將祭而齊其思慮之不齊者，以交於神明也。誠之至與不至，神之饗與不饗，皆決於此。戰則眾之死生、國之存亡繫焉，疾又吾身之所以死生存亡者，皆不可以不謹也。尹氏曰：「夫子無所不謹，弟子記其大者耳。」

朱熹章句 史記三月上有「學之」二字。不知肉味，蓋心一於是而不及乎他也。曰：不意舜之作樂至於如此之美，則有以極其情文之備，而不覺其歎息之深也，蓋非聖人不足以及此。范氏曰：「韶盡美又盡善，樂之無以加此也。故學之三月，不知肉味，而歎美之如此。誠之至，感之深也。」

朱熹章句 為，去聲。為，猶助也。衛君，出公輒也。靈公逐其世子蒯聵。公薨，而國人立蒯聵之子輒。於是晉納蒯聵而輒拒之。時孔子居衛，衛人以蒯聵得罪於父，而輒嫡孫當立，故冉有疑而問之。諾，應辭也。伯夷、叔齊，孤竹君之二子。其父

話，便答道：「是的！我就去問。」子貢走進孔子房裏，問伯夷叔齊，是如何的人。孔子答說：伯夷叔齊，是古時候的兩個賢人。相傳伯夷叔齊是孤竹國國君之子。伯夷是長子，照例應嗣立。國君死時，卻遺命立叔齊。叔齊不肯，仍讓伯夷嗣位。伯夷曰：「父命不可違。」自己逃避到別處。叔齊也不肯嗣位，跟伯夷逃到別處去。子貢又問，他兩人，都逃去不做國君主，究竟怨不怨呢？孔子以為伯夷叔齊之讓國，是自己的意志。這種事情，只有仁人肯做。伯夷叔齊之做這件事情，正是求仁，故曰「求仁得仁，又何怨」也。伯夷叔齊以兄弟而讓位，衛君與蒯聵則以父子而爭位，孔子既稱贊讓位的人，必不肯幫助爭位的人，故子貢出去對冉有說：「夫子不為也。」

將死，遺命立叔齊。父卒，叔齊遜伯夷。伯夷曰：「父命也。」遂逃去。叔齊亦不立而逃之，國人立其中子。其後武王伐紂，夷、齊扣馬而諫。武王滅商，夷、齊恥食周粟，去隱于首陽山，遂餓而死。怨，猶悔也。君子居是邦，不非其大夫，況其君乎？故子貢不斥衛君，而以夷、齊為問。夫子告之如此，則其不為衛君可知矣。蓋伯夷以父命為尊，叔齊以天倫為重。其遜國也，皆求所以合乎天理之正，而即乎人心之安。既而各得其志焉，則視棄其國猶敝蹝爾，何怨之有？若衛輒之據國拒父而惟恐失之，其不可同年而語明矣。

程子曰：「伯夷、叔齊遜國而逃，諫伐而餓，終無怨悔，夫子以為賢，故知其不與輒也。」

子曰：「飯疏*食*飲水，曲肱*而枕之，樂*亦在其中矣！不義而富且貴，於我如浮雲。」

廣解

「飯疏食」之「飯，」是吃的意思。「食」音俟，解作飯。集解孔曰：「疏食，菜食。」是以「疏」為蔬菜之蔬。朱注曰：「疏食，粗食也。」解作粗。肱，臂也。樂，快樂。「不義而富且貴」者，言不以其道而得富貴也。這種富貴，好像空中飛過的雲，孔子心裏，毫不想著，故曰「於我如浮雲」也。此章是上文稱顏淵，「一簞食，一瓢飲，在陋巷，人不堪其憂，回

朱熹章句

飯，符晚反。食，音嗣。枕，去聲。樂，音洛。

飯，食之也。疏食，麤飯也。聖人之心，渾然天理，雖處困極，而樂亦無不在焉。其視不義之富貴，如浮雲之無有，漠然無所動於其中也。

程子曰：「非樂疏食飲水也，雖疏食飲水，不能改其樂也。不義之富貴，視之輕如浮雲然。」又曰：「須知所樂者何事。」

也不改其樂，」是一樣的意思。只有孔子顏淵，安貧樂道，能夠如此。

子曰：「加我數年，五十以學易，*可以無大過矣！」

廣解《　此章自漢以後，都從古文論語魯論「易」字作「亦，」當讀作：「加我數年，五十以學，亦可以無大過矣！」

「加我數年，」就是再加我幾歲年紀。「五十以學易」者，是到了五十歲，可以研究易經也。孔子說此話時，大概是四十多歲。（邢疏謂在四十七時）研究易經以後，就能明白吉凶消長之理，進退存亡之道，所以可以沒有大過失也。朱注引劉聘君說，謂元城劉忠定公自言見一本「加」作「假，」「五十」作「卒。」又根據史記孔子世家「孔子晚而喜易……曰：『假（與「加」通）我數年，若是我於易則彬彬矣』」數語以為「孔子年已幾七十矣。五十字誤，無疑。」劉寶楠正義則謂：「夫子五十前得易冀以五十時學之，明易廣大悉備，未可遽學之也。及晚年，贊易既竟，復述從前假我數年之言，故曰『假我數年，若是，我於易則彬彬矣。』……世家與論語，所述不在一時。解者多失之。」

朱熹章句　劉聘君見元城劉忠定公自言嘗讀他論，「加」作假，「五十」作卒。蓋加、假聲相近而誤讀，卒與五十字相似而誤分也。愚按：此章之言，史記作為「假我數年，若是我於易則彬彬矣」。加正作假，而無五十字。蓋是時，孔子年已幾七十矣，五十字誤無疑也。學易，則明乎吉凶消長之理，進退存亡之道，故可以無大過。蓋聖人深見易道之無窮，而言此以教人，使知其不可不學，而又不可以易而學也。

子所雅言，詩書執禮，皆雅言也。

廣解《 近人劉大白白屋文話講此節云：「漢書：鴉鴉作秦聲；」言陝西的人口音，常是雅雅也。周朝舊都，在今陝西，故其口音，也像雅雅的聲音。此章所記，是孔子平時說話，都用當時魯國的土話；只有讀詩經讀書經，及在喜事，喪事人家贊禮，則用陝西人口音也。」此話頗足發明鄭玄之說。鄭曰：「讀先王典法，必正言其音，然後義全。……禮不誦，故言執。」但劉氏正義引劉台拱論語駢枝說，則謂「雅」即是「夏，」「雅言，」就是周室西都的正音。但無論「雅」為「鴉鴉，」或為「夏，」其為陝西語音，則二說相同。按周以陝西語為正音，猶民國初年以北平音為國音。此謂孔子誦詩讀書及贊禮時用當時的國音耳。朱注訓「雅言」為「常言。」解「執禮」云：「禮獨言執者，以人所執守而言，不徒誦說而已也。」與上說異。

朱熹章句 雅，常也。執，守也。詩以理情性，書以道政事，禮以謹節文，皆切於日用之實，故常言之。禮獨言執者，以人所執守而言，非徒誦說而已也。

程子曰：「孔子雅素之言，止於如此。若性與天道，則有不可得而聞者，要在默而識之也。」謝氏曰：「此因學易之語而類記之。」

葉公問孔子於子路。子路不對。子曰：「女*奚不曰：『其爲人也，發憤忘食，樂*以忘憂，不知老之將至云爾！』」

廣解《 女，今作汝。樂，歡樂之樂。葉公，是楚國大夫，姓沈，名諸梁，字子高。葉是他的食邑，「公」是他的僭稱。孔子曾到過楚國，故葉公去問子路：「孔子為何如人？」子路不對。此事被孔子知道後，孔子便對子路說：「你何不這

朱熹章句 葉，舒涉反。

葉公，楚葉縣尹沈諸梁，字子高，僭稱公也。葉公不知孔子，必有非所問而問者，故子路不對。抑亦以聖人之德，實有未易名言者與？未得，則發憤而忘食；已得，則樂之而忘憂。以是二者俛焉日有孳孳，而不知年數之不足，但

樣說：『其為人也，發憤忘食，樂以忘憂，不知老之將至云爾！』」。「其為人也」的「其，」孔子指自己。「發憤忘食」者，言研究一種學問，發起憤來，連吃食亦忘記也。「樂以忘憂」者，言研究學問有所得的時候，快樂得一切憂愁的事都忘記也。「不知老之將至云爾」者，言學無止境，研究不已，連老亦不曉得也。

自言其好學之篤耳。然深味之，則見其全體至極，純亦不已之妙，有非聖人不能及者。蓋凡夫子之自言類如此，學者宜致思焉。

子曰：「我非生而知之者，好古敏以求之者也。」

廣解　此孔子勸人求學也。當時一般人，以孔子為生而知之的聖人。故孔子自說道：「我並不是生出來就知道世界上一切道理的。我是好讀古書，敏捷黽勉以求之的。（朱注云：「敏，速也，謂汲汲也。」是含有敏捷黽勉二義。）

朱熹章句　好，去聲。生而知之者，氣質清明，義理昭著，不待學而知也。敏，速也，謂汲汲也。尹氏曰：「孔子以生知之聖，每云好學者，非惟勉人也，蓋生而可知者義理爾，若夫禮樂名物，古今事變，亦必待學而後有以驗其實也。」

子不語：怪、力、亂、神。

廣解　世人於怪異、勇力、變亂、鬼神之事，往往津津樂道，聽者亦樂而忘倦。孔子則語常不語怪，語德不語力，語治不語亂，語人不語神。即此，可以見孔子平時言論之務實。

朱熹章句　怪異、勇力、悖亂之事，非理之正，固聖人所不語。鬼神，造化之迹，雖非不正，然非窮理之至，有未易明者，故亦不輕以語人也。謝氏曰：「聖人語常而不語怪，語德而不語力，語治而不語亂，語人而不語神。」

子曰：「三人行，必有我師焉！擇其善者而從之；其不善者而改之。」

廣解《 朱注云：「三人同行，其一我也。彼二人者，一善一惡，則我從其善而改其惡焉。是二人者，皆我師也。」按「三人行」者，言與朋友游處；「三」為虛數，不必定為三人也。擇善而從，不善而改，即「見賢思齊，見不賢而內自省」之意。能如此，則凡人皆吾師矣。不必泥言一人善，一人惡也。劉氏正義引錢坫說，謂「善與不善，謂人以我為善不善也。我並彼為三人。若彼二人以我為善，我則從之；二人以我為不善，我則改之。是彼二人者，皆為吾師。」此說，與朱注異，而亦可通。

朱熹章句 三人同行，其一我也。彼二人者，一善一惡，則我從其善而改其惡焉，是二人者皆我師也。尹氏曰：「見賢思齊，見不賢而內自省，則善惡皆我之師，進善其有窮乎？」

子曰：「天生德於予，桓魋*其如予何？」

廣解《 「魋，」音頹。桓魋，是宋司馬向魋。向氏出於桓公，所以又稱桓氏。史記孔子世家云：「孔子適宋，與弟子習禮大樹下，宋司馬桓魋欲殺孔子，拔其樹。孔子去。弟子曰：「可速矣！」孔子曰：「天生德於予……」」云云。據此，則弟子們見桓魋來勢兇惡，不免恐慌。孔子則從容鎮靜，其識見高人一等可知。桓魋見習禮，而來拔樹，不過想嚇走孔子，未必定要害孔子的性命。即如桓魋必欲殺孔子，則雖快奔，也不能脫；且一逃，反使他更起疑心，倒真會弄出禍來；反不如處之泰然，使人不疑，自然平安無事了。此皆孔子識見高超，臨機應變處。

朱熹章句 魋，徒雷反。桓魋，宋司馬向魋也。出於桓公，故又稱桓氏。魋欲害孔子，孔子言天既賦我以如是之德，則桓魋其奈我何？言必不能違天害己。

子曰：「二三子以我爲隱乎？吾無隱乎爾！吾無行而不與二三子者，是丘也。」

廣解《 孔子之道，高深廣大；且不以言教而以身教，弟子們一時不能盡見盡知，還以為孔子有所隱匿，不肯告人，故孔子對弟子說明之。「二三子，」謂諸弟子。「乎爾」皆語末助詞，與詩經齊風「俟我於堂乎而，」孟子「然而無有乎爾，則亦無有乎爾，」句法並同。孔子說：你們以為我有所隱匿而不告知你們嗎？我實在沒有有隱匿囉。我做的事，沒有一件不公開的，與你們共見共聞的。「是丘也」者，孔子稱自己的名，言丘是這樣的也。

朱熹章句 諸弟子以夫子之道高深不可幾及，故疑其有隱，而不知聖人作、止、語、默無非教也，故夫子以此言曉之。與，猶示也。程子曰：「聖人之道猶天然，門弟子親炙而冀及之，然後知其高且遠也。使誠以為不可及，則趨向之心不幾於怠乎？故聖人之教，常俯而就之如此，非獨使資質庸下者勉思企及，而才氣高邁者亦不敢躐易而進也。」呂氏曰：「聖人體道無隱，與天象昭然，莫非至教。常以示人，而人自不察。」

子以四教：文、行、忠、信。

廣解《 文，謂詩、書、禮、樂等典籍。行，謂難行。此二者，致知力行之教。忠與信則為品性上的訓練。孔子以此四者教人，知識，行為，品性三方並重也。孔子行教，以此四事為先。

朱熹章句 行，去聲。程子曰：「教人以學文脩行而存忠信也。忠信，本也。」

子曰：「聖人，吾不得而見之矣！得見君子者，斯可矣！」子曰：「善人，吾不得而見之矣！得見有恆者，斯可矣！*亡而爲有，虛而爲盈，約而爲泰，難乎有恆矣！」

廣解《 此章有兩「子曰，」因不是在一樣說的話。朱注疑後一「子曰」為衍字。又云：「聖人，神明不測之號；君子，才

朱熹章句 聖人，神明不測之號。君子，才德出眾之名。恆，胡登反。「子曰」字疑衍文。恆，常久之意。張子曰：「有恆者，不貳其心。善人者，志於仁而無惡。」

德出眾之稱。」又引張子曰：「有恆者，不貳其心；善人者，志於仁而無惡。」這各是兩等人；孔子，求其上者而不得，故思見其次也。「亡，」同「無。」「亡而為有，」正是下文曾子所說「有若亡，實若虛」的反面。約而為泰，義亦如此。學問道德，空無所有，本是儉腹，偏要自詡為飽學碩德，自滿自侈。這種人，望他有恆，難矣。孔子此言，本有所感而發，但即可以見「有恆」為入德之門。

亡，讀為無。

三者皆虛夸之事，凡若此者，必不能守其常也。

張敬夫曰：「聖人、君子以學言，善人、有恆者以質言。」愚謂有恆者之與聖人，高下固懸絕矣，然未有不自有恆而能至於聖者也。故章末申言有恆之義，其示人入德之門，可謂深切而著明矣。

子釣而不綱，弋*不射宿。

廣解《 此章記孔子尋常所作的小事。釣者，用釣鉤釣魚。綱者，用大繩連接了網絕流捕魚，想一網打盡也。弋，音亦。是用絲弔在箭上射鳥。「射宿」者，射宿著的鳥，欲出其不意也。此章所記，雖是兩件小事，然可見仁者之存心與待物矣。

朱熹章句 射，食亦反。綱，以大繩屬網，絕流而漁者也。弋，以生絲繫矢而射也。宿，宿鳥。洪氏曰：「孔子少貧賤，為養與祭，或不得已而釣弋，如獵較是也。然盡物取之，出其不意，亦不為也。此可見仁人之本心矣。待物如此，待人可知；小者如此，大者可知。」

子曰：「蓋有不知而作之者，我無是也。多聞，擇其善者而從之，多見而識*之，知*之次也。」

廣解《 「識，」今作誌。「知之次」的「知，」今作智。創作也。「不知而作之」者，謂並無所知，而妄事創作者也。孔子自言「述而不作，」況不知而妄作乎？故曰：「我無是也。」「多聞，擇其善者而從之，多見而識之」二句，相互成文。言多聞多見，擇所聞見中之善的，而遵從記誌他。這樣，雖不及真能創作者之上智；也可稱是上智之次一等了。

朱熹章句 識，音志。不知而作，不知其理而妄作也。孔子自言未嘗妄作，蓋亦謙辭，然亦可見其無所不知也。識，記也。所從不可不擇，記則善惡皆當存之，以備參考。如此者雖未能實知其理，亦可以次於知之者也。

互鄉難與言。童子見，門人惑。子曰：「與其進也，不與其退也；唯，何甚！人絜*己以進，與其絜*也，不保其往也。」

廣解《 絜，音潔。互鄉，是一個鄉村名。「難與言」者，互鄉之人，多自以為是，不大好和他們說話也。「童子見，門人惑」者，是說互鄉裏有一個童子，來見孔子，孔子接見他；孔子的門人疑惑起來。門人之意，以為互鄉人，大都是難與言的。互鄉童子來見，孔子為什麼見他呢？與，許也：有贊許獎掖之意。君子成人之美，不成人之惡，故當獎許其上進，而不當獎許其後退。「唯，」歎辭，猶今語之「唉。」孔子因門人疑其不當見此童子，故歎道：「唉！何其絕人之甚也！」絜，潔也。皇疏本，朱注均逕作「潔。」人，指童子。言此童子，則固潔己而來。我之見他，是稱許他能潔己。往者，已過去的事也。言他過去的事，潔不和潔，不必管他。按「不保其往，」鄭玄解為「不能保其去後之行。」則指將來而言。朱注疑此章有錯簡，謂「人絜」至「往也」十四字，當在「與其進也」之前。又疑「唯」字上下有闕文。

朱熹章句 見，賢遍反。

互鄉，鄉名。其人習於不善，難與言善。惑者，疑夫子不當見之也。疑此章有錯簡。「人潔」至「往也」十四字，當在「與其進也」之前。潔，修治也。與，許也。往，前日也。言人潔己而來，但許其能自潔耳，固不能保其前日所為之善惡也；但許其進而來見耳，非許其既退而為不善也。蓋不追其既往，不逆其將來，以是心至，斯受之耳。唯字上下，疑又有闕文，大抵亦不為已甚之意。

程子曰：「聖人待物之洪如此。」

子曰：「仁遠乎哉？我欲仁，斯仁至矣！」

廣解《 此章是說「仁」並不在遠地方。我要「仁，」「仁」就

朱熹章句 仁者，心之德，非在外也。放而不求，故有以為遠者；反而求之，則即此而在矣，夫豈遠哉？

來到了！蓋「惻隱之心，人皆有之。」仁者，本我心所固有，不待外求者。為仁由己，「求則得之」，何遠之有？

陳司敗問：「昭公知禮乎？」孔子曰：「知禮。」孔子退；揖巫馬期*而進之，曰：「吾聞君子不黨。君子亦黨乎？君取於*吳為同姓，謂之吳孟子。君而知禮，孰不知禮？」巫馬期*以告。子曰：「丘也幸！苟有過，人必知之。」

廣解《 陳，陳國。司敗，陳國的官名，即司寇。昭公，魯君，名裯，昭是諡。左傳昭公五年，公如晉，自郊勞至於贈賄，無失禮。是昭公固嫻習禮儀者。巫馬期，孔子弟子，姓巫馬，名施，字期。鄭玄目錄云：魯人；家語云：陳人。陳司敗問：「昭公知禮乎？」孔子曰：「知禮。」及孔子退，陳司敗揖巫馬期進之，問曰：「吾聞君子不黨，君子亦黨乎？」相助匿非曰黨。此言孔子不當為昭公諱也。「取」今作娶。禮，同姓不婚。魯君姬姓，吳君亦姬姓。昭公娶吳君女為妻，同姓結婚，本是違禮之事。所以不稱「某姬」而稱吳孟子，這真是明知故犯，掩耳盜鈴。「而，」如也。言昭公如知禮，誰不知禮呢？巫馬期以陳司敗之言告孔子。子曰：「丘也幸！苟有過，人必知之」者，孔子明知昭公之不知禮，所以聽了陳司敗之駁，就自己認錯。但諱君之惡，亦禮也；不過孔子未說明耳。

程子曰：「為仁由己，欲之則至，何遠之有？」

朱熹章句 陳，國名。司敗，官名，即司寇也。昭公，魯君，名裯。習於威儀之節，當時以為知禮。故司敗以為問，而孔子答之如此。取，七住反。巫馬姓，期字，孔子弟子，名施。司敗揖而進之也。相助匿非曰黨。禮不娶同姓，而魯與吳皆姬姓。謂之吳孟子者，諱之使若宋女子姓者然。孔子不可自謂諱君之惡，又不可以娶同姓為知禮，故受以為過而不辭。

吳氏曰：「魯蓋夫子父母之國，昭公，魯之先君也。司敗又未嘗顯言其事，而遽以知禮為問，其對之宜如此也。及司敗以為有黨，而夫子受以為過，蓋夫子之盛德，無所不可也。然其受以為過也，亦不正言其所以過，初若不知孟子之事者，可以為萬世之法矣。」

子與人歌而善，必使反之，而後和之。

廣解《 此章記孔子歡喜音樂，「反，」復也，即再歌之意。孔子與人在一處，聽人唱歌唱得好，必使他再唱一遍。然後自己也唱起來和他。

朱熹章句 和，去聲。反，復也。必使復歌者，欲得其詳而取其善也。而後和之者，喜得其詳而與其善也。此見聖人氣象從容，誠意懇至，而其謙遜審密，不掩人善又如此。蓋一事之微，而眾善之集，有不可勝既者焉，讀者宜詳味之。

子曰：「文莫，吾猶人也；躬行君子，則吾未之有得。」

廣解《 朱注云：「莫，疑辭。猶人，言不能過人而尚可以及人。未之有得，則全未有得。皆自謙之辭。」劉寶楠正義引論語駢枝說：謂「文莫」即「黽勉。」方言：「侔莫，強也。北燕之郊外，凡勞而相勉，若言努力者，謂之侔莫。」說文：「忞，張也。慔，勉也。」「文莫」即「忞慔之假借字。古無輕唇音，故「文莫」為雙聲連語，與黽勉，侔莫，皆一聲之轉。「文莫，」行仁義也；「躬行君子，」由仁義行也。前者為「勉強而行，」後者為「安行。」此與不自居於生知，而自承好學之旨相同。其義較朱注為長。

朱熹章句 莫，疑辭。猶人，言不能過人，而尚可以及人。未之有得，則全未有得，皆自謙之辭。而足以見言行之難易緩急，欲人之勉其實也。謝氏曰：「文雖聖人無不與人同，故不遜；能躬行君子，斯可以入聖，故不居；猶言君子道者三，我無能焉。」

子曰：「若聖與仁，則吾豈敢？抑爲之不厭，誨人不倦，則可謂云爾已矣！」公西華曰：「正唯弟子不能學也。」

廣解《 抑，轉折連詞。意思與「但」字相近。「為之，」就是為學。誨人，教人也。廣雅釋詁訓「云」為「有。」「云爾」即「有此。」「則可謂云爾已矣，」就是「則可說有此了。」「此，」指上「為之不厭，誨人不倦」二者，這也是孔子自謙的話。所以公西華說道：「正唯弟子不能學也。」意思是說這二者，正唯是弟子們所學不到的。孟子公孫丑，子貢問於孔子曰：「夫子聖矣乎？」孔子曰：「聖，則吾不能。我學不厭，而教不倦也。」子貢曰：「學不厭，智也；教不倦，仁也；仁且智，夫子既聖矣！」與此章所記略同。

子疾病，子路請禱*。子曰：「有諸？」子路對曰：「有之。誄*曰：『禱*爾于上下神祇*。』」子曰：「丘之禱久矣！」

廣解《 「疾病，」有病，而且病甚也。子路請為孔子祈禱，求神保佑。「有諸」即「有之乎。」孔子問子路，求神得佑，病者得愈，有沒有這事也。孔子之意，固謂決無此事；故意反詰之。子路不解孔子之意，還以為孔子是質問他，禮有求神的事嗎？所以答道：「有的。誄的一篇說：『禱爾于上下神祇。』」按「誄」本作「讄，」（讄禱也，累功德以求福也。「誄」為讄之假借字。）當是古書篇名。周禮小宗伯「禱祠于上下神示」注，亦引此篇「禱爾于上下神祇」句。「爾，」語辭。「上下」

朱熹章句 此亦夫子之謙辭也。聖者，大而化之。仁，則心德之全而人道之備也。為之，謂為仁聖之道。誨人，亦謂以此教人也。然不厭不倦，非己有之則不能，所以弟子不能學也。

晁氏曰：「當時有稱夫子聖且仁者，以故夫子辭之。苟辭之而已焉，則無以進天下之材，率天下之善，將使聖與仁為虛器，而人終莫能至矣。故夫子雖不居仁聖，而必以為之不厭、誨人不倦自處也。」可謂云爾已矣者，無他之辭也。公西華仰而歎之，其亦深知夫子之意矣。

朱熹章句 誄，力軌反。

禱，謂禱於鬼神。有諸，問有此理否。誄者，哀死而述其行之辭也。上下，謂天地。天曰神，地曰祇。禱者，悔過遷善，以祈神之佑也。無其理則不必禱，既曰有之，則聖人未嘗有過，無善可遷。其素行固已合於神明，故曰：「丘之禱久矣。」又士喪禮，疾病行禱五祀，蓋臣子迫切之至情，有不能自已者，初不請於病者而後禱也。故孔子之於子路，不直拒之，而但告以無所事禱之意。

謂天地：天神曰「神，」地神曰「祇。」祇音其。孔子自知素行合於神明，無所用禱，故曰「丘之禱久矣。」困學記聞引太平御覽引莊子曰：「孔子病，子貢出卜。」孔子曰：「子待也！吾坐席不敢先，居處若齋，食飲若祭；吾卜之久矣！」與本章所記正相類。

子曰：「奢則不孫，*儉則固。與其不孫也，*寧固。」

廣解《 「孫，」今作「遜，」本字作「愻。」說文：「愻，順也。」固，陋也。奢則過禮而僭，故曰不孫。儉則因陋就簡而不及禮，故曰固。二者既不中禮，但與其不孫，毋寧固陋。

子曰：「君子坦*蕩*蕩*。小人長戚戚。」

廣解《 君子是有道德，有知道的人，於各種人情物理，都看得透，他的做人，好像在平平坦坦的大道上走路，安然過去，不會有碰跌的禍患，故曰「君子坦蕩蕩。」坦，平也。蕩蕩，寬廣貌。戚戚，時時憂慮貌。君子居易以俟命，無入而不自得，雖貧困亦不改其樂，故有坦蕩蕩的神態。小人患得又患失，心為物役，故長有戚戚之心也。

朱熹章句 孫，去聲。

孫，順也。固，陋也。奢儉俱失中，而奢之害大。

晁氏曰：「不得已而救時之弊也。」

朱熹章句 坦，平也。蕩蕩，寬廣貌。

程子曰：「君子循理，故常舒泰；小人役於物，故多憂戚。」

程子曰：「君子坦蕩蕩，心廣體胖。」

子溫而厲，威而不猛，恭而安。

廣解　此章記孔子的態度。溫，是和氣；厲，是嚴肅。孔子對人，雖很是和氣，但態度仍舊是嚴肅的。威，是威嚴；猛，是凶巴巴的樣子。孔子的態度，雖因嚴肅而很威嚴，但並不凶巴巴的使人見了就害怕；雖是恭恭敬敬的，但是出於自然，故很安詳。

朱熹章句　厲，嚴肅也。人之德性本無不備，而氣質所賦，鮮有不偏，惟聖人全體渾然，陰陽合德，故其中和之氣見於容貌之間者如此。門人熟察而詳記之，亦可見其用心之密矣。抑非，知足以知聖人而善言德行者不能也，故程子以為曾子之言。學者所宜反復而玩心也。

泰伯第八

子曰：「泰伯，其可謂至德也已矣！三以天下讓，民無得而稱焉。」

廣解　泰伯之父曰古公，（後武王追尊曰太王。）為周國之君。古公生三子，長泰伯，次仲雍，三季歷。（後武王追尊曰王季，）季歷生子曰昌，即周文王。（亦是武王追尊。）古公見昌與眾不同，想把自己的君位，傳於季歷，再傳於昌。但照例，君位應傳長子。泰伯知道古公心中想傳季歷，就把君位讓於季歷。在古公病時，託辭採藥，逃到江南。季歷接了古公的位，再傳文王。至文王之子武王遂有天下。事見史記周本紀。孔子稱贊他道：「泰伯，其可謂至德也已矣！」至

朱熹章句　泰伯，周大王之長子。至德，謂德之至極，無以復加者也。三讓，謂固遜也。無得而稱，其遜隱微，無迹可見也。蓋大王三子：長泰伯，次仲雍，次季歷。大王之時，商道浸衰，而周日強大。季歷又生子昌，有聖德。大王因有翦商之志，而泰伯不從，大王遂欲傳位季歷以及昌。泰伯知之，即與仲雍逃之荊蠻。於是大王乃立季歷，傳國至昌，而三分天下有其二，是為文王。文王崩，子發立，遂克商而有天下，是為武王。夫以泰伯之德，當商周之際，固足以朝諸侯有天下矣，乃棄不取而又泯其迹焉，則其德之至極為何如哉！蓋其心即夷齊扣馬之心，而事之難處有甚焉者，宜夫子之歎息而贊美之也。泰伯不

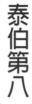

德，」言他的道德，好到極頂也：「三以天下讓」者，「三」是虛數，（如汪中釋三九所說。）言其屢讓。儀禮云：「三遜謂之終遜。」「三以天下讓，」猶云終以天下讓耳。（金履祥說，見通鑑前編。）皇疏引范寧說，舉二種解釋，歷舉其事以實之泥。朱注云：「三讓，謂固遜也。」得之。「民無得而稱焉」者，言世人之讓，往往出於好名。如孟子所云：「好名之人能讓千乘之國。」惟泰伯則能讓而其事又隱，人民沒有能稱道他的，所以謂之至德也。

從，事見春秋傳。

子曰：「恭而無禮則勞，慎而無禮則葸*，勇而無禮則亂，直而無禮則絞*。君子篤於親，則民興於仁。故舊不遺，則民不偷。」

廣解　此章記孔子教人，一切行動，都當以禮為範圍標準。恭，是恭敬。只知恭敬而不知禮，則徒然勞苦。慎，是謹慎。葸，則是畏怯。一味謹慎，而不知禮，則反成畏怯。勇，是武勇。專恃武勇，而不知禮，則必至悖亂。直，即直爽。絞，急切也。只知直爽而不知禮，則必至操切。恭、慎、勇、直，都是做人的美德。因為無禮，便有勞、葸、亂、絞的四種弊病。

「君子，」指在上位的人。在上位的人，能夠厚待親屬，則在下的人民，也聞風興起，自然厚道仁愛起來了；能夠不遺棄故交舊人，則人民為之感化，風俗不至偷薄了。「偷，」即待人刻薄冷落的意思。

朱熹章句　葸，絲里反。絞，古卯反。

葸，畏懼貌。絞，急切也。無禮則無節文，故有四者之弊。君子，謂在上之人也。興，起也。偷，薄也。

張子曰：「人道知所先後，則恭不勞、慎不葸、勇不亂、直不絞，民化而德厚矣。」

吳氏曰：「君子以下，當自為一章，乃曾子之言也。」愚按：此一節與上文不相蒙，而與首篇慎終追遠之意相類，吳說近是。

曾子有疾，召門弟子曰：「啓予足！啓予手！詩云：『戰戰兢兢，如臨深淵，如履薄冰。』而今而後，吾知免夫？小子！」

廣解《 兢，音京。夫，音扶。此章記曾子有病，將死時的事情。「門弟子，」指曾子門下的學生。「啟，」開也。孝經云：「身體髮膚，受之父母，不敢毀傷。」故曾子是講孝道的人，召集學生，叫他們把自己的衣衾開啟，先看看腳，又看看手。所引詩經，見小旻篇。「戰戰，」恐懼戰慄貌。「兢兢，」謹戒小心也。「臨，」居上臨下也。「履，」踐踏也。曾子引此二句以形容平日對於身體之恐懼戒慎。「而今以後，吾知免夫」者，意思是說「從今以後，我自己知道，可以免於毀傷了罷。」

「小子，」是曾子再叫一聲學生，要他們注意聽這番話。

朱熹章句 夫，音扶。啟，開也。曾子平日以為身體受於父母，不敢毀傷，故於此使弟子開其衾而視之。詩小旻之篇。戰戰，恐懼。兢兢，戒謹。臨淵，恐墜；履冰，恐陷也。曾子以其所保之全示門人，而言其所以保之之難如此；至於將死，而後知其得免於毀傷也。小子，門人也。語畢而又呼之，以致反覆丁寧之意，其警之也深矣。程子曰：「君子曰終，小人曰死。君子保其身以沒，為終其事也，故曾子以全歸為免矣。」尹氏曰：「父母全而生之，子全而歸之。曾子臨終而啟手足，為是故也。非有得於道，能如是乎？」范氏曰：「身體猶不可虧也，況虧其行以辱其親乎？」

曾子有疾，孟敬子問之。曾子曰：「鳥之將死，其鳴也哀。人之將死，其言也善。君子所貴乎道者三：動容貌，斯遠暴慢矣！正顏色，斯近信矣！出辭氣，斯遠鄙倍矣！籩豆之事，則有司存。」

廣解《 籩，音邊。孟敬子，魯大夫，姓仲孫，名捷。孟武伯之子。「問之，」是來問曾子的病。曾子對孟敬子說：「人將死的時候，與鳥將死的情形相同。鳥將死的時候，叫聲音很

朱熹章句 孟敬子，魯大夫仲孫氏，名捷。問之者，問其疾也。言，自言也。鳥畏死，故鳴哀。人窮反本，故言善。此曾子之謙辭，欲敬子知其所言之善而識之也。遠、近，並去聲。

哀；人將死的時候，所說的都是真心話，都是善言。」所以先說此二句者，欲其信下文所言君子之道而篤守之也。貴，重也。言君子所重乎道者，共有三件事也。「暴，」粗蠻也。「慢，」放肆也。容貌，依禮而動，則周旋中禮，自然不會近於粗蠻放肆了。顏色，以禮正之，則神色莊正，自然近於信實了。辭，指言語；氣，指說話的聲調。言語辭氣以禮出之，則出言有章，自然不會近於鄙俗倍（通背）理了。籩豆，是祭祀的器皿，籩用竹做，豆用木做。有司，是專管籩豆的官。言君子所重於道者，在容貌、顏色、辭氣之合禮，至於祭祀時用的那些禮器，自有專管的人，不必去操心也。孟敬子平日喜歡講究籩豆等禮器，而不知為禮之末，所以曾子和他這樣說。一說謂「遠暴慢，」「近信，」「遠鄙倍，」是說人不敢暴慢之，不敢欺詐之，不敢鄙視違背之，亦可通。

貴，猶重也。容貌，舉一身而言。暴，粗厲也。慢，放肆也。信，實也。正顏色而近信，則非色莊也。辭，言語。氣，聲氣也。鄙，凡陋也。倍，與背同，謂背理也。籩，竹豆。豆，木豆。言道雖無所不在，然君子所重者，在此三事而已。是皆脩身之要、為政之本，學者所當操存省察，而不可有造次顛沛之違者也。若夫籩豆之事，器數之末，道之全體固無不該，然其分則有司之守，而非君子之所重矣。

程子曰：「動容貌，舉一身而言也。周旋中禮，暴慢斯遠矣。正顏色則不妄，斯近信矣。出辭氣，正由中出，斯遠鄙倍。三者正身而不外求，故曰籩豆之事則有司存。」尹氏曰：「養於中則見於外，曾子蓋以脩己為政之本。若乃器用事物之細，則有司存焉。」

曾子曰：「以能問於不能，以多問於寡。有若無，實若虛，犯而不校＊：昔者吾友，嘗從事於斯矣！」

廣解《

「以能問於不能，」言以有才能的人問於無才能的人也。「以多問於寡，」言以見聞多的人問於見聞少的人也。「有若無，實若虛」者，言有才能，有實學，卻像沒有的一樣；空虛的一樣。「犯而不校」者，有人侵犯我，我不和他計

朱熹章句

校，計校也。友，馬氏以為顏淵是也。顏子之心，惟知義理之無窮，不見物我之有間，故能如此。謝氏曰：「不知有餘在己，不足在人；不必得為在己，失為在人，非幾於無我者不能也。」

較也。校較古通。「吾友」集解馬云，謂顏淵也。曾子說此話時，顏淵早死，故說「昔者」。「嘗從事於斯矣」者，言顏淵能夠做到上面所說的幾件事也。

曾子曰：「可以託六尺之孤，可以寄百里之命，臨大節而不可奪也。君子人與*？君子人也。」

廣解 與，今作歟。集解孔曰：「六尺之孤，幼少之君。」百里，諸侯之國。命，政令也。一說，命為民命。「可以託六尺之孤，可以寄百里之命」者，言諸侯之國，國君死，嗣君幼，大臣能受先君之付託，輔幼君，以一身繫國家人民的安危。「臨大節而不可奪」者，言到了有關國家安危存亡的重大事情的時候，立定主意，不為利害所動，不為威武所屈。曾子說，如此可以託孤寄命，臨大節而不奪的人，可以說他是君子人嗎？真可以算是君子也。

朱熹章句 與，平聲。其才可以輔幼君、攝國政，其節至於死生之際而不可奪，可謂君子矣。與，疑辭。也，決辭。設為問答，所以深著其必然也。程子曰：「節操如是，可謂君子矣。」

曾子曰：「士不可以不弘*毅*，任重而道遠。仁以為己任，不亦重乎？死而後已，不亦遠乎？」

廣解 弘，大也，言志氣遠大也。毅，剛強不屈，做事能堅持到底，不怕困難也。士，學者之稱。曾子言學者，志氣不可以不遠大，又不可以不有毅力。因為士的責任非常重，而應

朱熹章句 弘，寬廣也。毅，強忍也。非弘不能勝其重，非毅無以致其遠。仁者，人心之全德，而必欲以身體而力行之，可謂重矣。一息尚存，此志不容少懈，可謂遠矣。

負此責任的時間又非常久，好像所行的路非常遠也。這個責任，是甚麼呢？就是孔子所說的「仁。」故接著說，士應以這個仁為自己的責任。責任豈不重大嗎？這個責任，我既負在身上，一直到死，負責的時間，豈不久遠嗎？弘，則可以任重；毅，則可以致遠矣。

子曰：「興於詩，立於禮，成於樂*。」

廣解　樂，音樂之樂。興，起也。詩即三百篇的詩經。孔子曾言：「詩可以興。」詩之感人最深，可以鼓舞人的意志，故曰「興於詩。」儒家之教，又稱「禮教，」把人類視聽言動，都範圍在禮裏面。

一個人能夠使視聽言動，都不失禮，始可以立在社會間做個人，故曰「立於禮。」樂者，音樂也。音樂足以涵養人的性情。

人能涵養性情，使歸於正，則自能高尚而無卑惡的行為，成一個完人，故曰「成於樂。」孔子常以詩及禮樂教人，即是因此。

程子曰：「弘而不毅，則無規矩而難立；毅而不弘，則隘陋而無以居之。」又曰：「弘大剛毅，然後能勝重任而遠到。」

朱熹章句　興，起也。詩本性情，有邪有正，其為言既易知，而吟詠之間，抑揚反覆，其感人又易入。故學者之初，所以興起其好善惡惡之心，而不能自已者，必於此而得之。禮以恭敬辭遜為本，而有節文度數之詳，可以固人肌膚之會，筋骸之束。故學者之中，所以能卓然自立，而不為事物之所搖奪者，必於此而得之。樂有五聲十二律，更唱迭和，以為歌舞八音之節，可以養人之性情，而蕩滌其邪穢，消融其查滓。故學者之終，所以至於義精仁熟，而自和順於道德者，必於此而得之，是學之成也。按內則，十年學幼儀，十三學樂誦詩，二十而後學禮。則此三者，非小學傳授之次，乃大學終身所得之難易、先後、淺深也。

程子曰：「天下之英才不為少矣，特以道學不明，故不得有所成就。夫古人之詩，如今之歌曲，雖閭里童稚，皆習聞之而知其說，故能興起。今雖老師宿儒，尚不能曉其義，況學者乎？是不得興於詩也。古人自洒埽應對，以至冠、昏、喪、祭，莫不有禮。今皆廢壞，是以人倫不明，治家無法，是不得立於禮也。古人之樂：聲音所以養其耳，采色所以養其目，歌詠所以養其性情，舞蹈所以養其血脈。今皆無之，是不得成於樂也。是以古之成材也易，今之成材也難。」

子曰：「民可使由之，不可使知之。」

廣解《　此章孔子論為政之道也。「由，」遵也。「不可，」謂事實上做不到也。一般人民，未曾全體受過教育，知識淺陋，對於國家所發施之政令法律，必不能知其意義。所以執政者，只能使人民遵我的政令法律而行，以入於治道，故曰「民可使由之」也。這種種的政令法律，一時間要人民都明曉其意義，是做不到的事情。故曰「不可使知之」也。

近人有以此章所記孔子的話，為專制政治的愚民政策者，是誤解「不可」二字的緣故。此章意義，實與孫中山先生的「知難行易，」「不知亦能行」的學說相符。

子曰：「好勇疾貧，亂也。人而不仁，疾之已甚，亂也。」

廣解《　「疾」字當作怨恨解。已甚，太甚也。孔子言好勇的人，若怨恨自己的貧苦，必定要作亂。如一般盜賊，都因自己有些勇力，怨恨貧苦，所以為亂。仁，即人心。「人而不仁」者，猶言「人而無人心」也。這種人，既無人心，往往肆無忌憚，無所不為。你若厭惡得他太甚，使他無以自容，他會發狠道：「我橫豎是個壞人，你們總看不起我；我就多做幾件壞事，也不過如此。」這也要激成禍亂的。

朱熹章句　民可使之由於是理之當然，而不能使之知其所以然也。程子曰：「聖人設教，非不欲人家喻而戶曉也，然不能使之知，但能使之由之爾。若曰聖人不使民知，則是後世朝四暮三之術也，豈聖人之心乎？」

朱熹章句　好，去聲。好勇而不安分，則必作亂。惡不仁之人而使之無所容，則必致亂。二者之心，善惡雖殊，然其生亂則一也。

子曰：「如有周公之才之美，使驕*且吝*，其餘不足觀也已！」

廣解《 周公，姓姬，名旦。文王子，武王弟。周代的禮樂刑政，都由周公訂定，則其才之美可知。驕者，驕傲；吝者，鄙吝。使，假設之辭。此章甚言驕吝之不可有。一個人，即使有周公一般美的才能，如果他驕傲鄙吝，則其餘的善行，也不足觀了。

朱熹章句 才美，謂智能技藝之美。驕，矜夸。吝，鄙嗇也。

程子曰：「此甚言驕吝之不可也。蓋有周公之德，則自無驕吝；若但有周公之才而驕吝焉，亦不足觀矣。」又曰：「驕，氣盈。吝，氣歉。」愚謂驕吝雖有盈歉之殊，然其勢常相因。蓋驕者吝之枝葉，吝者驕之本根。故嘗驗之天下之人，未有驕而不吝，吝而不驕者也。

子曰：「三年學，不至於穀，不易得也！」

廣解《 朱注曰：「穀，祿也。」此本鄭玄注。古時給人俸祿，都用穀，漢代猶然。「三年學不至於穀，」則是為學問而學問了。像這樣的人，孔子也以為是不容易得著的。賢如子張，尚學干祿，況其下乎？故孔子有此歎。孔安國訓「穀」為「善，」失之。

朱熹章句 易，去聲。

穀，祿也。至，疑當作志。為學之久，而不求祿，如此之人，不易得也。

楊氏曰：「雖子張之賢，猶以干祿為問，況其下者乎？然則三年學而不至於穀，宜不易得也。」

子曰：「篤信好學。守死善道。危邦不入；亂邦不居。天下有道則見*；無道則隱。邦有道，貧且賤焉，恥也；邦無道，富且貴焉，恥也。」

廣解《 「見，」今作現。此章論君子之學守出處。篤信，謂其信道之堅；好學，言其學道之勤。守死為篤信之效；善道乃好學之功。「危邦不入，亂邦不居」者，朱注謂『君子見危受

朱熹章句 好，去聲。篤，厚而力也。不篤信，則不能好學；然篤信而不好學，則所信或非其正。不守死，則不能以善其道；然守死而不足以善其道，則亦徒死而已。蓋守死者篤信之效，善道者好學之功。見，賢遍反。

命；』則仕危邦者，無可去之義。在外，則不入可也。亂邦，未危，而刑政紀綱紊矣，故潔其身而去之。』『天下有道則見，無道則隱』者，言一國能行道的時候則出仕，不能行道的時候則隱居也。「邦有道，……」『邦無道，……』二層，是說明上文四句的。邦有道，而我貧賤，是我於道學有未至，故可恥；邦無道，而我亦富貴，是我於道守有未堅，故亦可恥。

子曰：「不在其位，不謀其政。」

廣解　此章之旨，即是不越職侵權的意思。即就孫中山先生的民權主義說，人民雖當個個有「政權，」但也不常參預政府之「治權」也。反過來說，則在其位，必謀其政，自然責無旁貸了。

子曰：「師摯*之始，關雎之亂，洋洋乎盈耳哉！」

廣解　師摯，是魯國的太師。摯是人名，太師是樂官。上文「子語魯太師樂」云云，疑即摯也。或云，下文「太師摯適齊，」鄭玄注云：「平王時人。」則此云「師摯之始」者，殆其遺音也。二說未知孰是。「始，」是樂之始，就是「升歌。」「亂，」是樂之終，就是「合樂。」按周禮，太師之職，大祭祀，率瞽登歌。儀禮，燕及大射，皆太師升歌。故曰「師摯之始。」

朱熹章句　君子見危授命，則仕危邦者無可去之義，在外則不入可也。亂邦未危，而刑政紀綱紊矣，故潔其身而去之。天下，舉一世而言。無道，則隱其身而不見也。此惟篤信好學、守死善道者能之。世治而無可行之道，世亂而無能守之節，碌碌庸人，不足以為士矣，可恥之甚也。晁氏曰：「有學有守，而去就之義潔，出處之分明，然後為君子之全德也。」

朱熹章句　程子曰：「不在其位，則不任其事也，若君大夫問而告者則有矣。」

朱熹章句　摯，音至。雎，七余反。師摯，魯樂師名摯也。亂，樂之卒章也。史記曰：「關雎之亂以為風始。」洋洋，美盛意。孔子自衛反魯而正樂，適師摯在官之初，故樂之美盛如此。

關雎、葛覃、卷耳、鵲巢、采蘩、采蘋六篇詩。用周南曰：「關雎之亂」者，舉首篇以賅之也。「洋洋，」是美盛意。

子曰：「狂而不直，侗而不愿，悾悾而不信，吾不知之矣！」

廣解 「侗」音同。莊子山木篇：「侗乎其無識。」釋文云：「侗，無知貌。」廣雅釋言云：「愿，愨也。」愨是謹厚的意思。朱注云：「悾悾，無才能貌。」凡人有所短，亦有所長。狂者多直爽，無知識者多謹厚，無才能者多信實，尚有一端可取。若「狂而不直，侗而不愿，悾悾而不信，」則真一無可取矣。「吾不知之」者，甚絕之之辭也。

朱熹章句 侗，音通。悾，音空。

侗，無知貌。愿，謹厚也。悾悾，無能貌。吾不知之者，甚絕之之辭，亦不屑之教誨也。

蘇氏曰：「天之生物，氣質不齊。其中材以下，有是德則有是病。有是病必有是德，故馬之蹄齧者必善走，其不善者必馴。有是病而無是德，則天下之棄才也。」

子曰：「學如不及，猶恐失之。」

廣解 劉氏正義云：「如不及者，方學而如不及也；猶恐失者，既學有得於己，恐復失之也。如不及，故日知所亡；猶恐失，故月無忘所能。」

朱熹章句 言人之為學，既如有所不及矣，而其心猶竦然，惟恐其或失之，警學者當如是也。

程子曰：「學如不及，猶恐失之，不得放過。纔說姑待明日，便不可也。」

子曰：「巍巍乎！舜禹之有天下也，而不與焉。」

廣解 舜、禹，皆古天子。舜受堯禪。禹受舜禪。巍巍，高大之貌。「不與」者，一說謂「不與求」也，即其有天下，非自己求而得之的意思；（見何解及皇疏邢疏。）一說謂「不相關」也，

朱熹章句 與，去聲。

巍巍，高大之貌。不與，猶言不相關，言其不以位為樂也。

即不以有天下為樂的意思；（見朱注）一說謂「無為」也，即得人善任，不身親其事的意思；（見毛奇齡稽求篇。）又一說，謂「不預見」也，即孔子嘆自己不與禹舜並時的意思。（見皇疏及所引江熙說。）以上四說，當以朱注及毛說為長。

子曰：「大哉！堯之爲君也。巍巍乎！唯天爲大，唯堯則之。蕩蕩乎！民無能名焉。巍巍乎！其有成功也。煥*乎，其有文章。」

廣解

煥，音喚。堯，古天子，即以天下讓舜者也。「大哉堯之為君也。」是孔子贊堯之語。「巍巍乎，」言其大。「則之，」效之也。「唯天為大，唯堯則之，」言堯之德峻極於天也。「蕩蕩乎，」言其大。康衢老人擊壤之歌曰：「日出而作，日入而息，帝力何有於我哉？」此「民無能名」之實證。

「巍巍乎其有成功」者，言堯治天下，其功盛高。煥，光明之貌。文章，禮樂制度也。言堯的禮樂制度，都有很光明的氣象。一說「則天，」亦謂任賢使能，無為而治。見劉氏正義。

朱熹章句

唯，猶獨也。則，猶準也。蕩蕩，廣遠之稱也。言物之高大，莫有過於天者，而獨堯之德能與之準。故其德之廣遠，亦如天之不可以言語形容也。成功，事業也。煥，光明之貌。文章，禮樂法度也。堯之德不可名，其可見者此爾。

尹氏曰：「天道之大，無為而成。唯堯則之以治天下，故民無得而名焉。所可名者，其功業文章巍然煥然而已。」

舜有臣五人而天下治。武王曰：「予有亂臣十人。」孔子曰：「才難*，不其然乎？唐虞之際，於斯爲盛。有婦人焉，九人而已！三分天下有其二，以服事殷；周之德，其可謂至德也已矣！」

廣解

難，平聲。此章先記虞舜和周武王時的人才之盛；次述孔子才難之嘆；更由周之人才聯想到周之德。五人者，禹、稷、契、皐陶、伯益五個人。舜有這五個人為臣，而天下大治也。「亂」字，作「治」解，則是相反為訓。「亂臣」即治臣也。十人者：周公旦、召公奭、太公望、畢公、榮公、太顛、閎夭、散宜生、南宮适；還有一人是武王后太公女邑姜。（隋唐以前，皆謂此一人是文母，即文王妃太姒以子臣母，非是。）武王有周公等九人治外，有邑姜一人治內，所以天下亦大治也。「才難，不其然乎？」者，言人才難得，豈不然乎？「唐虞之際，」即堯舜的時候。「於斯為盛，」言以唐虞比於周時，以周之人才為盛也。周武王的時候，人才雖說極盛；但十人之中，尚有一個是婦人，於此足證人才難得也。「三分天下有其二，以服事殷」者，周文王的時候，天下土地，已有三分之二，歸於文王；而文王仍舊不失臣子之禮，服事殷朝的紂王，這是最難得的事。故孔子稱為「至德。」

朱熹章句

治，去聲。五人，禹、稷、契、皋陶、伯益。書泰誓之辭。馬氏曰：「亂，治也。」十人，謂周公旦、召公奭、太公望、畢公、榮公、太顛、閎夭、散宜生、南宮适，其一人謂文母。劉侍讀以為子無臣母之義，蓋邑姜也。九人治外，邑姜治內。或曰：「亂本作乿，古治字也。」稱孔子者，上係武王君臣之際，記者謹之。才難，蓋古語，而孔子然之也。才者，德之用也。唐虞，堯舜有天下之號。際，交會之間。言周室人才之多，惟唐虞之際，乃盛於此。降自夏商，皆不能及，然猶但有此數人爾，是才之難得也。春秋傳曰：「文王率商之畔國以事紂。」蓋天下歸文王者六州，荊、梁、雍、豫、徐、揚也。惟青、兗、冀，尚屬紂耳。范氏曰：「文王之德，足以代商。天與之，人歸之，乃不取而服事焉，所以為至德也。孔子因武王之言而及文王之德，且與泰伯，皆以至德稱之，其指微矣。」或曰：「宜斷三分以下，別以孔子曰起之，而自為一章。」

子曰：「禹，吾無閒然矣！菲飲食，而致孝乎鬼神。惡衣服，而致美乎黻冕。卑宮室，而盡力乎溝洫。禹，吾無閒然矣！」

廣解

「閒」音建，去聲。後漢書殤帝記引此文，李賢注云：「閒，非也。」孟子「政不足與閒也」之「閒，」亦訓「非。」「然，」猶「焉」也。見經傳釋詞。「無閒然矣」者，言無可非難了也。首尾兩言「無閒然矣，」可見孔子對大禹之敬仰。

菲，薄也。言禹對於自己的飲食，極菲薄；而祭祀鬼神，則祭品極其豐潔。「黻冕，」音弗免，指所穿的禮服禮冠。禹平時的衣服，極其惡劣；禮服卻極其考究。洫，音蓄。溝洫者，田間的水道。禹自己住的王宮房屋，極其卑陋；而對於百姓種田所需，通水道的溝洫，卻竭修浚，使不至遭水旱之災。禹薄於自奉，而厚於宗廟朝廷民事，故孔子稱之。

朱熹章句

閒，去聲。菲，音匪。黻，音弗。洫，呼域反。閒，罅隙也，謂指其罅隙而非議之也。菲，薄也。致孝鬼神，謂享祀豐潔。衣服，常服。黻，蔽膝也，以韋為之。冕，冠也，皆祭服也。溝洫，田間水道，以正疆界、備旱潦者也。或豐或儉，各適其宜，所以無罅隙之可議也，故再言以深美之。楊氏曰：「薄於自奉，而所勤者民之事，所致飾者宗廟朝廷之禮，所謂有天下而不與也，夫何閒然之有。」

子罕第九

子罕言利，與命，與仁。

廣解

此章是弟子就孔子平日所言計之，利、命、仁三者皆罕言也。按易文言傳云：「利，義之和也。」又云：「利物

朱熹章句

罕，少也。程子曰：「計利則害義，命之理微，仁之道大，皆夫子所罕言也。」

足以和義。」君子以義為利，故言利必及義；蓋能利人物，然為義也。明於義利，故能喻義。小人則以利為利，言利不及義；昧於義利，故祇喻利而不喻義。孔子未嘗不言利，易彖象傳中，言「利」者甚多，特以其理精微，故罕以語弟子耳。命為性命天命之命。其理更為微妙，故亦罕言；子貢言「夫子之言性與天道不可得而聞，」即指此。仁，則本書所記已言之祥矣，亦曰罕言者，謂其不敢自居於仁，亦不輕以仁許人也。（此阮元說，見論語論仁論。）又按論語稽曰：「『言』者，自言也。『罕，』少也，稀也。『子罕言』者，記者旁窺已久，而見之之辭也。『利』者，人情之所欲；夫子渾然天理，故罕言『利。』『命』者，天命；夫子知其不可而為之，故罕言『命。』『仁』者，此心生生不息之理；夫子謙不居聖仁，故罕言『仁。』此章之意，在記者觀夫子之自言，不在夫子之教人。」說頗新而義亦長。

達巷黨人曰：「大哉孔子！博學而無所成名。」子聞之，謂門弟子曰：「吾何執？執御乎？執射*乎？吾執御矣！」

廣解《

射，音社。五百家曰黨。達巷，是一個黨名，猶今人稱某坊、某村。此人姓名不傳，故僅曰達巷黨人。史記孔子世家作達巷黨人童子。漢書董仲舒傳對策中有「此無異於

朱熹章句

達巷，黨名。其人姓名不傳。博學無所成名，蓋美其學之博而惜其不成一藝之名也。執，專執也。射御皆一藝，而御為人僕，所執尤卑。言欲使我何所執以成名乎？然則吾將執御矣。聞人譽己，承之以謙也。

達巷黨人不學而自知者也」語，注引孟康曰：「人，項橐也。」皇甫謐高士傳亦云：「達巷黨人姓項名橐。」則漢時有此傳說也。「無所成名，」謂不專一藝之長，無得而名也。「博學而無所成名，」即「君子不器」之意，此孔子所以為大。孔子不敢當此美譽，且以六藝御為最下，故以執御自居，兼以示門弟子為學當施博而守約，不可惑於美譽而專騖博大也。

子曰：「麻冕，禮也；今也純*，儉，吾從眾。拜下，禮也；今拜乎上，泰也；雖違眾，吾從下。」

廣解《 集解孔曰：「冕，緇布冠也。古者績麻三十升布以為之。純，絲也。絲易成，故從儉。」此言冕是緇布做的冠，做這種冠，要三十升的麻布，一升為八十縷，三十升為二千四百縷，用二千四百縷的麻，織古制二尺二寸寬的布，細密難成，因此當時人都用絲來做冠，孔子以為用絲做冠易成；易成則價廉，用價廉之物，即為儉省。「禮與其奢也寧儉。」所以他也主張不必定照古禮，戴麻布冠，而主張從眾人戴絲製冠也。

「拜下，禮也」者，古時臣與君行禮，當拜於堂下，然後升，成禮也。「今拜乎上，泰也」者，孔子時候，臣子驕傲已極，拜君就在堂上也。「泰」即驕傲的意思。孔子以為禮是以

尹氏曰：「聖人道全而德備，不可以偏長目之也。達巷黨人見孔子之大，意其所學者博，而惜其不以一善得名於世，蓋慕聖人而不知者也。故孔子曰，欲使我何所執而得為名乎？然則吾將執御矣。」

朱熹章句 麻冕，緇布冠也。純，絲也。儉，謂省約。緇布冠，以三十升布為之，升八十縷，則其經二千四百縷矣。細密難成，不如用絲之省約。臣與君行禮，當拜於堂下。君辭之，乃升成拜。泰，驕慢也。

程子曰：「君子處世，事之無害於義者，從俗可也；害於義，則不可從也。」

恭敬為重的，所以他說他人儘管在堂上拜，我仍舊要在堂下拜君，儘管與眾不同，仍須遵守古禮也。

這兩節，以一「儉」字，一「泰」字，為最重要。因為眾人儉，所以不惜違古禮而從眾；因為眾人泰，所以必欲違眾而從古禮。朱子集注採程子曰：「君子處世，事之無害於義者，從俗可也；害於義，則不可從矣。」說得最好。

子絕四：毋意。*毋必。毋固。毋我。

廣解 「絕，」去之也。「毋，」禁止之詞。「毋意、毋必、毋固、毋我，」即絕去此四者也。意，當讀若「益，」測度也，俗作「億；」即「不億不信」「億則屢中」之「億。」「毋意，」即少儀之「毋測未至。」此段玉裁說文注及王引之經傳釋詞說。（見劉氏正義。）較朱注訓作「私意，」集解訓作「任意」為長。「毋必」者，即「無適無莫，義之與比也。」「毋固」者，「君子而時中，」不固執成見也。「毋我」者，「取諸人以為善，舍己從人，與人為善」也。莊存與云：「以億逆為意而去之，是也；以擬議為意而去之，非也。以適莫為必而去之，是也；以果能為必而去之，非也。以窮困為固而去之，是也；以貞為固而去之，非也。以足已為我而去之，非也。」亦足發明此章之旨。請并閱前里仁篇第十一節之注釋。

朱熹章句 絕，無之盡者。毋，史記作「無」是也。意，私意也。必，期必也。固，執滯也。我，私己也。四者相為終始，起於意，遂於必，留於固，而成於我也。蓋意必常在事前，固我常在事後，至於我又生意，則物欲牽引，循環不窮矣。

程子曰：「此毋字，非禁止之辭。聖人絕此四者，何用禁止。」張子曰：「四者有一焉，則與天地不相似。」楊氏曰：「非知足以知聖人，詳視而默識之，不足以記此。」

子畏於匡，曰：「文王既沒，文不在茲乎？天之將喪斯文也，後死者不得與於斯文也！天之未喪斯文也，匡人其如予何？」

廣解《　「匡」地名，本鄭邑。定公六年，魯師侵鄭，季氏家臣陽虎為政，取匡，虎與顏尅自其城缺而入。（據毛奇齡四書賸言說。）及定公十三年，（據江永先聖圖譜。）孔子過匡，顏尅御。尅舉策指城缺曰：「往者之入，由此缺也。」（見史記世家及琴操。）孔子貌似陽虎，又以顏尅御，故匡人以為陽虎而圍之。此章所記，當即此事。「畏」者，猶孟子言「有戒心」也。據世家被圍凡五日。弟子懼，故孔子解之如此。文王，周文王也。「文，」指禮樂制度而言。「茲，」此也。孔子自謂。「後死者，」亦孔子自謂，對文王而言也。言天若將毀滅周之禮樂文章，則我亦不得聞而知之；我既得與聞斯文，則天未欲喪斯文也，將使我守先王之道以待後之學者，匡人將奈我何也。與上篇因桓魋事而發之言，大旨相同。

朱熹章句　畏者，有戒心之謂。匡，地名。史記云：「陽虎曾暴於匡，夫子貌似陽虎，故匡人圍之。」道之顯者謂之文，蓋禮樂制度之謂。不曰道而曰文，亦謙辭也。茲，此也，孔子自謂。喪、與，皆去聲。馬氏曰：「文王既沒，故孔子自謂後死者。言天若欲喪此文，則必不使我得與於此文；今我既得與於此文，則是天未欲喪此文也。天既未欲喪此文，則匡人其柰我何？言必不能違天害己也。」

大宰問於子貢曰：「夫子聖者與？何其多能也！」子貢曰：「固天縱之將聖，又多能也。」子聞之曰：「大宰知我乎？吾少也賤，故多能鄙事。君子多乎哉？不多也。」牢曰：「子云：『吾不試，故藝。』」

廣解

「大，」今作「太。」大宰，官名。大約為吳大宰。春秋時，吳宋二國皆有此官。鄭玄云：此為吳，太宰嚭者，因孔子適宋先後僅二次，一次在年五十六，一次在年十九娶并官氏時，子貢尚未生；一次在年五十六，去衛，由曹適宋，阨於桓魋，微服而行，子貢勢不能與其太宰從容論孔子也。子貢與吳太宰嚭語凡二次，均見左傳（在哀公七年、十二年。）故定為吳太宰。說苑善說篇亦載子貢與太宰嚭論孔子事。「與，」同歟。太宰之意，殆以多能為聖。朱注云：「縱，猶肆也，言不為限量也。」「將聖」即「大聖。」詩「有娀方將，」「我受命溥將，」將皆訓大。荀子堯問云：「然則孫卿懷將聖之心。」將聖亦大聖也。子貢言孔子本是天縱的大聖，而又多能。則析「聖」與「多能」為二事，蓋所以曉太宰。孔子聞此問答，更曉弟子以多能非君子所尚。言因我少時貧賤，故多能鄙賤之事；此君子所不多也。「多乎」「不多」二多字，與漢書袁盎傳「諸公聞之皆多盎」之「多」字同，是稱美的意思。上面所記，是一件事。「牢曰」以下，又另是一事。牢是孔子弟子，姓琴，字子

朱熹章句

大，音泰。與，平聲。

孔氏曰：「大宰，官名。或吳或宋，未可知也。」與者，疑辭。大宰蓋以多能為聖也。縱，猶肆也，言不為限量也。將，殆也，謙若不敢知之辭。聖無不通，多能乃其餘事，故言又以兼之。言由少賤故多能，而所能者鄙事爾，非以聖而無不通也。且多能非所以率人，故又言君子不必多能以曉之。

牢，孔子弟子，姓琴，字子開，一字子張。試，用也。言由不為世用，故得以習於藝而通之。

吳氏曰：「弟子記夫子此言之時，子牢因言昔之所聞有如此者。其意相近，故并記之。」

開，名牢。「試，」用也。琴牢說：「孔子曾經講過：『我因為不用於世，所以能多學會了種種技藝小事。』」

「牢曰」以下，集解及皇疏本均另為一章。朱注合之。蓋輯論語者以二事相類，故并記之。

子曰：「吾有知乎哉？無知也。有鄙夫問於我，空空如也；我叩其兩端而竭焉*。」

廣解《 此章是孔子自謙無知，又自言教人之道。「鄙夫，」指真沒有知識學問的人。「空空」與「悾悾」通，誠懇也。「叩，」反問也。鄙夫力不能問，故須反問以發之。凡事各有「兩端，」如有外侮來時，抵抗則恐力有不及；不抵抗則恐國將不國；抵抗與不抵抗，即兩端也。凡事有兩端則疑；疑則不能不問。「竭，」是盡我所知以教之。

朱熹章句 叩，音口。孔子謙言己無知識，但其告人，雖於至愚，不敢不盡耳。叩，發動也。兩端，猶言兩頭。言終始、本末、上下、精粗，無所不盡。程子曰：「聖人之教人，俯就之若此，猶恐眾人以為高遠而不親也。聖人之道，必降而自卑，不如此則人不親；賢人之言，則引而自高，不如此則道不尊。觀於孔子、孟子，則可見矣。」尹氏曰：「聖人之言，上下兼盡。即其近，眾人皆可與知；極其至，則雖聖人亦無以加焉，是之謂兩端。如答樊遲之問仁知，兩端竭盡，無餘蘊矣。若夫語上而遺下，語理而遺物，則豈聖人之言哉？」

子曰：「鳳鳥不至，河不出圖，吾已矣夫？」

廣解《 夫，音扶。「鳳鳥，」即鳳凰。相傳舜為天子時曾飛來，文王時又曾鳴於岐山。河，即黃河。相傳伏羲時黃河中有一匹龍馬，背上的毛有像八卦之文。這在當時叫做「龍馬負圖。」二者古代以為聖人在位之祥瑞。孔子此語，蓋歎當時沒有聖王，不能用我，行道之希望，恐怕從此完了也。

朱熹章句 夫，音扶。鳳，靈鳥，舜時來儀，文王時鳴於岐山。河圖，河中龍馬負圖，伏羲時出，皆聖王之瑞也。已，止也。張子曰：「鳳至圖出，文明之祥。伏羲、舜、文之瑞不至，則夫子之文章，知其已矣。」

子見齊衰者，冕衣裳者，與瞽者，見之，雖少必作；過之必趨。

廣解《

「齊，」音咨。「衰，」音七雷反。衰同縗，粗麻布。喪服以粗麻布為衣裳，其緣不緝者曰斬衰，緝者曰齊衰。斬衰服重，齊衰較輕。見儀禮喪服。此舉齊衰以包斬衰。（江永說，見鄉黨圖考。）冕，大夫以上之冠。「冕衣裳，」指大夫之禮服。「少，」去聲，年少也。作，起立。此章言孔子見穿喪服的人，穿大夫以上之禮服的人，眼瞎的人，雖年少於己，亦必變容起立。如行經此種人之前，必走得快些也。意思是哀有喪者，尊在位者，恤殘廢者。朱注云：「或曰：『少當作坐。』」蓋以下有「作」字故。一說，冕衣裳者，是行祭時的大夫；瞽者，是襄祭禮的樂工；孔子對這二種人與齊衰的人，所以作或趨者，因其有喪祭之事而起敬也。說見論語稽。

朱熹章句

齊，音咨。衰，七雷反。少，去聲。齊衰，喪服。冕，冠也。衣，上服。裳，下服。冕而衣裳，貴者之盛服也。瞽，無目者。作，起也。趨，疾行也。或曰：「少，當作坐。」范氏曰：「聖人之心，哀有喪，尊有爵，矜不成人。其作與趨，蓋有不期然而然者。」尹氏曰：「此聖人之誠心，內外一者也。」

顏淵喟然歎曰：「仰之彌高，鑽之彌堅；瞻之在前，忽焉在後。夫子循循然善誘人，博我以文，約我以禮。欲罷不能，既竭吾才；如有所立，卓爾；雖欲從之，末由也已！」

廣解《

喟，歎聲。猶今人說話以前，先「唳」的歎一聲也。彌，越加也。顏淵說，孔子之道，仰望之，覺得他越加高。鑽研之，越加鑽不進去。瞻，看也。起先像在前面，可以看見；忽然又在後面，看不見也。這是甚言其道之高深微妙，不易

朱熹章句

喟，苦位反。鑽，祖官反。喟，歎聲。仰彌高，不可及。鑽彌堅，不可入。在前在後，恍惚不可為象。此顏淵深知夫子之道，無窮盡、無方體，而歎之也。循循，有次序貌。誘，引進也。博文約禮，教之序也。言夫子道雖高妙，而教人有序也。侯氏曰：「博我以文，致知格物也。約我以禮，克己復禮也。」程子曰：「此顏子

推究。循，音巡。誘，音又。夫子，即孔子。「循循，」是一步一步，按著次序的意思。誘，引導也。「博我以文」者，把種種典章制度的典籍，教我博學也。「約我以禮」者，教我以禮約束自己也。此二語即上篇孔子所說「博學於文，約之以禮。」先博文，後約禮，即「循循」也。

夫子之教人如此，故我雖欲罷，而心中總覺不肯捨去矣。但我的才力心思，既都用盡；而夫子之道，卓然如有所立於吾前，雖欲從之而無從也。莊子田子方篇顏淵曰：「夫子步亦步，夫子趨亦趨，夫子馳亦馳；夫子既奔逸絕塵，而回瞠若乎後矣？」與此章所記，可以互相參證。

稱聖人最切當處，聖人教人，惟此二事而已。」卓，立貌。末，無也。此顏子自言其學之所至也。蓋悅之深而力之盡，所見益親，而又無所用其力也。吳氏曰：「所謂卓爾，亦在乎日用行事之間，非所謂窈冥昏默者。」程子曰：「到此地位，功夫尤難，直是峻絕，又大段著力不得。」楊氏曰：「自可欲之謂善，充而至於大，力行之積也。大而化之，則非力行所及矣，此顏子所以未達一間也。」程子曰：「此顏子所以為深知孔子而善學之者也。」胡氏曰：「無上事而喟然歎，此顏子學既有得，故述其先難之故、後得之由，而歸功於聖人也。高堅前後，語道體也。仰鑽瞻忽，未領其要也。惟夫子循循善誘，先博我以文，使我知古今，達事變；然後約我以禮，使我尊所聞，行所知。如行者之赴家，食者之求飽，是以欲罷而不能，盡心盡力，不少休廢。然後見夫子所立之卓然，雖欲從之，末由也已。是蓋不怠所從，必欲至乎卓立之地也。抑斯歎也，其在請事斯語之後，三月不違之時乎？」

子疾病，子路使門人爲臣。病閒*曰：「久矣哉！由之行詐也。無臣而爲有臣，吾誰欺？欺天乎？且予與其死於臣之手也，無寧死於二三子之手乎？且予縱不得大葬，予死於道路乎？」

廣解《 閒，音建去聲。此時魯國以幣召孔子。孔子正要回魯，忽然在路上害起病來，並且病勢很沉重也。（據劉氏正義。）子路恐孔子或竟不起，所以使弟子，在寓中扮作家臣，預備治喪。蓋以孔子曾為魯司寇，應有家臣也。

朱熹章句 夫子時已去位，無家臣。子路欲以家臣治其喪，其意實尊聖人，而未知所以尊也。閒，如字。病閒，少差也。病時不知，既差乃知其事，故言我之不當有家臣，人皆知之，不可欺也。而為有臣，則是欺天而已。人而欺天，莫大之罪。引以自歸，其責子路深矣。無病閒者，孔子的病，稍覺輕些也。這時候，孔子知道子路使門人為臣的事，便斥責他道：「久矣哉！由之行詐也。無臣而為有臣，吾誰欺？欺天乎？」孔子之意，以去魯之時，已辭司寇之職，不當復有家臣。現在忽然又有了家臣；這種事情，去騙誰呢？人無可欺，只可欺天耳。二三子指從行之弟子。自己的弟子，都很是關切的；假扮的家臣，有甚麼意思？故云：「與其死於臣之手，無寧死於二三子之手」也。縱，雖然也。大葬者，謂反魯得復用，以禮葬也。言已雖未必復見用，以禮大葬；亦不致死於道路。暴露不葬也。（用朱注說。）

子貢曰：「有美玉於斯，韞*匵*而藏諸？求善賈*而沽*諸？」子曰：「沽*之哉！沽*之哉！我待賈*者也。」

廣解　韞，藏也。匵，匱也。沽，售賣也。「賈，」即今之「價」字。二「諸」字均作「之乎」解。子貢對孔子說：「有一塊美玉在這裏，還是在盒子裏藏起來呢？還是等著高的價錢賣掉呢？」是孔子連聲說：「賣了它吧！賣了它吧！我正在等合格的價錢哩！」劉氏正義謂「賈」當音古。「善賈」是賈人之善者。「待賈」亦為待賈人。說與通解異。又引說文段註曰：「賈者，凡買賣之稱也。引伸之，凡賣者之所得，買者

寧，寧也。大葬，謂君臣禮葬。死於道路，謂棄而不葬。又曉之以不必然之故。

范氏曰：「曾子將死，起而易簀。曰：『吾得正而斃焉，斯已矣。』子路欲尊夫子，而不知無臣之不可為有臣，是以陷於行詐，罪至欺天。君子之於言動，雖微不可不謹。夫子深懲子路，所以警學者也。」楊氏曰：「非知至而意誠，則用智自私，不知行其所無事，往往自陷於行詐欺天而莫之知也。其子路之謂乎？」

朱熹章句　韞，紆粉反。匵，徒木反。賈，音嫁。

韞，藏也。匵，匱也。沽，賣也。子貢以孔子有道不仕，故設此二端以問也。孔子言固當賣之，但當待賈，而不當求之耳。

范氏曰：「君子未嘗不欲仕也，又惡不由其道。士之待禮，猶玉之待賈也。若伊尹之耕於野，伯夷、太公之居於海濱，世無成湯文王，則終焉而已，必不枉道以從人，衒玉而求售也。」

之所出，皆曰賈；俗又別其字作價，別其音入禡韻，古無是也。」這是說即使作價錢講，照古音亦當音古也。

此章全以比喻為問答。一「求」字，一「待」字，最宜注意。子貢說「求賈而沽，」孔子則曰「待賈而沽，」直將生平不忘用世，而亦不肯枉道求用之心，全盤托出。蓋孔子本以救世為主，自然想握得政權，行他的道。不過要等有相當的國君來聘請，然後始出仕也。漢末諸葛亮高臥隆中，就是美玉韞匵而藏；後來劉玄德三顧草廬，他就為劉玄德鞠躬盡瘁，死而後已，即得善賈而沽也。

子欲居九夷。或曰：「陋，如之何？」子曰：「君子居之，何陋之有？」

廣解 東方夷人有九種，故曰「九夷。」孔子因時無明君，不得行道，不過有欲居九夷之歎，此與上篇乘桴浮海之言同旨。或人以為九夷的地方極僻陋，不可居，故曰「如之何。」「君子居之，何陋之有」者，孔子以為地方雖僻陋，君子居之，用道德去感化，自然能變成一個有禮義的社會，何嘗會僻陋呢？」劉氏正義謂「九夷」指朝鮮；「君子」指箕子，非孔子自稱。孔子之意，是說朝鮮已有君子之化，所以並不僻陋。此說亦通。

朱熹章句 東方之夷有九種。欲居之者，亦乘桴浮海之意。君子所居則化，何陋之有？

子曰：「吾自衛反魯，然後樂正*，雅頌各得其所。」

廣解《　樂，音樂之樂。魯哀公十一年冬，孔子從衛國回到魯國，時已六十九歲。知道終不行，乃從事於正樂。詩三百五篇，分風雅頌三部。舊說謂風詩為民歌，采自各國，可以見其風俗及風化，故曰「風；」「雅」者，正也；「正」即是「政；」為士大夫美刺政治之詩。頌則所以稱頌功德，用之於祭祀之時。近人梁啟超采阮元魏源說，謂當分為「南」（周南召南）「風」「雅」「頌」四類。「南」是合樂所奏，故論語稱「關雎之亂。」「風」即「諷誦，」所謂「不歌而誦」者，是「徒歌。」「雅」為周代之正樂。「頌」則歌而兼舞，須兼重舞容，故曰頌。（古文容貌的容字即「頌」字。）本章僅舉「雅頌」而不及「風」者，一說謂雅頌既各得所，則風詩自不致混入；一說謂此「雅頌」專指樂律而言，合於雅頌之樂律者，則「風」亦為雅頌。按此章異說最多，略舉重要者如左：

（一）史記孔子世家載孔子語魯太師樂云云，即接載此章。下云：「古者詩三千餘篇，及至孔子，去其重，取可施於禮義，上采契后稷，中述殷周之盛，至幽厲之缺；始於衽席，故曰關雎之亂，以為風始，鹿鳴為小雅始，文王為大雅始，清廟為頌始，三百五篇，孔子皆絃歌之，以求合韶武雅頌之音。」這是說「正樂」即是「刪詩。」

朱熹章句　魯哀公十一年冬，孔子自衛反魯。是時周禮在魯，然詩樂亦頗殘闕失次。孔子周流四方，參互考訂，以知其說。晚知道終不行，故歸而正之。

（二）鄭眾周禮太師注鄭玄儀禮鄉飲酒禮注則謂「正樂」即整理詩的篇第。故曰「雅頌得所。」

（三）毛奇齡四書改錯則謂「正樂」即正樂章，正雅頌之入樂部者。所謂「雅頌得所」者，如鹿鳴一詩，奏於鄉飲酒禮、鄉射禮、燕禮，清廟一詩，奏於祀文王、大嘗禘，天子養老，兩君相見，各有其「所」正之，則各得其所矣。

（四）包慎言敏甫文鈔則謂「雅頌」指音律言，不指詩篇言。詩之風雅頌以體別，樂之風雅頌則以律分。大戴禮投壺言凡雅二十六篇，八篇可歌。所舉八篇中，鵲巢、采蘩、采蘋、伐檀、騶虞五篇，皆風也，也亦名雅，以其音律為種也。又如邠風七月，吹以養老息物則曰雅，吹以迎送寒暑則曰頌。故「正樂」者，謂正其音律之錯亂，非整理其篇章也。

——以上四說，以包說最為詳盡而合理。

子曰：「出則事公卿，入則事父兄，喪事不敢不勉，不爲酒困，何有於我哉？」

廣解　此章記孔子自言其庸行。「出則事公卿」者，言出仕朝廷，則盡忠勤以事公卿；「入則事父兄」者，言回到家裏，則盡其孝悌以事父兄；「喪事不敢不勉」者，言遇著喪事，不敢不勉力以從禮；「不為酒困」者，言吃酒不吃醉，以致損身廢事。「何有於我哉，」言於我有什麼，謂不難也。舊

朱熹章句　說見第七篇，然此則其事愈卑而意愈切矣。

解謂「何有於我哉，」是孔子的謙辭；但上面有「喪事不敢不勉」句，如舊解，則語氣似不甚合。

子在川上曰：「逝*者如斯夫*！不舍*晝夜。」

廣解《 逝，去也，往也。「夫，」音扶。「舍，」止也。孔子在川上，見流水逝去，沒有一停止，因道：「逝者如斯夫！不舍晝夜。」按孟子離婁篇：徐子曰：「仲尼亟稱於水曰：「水哉，水哉！」何取於水也？」孟子曰：「源泉混混，不舍晝夜，盈科而後進，放乎四海；有本者如是。是之取爾。」正釋此章之旨。朱注曰：「天地之化，往者過，來者續，無一息之停，乃道體之本然也。」

朱熹章句 夫，音扶。舍，上聲。天地之化，往者過，來者續，無一息之停，乃道體之本然也。然其可指而易見者，莫如川流。故於此發以示人，欲學者時時省察，而無毫髮之間斷也。程子曰：「此道體也。天運而不已，日往則月來，寒往則暑來，水流而不息，物生而不窮，皆與道為體，運乎晝夜，未嘗已也。是以君子法之，自強不息。及其至也，純亦不已焉。」又曰：「自漢以來，儒者皆不識此義。此見聖人之心，純亦不已也。純亦不已，乃天德也。有天德，便可語王道，其要只在謹獨。」愚按：自此至篇終，皆勉人進學不已之辭。

子曰：「吾未見好*德如好*色者也。」

廣解《 「好，」去聲，孔子歎一般的人，好色者多，好德者少也。孔子在衛，靈公與南子同車過市，使孔子為次乘。孔子醜之，故說此話。事見史記孔子世家。

朱熹章句 好，去聲。謝氏曰：「好好色，惡惡臭，誠也。好德如好色，斯誠好德矣，然民鮮能之。」史記：「孔子居衛，靈公與夫人同車，使孔子為次乘，招搖市過之。」孔子醜之，故有是言。

子曰：「譬如為山，未成一簣*，止，吾止也。譬如平地，雖覆*一簣*，進，吾往也。」

廣解《 簣，音潰。覆，音腹。此章孔子勸人對於進德修業及做事當努力完成，不可半途而廢也。為山，積土為山也。

朱熹章句 簣，求位反。覆，芳服反。簣，土籠也。書曰：「為山九仞，功虧一簣。」夫子之簣，籠也，編竹為之，所以盛土。此以「為山」為譬，築一座山只須加一土籠的土，就可成功也；但現在止住了不去加，這座山，就不成功。是我自己止住的。一塊平地上，我纔倒了一土籠的土，以後我天天把土蓋上去，積久了，自然也會成山的。朱注說：「學者自強不息，則積少成多；中道而止，則前功盡棄；其止其往，皆在我而不在人。」按尚書旅獒云：「為山九仞，功虧一簣。」孔子之言，蓋本乎此。孟子盡心云：「有為者譬若掘井；掘井九仞而不及泉，猶為棄井也。」大戴禮勸學云：「鍥而舍之，朽木不折；」「鍥而不舍，金石可鏤。」亦可與本章相發。

言，蓋出於此。言山成而但少一簣，其止者，吾自止耳；平地而方覆一簣，其進者，吾自往耳。蓋學者自彊不息，則積少成多；中道而止，則前功盡棄。其止其往，皆在我而不在人也。

子曰：「語之而不惰者，其回也與*？」

廣解《 「語，」去聲，告也。「與，」今作「歟。」顏淵於夫子之言無所不說，服膺弗失，身體力行，欲罷不能，故不惰也。

朱熹章句 語，去聲。與，平聲。惰，懈怠也。范氏曰：「顏子聞夫子之言，而心解力行，造次顛沛未嘗違之。如萬物得時雨之潤，發榮滋長，何有於惰，此羣弟子所不及也。」

子謂顏淵曰：「惜乎吾見其進也；未見其止也！」

廣解《 此章是顏淵死後，孔子感歎之詞。「謂，」是對他人說顏淵也。顏淵能語之而不惰，故見其進，未見其止。曰「惜乎」者，言這樣一個自強不息的人，死了真真可惜也。

朱熹章句 進止二字，說見上章。顏子既死而孔子惜之，言其方進而未已也。

子曰：「苗而不秀者有矣夫！秀而不實者有矣夫*！」

廣解《 「夫，」音扶。稻始生的時候曰「苗；」到葉茂花開的時候稱「秀；」結了穀則曰「實。」此章亦是孔子痛惜顏淵之詞。言顏淵孜孜好學，而不幸早死，有如稻之苗而不秀，秀而不實，深可惜也。漢唐人解本章，說皆如此。朱注則云：「學而不至於成有如此者，是以君子貴自勉也。」則謂泛指求學半途而廢者言。

朱熹章句 夫，音扶。
穀之始生曰苗，吐華曰秀，成穀曰實。蓋學而不至於成，有如此者，是以君子貴自勉也。

子曰：「後生可畏，焉*知來者之不如今也。四十五十而無聞焉*，斯亦不足畏也已！」

廣解《 「後生」即今語所謂「青年。」「焉，」平聲，安也，副詞。「來者，」指後一輩的人而言；「今，」指現代的成年人而言。這就是說：「青年是可畏的；怎能逆料後輩底不及現代呢？」青年之所以可畏，正因他們年富力強，進德修業，未可限量，大有「後來居上」的希望。如其不能及時努力，到了四十五十之年，而無學問道德上的聲聞，則正是所謂「小時了了，大未必佳；」這亦不足畏了！青年人讀此章，尤當猛省。

朱熹章句 焉知之焉，於虔反。
孔子言後生年富力彊，足以積學而有待，其勢可畏，安知其將來不如我之今日乎？然或不能自勉，至於老而無聞，則不足畏矣。言此以警人，使及時勉學也。曾子曰：「五十而不以善聞，則不聞矣」，蓋述此意。尹氏曰：「少而不勉，老而無聞，則亦已矣。自少而進者，安知其不至於極乎？是可畏也。」

子曰：「法語之言，能無從乎？改之爲貴！巽*與之言，能無說*乎？繹*之爲貴！說而不繹，從而不改，吾末如之何也已矣！」

廣解《 「法語之言，」是正言也，就是質直的教訓。正言，人所敬憚，故不敢不從。但須從其言而改之，方為可貴。巽，音遜，柔順也。「巽與之言，」是委婉的勸導。「說，」即悅字。「繹，」尋繹也，就是仔仔細細地省察他的話，尋出他的言外之意。必如此，方為可貴。如其聞巽與之言，徒悅其言之柔順，而不知尋繹其微意之所在；聞法語之言，徒然面從，而不能切實改過；則是不可以理喻，不可以情感，法語巽言，均失其效矣，所以孔子說：「我也沒奈何他了！」

朱熹章句 法語者，正言之也。巽言者，婉而導之也。繹，尋其緒也。法言人所敬憚，故必從；然不改，則面從而已。巽言無所乖忤，故必說；然不繹，則又不足以知其微意之所在也。

楊氏曰：「法言，若孟子論行王政之類是也。巽言，若其論好貨好色之類是也。語之而未達，拒之而不受，猶之可也。其或喻焉，則尚庶幾其能改繹矣。從且說矣，而不改繹焉，則是終不改繹也已，雖聖人其如之何哉？」

子曰：「主忠信，毋友不如己者，過則勿憚改。」

廣解《 此章已見學而篇，但少記了一節。邢疏曰：「記者異人，故重出之」。

朱熹章句 重出而逸其半。

子曰：「三軍可奪帥也；匹夫不可奪志也。」

廣解《 三軍，泛指軍隊。帥，是軍隊的統帥。匹夫，是平民。朱注引侯氏曰：「三軍之勇在人，匹夫之志在己。故帥可奪而志不可奪。」按此章之旨，在說明志之不可奪，上句是比喻之辭。

朱熹章句 侯氏曰：「三軍之勇在人，匹夫之志在己。故帥可奪而志不可奪，如可奪，則亦不足謂之志矣。」

子曰：「衣敝縕袍，與衣狐貉者立，而不恥者，其由也與？」

廣解《 「衣，」去聲，就是「穿。」集解引孔云：「縕，枲著。」枲著，謂以亂麻為著。藝文類聚、太平御覽引鄭玄，論語注云：「縕，絮著。」絮著，言以絮為著。古無木綿，故以亂麻或舊絮為著做綿袍也。貉，胡各反。狐，貉，皆獸名。此指狐皮，貉皮的袍子。常人自己穿了破舊的衣裳，見人家穿了簇新的狐皮袍子，往往自以為難看可恥。子路則穿了一件破舊的縕袍，與穿狐皮袍子的人，共同立在一處，而不覺得羞恥，故孔子特別稱贊他。

「不忮不求，何用不臧？」子路終身誦之。子曰：「是道也，何足以臧？」

廣解《 「不忮不求，何用不臧」二語，見詩經衛風雄雉篇。毛傳云：「忮，害也。臧，善也。」按說文云：「忮，很也。」按忮音志。有所很嫉忌害叫做「忮；」有所歆羨貪慕叫做「求。」言人能不忮不求，則何用為不善也。子路常念誦此二語，以為此二語可以終身行之。孔子以其所取者太小，故告之曰：「是或一道也，但亦何足以為盡善乎？」蓋望其更進一步耳。按此章，漢人舊解，絕不與上章相涉。作疏者始謂與上章相連，孔子引詩以美子路，子路聞譽自喜，故終身誦

朱熹章句 衣，去聲。縕，紆粉反。貉，胡各反。與，平聲。

敝，壞也。縕，枲著也。袍，衣有著者也，蓋衣之賤者。狐貉，以狐貉之皮為裘，衣之貴者。子路之志如此，則能不以貧富動其心，而可以進於道矣，故夫子稱之。

朱熹章句 忮，之豉反。

忮，害也。求，貪也。臧，善也。言能不忮不求，則何為不善乎？此衛風雄雉之詩，孔子引之，以美子路也。呂氏曰：「貧與富交，彊者必忮，弱者必求。」終身誦之，則自喜其能，而不復求進於道矣，故夫子復言此以警之。

謝氏曰：「恥惡衣惡食，學者之大病。善心不存，蓋由於此。子路之志如此，其過人遠矣。然以眾人而能此，則可以為善矣；子路之賢，宜不止此。而終身誦之，則非所以進於日新也，故激而進之。」

之。朱注亦采疏說。似把子路看得太低；且孔子既引詩以贊之，是已取「何用不臧」之意，而又忽云：「何足以臧，」亦先後矛盾。本篇注疏本三十章，經典釋文則云三十一章。陸德明所見之本，殆即分「不忮不求」以下，另為一章。史記弟子列傳載衣敝縕袍一事，亦無「不忮不求」二句。故仍以分立一章為是。

子曰：「歲寒，然後知松柏之後彫也。」

廣解《

孔子以松柏比堅毅卓絕的君子。以松柏歲寒後彫喻君子之處亂世，而不改其操，臨患難，而不變其節。尋常的草木，在春夏和暖的時候，都開花結果，枝葉茂盛；一到冬天，經了霜雪，就葉落枝枯，不見活氣。只有松樹、柏樹，雖到寒冷的時節，仍舊不會彫枯，這是松柏能耐寒冷的緣故。按莊子讓王篇云：「天寒既至，霜雪既降，吾是以知松柏之茂也。陳蔡之隘，於丘其幸乎！」是此章為孔子厄於陳蔡時謂子路之言。

子曰：「知*者不惑。仁者不憂。勇者不懼。」

廣解《

「知，」今作「智。」朱注云：「明足以燭理，故不惑；理足以勝私，故不憂；氣足以配道義，故不懼。」

朱熹章句　范氏曰：「小人之在治世，或與君子無異。惟臨利害、遇事變，然後君子之所守可見也。」

謝氏曰：「士窮見節義，世亂識忠臣。欲學者必周於德。」

朱熹章句　明足以燭理，故不惑；理足以勝私，故不憂；氣足以配道義，故不懼。此學之序也。

子曰：「可與共學，未可與適道。可與適道，未可與立。可與立，未可與權。」

廣解《 「與」即「以。」淮南子氾論訓引此章，即「與」「以」錯出。朱注云：「權，稱錘也，所以稱物而知其輕重者也。『可與權，』謂能權輕重，使合義也。」按可與共學，謂可與切磋琢磨，共同研究學問。但雖力學而其志或在利祿，或在聲聞，或在記誦詞章，故曰「未可適道。」志在適道者，又或所守不堅，半途而廢，故曰「未可與立。」能守道而卓然有以自立矣，或知常而不知變，則亦未能通經達權，故曰「未可與權。」按漢儒連下唐棣之華為一章，故以「權」為反經合道。程子以其近於權術權變之說而非之，故曰「權，經也。」朱子謂以孟子「嫂溺援之以手」之義推之，則權與經亦當有辨云。

朱熹章句 可與者，言其可與共為此事也。程子曰：「可與共學，知所以求之也。可與適道，知所往也。可與立者，篤志固執而不變也。權，稱錘也，所以稱物而知輕重者也。可與權，謂能權輕重，使合義也。」楊氏曰：「知為己，則可與共學矣。學足以明善，然後可與適道。信道篤，然後可與立。知時措之宜，然後可與權。」洪氏曰：「易九卦，終於巽以行權。權者，聖人之大用。未能立而言權，猶人未能立而欲行，鮮不仆矣。」程子曰：「漢儒以反經合道為權，故有權變權術之論，皆非也。權只是經也。自漢以下，無人識權字。」愚按：先儒誤以此章連下文偏其反而為一章，故有反經合道之說。程子非之，是矣。然以孟子嫂溺援之以手之義推之，則權與經，亦當有辨。

「唐棣*之華*，偏其反而！豈不爾思？室是遠而！」子曰：「未之思也夫*？何遠之有？」

廣解《 「華，」今作「花。」「夫，」音扶。「唐棣之華」四句，是古時的詩：詩經裏沒有這四句，所以昔人都稱為「逸詩。」

「康棣，」是一種花的名稱。「偏，」通「翩。」「反，」同「翻。」「而，」語助詞，此處用作狀詞的語尾。「反而」猶云「翻然。」「偏其反而，」形容花朵動搖之狀。朱注云：「此逸詩也。於六義屬『興，』上兩句無意義，但以起下兩句之辭耳。其所

朱熹章句 棣，大計反。唐棣，郁李也。偏，晉書作翩。然則反亦當與翻同，言華之搖動也。而，語助也。此逸詩也，於六義屬興。上兩句無意義，但以起下兩句之辭耳。其所謂爾，亦不知其何所指也。夫，音扶。夫子借其言而反之，蓋前篇「仁遠乎哉」之意。程子曰：「聖人未嘗言易以驕人之志，亦未嘗言難以阻人之進。但曰未之思也，夫何遠之有？此言極有涵蓄，意思深遠。」

謂『爾』，亦不知其所指也。」「豈不爾思，室是遠而，」就是說：「不是我不想念你，而是你住得太遠了。」孔子這四句詩，大概是寫懷念遠人之情的。孔子論詩，主張要有真實的情感。（「思無邪」當如此解，已見前。）所以對於這詩不以為然，批評道：「沒有想念他吧！如果想念他，有什麼遠呢？」「夫」字，就是今語的「吧」字，用以表示神情語氣的。武億經讀考異，謂「夫」字當屬上讀，有詠嘆之趣。劉氏正義以為「其說良然。」今亦從之。

按此章，注疏及皇本，均與上章相合為一章。意思是說普通的花，皆先開後合；獨有唐棣之花，初開反背，終乃合并，是反常的。詩人見反常的花，而想到反常的「權；」又以行權是很難的，所以說不是不想行權，無如權之道很深遠，不易求到。孔子則以為一個人已經至於道，已經有所建樹，只要能夠由常道反轉來一想，就可以得到權的道理，所以說是不想權，並不是權之道深遠。似嫌迂曲。

鄉黨第十

孔子於鄉黨，恂恂如也，似不能言者。其在宗廟、朝廷，便便言，唯謹爾。

廣解

「鄉黨，」猶今言「鄉里。」「恂恂，」恭敬溫和之貌。「如」為狀詞之語尾；「恂恂如，」即「恂恂然。」「似不能言」者，是好像不能說話的樣子，非真不能說話也。鄉黨是因為父兄宗族之所在，不欲以賢知先人，故言語寡少。便音駢，平聲。

「便便，」辯也。「謹，」謹慎也。孔子在魯國的祖廟助祭於公，或在魯君的朝廷見君，說起話來，於禮法政事，不肯緘默，其言甚辯；但仍舊極其謹慎，不肯說錯。

右第一節，記孔子在鄉黨與在廟朝，發言的態度不同。

按本節與下節，劉氏正義併為一節。今從朱注分之。

朱熹章句

恂，相倫反。恂恂，信實之貌。似不能言者，謙卑遜順。不以賢知先人也。鄉黨，父兄宗族之所在，故孔子居之，其容貌辭氣如此。朝，直遙反，下同。便，旁連反。便便，辯也。宗廟，禮法之所在；朝廷，政事之所出；言不可以不明辨。故必詳問而極言之，但謹而不放爾。此一節，記孔子在鄉黨、宗廟、朝廷言貌之不同。

朝，與下大夫言，侃侃如也；與上大夫言，誾誾如也。君在，踧踖如也。與與如也。

廣解

「朝，」謂在朝廷上，此君未視朝時也。「下大夫，」指官位與孔子相並的，及位在孔子以下的。孔子仕魯，為小司空、小司寇，（依正義說。）故亦為下大夫也。「上大夫，」即

朱熹章句

侃，苦旦反。誾，魚巾反。此君未視朝時也。王制，諸侯上大夫卿，下大夫五人。許氏說文：「侃侃，剛直也。誾誾，和悅而諍也。」踧，子六反。踖，子亦反。與，平聲，或如字。

卿，官位在孔子以上的。集解採孔曰：「侃侃，」和樂之貌。「誾誾，」中正之貌。按爾雅釋詁：「衎，樂也。」此以「侃」為「衎」之通借字，故訓「和樂。」說文：「誾，和悅而諍也。」諍者，辨其是非，不妄諧俗，故訓「中正。」「誾，」魚巾反。此言孔子和同等的官及下級官說話，和氣而歡樂。同上級官說話，中理而正當。所謂對下不驕，對上不諂也。朱注據說文，以「剛直」釋「侃侃，」不如孔說為長。集解又採馬曰：「踧踖，恭敬之貌。與與，威儀中適之貌。」「踧踖」讀如「促節。」「與」通「懊，」通「趣，」行步安舒也。言孔子上朝，君主在前，態度恭敬，威儀安舒也。「中適，」猶言恰到好處。

右第二節，記孔子在朝的言論儀容。

君召使擯*，色勃*如也；足躩*如也。揖所與立，左右手；衣前後，襜*如也。趨進，翼如也。賓退，必復命曰：「賓不顧矣。」

廣解

擯，讀如賓去聲，亦作儐。「君召使擯」者，言魯君使孔子為儐以迎接賓客也。古時賓主相見，賓副曰介，主副曰擯。「勃如，」變色也。與孟子「王勃然變乎色」之「勃然」同，但此謂變色起敬耳。躩音覺。「足躩如，」是兩腳盤旋逡巡之貌。敬君命故也。

儐不止一人，「所與立，」謂同為儐者。「左右手」者，集

君在，視朝也。踧踖，恭敬不寧之貌。與與，威儀中適之貌。張子曰：「與與，不忘向君也。」亦通。此一節，記孔子在朝廷事上接下之不同也。

朱熹章句

擯，必刃反。躩，驅若反。

擯，主國之君所使出接賓者。勃，變色貌。躩，盤辟貌。皆敬君命故也。襜，亦占反。

所與立，謂同為擯者也。擯用命數之半，如上公九命，則用五人，以次傳命。揖左人，則左其手；揖右人，則右其手。襜，整貌。疾趨而進，張拱端好，如鳥舒翼。紓君敬也。此一節，記孔子為君擯相之容。

解鄭曰：「揖左人左其手，揖右人右其手。」「襜，」讀若穿。朱注云：「整貌。」按楚辭九歎：「裳襜襜而含風兮。」洪興祖補注：「襜襜，衣動貌。」兩手拱揖，移左移右，則衣之前後襜然飄動矣。接賓客入內時，走得快，故曰「趨進。」「翼如」者，集解孔曰：「言端好也。」按淩曙典故覈所說，疾趨，須身小折，頭直，手足正。禮記玉藻云：「疾趨則欲發而手足無移。」疾趨而兩手不動，如鳥舒翼而翔，故曰「翼如。」

賓辭，君主命擯送賓。賓退去以後，孔子為擯事畢，必回到君主前復命說：「賓已去了。」按公食大夫禮及聘禮於賓退，送於門外之後均言「賓不顧。」故復命時曰「賓不顧矣。」

右第三節，記孔子受命為擯時的儀容。

入公門，鞠躬如也；如不容。立不中門。行不履閾*。過位，色勃如也；足躩如也；其言似不足者。攝*齊*升堂，鞠躬如也；屏氣似不息者。出，降*一等，逞*顏色，怡*怡如也，沒階，趨進，翼如也。復其位，踧踖如也。

廣解

「入公門」者，入君主的門也。古時諸侯有三門，即庫門、雉門、路門。最先入的外門為庫門。「鞠躬如」者，低著頭進去，如鞠躬的樣子也。「如不容，」言公門雖高大，而自己低著頭，好像公門低小，不能容納一般，這是敬之至也。「立不中門，」是說不立在門的中央。閾音域，是門限。「行不

朱熹章句

鞠躬，曲身也。公門高大而若不容，敬之至也。閾，于逼反。

中門，中於門也。謂當棖闑之間，君出入處也。閾，門限也。禮：士大夫出入君門，由闑右，不踐閾。謝氏曰：「立中門則當尊，行履閾則不恪。」位，君之虛位。謂門屏之間，人君宁立之處，所謂宁也。君雖不在，過之必敬，不敢以虛位而慢之也。言似不足，不敢肆也。齊，音

履閾，」是說走過門，不踏在門限上。位是君主的坐位。進了庫門，到外朝，（諸侯三朝之一。其餘二朝為治朝，內朝。）就見君主不常御的坐位。但君雖不在此位，而走過君的虛位時，亦當起敬，故色勃如，足躩如也。「其言似不足，」言走過外朝的君位以後，漸近君主，故雖和人說話，不敢放肆，像說不暢快的樣子。攝，撩也。齊，音資；衣的下擺叫「齊。」升堂，由外朝入雉門，升君主常日聽政的治朝之堂也。拾級登堂，故須撩起衣裳的下襬。這時孔子走路的樣子，也像鞠躬一般。屏音丙，去聲。「屏氣，似不息，」就是屏著鼻氣，像不呼吸的樣子。蓋在治朝，對著君主大聲呼吸，似不敬也。「出，」退朝時走出治朝之堂也。等，階級。「降一等」者，走下堂階一級也。逞，舒展也。「逞顏色」者，屏氣已久，走下堂階一級，就舒氣解顏也。「怡怡如，」是和悅的樣子。陸德明經典釋文云：「『沒階趨，』一本作『沒階趨進，』誤。」臧琳經義雜記曰：「史記世家作『沒階趨進。』聘禮註引論語同。曲禮士相見禮疏引，並有『進』字。趨進者，趨前之謂也；舊有此字，非誤。」「沒階，」階走完也。「趨進，翼如也」者，走完階沿，在平地上向前走，雖不像對君主時的恭敬，亦很端正也。「復其位」者，出雉門，回到外朝，又經過君主的虛位之前也。

右第四節，記孔子趨朝的儀容。按劉氏正義謂此節與下節同記聘問之事。今從朱注。

容。

攝，摳也。齊，衣下縫也。禮：將升堂，兩手摳衣，使去地尺，恐躡之而傾跌失容也。屏，藏也。息，鼻息出入者也。近至尊，氣容肅也。

陸氏曰：「趨下本無進字，俗本有之，誤也。」

等，階之級也。逞，放也。漸遠所尊，舒氣解顏。怡怡，和悅也。沒階，下盡階也。趨，走就位也。復位踧踖，敬之餘也。此一節，記孔子在朝之容。

執圭，鞠躬如也，如不勝，上如揖；下如授。勃如戰色；足蹜蹜如有循。享禮，有容色。私覿，愉愉如也。

廣解

圭是玉，上銳下方。諸侯各有命圭；為君聘使鄰國，須執持君之圭而往。勝平聲。「如不勝」者，言執君之圭，像力不能勝的樣子。敬之至也。曲禮云：「凡執主器，執輕如不克。」義與此同。「上如揖，下如授，」是說執圭的高低。朱注云：「謂執圭平衡，手與心齊，高不過揖，卑不過授也。」「勃如戰色」者，言執圭時，小心謹慎，惟恐失禮，容色和平時不同，有像戰慄的樣子。蹜音縮。「足蹜蹜如有循」者，言行步促狹，不敢開大步，並且像循著軌道而行，亦表示謹慎的意思。以上是記聘問鄰國授圭時的禮容。享，獻也。行授圭禮後，乃行「享禮。」聘禮授圭；享禮授璧，而所獻之物多，如皮幣之屬，一一羅列庭中，叫做「庭實。」圭所以申信，璧所以交歡，這時不復有戰慄之色，容貌較先時從容，故曰「有容色；」此正對「勃如戰色」而言。

覿，見也。行聘享公禮已畢，和鄰國君主，以私人的資格相見，叫做「私覿。」「愉愉，」是一種很和氣的神情和相貌。按郊特牲謂人臣無外交，故以大夫之私覿為非禮。鄭玄注謂其君親來，則其臣不敢私見於主國君；以君命聘，則有私見。則此言私覿，與郊特牲所云，並不矛盾。

右第五節，記孔子聘問鄰國時授圭、享禮、私覿的儀容。

朱熹章句　勝，平聲。蹜，色六反。

圭，諸侯命圭。聘問鄰國，則使大夫執以通信。如不勝，執主器，執輕如不克，敬謹之至也。上如揖，下如授，謂執圭平衡，手與心齊，高不過揖，卑不過授也。戰色，戰而色懼也。蹜蹜，舉足促狹也。如有循，記所謂舉前曳踵。言行不離地，如緣物也。

享，獻也。既聘而享，用圭璧，有庭實。有容色，和也。儀禮曰：「發氣滿容。」私覿，以私禮見也。愉愉，則又和矣。此一節，記孔子為君聘於鄰國之禮也。晁氏曰：「孔子，定公九年仕魯，至十三年適齊，其間絕無朝聘往來之事。疑使擯執圭兩條，但孔子嘗言其禮當如此爾。」

君子不以紺緅飾。紅紫不以爲褻服。當暑袗絺綌，必表而出之。緇衣羔裘；素衣麑裘；黃衣狐裘。褻裘長，短右袂。必有寢衣，長一身有半。狐貉之厚以居。去喪，無所不佩。非帷裳，必殺之。羔裘、玄冠不以弔。吉月，必朝服而朝。

廣解《

「君子，」謂孔子也。「紺，」音幹。說文云：「紺，深青而揚赤色也。」段玉裁注，以為即今之「天青，」又名「紅青。」深青近黑，故鄭玄以為玄色之類，則似借「紺」為「黚。」「緅，」讀若周。朱注云：「絳色。」士冠禮注云：「赤而微黑。」廣雅云：「緅，青也。」則亦深青而近黑之色。「飾，」領緣。「不以紺緅飾」者，言不用此二色做領緣也。紺色是齋服；以紺為飾，則像齋服。緅色是用以飾三年之喪的練服的；（三年之喪，至十三月曰小祥。練為小祥祭名；練服，此時所服。）今非喪服，而亦以淺絳色為飾，則類於喪服矣。故孔子緣領，不用此二色也。「褻服」者，在家中私居時所穿的衣服。紅紫是間色不是正色，且近於婦人女子之服，當時人雖愛用之，孔子則雖家居的衣服，亦不用此二色；至於正服，更無論了。「袗，」音診，單衣也。細麻布叫「絺，」音癡；粗麻布叫「綌，」音隙。「袗絺綌」者，麻布的單衫；就是現在的夏布衫。「當暑」者，當暑熱的時候。「必表而出之」者，言夏布單衫，只可做外衣，著身尚須穿一件裏衣，使身體的皮肉，不

朱熹章句

紺，古暗反。緅，側由反。君子，謂孔子。紺，深青揚赤色，齊服也。緅，絳色。三年之喪，以飾練服也。飾，領緣也。紅紫，間色不正，且近於婦人女子之服也。褻服，私居服也。言此則不以為朝祭之服可知。袗，單也。葛之精者曰絺，麤者曰綌。表而出之，謂先著裏衣，表絺綌而出之於外，欲其不見體也。詩所謂「蒙彼縐絺」是也。麑，研奚反。緇，黑色。羔裘，用黑羊皮。麑，鹿子，色白。狐，色黃。衣以裼裘，欲其相稱。長，欲其溫。短右袂，所以便作事。長，去聲。齊主於敬，不可解衣而寢，又不可著明衣而寢，故別有寢衣，其半蓋以覆足。程子曰：「此錯簡，當在齊必有明衣布之下。」愚謂如此，則此條與明衣變食，既得以類相從；而褻裘狐貉，亦得以類相從矣。狐貉，毛深溫厚，私居取其適體。去，上聲。君子無故，玉不去身。觿礪之屬，亦皆佩也。殺，去聲。朝祭之服，裳用正幅如帷，要有襞積，而旁無殺縫。其餘若深衣，要半下，齊倍要，則無襞積而有殺縫矣。喪主素，吉主玄。弔必變服，所以哀死。吉月，月朔也。孔子在魯致仕時如此。此一節，記孔子衣服之制。蘇氏曰：「此孔氏遺書，雜記曲禮，非特孔子事也。」

外露也。此朱注說。一說「表而出之，」謂有表衣出其上，即加上衣也。緇衣，黑色的衣。羔裘，是黑羊皮。素衣，白色的衣。「麑」音尼。麑裘，是白色的麑皮。黃衣，黃色的衣。狐裘色黃。古人穿皮襖，以毛向外，而皮襖的外面更加一單衣，這單衣叫做「裼。」上所謂衣，即裼也。孔子要中外的衣服顏色相稱，故裼與裘，必用一色。褻裘，是家居時穿的皮襖；做得長，取其暖也。「短右袂」者，右手的衣袖短些，取其便於做事。此朱注說。一說「右，」本作「又，」手也，非僅指右手而言。若僅指右手，則左右袂長短不同矣。亦可通。「寢衣，」鄭注云：「今小臥被是也。」說文亦云：「被，寢衣也。長一身有半。」是寢衣，即現在的被。「有，」古通「又。」言睡時蓋的被，比身子長一身半，使手腳不外露也。朱注引程子云：「此錯簡，當在『齋必有明衣布』之下。」故釋之曰：「齋主於敬，不可解衣而寢，又不可著明衣而寢，故別有寢衣，其半蓋以覆足。」與鄭許說異。狐貉，狐皮襖也，毛長而暖。家居的時候，衣服貴能適體，故孔子穿狐皮襖也。一說，「居」有坐的意義，此以狐貉為坐褥，非言家居的衣服。「佩，」帶掛玉器也。平常時候，身邊必帶掛玉器。只有喪事時，把佩玉去掉。故曰「去喪無所不佩。」按禮記 玉藻云：「凡帶必有佩玉，唯喪否。」又云：「君子無故，玉不去身。君子於玉比德焉。」

可與此節所記相發。「帷裳，」是朝祭之服，用正幅布做，前三幅，後四幅，在裳的上畔，攝收使小，以稱腰身，故襞積很多，如今之百褶裙。因為是要用正幅布做，所以並不斜殺其幅。所謂「殺，」即割削剪裁也「殺，」去聲。「非帷裳，」是帷裳以外的其他衣裳。這些衣裳，下畔倍於上畔的腰，必斜殺其幅以縫之，故曰「必殺之」也。大概當時人，於非朝祭的帷裳，亦有用正幅布做，而不斜殺其幅者；孔子則不然。故門弟子記之。古人以白色為素服，玄色為吉服。「羔裘玄冠，」是吉服。故孔子不用以弔喪。「吉月，」是月之初一日。古時，初一日君臣有至太廟視朔之禮。視朔之服，為皮弁，素衣，素裳。而平日視朝之服，則為玄冠，緇衣，素裳。此處所謂「朝服，」集解引孔曰：「皮弁服也。」按即視朔之服也。魯自文公不視朔，而孔子獨於是日，仍衣皮弁服而朝，亦我愛其禮之意也。見毛氏四書改錯則謂孔子在初一日，必先衣皮弁服入朝，至君不視朔，然後易朝服而朝於君。本來朝服而朝，可不必記；因其不先服，故記之也。說亦可通。

右第六節，記孔子穿衣的情形。按本節依劉氏正義至「齊必有明衣布」止，今從朱注。

齊，必有明衣，布。齊，必變食；居必遷坐。

廣解

齊，今作齋。「齊，」即齋字。凡祭祀必齋，齋必沐浴。「明衣，」皇疏謂「齋浴時所著之衣也。浴竟，身未燥，未堪著好衣，又不可露肉，故用布為衣，如衫而長身也。著之以待身燥。」「變食」者，集解引孔曰：「改常饌。」朱注云：「謂不飲酒，不茹葷。」「遷坐」者，集解引孔曰：「易常處。」朱注同。按變食，遷坐，亦無非求清潔也。

右第七節，記孔子齋時衣食居處之事。按本節「明衣」句，劉氏正義歸入上面記衣的一節；「變食」二句，歸入下面記食的一節。今從朱注另為一節。

朱熹章句

齊，側皆反。

齊，必沐浴，浴竟，即著明衣，所以明潔其體也，以布為之。此下脫前章寢衣一簡。變食，謂不飲酒、不茹葷。遷坐，易常處也。此一節，記孔子謹齊之事。楊氏曰：「齊所以交神，故致潔變常以盡敬。」

食不厭精。膾不厭細。食饐而餲，魚餒而肉敗，不食。色惡不食。臭惡不食。失飪不食。不時不食。割不正，不食。不得其醬，不食。肉雖多，不使勝食氣。惟酒無量，不及亂。沽酒，市脯，不食。不撤薑食。不多食。祭於公，不宿肉。祭肉，不出三日；出三日，不食之矣。

廣解

「食，」音嗣，飯也。牛、羊、豬、魚之類切細的，叫做「膾。」朱注云：「食精則能養人，膾粗則能害人；「不厭，」言以是為善，非為必欲如是也。」如朱注則此二句之意為「飯米不厭其精白；肉膾不厭其細切。」劉氏正義引國語晉語「民志無厭」句韋注曰：「厭，極也。」謂孔子飯疏飲水，樂

朱熹章句

食，音嗣。

食，飯也。精，鑿也。牛羊與魚之腥，聶而切之為膾。食精則能養人，膾麤則能害人。不厭，言以是為善，非謂必欲如是也。

食饐之食，音嗣。饐，於冀反。餲，烏邁反。飪，而甚反。

在其中，且以恥惡食為未足與議，故飯不極精，膾不極細。似較朱說為長。「饐」音意，飯煮得太爛。「餲」音愛，爛飯變了氣味。孔子對於這種飯是不吃的。魚壞曰「餒，」肉壞曰「敗。」魚肉壞了的，孔子亦不吃也。食物顏色不好曰「色惡；」氣味不好曰「臭惡；」都是就要壞了。「失飪」者，烹飪時火頭不足，沒有煮熟也。孔子都不吃。集解引鄭玄以為「不時」者，不是吃飯的時候。朱注則謂「不時」是指果實未熟之類。二說並通。此皆孔子講究衛生之處。割，割肉也，今人言切。「割不正，」皇疏及朱注均謂切不方正。朱注並引漢陸績之母割肉未嘗不方，斷葱以寸為度為例。邢疏則謂析解牲體脊脅臂臑之屬，不得其正；正義亦主之。割不正的肉，雖然無害衛生，但孔子亦不苟食也。「醬，」種類不一，有烹時用的，有吃時加的。孔子對於食物，如無相宜之醬，不欲食之。汪烜四書詮義則謂醬為醯醢鹽梅之總名；如內則所載，各以其氣味物性之宜相配，此所謂「得其醬」也。詳見劉氏正義引。「食氣」之「食」音嗣，飯也。肉所以佐飯，應適得其當。若只吃一些飯，而輔以許多肉，便是吃肉不是吃飯了；這叫做「肉勝食氣；」孔子則不如此。酒為賓主盡歡而飲。若多飲而醉，往往失儀惹禍。即此所謂「亂」也。孔子飲酒雖無限量；但決不至於亂。「沽酒，」是市上買來的酒，裏面多有雜質羼入。「市脯，」是市上買來的乾肉，多不新鮮或不清潔。二者吃了喝了，有礙衛生，故孔子不吃不喝。「薑，」即生

饐，飯傷熱濕也。餲，味變也。魚爛曰餒。肉腐曰敗。色惡臭惡，未敗而色臭變也。飪，烹調生熟之節也。不時，五穀不成，果實未熟之類。此數者皆足以傷人，故不食。割肉不方正者不食，造次不離於正也。漢陸續之母，切肉未嘗不方，斷蔥以寸為度，蓋其質美，與此暗合也。食肉用醬，各有所宜，不得則不食，惡其不備也。此二者，無害於人，但不以嗜味而苟食耳。食，音嗣。量，去聲。食以穀為主，故不使肉勝食氣。酒以為人合歡，故不為量，但以醉為節而不及亂耳。程子曰：「不及亂者，非惟不使亂志，雖血氣亦不可使亂，但浹洽而已可也。」沽、市，皆買也。恐不精潔，或傷人也。與不嘗康子之藥同意。薑，通神明，去穢惡，故不撤。適可而止，無貪心也。助祭於公，所得胙肉，歸即頒賜。不俟經宿者，不留神惠也。家之祭肉，則不過三日，皆以分賜。蓋過三日，則肉必敗，而人不食之，是褻鬼神之餘也。但比君所賜胙，可少緩耳。

薑。菜中用薑，能去腥穢，故不撤去。「不多食」者，所謂「適可而止，」不貪心多吃也。一說此「不多食，」承上文「薑」說。「祭於公」者，助祭於公家也。公祭的肉，待分到，或已過了三日，故孔子必當天就吃，不再過夜，使肉更不新鮮，故曰「不宿肉」也。「祭肉，」指自己家裏祭祀的肉。孔子也不過了三日才吃；過了三日，這肉難免腐敗，所以不吃牠了。

右第八節，記孔子日常飲食之事。

食不語。寢不言。

廣解《 「食不語」者，吃飯的時候不說話。「寢不言」者，睡覺的時候不說話。朱注引范氏曰：「聖人存心不他，當食而食，當寢而寢，言語非其時也。」或謂「言」與「語」不同，食則言而不語，寢則語而不言；似嫌迂曲。

右第九節，記孔子當食寢時的儀容。

雖疏*食*、菜羹；瓜，祭，必齊*如也。

廣解《 疏，粗也。食音嗣，飯也。「疏食」是粗糲之飯。(「疏」或云即今「蔬」字。但作蔬，則與下菜羹複。)菜羹，是以菜為羹，瓜，是瓜類。「齊，」同齋，嚴敬貌。孔子貧賤時祭祀祖先，雖或用粗飯，菜羹或瓜類，祭品很薄，但他的容

朱熹章句 答述曰語。自言曰言。范氏曰：「聖人存心不他，當食而食，當寢而寢，言語非其時也。」楊氏曰：「肺為氣主而聲出焉，寢食則氣窒而不通，語言恐傷之也。」亦通。

朱熹章句 食，音嗣。陸氏曰：「魯論瓜作必。」古人飲食，每種各出少許，置之豆閒之地，以祭先代始為飲食之人，不忘本也。齊，嚴敬貌。孔子雖薄物必祭，其祭必敬，聖人之誠也。此一節，記孔子飲食之節。謝氏曰：「聖人飲食如此，非極口腹之欲，蓋養氣體，不以傷

貌是很嚴敬的。按「瓜，」魯論作「必。」鄭玄注主從古論作「瓜。」孔安國註云：「三物雖薄，祭之必敬。」是亦主作「瓜」也。朱注謂「雖薄物必祭，」則從魯矣。又云：「古人飲食每種各出少許，置之豆間之地，以祭先代始為飲食之人，不忘本也。」是仍以本節為記飲食也。不如鄭孔二說為長。

右第十節，記孔子祭時的儀容。

席不正不坐。

廣解 古時席地而坐。設於地的席，如有移動偏斜，孔子不坐。

右第十一節，記孔子坐時的儀容。

鄉人飲酒，杖者出，斯出矣。鄉人儺*，朝*服而立於阼*階。

廣解 「鄉人飲酒」者，古時行鄉飲酒禮也。年老的人拿杖，故稱「杖者。」王制云：「六十杖於鄉。」則此「杖者，」指六十以上之老人。此言行鄉飲酒禮時，孔子必等年紀老的人出去了，自己纔出去。因老者本應敬重；此禮又貴齡崇年，主於養老，更不可對老人失敬也。「儺，」讀懦，平聲，是古時一種風俗；即周禮方相氏所謂「狂夫四人，蒙熊皮，黃金四目，玄衣朱裳，執戈揚盾，帥百隸而儺」也。意在祛邪逐

生，當如此。然聖人之所不食，窮口腹者或反食之，欲心勝而不暇擇也。」

朱熹章句 謝氏曰：「聖人心安於正，故於位之不正者，雖小不處。」

朱熹章句 杖者，老人也。六十杖於鄉，未出不敢先，既出不敢後。儺，乃多反。儺，所以逐疫，周禮方相氏掌之。阼階，東階也。儺雖古禮而近於戲，亦必朝服而臨之者，無所不用其誠敬也。或曰：「恐其驚先祖五祀之神，欲其依己而安也。」此一節，記孔子居鄉之事。

疫。阼階，東面的階：古禮以此為主人所立之階。「朝服，」即上朝時的禮服。孔子遇鄉村裏舉行逐疫的時候，必穿著朝服，去立在家廟的東階之上。皇疏曰：「孔子聞鄉人逐鬼，恐見驚動宗廟，故著朝服而立於阼階，以待祖先，為孝之心也。」

右第十二節，記孔子居鄉之事。

問人於他邦，再拜而送之。

廣解≪　按邢疏云：「此記孔子遺人之禮也。「問，」猶遺也。問者，或自有事問人，或聞彼有事而問之，悉有物表其意。……此孔子凡以物問遺於他邦者，必再拜而送其使者，所以示敬也。」劉氏正義引論語稽云：「士相見當再拜，今拜使者，如拜所問之人。」本節的意思，是說孔子遣使至外國訪問朋友，同時以物送給朋友。當使者出國時，孔子再拜而送之，如送其所訪問的朋友也。

右第十三節，記孔子遣使遺問友人。

康子饋藥*，拜而受之，曰：「丘未達，不敢嘗。」

廣解≪　饋，音愧。康子，季康子，魯卿。他送藥品給孔子。孔子拜而受之。按受大夫之饋而拜，禮也。「丘未達，不敢

朱熹章句　拜送使者，如親見之，敬也。

朱熹章句　范氏曰：「凡賜食，必嘗以拜。藥未達則不敢嘗。受而不飲，則虛人之賜，故告之如此。然則可飲而飲，不可飲而不飲，皆在其中矣。楊氏曰：「大夫有

嘗」者，言我還不知道這藥治甚麼病，所以不敢嘗也。曲禮曰：「醫不三世，不服其藥。」孔子不服康子的藥，就是這個意思。

右第十四節，記孔子受人饋藥。

賜，拜而受之，禮也。未達不敢嘗，謹疾也。必告之，直也。」此一節，記孔子與人交之誠意。

廄焚。子退朝，曰：「傷人乎？」不問馬。

廣解 廄，馬房也。孔子上朝之時，家中的馬房被火燒燬。孔子退朝以後，只問傷不傷人，不問馬；這是貴人而賤畜也。經典釋文云：「一讀至『不』字絕句。」蓋讀「不」為「否；」先問「傷人乎否，」然後問馬，先人而後畜也。此別一解。

右第十五節，記孔子馬廄被焚時事。

朱熹章句 非不愛馬，然恐傷人之意多，故未暇問。蓋貴人賤畜，理當如此。

君賜食，必正席先嘗之。君賜腥，必熟而薦之。君賜生，必畜之。侍食於君，君祭先飯。

廣解 「賜食，」指君以熟食賜孔子也。「必正席先嘗之」者，受了君所賜的熟食以後，必恭恭敬敬坐著，先自己來嘗，然後再以餘者頒賜他人。蓋敬君之惠，而又不留君之惠也。「腥」是生的肉或魚。薦是進獻的意思。因為榮君之賜，必煮熟了，先祭一祭祖先。君賜熟食所以不薦者，恐為餕餘也。「生」是活物；因係君賜，不忍即殺，所以養畜之，以待祭祀之用也。「侍食於君」者，孔子侍坐於君的旁邊，陪君吃飯

朱熹章句 食恐或餕餘，故不以薦。正席先嘗，如對君也。言先嘗，則餘當以頒賜矣。腥，生肉。熟而薦之祖考，榮君賜也。畜之者，仁君之惠，無故不敢殺也。飯，扶晚反。

周禮，「王日一舉，膳夫授祭，品嘗食，王乃食」。故侍食者，君祭，則己不祭而先飯。若為君嘗食然，不敢當客禮也。

也。「祭」是古禮之一；食時把種種食物，先取出少許，放在俎豆邊，以祭先代初造飲食之人也。「先飯，」即先嘗食之，以飯賅其餘的食物也。孔子侍食於君，在君祭時，自己遵禮先吃，如為君嘗食一般，故曰「君祭先飯」也。

右第十六節，記孔子受君賜食及侍食的事。

疾，君視之；東首，加朝服，拖紳。

廣解《 視者，視疾。「疾，君視之，」言孔子有病，君來看病也。「東首，」是睡時頭在東面；病者頭在東面，則君臨榻前，適南面矣。紳，是大帶；朝服所用。孔子有病，不能起牀，穿朝服見君，而又不敢以便服見君，所以君來看病，把朝服蓋在身上，又把紳拖在朝服上面，以盡禮也。

右第十七節，記孔子承君問疾時事。

朱熹章句 首，去聲。拖，徒我反。東首，以受生氣也。病臥不能著衣束帶，又不可以褻服見君，故加朝服於身，又引大帶於上也。

君命召，不俟駕行矣！

廣解《 「君命召」者，君有命令來叫孔子也。上呼下曰「召。」凡遇君命來召，來不及等到馬和車子駕好；即時步行而去。此言孔子急趨君命，急迫先行，不及俟駕車；及行後而家人始以車隨及之耳。

右第十八節，記孔子奉君召時事。

朱熹章句 急趨君命，行出而駕車隨之。此一節，記孔子事君之禮。

入太廟，每事問。

廣解《 已見前八佾篇。按論語稽謂此篇「雜記聖人之事，入廟在所當記，非重出也。」

右第十九節記孔子入太廟事。

朱熹章句 重出。

朋友死，無所歸。曰：「於我殯。」朋友之饋，雖車馬，非祭肉不拜。

廣解《 「朋友死，無所歸」者，孔子的朋友死了，沒有家族來料理喪事也。「曰於我殯」者，孔子說由我來殯殮他也。饋，是送的東西。朋友雖把車馬等貴重的東西來送，也視為平常的事情，而不拜；只有朋友把祭祖先的肉來送，孔子因敬重朋友的祖先，故必拜而受之。

右第二十節，記孔子的交友。

朱熹章句 朋友以義合，死無所歸，不得不殯。朋友有通財之義，故雖車馬之重不拜。祭肉則拜者，敬其祖考，同於己親也。此一節，記孔子交朋友之義。

寢不尸，居不容。

廣解《 「寢不尸」者，不像尸首一般直挺挺的臥在牀上也。正義云：「夫子曲肱而枕，則側臥可知。今養生家亦如此說。」「居，」是平日住在家裏。「不容」者，不像上朝或祭祀時，有莊肅的容儀；這時的態度，十分自然活潑也。按經典釋文「容」一作「客；」唐石經亦作「客。」臧琳經義雜記解孔

朱熹章句 尸，謂偃臥似死人也。居，居家。容，容儀。范氏曰：「寢不尸，非惡其類於死也。惰慢之氣不設於身體，雖舒布其四體，而亦未嘗肆耳。居不容，非惰也。但不若奉祭祀、見賓客而已，申申夭夭是也。」

註「為室家之敬難久」云：「謂因一家之人，難久以客禮敬己也。」此別一解。

右第二十一節，記孔子平居儀容。

見齊衰者，雖狎必變。見冕者，與瞽者，雖褻必以貌。凶服者式之。式負版者。

朱熹章句　狎，謂素親狎。褻，謂燕見。貌，謂禮貌。餘見前篇。式，車前橫木。有所敬，則俯而憑之。負版，持邦國圖籍者。式此二者，哀有喪，重民數也。人惟萬物之靈，而王者之所天也，故周禮「獻民數於王，王拜受之」。況其下者，敢不敬乎？

廣解《　此節與子罕篇所說：「子見齊衰者，冕衣裳者，與瞽者，見之雖少必作，過之必趨」一段，大同小異。意思亦是哀有喪，尊在位，矜殘廢之人。但子罕篇所記，為對於齊衰、冕、瞽之不相識者，而此節則為對於相識之齊衰、冕、瞽者耳。狎，與自己素來親熱也。變者，變了容色對他異於常時也。褻，與狎義同。或曰：「燕見」也。貌，禮貌。「凶服」即喪服。「凶服者，」即上所云「齊衰者。」「式」即「軾，」是車上一條橫木；此作動詞用，引申為把身體憑在式上以表敬意的意思。「版」者，古時無紙，國家的圖籍，都是用竹版、木版寫。「負版者，」捧國家圖籍的人也。孔子在車子上，見穿喪服的，負國家圖籍的人，必在式上憑著，以表敬意。

右第二十二節，記孔子特施敬禮的人。

有盛饌，必變色而作。

廣解《　盛饌者，即豐富的酒席。「變色而作」者，集解引孔曰：「作，起也。敬主人之親饋。」現在正式宴會，還有主人親自上菜的禮節，就是「親饋。」此時孔子必變色而起，敬禮有加也。此節對於孔註「親饋」二字，極要注意。因非親饋，則雖為盛饌，孔子亦不若是重視也。

右第二十三節，記孔子宴會中的儀容。

迅*雷、風烈、必變。

廣解《 忽然一聲霹靂，叫做「迅雷。」忽然起了一陣大風，叫做「風烈。」「風烈」即是「烈風，」此與「迅雷」錯綜以成文耳。「必變」者，敬天也。禮記玉藻云：「若有疾風、迅雷、甚雨，則必變，雖夜必興，衣服冠而坐。」義與此同。

右第二十四節，記孔子天變時的儀容。按劉氏正義本節，與上節併為一節。茲因二事，性質並不相同。故分之。

升車，必正立執綏*。車中，不內顧，不疾言，不親指。

廣解《 綏是挽以上車的一條繩索。孔子上車的時候，必正立而手執綏，表示不亂動，亦防傾跌也。「內顧」者，回頭看後面。「疾言」者，說話說得響而又快也。「親指」者，把手指頭指來指去也。正義曰：「親字義不可解。曲禮云：『車上不妄指。』『親』疑即『妄』字之誤。」孔子坐在車中，不回頭看

朱熹章句 敬主人之禮，非以其饌也。

朱熹章句 迅，疾也。烈，猛也。必變者，所以敬天之怒。記曰：「若有疾風、迅雷、甚雨則必變，雖夜必興，衣服冠而坐。」此一節，記孔子容貌之變。

朱熹章句 綏，挽以上車之索也。范氏曰：「正立執綏，則心體無不正，而誠意肅恭矣。蓋君子莊敬無所不在，升車則見於此也。」內顧，回視也。禮曰：「顧不過轂。」三者皆失容，且惑人。此一節，記孔子升車之容。

後面，說話不響而快，不把手指來指去，其莊敬可知。

右第二十五節，記孔子乘車的儀容。

色斯舉矣，翔而後集。曰：「山梁雌雉，時哉！時哉！」子路共之，三嗅而作。

廣解《　朱注云：「言鳥見人之顏色不善則飛去，回翔審視而後下止。人之見幾而作，審擇所處，亦當如是。然此上下必有闕文矣。」又引邢疏曰：「梁，橋也。「時哉，」言雉之飲啄得其時。子路不達，以為時物而共具之。孔子不食，三嗅其氣而起。」引晁氏曰：「石經『嗅』作『戛，』謂雉鳴也。」引劉聘君曰：「『嗅』當作『狊，』古闃反，張兩翅也。見爾雅。」又云：「愚按如後兩說，則『共』字當為『拱執』之義然。此必有闕文，不可強為之說。」王引之經傳釋詞云：「色斯者，狀鳥舉之疾也。『色斯』即『色然，』驚飛貌也。……哀六年公羊傳：『諸大夫見之，皆色然驚而駭。』何注曰：「色然，驚駭貌，義與此相近也。並歷舉漢人『色斯』二字連用之例為證。按『色斯舉矣，』記鳥飛舉之速；『翔而後集，』記鳥翔集之遲，疑即記所見之雌雉。但為記事狀物之語，不寓他義；不必過於深求，致難索解。「山梁雌雉，時哉時哉！」則孔子見之，偶然脫口而出之語也。山石有在兩巖間如梁者，謂之「山梁；」此雉集其上也。「共」為「拱」之借字。爾雅釋詁：「拱，執也。」「嗅」當從劉說作「狊。」形與「臭」字近，因為「臭，」故五經文

朱熹章句　言鳥見人之顏色不善，則飛去，回翔審視而後下止。人之見幾而作，審擇所處，亦當如此。然此上下，必有闕文矣。共，九用反，又居勇反。嗅，許又反。邢氏曰：「梁，橋也。時哉，言雉之飲啄得其時。子路不達，以為時物而共具之。孔子不食，三嗅其氣而起。」晁氏曰：「石經『嗅』作戛，謂雉鳴也。」劉聘君曰：「嗅，當作狊，古闃反。張兩翅也。見爾雅。」愚按：如後兩說，則共字當為拱執之義。然此必有闕文，不可強為之說。姑記所聞，以俟知者。

字尚作「臭。」唐石經乃加口作「嗅」耳。作，飛舉也。呂氏春秋審己篇言「子路揜雉而復釋之。」揜即共也。蓋雉以倦飛而集，子路揜而執之，亦游山時隨意遊戲之樂事；而旋即釋之，故雉張兩翅，三搏而迅飛耳。」

右第二十六節，記孔子與子路出遊時瑣事。文雖簡短，記敘極生動。注家過於深求，望文生義，反致迂曲難曉耳。

先進第十一

子曰：「先進於禮樂*，野人也。後進於禮樂*，君子也。如用之，則吾從先進。」

朱熹章句 先進後進，猶言前輩後輩。野人，謂郊外之民。君子，謂賢士大夫也。程子曰：「先進於禮樂，文質得宜，今反謂之質朴，而以為野人。後進之於禮樂，文過其質，今反謂之彬彬，而以為君子。蓋周末文勝，故時人之言如此，不自知其過於文也。」用之，謂用禮樂。孔子既述時人之言，又自言其如此，蓋欲損過以就中也。

廣解《 樂，音樂之樂。「先進，」「後進，」猶今言「前輩，」「後輩。」「先進於禮樂，野人也」者，言前輩對於禮樂，文質得宜；但流俗不明白，以為是質樸的野人也。「後進於禮樂，君子也」者，言後輩對於禮樂，文過其質；但流俗不明白，以為是彬彬的君子也。這兩句是說後輩不及前輩，而流俗對於野人、君子之辨的錯誤。「如用之則吾從先進」者，孔子自言：「我如果要行起禮用起樂來，一定從前輩的文質得宜」也。這是依程朱之說（見集註）解釋的。集解邢疏以「先進」為前輩不因時損益禮樂而有古風的；「後進」為後輩因時損益禮樂而得時之中的。皇疏以「先進」為質樸的前輩；「後進」為文勝質的後輩。二說皆謂孔子之「從先進，」是要還淳返素。劉氏正義以為「先進於禮樂，」是先習禮樂而後服官的；因其未服官時，沒有爵祿，而為平民，故曰「野人。」「後進於禮樂，」是襲先世的爵祿，起先並沒有學習禮樂，到了服官之後，才思為禮樂之事的；因其襲先世的爵祿，世代為卿大夫，故曰「君子。」孔子反對當時世襲爵祿的制度，主張行古代的選舉法，所以說如果有用我的，我必行先學而後服官的制度。

統觀諸說，以程朱與劉氏正義之說為長。何邢皇之說，與孔子平日貴時中，貴文質彬彬之義不符，正義已駁之。

子曰：「從我於陳蔡者，皆不及門也。」

廣解《

孔子曾在陳蔡之間絕糧；這時回憶相從於患難中的弟子都不在門，心裏記念他們，所以說：「從我在陳蔡受難的弟子，現在都不在門下了！」按「不及門」訓「不在門，」是朱子之說。何解引鄭玄注及邢疏皇疏均訓為「不及仕進之門。」謂「孔子言時世亂離，非唯我道不行；只我門徒，雖從我在陳蔡者，亦不復及仕進之門。」劉氏正義說：「孟子云：『君子之厄於陳蔡之間，無上下之交也。』無上下之交，即此所云不及門也。」又說：「夫子周遊，亦賴群弟子仕進，

朱熹章句 從，去聲。

孔子嘗厄於陳、蔡之間，弟子多從之者，此時皆不在門。故孔子思之，蓋不忘其相從於患難之中也。

得以維護之；今未有弟子仕陳蔡，故致此困厄也。」則以此語為孔子自言所以阨於陳蔡之故。

德行*：顏淵、閔子騫、冉伯牛、仲弓。言語：宰我、子貢。政事：冉有、季路。文學：子游、子夏。

廣解《

「行，」去聲。此章是記述孔子的高足弟子。孔子弟子三千人，身通六藝者七十二；而此十人，尤為傑出也。朱注與上章合為一章，則此十人是從孔子於陳蔡者。

孔子之學，是學做人；所以「德行」列在第一。「言語」列第二者，因孔子時列國並立，做官的人，常要出國辦外交，所以說話極其注重。「政事」是有政治學識而能從政的人才。「文學」者，能讀詩書知典則的人。十人均稱字，其名已散見以前各篇。

子曰：「回也，非助我者也；於吾言無所不說*。」

廣解《

「助我」指質疑問難，以啟發孔子的施教，如孔子稱子夏的「起子。」說，今作悅。顏淵對於孔子的話，默識心通，無所疑問的，所以不能為孔子啟發也。舊解多作此說，惟皇疏引孫綽曰：「所以每說吾言，理自玄同耳，非為助我也。」則謂「助我」為「幫助我，」此另一說。

朱熹章句

行，去聲。

弟子因孔子之言，記此十人，而并目其所長，分為四科。孔子教人各因其材，於此可見。

程子曰：「四科乃從夫子於陳、蔡者爾，門人之賢者固不止此。曾子傳道而不與焉，故知十哲世俗論也。」

朱熹章句

說，音悅。

助我，若子夏之起予，因疑問而有以相長也。顏子於聖人之言，默識心通，無所疑問。故夫子云然，其辭若有憾焉，其實乃深喜之。

胡氏曰：「夫子之於回，豈真以助我望之。蓋聖人之謙德，又以深贊顏氏云爾。」

子曰：「孝哉！閔子騫，人不閒*於其父母昆*弟之言。」

朱熹章句　閒，去聲。胡氏曰：「父母兄弟稱其孝友，人皆信之無異辭者，蓋其孝友之實，有以積於中而著於外，故夫子歎而美之。」

廣解《　朱注之胡氏曰：「父母兄弟，稱其孝友，人皆信之無異詞者，蓋其孝友之實，有以積於中而著於外，故夫子歎而美之。」此訓「閒」為「異，」言父母兄弟稱閔子騫孝友，別人也稱閔子騫孝友，而無異辭；「孝哉！閔子騫」一句，即為別人稱閔子之言，故稱閔子之字也。劉氏正義曰：「『不』字作『無』字解。人無非閒之言，不是無非閒閔子之言，乃無非閒其父母昆弟之言。」此解「閒」字與「禹吾無閒然矣」之「閒」同。「人不閒於其父母昆弟之言」者，言人於其父母昆弟無閒言也。後漢書范升傳云：「升聞子以人不閒於其父母為孝，臣以下不非其君上為忠。」即本此義。太平御覽孝部引說苑云：「閔子騫母死，其父更娶，復有二子。子騫為其父御車，失轡。父持其手，衣甚單，父歸，呼其後母兒，持其手，衣甚厚溫。即謂其婦曰：「吾所以娶汝，乃為吾子。今汝欺我。去，無留！」子騫曰：「母在一子單，母去三子寒。」其父默然。故曰孝哉閔子騫，一言其母還，再言三子溫。韓詩外傳亦載此事，并謂其母改悔，遂成慈母。據此，則人之所以無閒言於其父母兄弟者，以閔子騫之能感格之；此與舜之感化父母及象正同，故孔子稱其孝。

南容三復白圭；孔子以其兄之子妻之。*

廣解《 「妻，」去聲，作動詞用。孔子把姪女許給南容為妻，已見前公冶長篇。詩經大雅抑云：「白圭之玷，尚可磨也；斯言之玷，不可為也。」「白圭，」是白玉。「玷，」是疤點。言白玉上有一些疤點，尚可把它磨去；一個人說話說錯，有了污點，被人聽去，便永久被人看不起了。這四句詩，是教人說話要謹慎。南容常把這四句詩，反復念誦，其能慎言可知。所以能「邦有道不廢，邦無道免於刑戮」也。「三」是虛數，言其常復誦耳。

朱熹章句 三、妻，並去聲。

詩大雅抑之篇曰：「白圭之玷，尚可磨也；斯言之玷，不可為也。」南容一日三復此言，事見家語，蓋深有意於謹言也。此邦有道所以不廢，邦無道所以免禍，故孔子以兄子妻之。

范氏曰：「言者行之表，行者言之實，未有易其言而能謹於行者。南容欲謹其言如此，則必能謹其行矣。」

季康子問：「弟子孰爲好學？」孔子對曰：「有顏回者好學，不幸短命死矣！今也則亡。*」

廣解《 「亡，」今作無。按本章與雍也篇「哀公問」章，大同小異。不過那章問者為魯哀公，此章問者為魯大夫季康子；那章孔子答語，於「好學」下，多「不遷怒，不貳過」兩句而已。崔述洙泗考信錄，謂此未必果為兩事。

朱熹章句 好，去聲。

范氏曰：「哀公、康子問同而對有詳略者，臣之告君，不可不盡。若康子者，必待其能問乃告之，此教誨之道也。」

顏淵死，顏路請子之車以爲之椁*。子曰：「才不才，亦各言其子也。鯉*也死，有棺而無椁*。吾不徒行以爲之椁*。以吾從大夫之後，不可徒行也。」

廣解《

顏路是顏淵之父，名無繇，字路。亦孔子弟子。椁亦作槨，現在用石椁，古有木椁。路見孔子最愛顏淵，自己家又極貧，故請孔子之車賣以為之椁也。鯉是孔子之子，字伯魚。徒行，就是步行。孔子自言我為魯國的大夫；別的大夫都坐車子，我也只得坐車子，不便步行跟在人後也。實為大夫，而曰「從大夫之後」者，集解引孔曰：「謙辭也。」劉氏正義則曰：「孔子初仕魯為大夫；及去位，從士禮。其後魯人以幣召孔子歸，自必復其爵而不居位，若大夫致仕者然，故但從大夫之後。」按古代送喪事人家的禮物，車馬曰賵。（見隱元年公羊傳）是賵喪之禮，本以車馬。故孔子於舊館人之喪，脫驂以贈。顏淵死，孔子亦必有贈；而顏路復有此請，故孔子以鯉死無椁，未嘗賣車事告之。

顏淵死。子曰：「噫*！天喪予！天喪予！」

廣解《

「噫，」歎聲。「天喪予！」意思是說顏淵喪亡，和天喪亡我自己一樣；連說兩句，痛悼之深也。

朱熹章句

顏路，淵之父，名無繇。少孔子六歲，孔子始教而受學焉。椁，外棺也。請為椁，欲賣車以買椁也。鯉，孔子之子伯魚也，先孔子卒。言鯉之才雖不及顏淵，然己與顏路以父視之，則皆子也。孔子時已致仕，尚從大夫之列，言後，謙辭。

胡氏曰：「孔子遇舊館人之喪，嘗脫驂以賻之矣。今乃不許顏路之請，何邪？葬可以無椁，驂可以脫而復求，大夫不可以徒行，命車不可以與人而鬻諸市也。且為所識窮乏者得我，而勉強以副其意，豈誠心與直道哉？或者以為君子行禮，視吾之有無而已。夫君子之用財，視義之可否豈獨視有無而已哉？」

朱熹章句

喪，去聲。

噫，傷痛聲。悼道無傳，若天喪己也。

顏淵死，子哭之慟*。從者曰：「子慟*矣！」曰：「有慟*乎？非夫*人之爲慟*而誰爲？」

廣解《 「慟」者，悲傷過甚也。顏淵死的時候，孔子往顏淵家哭之，悲傷過甚。從者，是從孔子往顏淵家去的弟子，見孔子悲傷到這樣地步，所以說「子慟矣！」「有慟乎？」者，是孔子不自知己之悲傷過甚，聽見從者說，他就問道：「我悲傷過甚了嗎？」接著又說道：「我不為這個人悲傷過甚，還為那一個人這樣悲傷呢？」「夫」音扶。「夫人，」就是「這個人。」

朱熹章句 從，去聲。慟，哀過也。哀傷之至，不自知也。夫，音扶。為，去聲。夫人，謂顏淵。言其死可惜，哭之宜慟，非他人之比也。胡氏曰：「痛惜之至，施當其可，皆情性之正也。」

顏淵死，門人欲厚葬之，子曰：「不可。」門人厚葬之。子曰：「回也，視予猶父也；予不得視猶子也。非我也，夫二三子也！」

廣解《 古代禮制甚嚴。諸侯、大夫、士、庶人喪葬，都有一定的制度。顏淵雖賢，但終是一個平民。厚葬，就是違禮了。門人因為仰慕顏淵的賢德，又以他是孔子最愛的弟子，所以要厚葬他。孔子以厚葬為違禮，故曰「不可」也。門人不聽孔子的話，竟把顏淵厚葬了。孔子因歎道：「顏回看待我同父親一樣；他若真是我的兒子，我可出主意，不使他們違禮厚葬。現在顏回的父親顏路，竟聽門人厚葬了；我雖愛顏回如子，但不便干涉；這個違禮的舉動，不是我的主意，是弟子們的主意也。」

朱熹章句 喪具稱家之有無，貧而厚葬，不循理也。故夫子止之。蓋顏路聽之。歎不得如葬鯉之得宜，以責門人也。

季路問事鬼神。子曰：「未能事人，焉*能事鬼？」曰：「敢問死。」曰：「未知生，焉*知死？」

廣解《 季路，即子路。子路問對於鬼神，應如何奉事。「子曰：『未能事人，焉能事鬼。』」者，劉氏正義說：「事人，若子事父，臣事君是也。『焉能事鬼』，言鬼，則神可知。或以『事鬼』下脫『神』字，非也。」子路又由鬼而連想到死，就再問孔子。「曰：『未知生，焉知死，』」言未能知道「生，」怎能知道「死」也。蓋孔子主張「務民之義，敬鬼神而遠之，」故於子貢問死後有知無知，亦答以「死，徐自知之，未為晚也。」（見說苑。）與此答子路之問，其旨相同。

朱熹章句 焉，於虔反。問事鬼神，蓋求所以奉祭祀之意。而死者人之所必有，不可不知，皆切問也。然非誠敬足以事人，則必不能事神；非原始而知所以生，則必不能反終而知所以死。蓋幽明始終，初無二理，但學之有序，不可躐等，故夫子告之如此。程子曰：「晝夜者，死生之道也。知生之道，則知死之道；盡事人之道，則盡事鬼之道。死生人鬼，一而二，二而一者也。或言夫子不告子路，不知此乃所以深告之也。」

閔子侍側，誾誾如也；子路，行行如也。冉有、子貢，侃侃如也。子樂。*「若由也，不得其死然！」

廣解《 「侍側，」伺候在孔子旁邊也。「誾誾」者，中正之貌；恭恭敬敬的相貌。「侃侃，」和樂之貌；已見鄉黨篇。「行行，」剛強之貌。見鄭玄注。「行，」胡浪反。宋翔鳳過庭錄引說文解本章，說「行行」應作「侃侃；」下「侃侃，」應作「衎衎。」（鄉黨篇「侃侃」亦「衎衎」。同音假借字。）因「侃侃」訓剛強，而「衎衎」訓和樂也。至「行行」二字，想是涉下文「衎衎」而誤，其說亦通。孔子見四人侍於左右，各有真性情流露出來，所以很歡喜。「子樂」之「樂」音洛。孫奕示兒編，說

朱熹章句 誾、侃，音義見前篇。行，胡浪反。樂，音洛。行行，剛強之貌。子樂者，樂得英材而教育之。尹氏曰：「子路剛強，有不得其死之理，故因以戒之。其後子路卒死於衛孔悝之難。」洪氏曰：「漢書引此句，上有曰字。」或云：「上文樂字，即曰字之誤。」

「子樂」應作「子曰，」當屬下。因下云子路不得其死然，有何可樂呢？皇本「若」字上亦有「曰」字。「然」字是助詞。這句話的意思就是說「由的神氣，像將來要不得好死似的。」按「孟子所謂『得天下英才而教育之』」為君子三樂之一。孔子之樂，即因此也。「若由也不得其死然」一語，正是孔子對子路之關切憂慮。後來子路在衛國做官，果然死於亂事，可見孔子觀察的不錯。

魯人爲長府。閔子騫曰：「仍舊貫，如之何？何必改作？」子曰：「夫*人不言，言必有中*。」

朱熹章句 長府，藏名。藏貨財曰府。為，蓋改作之。仍，因也。貫，事也。王氏曰：「改作，勞民傷財。在於得已，則不如仍舊貫之善。」夫，音扶。中，去聲。言不妄發，發必當理，惟有德者能之。

廣解 長府是庫名，是藏貨財的府庫。「為」是改造。仍，因也。貫，事也。「仍舊貫」者，言因仍舊事，祇加修理而不改造也。朱注引王氏曰：「改作勞民傷財，在於得已，則不如仍舊貫之為善。」「夫」音扶。「夫人，」這個人也。「中，」去聲。孔子贊閔子，言此人但不言耳；言則必中於事理也。此朱注說。劉氏正義引閻若璩四書釋地說，而稍正之，謂長府是府庫名，在公宮內。左傳昭公二十五年，公居於長府；九月戊戌，伐季氏，入其門。此云「魯人為長府，」正是昭公預謀伐季氏，欲居此而先事改作。但季氏擅權得民已久，非可以力制之，故子家羈曾力阻其謀，宋樂祁亦知魯君之不得逞。閔子此言，正指其事，但辭微而婉耳。故孔子稱之。此說與朱注異，義亦精當。

子曰：「由之瑟，奚爲於丘之門？」門人不敬子路。子曰：「由也升堂矣！未入於室也。」

廣解《 瑟是一種樂器，鼓瑟的聲音，要和而能使人優游自得才好。子路好勇喜，所以他鼓瑟，變成一種殺伐的聲音。孔子不以為然，就對門弟子說：「由的這種鼓瑟，怎麼鼓到我（丘）的門裏來了？」門弟子聽了孔子說子路的錯處，就看不起子路，不敬重他。孔子知道門人不敬子路的原因，於是又對門人解釋道：「由的人品學問，已經是好的了；不過沒到頂好的地步；譬如一個人，已經走到堂上，還沒有走進室內罷了！」按子路鼓瑟事亦見說苑修文篇。

朱熹章句 程子曰：「言其聲之不和，與己不同也。」家語云：「子路鼓瑟，有北鄙殺伐之聲。」蓋其氣質剛勇，而不足於中和，故其發於聲者如此。門人以夫子之言，遂不敬子路，故夫子釋之。升堂入室，喻入道之次第。言子路之學，已造乎正大高明之域，特未深入精微之奧耳，未可以一事之失而遽忽之也。

子貢問：「師與商也孰賢？」子曰：「師也過，商也不及。」曰：「然則師愈與*？」子曰：「過猶不及。」

廣解《 與，今作歟。師是子張的名。商是子夏的名。弟子對師，都應稱名，所以尊師也。「孰賢」者，猶云誰好也。子曰：「師也過，商也不及，」意思是說兩個人都不能適中，都有短處也。子貢誤以為過頭好些，故又問：「然則師愈與？」故孔子答以「過猶不及。」蓋孔子之道以「中庸」為主，過與不及，皆非中庸。

朱熹章句 子張才高意廣，而好為苟難，故常過中。子夏篤信謹守，而規模狹隘，故常不及。與，平聲。愈，猶勝也。道以中庸為至。賢知之過，雖若勝於愚不肖之不及，然其失中則一也。尹氏曰：「中庸之為德也，其至矣乎！夫過與不及，均也。差之毫釐，繆以千里。故聖人之教，抑其過，引其不及，歸於中道而已。」

季氏富於周公，而求也為之聚斂*而附益之。子曰：「非吾徒也！小子鳴鼓而攻之，可也。」

廣解 周公為武王之弟，成王之叔，官家宰，封魯侯，其富宜也。季氏不過魯國一個貴族，他的財產，竟比周公還要富，已經是不應該了。不料冉求為季氏宰，還要幫他搜刮錢財，增加季氏的財富，故孔子深惡而痛絕之，曰：「非吾徒也！」並命其餘的學生對冉有聲罪致討，故又曰：「小子鳴鼓而攻之可也。」按孟子離婁篇亦載此事。

朱熹章句 為，去聲。

周公以王室至親，有大功，位冢宰，其富宜矣。季氏以諸侯之卿，而富過之，非攘奪其君、刻剝其民，何以得此？冉有為季氏宰，又為之急賦稅以益其富。非吾徒，絕之也。小子鳴鼓而攻之，使門人聲其罪以責之也。聖人之惡黨惡而害民也如此。然師嚴而友親，故已絕之，而猶使門人正之，又見其愛人之無已也。范氏曰：「冉有以政事之才，施於季氏，故為不善至於如此。由其心術不明，不能反求諸身，而以仕為急故也。」

柴也愚。參*也魯。師也辟*。由也喭*。

廣解 這四句，亦是孔子所說的話，不過記者未加「子曰」二字而已。高柴，字子羔，孔子弟子。史記集解引鄭玄云：「衛人。」集解云：「愚，愚直之愚。」按本書下文言「古之愚也直。」「愚直」即俗語說的「戇直。」朱注云：「愚者，知不足而厚有餘。」亦通。參，是曾參。魯，是遲鈍而不靈敏。師，是子張。朱注云：「辟，便辟也。謂習於容止，少誠實也。」便辟即盤辟，指周旋動止之儀容。荀子非十二子云：「禹行而舜趨，是子張氏之賤儒也。」由，是子路。「喭，」即「畔喭，」亦作「畔援，」（詩大雅皇矣「無然畔援。」）強武粗率之貌，故引申為跋扈恣睢之意。蓋過於剛直，而涵養有虧也。這四個人，

朱熹章句 柴，孔子弟子，姓高，字子羔。愚者，知不足而厚有餘。家語記其「足不履影，啟蟄不殺，方長不折。執親之喪，泣血三年，未嘗見齒。避難而行，不徑不竇」。可以見其為人矣。

魯，鈍也。程子曰：「參也竟以魯得之。」又曰：「曾子之學，誠篤而已。聖門學者，聰明才辯，不為不多，而卒傳其道，乃質魯之人爾。故學以誠實為貴也。」尹氏曰：「曾子之才魯，故其學也確，所以能深造乎道也。」

辟，婢亦反。

辟，便辟也。謂習於容止，少誠實也。喭，五旦反。

喭，粗俗也。傳稱喭者，謂俗論也。

楊氏曰：「四者性之偏，語之使知自勵也。」吳氏曰：「此章之首，脫『子曰』二字。」或疑下章子曰，當在此章之首，而通為一章。

每人都有一種短處，故孔子時常說起，想他們改過也。按注疏本及皇本，皆以本章與下章相連。朱注分之，今從朱注。

子曰：「回也其庶乎！屢空*。賜不受命而貨殖*焉，億*則屢中*。」

廣解《 此章是孔子說顏淵和子貢也。庶，庶幾也。言「顏淵庶幾是個完人了」也，屢空者，他家裏的衣食，屢次空而沒有也。意思是說顏淵，能夠安貧樂道。「不受命」者，不肯聽天任命，安貧樂道也。殖，積也；滋，生也。「貨殖，」是居積生財的意思，就是現在所謂「做生意。」億者，猜測也。「屢中」者，每每猜著也。中，去聲。子貢會做生意，買賤賣貴，猜得著這貨物，將來要漲價，在便宜的時候，買了進來，到價漲了賣出去。孔子之意，是說子貢不能安貧樂道，不及顏淵；但才識過人，故能億則屢中。史記貨殖傳首列子貢，即是因此。

子張問善人之道。子曰：「不踐迹，亦不入於室。」

廣解《 善人，質美而未學者也。子張問孔子，善人當怎樣自處。「踐迹，」就是效前言往行以成其德。「入於室，」即德成也。「不踐迹亦不入於室」者，言質美的人，不照前言往行去做，德也不會成的。譬如入室，不照別人由堂戶進來的一

朱熹章句 庶，近也，言近道也。屢空，數至空匱也。不以貧窶動心而求富，故屢至於空匱也。言其近道，又能安貧也。中，去聲。命，謂天命。貨殖，貨財生殖也。億，意度也。言子貢不如顏子之安貧樂道，然其才識之明，亦能料事而多中也。程子曰：「子貢之貨殖，非若後人之豐財，但此心未忘耳。然此亦子貢少時事，至聞性與天道，則不為此矣。」范氏曰：「屢空者，簞食瓢飲屢絕而不改其樂也。天下之物，豈有可動其中者哉？貧富在天，而子貢以貨殖為心，則是不能安受天命矣。其言而多中者億而已，非窮理樂天者也。夫子嘗曰：『賜不幸言而中，是使賜多言也』，聖人之不貴言也如是。」

朱熹章句 善人，質美而未學者也。程子曰：「踐迹，如言循途守轍。善人雖不必踐舊迹而自不為惡，然亦不能入聖人之室也。」張子曰：「善人欲仁而未志於學者也。欲仁，故雖不踐成法，亦不蹈於惡，有諸己也。由不學，故無自而入聖人之

條路走，總不會走進室內也。這是從劉氏正義的說法。集解引孔曰：「踐，循也。言善人不但循追舊迹而已，亦多少能創業。然亦不能入於聖人之奧室也。」朱注引程子曰：「善人雖不必踐舊迹，而自不為惡。然亦不能入聖人之室也。」均與上說不同。

子曰：「論篤是與*？君子者乎？色莊者乎？」

廣解《

「與，」今作「歟。」集解此節與上節相連為一章。邢疏云：「此亦善人之道也，故同為一章。當是異時之語，故別言『子曰』也。」此節意思，就是言論厚重，是善人；沒有鄙行的君子，是善人；顏色不惡而嚴，使小人畏他的，也是善人。疑問詞或作「與，」或作「乎」者，文法的變化也。以上三種人，有時有似是而非的，故孔子但為疑辭。（此劉氏正義）說。朱注則此節自為一章。解亦不同。他說這是不可以言貌取人的意思。「與」字當作「許」解。只著人言論篤實，就稱許他，是靠不住的。這個人究竟真是君子呢？還是不過臉上裝出莊重的神氣來的呢？

室也。」

朱熹章句 與，如字。言但以其言論篤實而與之，則未知其為君子者乎？為色莊者乎？言不可以言貌取人也。

子路問：「聞斯行諸？」子曰：「有父兄在，如之何其聞斯行之？」冉有問：「聞斯行諸？」子曰：「聞斯行之！」公西華曰：「由也問：『聞斯行諸？』子曰：『有父兄在。』求也問：『聞斯行諸？』子曰：『聞斯行之』。赤也惑，敢問。」子曰：「求也退，故進之。由也兼人，故退之。」

廣解《

「聞斯行諸」者，就是「聽見了一句話當即去做嗎？」「諸」，「之乎」二字之合音。子路所問的話，和冉有相同。孔子答子路則說：「有父兄在，應該請示於父兄，然後去做，那裏好一聽見就去做呢？」答冉有則說：「聽見了，就去做罷！」公西華因二人問的同是一句話，而孔子答話不同。故曰：「赤也惑，敢問。」「赤」，是公西華的名。孔子把答兩人不同之意，告訴公西華道：「冉有做事，有些畏畏縮縮，不肯向前，所以教他上緊一些。子路的性質，遇事勇往直前，往往憑自己的勇氣要一個人去做兩個人的事體。教他做事要退一步。」這就是孔子的「因材施教」。

朱熹章句

兼人，謂勝人也。張敬夫曰：「聞義固當勇為，然有父兄在，則有不可得而專者。若不稟命而行，則反傷於義矣。子路有聞，未之能行，唯恐有聞。則於所當為，不患其不能為矣；特患為之之意或過，而於所當稟命者有闕耳。若冉求之資稟失之弱，不患其不稟命也；患其於所當為者逡巡畏縮，而為之不勇耳。聖人一進之，一退之，所以約之於義理之中，而使之無過不及之患也。」

子畏於匡，顏淵後。子曰：「吾以女*爲死矣！」曰：「子在，回何敢死？」

廣解《

「子畏於匡，顏淵後」者，孔子被匡人包圍，解圍以後，弟子失散，後來漸漸復集，顏淵後到也。「女」同汝。孔

朱熹章句

女，音汝。後，謂相失在後。何敢死，謂不赴鬭而必死也。胡氏曰：「先王之制，民生於三，事之如一。惟其所在，則致死

子見了顏淵，對他說道：「我以為你已經死了！」顏淵回答說：「夫子還在，我何敢先死呢？」

季子然問：「仲由、冉求，可謂大臣與？」子曰：「吾以子爲異之問，曾由與求之問！所謂大臣者，以道事君，不可則止。今由與求也，可謂具臣矣！」曰：「然則從之者與？」子曰：「弒父與君，亦不從也。」

廣解

季子然，季氏子弟。戴望論語注謂疑即季襄。「曾，」朱注與劉氏正義皆謂「猶乃也。」但正義謂「異」是「異人，」猶今云：「別的人」也。朱注云：「異，非常也。」則以「異」為非常之事矣。其實「吾以子為異之問」者，即「我以為你問別的，」指人指事均可。「所謂大臣者，以道事君，不可則止；今由與求也，可謂具臣矣」者，孔子告季子然做大臣的與平常的臣不同，須能以道事君，君上不聽他的道理，就辭官不做。今由與求兩個人，未必能「以道事君，不可則止，」故只可說是備數之臣，不能謂為「大臣」也。季子然又問：「然則從之者與？」「與，」今作「歟。」意思是「說由求既然是備數之臣，那麼凡事都聽從上司去做嗎？」「子曰：『弒父與君，亦不從也』」者，孔子又答季子然也，意思是說：「由與求

焉。況顏淵之於孔子，恩義兼盡，又非他人之為師弟子者而已。即夫子不幸而遇難，回必捐生以赴之矣。捐生以赴之，幸而不死，則必上告天子、下告方伯，請討以復讎，不但已也。夫子而在，則回何為而不愛其死，以犯匡人之鋒乎？」

朱熹章句 與，平聲。

子然，季氏子弟。自多其家得臣二子，故問之。異，非常也。曾，猶乃也。輕二子以抑季然也。以道事君者，不從君之欲。不可則止者，必行己之志。具臣，謂備臣數而已。與，平聲。

意二子既非大臣，則從季氏之所為而已。

言二子雖不足於大臣之道，然君臣之義則聞之熟矣，弒逆大故必不從之。蓋深許二子以死難不可奪之節，而又以陰折季氏不臣之心也。

尹氏曰：「季氏專權僭竊，二子仕其家而不能正也，知其不可而不能止也，可謂具臣矣。是時季氏已有無君之心，故自多其得人。意其可使從已也，故曰弒父與君亦不從也，其庶乎二子可免矣。」

兩個人，雖不足稱大臣，但也不是尋常庸碌之人，他們也深明大義，若命他去做弒君弒父的事情，他兩人也是不肯從的。」蓋當時季氏已有無君之心，故孔子答之如此。

子路使子羔爲費宰。子曰：「賊夫人之子！」子路曰：「有民人焉，有社稷焉。何必讀書，然後爲學？」子曰：「是故惡夫佞者！」

廣解　費音祕，季氏邑。子路為季氏宰，故舉子羔。賊，害也。「夫」音夫。「夫人之子」指子羔。孔子不以此事為然，所以說：「害了人家的兒子！」子路聽了孔子的話強辯道：「費雖小邑，也有百姓，有社稷，叫他去辦事，這也是求學問；何必讀書，然後算是求學問呢？」孔子聽了子路強辯而不肯認錯的話，更氣了起來，所以老實斥子路道：「是故惡夫佞者！」「佞，」是有口才會說話的人。這句話就是說：「你自以為會說話，強詞奪理；所以我憎惡有口才會強辯的這一種人！」

子路、曾皙、冉有、公西華侍坐。子曰：「以吾一日長乎爾，毋吾以也！居則曰，『不吾知也。』如或知爾，則何以哉？」

朱熹章句　子路為季氏宰而舉之也。夫，音扶，下同。賊，害也。言子羔質美而未學，遽使治民，適以害之。言治民事神皆所以為學。惡，去聲。

治民事神，固學者事，然必學之已成，然後可仕以行其學。若初未嘗學，而使之即仕以為學，其不至於慢神而虐民者幾希矣。子路之言，非其本意，但理屈辭窮，而取辨於口以禦人耳。故夫子不斥其非，而特惡其佞也。

范氏曰：「古者學而後入政。未聞以政學者也。蓋道之本在於修身，而後及於治人，其說具於方冊。讀而知之，然後能行。何可以不讀書也？子路乃欲使子羔以政為學，失先後本末之序矣。不知其過而以口給禦人，故夫子惡其佞也。」

廣解《

曾皙是曾參的父親，名點。有一天，子路、曾皙、冉有、公西華四人侍坐在孔子身邊。孔子對他們說道：「你們以我的年紀，比你們大一些罷？但你們不要以我年紀大些，在我面前，不敢把心裏的話，爽爽快快的說。」居，謂平居之時。「不吾知」即是「不知吾。」意思是說：「你們平時常說，『沒有人知道我。』如或有人知道你，能用你們，那麼，你們將何以自見其長呢？」

朱熹章句

坐，才臥反。皙，曾參父，名點。長，上聲。言我雖年少長於女，然女勿以我長而難言。蓋誘之盡言以觀其志，而聖人和氣謙德，於此亦可見矣。言女平居，則言人不知我。如或有人知女，則女將何以為用也？

子路率爾而對曰：「千乘之國，攝乎大國之間，加之以師旅，因之以饑饉，由也爲之，比及三年，可使有勇，且知方也。」夫子哂之。

廣解《

「率爾，」是莽撞輕率，不加思索之貌。「攝乎大國之間，」就是夾在大國的中間，「加之以師旅，因之以饑饉」者，「師旅」是軍隊，二千五百人為「師，」五百人為「旅；」此指戰事而言。「饑饉」是災荒。這句話的意思是：千乘之國，夾在大國中，又加之以軍事，並因此而遇著荒年也。「比」音避。「比及」到也。「方，」義方；知方，民知向義也。這是說：使我子路治理起來，到了三年，就可使百姓都有武勇，且能夠曉得向義，為國效死也。哂，笑也。曲禮云：「笑不至矧。」鄭玄注：「齒本曰矧，大笑則見。」釋文：「矧，本又作哂。」是哂者，笑而露齒也。

朱熹章句

乘，去聲。饑，音機。饉，音僅。比，必二反，下同。哂，詩忍反。率爾，輕遽之貌。攝，管束也。二千五百人為師，五百人為旅。因，仍也。穀不熟曰饑，菜不熟曰饉。方，向也，謂向義也。民向義，則能親其上，死其長矣。哂，微笑也。

「求，爾何如？」對曰：「方六七十，如五六十，求也爲之，比及三年，可使足民。如其禮樂*，以俟君子。」

廣解

此孔子又以次問冉求也。「對曰」以下，冉有答辭。「如，」或也。言面積六七十方里或五六十方里的小國也，冉有善治賦，故云：「求也為之，比及三年，可使足民。」百姓既已富足，就當教以禮樂。但冉有自謙，故說：「如其禮樂，以俟君子。」冉有見子路見哂，所以愈加謙遜。

朱熹章句

求，爾何如，孔子問也，下放此。方六七十里，小國也。如，猶或也。五六十里，則又小矣。足，富足也。俟君子，言非己所能。冉有謙退，又以子路見哂，故其辭益遜。

「赤，爾何如？」對曰：「非曰能之，願學焉。宗廟之事，如會同，端章甫，願爲小相*焉。」

廣解

孔子問了冉有以後，又問公西華。「非曰能之，願學焉」者，是公西華未說志願，先說謙虛話也。「宗廟之事，」是說在宗廟裏祭祀的事體。「如，」與也。「會同，」諸侯相會見也。「端，」玄端，禮服；章甫，玄冠，禮冠也。諸侯祭祀、會同都有「相，」即贊禮之人。公西華自謙不敢為大相，而願在諸侯行此二禮時，做一小相也。一說，「宗廟之事」是朝聘；「會同，」是許多諸侯相聚會，其聚會在壇坫而不在宗廟。又「端章甫」三字，或說是做「相」的自己穿玄端之服，戴章甫之冠；一說是諸侯穿此服，戴此冠。

朱熹章句

相，去聲。

公西華志於禮樂之事，嫌以君子自居。故將言己志而先為遜辭，言未能而願學也。宗廟之事，謂祭祀。諸侯時見曰會，眾頫曰同。端，玄端服。章甫，禮冠。相，贊君之禮者。言小，亦謙辭。

「點，爾何如？」鼓瑟希，鏗爾，舍瑟而作，對曰：「異乎三子者之撰。」子曰：「何傷乎？亦各言其志也。」曰：「莫春者，春服既成。冠者五六人，童子六七人，浴乎沂，風乎舞雩，詠而歸。」夫子喟然歎曰：「吾與點也！」

朱熹章句　鏗，苦耕反。舍，上聲。撰，士免反。莫、冠，並去聲。沂，魚依反。雩音于。

四子侍坐，以齒為序，則點當次對。以方鼓瑟，故孔子先問求、赤而後及點也。希，間歇也。作，起也。撰，具也。春服，單袷之衣。浴，盥濯也，今上巳祓除是也。沂，水名，在魯城南，地志以為有溫泉焉，理或然也。風，乘涼也。舞雩，祭天禱雨之處，有壇墠樹木也。詠，歌也。曾點之學，蓋有以見夫人欲盡處，天理流行，隨處充滿，無少欠闕。故其動靜之際，從容如此。而其言志，則又不過即其所居之位，樂其日用之常，初無舍己為人之意。而其胸次悠然，直與天地萬物上下同流，各得其所之妙，隱然自見於言外。視三子之規規於事為之末者，其氣象不侔矣，故夫子歎息而深許之。而門人記其本末獨加詳焉，蓋亦有以識此矣。

廣解《　此孔子又問曾晳也。「鼓，」作彈解。曾晳這時候，剛在彈瑟，聽見孔子問自己，停止彈瑟，初則瑟聲稀疏，繼則「鏗」然的一聲，停住不彈也。「作」起也。「舍瑟而作，」就是推開不彈的瑟，而站起來也。「撰」具也。言和他們三個人所具的志願不同也。鄭玄本「撰」作「僎。」注云：「僎讀曰詮；詮，言之善也。」鄭以點為謙言謂不能如三子之言之善也。此別一解。

孔子聽曾晳說，與前三子的志趣不同，所以說道：「這有何妨礙呢？也不過各人自己說說自己的志趣而已。」

莫，今作暮。冠，音貫去聲。沂，音遺。雩，音予。喟，音愧。此又是曾晳之答辭。「莫，」今作「暮。」暮春，即夏曆三月。「春服既成，」言單衣夾衣，都做成也。冠者，是二十歲以外的人，古時，一個人到了二十歲，算為成人，要行冠禮。童子，是未冠的人，沂，水名，在魯城南。「浴乎沂」者，到沂水裏去洗浴也。「風，」是乘涼。「舞雩，」是天旱時的求雨壇；壇上多種樹木，故有蔭可乘涼。詠者，吟詩。歸，是歸來。這一段，是曾晳說自己的志趣，喜歡在暮春的時候，單夾的春衣都做成了，同廿歲以外的人五六個，廿歲以內的人六七個，到沂水裏洗個浴，再到舞雩的地方，去乘一會涼；然後一路上，吟吟詩，大家高高興興的歸來。孔子聽了曾晳的話，微微的歎了一聲道：「我倒是贊成你的！」按論衡明雩篇解此，謂魯設雩祭於沂水之上，冠者童子即雩祭之樂人，「浴乎沂」是涉沂而往，「風乎」之「風」為「諷歌，」「詠而歸」為「歌詠饋祭，」「歸」當作「饋。」此別一解。

三子者出，曾晳後。曾晳曰：「夫*三子者之言何如？」子曰：「亦各言其志也已矣！」

廣解《

「三子」即子路、冉有、公西華。三子出，曾晳在後未去，又問孔子：「他們三人所說的話怎樣？」「夫，」音扶，彼也。孔子答：「也不過各人自己說說自己的志趣而已！」

朱熹章句

夫，音扶。

曰：「夫子何哂由也？」曰：「爲國以禮，其言不讓，是故哂之。」

廣解《

「曰」者，曾晳又問也。曾晳問孔子：「那麼，夫子為甚麼笑子路呢？」第二個「曰」字，是孔子答。言治國當以禮。禮貴謙讓。子路之言不讓，所以我笑他。

朱熹章句

點以子路之志，乃所優為，而夫子哂之，故請其說。夫子蓋許其能，特哂其不遜。

「唯求則非邦也與*？」「安見方六七十，如五六十，而非邦也者？」

廣解 與，今作歟。此節與下節，朱注皆以為是曾晳問，孔子答。皇邢疏及劉氏正義都說是孔子接上去說的話。今從朱注。曾晳問：「求所講的志願，不是治邦國嗎？」孔子答：「怎見得面積六七十方里或五六十方里的，不是邦國呢？」

「唯赤則非邦也與？」「宗廟會同，非諸侯而何？赤也爲之小，孰能爲之大？」

廣解 曾晳又問：「赤所講的，不是治邦國嗎？」孔子答：「宗廟會同之事，不是諸侯的事，是誰的事？赤自言『願為小相。』赤只能為小相，誰又能為大相呢？」

此章記子路、冉有、公西華、曾晳四個人的志願。子路、冉有、公西華三人說的，都是想治邦國。只有曾晳，能明白那時候的局勢，不想做官，毫無名利思想，所以孔子特地稱贊他，說「吾與點也。」

孔子未嘗絕對不想做官；不過孔子的做官，是想行道救民；而當時的局勢，道已不能行，民也無從救，正是「舍之則藏」的無道之世。曾晳也能觀察及此，故孔子特許之。

朱熹章句 與，平聲，下同。曾點以冉求亦欲為國而不見哂，故微問之。而夫子之答無貶辭，蓋亦許之。

朱熹章句 此亦曾晳問而夫子答也。孰能為之大，言無能出其右者，亦許之之辭。

程子曰：「古之學者，優柔厭飫，有先後之序。如子路、冉有、公西赤言志如此，夫子許之。亦以此自是實事。後之學者好高，如人游心千里之外，然自身卻只在此。」又曰：「孔子與點，蓋與聖人之志同，便是堯、舜氣象也。誠異三子者之撰，特行有不掩焉耳，此所謂狂也。子路等所見者小，子路只為不達為國以禮道理，是以哂之。若達，卻便是這氣象也。」又曰：「三子皆欲得國而治之，故夫子不取。曾點，狂者也，未必能為聖人之事，而能知夫子之志。故曰浴乎沂，風乎舞雩，詠而歸，言樂而得其所也。孔子之志，在於老者安之，朋友信之，少者懷之，使萬物莫不遂其性。」曾點知之，故孔子喟然歎曰「吾與點也。」」又曰：「曾點、漆雕開，已見大意。」

顏淵第十二

顏淵問仁。子曰：「克己復禮爲仁。一日克己復禮，天下歸仁焉！爲仁由己，而由人乎哉？」顏淵曰：「請問其目。」子曰：「非禮勿視。非禮勿聽。非禮勿言。非禮勿動。」顏淵曰：「回雖不敏，請事斯語矣！」

廣解《

集解　馬曰：「克己，約身。」孔曰：「復，反也。」

按「克己，」就是制住自己，約束自己。反，猶歸也。「克己復禮」者，言約束自己，使件件事歸於禮，即「約之以禮」也。「為仁」即「行仁，」亦即「用力於仁：」為，猶事也。言「克己復禮，」就是行仁之道。「天下歸仁」者，言天下都以仁之名歸他，大家稱他為仁人也。

漢書王莽傳贊：「宗族稱孝，師友歸仁。」稱歸並舉，歸即稱也。此句言為仁之效。「一日」者，極言其效之速；「天下」者，極言其效之大也。「為仁由己，而由人乎哉，」是說行仁在己，不在人也。

朱注訓「克」為「勝，」「己」為「私欲，」「復禮」為反於天理。與集解不同。

顏淵聽了孔子的話，大旨已經明白，故又問：「復禮」

朱熹章句

仁者，本心之全德。克，勝也。己，謂身之私欲也。復，反也。禮者，天理之節文也。為仁者，所以全其心之德也。蓋心之全德，莫非天理，而亦不能不壞於人欲。故為仁者必有以勝私欲而復於禮，則事皆天理，而本心之德復全於我矣。歸，猶與也。又言一日克己復禮，則天下之人皆與其仁，極言其效之甚速而至大也。又言為仁由己而非他人所能預，又見其機之在我而無難也。日日克之，不以為難，則私欲淨盡，天理流行，而仁不可勝用矣。程子曰：「非禮處便是私意。既是私意，如何得仁？須是克盡己私，皆歸於禮，方始是仁。」又曰：「克己復禮，則事事皆仁，故曰天下歸仁。」謝氏曰：「克己須從性偏難克處克將去。」目，條件也。顏淵聞夫子之言，則於天理人欲之際，已判然矣，故不復有所疑問，而直請其條目也。非禮者，己之私也。勿者，禁止之辭。是人心之所以為主，而勝私復禮之機也。私勝，則動容周旋無不中禮，而日用之間，莫非天理之流行矣。事，如事事之事。請事斯語，顏子默識其理，又自知其力有以勝之，故的細目如何。孔子答以「非禮勿視，非禮勿聽，非禮勿言，非禮勿動。」「勿，」禁止之詞。此四者，即所以「克己復禮」也。顏淵聽了此話，完全明白孔子的意思，所以說：「回雖不敏，請事斯語矣！」「事，」動詞。「請事斯語」者，請即從事於此語也。

仲弓問仁。子曰：「出門如見大賓；使民如承大祭。己所不欲，勿施於人。在邦無怨，在家無怨。」仲弓曰：「雍雖不敏，請事斯語矣！」

廣解《　大賓，是貴重的賓客。大祭，是重要的祭祀。「出門如見大賓，使民如承大祭」者，孔子告仲弓行仁之道，首須敬也。這就是待人辦事，都要規規矩矩，恭恭敬敬，不可隨便輕率也。「己所不欲，勿施於人」者，是推己也就是大學的「絜矩之道；」此孔子告仲弓，行仁之道，又須恕也。一個人，

直以為己任而不疑也。程子曰：「顏淵問克己復禮之目，子曰，『非禮勿視，非禮勿聽，非禮勿言，非禮勿動』，四者身之用也。由乎中而應乎外，制於外所以養其中也。顏淵事斯語，所以進於聖人。後之學聖人者，宜服膺而勿失也，因箴以自警。其視箴曰：『心兮本虛，應物無迹。操之有要，視為之則。蔽交於前，其中則遷。制之於外，以安其內。克己復禮，久而誠矣。』其聽箴曰：『人有秉彝，本乎天性。知誘物化，遂亡其正。卓彼先覺，知止有定。閑邪存誠，非禮勿聽。』其言箴曰：『人心之動，因言以宣。發禁躁妄，內斯靜專。矧是樞機，興戎出好，吉凶榮辱，惟其所召。傷易則誕，傷煩則支，己肆物忤，出悖來違。非法不道，欽哉訓辭！』其動箴曰『哲人知幾，誠之於思；志士勵行，守之於為。順理則裕，從欲惟危；造次克念，戰兢自持。習與性成，聖賢同歸。』」愚按：此章問答，乃傳授心法切要之言。非至明不能察其幾，非至健不能致其決。故惟顏子得聞之，而凡學者亦不可以不勉也。程子之箴，發明親切，學者尤宜深玩。

朱熹章句　敬以持己，恕以及物，則私意無所容而心德全矣。內外無怨，亦以其效言之，使以自考也。程子曰：「孔子言仁，只說出門如見大賓，使民如承大祭。看其氣象，便須心廣體胖，動容周旋中禮。惟謹獨，便是守之之法。」或問：「出門使民之時，如此可也；未出門使民之時，如之何？」曰：「此儼若思時也，有諸中

能敬以待人，人亦自然敬他；能恕以待人，人亦自然愛他。無論仕於諸侯的邦國，或仕於卿大夫的家，自然無怨恨他的人。故曰：「在邦無怨，在家無怨。」此孔子告仲弓敬與恕之效，亦即行仁之效也。

司馬牛問仁。子曰：「仁者，其言也訒。*」曰：「其言也訒，斯謂之仁矣乎？」子曰：「爲之難；言之，得無訒乎？」

廣解　司馬牛，孔子弟子，就是宋桓魋之弟。史記仲尼弟子列傳，說他名耕，字牛。但集解引孔註說他名犂。訒者，忍也。司馬牛問仁，孔子告以「仁者，其言也訒」者，就是說「能仁的人，他有難言之事，亦必忍而言之。」蓋忍而言，正所以達其不忍之情也。當時牛之兄魋為惡，孔子以牛應涕泣而道，故告他行仁之道如此。司馬牛聽了孔子的話，不明白忍而言，正所以達其不忍之情，以為仁者必有不忍之心，忍而言，怎麼可說是仁呢？所以又問：「其言也訒，斯謂之仁矣乎？」「為之難」的「為」，與「夫子為衛君乎」之「為」同義。言為惡之人，等到身敗名裂，要救助他，是很難也。後來救助很難，故當趁早勸阻。既欲趁早勸阻，說話可以怕傷感情而不忍嗎？孔子這話，把忍而言，正所以達其不忍之情的意

而後見於外。觀其出門使民之時，其敬如此，則前乎此者敬可知矣。非因出門使民，然後有此敬也。」愚按：克己復禮，乾道也；主敬行恕，坤道也。顏、冉之學，其高下淺深，於此可見。然學者誠能從事於敬恕之間而有得焉，亦將無己之可克矣。

朱熹章句　司馬牛，孔子弟子，名犁，向魋之弟。訒，音刃。

訒，忍也，難也。仁者心存而不放，故其言若有所忍而不易發，蓋其德之一端也。夫子以牛多言而躁，故告之以此。使其於此而謹之，則所以為仁之方，不外是矣。牛意仁道至大，不但如夫子之所言，故夫子又告之以此。蓋心常存，故事不苟，事不苟，故其言自有不得而易者，非強閉之而不出也。楊氏曰：「觀此及下章再問之語，牛之易其言可知。」

程子曰：「雖為司馬牛多言故及此，然聖人之言，亦止此為是。」愚謂牛之為人如此，若不告之以其病之所切，而泛以為仁之大槩語之，則以彼之躁，必不能深思以去其病，而終無自以入德矣。故其告之如此。蓋聖人之言，雖有高下大小之不同，然其切於學者之身，而皆為入德之要，則又初不異也。讀者其致思焉。

義，解釋得很明白。此劉氏正義說。朱注云：「訒，忍也，難也。仁者心存而不放，故其言若有所忍而不易發，蓋其德之一端也。夫子以牛多言而躁，故告之以此。」又引楊氏曰：「觀此及下章再問之語，牛之易其言可知。」與劉氏說異；但亦可通。

司馬牛問君子。子曰：「君子不憂不懼。」曰：「不憂不懼，斯謂之君子矣乎？」子曰：「內省不疚，*夫*何憂何懼？」

廣解《

司馬牛自宋來學，知其兄桓魋有寵於宋景公而為害於公，將有身敗名裂覆宗絕世之禍，故憂懼特甚。所以他問君子，孔子答以「君子不憂不懼」也。司馬牛聽了孔子的話，以為不憂不懼，怎麼就可以算為君子呢？孔子又答道：「內省不疚，夫何憂何懼。」「內省，」是內心反省；「疚」是慚愧悔恨。「夫」音扶。君子不做對不起人的事，自己反省，毫無愧怍，還擔甚麼憂，還怕甚麼呢？」

朱熹章句

向魋作亂，牛常憂懼。故夫子告之以此。夫，音扶。牛之再問，猶前章之意，故復告之以此。疚，病也。言由其平日所為無愧於心，故能內省不疚，而自無憂懼，未可遽以為易而忽之也。晁氏曰：「不憂不懼，由乎德全而無疵。故無入而不自得，非實有憂懼，而強排遣之也。」

司馬牛憂曰：「人皆有兄弟，我獨亡*！」子夏曰：「商聞之矣：『死生有命，富貴在天。君子敬而無失，與人恭而有禮，四海之內，皆兄弟也！』君子何患乎無兄弟也？」

廣解《

「亡，」今作無。桓魋有寵於宋景公，而害於公，公將討之，未發，魋先謀公。公伐桓氏，魋叛，奔衛又奔齊。見

朱熹章句

牛有兄弟而云然者，憂其為亂而將死也。蓋聞之夫子。命稟於有生之初，非今所能移；天莫之為而

左傳哀十四年。司馬牛兄弟本有多人長於魋者，尚有向巢，幼於魋者，尚有子頎、子車。子頎、子車皆黨惡；向巢伐魋不克，不得入國，入曹，又奔魯。牛亦致邑與珪而適齊，又適吳，後過魯而卒於魯東門之外。此章所記，或云在事發後，或云在事未發時。「死生有命」至「皆兄弟也，」都是子夏平日所聞的成語，故以「商聞之矣」四字冠之。「死生有命，富貴在天」者，言一個人的死生富貴有命在天，不可以人力挽回。子夏引此二句，蓋以慰司馬牛。「敬而無失」者，敬以持己，而沒有過失也。與人恭而有禮者，恭以待人，而事事遵禮也。四海之內，皆兄弟也。者，能如此，則四海之內的人，都願和他親近，都可算是他的兄弟了。「君子何患乎無兄弟也」是子夏引成語後，自己所加的按語。

子張問明。子曰：「浸*潤*之譖*，膚受之愬*，不行焉，可謂明也已矣！浸潤之譖，膚受之愬，不行焉，可謂遠也已矣！」

廣解︽

「譖，」音莊蔭反，以讒言毀人曰譖。「浸潤之譖，」謂讒言毀人如水之浸物，漸漸浸透也。「愬，」今作「訴。」「膚受」者，謂本無情實，徒為皮膚外語也。文選東京賦云：「末學膚受。」注云：「膚受，謂皮傅之，不經于心胸。」此集解馬

為，非我所能必，但當順受而已。既安於命，又當修其在己者。故又言苟能持己以敬而不間斷，接人以恭而有節文，則天下之人皆愛敬之，如兄弟矣。蓋子夏欲以寬牛之憂，故為是不得已之辭，讀者不以辭害意可也。

胡氏曰：「子夏四海皆兄弟之言，特以廣司馬牛之意，意圓而語滯者也，惟聖人則無此病矣。且子夏知此而以哭子喪明，則以蔽於愛而昧於理，是以不能踐其言爾。」

朱熹章句

譖，莊蔭反。愬，蘇路反。

浸潤，如水之浸灌滋潤，漸漬而不驟也。譖，毀人之行也。膚受，謂肌膚所受，利害切身。如易所謂「剝牀以膚，切近災」者也。愬，愬己之冤也。毀人者漸漬而不驟，則聽者不覺其入，而信之深矣。愬冤者急迫而切身，則聽者不及致詳，而發之暴矣。二者難察而能察之，則可

說。朱注謂「愬」為愬己之冤；「膚皮」謂肌膚所受，利害切身，如易「剝牀以膚，切近災也」之義。蓋訴冤之辭，儼似有切身之痛，則聽者易信為真也。其說亦通。一說膚受者，言如皮膚之受塵埃，漸漸積成污垢；則與浸潤之義同矣。尚書太甲云：「視遠惟明。」遠者，明之至也。周書諡法解云：「譖訴不行曰明。」與本章所說正同。

子貢問政。子曰：「足食，足兵，民信之矣。」子貢曰：「必不得已而去*，於斯三者何先？」曰：「去*兵。」子貢曰：「必不得已而去*，於斯二者何先？」曰：「去食。自古皆有死，民無信不立！」

廣解

子貢問政孔子，答以「足食，足兵，民信之矣」者，以此三者為政治的要項也。「足食」之食，指民食。「足兵」之兵，兼指軍器和徒卒。「民信之，」是使人民信仰政府。子貢又問：「萬一這三件事不能都做到，那一件可以暫時先去掉？」孔子答道：「去兵。」子貢又問：「萬一『足食』和『民信之』兩件事還不能都辦到，那麼，又把那一件先去掉呢？」孔子又答道：「去食。」把足食的去了，不將有餓死的人嗎？故接下去說：「自古皆有死，民無信不立。」蓋「死」是自古以來人人所不能免的。人民如能信仰政府，則雖民

見其心之明，而不蔽於近矣。此亦必因子張之失而告之，故其辭繁而不殺，以致丁寧之意云。

楊氏曰：「驟而語之，與利害不切於身者，不行焉，有不待明者能之也。故浸潤之譖、膚受之愬不行，然後謂之明，而又謂之遠。遠則明之至也。書曰：『視遠惟明。』」

朱熹章句

言倉廩實而武備修，然後教化行，而民信於我，不離叛也。去，上聲，下同。

言食足而信孚，則無兵而守固矣。

民無食必死，然死者人之所必不免。無信則雖生而無以自立，不若死之為安。故寧死而不失信於民，使民亦寧死而不失信於我也。

程子曰：「孔門弟子善問，直窮到底，如此章者。非子貢不能問，非聖人不能答也。」愚謂以人情而言，則兵食足而後吾之信可以孚於民。以民德而言，則信本人之所固有，非兵食所得而先也。是以為政者，當身率其民而以死守之，不以危急而可棄也。

食不充，軍備不足，亦能效死勿去，與國家共存亡；若為政者失信於民，則兵和食雖充足，民亦將叛之，「民為邦本，」民叛之，國還能立嗎？劉氏正義謂「去兵」是去力役之征。「去食」是賦稅皆蠲除，又發倉廩以振貧窮。此是指國有災荒的時候而言。此別一解。

棘*子成曰：「君子質而已矣，何以文為？」子貢曰：「惜乎夫子之說君子也！駟*不及舌。文，猶質也；質，猶文也。虎豹之鞟*，猶犬羊之鞟*。」

廣解

棘子成，衛國大夫。「質」是本質，「文」是文采。棘子成的意思，以為做君子者，只要本質好，何必要文采呢？「何以文為」之以，用也。「為，」助詞。子貢聽了棘子成這句話，以為不然。故對棘子成說道：「可惜夫子這句說君子的話說錯了！」一個人說錯了話，就是立刻要想改變，也不成功的。「駟不及舌，」是譬喻的話，就是俗話所說「一言既出，駟馬難追」的意思。「夫子」指棘子成。朱注云：言「子成之言乃君子之意。」則「夫子之說」當略讀。「鞟」說文作「鞹，」是去掉了毛的皮。虎豹之皮去毛，犬羊之皮也去了毛，便分不出甚麼來。子貢的意思，以為質與文一樣重要，一樣是不可少的。故曰「質猶文也，文猶質也。」若君子去了文，只存質，則與小人亦

朱熹章句

棘子成，衛大夫。疾時人文勝，故為此言。言子成之言，乃君子之意。然言出於舌，則駟馬不能追之，又惜其失言也。鞟，其郭反。鞟，皮去毛者也。言文質等耳，不可相無。若必盡去其文而獨存其質，則君子小人無以辨矣。夫棘子成矯當時之弊，固失之過；而子貢矯子成之弊，又無本末輕重之差，胥失之矣。

不易分別，如虎豹之鞟，與犬羊之鞟了。此朱注說。一說「鞟為革，凡去毛不去毛，皆得稱之。……虎豹之鞟喻文，犬羊之鞟喻質。虎豹犬羊，其皮各有所用，如文質二者，不宜偏有廢置也。」此劉氏正義說。此章棘子成和子貢的意思，都不大妥。故朱子評之曰：「棘子成矯當時之弊，固失之過；而子貢矯子成之弊，又無本末輕重之差，胥失之矣。」

哀公問於有若曰：「年饑，用不足，如之何？」有若對曰：「盍徹乎？*」曰：「二，吾猶不足，如之何其徹也？」對曰：「百姓足，君孰與不足？百姓不足，君孰與足？」

廣解

哀公是魯哀公。他問有若道：「年年饑荒，國家的用度，不足，怎麼辦呢？」

「盍，」即「何不」二字的急讀。「徹」者，古時田稅的名稱。通盤計算，取十分之一，叫做「徹。」哀公因用度不足，問有若。有若對道：「何不行十分取一之徹稅呢？」

魯國自宣公十五年初稅畝，（見左傳）田稅已經十分取二。故哀公道：「二，吾猶不足，如之何其徹也？」言我現在取十分之二的稅，還不夠用，如何叫我取十分之一也。有若又對曰：「百姓足，君孰與不足？百姓不足。君孰與足。」孰，猶誰也。百姓與國君，猶一家人。百姓有財，自能供君之用，如此，則君那裏會不足呢？若百姓窮苦了，無財以供君之

朱熹章句

稱有若者，君臣之辭。用，謂國用。公意蓋欲加賦以足用也。徹，通也，均也。周制：一夫受田百畝，而與同溝共井之人通力合作，計畝均收。大率民得其九，公取其一，故謂之徹。魯自宣公稅畝，又逐畝什取其一，則為什而取二矣。故有若請但專行徹法，欲公節用以厚民也。

二，即所謂什二也。公以有若不喻其旨，故言此以示加賦之意。民富，則君不至獨貧；民貧，則君不能獨富。有若深言君民一體之意，以止公之厚斂，為人上者所宜深念也。

楊氏曰：「仁政必自經界始。經界正，而後井地均、穀祿平，而軍國之需皆量是以為出焉。故一徹而百度舉矣，上下寧憂不足乎？以二猶不足而教之徹，疑若迂矣。然什一，天下之中正。多則桀，寡則貉，不可改也。後世不究其本而惟末之圖，故征斂無藝，費出無經，而上下困矣。又惡知盍徹之當務，而不為迂乎？」

用，君那裏會足呢？

魯自宣公稅畝以來，已取十分之二之稅，有若豈有不知，「二猶不足，」何以反勸哀公行什一之稅呢？蓋按春秋時代，中國還是地廣人少，不開墾的土地甚多。哀公因國內不夠用，想把錢糧增加。不知徵稅過重，百姓因為生活難以維持，只得捨田不耕，去另謀生活，或往別國謀生。於是種田的人，越發少了。種田的人一少，錢糧自然也越少。若把錢糧減輕，使種田的人，少出租稅，得以溫飽，或有贏餘，則種田的人，自然多起來了。種田的人一多，錢糧自然也越多，用度也不會不足了。所以有若對哀公言何不改行什一之稅也。

子張問崇德、辨惑。子曰：「主忠信，徙義，崇德也。愛之欲其生，惡*之欲其死，既欲其生，又欲其死，是惑也。『誠不以富，亦祇以異。』」

廣解《 崇德，就是尊重道德。辨惑，就是辨別怎樣是迷惑，使自己不至迷惑。子張問此二事於孔子也。

孔子說：「主忠信，」「徙義，」就是「崇德」之道。「主忠信，」已見學而篇。述而篇記孔子以「聞義不能徙」為憂。可見二事之重要。「惡，」去聲；憎也。一般人對人往往隨愛憎為轉移。所愛的人，要他活著；所惡的人，要他死去。或者我

朱熹章句 主忠信，則本立，徙義，則日新。惡，去聲。

愛惡，人之常情也。然人之生死有命，非可得而欲也。以愛惡而欲其生死，則惑矣。既欲其生，又欲其死，則惑之甚也。

此詩小雅我行其野之辭也。舊說：夫子引之，以明欲其生死者不能使之生死。如此詩所言，不足以致富而適足以取異也。程子曰：「此錯簡，當在第十六篇齊景公有馬千駟

所愛的人，忽然厭惡他了，便又要他死去；我所惡的人，忽然見愛於我了，便又要他活著。這就是一種迷惑。

「誠不以富，亦祇以異。」為詩經小雅我行其野篇的詩句也。程子以為「此錯簡。當在第十六篇『齊景公有馬千駟』之上。」宦氏論語稽則曰：「引詩者，斷章取義。『富』如『富哉言乎』之『富』，以富於聞見言；『異』如『異乎三子者之撰』之『異』，以異於庸俗言。言欲崇德辨惑，豈在富於見聞哉？亦只求存養省察之精，有以異於庸俗而已。」

齊景公問政於孔子。孔子對曰：「君君。臣臣。父父。子子。」公曰：「善哉！信如君不君，臣不臣，父不父，子不子，雖有粟，吾得而食諸？」

廣解≪ 景公名杵臼，齊君，景是謚法。魯昭公末年，孔子遊歷齊國。景公問政，當在此時。孔子對他，只不過「君君，臣臣，父父，子子」八個字。這八個字，就是說為君者，要盡君道；為臣者，要盡臣道；為父者，要盡父道；為子者，要盡子道。景公聽了，也稱贊道：「善哉！」又自己伸明道：「信如君不君，臣不臣，父不父，子不子，雖有粟，吾得而食諸？」「諸」為「之乎」二字的合音，言雖有粟，吾亦不得而食之也。朱注曰：「是時景公失政，而大夫陳氏厚施於國；景公又多內變，而不立太子。其君臣父子之間，皆失其道，故

之上。因此下文亦有齊景公字而誤也。」楊氏曰：「堂堂乎張也，難與並為仁矣。則非誠善補過不蔽於私者，故告之如此。」

朱熹章句 齊景公，名杵臼。魯昭公末年，孔子適齊。此人道之大經，政事之根本也。是時景公失政，而大夫陳氏厚施於國。景公又多內變，而不立太子。其君臣父子之間，皆失其道，故夫子告之以此。景公善孔子之言而不能用，其後果以繼嗣不定，啟陳氏弒君簒國之禍。楊氏曰：「君之所以君，臣之所以臣，父之所以父，子之所以子，是必有道矣。景公知善夫子之言，而不知反求其所以然，蓋悅而不繹者。齊之所以卒於亂也。」

夫子告之以此。」又曰：「景公善孔子之言而不能用，其後果以繼嗣不定，啟陳氏弒君篡國之禍。」就事實觀察，是孔子確有先見之明也。

子曰：「片言可以折獄者，其由也與*？」子路無宿諾。

廣解

與，今作歟。集解引孔曰：「片，猶偏也。聽訟必須兩辭以定是非，偏信一言，以折獄者，惟子路可。」照此解釋，是「片言」即單辭，亦即「一面之辭」也。「折獄，」就是判斷官司。孔子說：「審官司的時候，只聽了一面之辭，就可以把這件官司判決的，只有由這個人能夠罷？」照常理判斷官司，必須兼聽兩造之辭。子路何以只要聽一面的話呢？這疑問，我想大家都有的。所以記者記了孔子稱贊子路的話，又在下面補記一句子路平日的行為道：「子路無宿諾。」何謂「無宿諾」呢？就是平日不輕易允許人家的請求；如果允許了，便一定立刻照他所請求的去做，不隔一天或數天，纔去做；更不以空話敷衍人家而永遠不去做。子路平日的行為如此，所以大家都說他有信用。別人受了他的感化，也以信待他，不敢在他面前說謊，所以但聽片言便可折獄也。左傳載小邾射以句繹奔魯，曰：「使子路要我，吾無盟矣。」子路終不肯諾之。即此，可以見子路之不輕於一諾；亦可以見千乘之國之盟反不如子路之一言也。朱注謂「子路忠信

朱熹章句

折，之舌反。與，平聲。

片言，半言。折，斷也。子路忠信明決，故言出而人信服之，不待其辭之畢也。宿，留也，猶宿怨之宿。急於踐言，不留其諾也。記者因夫子之言而記此，以見子路之所以取信於人者，由其養之有素也。

尹氏曰：「小邾射以句繹奔魯，曰：『使季路要我，吾無盟矣。』千乘之國，不信其盟，而信子路之一言，其見信於人可知矣。一言而折獄者，信在言前，人自信之故也。不留諾，所以全其信也。」

明決，故言出而人信服之，不待其辭之畢也。」此訓「片言」為半句話，似不及孔說為長。

子曰：「聽訟，吾猶人也；必也，使無訟乎？」子張問政。子曰：「居之無倦。行之以忠。」

廣解《 聽訟，就是審案。「吾猶人也，」是說「我也和人一樣的。」「必也，使無訟乎」者，是說為政者，必使人不涉訟，方可貴也。孔子之意，以為為政者能道之以德，齊之以禮，則民有恥且格，自無爭奪之事，便不至涉訟也。孔子此語亦見大學。「居之無倦」者，言居官行政，要始終如一，不可始勤終怠也。「行之以忠」者，言施政於民，要切切實實，求其確於人民有益也。

朱熹章句 范氏曰：「聽訟者，治其末，塞其流也。正其本，清其源，則無訟矣。」楊氏曰：「子路片言可以折獄，而不知以禮遜為國，則未能使民無訟者也。故又記孔子之言，以見聖人不以聽訟為難，而以使民無訟為貴。」居，謂存諸心。無倦，則始終如一。行，謂發於事。以忠，則表裏如一。程子曰：「子張少仁。無誠心愛民，則必倦而不盡心，故告之以此。」

子曰：「博學於文，約之以禮，亦可以弗畔矣夫？」

廣解《 此章重出，已見雍也篇。但雍也篇有「君子」二字，此記者各記所聞，互有詳略也。

朱熹章句 重出。

子曰：「君子成人之美，不成人之惡。*小人反是。」

廣解《 人家做好的事情，我去幫助他成功，這是「成人之美。」人家做不好的事情，我不去幫助他，這是「不成人之惡。」「小人反是」者，小人喜成人之惡，而不成人之美也。

朱熹章句 成者，誘掖獎勸以成其事也。君子小人，所存既有厚薄之殊，而其所好又有善惡之異。故其用心不同如此。

季康子問政於孔子。孔子對曰：「政者，正也。子帥*以正，孰敢不正？」

廣解《

此章記季康子問政於孔子。孔子即就「政」字的意義答之。「政者，正也。」是以音近為訓。「政」訓中正之正，無非求上下皆歸於正也。但欲在下者歸於中正，必在上者自己先中正才行，故又曰「子帥以正，孰敢不正？」「子，」指季康子。「帥，」今作「率，」說文云：「先道也。」言你是執政的人，自己先行中正之道，以為表率，那麼在下的那個敢不歸於中正呢？朱注引胡氏曰：「魯自中葉，政由大夫。家臣效尤，據邑背叛。不正甚矣！故孔子以是告之。」

朱熹章句 范氏曰：「未有己不正而能正人者。」胡氏曰：「魯自中葉，政由大夫，家臣效尤，據邑背叛，不正甚矣。故孔子以是告之，欲康子以正自克，而改三家之故。惜乎康子之溺於利欲而不能也。」

季康子患盜，問於孔子。孔子對曰：「苟子之不欲，雖賞之不竊*。」

廣解《

此章記孔子答季康子患盜之問，與上章之旨同。欲，貪欲也。言「如果你自己不貪財聚貨，則人民都被你感化，就是賞他們去為盜，他們也自知羞恥而不肯為盜了。」大學說：「堯舜率天下以仁，而民從之。桀紂率天下以暴，而民從之。」蓋儒家之道，重在以身作則，以德化民也。按張栻論語解引張載云：「假使以子不欲不物，賞子使竊，子必不竊。故為政者，先乎足民。……蓋盜生於欲之不足。使之足乎此，則不欲乎彼。此古人弭盜之原也。」按此即孟子「使民菽粟如水火，焉有不仁」之意。義亦可通。

朱熹章句 言子不貪欲，則雖賞民使之為盜，民亦知恥而不竊。胡氏曰：「季氏竊柄，康子奪嫡，民之為盜，固其所也。盍亦反其本耶？孔子以不欲啟之，其旨深矣。」奪嫡事見春秋傳。

季康子問政於孔子曰：「如殺無道，以就有道，何如？」孔子對曰：「子爲政，焉*用殺？子欲善，而民善矣！君子之德風，小人之德草，草上之風，必偃*。」

廣解《 此章孔子答辭之旨，仍與上二章同。季康子又問政於孔子道：「如把無道的壞人殺掉，以成就有道的好人，你以為怎樣？」「子為政，焉用殺」者，言「你辦政事何必殺人」也。「焉，」平聲，安也，副詞。「子欲善而民善矣」者，就是說，「你自己想為善，那麼，人民自然都看你的樣，也去為善了。」「君子，」指在上位者；「小人」指人民。「上」同尚，加也。草上之風，即「草，加之以風。」言在上的君子好像風，在下的人民好像草。風吹在草上，草必跟著風倒來倒去的。說苑君道篇云：「夫上之化下，猶風靡草，東風則草靡而西，西風則草靡而東。」蓋本於此。韓詩外傳載魯有父子訟者，康子欲殺之。孔子曰：「未可殺也。夫民為不善，則是上失其道。上陳之教而先服之，則百姓從風矣。」疑此云康子欲殺無道，即指父子相訟之人。

朱熹章句 焉，於虔反。為政者，民所視效，何以殺為？欲善則民善矣。上，一作尚，加也。偃，仆也。尹氏曰：「殺之為言，豈為人上之語哉？以身教者從，以言教者訟，而況於殺乎？」

子張問：「士，何如斯可謂之達矣？」子曰：「何哉，爾所謂達者？」子張對曰：「在邦必聞，在家必聞。」子曰：「是聞也，非達也！夫達也者，質直而好義，察言而觀色，慮以下人。在邦必達，在家必達。夫聞也者，色取仁而行違，居之不疑。在邦必聞，在家必聞。」

廣解　子張問孔子，一個士人，要怎樣方可叫做「達。」「你所說的『達』是什麼呢？」「何哉爾所謂達者，」是倒裝句法，就是「爾所謂達者何哉。」子張回對道：「在邦必聞，在家必聞。」這就是子張對於「達」的界說。「邦，」指諸侯之國；「家」指大夫之家；「聞」是聲聞之聞。孔子聽了，又對他道：「是聞也，非達也。」蓋聞是聲譽，人人都曉得他之謂；「達」是人人都信服他，而所行沒有窒礙也。孔子既告子張「在邦必聞，在家必聞」者，是聞而非達，又正式把如何纔可以「達」的道理告子張。所謂「達」者，必定質樸，正直而好義；對人家，能體察他的言語，觀察他的神色；又自己思慮周詳，態度謙遜，甘為人下；因此，纔能夠仕於諸侯之國或大夫之家，一定做到「達」的地步。「達」的道理，既說明了。又把所謂「聞」者再解說一番。「夫」音扶。「色取仁」者，臉色上表面上裝得像仁人一般。「而行違」者，做出來的事體，都和仁相違背。「居之不疑」者，像煞有介事地自以為是一個仁人，一些沒有疑惑也。這種假仁假義的人仕於邦國，或大夫

朱熹章句　達者，德孚於人而行無不得之謂。子張務外，夫子蓋已知其發問之意。故反詰之，將以發其病而藥之也。言名譽著聞也。聞與達相似而不同，乃誠偽之所以分，學者不可不審也。故夫子既明辨之，下文又詳言之。夫，音扶，下同。好、下，皆去聲。內主忠信。而所行合宜，審於接物而卑以自牧，皆自修於內，不求人知之事。然德修於己而人信之，則所行自無窒礙矣。行，去聲。善其顏色以取於仁，而行實背之，又自以為是而無所忌憚。此不務實而專務求名者，故虛譽雖隆而實德則病矣。程子曰：「學者須是務實，不要近名。有意近名，大本已失。更學何事？為名而學，則是偽也。今之學者，大抵為名。為名與為利雖清濁不同，然其利心則一也。」尹氏曰：「子張之學，病在乎不務實。故孔子告之，皆篤實之事，充乎內而發乎外者也。當時門人親受聖人之教，而差失有如此者，況後世乎？」

之家，也能得到虛譽浮名，使人人曉得他，而成「聞人」也。曾子嘗說：「堂堂乎張也，難與並為仁矣！」大概子張為人喜虛榮，尚表面，是個「色取仁而行違，居之不疑」的人，故孔子因其問而不憚反覆以告之也。

樊遲從遊於舞雩之下，曰：「敢問崇德、脩慝*、辨惑。」子曰：「善哉問！先事後得，非崇德與*？攻其惡，無攻人之惡，非脩慝與*？一朝*之忿，忘其身以及其親，非惑與*？」

廣解《

「無雩」是求雨的壇，已見前先進篇。樊遲從孔子在舞雩之壇的下面，遊覽也。「崇德」「辨惑」已見前。「慝，」音忒，惡之匿於心者；「脩慝」者，治匿於心之惡而去之也。

孔子先答以「善哉問」者，稱樊遲問得好也，「先事後得」者，先勞力做事，然後取得報酬，這就是先義後利，先難後獲的意思。「攻其惡，無攻人之惡」者，攻治自己的惡，而不攻擊人家的惡也。

「一朝之忿，忘其身以及其親」者，「一朝」猶云一旦，因一日裏偶然碰著的小事情，忿怒起來，甚至與人打架涉訟，不顧自己的性命，更不顧父母也。三「與」字皆同「歟。」

朱熹章句

慝，吐得反。

胡氏曰：「慝之字從心從匿，蓋惡之匿於心者。修者，治而去之。」善其切於為己。與，平聲。

先事後得，猶言先難後獲也。為所當為而不計其功，則德日積而不自知矣。專於治己而不責人，則己之惡無所匿矣。知一朝之忿為甚微，而禍及其親為甚大，則有以辨惑而懲其忿矣。樊遲麤鄙近利，故告之以此，三者皆所以救其失也。

范氏曰：「先事後得，上義而下利也。人惟有利欲之心，故德不崇。惟不自省己過而知人之過，故慝不脩。感物而易動者莫如忿，忘其身以及其親，惑之甚者也。惑之甚者必起於細微，能辨之於早，則不至於大惑矣。故懲忿所以辨惑也。」

樊遲問仁。子曰：「愛人。」問知。子曰：「知人。」樊遲未達。子曰：「舉直錯諸枉，能使枉者直。」樊遲退，見子夏曰：「鄉也吾見於夫子而問知，子曰：『舉直錯諸枉，能使枉者直，』何謂也？」子夏曰：「富哉言乎！舜有天下，選於衆，舉皋陶，不仁者遠矣！湯有天下，選於衆，舉伊尹，不仁者遠矣！」

廣解《　「問知」之「知，」今作智。樊遲問仁，孔子答以「愛人；」問智，答以「知人；」樊遲未能通曉，故孔子又告以「舉直錯諸枉，能使枉者直」二語。樊遲疑此二語為答非所問，故退而問之子夏也。「鄉」音向，去聲，同曏，昔也。「舉直錯諸枉，」與為政篇答哀公語同。舉直錯枉是智，使枉者直是仁。「富哉言乎！」是子張贊美孔子的話，含意很豐富。他贊美孔子的話以後，隨即引歷史上的事實來證明。如舜有天下的時候，在衆人中，舉用了一個皋陶。湯有天下的時候，在衆人中，舉用了一個伊尹，不久，那些不仁的人，都變為仁人，好像不仁的人都遠遠地避去了。舜與湯之舉皋陶、伊尹，是「舉直，」遠不仁者是「錯枉，」此即「知」也；其使不仁的人都變為仁人，是「使枉者直，」此即「仁」也。「皋」音高，「陶」音遙。舜時皋陶為士，執法不阿。伊尹，湯相，佐湯伐桀以有天下。

朱熹章句　上知，去聲，下如字。愛人，仁之施。知人，知之務。曾氏曰：「遲之意，蓋以愛欲其周，而知有所擇，故疑二者之相悖爾。」舉直錯枉者，知也。使枉者直，則仁矣。如此，則二者不惟不相悖而反相為用矣。

鄉，去聲。見，賢遍反。

遲以夫子之言，專為知者之事。又未達所以能使枉者直之理。

歎其所包者廣，不止言知。選，息戀反。陶，音遙。遠，如字。

伊尹，湯之相也。不仁者遠，言人皆化而為仁，不見有不仁者，若其遠去爾，所謂使枉者直也。子夏蓋有以知夫子之兼仁知而言矣。

程子曰：「聖人之語，因人而變化。雖若有淺近者，而其包含無所不盡，觀於此章可見矣。非若他人之言，語近則遺遠，語遠則不知近也。」尹氏曰：「學者之問也，不獨欲聞其說，又必欲知其方；不獨欲知其方，又必欲為其事。如樊遲之問仁知也，夫子告之盡矣。樊遲未達，故又問焉，而猶未知其何以為之也。及退而問諸子夏，然後有以知之。使其未喻，則必將復問矣。既問於師，又辨諸友，當時學者之務實也如是。」

子貢問友。子曰：「忠告*而善道*之；不可則止，毋自辱焉！」

廣解《 「告，」讀如「谷。」道，去聲，同導。此章記子貢問交朋友的道理。而孔子答之。「忠告而善道之」者。如果朋友有過處，要盡我的心委委婉婉地勸導他也。「不可則止，毋自辱焉」者，他若不聽我的話，就不必多說；多說了，他反以你為不是；不要自己反取恥辱也。

朱熹章句 告，工毒反。道，去聲。
友所以輔仁，故盡其心以告之，善其說以道之。然以義合者也，故不可則止。若以數而見疏，則自辱矣。

曾子曰：「君子以文會友，以友輔仁。」

廣解《 此章記曾子所說的話。「文」指詩書禮樂而言。「以文會友」者，講學以會友，即易所謂「君子以朋友講習」也。「輔，助也。」「以友輔仁」者，德相勸，過相規，互相切磋，以進於仁也。此言以學問道德交友，賢於世之以酒食徵逐，勢利相交者遠矣。

朱熹章句 講學以會友，則道益明；取善以輔仁，則德日進。

子路第十三

子路問政。子曰：「先之，勞之。」請益。曰：「無倦*。」

廣解《 子路問政於孔子。孔子答以「先之勞之。」子路以

朱熹章句 勞，如字。
蘇氏曰：「凡民之行，以身先之，則不令而行。凡民之

為為政之道，當不僅「先之勞之，」故請益；孔子又答以「無倦」也。「先之」者，以身作則，為民先導也。大戴禮 子張問入官云：「君子欲政之速行也，莫若以身先之也。」即此章之旨，「勞」字有二音：一音如字；一音力報反。如「慰勞」之「勞。」下子張篇子夏曰：「君子信而後勞其民。」「先之，」即所以立信；「勞之，」即勞其民也。國語 魯語敬姜曰：「昔聖王之處其民也，擇瘠土而處之，勞其民而用之，故長王天下。夫民勞則思，思則善心生。逸則淫，淫則忘善，忘善則惡心生。沃土之民不材，淫也。瘠土之民向義，勞也。」即闡發「勞之」之義。此「勞」字如字讀之解也。其音力報反者，即孟子「勞之來之」之意。勞者，勸勉之也。謂不以刑趨迫之也。說亦可通。「無倦」者，言行此二事勿倦也。朱注引吳氏曰：「勇者喜於有為而不能持久，故以此告之。」

仲弓為季氏宰，問政。子曰：「先有司，赦小過，舉賢才。」曰：「焉*知賢才而舉之？」曰：「舉爾所知。爾所不知，人其舍*諸？」

廣解《

此處用作副詞。舍，今作捨。皇疏曰：「仲弓，將往費，為季氏采邑之宰，故先問孔子，求為政之法也。」有司，指宰的屬官。「先有司」者。劉氏正義以為先信任之，使得舉其職；論語稽曰：「先者，以身率之也。」似較劉氏為長。

事，以身勞之，則雖勤不怨。」無，古本作毋。

吳氏曰：「勇者喜於有為而不能持久，故以此告之。」

程子曰：「子路問政，孔子既告之矣。及請益，則曰『無倦』而已。未嘗復有所告，姑使之深思也。」

朱熹章句

有司，眾職也。宰兼眾職，然事必先之於彼，而後考其成功，則己不勞而事畢舉矣。過，失誤也。大者於事或有所害，不得不懲；小者赦之，則刑不濫而人心悅矣。賢，有德者。才，有能者。舉而用之，則有司皆得其人而政益修矣。焉，於虔反。舍，上聲。

「赦小過」者，有司偶有失誤，其大者或於事情有礙，不得不懲；小者則當寬宥他，原諒他也。「舉賢才」者，有德的人曰賢，有能的人曰才，舉而用之，使有司得人，事無不舉也。孔子答仲弓為政之法，就是這三項。「曰『焉知賢才而舉之』」者，仲弓又問也。「焉，」平聲，安也。言怎能知道某人是賢，某人是才，去舉用他呢？孔子又答道：「只要把你所知道的賢才舉他出來；你所不知道的，別人肯舍棄他們嗎？」「舍，」今作捨。棄置也。「諸」為「之乎」二字之合音。

子路曰：「衛君待子而爲政，子將奚先？」子曰：「必也正名乎？」子路曰：「有是哉！子之迂*也。奚其正？」子曰：「野哉！由也。君子於其所不知，蓋闕*如也。名不正則言不順，言不順則事不成，事不成則禮樂*不興，禮樂*不興則刑罰不中*，刑罰不中*則民無所措手足。故君子名之必可言也；言之必可行也。君子於其言，無所苟而已矣！」

廣解《　衛君，出公輒也。出公六年，即魯哀公十年，孔子自楚反衛。孟子言孔子於衛孝公為公養之仕。先儒言孝公即出公。是時孔子居衛，凡六七年。子路之問，當在此時。輒為衛靈公世子蒯聵之子。蒯聵惡南子淫亂，欲殺之，見逐於靈公。靈公欲立公子郢，郢辭。及靈公卒，南子又欲立郢。郢曰：「有亡人之子輒在。」乃立輒，按靈公生於魯昭公二

仲弓慮無以盡知一時之賢才，故孔子告之以此。程子曰：「人各親其親，然後不獨親其親。仲弓曰『焉知賢才而舉之』，子曰『舉爾所知，爾所不知，人其舍諸』便見仲弓與聖人用心之大小。推此義，則一心可以興邦，一心可以喪邦，只在公私之間爾。」范氏曰：「不先有司，則君行臣職矣；不赦小過，則下無全人矣；不舉賢才，則百職廢矣。失此三者，不可以為季氏宰，況天下乎？」

朱熹章句　衛君，謂出公輒也。是時魯哀公之十年，孔子自楚反乎衛。是時出公不父其父而禰其祖，名實紊矣，故孔子以正名為先。謝氏曰：「正名雖為衛君而言，然為政之道，皆當以此為先。」迂，謂遠於事情，言非今日之急務也。野，謂鄙俗。責其不能闕疑，而率爾妄對也。楊氏曰：「名不當其實，則言不順。言不順，則無以考實而事不成。」中，去聲。范氏曰：「事得其序之謂禮，物得其和之謂樂。事不成則

年，卒年四十七。蒯聵有姊曰衛姬，而輒又為蒯聵之子，則靈公卒時，輒年僅十歲左右耳。其二年，蒯聵入戚，衛入圍戚；此非輒之本意欲以武力拒父，而出於南子及其臣石曼姑等，灼然易見。蒯聵居戚，至出公十四年，凡十三年，絕無舉動，殆輒能以國養耳。若輒公然拒父，孔子豈肯留衛為公養之仕乎？孔子適衛時，輒年約十六七，欲用孔子。孔子知衛人雖藉口於輒受祖父之命以拒父，而輒尚有不忍於其父之心，故欲以「正名」為先。「正名」者，即上篇答齊景公所謂「君君臣臣父父子子」也。蒯聵欲藉他國之力以與子爭國，則父不父矣。輒藉口於祖父之命以拒父，則子不子矣。「正名」云者，蓋欲有善處其父子之間，以弭將來不測之禍耳。子路不知此旨，故曰：「你老先生的迂執竟有這樣厲害嗎？正名，正什麼名呢？」孔子聽子路這樣說，就申斥他道：「由啊！你這個人真粗鄙啊！君子對於自己所不知的道理，只有闕之而不說，不強以為知而硬說。」蓋子路不知「正名」之重要，「正名」於當時的衛國之尤為重要，而自以為知，妄說孔子是迂，所以孔子先這樣把他申斥一番也。自「名不正」至「無所苟而已矣，」是孔子仔細解說「正名」之重要。無論做什麼事，名義不正，則你把這事說出去，人民將不來聽你也。對外宣布時，必不能理正言直，而此事也無成功之望。

無序而不和，故禮樂不興。禮樂不興，則施之政事皆失其道，故刑罰不中。」程子曰：「名實相須。一事苟，則其餘皆苟矣。」

胡氏曰：「衛世子蒯聵恥其母南子之淫亂，欲殺之不果而出奔。靈公欲立公子郢，郢辭。公卒，夫人立之，又辭。乃立蒯聵之子輒，以拒蒯聵。夫蒯聵欲殺母，得罪於父，而輒據國以拒父，皆無父之人也，其不可有國也明矣。夫子為政，而以正名為先。必將具其事之本末，告諸天王，請于方伯，命公子郢而立之。則人倫正，天理得，名正言順而事成矣。夫子告之之詳如此，而子路終不喻也。故事輒不去，卒死其難。徒知食焉不避其難之為義，而不知食輒之食為非義也。」

故曰：「名不正則言不順，言不順則事不成。」禮所以別上下，以讓為本；樂所以陶性情，以和為主，事既不成，固無以興禮樂；即今以逆取得之，亦已違禮樂之本。故曰：「事不成，則禮樂不興。」既不能興禮樂以化民治國，則必濫施刑罰，而不能使刑罰得當。故曰：「禮樂不興，則刑罰不中；刑罰不中，則民無所措手足」也，「中，」去聲。人民畏刑罰之濫，則跼天蹐地，不能自安，像手足無所安置。孔子既把正名的大道理說給子路聽了，又總結幾句道：「故君子名之必可言也；言之必可行也。君子於其言，無所苟而已矣！」這是說君子做事，必定先正其名義，名正，則理正言直而可以言了。且可以見諸實行了。故君子對於他所說的話，決不苟且。孔子告子路這樣詳細，而子路終不悟，卒因事輒而死於孔悝之難。這是很可惜的。

樊遲請學稼*。子曰：「吾不如老農。」請學爲圃*。曰：「吾不如老圃。」樊遲出。子曰：「小人哉！樊須也。上好*禮，則民莫敢不敬。上好*義，則民莫敢不服。上好*信，則民莫敢不用情。夫*如是，則四方之民襁*負其子而至矣！焉*用稼？」

朱熹章句 種五穀曰稼，種蔬菜曰圃。小人，謂細民，孟子所謂小人之事者也。好，去聲。夫，音扶。襁，居丈反。焉，於虔反。

廣解《 朱注云：「種五穀曰稼；種蔬菜曰圃。」「小人」謂細民，即孟子「有大人之事，有小人之事」之「小人。」須，樊遲之名。三「好」字皆去聲。情，實也，誠也。「用情」者，以誠實對上也。「夫」音扶。「襁，」音居丈反，亦作「繈。」襁褓，以布為之，負小兒於背之具。「焉，」平聲，安也。樊遲請學稼學圃，孔子以不如老農老圃答之。及遲出，紿明言以曉之也。蓋以稼圃為小人之事；禮義信為大人之事。古者四民各有其業，為士者當致力於大人之事以治小人，不以無事而食為泰也。此章大旨，或謂樊遲見道不行，學稼學圃之問，蓋有激而發；故孔子不面斥其非，但云不如農圃，以徵言答之；及其既出，始闡明本旨。或謂樊遲學稼學圃之請，殆亦如許行為神農之言，主並耕而治；故孔子所言，與孟子答陳相，明勞心而治人之君子與勞力而治於人之野人，各有專職，治天下不可耕且為之旨相同。或又謂當時土曠人稀，為農圃者少，樊遲以為士亦不妨兼營稼圃；故孔子答以上好禮義信，則四方之農民皆襁負其子而至，不必使士兼為稼圃。以上三說，雖見仁見智，各有不同，頗能持之有故，言之成理，故並記之。

子曰：「誦詩三百，授之以政，不達；使*於四方，不能專對；雖多，亦奚以為？」

廣解《

「詩三百，」即現在的詩經三百零五篇。「誦，」讀也。「不達，」謂不能明達治理。「使於四方，」謂奉君命，使

禮、義、信，大人之事也。好義，則事合宜。情，誠實也。敬服用情，蓋各以其類而應也。襁，織縷為之，以約小兒於背者。

楊氏曰：「樊須游聖人之門，而問稼圃，志則陋矣，辭而闢之可也。待其出而後言其非，何也？蓋於其問也，自謂農圃之不如，則拒之者至矣。須之學疑不及此，而不能問。不能以三隅反矣，故不復。及其既出，則懼其終不喻也，求老農老圃而學焉，則其失愈遠矣。故復言之，使知前所言者意有在也。」

朱熹章句

使，去聲。

專，獨也。詩本人情，該物理，可以驗風俗之盛衰，見政治之得失。其言溫厚和平，長於風諭。故誦之者，必達於

諸侯。「專對」之「專，」集解與朱注均訓「獨，」閻若璩云：「『專，』擅也。即公羊傳『聘禮，大夫受命，不受辭；出竟，有可以安社稷利國家者，則專之可也。』」朱注曰：「詩本人情，該物理，可以驗風俗之盛衰，見政治之得失；其言溫厚和平，長於風諭；故誦之者，必達於政而能言也。」按左傳所載，朝聘會盟之時，皆須賦詩見志。漢書藝文志云：「登高能賦，可以為大夫。」「登高」謂登會盟之壇，「能賦，」謂能賦詩也。周禮大司樂以樂語教國子。戰國策所載游士之辭，史記所載淳于髡等之辭，大都為諷喻寓言，且多韻語。是春秋戰國辭令妙品；皆出於詩，故誦詩可以專對也。若誦詩而仍不達於政，不能專對，則記誦雖多，亦何用乎？

子曰：「其身正，不令而行；其身不正，雖令不從。」

廣解《　此章亦言為政當以身作則，與前篇「子帥以正，孰敢不正」之意相同。故治平當以修身為本。

子曰：「魯衛之政，兄弟也。」

廣解《　魯是武王弟周公的封國，衛是武王弟康叔的封國。所以兩國的政治也多相同，像兄弟一樣。漢、晉諸儒，解本章都如此說。朱注則就衰世言，謂兩國衰亂，政亦相似，故孔子有此嘆。

政而能言也。

程子曰：「窮經將以致用也。世之誦詩者，果能從政而專對乎？然則其所學者，章句之末耳，此學者之大患也。」

朱熹章句　魯，周公之後。衛，康叔之後。本兄弟之國，而是時衰亂，政亦相似，故孔子歎之。

子謂衛公子荊*，善居室。始有，曰：「苟合矣！」少有，曰：「苟完矣！」富有，曰：「苟美矣！」

廣解《 公子荊，衛國大夫。因魯國也有公子荊，（哀公庶子，見左傳哀二十五年。）故加「衛」字以分別之。「子謂衛公子荊善居室」者，孔子說衛國公子荊居家，儉而不奢侈也。當時世卿之家，多尚奢侈，公子荊獨不然，故孔子稱之。「有」指財富言。「始有」謂初有資財；「少有」謂財富略增；「富有」謂資財充足。朱注訓「苟」為「聊且粗略之意，」訓「合」為「聚，」「完」為「備，」「言其循序而有節，不以欲速盡美累其心。」劉氏正義訓「苟」為「誠，」為「信，」「合」為「合禮；」與朱子略異。

子適衛，冉有僕。子曰：「庶矣哉！」冉有曰：「既庶矣，又何加焉？」曰：「富之！」曰：「既富矣，又何加焉！」曰：「教之。」

廣解《 適，往也。僕，御車也。庶，人民眾多也。「富之」者，使人民生計充裕也，「教之」者，民生既裕，加以教育也。按說苑建本篇：「子貢問政。孔子曰：『富之。既富，乃教之也。』」與此章略同。此章之旨，與孟子論仁政當先制民之產，使人民不飢不寒，足以仰事俯蓄，然後謹庠序之教，申

朱熹章句 公子荊，衛大夫。苟，聊且粗略之意。合，聚也。完，備也。言其循序而有節，不以欲速盡美累其心。楊氏曰：「務為全美，則累物而驕吝之心生。公子荊皆曰苟而已，則不以外物為心，其欲易足故也。」

朱熹章句 僕，御車也。庶，眾也。庶而不富，則民生不遂，故制田里，薄賦斂以富之。富而不教，則近於禽獸。故必立學校，明禮義以教之。胡氏曰：「天生斯民，立之司牧，而寄以三事。然自三代之後，能舉此職者，百無一二。漢之文明，唐之太宗，亦云庶且富矣，西京之教無聞焉。明帝尊師重傅，臨雍拜老，宗戚子弟莫不受學；唐太宗大召名儒，增廣生員，教

之以孝弟之義正同。孫中山先生的民族主義主張增加人口，就是要使之「庶，」民生主義主張平均地權，節制資本，使人民大家有飯吃，就是要「富之，」民權主義中的訓政時期，開發民知，訓練人民，使能運用四權，就是「教之。」治國之道，三者盡之矣。

子曰：「苟有用我者，朞*月而已可也；三年有成。」

廣解 「朞，」音基，注疏本作期。朞月者，週一年之歲月也。孔子自己說：「苟有人用我去治國，一週年工夫，已經可以見成效了，到了三年，種種政事，都可成功。」按史記孔子世家，孔子這話，是在衛國時所說。這時靈公說自己老，不能用孔子，所以孔子說這幾句話。

子曰：「『善人爲邦百年，亦可以勝*殘去殺矣。』誠哉是言也！」

廣解 「善人為邦百年」者，言善人相繼治理邦國，到百年之久也。「勝殘」者，使殘暴兇惡的人，都化為善也。「勝，」平聲。「去殺」者，人都化善，殺人之刑可廢去也。這是前人傳下來的老話，孔子以為不錯，故曰「誠哉是言也！」

亦至矣，然而未知所以教也。三代之教，天子公卿躬行於上，言行政事皆可師法，彼二君者其能然乎？」

朱熹章句 朞月，謂周一歲之月也。可者，僅辭，言綱紀布也。有成，治功成也。尹氏曰：「孔子歎當時莫能用己也，故云然。」愚按：史記，此蓋為衛靈公不能用而發。

朱熹章句 勝，平聲。去，上聲。為邦百年，言相繼而久也。勝殘，化殘暴之人，使不為惡也。去殺，謂民化於善，可以不用刑殺也。蓋古有是言，而夫子稱之。程子曰：「漢自高、惠至於文、景，黎民醇厚，幾致刑措，庶乎其近之矣。」尹氏曰：「勝殘去殺，不為惡而已，善人之功如是。若夫聖人，則不待百年，其化亦不止此。」

子曰：「如有王者，必世而後仁。」

廣解

「王者，」言聖人為天子也。三十年曰一世。言聖人做天子後，到三十年，教化大行，可使天下的人，都相愛相助，成為仁的社會。此言聖人化速，對上章而言，所謂「仁」較「勝殘去殺，」亦更進一層。

朱熹章句

王者謂聖人受命而興也。三十年為一世。仁，謂教化浹也。程子曰：「周自文武至於成王，而後禮樂興，即其效也。」或問：「三年、必世，遲速不同，何也？」程子曰：「三年有成，謂法度紀綱有成而化行也。漸民以仁，摩民以義，使之浹於肌膚，淪於骨髓，而禮樂可興，所謂仁也。此非積久，何以能致？」

子曰：「苟正其身矣，於從政乎何有？不能正其身，如正人何？」

廣解

此章是說從政當先自正其身，與上「其身正不令而行，其身不正雖令不從，」同一義旨。

朱熹章句

（朱熹集註的地方空白）

冉子退朝*。子曰：「何晏*也？」對曰：「有政。」子曰：「其事也？如有政，雖不吾以，吾其與*聞之。」

廣解

冉有此時為季氏宰，「退朝」者，從季氏的私朝退出來也。晏，遲也。孔子問他：「今天退朝，何以這樣遲？」冉有對曰：「有政。」「其事也」者，是孔子故作疑問的口氣說。事指家事。政指國政。「以，」用也。孔子說：「你所謂『政』是季氏的家事吧？如確有國政，那麼我雖然不見用，我猶當與聞」也。禮，大夫致仕，猶得與聞國政。孔子曾為大夫，故有「吾其與聞之」的話。時季氏專政，國政亦往往不與同

朱熹章句

朝，音潮。與，去聲。冉有時為季氏宰。朝，季氏之私朝也。晏，晚也。政，國政。事，家事。以，用也。禮：大夫雖不治事，猶得與聞國政。是時季氏專魯，其於國政，蓋有不與同列議於公朝，而獨與家臣謀於私室者。故夫子為不知者而言，此必季氏之家事耳。若是國政，我嘗為大夫，雖不見用，猶當與聞。今既不聞，則是非國政也。語意與魏徵獻陵之對略相似。其所以正名分，抑季氏，而教冉有之意深矣。

列議於公朝，而與家臣謀於私室。孔子非不知冉有「有政」之對為實情，特欲正名分，抑季氏，所以故意這樣說。

定公問：「一言而可以興邦，有諸？」孔子對曰：「言不可以若是，其幾也。人之言曰：『爲君難，爲臣不易。』如知爲君之難也，不幾乎一言而興邦乎？」曰：「一言而喪邦，有諸？」孔子對曰：「言不可以若是，其幾也。人之言曰：『予無樂乎爲君，唯其言而莫予違也！』如其善而莫之違也，不亦善乎？如不善而莫之違也，不幾乎一言而喪邦乎？」

廣解《　魯定公問孔子：「一言而可以興邦，有諸？」「一言而可以喪邦，有諸。」二「諸」字皆「之乎」二字之合音。「喪，」去聲，亡也，失也。孔子對曰：「言不可以若是其幾也。」朱子九字作一句讀。故注云：「幾，期也。詩曰：「如幾如式。」言一言之間，未可以如此而必期其效。」王若虛論語辨惑云：「「其幾也」三字，自為一句。一言得失，何遽至於興喪？然有近之者。」按，「幾，近也，」見爾雅釋詁。集解引王說亦如此解，較朱注為長：「易，」去聲。「樂，」音洛。「為君難，為臣不易；」「予無樂乎為君，唯其言而莫予違也；」都是當時人常說的話，而孔子引之。於前者，則取「為君難」為近於可以興邦之一言。於後者，則又伸說道：「如果君所說的話是善的，沒有人違反他，固然很好；如果君所說的話，是不善的，也沒有人違反他，那麼國事敗壞，或者竟會弄到亡國；『言莫予違』這不是近乎一言而喪邦嗎？」

朱熹章句　幾，期也。詩曰：「如幾如式。」言一言之間，未可以如此而必期其效。易，去聲。

當時有此言也。因此言而知為君之難，則必戰戰兢兢，臨深履薄，而無一事之敢忽。然則此言也，豈不可以必期於興邦乎？為定公言，故不及臣也。喪，去聲，下同。樂，音洛。

言他無所樂，惟樂此耳。

范氏曰：「言不善而莫之違，則忠言不至於耳。君日驕而臣日諂，未有不喪邦者也。」

謝氏曰：「知為君之難，則必敬謹以持之。惟其言而莫予違，則讒諂面諛之人至矣。邦未必遽興喪也，而興喪之源分於此。然此非識微之君子，何足以知之？」

葉公問政。子曰：「近者說*，遠者來。」

廣解《 葉公，是楚國大夫，見前述而篇。孔子到楚國時，葉公向孔子問政。孔子對答他道：「近者說，遠者來。」「說，」同悅。言為政當使近地方的人民，能夠安居樂業而歡悅；則遠方的人民，自然大家都要來做他的人民也。此事亦見韓非子難篇。

朱熹章句 音義並見第七篇。說，音悅。被其澤則悅，聞其風則來。然必近者悅，而後遠者來也。

子夏爲莒父宰，問政。子曰：「無欲速；無見小利。欲速，則不達；見小利，則大事不成。」

廣解《 「父，」音甫。莒父，是魯國的一個小邑。子夏做莒父的邑宰時，向孔子問政。孔子告以「無欲速，無見小利。」「無」同「毋，」禁止之詞。又伸說「欲速」和「見小利」之害道：「欲速則不達；見小利則大事不成。」辦事有一定的次序，有必需的時間，不能求速；若以欲速之故，而不照次序，縮短時間，反弄得這事辦不成功；故曰「欲速則不達」也。辦事要從大處落墨，只要事體成功，遇些小小損失，是不能顧及的；若是處處貪小便宜，反弄得大事不能成功；故曰「見小利則大事不成」也。程子曰：「子張問政，子曰：『居之無倦，行之以忠，』子夏問政，子曰：「無欲速，無見小利。」子張常過高而未仁，子夏之病常在近小，故各以切己之事告之。」

朱熹章句 父，音甫。莒父，魯邑名。欲事之速成，則急遽無序，而反不達。見小者之為利，則所就者小，而所失者大矣。程子曰：「子張問政，子曰：『居之無倦，行之以忠。』子夏問政，子曰：『無欲速，無見小利。』子張常過高而未仁，子夏之病常在近小，故各以切己之事告之。」

葉公語孔子曰：「吾黨有直躬者，其父攘羊，而子證之。」孔子曰：「吾黨之直者異於是！父爲子隱，子爲父隱，直在其中矣。」

廣解

「語，」去聲，猶告也。「吾黨，」猶云吾鄉。集解孔曰：「直躬，直身而行。」朱注同。鄭玄注本「躬」作「弓，」注云：「有直人名弓者。」以其行直，故稱直弓，猶跖為盜，故稱盜跖也。集解周曰：「有因而盜曰攘。」朱注同。說文云：「證，告也。」謂父盜人之羊，而子告發之也。兩「為」字皆去聲。隱者，不揚其惡也。父子之愛，根於天性，故互相為隱，直在其中。此與孟子所謂瞽叟殺人，舜當竊負而逃之義正同。若證父攘羊，則病在好名，故孔子非之。

按韓非子五蠹云：「楚有直躬，其父竊羊而謁之吏。令尹曰：『殺之。』以為直於君而屈於父，執而罪之。」呂氏春秋當務云：「楚有直躬者，其父竊羊而謁之上。上執而將誅之。直躬者請代之。將誅矣，告吏曰：『父竊羊而謁之，不亦信乎？父誅而代之，不亦孝乎？信且孝而誅之，國將有不誅者乎？』荊王聞之，乃不誅也。孔子聞之曰：『異哉，直躬之為信也！父而再取名焉。』故直躬之信，不如無信。」二書所記，當與此章同指一人。

朱熹章句

語，去聲。

直躬，直身而行者。有因而盜曰攘。為，去聲。

父子相隱，天理人情之至也。故不求為直，而直在其中。

謝氏曰：「順理為直。父不為子隱，子不為父隱，於理順邪？瞽瞍殺人，舜竊負而逃，遵海濱而處。當是時，愛親之心勝，其於直不直，何暇計哉？」

樊遲問仁。子曰：「居處恭，執事敬，與人忠，雖之夷狄不可棄也。」

廣解《 「居處恭」者，言日常起居不可放肆也。「執事敬」者，言辦事不可懈怠輕忽也。「與人忠」者，言須以忠心待人也。之，往也。「雖之夷狄，不可棄也」者，言上面所說的三項，雖到野蠻地方去做人，也是不可棄掉的。按樊遲問仁，見於本書者，此已為第三次。但問的先後，朱注採胡氏說，以為此最先，「先難而後獲」次之，「愛人」又次之。

朱熹章句 恭主容，敬主事。恭見於外，敬主乎中。之夷狄不可棄，勉其固守而勿失也。程子曰：「此是徹上徹下語。聖人初無二語也，充之則睟面盎背；推而達之，則篤恭而天下平矣。」胡氏曰：「樊遲問仁者三：此最先，先難次之，愛人其最後乎？」

子貢問曰：「何如斯可謂之士矣？」子曰：「行己有恥；使於四方，不辱君命：可謂士矣。」曰：「敢問其次。」曰：「宗族稱孝焉，鄉黨稱弟焉。」曰：「敢問其次。」曰：「言必信，行必果，硜硜然小人哉，抑亦可以爲次矣。」曰：「今之從政者何如？」子曰：「噫！斗筲之人，何足算也！」

廣解《 子貢問：「怎樣的人可以叫做『士？』」「子曰：『行已有恥，使於四方，不辱君命，可謂士矣』」者，朱注曰：「此其志有所不為，而其材足以有為者也。」「曰：『敢問其次』」者，子貢又問也。第二個「曰，」字以下是孔子的答話。「宗族稱孝，鄉黨稱弟」者，朱注曰：「此本立而材不足者，故為其次。」「弟，」今作「悌。」子貢又問再次一等的士。「曰：『言必信，行必果，硜硜然小人哉！抑亦可以為次矣』」者，孔子又

朱熹章句 使，去聲。此其志有所不為，而其材足以有為者也。子貢能言，故以使事告之。蓋為使之難，不獨貴於能言而已。弟，去聲。此本立而材不足者，故為其次。行，去聲。硜，苦耕反。果，必行也。硜，小石之堅確者。小人，言其識量之淺狹也。此其本末皆無足觀，然亦不害其為自守也，故聖人猶有取焉，下此則市井之人，不復可為士矣。筲，所交反。算，亦作筭，悉亂反。今之從政者，蓋如魯三家之屬。噫，心不平聲。斗，量

答也。「行，」去聲。「硜」音苦耕反。朱注曰：「硜，小石之堅確者。」按「硜硜」是以小石堅確之狀，喻小人必信必果之貌也。「小人，」指識量淺狹的人。「抑，」語助詞。朱注又曰：「此其本末皆無足觀，然亦不害其為自守也。故聖人猶有取焉。」劉氏正義引孟子離婁篇文說之曰：「『大人者，言不必信，行不必果，唯義所在。』明大人言行皆視乎義：義所在，則言必信，行必果；義所不在，則言不必信，行不必果。反是者為小人。」子貢又問：「現在一班做官的人怎樣呢？」子曰：「噫！斗筲之人，何足算也！」噫，是歎詞。斗，容十升；筲，竹器，容一斗二升。「斗筲」狀其人識量之小。一說謂其但事聚斂。算，數也。言何足數及之。漢書公孫賀傳贊引此文，「算」作「選。」「選，」「算，」一聲之轉，音近通用。

名，容十升。筲，竹器，容斗二升。斗筲之人，言鄙細也。算，數也。子貢之問每下，故夫子以是警之。程子曰：「子貢之意，蓋欲為皎皎之行，聞於人者。夫子告之，皆篤實自得之事。」

子曰：「不得中行而與之，必也狂狷*乎！狂者進取；狷者有所不爲也。」

廣解

中行者，能依乎中庸之道而行，無過與不及者也。狂者，有大地者也。狷者，有氣節者也。狂者進取，時或過乎中庸；狷者有所不為，時或不及中庸：皆非「中行。」孔子不得中行而與之，故思其次耳。孟子盡心孔子在陳所記，與此略同。按伊尹為聖之任者，其個性實近於進取之狂；伯夷為聖之清者，其個性實近於有所不為之狷。惟孔子為聖之時，所謂「時中」之君子，合乎「中行」者也。

朱熹章句

狷，音絹。行，道也。狂者，志極高而行不掩。狷者，知未及而守有餘。蓋聖人本欲得中道之人而教之，然既不可得，而徒得謹厚之人，則未必能自振拔而有為也。故不若得此狂狷之人，猶可因其志節，而激厲裁抑之以進於道，非與其終於此而已也。孟子曰：「孔子豈不欲中道哉？不可必得，故思其次也。如琴張、曾皙、牧皮者，孔子之所謂狂也。其志嘐嘐然，曰：『古之人！古之人！』夷考其行而不掩焉者也。狂者又不可得，欲得不屑不潔之士而與之，是狷也，是又其次也。」

子曰：「南人有言曰：『人而無恆，不可以作巫醫*。』善夫*！不恆其德，或承之羞*。」子曰：「不占而已矣！」

廣解　南人，南方人。恆，恆心也。巫是古時候一種祈禱鬼神，替人治病求福的人。「醫」是醫生。孔子引南方人成語道：「一個人而沒有恆心，就是巫醫等技能職業，也是學不成功的。」「善夫」二字，是孔子的贊語。此章之旨，在明「有恆」之重要。禮記緇衣所記與本章同；惟「巫醫」作「卜筮。」

「不恆其德，或承之羞」兩句，是易經恆卦九三的爻辭。皇疏云：「羞辱必承，而云『或』者，──或，常也，──言羞辱常承之也。」按詩「無不爾或承，」鄭箋曰：「或，常也。」老子「湛今其或存，」河上公注亦曰：「或，常也。」皇疏謂「羞辱常承之，」承似訓「繼。」劉氏正義云：「言無恆之人，無所容身，將承羞辱也。」承似訓「受。」並可通。「不占」上的「子曰」二字，朱子以為分別易文與孔子的話而加上的。「不占而已矣」者，集解鄭曰：「易所以占吉凶；無恆之人，易所不占。」朱注引楊氏曰：「君子於易苟玩其占，則知無常之取羞矣。其為無常也，蓋亦不占而已矣。」

朱熹章句　恆，胡登反。夫，音扶。

南人，南國之人。恆，常久也。巫，所以交鬼神。醫，所以寄死生。故雖賤役，而猶不可以無常，孔子稱其言而善之。此易恆卦九三爻辭。承，進也。

復加「子曰」，以別易文也，其義未詳。楊氏曰：「君子於易苟玩其占，則知無常之取羞矣。其為無常也，蓋亦不占而已矣。」意亦略通。

子曰：「君子和而不同。小人同而不和。」

廣解《　集解云：「君子心和，然其所見各異，故曰不同。小人所嗜好者則同，然各爭利，故曰不和。」朱注云：「和者，無乖戾之心；同者，有阿比之意。」按左傳昭二十年晏子與齊侯論和同之異，以「君所謂可而有否焉，臣獻其否以成其可，君所謂否而有可焉，臣獻其可以去其否」為「和」；以「君所謂可曰可，君所謂否曰否」為「同」。可與本章互證。

朱熹章句　和者，無乖戾之心。同者，有阿比之意。尹氏曰：「君子尚義，故有不同。小人尚利，安得而和？」

子貢問曰：「鄉人皆好*之，何如？」子曰：「未可也！」「鄉人皆惡之，何如？」子曰：「未可也！不如鄉人之善者好*之，其不善者惡*之。」

廣解《　「好，」「惡，」均讀去聲。此章有二種解說：一說以「好惡」屬我。—子貢言一鄉之人，我皆好之；一鄉之人，我皆惡之；何如？孔子曰皆未可，不如於鄉人之中，擇其善者好之，其不善者惡之。蓋一鄉之人，未必皆善，亦未必皆不善，故我之或好或惡，亦不可以一律也。一說以「好惡」屬鄉人。言有人於此，一鄉之人皆好之，或一鄉之人皆惡之，則何如。孔子皆曰未可。不如鄉人之善者則好此人，鄉人之惡者則惡此人，方可斷定此人之為善士。蓋一鄉之人皆好之，此人或為同流合污之鄉愿；一鄉之人皆惡之，此人或為眾所共嫉之惡人也。

朱熹章句　好、惡，並去聲。一鄉之人，宜有公論矣，然其間亦各以類自為好惡也。故善者好之而惡者不惡，則必其有苟合之行。惡者惡之而善者不好，則必其無可好之實。

子曰：「君子易事而難說也。說之不以道，不說也；及其使人也，器之。小人難事而易說也。說之雖不以道，說也；及其使人也，求備焉。」

廣解

此章所說的「君子」「小人，」都指在位者而言。「易，」去聲。「說，」今作悅。「器之，」隨其材器而使之也。「求備，」求全責備也。

在位者是君子，在他手下做事，是容易的；要使他歡喜，卻是難的。「說之不以道，則諂也。此君子之所惡，小人之所喜。君子用人，因材器使，故易事；小人用人，求全責備，故難事。朱注云：「君子之心公而恕；小人之心私而刻。」

朱熹章句

易，去聲。說，音悅。器之，謂隨其材器而使之也。君子之心公而恕，小人之心私而刻。天理人欲之間，每相反而已矣。

子曰：「君子泰而不驕。小人驕而不泰。」

廣解

「泰」是安舒。「驕」是恣肆。君子坦蕩蕩，故態度安舒；卑以自牧，敬以自持，故不恣肆。小人無忌憚，喜陵人，故態度恣肆；長戚戚，故不安舒也。君子循理，心中無罣無礙，所以能安舒。小人逞欲，心中常常不足，所以永不安舒。

朱熹章句

君子循理，故安舒而不矜肆。小人逞欲，故反是。

子曰：「剛、毅、木、訥近仁。」

廣解

訥，音納。公正無欲叫做「剛。」果敢堅忍叫做「毅。」性情樸實叫做「木。」說話遲鈍，叫做「訥。」中庸言「力

朱熹章句

程子曰：「木者，質樸。訥者，遲鈍。四者，質之近乎仁者也。」楊氏曰：「剛毅則不屈於物欲，

行近乎仁。」剛毅故能力行。本書上文言「仁者其言也訒,」「訥」即「訒」也。「木訥」正與「巧言令色」相反。上文言「巧語令色鮮矣仁,」則本訥之近仁可知。

木訥則不至於外馳，故近仁。」

子路問曰：「何如斯可謂之士矣？」子曰：「切切偲偲，怡怡如也，可謂士矣！朋友切切偲偲，兄弟怡怡。」

廣解《 「偲,」音思。切切偲偲,是相切磋勉勵之貌。怡怡,和順也。子路問士,孔子告以「切切偲偲,怡怡如也;」又恐子路混於所施,隨說明道:「朋友切切偲偲,兄弟怡怡。」意思是「對於朋友,要能切磋勉勵;對於兄弟,要能和順。」但孔子之意,蓋朋友主於義,兄弟主於恩;朋友不可有善柔之損,兄弟不可有賊恩之禍也。此朱注引胡氏說。一說孔子的話,止於「如也。」以下為記者釋之,即所謂七十子之大義。見劉氏正義末句「怡怡」下,皇疏本亦有「如也」二字。

朱熹章句 胡氏曰：「切切，懇到也。偲偲，詳勉也。怡怡，和悅也。皆子路所不足，故告之。又恐其混於所施，則兄弟有賊恩之禍，朋友有善柔之損，故又別而言之。」

子曰：「善人教民七年，亦可以即戎矣！」

廣解《 即,就也。戎,兵戎。「即戎」者,去打仗也。孔子說:「善人把百姓教訓了七年工夫,也可以叫他們去打仗了。」按古時有「十年生聚,十年教訓」之語。此只言「教民,」必是已經生聚也。又言「七年,」而不言「十年」者,論語稽

朱熹章句 教民者，教之孝悌忠信之行，務農講武之法。即，就也。戎，兵也。民知親其上，死其長，故可以即戎。

程子曰：「七年云者，聖人度其時可矣。如云期月、三年、百年、一世、大國五年、小國七年之類，皆當思其作

曰：「善人教之有法，故速也。」「可以」上加一「亦」字。是僅可而猶有所未盡的語氣。至於所教之事，戰術以外，朱子以為尚有孝弟忠信之行，務農之法。蓋民知親其上，死其長，始能力戰也。古時寓兵於農，有事之時為兵，無事之時為農，務農之法，自亦不可不教也。

為如何乃有益。」

子曰：「以不教民戰，是謂棄之。」

廣解《 此章與上章相連。朱注「用不教之民以戰，必有敗亡之禍，是棄其民也。」孟子告子：「魯欲使慎子為將軍。孟子曰：『不教民而用之，謂之殃民。』」與此章同意。

朱熹章句 以，用也。言用不教之民以戰，必有敗亡之禍，是棄其民也。

憲問第十四

憲問恥。子曰：「邦有道，穀，邦無道，穀，恥也。」

廣解《 憲，是原憲。此章或是憲自記，故不稱字，不加姓。憲問孔子：「甚麼是可羞恥的事？」孔子告他道：「邦有道，穀，邦無道，穀，恥也。」「穀，」指俸祿。古時候做官的俸祿，都是給穀米的。集解孔曰：「邦有道，當食祿。君無道而在其朝，食其祿，是恥辱。」朱注云：「邦有道，不能有為；邦無道，不能

朱熹章句 憲，原思名。穀，祿也。邦有道不能有為，邦無道不能獨善，而但知食祿，皆可恥也。憲之狷介，其於邦無道穀之可恥，固知之矣；至於邦有道穀之可恥，則未必知也。故夫子因其問而并言之，以廣其志，使知所以自勉，而進於有為也。

獨善；而但知食祿，皆可恥也。」與孔說異，但亦可通。

「克、伐、怨、欲不行焉，可以爲仁矣？」子曰：「可以爲難矣！仁則吾不知也。」

廣解 史記弟子傳記此，上有「子思曰」三字。子思，原憲字。集解本與上章合為一章；朱注分作兩章。朱云：「克，好勝；伐，自矜；怨，忿恨；欲，貪欲。」四者不行，僅能無損於人，還不能有益於人；僅能注意於消極方面，還不能注意於積極方面；亦即是僅能行仁的一面，而不能得仁之全也。故不說是仁不是仁，而只說我不曉得，使原憲自思之；亦希望原憲於不行克、伐、怨、欲之後，更求進步。

朱熹章句 此亦原憲以其所能而問也。克，好勝。伐，自矜。怨，忿恨。欲，貪欲。有是四者而能制之，使不得行，可謂難矣。仁則天理渾然，自無四者之累，不行不足以言之也。程子曰：「人而無克、伐、怨、欲，惟仁者能之。有之而能制其情使不行，斯亦難能也。謂之仁則未也。此聖人開示之深，惜乎憲之不能再問也。」或曰：「四者不行，固不得為仁矣。然亦豈非所謂克己之事，求仁之方乎？」曰：「克去己私以復乎禮，則私欲不留，而天理之本然者得矣。若但制而不行，則是未有拔去病根之意，而容其潛藏隱伏於胸中也。豈克己求仁之謂哉？學者察於二者之間，則其所以求仁之功，益親切而無滲漏矣。」

子曰：「士而懷居，不足以爲士矣！」

廣解 「士」即子貢、子路所問的士。「懷居」即左傳所謂「懷安敗名」的「懷安」。「居」字所包甚廣，凡宮室之安，口體之奉皆居也。士者，事也。既名為士，則顧名思義，當有無窮責任，無窮事業，怎麼可以貪戀安逸呢？故曰「不足以為士」也。

朱熹章句 居，謂意所便安處也。

子曰：「邦有道，危言危行。邦無道，危行言孫。」

廣解《　行，讀去聲。孫，今作遜。廣雅云：「危，正也。」「危言」者，不顧甚麼，據理直言也。「孫，」即今「遜」字，當為「遜避」之義。邦無道時，往往以言語文字觸犯忌諱，而致殺身之禍，故行動，確仍舊不可失理，而說則當遜避，此明哲保身之旨。

朱熹章句　行、孫，並去聲。危，高峻也。孫，卑順也。尹氏曰：「君子之持身不可變也，至於言則有時而不敢盡，以避禍也。然則為國者使士言孫，豈不殆哉？」

子曰：「有德者必有言；有言者不必有德。仁者必有勇；勇者不必有仁。」

廣解《　有道德的人，和順積中，而英華發外；故曰「有德者必有言。」會說話的人，或為便佞口給，未必有道德；故曰「有言者不必有德。」孔子嘗言「志士仁人，無求生以害仁，有殺身以成仁。」死都不怕，自然見義勇為；故曰「仁者必有勇。」勇者雖甚麼都不怕，但或為血氣用事，未必有愛人利人之心；故曰「勇者不必有仁。」

朱熹章句　有德者，和順積中，英華發外。能言者，或便佞口給而已。仁者，心無私累，見義必為。勇者，或血氣之強而已。尹氏曰：「有德者必有言，徒能言者未必有德也。仁者志必勇，徒能勇者未必有仁也。」

南宮适問於孔子曰：「羿善射，奡盪舟，俱不得其死然。禹稷躬稼而有天下。」夫子不答。南宮适出，子曰：「君子哉若人！尚德哉若人！」

廣解《　适，音括。羿，音義。奡，音傲。南宮适，即孔子弟子南容。羿是夏朝一個善射箭的人，曾距太康而代夏政。「奡

朱熹章句　适，古活反。羿，音詣。奡，五報反。盪，土浪反。

盪舟」者，奡也是夏朝人，力大，曾伐斟鄩氏，左右衝殺，而覆其船。此顧炎武說。舊解「盪舟」為陸地行舟，不妥。「俱不得其死然」者，謂羿為其臣寒浞所殺，而奡為少康所殺也。稷，周之始祖，舜時為后稷。禹和稷，一個親自治水，一個教民種田，後來一個自己做天子，一個到後代也有天下。南宮适的意思，實在是以羿、奡比當時的權臣，而以禹、稷比孔子。故「夫子不答」也。及南宮适出，孔子方贊美他道：「君子哉若人！尚德哉若人！」「若人，」即此人也。

朱熹章句

南宮适，即南容也。羿，有窮之君，善射，滅夏后相而篡其位。其臣寒浞又殺羿而代之。奡，春秋傳作「澆」，浞之子也，力能陸地行舟，後為夏后少康所誅。禹平水土暨稷播種，身親稼穡之事。禹受舜禪而有天下，稷之後至周武王亦有天下。适之意蓋以羿奡比當世之有權力者，而以禹稷比孔子也。故孔子不答。然适之言如此，可謂君子之人，而有尚德之心矣，不可以不與。故俟其出而贊美之。

子曰：「君子而不仁者有矣夫*！未有小人而仁者也。」

廣解《

「夫，」音扶。仁是做人的完全美德。雖然是君子，未免有時候違仁，故曰「君子而不仁者有矣夫！」小人則存心利己，總不會愛人利人，故曰：「未有小人而仁者也。」

朱熹章句

夫，音扶。謝氏曰：「君子志於仁矣，然毫忽之間，心不在焉，則未免為不仁也。」

子曰：「愛之，能勿勞乎？忠焉，能勿誨乎？」

廣解《

勞，勤勞。愛之而勿令勞，是聽其逸樂也，所謂「禽犢之愛」而已。忠於某人，而當其有錯誤時，並不規誨，是長惡也，所謂「婦寺之忠」而已。

朱熹章句

蘇氏曰：「愛而勿勞，禽犢之愛也；忠而勿誨，婦寺之忠也。愛而知勞之，則其為愛也深矣；忠而知誨之，則其為忠也大矣。」

子曰：「為命：裨諶草創之；世叔討論之；行人子羽修飾之；東里子產潤色之。」

廣解《 「命，」指應對諸侯之辭令。「為命，」言有諸侯之事，預為辭令也。裨諶，鄭大夫。江聲論語竢質謂「諶」當作「煁，」裨諶裨竈當是一人，蓋名竈字煁也。史記屈原傳：「屈平屬草稾未定。」「草創，」即屬草也。世叔，左傳作子太叔，鄭大夫游吉字。「討論，」就草稿加以審議也。行人，官名，掌使各國。子羽，鄭大夫公孫揮字。「修飾，」謂增損之。東里，里名，子產所居。「潤色，」謂加以文采。按左傳襄三十一年所記，多一馮簡子，次敘亦與此略異。

朱熹章句 裨，婢之反。諶，時林反。裨諶以下四人，皆鄭大夫。草，略也。創，造也，謂造為草淤也。世叔，游吉也，春秋傳作子太叔。討，尋究也。論，講議也。行人，掌使之官。子羽，公孫揮也。脩飾，謂增損之。東里地名，子產所居也。潤色，謂加以文采也。鄭國之為辭命，必更此四賢之手而成，詳審精密，各盡所長。是以應對諸侯，鮮有敗事。孔子言此，蓋善之也。

或問子產。子曰：「惠人也。」問子西。曰：「彼哉？彼哉？」問管仲。曰：「人也。奪伯氏駢邑三百，飯疏食，沒齒無怨言。」

廣解《 此章記孔子與或人論春秋時各國之賢大夫。左傳記孔子論子產，以為「古之遺愛，」與此云「惠人」同。子西，楚令尹公子申字。子西讓國於昭王，而改紀其政，亦當時之賢大夫。然不能使昭王斥貪庸之囊瓦，又召白公而致殺身禍國之變。故孔子曰：「彼哉，彼哉，」言無足稱也。「人也，」猶言「這個人呀！」阮元謂「人也」即「仁也，」孔子稱子產為惠人，管仲為「仁人。」此別一解。伯氏，齊大夫，皇疏云：「名

朱熹章句 子產之政，不專於寬，然其心則一以愛人為主。故孔子以為惠人，蓋舉其重而言也。子西，楚公子申，能遜楚國，立昭王，而改紀其政，亦賢大夫也。然不能革其僭王之號。昭王欲用孔子，又沮止之。其後卒召白公以致禍亂，則其為人可知矣。彼哉者，外之之辭。人也，猶言此人也。伯氏，齊大夫。駢邑，地名。齒，年也。蓋桓公奪伯氏之邑以與管仲，伯氏自知己罪，而心服管仲之功，故窮約以終身而無怨言。荀卿所謂「與之書社三百，而富人莫之敢拒」者，即此事也。或問：「管仲子產孰優？」曰：「管仲之德，不勝其才。

偃。」駢邑，地名，伯氏之采邑。三百，駢邑有三百戶也。伯氏有罪，故奪其邑。一說謂桓公奪伯氏之邑以封管仲。伯氏邑既被奪，故貧至飯疏食也。齒，年也。「沒齒，」猶云「終身。」終身無怨言者，奪當其罪也。

子曰：「貧而無怨，難；富而無驕，易。*」

廣解 「易，」去聲。貧而無怨，就是樂道的君子；富而無驕，就是好禮的君子。孔子此言，是要人勉為其難，而亦不忽於其易。

子曰：「孟公綽*爲趙、魏老則優，不可以爲滕、薛大夫。」

廣解 孟公綽，是魯國的大夫。史記弟子傳：「孔子之所嚴事，於魯，孟公綽。」是公綽為孔子同時人。趙、魏是晉國兩個大夫的姓。老，是大夫的家臣。滕、薛是兩個小國。此說孟公綽這個人，廉靜寡欲，而短於才，故優於為趙、魏二家的家臣，而不可以做滕、薛的大夫。

子產之才，不勝其德。然於聖人之學，則概乎其未有聞也。」

朱熹章句 易，去聲。處貧難，處富易，人之常情。然人當勉其難，而不可忽其易也。

朱熹章句 公綽，魯大夫。趙魏，晉卿之家。老，家臣之長。大家勢重，而無諸侯之事；家老望尊，而無官守之責。優，有餘也。滕薛，二國名。大夫，任國政者。滕薛國小政繁，大夫位高責重。然則公綽蓋廉靜寡欲，而短於才者也。

楊氏曰：「知之弗豫，枉其才而用之，則為棄人矣。此君子所以患不知人也。言此，則孔子之用人可知矣。」

子路問成人。子曰：「若臧武仲之知，*公綽之不欲，*卞莊子之勇，冉求之藝；文之以禮樂，*亦可以爲成人矣！」曰：「今之成人者何必然！見利思義，見危授命，久要不忘平生之言，亦可以爲成人矣！」

廣解

「成人」者，成德之人，猶現在說人格完全的人也。臧武仲，為魯大夫臧孫紇。「知，」同智。公綽，即孟公綽；不欲，不貪財也。卞莊子，亦魯大夫，卞，邑名。卞莊子是一個勇士，史記陳軫傳記其刺虎事。韓詩外傳及新序記其戰死事。求也藝，已見前篇。孔子之意，是要把四個人的長處，合為一人，又能夠節之以禮，和之以樂，也可以算為完人了。按說苑辨物篇孔子答顏淵問成人之行，陳義極高。此僅合四人之長，文之以禮樂，故曰「亦可以為成人」也。

孔子說了上節的話以後，移時又說：故加「曰」字。言「今之成人者何必然」者，更退一步，說較次的一種完人也。朱注引胡氏說，則謂此節是子路之言。「見利思義，見危授命。」即曲禮所云「臨財毋苟得，臨難毋苟免」也。「授命」猶言致命。要，約也。平生，猶云平時。平時期約，雖過得長久了，仍舊不忘記也。孔子之意，是現在時候，能這樣忠信做人，雖比上節所說的完人，又覺不如，但也可以算一個完人也。

朱熹章句

知，去聲。成人，猶言全人。武仲，魯大夫，名紇。莊子，魯卞邑大夫。言兼此四子之長，則知足以窮理，廉足以養心，勇足以力行，藝足以泛應，而又節之以禮，和之以樂，使德成於內，而文見乎外。則材全德備，渾然不見一善成名之跡；中正和樂，粹然無復偏倚駁雜之蔽，而其為人也亦成矣。然亦之為言，非其至者，蓋就子路之所可及而語之也。若論其至，則非聖人之盡人道，不足以語此。復加「曰」字者，既答而復言也。授命，言不愛其生，持以與人也。久要，舊約也。平生，平日也。有是忠信之實，則雖其才知禮樂有所未備，亦可以為成人之次也。

程子曰：「知之明，信之篤，行之果，天下之達德也。若孔子所謂成人，亦不出此三者。武仲，知也；公綽，仁也；卞莊子，勇也；冉求，藝也。須是合此四人之能，文之以禮樂，亦可以為成人矣。然而論其大成，則不止於此。若今之成人，有忠信而不及於禮樂，則又其次者也。」又曰：「臧武仲之知，非正也。若文之以禮樂，則無不正矣。」又曰：「語成人之名，非聖人孰能之？孟子曰：『惟聖人然後可以踐形。』如此方可以稱成人之名。」

胡氏曰：「今之成人以下，乃子路之言。蓋不復聞斯行之之勇，而有終身誦之之固矣。未詳是否？」

子問公叔文子於公明賈曰：「信乎，夫子不言，不笑，不取乎？」公明賈對曰：「以告者過也。夫子時，然後言，人不厭其言。樂，然後笑，人不厭其笑。義，然後取，人不厭其取。」子曰：「其然？豈其然乎？」

廣解《 公叔文子，衛大夫，姓公孫，名拔，（左傳作發。）「文」是諡，（檀弓謂諡貞惠文子。）公明賈，亦衛國人，姓公明，名賈。「夫子」指稱文子。孔子初到衛國，聽見人家說公叔文子有此三項德行，自己不能相信，所以問公明賈也。「以告者過也」者，言來告訴你的人，話說得過甚也。文子這個人，在他應當說話的時候，然後說話，所以人家不討厭他所說的話；在應當歡樂的時候，纔有笑臉，所以人家不討厭他的笑；對於財物，應該取的始肯取，所以人家不討厭他的取。

「子曰：『其然豈其然乎』」者，因公明賈說文子的德行，竟無異聖人，孔子不大相信；不過當面，不便直說，所以說出這兩句疑而不斷的話來。

朱熹章句 公叔文子，衛大夫公孫拔也。公明姓，賈名，亦衛人。文子為人，其詳不可知，然必廉靜之士，故當時以三者稱之。厭者，苦其多而惡之之辭。事適其可，則人不厭，而不覺其有是矣。是以稱之或過，而以為不言、不笑、不取也。然此言也，非禮義充溢於中，得時措之宜者不能。文子雖賢，疑未及此，但君子與人為善，不欲正言其非也。故曰「其然豈其然乎」，蓋疑之也。

子曰：「臧武仲以防，求為後於魯，雖曰不要君，吾不信也！」

廣解《 要，讀平聲。防，魯地，臧武仲的食邑。魯襄公二十三年，武仲為孟孫所譖，出奔邾，自邾至防，請立後。魯許之，立其子臧為，武仲乃致防而奔齊。事見左傳朱注云：

朱熹章句 要，平聲。防，地名，武仲所封邑也。要，有挾而求也。武仲得罪奔邾，自邾如防，使請立後而避邑。以示若不得請，則將據邑以叛，是要君也。范氏曰：「要君者無上，罪之大者

「要，有所挾而求也。」武仲卑辭請立後，面子上雖不像對於君，有所要挾；但他占據防的地方而請求，明明是不允其請，將據防以叛了。所以說「人家雖然說他不是對君要挾，我是不相信的！」

子曰：「晉文公譎*而不正。齊桓公正而不譎*。」

廣解《 譎，讀決。晉文公，名重耳。齊桓公，名小白。二人都曾為諸侯盟主，攘夷狄以尊周室。但桓公則下拜受胙，不敢踰越名分；伐楚而責包茅之不貢，問昭王之不返；所以為正而不譎。文公則踐土之會，實召周王；其於諸侯，則以報恩怨為快；所以為譎而不正也。「譎，」詐也。「正，」直也。王引之經義述聞謂「正」為經，「譎」為權；譎非貶辭。文公能行權而不能守經，桓公能守經而不能行權，各有所長，各有所短也。此別一解。

子路曰：「桓公殺公子糾*，召忽死之，管仲不死。」曰：「未仁乎？」子曰：「桓公九合*諸侯，不以兵車，管仲之力也。如其仁！如其仁！」

廣解《 齊僖公生諸兒、糾、小白。僖公卒，諸兒立，是為襄公。襄公無道，鮑叔牙知亂將作，奉小白奔莒。及襄公從弟無知弒公自立，召忽、管仲奉糾奔魯。齊人殺無知，小白自莒

也。武仲之邑，受之於君。得罪出奔，則立後在君，非己所得專也。而據邑以請，由其好知而不好學也。」楊氏曰：「武仲卑辭請後，其跡非要君者，而意實要之。夫子之言，亦春秋誅意之法也。」

朱熹章句 譎，古穴反。晉文公，名重耳。齊桓公，名小白。譎，詭也。二公皆諸侯盟主，攘夷狄以尊周室者也。雖其以力假仁，心皆不正，然桓公伐楚，仗義執言，不由詭道，猶為彼善於此。文公則伐衛以致楚，而陰謀以取勝，其譎甚矣。二君他事亦多類此，故夫子言此，以發其隱。

朱熹章句 糾，居黝反。召，音邵。按春秋傳，齊襄公無道，鮑叔牙奉公子小白奔莒。及無知弒襄公，管夷吾召忽奉公子糾奔魯。魯人納之，未克，而

先入，立為桓公。魯以師納糾。齊師敗之乾時。齊使魯殺糾，執管召送之齊。召忽自殺。管仲囚而至齊，桓公釋而相之。詳見左傳及史記。「未仁乎，」為子路問語；以上是子路敘事語；故加「曰」字以別之。

管子 小匡云：「兵車之會六，乘車之會三。」史記 齊世家及封禪書則云：「兵車之會三，乘車之會六。」此云「九合，」總數雖同，但又云「不以兵車。」穀梁傳莊二十七年言衣裳之會十有一，兵車之會四。衣裳之會，似即所謂「不以兵車，」而次數又異。注家雖歷舉桓公合諸侯之事以實之，而所說又各不同。朱注謂「九」與「糾」通，即左傳之「糾合諸侯。」（按見僖公九年。）其說較長。不以兵車者，言不假威力也。如，乃也。見王引之經傳釋詞。言功業如此，乃其仁也。

子貢曰：「管仲非仁者與？桓公殺公子糾，不能死，又相*之。」子曰：「管仲相*桓公，霸諸侯，一匡天下，民到于今受其賜！微管仲，吾其被髮左衽*矣！豈若匹夫匹婦之為諒也，自經於溝瀆*而莫之知也？」

廣解《 「與」同「歟」。「相，」去聲。子貢此問，與子路同。相，輔也。霸，伯也。諸侯之長；孟子云：「以德行仁者王，以力假仁者霸。」此對「王」而言也。匡，正也。桓公北伐山戎，

小白入，是為桓公。使魯殺子糾而請管召，召忽死之，管仲請囚。鮑叔牙言於桓公以為相。子路疑管仲忘君事讎，忍心害理，不得為仁也。

九，春秋傳作「糾」，督也，古字通用。不以兵車，言不假威力也。如其仁，言誰如其仁者，又再言以深許之。蓋管仲雖未得為仁人，而其利澤及人，則有仁之功矣。

朱熹章句 與，平聲。相，去聲。

子貢意不死猶可，相之則已甚矣。被，皮寄反。衽，而審反。

霸，與伯同，長也。匡，正也。尊周室，攘夷狄，皆所以

南伐楚，驅狄存衛，攘夷尊王，以正天下。鄭玄謂「一匡」指陽穀之會，明天子之禁。按孟子，盛言葵丘之會，似亦可指為「一匡。」「一匡天下，」但言桓公之霸，天下自此一正耳；不必指一事以實之。微，無也。被髮左衽，夷狄之俗。衽，即衣襟。那時候，夷狄的人，都是不梳頭，披著髮，故曰「被髮；」中國人衣服的大襟向右扣；夷狄的衣服，大襟是向左扣的，故曰「左衽。」這句話的意思，就是說：「如沒有管仲，我們都要做披著頭髮，衣襟向左扣的夷狄了！」匹夫匹婦，指無知識的小百姓。諒，小信也。「自經，」自縊而死也。溝瀆，田間水道。劉氏正義引宋翔鳳論語發微謂溝瀆是地名，即子糾被殺處，左傳作生竇，史記作笙瀆；集解引賈逵曰：「魯地句瀆也。」此解殊勝。「莫之知」謂無功績，人莫知之。此言管仲之生愈於召忽之死也。

公叔文子之臣大夫僎，*與文子同升諸公。子聞之曰：「可以爲文矣！」

廣解《

僎，音撰。劉氏正義曰：「家臣之中，爵秩不同。尊者為大夫，次亦為士。故此別之云『大夫僎，』明僎為家臣中之為大夫者也。」文子薦他，和自己並登於公朝。孔子聽了這件事情，稱贊文子道：「可以為文矣！」言文子諡文，確是名副其實也。錢站論語後錄曰：「周書諡法，『文』有六等，

正天下也。微，無也。衽，衣衿也。被髮左衽，夷狄之俗也。諒，小信也。經，縊也。莫之知，人不知也。後漢書引此文，莫字上有人字。

程子曰：「桓公，兄也。子糾，弟也。仲私於所事，輔之以爭國，非義也。桓公殺之雖過，而糾之死實當。仲始與之同謀，遂與之同死，可也；知輔之爭為不義，將自免以圖後功亦可也。故聖人不責其死而稱其功。若使桓弟而糾兄，管仲所輔者正，桓奪其國而殺之，則管仲之與桓，不可同世之讎也。若計其後功而與其事桓，聖人之言，無乃害義之甚，啟萬世反覆不忠之亂乎？如唐之王圭魏徵，不死建成之難，而從太宗，可謂害於義矣。後雖有功，何足贖哉？」愚謂：管仲有功而無罪，故聖人獨稱其功；王魏先有罪而後有功，則不以相掩可也。

朱熹章句

僎，士免反。

臣，家臣。公，公朝。謂薦之與己同進為公朝之臣也。文者，順理而成章之謂。諡法亦有所謂錫民爵位曰文者。

洪氏曰：「家臣之賤而引之使與己並，有三善焉：知人，一也；忘己，二也；事君，三也。」

即經天緯地，道德博厚，勤學好問，慈愛惠民，愍民惠禮，錫民爵位，並無修制交鄰，不辱社稷等例。檀弓公叔文子卒，其子戍請謚於君。（靈公）君曰：「夫子（公叔文子）聽衛國之政，修其班制以與四鄰交，衛國之社稷不辱，不亦文乎？」靈公之論，不本典制，故孔子舉同升僎事以合之。」

子言衛靈公之無道也。康子曰：「夫如是，奚而不喪*？」孔子曰：「仲叔圉*治賓客，祝鮀治宗廟，王孫賈治軍旅，夫*如是，奚其喪*？」

廣解《 「夫，」音扶。「喪，」去聲。孔子與季康子談及衛靈公之無道。康子聽了孔子所說，因問道：「無道到這樣，怎麼能不失國呢？」「仲叔圉即孔文子，與祝鮀，王孫賈，均見前注。孔子對康子道：「衛靈公雖然無道，但他使仲叔圉治賓客，祝鮀治宗廟，王孫賈治軍旅，這三個人，都能負責辦事。這樣，靈公那裏會失國呢？」蓋稱靈公用之，能各當其才而已。

朱熹章句 夫，音扶。喪，去聲。喪，失位也。仲叔圉，即孔文子也。三人皆衛臣，雖未必賢，而其才可用。靈公用之，又各當其才。尹氏曰：「衛靈公之無道宜喪也，而能用此三人，猶足以保其國，而況有道之君，能用天下之賢才者乎？詩曰：『無競維人，四方其訓之。』」

子曰：「其言之不怍*，則爲之也難。」

廣解《 「言之不怍，」即今人所說的「大言不慚」也。專說大話的人，若教他真真實實做起事體來，是一定做不到的。故曰「則為之也難。」

朱熹章句 大言不慚，則無必為之志，而不自度其能否矣。欲踐其言，豈不難哉？

陳成子弒*簡公，孔子沐浴而朝*，告於哀公曰：「陳恆弒其君，請討之！」公曰：「告夫*三子。」孔子曰：「以吾從大夫之後，不敢不告也。君曰：『告夫*三子者。』」之三子告，不可。孔子曰：「以吾從大夫之後，不敢不告也。」

廣解《　陳成子，姓田，名恆，是齊國的大夫；「田」「陳，」古音同。簡公，齊君，名壬。陳恆弒簡公，在魯哀公十四年。「朝，」音潮。「夫，」音扶。此時魯國政權，在季孫、孟孫、叔孫三家手裏，故哀公命孔子去告三子也。孔子退而自言道：「以吾從大夫之後，不敢不告也。君曰：『告夫三子者。』」此時孔子雖由魯君召他回國，並未做官，不過他見齊國的陳成子以臣弒君，大義所在，不可不討，所以特地沐浴而朝，告於哀公；而哀公教孔子去告三子，孔子心中，實在不以為然，因以退而這樣自說也。但既奉君命，不得不去，故就至三子處，告以此事，三子果然不許。孔子此時，就把退朝時自說的兩句話，再對三子說明：「以吾從大夫之後，不敢不告也。」

　按此時魯弱齊強，似乎魯國不能去討齊國。然據左傳所載，魯國苟能出兵討齊，孔子自有勝算。因為陳恆弒君，齊國的人民，心都不服，只要魯能出兵去討，齊民必能響應於內。故孔子對於戰事，是和齊、疾一樣謹慎的，是要「臨事而懼，好謀而成」的，此孔子鄭重地請討陳恆，決非全無把握者。

朱熹章句　成子，齊大夫，名恆。簡公，齊君，名壬。事在春秋哀公十四年。朝，音潮。

是時孔子致仕居魯，沐浴齊戒以告君，重其事而不敢忽也。臣弒其君，人倫之大變，天理所不容，人人得而誅之，況鄰國乎？故夫子雖已告老，而猶請哀公討之。夫，音扶，下「告夫」同。

三子，三家也。時政在三家，哀公不得自專，故使孔子告之。孔子出而自言如此。意謂弒君之賊，法所必討。大夫謀國，義所當告。君乃不能自命三子，而使我告之邪？以君命往告，而三子魯之強臣，素有無君之心，實與陳氏聲勢相倚，故沮其謀。而夫子復以此應之，其所以警之者深矣。

程子曰：「左氏記孔子之言曰：『陳恆弒其君，民之不予者半。以魯之眾，加齊之半，可克也。』此非孔子之言。誠若此言，是以力不以義也。若孔子之志，必將正名其罪，上告天子，下告方伯，而率與國以討之。至於所以勝齊者，孔子之餘事也，豈計魯人之眾寡哉？當是時，天下之亂極矣，因是足以正之，周室其復興乎？魯之君臣，終不從之，可勝惜哉！」胡氏曰：「春秋之法，弒君之賊，人得而討之。仲尼此舉，先發後聞可也。」

子路問事君。子曰：「勿欺也，而犯之。」

廣解 欺，是欺瞞。犯，是犯顏諫諍。劉氏正義曰：「子路仕季氏，夫子恐其為具臣，又季氏伐顓臾，子路力未能諫止。故此告子路以勿欺；而又嫌其意不明，故更云：『而犯之。』」

朱熹章句 犯，謂犯顏諫爭。范氏曰：「犯非子路之所難也，而以不欺為難。故夫子教以先勿欺而後犯也。」

子曰：「君子上達。小人下達。」

廣解 「上達，」力求上進，即朱子所謂「日進乎高明」也。「下達，」日趨於下流，即朱子所謂「日究乎汙下」也。人無生而為君子者，亦無生而為小人者；到後來有的求上進，有的趨下流，於是有君子小人之分了。孔子所謂「君子上達，小人下達，」就是這個意思。何解「本為上，末為下。」皇疏「上達者，達於仁義也；下達謂達於財利。」按大學曰：「德者，本也；財者，末也。」故何、皇二說，是相通的。總之：行仁義，就是務本，就是朱子所謂「循天理，」也就是力求上進，日進乎高明的方法；謀財利，就是舍本就末，就是朱子所謂「徇人欲，」也就是日趨於下流，日究乎汙下的原因。

朱熹章句 君子循天理，故日進乎高明；小人殉人欲，故日究乎汙下。

子曰：「古之學者爲己，今之學者爲人。」

廣解《 朱注引程子曰：「為己，欲得之於己也；為人，欲見知於人也。」荀子勸學云：「古之學者為己；今之學者為人。君子之學也，以美其身；小人之學也，以為禽犢。」楊倞注云：「禽犢，饋獻之物也。」可舉本章參閱。「為」字去聲。

朱熹章句 為，去聲。程子曰：「為己，欲得之於己也。為人，欲見知於人也。」程子曰：「古之學者為己，其終至於成物。今之學者為人，其終至於喪己。」愚按：聖賢論學者用心得失之際，其說多矣，然未有如此言之切而要者。於此明辨而日省之，則庶乎其不昧於所從矣。

蘧伯玉使人於孔子。孔子與之坐而問焉，曰：「夫子何爲？」對曰：「夫子欲寡其過而未能也。」使者出，子曰：「使乎！使乎！」

廣解《 蘧伯玉，名瑗，衛賢大夫，謚成子。孔子在衛國的時候，常主其家，見孟子。蘧伯玉派使者來望孔子。孔子和他同坐，而問他道：「夫子何為？」夫子，指蘧伯玉。使者答道：「夫子欲寡其過而未能也。」意思是說蘧伯玉想少做錯些事體而不能夠也。劉氏正義曰：「……淮南子原道訓：『蘧伯玉年五十而知四十九年非。』觀此，是伯玉欲寡過而常若未能無過，亦是實語。其平居修省，不自滿假之意可見。使者直對以實，能尊其主，非只為謙辭。」按使者這句話，確是不亢不卑，很得體的。故孔子於使者出門以後，稱讚他道：「使乎！使乎！」

朱熹章句 使，去聲，下同。蘧伯玉，衛大夫，名瑗。孔子居衛，嘗主於其家。既而反魯，故伯玉使人來也。與之坐，敬其主以及其使也。夫子，指伯玉也。言其但欲寡過而猶未能，則其省身克己，常若不及之意可見矣。使者之言愈自卑約，而其主之賢益彰，亦可謂深知君子之心，而善於辭令者矣。故夫子再言使乎以重美之。按莊周稱「伯玉行年五十而知四十九年之非」。又曰：「伯玉行年六十而六十化。」蓋其進德之功，老而不倦。是以踐履篤實，光輝宣著。不惟使者知之，而夫子亦信之也。

子曰：「不在其位，不謀其政。」曾子曰：「君子思不出其位。」

廣解《 此章朱子分為二章，以「子曰。不在其位，不謀其政。」一章為重出。（按見泰伯篇。）注疏及皇本則合為一章，今從之。「君子思不出其位，」是易經艮卦的象辭。論語稽曰：「此因夫子有是言，而曾子引易象辭以伸之也。」

朱熹章句 重出。此艮卦之象辭也。曾子蓋嘗稱之，記者因上章之語而類記之也。范氏曰：「物各止其所，而天下之理得矣。故君子所思不出其位，而君臣、上下、大小，皆得其職也。」

子曰：「君子恥其言而過其行。*」

廣解《 朱注云：「恥者，不敢盡之意；過者欲有餘之辭。」按「而」字用同「之」字，言「君子恥其言之過其行也。」尚書大傳云：「君子恥其言而不見從，恥其行而不見隨。」（詩周頌疏引。）二「而」字亦作「之」字用。如朱說，則「恥其言」是一事，「過其行」是一事，意雖是，而文義殊不可通。

朱熹章句 行，去聲。恥者，不敢盡之意。過者，欲有餘之辭。

子曰：「君子道者三，我無能焉！仁者不憂。知*者不惑。勇者不懼。」子貢曰：「夫子自道也。」

廣解《 「知，」今作智。「仁者不憂……」三句，已見前子罕篇。孔子以此三者為君子之道，而自謙為不能也。子貢聽了孔子的話，知道孔子是謙遜，不肯自己承認有這三種美德，

朱熹章句 知，去聲。自責以勉人也。道，言也。自道，猶云謙辭。尹氏曰：「成德以仁為先，進學以知為先。故夫子之言，其序有不同者以此。」

故曰：「夫子自道也。」言「仁者，」「知者，」「勇者，」孔子就是說自己也。

子貢方人。子曰：「賜也賢乎哉？夫*我則不暇。」

廣解《 方，通謗。夫，音扶。鄭玄註曰：「方人，言人之過惡。」按言人過惡，即謗也。「方」即「謗」字，因聲近而通借。子貢喜歡講別人的過惡。孔子對他說：「賜也賢乎哉？夫我則不暇。」就是說「賜啊！你自己的行為，種種都好嗎？為甚麼要講別人的過惡呢？至於我，則自治還來不及，沒有閒工夫講別人的過惡的。」按舊解除鄭註及劉氏正義外，如孔註皇疏邢疏朱注都把「方人」解為「比方人，」恐不合原意。孔子曾問子貢與回孰愈；子貢曾問子張與子夏孰賢，孔子也沒有說他不當問；此皆比方人也。這時怎麼又責備子貢呢？

子曰：「不患人之不己知，患其不能也。」

廣解《 「不己知，」就是人家不曉得我。「不能」是我自己不能有道德學問。按學而篇云：「不患人之不己知，患不知人也。」里仁篇云：「不患莫己知，求為可知也。」下衛靈公篇云：「君子病無能焉，不病人之不己知也。」意義均與本章大

朱熹章句 夫，音扶。方，比也。乎哉，疑辭。比方人物而較其短長，雖亦窮理之事。然專務為此，則心馳於外，而所以自治者疏矣。故褒之而疑其辭，復自貶以深抑之。謝氏曰：「聖人責人，辭不迫切，而意已獨至如此。」

朱熹章句 凡章指同而文不異者，一言而重出也。文小異者，屢言而各出也。此章凡四見，而文皆有異。則聖人於此一事，蓋屢言之，其丁寧之意亦可見矣。

致相同，而文小異。朱注云：「聖人於此一事，蓋屢言之；其丁寧之意，亦可見矣。」

子曰：「不逆詐，不億*不信。抑亦先覺者，是賢乎？」

廣解《 邢疏曰：「此章戒人不可逆料人之詐，不可億度人之不信也。」按「逆」即「逆料」之「逆」，朱注所謂「未至而迎之」也。「億」音邑，即「億度」之「億」，朱注所謂「未見而意之」也。朱注又云：「詐，謂人欺己；不信，謂人疑己。」集解引孔曰：「先覺人情者，是寧能為賢乎？或時反怨人。」「怨」與「冤」通。皇疏曰：「……閑邪存誠，不在善察。若見失信於前，必億其無信於後，則容長之風虧，而改過之路塞矣。」此最能寫出孔子之意。朱注曰：「言雖不逆不億，而於人之情偽，自然先覺，乃為賢也。」又引楊氏曰：「君子一於誠而已，然未有誠而不明者，故雖不逆詐，不億不信，而常先覺也。若夫不逆不億，而卒為小人所罔焉，斯亦不足觀也已。」與孔皇二氏說不同。

朱熹章句 逆，未至而迎之也。億，未見而意之也。詐，謂人欺己。不信，謂人疑己。抑，反語辭。言雖不逆不億，而於人之情偽，自然先覺，乃為賢也。楊氏曰：「君子一於誠而已，然未有誠而不明者。故雖不逆詐、不億不信，而常先覺也。若夫不逆不億而卒為小人所罔焉，斯亦不足觀也已。」

微生畝謂孔子曰：「丘何爲是栖*栖*者與*？無乃爲佞乎？」孔子曰：「非敢爲佞也，疾固也。」

廣解《 「栖，」音妻。「與，」今作歟。微生是姓，畝是名。微生畝，大約是孔子的前輩，所以直呼孔子之名。邢疏曰：

朱熹章句 與，平聲。微生，姓，畝，名也。畝名呼夫子而辭甚倨，蓋有齒德而

「栖栖，猶皇皇也。」文選班固答賓戲曰：「棲棲遑遑，孔席不煖。」李善註：「棲遑，不安居之意也。」微生畝見孔子總是周流四方，不安其居，所至陳說人主，疑孔子但以口才游說時君。所以對孔子道：「丘何為是栖栖者與？無乃為佞乎？」

固，固陋也。謂味於仁義之道，習非勝是也。「疾固，」以固陋為病也。孔子回答微生畝說：我不是敢以口才游說時君，我是以世人固陋為病，欲明仁義之道耳。微生畝以孔子為佞，與戰國時人以孟子為好辯同。

隱者。栖栖，依依也。為佞，言其務為口給以悅人也。疾，惡也。固，執一而不通也。聖人之於達尊，禮恭而言直如此，其警之亦深矣。

子曰：「驥*不稱其力，稱其德也。」

廣解《 驥，良馬也。良馬，不但力大，跑路快，而且有馴調之德。故孔子說：「我們稱贊驥，不是稱贊牠的氣力大，而是稱贊牠的道德好。」皇疏曰：「於時輕德重力，故孔子引譬以抑之也。」

朱熹章句 驥，善馬之名。德，謂調良也。尹氏曰：「驥雖有力，其稱在德。人有才而無德，則亦奚足尚哉？」

或曰：「以德報怨，何如？」子曰：「何以報德？以直報怨，以德報德。」

廣解《 或，或人之意，以為人有怨於我，而我報以恩德，這是最好沒有的了。不料孔子卻反駁他的話道，「何以報德？」蓋別人有恩於我，而我報以恩德；則有恩德於我者，我用甚麼去報他呢？「以直報怨，以德報德」二句，是孔子

朱熹章句 或人所稱，今見老子書。德，謂恩惠也。言於其所怨，既以德報之矣；則人之有德於我者，又將何以報之乎？於其所怨者，愛憎取舍，一以至公而無私，所謂直也。於其所德者，則必以德報之，不可忘也。或人之言，可謂厚矣。然以聖人之言觀之，則見其出於有

駁了或人的話，繼續說明報答他人之道。意思是：人家有怨於我，我以直道報他；人家有恩德於我，我也用恩德報他。」所謂直道者，朱注所謂「愛憎取舍，一以至公無私」是也。

子曰：「莫我知也夫！*」子貢曰：「何爲其莫知子也？」子曰：「不怨天，不尤人；下學而上達；知我者，其天乎？」

廣解《 「夫，」音扶。孔子說：「沒有人知道我了罷？」這是孔子自歎之言。子貢聽了，問孔子道：「為甚麼沒有人知道夫子呢？」「不怨天，不尤人」者，明「莫我知」之歎，並非怨天尤人也。尤，責也。「下學而上達」者，明己為學之道；學為己而不為人，並不求人知也。「下學，」指博文約禮，所謂文章可得而聞者也；「上達，」指盡性知天，所謂天道不可得而聞者也。登高自卑，行遠自邇，故曰「下學而上達。」「知我者其天乎」者，言我固非時人之所能知也。

公伯寮愬子路於季孫。子服景伯以告，曰：「夫子固有惑志於公伯寮，吾力猶能肆諸市朝。」子曰：「道之將行也與？命也；道之將廢也與？命也。公伯寮其如命何！」

廣解《 寮，音聊。愬，音素。朝，音潮。與，今作歟。公伯寮，魯人，公伯，複姓。史記列入弟子傳，集解引馬氏，亦以為孔子弟子。「愬，」音訴，講壞話也。此時子路做季孫的家臣，公

意之私，而怨德之報皆不得其平也。必如夫子之言，然後二者之報各得其所。然怨有不讎，而德無不報，則又未嘗不厚也。此章之言，明白簡約，而其指意曲折反復。如造化之簡易易知，而微妙無窮，學者所宜詳玩也。

朱熹章句 夫，音扶。

夫子自歎，以發子貢之問也。不得於天而不怨天，不合於人而不尤人，但知下學而自然上達。此但自言其反己自修，循序漸進耳，無以甚異於人而致其知也。然深味其語意，則見其中自有人不及知而天獨知之之妙。蓋在孔門，惟子貢之智幾足以及此，故特語以發之。惜乎其猶有所未達也！

程子曰：「不怨天，不尤人，在理當如此。」又曰：「下學上達，意在言表。」又曰：「學者須守下學上達之語，乃學之要。蓋凡下學人事，便是上達天理。然習而不察，則亦不能以上達矣。」

朱熹章句 朝，音潮。

公伯寮，魯人。子服氏，景謚，伯字，魯大夫子服何也。

伯寮在季孫面前，講子路的壞話也。朱子或問以為此事當在墮三都出藏甲之時；公伯寮蓋言子路將不利於季氏也。子服景伯，魯大夫。「子服，」是氏；「景，」是謚；名何字伯。子服景伯以此事告。孔子且說：「夫子（指季孫）聽了公伯寮的話，對於子路固有所疑；我的力量，還能夠使季孫不聽他的話，而且殺了他陳其尸於市朝。」殺而陳其尸曰：「肆。」大夫陳於朝，士陳於市。若公伯寮，本來應只說「肆諸市，」此云：「肆諸市朝」者，「朝」是連帶說到的。孔子聽了景伯的話，對景伯道：「道之將行也與？命也；道之將廢也與？命也。公伯寮其如命何！」此與孟子所云：「臧氏之子焉能使予不遇哉，」意旨正同。

夫子，指季孫。言其有疑於寮之言也。肆，陳尸也。言欲誅寮。

與，平聲。

謝氏曰：「雖寮之愬行，亦命也。其實寮無如之何？」愚謂言此以曉景伯，安子路，而警伯寮耳。聖人於利害之際，則不待決於命，而後泰然也。

子曰：「賢者辟*世，其次辟*地，其次辟*色，其次辟*言。」

廣解《 辟，今作避。「辟，」就是現在的「避。」「辟世」者，隱居不仕，世主莫得而臣也。「辟地」者，去亂國，適治邦也。「辟色」者，禮貌衰，則必去之也。「辟言」者，有違言而後去也。

朱熹章句 辟，去聲，下同。天下無道而隱，若伯夷太公是也。去亂國，適治邦。禮貌衰而去。有違言而後去也。程子曰：「四者雖以大小次第言之，然非有優劣也，所遇不同耳。」

子曰：「作者七人矣！」

廣解《 此章意思，與上章相連。注疏及皇本並與上章相合為一章，朱注始分之。「作」即「見幾而作」之作，言起而隱

朱熹章句 李氏曰：「作，起也。言起而隱去者，今七人矣。不可知其誰何。必求其人以實之，則鑿矣。」

去也。「七人，」集解引包氏謂指長沮、桀溺、丈人、石門、荷蕢、儀封人、楚狂接輿。皇疏引王弼謂指伯夷、叔齊、虞仲、夷逸、朱張、柳下惠、少連。各家所說不同。其實七人之姓名，孔子既沒有說出，我們現在也不必一定說是某人某人也。有說此章意思，不與上章相連的。論語稽附注則謂「作者七人，」是指堯、舜、禹、湯、文、武、周公等七個聖人。孔子說作者已有七人，所以自己可述而不更作也。

子路宿於石門。晨門曰：「奚自？」子路曰：「自孔氏。」曰：「是知其不可而爲之者與*？」

朱熹章句 與，平聲。石門，地名。晨門，掌晨啟門，蓋賢人隱於抱關者也。自，從也，問其何所從來也。胡氏曰：「晨門知世之不可而不為，故以是譏孔子。然不知聖人之視天下，無不可為之時也。」

廣解≪ 與，今作歟。「石門，」鄭玄注曰：「魯城外門」也。「宿」者，到石門已晚，因宿於石門外也。「晨門，」是晨起管開城門的人。子路宿於石門，次日早起，行至城門邊。管城門的人，問子路道：「你從那裏來？」子路答道：「我從孔家來。」管城門的人聽得說孔家，知道是孔子，即對子路說：「就是明知道不能行，而仍是奔波勞苦想行道的那個孔先生嗎？」「知其不可而為之，」正是孔子救世的精神。這個管城門的人，也是有道之士，避世不仕，而自隱姓名者，故能知孔子也。

子擊磬於衛。有荷蕢而過孔氏之門者，曰：「有心哉，擊磬乎！」既而曰：「鄙哉，硜硜乎！莫己知也，斯己而已矣！『深則厲，淺則揭。』」子曰：「果哉！末之難矣。」

廣解

磬，是一種樂器。孔子居衛國的時候，有一日，擊磬消遣。「荷，」去聲，負也。蕢，草製之器。有一個負草器的人走過，聽了擊磬的聲音，知道這擊磬的是個有心人，故即贊了一句道：「有心哉！擊磬乎。」「既而曰」者，過一會又說也。說文云：「硜，古文磬。」釋名云：「磬，罄也。其聲罄罄然堅緻也。」「硜硜，」是磬的聲音。鄙，狹也。（見孟子盡心趙注。）樂記云：「哀心感者，其聲噍以殺。」注云：「噍，踧也。殺，減也。」言其心有哀感者，則樂音踧踖，衰減，不安舒也。此云：「鄙哉硜硜乎，」是言磬聲鄙狹，擊磬者其有哀感乎。「莫己知也，斯己而已矣」者，言人不知我，則已耳。「斯已」之「已，」作「止」字解；「而已矣，」語助詞。「深則厲，淺則揭，」引詩衛風匏有苦葉篇句。「揭，」音起例反。揭者，揭衣也。以衣涉水曰厲，由膝以下為揭，由膝以上為厲。見爾雅釋水。蓋以涉水當視水之深淺不同而異其法為喻，明君子於道可行則行，不可則止，人莫己知，不必悲觀也。「果哉，」集解謂孔子以荷蕢者未知己志而譏己為果，朱注則謂孔子言荷蕢者果於忘世。「末之難矣，」言出處若但如涉水之以深淺而

朱熹章句

荷，去聲。

磬，樂器。荷，擔也。蕢，草器也。此荷蕢者，亦隱士也。聖人之心未嘗忘天下，此人聞其磬聲而知之，則亦非常人矣。

硜，苦耕反。莫己之己，音紀，餘音以。揭，起例反。

硜硜，石聲，亦專確之意。以衣涉水曰厲，攝衣涉水曰揭。此兩句，衛風匏有苦葉之詩也。譏孔子人不知己而不止，不能適淺深之宜。

果哉，歎其果於忘世也。末，無也。聖人心同天地，視天下猶一家，中國猶一人，不能一日忘也。故聞荷蕢之言而歎其果於忘世。且言人之出處，若但如此，則亦無所難矣。

或厲或揭，亦無難矣。朱注與劉氏正義同。按「果哉」猶今言「果然這樣嗎？」「末之難矣」之「難，」當讀去聲；言我亦無以難之也。孔子於避世之士，向以尊敬的態度對之，故聞荷蕢者之言，僅如此云云耳。

子張曰：「書云：『高宗諒陰，*三年不言。』何謂也？」子曰：「何必高宗？古之人皆然。君薨，*百官總己以聽於冢宰，*三年。」

廣解

「書，」尚書也。所引，據伏勝尚書大傳，見說命篇。但今本說命，無此二句。高宗，商王武丁也。「陰」音闇，「諒陰，」是王者居喪的名稱。劉氏正義謂「諒闇」亦作「梁闇。」梁，楣也；闇，廬也。即王者喪服中所居之「倚廬。」子張問孔子道：「尚書裏有『高宗諒陰，三年不言』二句話，是甚麼意思？」「何必高宗？古人之皆然」者，孔子告訴子張，說古時帝王居喪，都是這樣；不但高宗而已。「君薨，百官總己以聽於冢宰，三年」者，孔子又說明君居喪時的政治也。意思是君死了，三年之內，新君居喪，重哀，所以連話都不說，由宰相代行天子職務。這時，大小百官，都聚其職事，以聽冢宰調度。「冢宰，」即後世的宰相。

朱熹章句

高宗，商王武丁也。諒陰，天子居喪之名，未詳其義。言君薨，則諸侯亦然。總己，謂總攝己職。塚宰，太宰也。百官聽於塚宰，故君得以三年不言也。

胡氏曰：「位有貴賤，而生於父母無以異者。故三年之喪，自天子達。子張非疑此也，殆以為人君三年不言，則臣下無所稟令，禍亂或由以起也。孔子告以聽於冢宰，則禍亂非所憂矣。」

子曰：「上好禮*，則民易*使也。」

廣解《 「好，」「易，」均讀去聲。言在上位者，事事遵禮而行，則在下的人民，自然也沒有敢不敬的了。敬則自然聽從使命，而不違抗故易使也。

朱熹章句 好、易，皆去聲。
謝氏曰：「禮達而分定，故民易使。」

子路問君子。子曰：「脩己以敬。」曰：「如斯而已乎？」曰：「脩己以安人。」曰：「如斯而已乎？」曰：「脩己以安百姓，脩己以安百姓，堯舜其猶病諸！」

廣解《 君子指在上位的人。「脩己以敬」者，以敬脩自己，隨事隨時尊尊敬敬，不失禮怠忽也。「脩己以安人」之「人，」是指左右及上下百官而言。「安人，」使這班人都安心辦事也。「脩己以安百姓」者，再進一步，要使全國百姓，都能安居樂業也。然而要使全國百姓，都安居樂業，是很不容易的事情，雖使堯舜在位，也未必能做到這個地步。故又曰「脩己以安百姓，堯舜其猶病諸」也。病，難之也。「諸，」為「之乎」二字之合音。

朱熹章句 脩己以敬，夫子之言至矣盡矣。而子路少之，故再以其充積之盛，自然及物者告之，無他道也。人者，對己而言。百姓，則盡乎人矣。堯舜猶病，言不可以有加於此。以抑子路，使反求諸近也。蓋聖人之心無窮，世雖極治，然豈能必知四海之內，果無一物不得其所哉？故堯舜猶以安百姓為病。若曰吾治已足，則非所以為聖人矣。
程子曰：「君子脩己以安百姓，篤恭而天下平。惟上下一於恭敬，則天地自位，萬物自育，氣無不和，而四靈畢至矣。此體信達順之道，聰明睿知皆由是出，以此事天饗帝。」

原壤夷俟。子曰：「幼而不孫弟；長而無述焉；老而不死是爲賊！」以杖叩其脛。

廣解《 原壤，魯人，孔子故友。「夷，」同跠，蹲也，箕踞也。古時席地而坐，兩足向後，在臀下，今日本之俗猶然。伸兩

朱熹章句 孫、弟，並去聲。長，上聲。叩，音口。脛，其定反。
原壤，孔子之故人。母死而歌，蓋老氏之流，自放於禮法

腳，則其形如箕也。俟，待也。孔子去見原壤，原壤蹲夷而待，不出迎也。「孫，」同遜。「弟，」同悌。原壤母死，不哭而歌。故孔子罵他年幼的時候，不知謙遜孝悌也。「長，」上聲。「長而無述焉」者，年紀大了一些，沒有可稱述的善行也。這種人，早可以死了；現在到老而還不死，徒然敗常害俗，故曰「老而不死是為賊」也。孔子說到這裏，就拿起手裏的杖，擊原壤的腳脛。原壤蓋老氏之流，自放於禮法之外者也。

之外者。夷，蹲踞也。俟，待也。言見孔子來而蹲踞以待之也。述，猶稱也。賊者，害人之名。以其自幼至長，無一善狀，而久生於世，徒足以敗常亂俗，則是賊而已矣。脛，足骨也。孔子既責之，而因以所曳之杖，微擊其脛，若使勿蹲踞然。

闕黨童子將命。或問之曰：「益者與？」子曰：「吾見其居於位也，見其與先生並行也，非求益者也，欲速成者也。」

廣解《 與，今作歟，闕黨，黨名，猶今稱某坊、某巷、某里也。「將命」者，孔子叫這個闕黨的童子，跑進跑出，傳主客的話也。或問之曰：「益者與？」蓋疑此童子學問有進益嗎？故使之將命也。孔子答道：禮，童子當隅坐隨行，而此童子吾見其居於位，見其與先生並行，則於成人之禮，不是求逐步進益，而欲速成矣。所以叫他做傳達主客言語的使役，使他可觀少長之序，習揖遜之容耳。

朱熹章句 與，平聲。闕黨，黨名。童子，未冠者之稱。將命，謂傳賓主之言。或人疑此童子學有進益，故孔子使之傳命，以寵異之也。禮，童子當隅坐隨行。孔子言吾見此童子，不循此禮。非能求益，但欲速成爾。故使之給使令之役，觀長少之序，習揖遜之容。蓋所以抑而教之，非寵而異之也。

衛靈公第十五

衛靈公問陳*於孔子。孔子對曰：「俎*豆之事，則嘗聞之矣！軍旅之事，未之學也。」明日遂行。

廣解《　「陳，」即今「陣」字。字本作「敶。」作「陳，」省。顏氏家訓謂「陣」字始見於王羲之小學章則。俎豆，禮器。軍旅，古代軍隊編制的名稱；軍，萬二千五百人，旅，五百人。衛靈公以戰陣之事問於孔子。孔子對曰：「關於禮制的事，我倒聽見過。練兵打仗的事體，我是沒有學過。」明日，就離開衛國。按此事在魯哀公二年。據史記孔子世家，其明日，見靈公，與之語，靈公仰視飛鴻，去志乃益決云。

朱熹章句　陳，去聲。陳，謂軍師行伍之列。俎豆，禮器。尹氏曰：「衛靈公，無道之君也，復有志於戰伐之事，故答以未學而去之。」

在陳絕糧，從*者病，莫能興。子路慍*見曰：「君子亦有窮乎？」子曰：「君子固窮，小人窮，斯濫矣！」

廣解《　孔子在陳國的時候，糧食斷絕。「從，」去聲。從者，從孔子的弟子。興，起也。「莫能興」者，言不能夠起來走也。「見，」音現。「慍見」者，帶著一種怨恨的神色，去見孔子也。子路見孔子，恨恨地道：「君子亦有窮乎？」窮，困

朱熹章句　從，去聲。孔子去衛適陳。興，起也。見，賢遍反。何氏曰：「濫，溢也。言君子固有窮時，不若小人窮則放

也。孔子聽了子路的話，對子路說：「君子固然免不了有窮困的時候。若是小人，到了窮困的時候，就無事不做了。」一說，「固窮」者，固守其窮。「濫」者，溢出做人的範圍，而無惡不作也。

以上二章，朱注合為一章。注疏及皇本，分為二章，而以「明日遂行」句屬後一章。按史記世家孔子去衛後，尚有適曹、適宋、適鄭，然後至陳，絕糧事在魯哀公六年。江永鄉黨圖考以為當在哀公四年。與去衛事隔數年，以分二章為是。但「明日遂行，」明指去衛，不當屬後一章。

子曰：「賜也，女*以予為多學而識*之者與*？」對曰：「然！非與*？」曰：「非也！予一以貫之。」

廣解《

「女，」今作「汝。」「識，」今作「誌。」「與，」今作「歟。」賜，是子貢的名。孔子呼子貢之名而告之曰：「你以為我是求很多的學問，而記在心裏的嗎？」子貢以為孔子的賢聖多能，是「多學而識之」的；現在聽了孔子的話，又像不是多學而識之者，故曰：「然！非歟？」「曰：『非也，予一以貫之』」者，孔子告子貢也。「非也」是言我確不是「多學而識之。」「予一以貫之」者，言我明白了「一貫」的道理，能用這個道理來應付各種事情，推求各種物理也。按里仁篇孔

溢為非。」程子曰：「固窮者，固守其窮。」亦通。

愚謂：聖人當行而行，無所顧慮。處困而亨，無所怨悔。於此可見，學者宜深味之。

朱熹章句

女，音汝。識，音志。與，平聲，下同。

子貢之學，多而能識矣。夫子欲其知所本也，故問以發之。方信而忽疑，蓋其積學功至，而亦將有得也。說見第四篇。然彼以行言，而此以知言也。

謝氏曰：「聖人之道大矣，人不能遍觀而盡識，宜其以為多學而識之也。然聖人豈務博者哉？如天之於眾形，匪物物刻而雕之也。故曰：『予一以貫之。』『德輶如毛，毛猶有倫。上天之載，無聲無臭。』至矣！」尹氏曰：「孔子之於曾子，不待其問而直告之以此，曾子復深諭之曰『唯』。若子貢則先發其疑而後告之，而子貢終亦不能如曾子之唯也。二子所學之淺深，於此可見。」愚按：夫子

子曾告曾子曰：「吾道一以貫之。」曾子釋之，以為「夫子之道，忠恕而已矣。」各家釋「一貫，」已見里仁篇注中。朱注則云：「彼以行言，此以知言。」阮元則謂「多學而識」是「知，」「一貫」是「行。」焦循補疏則謂此一貫仍指「忠恕。」忠恕者，成己以成物也。孟子所稱大舜之善與人同，舍己從人，樂取人以為善，即是忠恕。不恕則執一，恕則可以一貫；不恕則入主出奴，為我兼愛，各執一端；恕則執兩端而用其中，天下之知皆我之知，無俟乎多學而識矣。其說亦通。

之於子貢，屢有以發之，而他人不與焉。則顏曾以下諸子所學之淺深，又可見矣。

子曰：「由，知德者鮮*矣。」

廣解《 「鮮，」上聲，少也。由是子路之名；孔子呼其名而告之：「知德者鮮矣！」言一般人明白道德的意義者極少也。

朱熹章句 鮮，上聲。由，呼子路之名而告之也。德，謂義理之得於己者。非己有之，不能知其意味之實也。自第一章至此，疑皆一時之言。此章蓋為慍見發也。

子曰：「無爲而治者，其舜也與*？夫*何爲哉？恭己正南面而已矣！」

廣解《 「與，」今作「歟。」「夫，」音扶。此章言舜，為政篇「為政以德，譬如北辰，居其所而眾星共之」的話，同旨。舜之恭己無為，即雍也篇首章所云：「居敬而行簡」也。舜何以能無為而治呢？因為他手下的百官，任用得好，所以自己只要恭恭敬敬地居於君位。中庸曰：「詩云：『不顯惟德，百辟其刑之。』是故君子篤恭而天下平。」亦可與本章互發。

朱熹章句 與，平聲。夫，音扶。無為而治者，聖人德盛而民化，不待其有所作為也。獨稱舜者，紹堯之後，而又得人以任眾職，故尤不見其有為之迹也。恭己者，聖人敬德之容。既無所為，則人之所見如此而已。

子張問行。子曰：「言忠信，行篤敬，雖蠻貊之邦行矣！言不忠信，行不篤敬，雖州里行乎哉？立，則見其參於前也。在輿，則見其倚於衡也。夫然後行。」子張書諸紳。

廣解

子張問孔子：「做人要如何可以行得通？」「子曰」以下是孔子的答話。「篤」上、「不」上的兩「行」字，去聲。忠者，言語發自中心，即不說違心之言也。信者，不說誑話，不失約也。一個人能夠不說違心之言，不說誑話，不失約，就叫做「言忠信。」篤者，厚厚實實。敬者，恭恭敬敬。這樣做人，叫做「行篤敬。」「蠻貊之邦，」是野蠻人的國度。一個人，能「言忠信，行篤敬，」雖然在野蠻人的國裏，也可以行得通。「州里」者，猶云本省本鄉也。若一個人，「言不忠信，行不篤敬，」雖在自己的家鄉，也是行不通的。所以一個人，對於「忠信」「篤敬，」要時刻不忘。「參，」七南反。朱注云：「參，讀如『毋往參焉』之『參，』言與我相參也。」王引之經義述聞謂「參」可訓「直；」直，相當也。俞樾羣經平議謂「參」當為「厽，」積絫之意；言見其積絫於前也。輿，車子。衡，車前的橫木。言譬如立著似乎有個「忠信篤敬」在我眼前。坐在車子裏時，似乎有個「忠信篤敬，」在車前的橫木上。要這樣，然後行得通也。紳，是大帶。子張聽了孔子的話，寫在衣帶上面，俾隨時可看到也。

朱熹章句

猶問達之意也。行篤、行不之行，去聲。貊，亡百反。子張意在得行於外，故夫子反於身而言之，猶答干祿問達之意也。篤，厚也。蠻，南蠻。貊，北狄。二千五百家為州。參，七南反。夫，音扶。其者，指忠信篤敬而言。參，讀如毋往參焉之參，言與我相參也。衡，軛也。言其於忠信篤敬念念不忘，隨其所在，常若有見，雖欲頃刻離之而不可得。然後一言一行，自然不離於忠信篤敬，而蠻貊可行也。紳，大帶之垂者。書之，欲其不忘也。

程子曰：「學要鞭辟近裏，著己而已。博學而篤志，切問而近思；言忠信，行篤敬；立則見其參於前，在輿則見其倚於衡；只此是學。質美者明得盡，查滓便渾化，卻與天地同體。其次惟莊敬以持養之，及其至則一也。」

子曰：「直哉！史魚。邦有道如矢，邦無道如矢。君子哉！蘧伯玉。邦有道則仕，邦無道則可卷而懷之。」

廣解《　史魚，集解引孔曰：「衛大夫忠鰌也。」朱注曰：「史，官名。」「如矢」者，孔子形容史魚之直也。按史魚以不能進蘧伯玉而退彌子瑕，死而以尸諫，見韓詩外傳。蘧伯玉，已見前。「卷，」今亦作捲。「卷而懷之」者，言其退隱不仕，好像一幅畫，捲攏來，藏在懷裏，使人不見其才也。

朱熹章句　史，官名。魚，衛大夫，名鰌。如矢，言直也。史魚自以不能進賢退不肖，既死猶以尸諫，故夫子稱其直。事見家語。伯玉出處，合於聖人之道，故曰君子。卷，收也。懷，藏也。如於孫林父甯殖放弒之謀，不對而出，亦其事也。楊氏曰：「史魚之直，未盡君子之道。若蘧伯玉，然後可免於亂世。若史魚之如矢，則雖欲卷而懷之，有不可得也。」

子曰：「可與言而不與之言，失人。不可與言而與之言，失言。知者不失人，亦不失言。」

廣解《　「知，」今作「智。」知者能知人，可與言者，則與之言，不可與言者，則不與之言；「不失人，亦不失言」也。

朱熹章句　知，去聲。

子曰：「志士仁人，無求生以害仁，有殺身以成仁。」

廣解《　朱注云：「志士，有志之士；仁人，成德之人。」此言如生而至於害仁，則不求生；死如可以成仁，則可殺身也。孟子魚我所欲也章言「舍生取義，」可與本章互相發明。

朱熹章句　志士，有志之士。仁人，則成德之人也。理當死而求生，則於其心有不安矣，是害其心之德也。當死而死，則心安而德全矣。程子曰：「實理得之於心自別。實理者，實見得是，實見得非也。古人有捐軀隕命者，若不實見得，惡能如此？須是實見得生不重於義，生不安於死也。故有殺身以成仁者，只是成就一箇是而已。」

子貢問爲仁。子曰：「工欲善其事，必先利其器。居是邦也，事其大夫之賢者，友其士之仁者。」

廣解《 「為仁，」猶云「用力於仁，」子貢蓋問所以為仁之道。「工欲善其事，必先利其器，」是以做工的人，必須器械銳利，然後能造精巧的器物，為比喻。故「為仁」的人，在一個國內，要擇其大夫中之賢者而師事他；擇其士中之有仁德者而和他做朋友，以收切磋輔仁之益。

朱熹章句 賢以事言，仁以德言。夫子嘗謂子貢悅不若己者，故以是告之。欲其有所嚴憚切磋以成其德也。程子曰：「子貢問為仁，非問仁也，故孔子告之以為仁之資而已。」

顏淵問爲邦。子曰：「行夏之時，乘殷之輅*，服周之冕，*樂則韶舞*，放鄭聲，遠*佞人。鄭聲淫，佞人殆。」

廣解《 「為邦」猶云「治國。」故孔子告以治國，應採的制度。三代歲首的正月，都各不同。周以陰曆十一月為正月；殷以陰曆十二月為正月；只有夏以陰曆一月為正月。孔子以為夏朝以一月為正月的制度最好，故曰「行夏之時。」漢武帝遵用孔子之說，以陰曆一月為正月，一直行到中華民國臨時政府成立，始改用世界通用的陽曆。「輅，」音路，亦作「路。」是天子所坐的車子。周朝天子所坐的輅，飾以金玉，太覺奢華；殷朝的輅，樸實堅固，故孔子取之。冕，是祭祀時所戴的冠。「服周之冕，」言禮服當取周制。言冠冕可以

朱熹章句 顏子王佐之才，故問治天下之道。曰為邦者，謙辭。夏時，謂以斗柄初昏建寅之月為歲首也。天開於子，地闢於丑，人生於寅，故斗柄建此三辰之月，皆可以為歲首。而三代迭用之，夏以寅為人正，商以丑為地正，周以子為天正也。然時以作事，則歲月自當以人為紀。故孔子嘗曰，「吾得夏時焉」而說者以為謂夏小正之屬。蓋取其時之正與其令之善，而於此又以告顏子也。輅，音路，亦作路。商輅，木輅也。輅者，大車之名。古者以木為車而已，至商而有輅之名，蓋始異其制也。周人飾以金玉，則過侈而易敗，不若商輅之樸素渾堅而等威已辨，為質而得其中也。周冕有五，祭服之冠也。冠上有覆，前後有旒。黃帝以來，蓋已有之，而制度儀等，至周

包衣服。韶是虞舜之樂。韶樂兼舞，故曰「韶舞。」孔子曾稱舜的韶樂，盡善盡美，故採之。「放」者，禁絕之也。樂記云：「鄭音，好濫淫志。」此指音調言；音調各地不同，至今猶然。先儒誤以為指詩經之鄭風，故於鄭風諸篇，多以刺淫釋之，非。「遠，」去聲。「佞人」即所謂「利口，」足以覆邦家者。這種人，應該遠之也。「鄭聲淫，佞人殆」兩句，是說明「放鄭聲，遠佞人」之故。殆，危殆也。

子曰：「人無遠慮，必有近憂。」

廣解《　此言人當思患預防。此二句亦見易既濟卦象辭。張栻論語解云：「慮之不遠，其患即至，故曰近憂。」

子曰：「已矣乎！吾未見好*德如好*色者也。」

廣解《　好，讀去聲。此章與子罕篇所記同，而多「已矣乎」三字。朱注曰：「『已矣乎，』歎其終不得而見之也。」論語稽曰：「此章……疑因季桓子受女樂，而郊不致膰，孔子時將去魯而發也。曰『已矣乎，』有惜功業不就，吾道不行之意。」

始備。然其為物小，而加於眾體之上，故雖華而不為靡，雖費而不及奢。夫子取之，蓋亦以為文而得其中也。取其盡善盡美。遠，去聲。放，謂禁絕之。鄭聲，鄭國之音。佞人，卑諂辯給之人。殆，危也。程子曰：「問政多矣，惟顏淵告之以此。蓋三代之制，皆因時損益，及其久也，不能無弊。周衰，聖人不作，故孔子斟酌先王之禮，立萬世常行之道，發此以為之兆爾。由是求之，則餘皆可考也。」張子曰：「禮樂，治之法也。放鄭聲，遠佞人，法外意也。一日不謹，則法壞矣。虞夏君臣更相飭戒，意蓋如此。」又曰：「法立而能守，則德可久，業可大。鄭聲佞人，能使人喪其所守，故放遠之。」尹氏曰：「此所謂百王不易之大法。孔子之作春秋，蓋此意也。孔顏雖不得行之於時，然其為治之法，可得而見矣。」

朱熹章句　蘇氏曰：「人之所履者，容足之外，皆為無用之地，而不可廢也。故慮不在千里之外，則患在几席之下矣。」

朱熹章句　好，去聲。已矣乎，歎其終不得而見也。

子曰：「臧文仲，其竊位者與*？知柳下惠之賢而不與立也。」

廣解《 「者」下之「與，」今作「歟。」臧文仲，魯大夫，已見前公冶長篇。柳下惠，是魯國的賢人，姓展，名獲，字禽，居柳下，私諡惠，曾為士師而三次被黜。（詳見後微子篇）按臧文仲為政時，命展喜犒齊師，使受命於展禽，見左傳展禽譏文仲祀爰居，文仲謂季子之言不可不法，見國語，是文仲知其賢之證。臧氏世為司寇，士師正其屬官；乃不能舉之與並立於朝，故孔子以「竊位」譏之。「竊位」謂私據其位。此與上篇稱公叔文子與其大夫僎同升諸公事，正可對照。

朱熹章句 者與之與，平聲。竊位，言不稱其位而有愧於心，如盜得而陰據之也。柳下惠，魯大夫展獲，字禽，食邑柳下，諡曰惠。與立，謂與之並立於朝。范氏曰：「臧文仲為政於魯，若不知賢，是不明也；知而不舉，是蔽賢也。不明之罪小，蔽賢之罪大。故孔子以為不仁，又以為竊位。」

子曰：「躬自厚，而薄責於人，則遠*怨矣！」

廣解《 遠，讀去聲。躬，身也，指自己。「躬自厚」者，責自己厚也。「薄責於人」者，責他人薄也。如此，則人之怨恨遠矣！按顏淵篇答樊遲云：「攻其惡，無攻人之惡。」與此章之旨相近。

朱熹章句 遠，去聲。責己厚，故身益修；責人薄，故人易從。所以人不得而怨之。

子曰：「不曰『如之何如之何』者，吾末如之何也已矣！」

廣解《 「如之何，」就是俗語說的「怎麼呢。」朱注曰：「如之何如之何」者，熟思而審處之辭也。不如是而妄行，雖聖

朱熹章句 如之何如之何者，熟思而審處之辭也。不如是而妄行，雖聖人亦無如之何矣。

人亦無如之何矣。」按「如之何如之何，」亦是慮其事之不善，而望有以改善之辭。「不曰如之何如之何」者，必自甘暴棄之人，或諱疾忌醫之人，則雖孔子亦無如之何也。此章語雖簡而含意甚廣，朱子僅舉其一端而已。

子曰：「群居終日，言不及義，好*行小慧*，難矣哉！」

廣解《　羣居，許多人同住在一處也。「好，」去聲。小慧，小聰明也。「難矣哉」者，孔子以為這種人，難以使改善也。

朱熹章句　好，去聲。小慧，私智也。言不及義，則放辟邪侈之心滋。好行小慧，則行險僥倖之機熟。難矣哉者，言其無以入德，而將有患害也。

子曰：「君子義以爲質，禮以行之，孫*以出之，信以成之，君子哉！」

廣解《　質，本質。「孫，」今作「遜。」言君子做人，以義為本質，照禮而行，出以謙遜，而成之以信。信即誠也。能誠實則禮不至成為虛文，義亦不至變為假義。能如此，則成為一個君子。故曰「君子哉！」

朱熹章句　孫，去聲。義者制事之本，故以為質幹。而行之必有節文，出之必以退遜，成之必在誠實，乃君子之道也。程子曰：「義以為質，如質幹然。禮行此，孫出此，信成此。此四句只是一事，以義為本。」又曰：「『敬以直內，則義以方外。』『義以為質，則禮以行之，孫以出之，信以成之。』」

子曰：「君子病無能焉；不病人之不己知也。」

廣解《　病，患也。本章與里仁篇「不患莫己知，求為可知也；」憲問篇「不患人之不己知，患其不能也；」意均相同。

子曰：「君子疾沒世而名不稱焉。」

廣解

「沒世，」謂死也。疾，恨也。朱注引范氏曰：「君子學以為己，不求人知；然沒世而名不稱焉，則無為善之實可知矣。」故君子之所疾，不能立德以致不朽之名，並不在有善之實，而無善之名。學者不可不辨之！按史記孔子世家子曰：「弗乎，弗乎！君子疾沒世而名不稱焉，吾何以自見於後世哉！」以此為孔子作春秋時語。

朱熹章句　范氏曰：「君子學以為己，不求人知。然沒世而名不稱焉，則無為善之實可知矣。」

子曰：「君子求諸己，小人求諸人。」

廣解

按中庸云：「正己而不求於人。」即本章「君子求己」之旨，本章與前兩章義相連貫。「君子病無能焉；不病人之不己知，」即君子求諸己；「君子疾沒世而名不稱，」雖似求名，實在也求自己有為善之實而已；故曰「君子求諸己。」小人則只求人之知己，不問己之能不能；只求人之譽己，不問自己有沒有為善之實；故曰「小人求諸人。」

朱熹章句　謝氏曰：「君子無不反求諸己，小人反是。此君子小人所以分也。」楊氏曰：「君子雖不病人之不己知，然亦疾沒世而名不稱也。雖疾沒世而名不稱，然所以求者，亦反諸己而已。小人求諸人，故違道干譽，無所不至。三者文不相蒙，而義實相足，亦記言者之意。」

子曰：「君子矜*而不爭，群而不黨。」

廣解

朱注曰：「莊以持己曰矜。和以處眾曰羣。」劉宗周論語學案云：「矜者，兢兢自持；不爭，則非絕物矣。羣者，油油與人；不黨，則非徇物矣。」

朱熹章句　莊以持己曰矜。然無乖戾之心，故不爭。和以處眾曰羣。然無阿比之意，故不黨。

子曰：「君子不以言舉人，不以人廢言。」

廣解《 「有言者不必有德，」故君子不以言舉人。芻蕘之言，聖人擇焉；故其言有可采，亦不以其人之無可取而廢之。

朱熹章句 （沒有朱熹章句）

子貢問曰：「有一言而可以終身行之者乎？」子曰：「其恕乎！己所不欲，勿施於人。」

廣解《 劉氏正義云：「『一言』謂一字。」故孔子以一「恕」答之。「恕」是求仁之方。「己所不欲，勿施於人」二句，是「恕」字的定義。此但就消極方面而言；其積極方面，即是「己欲立而立人，己欲達而達人」也。子貢曾說：「我不欲人之加諸我也，吾亦欲無加諸人。」他的話，正和這裏孔子所說「己所不欲，勿施於人」的意義相同。

朱熹章句 推己及物，其施不窮，故可以終身行之。尹氏曰：「學貴於知要。子貢之問，可謂知要矣。孔子告以求仁之方也。推而極之，雖聖人之無我，不出乎此。終身行之，不亦宜乎？」

子曰：「吾之於人也，誰毀誰譽？如有所譽者，其有所試矣！斯民也，三代之所以直道而行也。」

廣解《 朱注云：「毀者，稱人之惡而損其真；譽者，揚人之善而過其實；夫子無是也。」又引尹氏曰：「孔子之於人也，豈有意毀譽之哉？其所以譽之者，蓋試而知其美故也。斯民也，三代之所以直道而行；豈得容私意於其間哉？」按漢書藝文志云：「孔子曰：『如有所譽，其有所試。』唐虞之隆，

朱熹章句 譽，平聲。毀者，稱人之惡而損其真。譽者，揚人之善而過其實。夫子無是也。然或有所譽者，則必嘗有以試之，而知其將然矣。聖人善善之速，而無所苟如此。若其惡惡，則已緩矣。是以雖有以前知其惡，而終無所毀也。斯民者，今此之人也。三代，夏、商、周也。直道，無私曲也。言吾之所以無所毀譽者，蓋以此民，即三代之時所以善其善、惡

殷周之盛，仲尼之業已試之效也。」包慎言溫故錄據此，謂「斯民也……」二句，即言三代已嘗試之，非謂身試之。此別一解。

子曰：「吾猶及史之闕文也，有馬者，借人乘之。今亡*已夫*？」

廣解《　「闕文」指史書上有疑而不明白的文字，把它闕者，不以自己的意思，硬補上去。「亡，」今作「無。」「夫，」音扶。朱注引楊氏曰：「史闕文，馬借人，此二事，孔子猶及見之。『今亡矣夫，』悼時之益偷也，」按宋翔鳳發微謂此「史」字指文字而言，蓋古代書字掌於太史也。以班固漢書藝文志論小學，許慎說文解字序均引此語為證。有馬者借人乘習，則為學御之事。蓋「六書，」「五馭，」各為保氏六藝之一，皆有一定之法，故於文字，不知則闕，有馬，則無人乘而習之。孔子之時，六藝之學廢，二事不可復見，故歎之。其說亦通。

子曰：「巧言亂德。小不忍，則亂大謀。」

廣解《　孔子嘗云：「惡佞，恐其亂義也。」「巧言亂德，」與佞之亂義同。忍是忍耐。於小事不能忍耐，則亂大謀，「大謀，」猶云「大計劃。」劉氏正義引吳嘉賓說，謂「不忍」為「仁，」「小不忍」則似仁而非仁，足以亂大謀。吳氏之意殆以

其惡而無所私曲之民。故我今亦不得而枉其是非之實也。尹氏曰：「孔子之於人也，豈有意於毀譽之哉？其所以譽之者，蓋試而知其美故也。斯民也，三代所以直道而行，豈得容私於其閒哉？」

朱熹章句　夫，音扶。楊氏曰：「史闕文、馬借人，此二事孔子猶及見之。今亡已夫，悼時之益偷也。」愚謂此必有為而言。蓋雖細故，而時變之大者可知矣。胡氏曰：「此章義疑，不可強解。」

朱熹章句　巧言，變亂是非，聽之使人喪其所守。小不忍，如婦人之仁、匹夫之勇皆是。

婦人姑息之愛為「小不忍。」朱注曰:「小不忍,如婦人之仁,匹夫之勇皆是。」兼有二義,其說較長。

子曰:「眾惡*之,必察焉。眾好*之,必察焉。」

廣解《 「惡,」「好,」均讀去聲。蓋眾之好惡,未必能公而當,故必察之。此章之意,與前子路篇「鄉人皆好」「鄉人皆惡」云云,大致相同。

朱熹章句 好、惡,並去聲。楊氏曰:「惟仁者能好惡人。眾好惡之而不察,則或蔽於私矣。」

子曰:「人能弘道,非道弘人。」

廣解《 弘,大也,此作動詞用。道待人而明,待人而行,故曰「人能弘道。」人之明道行道,志在乎道,非欲以張己尊己也,故曰「非道弘人。」

朱熹章句 弘,廓而大之也。人外無道,道外無人。然人心有覺,而道體無為;故人能大其道,道不能大其人也。張子曰:「心能盡性,人能弘道也;性不知檢其心,非道弘人也。」

子曰:「過而不改,是謂過矣!」

廣解《 韓詩外傳云:「孔子曰:『過而改之,是不過也。』」即本此文而反言之,可以互發。

朱熹章句 過而能改,則復於無過。惟不改則其過遂成,而將不及改矣。

子曰:「吾嘗終日不食,終夜不寢,以思。無益,不如學也!」

廣解《 此即為政篇:「思而不學則殆」之意。「思,」指不學

朱熹章句 此為思而不學者言之。蓋勞心以必求,不如

而思者言。為政篇又云：「學而不思則罔。」是「學」仍有待於「思」也。

子曰：「君子謀道不謀食。耕也，餒在其中矣！學也，祿在其中矣！君子憂道不憂貧。」

廣解　此章之旨，重在「君子謀道不謀食」句，言君子謀道不謀食，非如農夫之耕田，其志全在謀食也。但因謀食而耕，有時年歲餓荒，亦難免挨餓；況本不謀食者乎？學成而仕，固可得祿；但君子所憂者，在道之不明不行，不在祿之不得，故又曰「君子憂道不憂貧」也。

子曰：「知*及之。仁不能守之，雖得之，必失之。知及之，仁能守之，不莊以蒞*之，則民不敬。知及之，仁能守之，莊以蒞之。動之不以禮，未善也。」

廣解　本章指治國為政而言。「知，」今作「智。」「知及之」者，言其才智足以治國為政也。「仁」者，大公無私之德。「知及之仁不能守之」者，言智足以知治國為政之道，而無以勝其私欲，則雖得其道，終必失之也。「蒞，」臨也。臨政臨民，皆可曰臨。智足以知之，仁足以守之，而不以莊敬臨之，則民亦不敬之也。能臨之以敬矣，而施治行政，不能以禮行之，猶未為善。「動之」指發號施令之政治行動而言。朱注以「動民」釋之，恐未妥。

遜志而自得也。李氏曰：「夫子非思而不學者，特垂語以教人爾。」

朱熹章句　餒，奴罪反。耕所以謀食，而未必得食。學所以謀道，而祿在其中。然其學也，憂不得乎道而已；非為憂貧之故，而欲為是以得祿也。尹氏曰：「君子治其本而不卹其末，豈以在外者為憂樂哉？」

朱熹章句　知，去聲。知足以知此理，而私欲間之，則無以有之於身矣。蒞，臨也。謂臨民也。知此理而無私欲以間之，則所知者在我而不失矣。然猶有不莊者，蓋氣習之偏，或有厚於內而不嚴於外者，是以民不見其可畏而慢易之。下句放此。動之，動民也。猶曰鼓舞而作興之云爾。禮，謂義理之節文。愚謂：學至於仁，則善有諸己而大本立矣。涖之不莊，動之不以禮，乃其氣稟學問之小疵，然亦非盡善之道也。故夫子歷言之，使知德愈全則責愈備，不可以為小節而忽之也。

子曰：「君子不可小知，而可大受也。小人不可大受，而可小知*也。」

廣解

朱注云：「知，我知之也。受，彼所受也。」是「小知」者，以一長見知於人；「大受」者，以器識擔當大事也。君子不必以細事見長，卻能擔當大事；小人則不能擔當大事，而亦有一長足錄。此君子小人之別。

朱熹章句

此言觀人之法。知，我知之也。受，彼所受也。蓋君子於細事未必可觀，而材德足以任重；小人雖器量淺狹，而未必無一長可取。

子曰：「民之於仁也，甚於水火。水火，吾見蹈*而死者矣！未見蹈*仁而死者也。」

廣解

此章極言「仁」之重要，且有利而無害。「民，」就是「人。」水火是人生日用不可一日少的。仁則比水火還要重要。水火雖是人生不可少的兩件東西；但水會溺死人，火會燒死人。至於仁，則彼此互愛互助，斷沒有害人致死的也。

朱熹章句

民之於水火，所賴以生，不可一日無。其於仁也亦然。但水火外物，而仁在己。無水火，不過害人之身，而不仁則失其心。是仁有甚於水火，而尤不可以一日無也。況水火或有時而殺人，仁則未嘗殺人，亦何憚而不為哉？李氏曰：「此夫子勉人為仁之語。」下章，放此。

子曰：「當仁，不讓於師。」

廣解

此章極言行仁之不可緩。為弟子者，於各種事體對師都須謙讓；只有當著仁的事體，要趕先去做，雖師還沒有去做，我也不妨先做也。

朱熹章句

當仁，以仁為己任也。雖師亦無所遜，言當勇往而必為也。蓋仁者，人所自有而自為之，非有爭也，何遜之有？程子曰：「為仁在己，無所與遜。若善名為外，則不可不遜。」

子曰：「君子貞而不諒。」

廣解《 集解，採孔曰：「貞，正；諒，信也。君子之人，正其道耳，言不必小信。」按本章孟子所說：「大人者言不必信，行不必果，唯義所在。」同一意義。

朱熹章句 貞，正而固也。諒，則不擇是非而必於信。

子曰：「事君，敬其事而後其食。」

廣解《 邢疏云：「此章言為臣事君之法也。言當先盡力，敬其職事，必有勳績而後食祿也。」

朱熹章句 後，與後獲之後同。食，祿也。君子之仕也，有官守者修其職，有言責者盡其忠。皆以敬吾之事而已，不可先有求祿之心也。

子曰：「有教無類。」

廣解《 「有教無類」者，就是不分貧富，不分貴賤，不分智愚賢不肖，凡來學者，無不教以做人的道理也。孔子弟子，富如子貢，貧如顏回，原憲；孟懿子等則為貴族，子路則為卞之野人；曾參之魯，高柴之愚，顓孫師之辟；皆為高弟。故東郭子惠有「夫子之門何其雜也」之歎。不知「有教無類，」正是孔子偉大之處。

朱熹章句 人性皆善，而其類有善惡之殊者，氣習之染也。故君子有教，則人皆可以復於善，而不當復論其類之惡矣。

子曰：「道不同，不相為謀*。」

廣解《 「為，」去聲。按孔子時，已有老子之道；稍後孔子，又有墨子、楊子之道。周 秦諸子的各稱道術，盛行於戰國之世者，大多萌芽於孔子前後。孔子明知各家倡道的人，總以

朱熹章句 為，去聲。不同，如善惡邪正之異。

自己所倡的道為是，以他人所倡的道為非，故只有各行其道，而不相謀，不謀者，不必使你從我，我從你也。故曰「道不同，不相為謀。」後世學者，往往攻擊他家他人，而孔子則不然。此孔子之所以為大也。

子曰：「辭，達而已矣！」

廣解《

「辭」者，言辭、文辭也。在口裏的言語，稱為「言辭。」在紙上用筆寫的，稱為「文辭。」孔子以為這兩種辭——言辭、文辭，——以能達出意思，使聽的人，看的人，都能明白為主；故曰「辭，達而已矣！」

朱熹章句

辭，取達意而止，不以富麗為工。

師冕見，及階，子曰：「階也。」及席，子曰：「席也。」皆坐，子告之曰：「某在斯，某在斯。」

師冕出，子張問曰：「與師言之道與*？」子曰：「然！固相*師之道也。」

廣解《

「師」，樂師。冕，樂師名。「見」音現，來見也。古時樂師皆是瞎子。所以他走到階前，孔子告知他道：「階也。」他上了階，走到坐席前，孔子又告知他道：「席也。」大家都坐下了，又告之曰：「某人坐在這裏，某人坐在這裏。」師冕出去後，子張問孔子道：「這些是和樂師講話之道嗎？」孔子說：「是的！剛纔這樣的招呼，是扶助樂師應盡的道理。」「道與」之「與，」今作「歟。」「相，」去聲，扶助的人叫做「相，」此作動詞用。

朱熹章句

見，賢遍反。師，樂師，瞽者。冕，名。再言某在斯，歷舉在坐之人以詔之。與，平聲。聖門學者，於夫子之一言一動，無不存心省察如此。

相，去聲。相，助也。古者瞽必有相，其道如此。蓋聖人於此，非作意而為之，但盡其道而已。

尹氏曰：「聖人處己為人，其心一致，無不盡其誠故也。有志於學者，求聖人之心，於斯亦可見矣。」范氏曰：「聖人不侮鰥寡，不虐無告，可見於此。推之天下，無一物不得其所矣。」

季氏第十六

季氏將伐顓臾，冉有、季路見於孔子曰：「季氏將有事於顓臾。」

廣解《　季氏，季康子也。「顓，」音專。「臾，」音俞。顓臾，是魯國境內的一個小國，其君風姓，伏羲之後。他的朝貢，不達於天子，而附於魯侯，所謂「附庸」也。冉有、子路，這時正做季氏的家臣，故以季氏的事來告孔子。「有事，」指伐顓臾。按季氏伐顓臾事，不見於春秋經傳，殆因孔子之言而中止也。

朱熹章句　顓，音專。臾，音俞。顓臾，國名。魯附庸也。見，賢遍反。按左傳史記，二子仕季氏不同時。此云爾者，疑子路嘗從孔子自衛反魯，再仕季氏，不久而復之衛也。

孔子曰：「求！無乃爾是過與？夫顓臾，昔者先王以為東蒙主，且在邦域之中矣。是社稷之臣也！何以伐為？」

廣解《　孔子之意，對於季氏之伐顓臾，是大不以為然的，所以獨呼冉有之名而斥之者，以子路曾因公伯寮之愬，為季孫所疑；冉有嘗為季氏聚斂，獨得信任也。「是，」實也。見王引之經傳釋詞。「與，」今作「歟」。「夫，」音扶。東蒙山名。顓臾封在東蒙山的地方，是先王叫他主祭祀東蒙山的，故曰「昔者先王以為東蒙主」也。「邦域」即國境。為魯國附庸，

朱熹章句　與，平聲。冉求為季氏聚斂，尤用事。故夫子獨責之。夫，音扶。東蒙，山名。先王封顓臾於此山之下，使主其祭，在魯地七百里之中。社稷，猶云公家。是時四分魯國，季氏取其二，孟孫叔孫各有其一。獨附庸之國尚為公臣，季氏又欲取以自益。故孔子言顓臾乃先王封國，則不可伐；在邦域之中，則不必伐；是社稷之臣，則非季氏所當伐也。此事理之至當，不易之定體，而一言盡其曲折如此，非聖人不

故曰「是社稷之臣也。」「為，」語末助詞。朱注云：「社稷，猶云公家。是時四分魯國，季氏取其二，孟孫叔孫各取其一；獨附庸之國尚為公臣，季氏又欲取以自益。故孔子言顓臾乃先王封國，則不可伐；在邦域之中，則不必伐；是社稷之臣，則非季氏所當伐也。」

能也。

冉有曰：「夫子欲之，吾二臣者，皆不欲也。」

廣解》「夫子，」指季氏。「二臣，」謂己與子路也。

朱熹章句 夫子，指季孫。冉有實與謀，以孔子非之，故歸咎於季氏。

孔子曰：「求！周任*有言曰：『陳力就列，不能者止。』危而不持，顛而不扶，則將焉*用彼相*矣？且爾言過矣！虎兕*出於柙*，龜玉毀於櫝*中，是誰之過與？」

廣解》「求者，呼冉有之名以告之也。「任，」平聲。集解馬曰：「周任，古之良史。」按左傳隱六年，昭五年，皆引周任之言，不言為史官。杜預注云：「周太史。」路史注以為商太史。江永羣經補義疑即書盤庚之遲任。「陳力就列，不能者止」兩句，是周任的話，孔子引之。

朱注云：「陳，布也，列，位也。」劉氏正義云：「止，謂去位也。」按「陳力」謂施展貢獻其才力；「就列」即就職位。言既就其位，當陳其力；不能陳力，便當去位也。「焉，」平

朱熹章句 任，平聲。焉，於虔反。相，去聲，下同。周任，古之良史。陳，布也。列，位也。相，瞽者之相也。言二子不欲則當諫，諫而不聽，則當去也。兕，徐履反。柙，戶甲反。櫝，音獨。與，平聲。兕，野牛也。柙，檻也。櫝，匱也。言在柙而逸，在櫝而毀，典守者不得辭其過。明二子居其位而不去，則季氏之惡，已不得不任其責也。

聲，安也。「相，」去聲，扶持瞎子的人叫做相。此以相瞽者為喻；言如瞽者遭遇危險顛仆而不扶持，則那個相還有什麼用呢？「矣」字用與「乎」字同。見王引之經傳釋詞。冉有答語，諉為「夫子欲之，」而欲自卸其責，故直斥之曰「且爾言過矣。」「過，」錯誤也。兕，野牛。柙，是關虎、兕的木柵。虎與兕，應該關在柙裏的。龜，玉，古人都視為寶貝。櫝，是藏龜、玉的匣子。言季氏之伐顓臾，有如把虎、兕從柙中放出，把匣中的龜、玉毀壞也。季氏伐顓臾一動兵，必要殺人，好像柙中的虎、兕，跑出來傷人也。顓臾，在魯國境內，好像藏在匣子中的龜、玉；季氏伐而滅之，又像把龜、玉毀壞也。此黃式三說。虎、兕出柙，是管獸禁者之過；龜、玉毀壞，是守龜、掌玉者之過；季氏之伐顓臾，則是為家臣者不諫止之過也。

冉有曰：「今夫*顓臾，固而近於費*，今不取，後世必為子孫憂。」

廣解《 此冉有又為季氏辨也。「夫，」音扶。費，此處音祕。固，言顓臾的城郭，很堅固。費，音祕，是季氏的食邑，與顓臾相近。故曰「今不取，後世必為子孫憂」也。

朱熹章句 夫，音扶。固，謂城郭完固。費，季氏之私邑。此則冉求之飾辭，然亦可見其實與季氏之謀矣。

孔子曰：「求！君子疾夫舍曰欲之，而必為之辭。丘也，聞有國有家者，不患寡而患不均，不患貧而患不安；蓋均無貧，和無寡，安無傾。夫如是，故遠人不服，則脩文德以來之！既來之，則安之！今由與求也，相夫子，遠人不服而不能來也，邦分崩離析而不能守也。而謀動干戈於邦內，吾恐季孫之憂，不在顓臾，而在蕭牆之內也。」

廣解

此孔子聽了冉有的話，又呼其名而斥之也。疾，惡也，恨也。「夫，」音扶。「舍，」今作捨。「舍曰欲之，而必為之辭」者，心裏實在貪圖這個利益，卻捨掉這句話，不肯說，而必另外想出一種話來掩飾也。這種事情，是君子所最惡的。孔子既斥其非，又把治國安家的原理，講出來給他聽，「丘，」是孔子稱自己的名。「有國」指諸侯；「有家」指卿大夫。此二句疑當作「不患貧而患不均，不患寡而患不和。」蓋「貧」與「均，」指財言；「寡」與「和，」指人言。「不均，」謂貧富相懸，「不和」謂上下不協，下言「均無貧，和無寡，」即其證。春秋繁露度制篇，魏書張普惠傳引，亦均作「不患貧而患不均。」（參閱俞樾古書疑義舉例）孫中山先生民生主義謂中國僅有大貧小貧，故社會問題不如泰西各國嚴重；主張平均地權，節制資本，為曲突徙薪之計，即所謂「不患貧而患不均也。」財均人和，則安而無傾覆之患矣。「夫，」音

朱熹章句　夫，音扶。舍，上聲。

欲之，謂貪其利。寡，謂民少。貧，謂財乏。均，謂各得其分。安，謂上下相安。季氏之欲取顓臾，患寡與貧耳。然是時季氏據國，而魯公無民，則不均矣。君弱臣強，互生嫌隙，則不安矣。均則不患於貧而和，和則不患於寡而安，安則不相疑忌，而無傾覆之患。夫，音扶。

內治修，然後遠人服。有不服，則修德以來之，亦不當勤兵於遠。

子路雖不與謀，而素不能輔之以義，亦不得為無罪，故并責之。遠人，謂顓臾。分崩離析，謂四分公室，家臣屢叛。

干，楯也。戈，戟也。蕭牆，屏也。言不均不和，內變將作。其後哀公果欲以越伐魯而去季氏。

謝氏曰：「當是時，三家強，公室弱，冉求又欲伐顓臾以附益之。夫子所以深罪之，為其瘠魯以肥三家也。」

洪氏曰：「二子仕於季氏，凡季氏所欲為，必以告於夫子。則因夫子之言而救止者，宜亦多矣。伐顓臾之事，不見於經傳，其以夫子之言而止也與？」

扶。「如是，」指上文所說治國家的原理。因為如此，故遠地方的人，還有不服者，我惟有修己之德以招徠之。文德正對武力而言。遠人來歸了，則安撫之。「相，」去聲，助也。現在由與求相助季氏，遠人不服，而不能修文德以來之；邦國分崩離析，有土崩瓦解之虞，而不能固守之；還要在國內打起仗來。「動干戈，」即指伐顓臾之事，吾恐季孫之可憂者，倒不在固而近於費的顓臾，而在自己的家內也。「蕭牆」即八佾篇之「塞門。」後來季氏家臣陽虎囚季桓子，果然不出孔子所料。一說，蕭牆惟國君有之，蕭牆之內，隱指魯君。此時哀公欲去三桓，（即季孫、孟孫、叔孫三家。）而顓臾世為魯社稷之臣，又近於費。季氏懼其為公家之助，故欲伐之。如克，則取以為己有；不克，則公家之師已憊於外，不能復伐己；此齊陳恆伐吳之故智也。冉有謂季氏恐顓臾將為子孫憂，不得不伐之；故孔子直斥其隱也。見方觀旭偶記。

孔子曰：「天下有道，則禮樂*征伐，自天子出。天下無道，則禮樂*征伐，自諸侯出。自諸侯出，蓋十世希不失矣！自大夫出，五世希不失矣！陪臣執國命，三世希不失矣！天下有道，則政不在大夫。天下有道，則庶人不議。」

廣解《 制禮作樂，征伐逆叛，照道理，應該是天子做的。故周初天下有道，王室強盛的時候，禮樂征伐，都出於天

朱熹章句 先王之制，諸侯不得變禮樂，專征伐。陪臣，家臣也。逆理愈甚，則其失之愈速。大約世數，不過

子。到春秋時，王室衰微，諸侯強大起來，已成了無道的天下，故禮樂征伐，自諸侯出，希，少也。陪，重也；「陪臣，」是臣之臣，即大夫的家臣也。朱注曰：「逆理愈甚，則其失之愈速。」「天下有道，則政不在大夫」者，言天下有道的時候，禮樂征伐，出自天子，其他政權，亦操於諸侯，而不操於大夫也。「天下有道，則庶人不議」者，言有道的天下，政治修明，人民自然安居樂業，沒有壞事可議論也。

孔子曰：「祿之去公室，五世矣！政逮於大夫，四世矣！故夫*三桓之子孫微矣！」

廣解　魯國自襄仲殺文公之子而立宣公，於是大權旁落，爵祿不從君主的公室而出；至哀公已五世了。五世者，宣公、成公、襄公、昭公、定公也。逮，及也。魯大夫季氏執國政，至此已四世了。四世者，文子、武子、平子、桓子也。（鄭玄註無桓子，朱注無文子，而皆有悼子。此從論語稽。）「三桓」者，季孫、孟孫（亦稱仲孫，）叔孫，三氏都出於桓公也。上章不是說「自大夫出，五世希不失」嗎？今季氏執政已歷四世，所以已到衰微不振的時候了。當時季氏有陽虎，孟氏有公斂處父，叔氏有侯犯，故曰「三桓之子孫微矣。」「夫，」音扶。

如此。言不得專政。上無失政，則下無私議。非箝其口使不敢言也。此章通論天下之勢。」

朱熹章句　夫，音扶。

魯自文公薨，公子遂殺子赤，立宣公，而君失其政。歷成、襄、昭、定，凡五公。逮，及也。自季武子始專國政，歷悼、平、桓子，凡四世，而為家臣陽虎所執。三桓，三家，皆桓公之後。此以前章之說推之，而知其當然也。

此章專論魯事，疑與前章皆定公時語。蘇氏曰：「禮樂征伐自諸侯出，宜諸侯之強也，而魯以失政。政逮於大夫，宜大夫之強也，而三桓以微。何也？強生於安，安生於上下之分定。今諸侯大夫皆陵其上，則無以令其下矣。故皆不久而失之也。」

孔子曰：「益者三友，損者三友。友直，友諒，友多聞，益矣！友便辟，友善柔，友便佞，損矣！」

廣解　此孔子論交友有益或有損也。三種益友：一種是「友直，」就是結交正直的朋友；這種朋友，能規勸我的過處，故有益。一種是「友諒，」就是結交誠實的朋友，這種朋友，不會欺騙我，故有益。一種是「友多聞，」就是結交多見聞的朋友；這種朋友，能指導我不明白的事理，故有益。三種損友：一種是「友便辟，」就是結交「足恭」「體柔」而不「直」的人；一種是「友善柔，」就是結交「令色」「面柔」而不「諒」的人；一種是「友便佞，」就是結交「巧言」「口柔」而無聞見之實的人。這三種朋友，都和前三種相反，故有損。「便，」平聲；「辟」音僻。（參閱公冶長篇「巧言令色足恭」注。）

朱熹章句　便，平聲。辟，婢亦反。

友直，則聞其過。友諒，則進於誠。友多聞，則進於明。便，習熟也。便辟，謂習於威儀而不直。善柔，謂工於媚悅而不諒。便佞，謂習於口語，而無聞見之實。三者損益，正相反也。

尹氏曰：「自天子至於庶人，未有不須友以成者。而其損益有如是者，可不謹哉？」

孔子曰：「益者三樂，損者三樂。樂節禮樂，樂道人之善，樂多賢友，益矣！樂驕樂，樂佚遊，樂宴樂，損矣！」

廣解　「禮樂」之「樂，」如字讀；「驕樂，」「宴樂」之「樂，」音洛，其餘「樂」字，皆音耀。與「仁者樂山，知者樂水」之「樂」同，是愛好的意思。一個人不能無所愛好。孔子說：「愛好的事，也有三件是有益處的，三件是有損害的。」「樂節禮

朱熹章句　樂，五教反。禮樂之樂，音岳。驕樂宴樂之樂，音洛。

節，謂辨其制度聲容之節。驕樂，則侈肆而不知節。佚遊，則惰慢而惡聞善。宴樂，則淫溺而狎小人。三者損益，亦相反也。

樂」者，愛好行動都以禮樂為節也；「樂道人之善」者，愛好說別人的好處，不說別人的壞處也；「樂多賢友」者，愛好多交益友也；這三種愛好，是於自己有益處的。「樂驕樂」者，愛好驕傲他人以為快樂也；「樂佚遊」者，愛好不做事而遊戲過日子也；「樂宴樂」者，愛好與人酒食徵逐以取樂也；這三種愛好，於自己都是有損害的。

尹氏曰：「君子之於好樂，可不謹哉？」

孔子曰：「侍於君子有三愆：言未及之而言，謂之躁；言及之而不言，謂之隱；未見顏色而言，謂之瞽。」

廣解《 「侍於君子，」是侍坐在君子旁邊。愆，過失也。是不到應該說話的時候就說話，則有急躁的過失；魯論讀「躁」為「傲，」意思是言未及之而言，是以己所知者，傲人之不知也。到了應該說話的時候而不說，則有隱匿的過失；不看見別人的顏色而亂話，則有瞽的過失；「瞽」者，言好像瞎了眼睛一樣也。

朱熹章句 君子，有德位之通稱。愆，過也。瞽，無目，不能察言觀色。

尹氏曰：「時然後言，則無三者之過矣。」

孔子曰：「君子有三戒：少之時，血氣未定，戒之在色。及其壯也，血氣方剛，戒之在鬭*。及其老也，血氣既衰，戒之在得。」

廣解《 鬭，音豆。少年血氣未定，情竇初開，正是知好色，慕少艾的時候，故「戒之在色。」壯是三四十歲，體力最強壯

朱熹章句 血氣，形之所待以生者，血陰而氣陽也。得，貪得也。隨時知戒，以理勝之，則不為血氣所使也。

的時候，血氣方剛，好勝心正盛，故「戒之在鬭。」所謂「鬭」者，不僅指好勇鬬狠而言，凡意氣之爭皆是也。年紀老了，則血氣已衰，只想為子孫打算，弄幾個錢享享老福，故「戒之在得。」試看現在社會上，青年人往往鬧戀愛問題；壯年人往往因意氣之爭，而不顧大局；老年人往往日暮途窮，不惜出賣人格；此章所記，真是孔子勘透人情之言。

范氏曰：「聖人同於人者血氣也，異於人者志氣也。血氣有時而衰，志氣則無時而衰也。少未定、壯而剛、老而衰者，血氣也。戒於色、戒於鬭、戒於得者，志氣也。君子養其志氣，故不為血氣所動，是以年彌高而德彌劭也。」

孔子曰：「君子有三畏：畏天命，畏大人，畏聖人之言。小人不知天命而不畏也，狎*大人，侮聖人之言。」

廣解《

狎，音狹。畏者，心有所戒懼也。天命，就是天之所命，天賦人之明德正理。畏天命，故戒慎恐懼，盡道正命，而不敢有所怠忽。大人，指在上位的人。畏大人，故秉禮懷刑，不敢干犯其上。「聖人之言，」指古先聖賢教人的道理。畏聖人之言，故古訓是式，不敢違反。小人則與君子，恰是相反。他不知甚麼是天命，故毫無忌憚。狎者，慢而不敬也。狎大人，故初則逢迎長惡，終乃作亂犯上。小人多自以為是，雖聖人所說的話，也要尋他的漏洞，說他許多不是，此侮聖人之言也。

朱熹章句

畏者，嚴憚之意也。天命者，天所賦之正理也。知其可畏，則其戒謹恐懼，自有不能已者。而付畀之重，可以不失矣。大人聖言，皆天命所當畏。知畏天命，則不得不畏之矣。

侮，戲玩也。不知天命，故不識義理，而無所忌憚如此。

尹氏曰：「三畏者，修己之誠當然也。小人不務修身誠己，則何畏之有？」

孔子曰：「生而知之者，上也。學而知之者，次也。困而學之，又其次也。困而不學，民斯為下矣！」

廣解《 凡一事一物，都有一種道理，「生而知之者，」對於種種事物，一看見，就明白牠的道理也。這是最聰明的上等人，好像生出來就知道的。其次則對於種種事物，未能一見就知牠的道理，但能自己用學問的工夫去求知；結果，對於各種道理，也明白了。「困而學之」者，對事物的道理，固然不能一見就知；不遇到困難，也還不肯去學；一定要到因不明白道理，而發生困難，才肯用學問的工夫去求知。這種人，又次一等。如果遇到困難，還是不肯去學，這種人，必終身做一愚蠢的人，是最下一等的。按中庸云：「或生而知之，或學而知之，或困而知之；及其知之，一也。」「困而知之，」即此所云：「困而學之。」「困而不學，」是難困而終不能知；故曰「民斯為下」也。「民」與「人」同。

朱熹章句 困，謂有所不通。言人之氣質不同，大約有此四等。
楊氏曰：「生知學知以至困學，雖其質不同，然及其知之一也。故君子惟學之為貴。困而不學，然後為下。」

孔子曰：「君子有九思：視思明，聽思聰，色思溫，貌思恭，言思忠，事思敬，疑思問，忿*思難*，見得思義。」

廣解《 「視思明」者，言看一種事物，要想看得很明白，把細微曲折都看出來也。「聽思聰」者，言聽人的言語，要想聽

朱熹章句 難，去聲。
視無所蔽，則明無不見。聽無所壅，則聰無不聞。色，見於面者。貌，舉身而言。思問，則疑不蓄。思難，則忿必

得仔仔細細，沒有錯誤也。「色思溫」者，言對別人，臉上的顏色，常常要想溫和也。「貌思恭」者，言待人接物時，容貌常常要想恭敬也。「言思忠」者，言對人說話，常常要想忠實誠懇也。「事思敬」者，言做事常常想到慎重，不肯輕忽怠慢也。「疑思問」者，言有疑惑的時候，常常想問個明白也。「忿思難」者，言當氣忿的時候，常常想到患難，不肯因一朝之忿，忘其身以及其親也。「難，」去聲。「見得思義」者，言遇見可得的利益，應想一想，這利益是應該得的，還是不應該得的，所謂「臨財毋苟得」也。這九件，是君子所常常思考的。

懲。思義，則得不苟。

程子曰：「九思各專其一。」謝氏曰：「未至於從容中道，無時而不自省察也。雖有不存焉者寡矣，此之謂思誠。」

孔子曰：「『見善如不及，見不善如探湯』；吾見其人矣，吾聞其語矣。『隱居以求其志，行義以達其道』；吾聞其語矣，未見其人也！」

廣解

「見善……」二句，「隱居……」二句，皆古語。「見善如不及」者，見了善人，常常像自己不及他一般，因而努力為善，想及他也。即「見賢思齊」之意。湯是沸水，手探下去，是要燙壞的。所以湯，是探他不得，要避開牠纔好。見了不善的人，也如不敢探湯一樣，總是避開他，唯恐自己染到他的惡習，故曰「見不善如探湯」也。即大戴記，曾子立事所謂「見不善者恐其及己也。」孔子說：「這種人我親眼看見過；這句古語我也聽見人說過了。」孟子云：「故士窮不失義，達

朱熹章句 探，吐南反。

真知善惡而誠好惡之，顏、曾、閔、冉之徒，蓋能之矣。語，蓋古語也。求其志，守其所達之道也。達其道，行其所求之志也。蓋惟伊尹、太公之流，可以當之。當時若顏子，亦庶乎此。然隱而未見，又不幸而蚤死，故夫子云然。

不離道。」與此章同旨。程瑤田論學小記云：「隱居以求其志，求其所達之道也；當其求時，猶未及行，故謂之『志』；行義以達其道，行其所求之志也；及其行時，不止於求，故謂之『道』。」志與道，通一無二，故曰「士何事？曰尚志。」最是闡明此章之志。

〔孔子曰：〕「齊景公有馬千駟*，死之日，民無德而稱焉。伯夷叔齊，餓于首陽之下，民到于今稱之。〔『誠不以富，亦祇以異。』〕其斯之謂與*？」

朱熹章句　駟，四馬也。首陽，山名。與，平聲。胡氏曰：「程子以為第十二篇錯簡『誠不以富，亦只以異』，當在此章之首。今詳文勢，似當在此句之上。言人之所稱，不在於富，而在於異也。」愚謂：此說近是，而章首當有孔子曰字，蓋闕文耳。大抵此書後十篇，多闕誤。

廣解　四匹馬曰「駟」；「千駟」，即四千匹馬也。齊景公雖然有四千匹馬，但平生沒有好的德行，所以到他死了，百姓沒有一個稱道他的。伯夷、叔齊，見前公冶長篇注。首陽，山名。武王滅紂，夷齊義不食周粟，采薇而食，卒餓死於首陽山下。直到孔子時，百姓都還稱贊他。朱注引胡氏說謂顏淵篇「誠不以富，亦祇以異」二語，程子以為錯簡者，當在「稱之」之下。言民之所稱者，誠不以其富，而祇以其異也。此詩小雅我行其野篇語。上引詩故下云：「其斯之謂與」也。「與」同「歟」。」朱注謂章首當有「孔子曰」三字。

按蘇子由柳下惠論，引上章，合此章為一義。皇疏解上章第二「吾聞其語」曰：「唯聞昔有夷齊能然。」本章首又無「孔子曰」三字，故有合一章為一章者。今仍從朱注。

陳亢問於伯魚曰：「子亦有異聞乎？」對曰：「未也。嘗獨立，鯉趨而過庭，曰：『學詩乎？』對曰：『未也。』『不學詩，無以言！』鯉退而學詩。他日又獨立。鯉趨而過庭。曰：『學禮乎？』對曰：『未也。』『不學禮，無以立！』鯉退而學禮。聞斯二者。」陳亢退而喜曰：「問一得三：聞詩，聞禮，又聞君子之遠其子也。」

廣解《 皇疏曰：「陳亢即子禽也。」已見前學而篇。伯魚名鯉，孔子之子，陳亢的意思，以為孔子教兒子，當與教學生不同，故問伯魚有異聞否。「對曰，」伯魚對陳亢也。「未也，」言未有異聞。以下即述所聞二事以證其未有異聞。詩為寫人情事理的文學作品，且多比興之作，故與言辭有關。禮者，人之所履，孔子嘗云「立於禮，」故不學禮無以立也。陳亢退而自喜，以為問一事而得了三種知識：一是學詩則可以言；一是學禮，則可以立；一是君子之對兒子，是不十分接近的。」「遠，」去聲。司馬光家範引此文，說之云：「遠者，非疏遠之謂也。謂其進見有說，接遇有禮，不朝夕嘻嘻相褻狎也。」

朱熹章句 亢，音剛。亢以私意窺聖人，疑必陰厚其子。事理通達，而心氣和平，故能言。品節詳明，而德性堅定，故能立。當獨立之時，所聞不過如此，其無異聞可知。遠，去聲。尹氏曰：「孔子之教其子，無異於門人，故陳亢以為遠其子。」

「邦君之妻，君稱之曰『夫人』；夫人自稱曰『小童』；邦人稱之曰『君夫人』，稱諸異邦曰『寡小君』；異邦人稱之，亦曰『君夫人』。」

廣解《 「邦君，」就是國君。此章所記，在本書中最為不

朱熹章句 寡，寡德，謙辭。

類，疑學者於簡末別記所聞，後遂羼入論語也。按集解引孔曰：「當此之時，諸侯謫妄不正，稱號不審，故孔子正言其禮也。」如孔說：則本章為孔子之言，上闕「子曰」二字，或「孔子曰」三字也。曲禮又云：「夫人自稱於諸侯曰寡小君。」胡培翬研六室雜著云：「此節惟「小童」句，係夫人自稱；餘皆他人稱謂之辭。稱諸異邦，亦是邦人稱之。」劉氏正義曰：「小君者，比於君為小也。……於本國稱小君，於異邦稱寡小君，猶其君：於本國曰君，於異邦曰寡君也。」又「夫人自稱，」謂夫人自稱於其君。曲禮注云：「小童，若云未成人也。」誤。此孫奇逢引郝敬說。

吳氏曰：「凡語中所載如此類者，不知何謂。或古有之，或夫子嘗言之，不可考也。」

陽貨第十七

陽貨欲見孔子，孔子不見。歸孔子豚*；孔子時其亡也而往拜之，遇諸塗*。謂孔子曰：「來！予與爾言。」曰：「懷其寶而迷其邦，可謂仁乎？曰，不可。好*從事而亟*失時，可謂知*乎？曰，不可。日月逝矣！歲不我與。」孔子曰：「諾！吾將仕矣！」

廣解《　陽貨，史記作陽虎，劉氏正義云：「貨虎一聲之轉，疑貨是名，虎是字也。」此時魯國的政權，全在季氏手裏，陽貨是季氏最信用的家臣，以陪臣而執國政。「歸」同「饋，」古

朱熹章句　歸，如字，一作饋。陽貨，季氏家臣，名虎。嘗囚季桓子而專國政。欲令孔子來見己，而孔子不往。貨以禮，大夫有賜於士，不得受於其家，則往拜其門。故瞰孔子之亡而歸之豚，欲令孔子來

論作「饋。」豚，小豬。時，伺也。「時其亡也，而往拜之」者，伺陽貨不在，而往拜謝之也。孟子 滕文公篇云：「陽貨欲見孔子而惡無禮。大夫有賜於士，不得受於其家，則往拜其門。陽貨瞯孔子之亡也，而饋孔子蒸豚。孔子亦瞯其亡也，而往拜之。當是時，陽貨先，豈得不見？」所記較詳。孔子本來是不願意和陽貨見面的，所以時其亡也而往拜之，不料偏在街路上遇著他。「諸」即「之於」二字的合音；「塗，」路也。陽貨既在路上遇見孔子，便對孔子道：「來！予與爾言。」「曰：懷其寶……」以下，仍是陽貨的話；他既在路上遇到孔子，便邀到自己家中和孔子說也。寶，譬喻道德才學；「懷其寶而迷其邦」者，說孔子有了道德，才學，而不肯出來做官，治國也。胡紹勳 論語拾義謂「寶」指身，「懷寶」謂藏身。亦通。「好，」去聲。「亟，」音器。「知，」今作智。「好從事而亟失時，」喜歡做事；而屢次失了可做事的時機也。二「不可，」通解以為皆孔子答語。毛奇齡 稽求篇，王引之 經傳釋詞均謂陽貨自為問答，蓋以懷寶迷邦之不可謂仁，好從事，亟失時之不可為知，二者皆必然之理也。逝，往也。言日月都像水的流去，不會再回轉來；人的年紀，也一年一年的老去，歲數是不會給我增添的。意思是勸孔子及早出來做官。「諾！吾將仕矣」句，是孔子的答話，故特加「孔子曰」三字。

拜而見之也。好、亟、知，並去聲。

懷寶迷邦，謂懷藏道德，不救國之迷亂。亟，數也。失時，謂不及事幾之會。將者，且然而未必之辭。貨語皆譏孔子而諷使速仕。孔子固未嘗如此，而亦非不欲仕也，但不仕於貨耳。故直據理答之，不復與辯，若不諭其意者。陽貨之欲見孔子，雖其善意，然不過欲使助己為亂耳。故孔子不見者，義也。其往拜者，禮也。必時其亡而往者，欲其稱也。遇諸塗而不避者，不終絕也。隨問而對者，理之直也。對而不辯者，言之孫而亦無所詘也。

楊氏曰：「揚雄謂孔子於陽貨也，敬所不敬，為詘身以信道。非知孔子者。蓋道外無身，身外無道。身詘矣而可以信道，吾未之信也。」

子曰：「性，相近也。習，相遠也。」

廣解 性，生而然者也。天生的性質，善惡不甚相遠，故曰：「性相近也。」一個人處在某個環境裏，到後來就有某種習慣，如在善良的環境裏長大，就有善的習慣；在惡濁的環境裏長大，就有惡的習慣。因為各人的環境不同，所以各人的習慣也就差得很遠，而不能一樣。故曰：「習相遠也。」

孔子說性，只說相近，不言善惡。後來孟子便說人性是善的；荀子又說人性是惡的；世碩與公都子言性有善有惡；告子又言性無善無不善，或可以為善，可以為不善；揚雄、王充、韓愈等，也紛紛說性；至宋儒則以論性為專家學問。其實都不如孔子只輕輕八個字，說得包括無遺。

朱熹章句 此所謂性，兼氣質而言者也。氣質之性，固有美惡之不同矣。然以其初而言，則皆不甚相遠也。但習於善則善，習於惡則惡，於是始相遠耳。

程子曰：「此言氣質之性。非言性之本也。若言其本，則性即是理，理無不善，孟子之言性善是也。何相近之有哉？」

子曰：「唯上知*與下愚，不移。」

廣解 「知，」今作智。一個人的性，是相近的，差不多的。至於一個人的天資，則各有不同：有絕頂聰明的人，所謂「生而知之」者；有絕頂呆笨的人，所謂「困而不學」者；也有中等的人。絕頂聰明的人，與絕頂呆笨的人，從小到老，總不會改變的。但此等人，不過千萬人中之一二個。其餘的，都是中等天資，就不免隨著環境而改變，習於惡則惡，習於善則善也。

朱熹章句 知，去聲。此承上章而言。人之氣質相近之中，又有美惡一定，而非習之所能移者。

程子曰：「人性本善，有不可移者何也？語其性則皆善也，語其才則有下愚之不移。所謂下愚有二焉：自暴自棄也。人苟以善自治，則無不可移，雖昏愚之至，皆可漸磨而進也。惟自暴者拒之以不信，自棄者絕之以不為，雖聖人與居，不能化而入也，仲尼之所謂下愚也。然其質非必昏且愚也，往往強戾而才力有過人者，商辛是也。聖人以其自絕於善，謂之下愚，然考其歸則誠愚也。」或曰：「此與上章當合為一，子曰二字，蓋衍文耳。」

子之武城，聞弦歌之聲，夫子莞*爾而笑曰：「割雞焉*用牛刀？」子游對曰：「昔者，偃也聞諸夫子曰：『君子學道則愛人，小人學道則易*使也。』」子曰：「二三子！偃之言是也；前言戲之耳。」

廣解

之，往也。武城，魯邑。這時子游做魯國武城縣的縣令。孔子到武城地方，聽得有弦歌的聲音也。「弦，」是樂器，如琴瑟之類；「歌，」是歌詩。子游教武城的百姓，都學禮樂，故聞弦歌之聲。「莞爾」微笑貌。「割雞焉用牛刀，」是譬喻之辭。猶言治天下，移風易俗，要用禮樂；如今治一個小小的縣，何必費這樣的大氣力呢？偃，是子游的名。他對答孔子道：「從前我曾經聽得夫子說過：『在上位的君子，能夠學禮樂等等，則能愛護人民，在下面的人民，能夠學禮樂等等，則容易使他們做事。』」孔子聽了子游的話，「二三子，」指同到武城去的幾個學生。牛刀割雞之喻，孔子自認是戲言；其實是可惜子游不得行其化於天下國家，只能小試於縣耳。

朱熹章句

弦，琴瑟也。時子游為武城宰，以禮樂為教，故邑人皆弦歌也。莞，華版反。焉，於虔反。

莞爾，小笑貌，蓋喜之也。因言其治小邑，何必用此大道也。易，去聲。

君子小人，以位言之。子游所稱，蓋夫子之常言。言君子小人，皆不可以不學。故武城雖小，亦必教以禮樂。嘉子游之篤信，又以解門人之惑也。

治有大小，而其治之必用禮樂，則其為道一也。但眾人多不能用，而子游獨行之。故夫子驟聞而深喜之，因反其言以戲之。而子游以正對，故復是其言，而自實其戲也。

公山弗擾*以費畔*，召，子欲往。子路不說*曰：「末之也已！何必公山氏之之也！」子曰：「夫*召我者，而豈徒哉？如有用我者，吾其爲東周乎！」

廣解 公山氏，魯之公族。弗擾，名。左傳及史記孔子世家作「不狃。」字子洩。費季氏邑。集解及朱注均云，公山弗擾為季氏宰，與陽虎共執季桓子，而召孔子。「說，」同「悅。」「末之」及「之也」兩「之」字，均作「往」解。末，無也。言道既不行，無可往矣，何必公山氏之往乎？夫，音扶。徒，徒然也。言召我者，豈徒然召我乎，必將用我也。其為東周，言將興周道於東方。一說，東周，指成周。其，豈也；為，助也。言豈助成周也。按陽虎執季桓子，見左傳定公五年。陽虎出奔，在定公八年。及定公十二年，子路為季氏宰，將墮費。弗擾據費拒命。孔子時為司寇，命申句須樂頎伐之，敗之於姑蔑，弗擾奔齊。則弗擾之以費叛，正為反抗孔子墮都之命，豈有召孔子而孔子欲往之理？故崔述謂此章所記，殊不可信。詳見洙泗考信錄。

朱熹章句 弗擾，季氏宰。與陽貨共執桓子，據邑以叛。說，音悅。
夫，音扶。
末，無也。言道既不行，無所往矣，何必公山氏之往乎？
豈徒哉，言必用我也。為東周，言興周道於東方。
程子曰：「聖人以天下無不可有為之人，亦無不可改過之人，故欲往。然而終不往者，知其必不能改故也。」

子張問仁於孔子。孔子曰：「能行五者於天下，爲仁矣！」請問之。曰：「恭、寬、信、敏、惠。恭則不侮，寬則得衆，信則人任焉，敏則有功，惠則足以使人。」

廣解

子張問仁，孔子告以「能行五者於天下，為仁矣。」五者，即指「恭、寬、信、敏、惠」五種德行。「恭則不侮」者，在上者能夠恭敬，則人民不會侮慢他也。「寬則得眾」者，能夠以寬弘大量待人，則人民的心，必歸服他也。「信則人任焉」者，能夠不失信於人民，則人民都信任他也。「敏則有功」者，為政能夠敏捷而不遲鈍，自然會有功績也。「惠則足以使人」者，有恩惠及於人民，則使人民服役時，人民都願盡力也。朱注引李氏曰：「此章與『六言六蔽』、『五美四德』之類，皆與前後文體大不相似。」按論語文例，記與君大夫問答，則稱「孔子」；記與弟子問答，則稱「子。」此章記弟子問答亦稱孔子，體例上亦極不合。

朱熹章句

行是五者，則心存而理得矣。於天下，言無適而不然，猶所謂雖之夷狄不可棄者。五者之目，蓋因子張所不足而言耳。任，倚仗也，又言其效如此。張敬夫曰：「能行此五者於天下，則其心公平而周徧可知矣，然恭其本與？」李氏曰：「此章與六言、六蔽、五美、四惡之類，皆與前後文體，大不相似。」

佛肸召，子欲往。子路曰：「昔者，由也聞諸夫子曰：『親於其身爲不善者，君子不入也。』佛肸以中牟畔，子之往也，如之何？」子曰：「然！有是言也。不曰堅乎，磨而不磷？不曰白乎，涅而不緇？吾豈匏瓜也哉？焉能繫而不食？」

廣解

「佛，」音弼。「肸，」音許密反。朱注云：「佛肸，晉大夫趙氏之宰也。」蓋從集解孔說。以中牟為趙簡子的食邑。按史記孔子世家：「佛肸為中牟宰。趙簡子攻范中行，伐中牟，佛肸叛，使人召孔子」云云。則中牟為范中行之食邑，

朱熹章句

佛，音弼。肸，許密反。

佛肸，晉大夫趙氏之中牟宰也。子路恐佛肸之浼夫子，故問此以止夫子之行。親，猶自也。不入，不入其黨也。

磷，力刃反。涅，乃結反。

磷，薄也。涅，染皁物。言人之不善，不能浼己。楊氏曰：「磨不磷，涅不緇，而後無可無不可。堅白不足，而

而佛肸為范中行之臣也。左傳哀五年，趙鞅伐衛。范氏之故也，遂圍中牟，即此事。子路的意思，不以孔子欲赴佛肸之召為然，故對孔子說道：「昔者，由也聞諸夫子曰：「親於其身為不善者，君子不入也。」佛肸以中牟畔，子之往也，如之何？」親，猶云本身。不入，謂不入其境。「如之何」猶今云怎麼樣也。磷，平聲。「是言」指子路所說：「親於其身為不善者君子不入也」的一句話，言我從前曾經有過這句話也。「堅，」指天下最堅硬的東西。「磷，」音吝，薄也。「白，」指天下最白的東西。「涅，」音孽，即皂礬，本名詞，此作動詞用，謂以皂礬染物使黑。「緇，」是黑色。言「我從前不曾說過，天下最堅的東西，是磨不薄的，天下最白的東西，是染不黑的嗎？」這兩句的意思是說我雖往佛肸輩不善的人那裏，也不會被染累也。「匏，」音袍。匏瓜，是一種吃不來的苦瓜，如現在的葫蘆，只能掛在壁上看看。「焉，」平聲，安也。意思是說「我豈和匏瓜一樣，只能掛在壁上，可看而不可吃的？」黃震日鈔，謂匏瓜是星名，繫於天而不可食，猶詩云：「維南有箕，不可以簸揚；維北有斗，不可以挹酒漿。」集解云：「言匏瓜得繫一處，不食故也。吾自食物，當東西南北；不得如不食之物，繫滯在一處。」黃說可通；集解說則迂曲。按崔述洙泗考信錄，謂此事亦不可靠。

欲自試於磨涅，其不磷緇也者，幾希。」焉，於虔反。匏，瓠也。匏瓜繫於一處而不能飲食，人則不如是也。張敬夫曰：「子路昔者之所聞，君子守身之常法。夫子今日之所言，聖人體道之大權也。然夫子於公山佛肸之召皆欲往者，以天下無不可變之人，無不可為之事也。其卒不往者，知其人之終不可變而事之終不可為耳。一則生物之仁，一則知人之智也。」

子曰：「由也，女聞六言六蔽矣乎？」對曰：「未也。」「居！吾語女。好仁不好學，其蔽也愚。好知不好學，其蔽也蕩。好信不好學，其蔽也賊。好直不好學，其蔽也絞。好勇不好學，其蔽也亂。好剛不好學，其蔽也狂。」

廣解

「女，」今作「汝。」「語，」「好，」均去聲。「知，」今作「智。」「六言六蔽，」當是古代成語。名六言，即指「仁、知、信、直、勇、剛」六字。蔽者被一件東西遮蔽，不能通明也。六蔽，指「愚、蕩、賊、絞、亂、狂」六者，因不好學，故各有所蔽，而生此六病也。「居，吾語汝」者，子路起對，故孔子命之坐而後詳語之也。所謂六言六蔽者，好仁，而不好學，一味以仁愛待人，則將如宋襄公之不教不成列，不重傷，不擒二毛，有類於愚人。有才智的人，而不好學，勢必汪洋自恣，泛濫無所歸，流蕩無所止。則性知重然諾而不明事理之是非，謹厚者則為硜硜之小人，剛強者則為輕身殉人之游俠，而皆足以害事賊義。好信而不好學，好直而不好學，必過於急切，好譏刺他人，即絞也。此與前篇「直而無禮則絞」同意。好勇而不好學，必至和人爭鬥，可以釀成亂事。此與下文「君子有勇而無義為亂」同意。好剛而不好學，雖然能夠無欲，不至曲求，但必流而為愎，師心自用，則成狂妄之人。孔子因為子路有好仁、好知、好信、好直、好勇、好剛的六項美德；所以勸他加以學問，使六項美德，不至有缺憾的地方也。

朱熹章句

女，音汝，下同。

蔽，遮掩也。語，去聲。

禮：君子問更端，則起而對。故孔子諭子路，使還坐而告之。好、知，並去聲。

六言皆美德，然徒好之而不學以明其理，則各有所蔽。愚，若可陷可罔之類。蕩，謂窮高極廣而無所止。賊，謂傷害於物。勇者，剛之發。剛者，勇之體。狂，躁率也。

范氏曰：「子路勇於為善，其失之者，未能好學以明之也，故告之以此。曰勇、曰剛、曰信、曰直，又皆所以救其偏也。」

子曰：「小子！何莫學夫*詩？詩，可以興，可以觀，可以群，可以怨。邇之事父，遠之事君，多識於鳥獸草木之名。」

廣解　「小子，」孔子稱諸弟子也。「夫，」音扶。言何不學詩也：詩指三百五篇之詩經。詩為文學作品，感人最易，可以興感人之情意，故曰「可以興。」詩皆美刺政治，抒寫人情之作，可以攷見得失，了解人情，並可以觀察各時代各地方之風俗，春秋時列國大夫多賦詩見志，故曰「可以觀。」詩教溫柔敦厚，且通於樂，樂以和為主，故曰「可以羣。」詩所以寫哀怨之情，亦用以諷刺政治，但怨而不怒，哀而不傷，不務言理而言情，不務勝人而感人，故曰「可以怨。」小之則寫家庭之情感，故近之可以事父；大之則陳政治之美刺，故遠之可以事君。其中多託物比興，用鳥獸草木為譬，故其緒餘，又足以資多識也。

朱熹章句　夫，音扶。小子，弟子也。感發志意。考見得失。和而不流。怨而不怒。人倫之道，詩無不備，二者舉重而言。其緒餘又足以資多識。學詩之法，此章盡之。讀是經者，所宜盡心也。

子謂伯魚曰：「女*爲周南、召南矣乎？人而不爲周南、召南，其猶正牆面而立也與*？」

廣解　前章是孔子教弟子們學詩。此章是孔子教自己兒子伯魚學詩。注疏本與前章合為一章；今依朱注本分之。「女，」今作汝。「為，」治也。「與，」今作歟。周南、召南，是詩經裏最前的兩篇。周公旦、召公奭夾輔成王，分陝而治。南國

朱熹章句　女，音汝。與，平聲。為，猶學也。周南召南，詩首篇名。所言皆修身齊家之事。正牆面而立，言即其至近之地，而一物無所見，一步不可行。

被其化。故所采南國之詩，分繫之於周召二公，曰周南召南，而列之於國風之首。近人梁啟超則謂「南」為音樂之一種，用於曲終之合奏，故論語有「關雎之亂」云云。「正牆面」者，面對著牆壁也。面牆，喻無所見，不能行，不能同人家說話也。「與」同「歟」。周南始於關雎，召南始於鵲巢，皆婚姻之詩。中庸言「君子之道，造端乎夫婦」；大學，引桃夭詩亦云：「宜其家人，而後可以教國人。」劉氏正義言「時或伯魚授室，故夫子特舉二南以訓之。」

子曰：「禮云禮云，玉帛云乎哉？樂*云樂*云，鐘鼓云乎哉？」

廣解《

禮之本在敬，樂之本在和。茲徒有玉帛之幣，鐘鼓之音而遺其本，此豈足云禮樂哉？

朱熹章句

敬而將之以玉帛，則為禮；和而發之以鐘鼓，則為樂。遺其本而專事其末，則豈禮樂之謂哉？

程子曰：「禮只是一箇序，樂只是一箇和。只此兩字，含蓄多少義理。天下無一物無禮樂。且如置此兩椅，一不正，便是無序。無序便乖，乖便不和。又如盜賊至為不道，然亦有禮樂。蓋必有總屬，必相聽順，乃能為盜。不然，則叛亂無統，不能一日相聚而為盜也。禮樂無處無之，學者須要識得。」

子曰：「色厲而內荏*，譬諸小人，其猶穿窬*之盜也與*？」

廣解《

「與，」今作歟。色厲者，言人的面色，嚴厲而莊重也。「荏，」音忍。內荏者，言人的心裏，沒有骨氣，柔而不剛也。「小人，」細民也。窬，穴也。「穿窬之盜，」就是挖壁洞，偷

朱熹章句

荏，而審反。與，平聲。

厲，威嚴也。荏，柔弱也。小人，細民也。穿，穿壁。窬，踰牆。言其無實盜名，而常畏人知也。

東西的竊賊。集解引孔云：「穿，穿壁；窬，窬牆。是以「窬」為「踰」之借字。朱注云：「言其無實盜名，而常畏人知也。」

子曰：「鄉原，德之賊也！」

廣解《

「原，」同「愿，」善也。「鄉原，」就是一鄉都以為是好人的。按孟子盡心篇，答萬章問，引孔子曰：「過我門而不入我室，我不憾焉者，其惟鄉原乎？鄉原，德之賊也。」又釋之曰：『生斯世也，為斯世也，善斯可矣。』閹然媚於世也者，是鄉原也。」又曰：「非之，無舉也；刺之，無刺也；同乎流俗，合乎汙世；居之似忠信，行之似廉潔，眾皆悅之；自以為是，而不可與入堯舜之道，故曰德之賊也。」又引孔子曰：「惡似而非者。……惡鄉原，恐其亂德也。」釋本章之義，最為明白。集解所舉二說，皆誤。

朱熹章句　鄉者，鄙俗之意。原，與愿同。荀子原愨，注讀作愿是也。鄉原，鄉人之愿者也。蓋其同流合汙以媚於世，故在鄉人之中，獨以愿稱。夫子以其似德非德，而反亂乎德，故以為德之賊而深惡之。詳見孟子末篇。

子曰：「道聽而塗說*，德之棄也。」

廣解《

「塗，」同「途。」「道聽塗說」者，在街道上聽了胡言亂語。不問真假，不管是非，自以為是也，到路塗上去說給人聽也。此以喻人云亦云，不知辨別審擇的人，是有德者所棄，亦是自棄其德，故曰「德之棄也。」

朱熹章句　雖聞善言，不為己有，是自棄其德也。王氏曰：「君子多識前言往行以畜其德，道聽塗說，則棄之矣。」

子曰：「鄙夫，可與事君也與*哉？其未得之也，患得之。既得之，患失之。苟患失之，無所不至矣！」

廣解《 鄙夫者，卑鄙之人。「可與」即「可以，」見王引之經傳釋詞。「與哉」之「與，」今作「歟。」下文即申明鄙夫不可以事君之故。「患」者，勞心焦慮於此也。鄙夫所貪念者，無非是富貴祿位。未得的時候，只勞心焦慮以求必得；既得之後，又只勞心焦慮以防失去。這種人，專顧自己的祿位，不顧君主與國家的好歹，既怕祿位失去，於是卑鄙下流之事，無所不為了。

朱熹章句 與，平聲。

鄙夫，庸惡陋劣之稱。何氏曰：「患得之，謂患不能得之。」小則吮癰舐痔，大則弒父與君，皆生於患失而已。

胡氏曰：「許昌靳裁之有言曰：『士之品大概有三：志於道德者，功名不足以累其心；志於功名者，富貴不足以累其心；志於富貴者，即孔子所謂鄙夫也。』」

子曰：「古者民有三疾，今也或是之亡*也。古之狂也肆，今之狂也蕩。古之矜也廉，今之矜也忿戾*。古之愚也直，今之愚也詐而已矣！」

廣解《 「亡，」今作「無。」孔子言古時候的人民，有三種毛病。現在的人，卻并這三種毛病或者也沒有了。「三疾」者，狂、矜、愚也。狂者，心志太高大也。肆者，不拘小節也。言古時候狂的人，有不拘小節的毛病。現在所謂狂的人，連大節也不管了。此不得謂之「狂」也。矜者，持守太嚴也。廉者，稜角太露也。言古時候「矜」的人，有稜角過於鋒利的毛病。現在所謂「矜」的人，只是與人鬧意氣而已，此不得謂之「矜」

朱熹章句 氣失其平則為疾，故氣稟之偏者亦謂之疾。昔所謂疾，今亦無之，傷俗之益衰也。狂者，志願太高。肆，謂不拘小節。蕩則踰大閑矣。矜者，持守太嚴。廉，謂稜角陗厲。忿戾則至於爭矣。愚者，暗昧不明。直，謂徑行自遂。詐則挾私妄作矣。

范氏曰：「末世滋偽。豈惟賢者不如古哉？民性之蔽，亦與古人異矣。」

也。古時候「愚」的人，是直直爽爽的。現在的愚者，只是裝作假癡假呆罷了！此不得謂之「愚」也。蓋古人雖有此三疾，不過因氣稟之偏，故尚有可取；今則并此而無之，蓋傷俗之益衰也。

子曰：「巧言令色，鮮矣仁！」

廣解《　此章重出，已見學而篇。

朱熹章句　重出。

子曰：「惡紫之奪朱也，惡鄭聲之亂雅樂也，*惡利口之覆邦家者。」

廣解《　三「惡」字皆去聲，厭惡也。朱，大紅，正色；紫，紅而稍帶黑者，閒色。禮記玉藻言「玄冠紫緌，自魯桓公始。」管子言「齊桓公好服紫衣，齊人尚之。」蓋春秋時服色好用紫，而不知其非正色也。鄭聲，其音淫；雅樂，周代之正樂。利口，即所謂「言偽而辨」者，足以覆亡國家。此三者，皆時人所喜尚，而孔子所深惡者也。

朱熹章句　惡，去聲。覆，芳服反。朱，正色。紫，閒色。雅，正也。利口，捷給。覆，傾敗也。

范氏曰：「天下之理，正而勝者常少，不正而勝者常多，聖人所以惡之也。利口之人，以是為非，以非為是，以賢為不肖，以不肖為賢。人君苟悅而信之，則國家之覆也，不難矣。」

子曰：「予欲無言。」子貢曰：「子如不言，則小子何述焉？」子曰：「天何言哉？四時行焉，百物生焉。天何言哉。」

廣解《　孔子本以身教，恐弟子徒於言語求之，故曰「予欲無言。」小子，弟子自稱。詩日月「報我不述，」毛傳云：「述，

朱熹章句　學者多以言語觀聖人，而不察其天理流行之實，有不待言而著者。是以徒得其言，而不得其所以言，

循也。」言夫子如不言，則弟子何所遵行也。禮 哀公問曰：「孔子云：『無為而物成，是天道也。』」故此以天不言而四時成，百物生為喻。

*孺悲欲見孔子，孔子辭以疾。將命者出戶，取瑟而歌，使之聞之。

廣解《 孺悲，是魯人，曾學士喪禮於孔子，見禮記雜記。是孺悲亦孔子弟子。此云欲見孔子，當是始見之時。儀禮 士相見禮疏謂孺悲不由紹介，故孔子辭以疾。將命者，傳達言語的人也。傳達言語的人，走出戶外，把孔子有病不見的話，去對孺悲說時，孔子故意取了瑟，一面鼓瑟，一面唱起歌來，使孺悲聽見，知道夫子並不生病，要他自已想想有何不合禮的地方；此孟子所謂「不屑教誨，是亦教誨之」也。

故夫子發此以警之。子貢正以言語觀聖人者，故疑而問之。四時行，百物生，莫非天理發見流行之實，不待言而可見。聖人一動一靜，莫非妙道精義之發，亦天而已，豈待言而顯哉？此亦開示子貢之切，惜乎其終不喻也。程子曰：「孔子之道，譬如日星之明，猶患門人未能盡曉，故曰『予欲無言』。若顏子則便默識，其他則未免疑問，故曰『小子何述』。」又曰：「『天何言哉，四時行焉，百物生焉』，則可謂至明白矣。」愚按：此與前篇無隱之意相發，學者詳之。

朱熹章句 孺悲，魯人，嘗學士喪禮於孔子。當是時必有以得罪者。故辭以疾，而又使知其非疾，以警教之也。程子曰：「此孟子所謂不屑之教誨，所以深教之也。」

宰我問三年之喪：「期已久矣！君子三年不爲禮，禮必壞；三年不爲樂，樂必崩。舊穀既沒，新穀既升，鑽燧改火，期可已矣！」子曰：「食夫稻，衣夫錦，於女安乎？」曰：「安。」「女安則爲之！夫君子之居喪，食旨不甘，聞樂不樂，居處不安，故不爲也。今女安，則爲之。」宰我出，子曰：「予之不仁也！子生三年，然後免於父母之懷。夫三年之喪，天下之通喪也。予也，有三年之愛於其父母乎？」

廣解《

此「三年之喪，」指父母喪。鄭玄謂喪期實際為二十七月。「期，」音基。一周年也。宰我問三年之喪於孔子，以為三年，時候太長久。故曰「期已久矣」云云。古人居喪，種種事體都不做，所以宰我又說：「君子三年不為禮，禮必壞；三年不為樂，樂必崩。」壞崩，猶云荒廢也。沒，盡也。升，成也，登也。古時候鑽木取火；所用的木頭，四時不同，春天用榆、柳，夏天用棗、杏，季夏用桑、柘，秋天用柞、楢，冬天用槐、檀。過了一年，四時取火的木頭，改鑽已遍了。宰我說穀與取火，意思是人情本依天道，天道一年則週而復始，人情亦宜法此，故曰：「期可已矣！」就是說居喪滿一年，可以止了！「夫，」音扶。「衣，」去聲，動詞。「女，」今作「汝。」下同。古時候居喪止食黍稷，不食稻粱！止服麻衣，不衣錦帛。故孔子對宰我說：「父母死後，未滿三年，你就吃稻煮

朱熹章句

期，音基，下同。

期，周年也。恐居喪不習而崩壞也。鑽，祖官反。

沒，盡也。升，登也。燧，取火之木也。改火，春取榆柳之火，夏取棗杏之火，夏季取桑柘之火，秋取柞楢之火，冬取槐檀之火，亦一年而周也。已，止也。言期年則天運一周，時物皆變，喪至此可止也。

尹氏曰：「短喪之說，下愚且恥言之。宰我親學聖人之門，而以是為問者，有所疑於心而不敢強焉爾。」

夫，音扶，下同。衣，去聲。女，音汝，下同。

禮。父母之喪：既殯，食粥、麤衰。既葬，疏食、水飲，受以成布。期而小祥，始食菜果，練冠縓緣、要絰不除，無食稻衣錦之理。夫子欲宰我反求諸心，自得其所以不忍者。故問之以此，而宰我不察也。

樂，上如字，下音洛。

此夫子之言也。旨，亦甘也。初言女安則為之，絕之之辭。又發其不忍之端，以警其不察。而再言女安則為之以深責之。

宰我既出，夫子懼其真以為可安而遂行之，故深探其本而

的飯，穿絲織的錦，於你的心裏安嗎？」宰我答道：「安的。」「聞樂，不樂，」上「樂」字，是音樂之「樂」。下「樂」字，是歡樂之「樂」。」孔子又說道：「你既然心裏安的，就自己去行罷！至於君子的居喪，因為過於悲苦，所以即使吃好的東西，也不覺得甘美；即使聽音樂，也不歡樂；即使住在華美舒服的地方，也不安適。因此，衣食住都不求好的了。現在你既然食稻、衣錦，是心裏安的，那麼你就去食稻衣錦罷！」宰我走出去後，孔子又對別個弟子說：「『予之不仁也！』『予，』是宰我的名。仁以親親為大，孝是為仁之本，故以「不仁」斥之。「『子生三年』以下云云，是說明父母喪所以必須規定三年的理由。父母之喪三年，自天子以至於庶人，都是這樣的，故曰『通喪』。『予也有三年之愛於其父母乎，』說宰我這個人，對於他的父母，有三年的恩愛去報答過了嗎？

子曰：「飽食終日，無所用心，難矣哉！不有博弈*者乎？爲之猶賢乎已！」

廣解《 博，古時局戲，擲采行棋，用子十二枚，六白六黑，故亦名六博。弈，即今之圍棋。已，止也。言博弈雖非正事，但終有所用心，故較終日不事事者好也。朱注引李氏曰：「聖人非教人博弈也。所以甚言無所用心之不可爾。」

斥之。言由其不仁，故愛親之薄如此也。懷，抱也。又言君子所以不忍於親，而喪必三年之故。使之聞之，或能反求而終得其本心也。

范氏曰：「喪雖止於三年，然賢者之情則無窮也。特以聖人為之中制而不敢過，故必俯而就之。非以三年之喪，為足以報其親也。所謂三年然後免於父母之懷，特以責宰我之無恩，欲其有以跂而及之耳。」

朱熹章句 博，局戲也。弈，圍棋也。已，止也。李氏曰：「聖人非教人博弈也，所以甚言無所用心之不可爾。」

子路曰：「君子尚勇乎？」子曰：「君子義以爲上。君子有勇而無義爲亂，小人有勇而無義爲盜。」

廣解《 「尚」與「上」義同。「義以為上」者，言以義勇上也。君子、小人，是指在位者，和平民而言。在位之君子是有權力的，故有勇而無義則為亂；平民是無權力的，故有勇而無義，不能為亂，必至為盜也。按朱注疑此章為子路初見孔子時的問答。

子貢曰：「君子亦有惡乎？」子曰：「有惡。惡稱人之惡者，惡居下流而訕上者，惡勇而無禮者，惡果敢而窒者。」曰：「賜也亦有惡乎？」「惡徼以爲知者，惡不孫以爲勇者，惡訐以爲直者。」

廣解《 「稱人之惡」的「惡，」為善惡之「惡；」餘均為好惡之「惡，」去聲。訕讀如「山，」去聲，謗毀也。子貢說：「君子也有所憎惡的嗎？」孔子答道：「有的。專說人家壞處的，在下位而謗毀在上者的，徒憑勇力而不講禮的，果敢而窒塞於事理，不通恕道的，（依戴望註）是君子所憎惡的。」

朱注以「賜也亦有惡乎」一句，為孔子問子貢的話，「惡徼以為知者」以下，是子貢對孔子說的話。集解孔曰：「徼，

朱熹章句 尚，上之也。君子為亂，小人為盜，皆以位而言者也。尹氏曰：「義以為尚，則其勇也大矣。子路好勇，故夫子以此救其失也。」胡氏曰：「疑此子路初見孔子時問答也。」

朱熹章句 惡，去聲，下同。惟惡者之惡如字。訕，所諫反。訕，謗毀也。窒，不通也。稱人惡，則無仁厚之意。下訕上，則無忠敬之心。勇無禮，則為亂。果而窒，則妄作。故夫子惡之。

徼，古堯反。知、孫，並去聲。訐，居謁反。惡徼以下，子貢之言也。徼，伺察也。訐，謂攻發人之陰私。

楊氏曰：「仁者無不愛，則君子疑若無惡矣。子貢之有是

抄也。抄人之意以為己有。」鄭玄本「徼」作「絞，」絞，急也，「知，」今作「智。」「徼以為智，」謂於事急迫，自炫其能也。較王說為長。「孫，」今作「遜。」亦以不遜讓為勇也。「訐」音吉，攻發人之陰私也。中論覈辨篇云：孔子曰：「小人毀訾以為辨，絞急以為智，不遜以為勇，斯乃聖人所惡。」即據本章：但以為孔子所惡，則誤。

子曰：「唯女子與小人，爲難養也。近*之則不孫*，遠*之則怨。」

廣解《 「近，」「遠，」均讀去聲。「孫，」今作遜。「女子小人，」指宮闈的嬪妾、奄宦，和士大夫的婢僕而言。養，猶待也。見劉氏正義。女子小人所以難對待者，和他們親近，必至不謙遜而弄出非禮的事情來；和他們離得遠了，又必至生怨恨也。

子曰：「年四十而見惡*焉，其終也已！」

廣解《 「惡，」好惡之「惡，」去聲。四十，成德之年。若到了四十歲，還見惡於他人，這個人，是終身完了！此亦勸人及時自勉之言；但較「四十五十而無聞焉，斯亦不足畏也已，」更進一層。

心也，故問焉以質其是非。」侯氏曰：「聖賢之所惡如此，所謂唯仁者能惡人也。」

朱熹章句 近、孫、遠，並去聲。此小人，亦謂僕隸下人也。君子之於臣妾，莊以涖之，慈以畜之，則無二者之患矣。

朱熹章句 惡，去聲。四十，成德之時。見惡於人，則止於此而已，勉人及時遷善改過也。蘇氏曰：「此亦有為而言，不知其為誰也。」

微子第十八

微子去之，箕子爲之奴，比干諫而死。孔子曰：「殷有三仁焉。」

廣解

集解：引馬曰：「微，箕，二國名；子，爵也。微子，紂之庶兄；箕子，比干，紂之諸父。」朱注同。論語稽則曰：「微箕非國，皆殷圻內之地，……蓋以其食邑之地稱之者也。子，非爵，乃男子之美稱。」似微子名啟，後受周封於宋，見史記宋微子世家。孟子告子云：「以紂為兄之子，且以為君，而有微子啟，王子比干。」似微子亦為紂之諸父矣。微子因紂王無道，屢諫不聽，所以跑到別處去了，故曰「去之。」箕子諫了不聽，不忍跑去，被髮佯狂而為奴，故曰「為之奴。」比干諫之不已，為紂所殺，故曰「諫而死。」孔子以為三人的行徑雖不同；而其不忍國家陷於危亡，人民困於水火，則一；故皆稱之為仁人，而云「殷有三仁焉。」

朱熹章句　微、箕，二國名。子，爵也。微子，紂庶兄。箕子、比干，紂諸父。微子見紂無道，去之以存宗祀。箕子、比干皆諫，紂殺比干，囚箕子以為奴，箕子因佯狂而受辱。三人之行不同，而同出於至誠惻怛之意，故不咈乎愛之理，而有以全其心之德也。楊氏曰：「此三人者，各得其本心，故同謂之仁。」

柳下惠爲士師，三黜。人曰：「子未可以去乎？」曰：「直道而事人，焉往而不三黜？枉道而事人，何必去父母之邦？」

廣解《「三，」此處讀去聲。黜，音觸。「焉，」此處用為副詞，平聲。柳下惠，已見前衛靈公篇。註，士師者，管獄員也。黜，退也，貶也。三次為士師，被黜三也。一次是為岑鼎之事，而為魯君所黜；一次是為與臧文仲意見不合，而為臧所黜；又一次是為與夏父弗忌意見不合，而為弗忌所黜。「子，」指柳下惠。或人的意思，以為好好的做管獄員、一些沒有錯處，被黜至三次之多，這個國家，是黑暗極了，不如去了的好；故問柳下惠：「你還不可以去嗎？」柳下惠以為政治黑暗，到處一樣。若是以直道做官，到那裏去，（焉往）能不被黜三次呢？若是枉道事人，以求不黜，我又何必離去故國呢？」按柳下惠三黜不去，降志辱身，而辭氣猶雍容若此，所以後來孟子稱為「聖之和」者。他又能不枉道以事，故孟子又稱他「不以三公易其介」也。

朱熹章句 三，去聲。焉，於虔反。
士師，獄官。黜，退也。柳下惠三黜不去，而其辭氣雍容如此，可謂和矣。然其不能枉道之意，則有確乎其不可拔者。是則所謂必以其道，而不自失焉者也。
胡氏曰：「此必有孔子斷之之言，而亡之矣。」

齊景公待孔子曰：「若季氏，則吾不能；以季、孟之閒待之。」曰：「吾老矣！不能用也。」孔子行。

廣解《此齊景公對他人說，自己將如何待孔子也。季氏，魯國之上卿，掌全國政權者。孟氏，魯國之下卿，此時不掌政權。齊景公說：「要我像魯國待季氏那樣去對待孔子，付以全權，我不能夠。像魯國待孟氏，一些無權，我也不以

朱熹章句 魯三卿，季氏最貴，孟氏為下卿。孔子去之，事見世家。然此言必非面語孔子，蓋自以告其臣，而孔子聞之爾。
程子曰：「季氏強臣，君待之之禮極隆，然非所以待孔子也。以季、孟之閒待之，則禮亦至矣。然復曰『吾老矣不

為然。所以我想以魯國待季孟二氏之間的一種職位待他。」「吾老矣，不能用也，」亦齊景公語。劉氏正義曰：「言非在一時，故論語用兩曰字別之。」此時齊景公年將六十，所以說「我老了；不能用孔子了，」他說老，固是實情；但其不能用，實並非由於老，特託於老以反悔前言而已。孔子聞景公有此言，知不能用己，故去齊也。

能用也』，故孔子去之。蓋不繫待之輕重，特以不用而去爾。」

齊人歸女樂，季桓子受之，三日不朝*。孔子行。

廣解《

「歸」同「饋」。「樂，」音樂之樂。「朝，」音潮。上章是記孔子去齊，此章是記孔子去魯，時孔子在魯國做司寇的官，參與政權，齊國恐魯用孔子，國強起來，於齊國有害，所用犁沮之計，以選了許多會歌舞的美女，來送給魯君。季桓子魯大夫季孫斯也，是魯國最有權力的人。這時齊陳女樂，於魯城南高門外，桓子先微服往觀，乃語魯君為周道游。受之，接連三日不上朝。孔子見了這種情形，知道政事辦不成，所以離去魯國。按此事史記敘在定公十四年。據孟子，則受女樂以後，郊又不致膰於大夫，於是孔子行。

朱熹章句

歸，如字，或作饋。朝，音潮。季桓子，魯大夫，名斯。按史記，「定公十四年，孔子為魯司寇，攝行相事。齊人懼，歸女樂以沮之」。尹氏曰：「受女樂而怠於政事如此，其簡賢棄禮，不足與有為可知矣。夫子所以行也，所謂見幾而作，不俟終日者與？」范氏曰：「此篇記仁賢之出處，而折中以聖人之行，所以明中庸之道也。」

楚狂接輿歌而過孔子曰：「鳳兮！鳳兮！何德之衰？往者不可諫，來者猶可追。已而！已而！今之從政者殆而！」孔子下，欲與之言。趨而辟*之，不得與之言。

廣解

楚狂接輿者，楚國的狂人，姓接名輿也。皇邢疏均據高士傳，以為姓陸名通，字接輿。後人又有謂「接輿」非姓名，亦非字，而為與孔子之輿相接者。劉氏正義已引莊子、秦策、楚辭、史記等書，證明其非是矣。「歌而過孔子」者，舊解謂過孔子的車前。一說以莊子「孔子適楚，楚狂接輿游其門」為證，以為是走過孔子的門前。「鳳兮」以下云云，就是狂人所唱的歌。意思是比孔子為鳳凰；鳳凰是禽類中的聖鳥，天下有道則見，無道則隱。今孔子栖栖皇皇，無道不隱，故曰「何德之衰」也。「往者不可諫，來者猶可追」者，言過去的栖栖皇皇，不必說了；今後隱居，還來得及也。「已而已而」者，猶言「可以休矣，可以休矣。」「今之從政者殆而，」是說現在從事於政治的人是危險的。戴望註據莊子解此文，曰：「往，往世。諫，正也。言禍亂相尋，已往不可以禮義正之。來，來世也。言待來世之治，猶可追耶？明不可追。殆，疑也。昭王欲以書社地封孔子，令尹子西沮之，故言今之從政者見疑也。」此別一解。「孔子下，」一說謂下車；一說謂下堂出門。「趨，」走得快；「辟，」即今避字。接輿見孔子來，就很快的走著避開了。孔子想和他說話，而不得也。

朱熹章句

接輿，楚人，佯狂辟世。夫子時將適楚，故接輿歌而過其車前也。鳳有道則見，無道則隱，接輿以比孔子，而譏其不能隱為德衰也。來者可追，言及今尚可隱去。已，止也。而，語助辭。殆，危也。接輿蓋知尊孔子而趨不同者也。

辟，去聲。

孔子下車，蓋欲告之以出處之意。接輿自以為是，故不欲聞而避之也。

長沮、桀溺耦而耕。孔子過之，使子路問津焉。長沮曰：「夫執輿者爲誰？」子路曰：「爲孔丘。」曰：「是魯孔丘與？」曰：「是也。」曰：「是知津矣！」問於桀溺。桀溺曰：「子爲誰？」曰：「爲仲由。」曰：「是魯孔丘之徒與？」對曰：「然。」曰：「滔滔者，天下皆是也；而誰以易之？且而與其從辟人之士也，豈若從辟世之士哉？」耰而不輟。子路行以告。夫子憮然曰：「鳥獸不可與同群！吾非斯人之徒與而誰與？天下有道，丘不與易也。」

廣解

「沮，」音居。長沮、桀溺，是兩個人名。金履祥集注考證謂「長沮 桀溺，」字皆從水；子路問津，一時何自識其姓名；諒以物色名之，如荷蕢、晨門、荷蓧丈人之類。蓋二人耦耕於田，其一人長而沮洳，其一人桀然高大而塗足，因以名之。按沮洳，水泥相和也。此說亦近情理。耦耕者，兩人拿著耜，同在一地方耕田也。津是過渡的地方。「夫，」音扶。「與，」今作「歟，」下同。「執輿者，」就是在車上執轡的人。此時子路前去問路，孔子自己執轡，故子路說：「為孔丘。」長沮又問：「是魯孔丘與？」子路又答道：「是也。」長沮又說：「是知津矣」者，意思是說孔子周流已久，當已知濟渡處也。長沮既不肯說，反譏笑孔子，故子路又去問於桀溺。桀溺還問子路：「子為誰？」子路答道：「為仲由。」桀溺又問：「是魯孔丘之徒與？」子路答道：「然。」

朱熹章句

沮，七餘反。溺，乃歷反。二人，隱者。耦，並耕也。時孔子自楚反乎蔡。津，濟渡處。

夫，音扶。與，平聲。

執輿，執轡在車也。蓋本子路御而執轡，今下問津，故夫子代之也。知津，言數周流，自知津處。

徒與之與，平聲。滔，吐刀反。辟，去聲。耰，音憂。

滔滔，流而不反之意。以，猶與也。言天下皆亂，將誰與變易之？而，汝也。辟人，謂孔子。辟世，桀溺自謂。

耰，覆種也。亦不告以津處。

憮，音武。與，如字。

憮然，猶悵然，惜其不喻己意也。言所當與同羣者，斯人而已，豈可絕人逃世以為潔哉？天下若已平治，則我無用變易之。正為天下無道，故欲以道易之耳。

程子曰：「聖人不敢有忘天下之心，故其言如此也。」張子曰：「聖人之仁，不以無道必天下而棄之也。」

「滔滔者」以下桀溺又說也。滔滔，大水橫流之貌。意思是說時局的不安定。「天下皆是，」言到處一樣也。「易」音亦。「而誰以易之」者，言天下大勢如此，誰能夠把牠改變也。「而，」汝也。「辟，」今作「避」字。「辟人之士，」指孔子；「辟世之士，」指自己。言你與其跟從避人的人，不如跟從避世的人也。「耰而不輟」者，仍舊只顧自己種田，不把器具放下，來指引子路的路徑也。「憮，」音武。「易，」音亦。子路回到孔子面前，把長沮 桀溺二人的話，告訴孔子。憮然，猶悵然，失意之貌。劉氏正義曰：「沮 溺不達己意，而妄非己，故夫子有此容」者。孔子意思是說：「現在天下的人，都和鳥獸一樣；不可和他們同夥做事。長沮 桀溺，是兩個有道德的隱士。我不和這種人相與，和誰相與呢？然而我不肯隱居者，正因為天下無道，所以奔波勞碌，辛辛苦苦的，想把我的道，去改易天下的無道也。若是天下有道，我也不去改易了。」按集解引孔曰：「隱居於山林，是與鳥獸同羣也。」又曰：「吾自當與此天下人同羣，安能去人從鳥獸居乎？」皇疏 邢 疏及朱 注解「鳥獸不可與同羣」二句，亦均依孔說，與上說不同。

子路從而後，遇丈人，以杖荷蓧*。子路問曰：「子見夫子乎？」丈人曰：「四體不勤，五穀不分，孰爲夫子？」植其杖而芸*。子路拱*而立，止子路宿，殺雞爲黍而食*之，見其二子焉。明日，子路行以告。子曰：「隱者也。」使子路反見*之。至，則行矣。子路曰：「不仕無義。長幼之節，不可廢也；君臣之義，如之何其廢之？欲潔其身而亂大倫！君子之仕也，行其義也。道之不行，已知之矣！」

廣解

子路從孔子行，在後面，相離遠，而不見孔子也。

丈人，老人也。蓧，集解引包曰：「竹器。」說文作「莜。」段氏註：「子路見丈人用手杖，莜加於肩，行來；至田，則置杖於地，用莜芸田。」是蓧，當是芸草器也。荷，背負也。子路遇見此用杖背著芸草器的老人，便問他：「你看見我的夫子嗎？」「四體，」即四肢，謂兩手兩腳。「五穀，」稻、粱、麥、黍、稷五種穀類也。丈人言：「像你們這種人，手腳不動，五穀尚不能分辨；那個是你的夫子，我怎麼認得他呢？」說完了話，把拐杖插在田邊，拿著蓧，去芸他的田了。子路知這丈人，也是個有道德的隱士，所以恭恭敬敬地拱手立著，看他芸田。止，留也。為黍，做飯也。過了一會，天色已晚，丈人留子路到他家裏去宿夜，又殺雞烹飯，請子路吃也。吃飯時，丈人又令他兩個兒子來見子路。「食，」音飼。「見，」音現。

朱熹章句

蓧，徒弔反。植，音值。

丈人，亦隱者。蓧，竹器。分，辨也。五穀不分，猶言不辨菽麥爾，責其不事農業而從師遠遊也。植，立之也。芸，去草也。

知其隱者，敬之也。食，音嗣。見，賢遍反。孔子使子路反見之，蓋欲告之以君臣之義。而丈人意子路必將復來，故先去之以滅其跡，亦接輿之意也。長，上聲。

子路述夫子之意如此。蓋丈人之接子路甚倨，而子路益恭，丈人因見其二子焉。則於長幼之節，固知其不可廢矣，故因其所明以曉之。倫，序也。人之大倫有五：父子有親，君臣有義，夫婦有別，長幼有序，朋友有信是也。仕所以行君臣之義，故雖知道之不行而不可廢。然謂之義，則事之可否，身之去就，亦自有不可苟者。是以雖不潔身以亂倫，亦非忘義以殉祿也。福州有國初時寫本，路下有「反子」二字，以此為子路反而夫子言之也。未知是否？

范氏曰：「隱者為高，故往而不反。仕者為通，故溺而不止。不與鳥獸同羣，則決性命之情以饕富貴。此二者皆惑

「反，」同返。第二日，子路趕上孔子，把遇見丈人及宿夜的事體，告知孔子。孔子說：「隱者也。」又使子路回到原處，去見丈人，和丈人說話。子路回到原處，那丈人已出門去不在家了。子路因丈人不在家，就把話和丈人的兩個兒子說，使他們轉達丈人。「不仕無義」者，言「不做官，則廢君臣之義」也。昨晚丈人令兩個兒子見子路，是知道長幼的禮節之不可廢。但君臣、長幼，同屬人倫，那麼君臣之義怎麼可以廢掉呢？隱居不仕者，不過看得官場惡濁，要自己身子清潔些；不知因此把君臣一項的大倫亂掉了。君子的出仕做官，並不是為得爵祿起見，是為著要盡君臣之義。現在的時局，不能行道，是早已知道了！

逸民：伯夷、叔齊、虞仲、夷逸、朱張、柳下惠、少*連。子曰：「不降其志，不辱其身，伯夷、叔齊與*？」謂「柳下惠、少*連，降志辱身矣！言中*倫，行中*慮，其斯而已矣！」謂「虞仲、夷逸，隱居放言，身中*清，廢中*權。我則異於是！無可無不可。」

廣解《

「少、」「中，」均讀去聲。「與，」今作「歟。」「逸民，」是有德而隱居的一流人。伯夷、叔齊、柳下惠，均已見前。虞仲，朱注以為即泰伯之弟仲雍。但六人皆周時人，於商獨舉一仲雍，似乎不類；且仲雍在夷齊前百餘年，而列於夷齊下，亦不合；夷齊並稱，而泰伯不與仲雍並稱，又可疑；且仲

也，是以依乎中庸者為難。惟聖人不廢君臣之義，而必以其正，所以或出或處，而終不離於道也。」

朱熹章句

少，去聲，下同。

逸，遺逸。民者，無位之稱。虞仲，即仲雍，與大伯同竄荊蠻者。夷逸、朱張，不見經傳。少連，東夷人。

與，平聲。中，去聲，下同。

柳下惠事見上。倫，義理之次第也。慮，思慮也。中慮，言有意義合人心。少連事不可考。然記稱其「善居喪，三日不怠，三月不解。期悲哀，三年憂」。則行之中慮，亦

雍終為吳君，非民也。故周國价以為是仲雍的曾孫周章之弟，見論語稽。夷逸是夷詭諸之裔。見尸子及說苑。朱張，王弼以為即荀子所謂子弓者，但不知何所據。少連是東夷人，見禮雜記及家語。孔子批評這幾個逸民道：「不肯把自己的志向降屈，不肯使自己的身子受辱的，就是伯夷、叔齊兩個人罷？」又說：「柳下惠和少連兩個人，志向是降屈了，身子也受辱了；不過他們所說的話，都合於倫理；他們行出來的事，都合於思慮，如此而已。又說：「虞仲和夷逸兩個人，隱居而不仕於亂朝，放置世事而不談，（一說「放言，」是放肆其言，以論世事。）他們的身子是合於清的；自己廢棄以免禍患，又是合於權道的。」「我則異於是，無可無不可」者，是孔子說自己也。像上面所舉的這些人，都有可有不可；至於孔子自己，不一定主張進，亦不一定主張退；可進則進，可退則退；義苟可進，雖亂亦進；義苟宜退，雖治亦退。孟子謂「孔子可以仕則仕，可以止則止，可以久則久，可以速則速，亦即說他「無可無不可；」故曰：「孔子聖之時者也。」按此章上面所舉共有七人，而孔子所評只有六人。少一個朱張；這是記者的疏失。或朱張行事，當孔子時已失傳，故孔子論列諸賢，不及其人。

可見矣。

仲雍居吳，斷髮文身，裸以為飾。隱居獨善，合乎道之清。放言自廢，合乎道之權。

孟子曰：「孔子可以仕則仕，可以止則止，可以久則久，可以速則速。」所謂無可無不可也。

謝氏曰：「七人隱遯不汙則同，其立心造行則異。伯夷、叔齊，天子不得臣，諸侯不得友，蓋已遯世離羣矣，下聖人一等，此其最高與！柳下惠、少連，雖降志而不枉己，雖辱身而不求合，其心有不屑也。故言能中倫，行能中慮。虞仲、夷逸隱居放言，則言不合先王之法者多矣。然清而不汙也，權而適宜也，與方外之士害義傷教而亂大倫者殊科。是以均謂之逸民。」尹氏曰：「七人各守其一節，而孔子則無可無不可，此所以常適其可，而異於逸民之徒也。」揚雄曰：「觀乎聖人則見賢人。是以孟子語夷惠，亦必以孔子斷之。」

大師摯適齊；亞飯干適楚；三飯繚適蔡；四飯缺適秦；鼓方叔，入於河；播鼗武，入於漢；少師陽，擊磬襄，入於海。

廣解

「大，」今作「太。」「繚，」音僚。「鼗，」音桃。「少，」去聲。此章記魯哀公時，禮壞樂崩，所有樂師，多離開魯國，到別處去也。大師，樂官之長也。摯，大師之名也。適齊者，去魯往齊也。「亞飯」即「次飯，」「亞飯」「三飯」「四飯」者，皆古時吃飯時奏的樂章。分管這些樂章的樂官，亦叫做「亞飯、」「三飯、」「四飯」等。任亞飯的樂官名叫干者，去魯往楚國；任三飯的樂官名叫繚者，往蔡國；任四飯的樂官名叫缺者，往秦國也。「鼓方叔入於河」者，敲鼓的樂官名方叔，往河內地方去也。播，搖也。鼗，小鼓，有兩耳，搖之則響。播鼗的樂官名叫武者，往漢中去也。少師，亦樂官；其人名陽，「擊磬，」為專司擊磬的樂官，其人名襄，這二人都往海中的島上去了。一說，「河、漢、海，以水濱言之。不必河內、漢中之地與海之島也。」見論語稽。

朱熹章句

大，音泰。大師，魯樂官之長。摯，其名也。飯，扶晚反。繚，音了。亞飯以下，以樂侑食之官。干、繚、缺，皆名也。鼓，擊鼓者。方叔，名。河，河內。鼗，徒刀反。播，搖也。鼗，小鼓。兩旁有耳，持其柄而搖之，則旁耳還自擊。武，名也。漢，漢中。少，去聲。少師，樂官之佐。陽、襄，二人名。襄即孔子所從學琴者。海，海島也。此記賢人之隱遯以附前章，然未必夫子之言也。末章放此。張子曰：「周衰樂廢，夫子自衛反魯，一嘗治之。其後伶人賤工識樂之正。及魯益衰，三桓僭妄，自大師以下，皆知散之四方，逾河蹈海以去亂。聖人俄頃之助，功化如此。如有用我，期月而可。豈虛語哉？」

周公謂魯公曰：「君子不施其親，不使大臣怨乎不以；故舊無大故，則不棄也；無求備於一人。」

廣解《　周公封於魯，自己留相成王，故使兒子伯禽，到魯國去做君主，稱為魯公。此章記周公訓魯公之言。施，用也。「君子不施其親」者，言君子為國君，不專用自己的親戚也。（舊解，謂不遺棄其親；或謂不以他人之親，易己之親。前者以「施」為「弛」的假借，後者訓「施」為「易」。）「以，」用也。言不使大臣，我不用他也。故舊者，以前的舊臣也。「無大故則不棄」者，沒有做錯大事體，不棄掉他也。「無求備於一人」者，言一個人，只要有一技之長，就委以一技之職，則事無不舉；不必求一個人，件件都能，而後用之也。

朱熹章句　施，陸氏本作弛，詩紙反。福本同。魯公，周公子伯禽也。弛，遺棄也。以，用也。大臣非其人則去之，在其位則不可不用。大故，謂惡逆。李氏曰：「四者皆君子之事，忠厚之至也。」胡氏曰：「此伯禽受封之國，周公訓戒之辭。魯人傳誦，久而不忘也。其或夫子嘗與門弟子言之歟？

周有八士：伯達、伯适*、仲突、仲忽、叔夜、叔夏、季隨、季騧*。

廣解《　此章記周初的異事，亦記那時人才之盛也。一母生了四胎，每胎都是雙生，所以所取的名，伯、仲、叔、季都有兩個。那時一門之中，一母所生，即有俊傑八人，則人才之盛可知了。「适，」音括。「騧，」音烏瓜反。按八士所生的時代，鄭玄以為在成王時，劉向、馬融以為在宣王時。盧文弨釋文考證據晉語「文王即位，詢於八虞，」以為八士文王時

朱熹章句　騧，烏瓜反。或曰「成王時人」，或曰「宣王時人」。蓋一母四乳而生八子也，然不可考矣。張子曰：「記善人之多也。」愚按：此篇孔子於三仁、逸民、師摯、八士，既皆稱贊而品列之；於接輿、沮、溺、丈人，又每有惓惓接引之意。皆衰世之志也，其所感者深矣。在陳之歎，蓋亦如此。三仁則無間然矣，其餘數君子者，亦皆一世之高士。若使得聞聖人之道，以裁其所過而勉其所不及，則其所立，豈止

人，皆在虞官。孔廣森經學卮言以為即武王時之尹氏八士，見逸周書。

於此而已哉？

子張第十九

子張曰：「士，見危致命，見得思義，祭思敬，喪思哀，其可已矣！」

朱熹章句 致命，謂委致其命，猶言授命也。四者立身之大節，一有不至，則餘無足觀。故言士能如此，則庶乎其可矣。

廣解 「士，」即子張篇子貢、子路所問的士也；「見危致命」者，遇著應該做的事情，雖有危險，不顧性命；即孔子所說的「殺身成仁，」孟子所說的「舍生取義」是也。「見得思義」者，見有利益可得，要想一想這個利益是應該不應該得的；應該得的，則受；不應該得的，則不受也。「祭思敬，喪思哀」者，逢著祭祀，要想到恭敬，有了喪事，要想著哀戚也。子張以為如此做士，也算好了，故曰：「其可已矣！」

子張曰：「執德不弘，信道不篤，焉*能爲有？焉*能爲亡？」

朱熹章句 焉，於。亡，讀作無，下同。有所得而守之太狹，則德孤；有所聞而信之不篤，則道廢。焉能為有無，猶言不足為輕重。

廣解 「焉，」平聲，副詞。「亡，」今作「無。」弘，大也。執，守也。篤，厚也，切實也。言一個人守德而不能弘大之；信道而游移不定，不能切實；這種人，雖存在世間，何足重？雖沒有了，何足輕？故曰「焉能為有焉能為亡」也。

子夏之門人，問交於子張。子張曰：「子夏云何？」對曰：「子夏曰：『可者與之，其不可者拒之！』」子張曰：「異乎吾所聞！君子尊賢而容衆，嘉善而矜不能。我之大賢與*，於人何所不容？我之不賢與*，人將拒我，如之何其拒人也？」

廣解《

子夏的學生，去問子張交友之道。是子張問子夏的學生道：「子夏如何說」呢？子夏的學生對答子張道：「子夏曰：『可者與之，其不可者拒之。』」與，今作歟。子張聽了子夏門人述子夏的話，不以為然，故說：「這和我所聽到的交友之道不同。」矜，憐也。言君子交友之道，當尊賢而容眾，嘉善而矜不能；不當「可者與之，其不可者拒之」也。下兩「與」字均同「歟」。我若是大賢人，對於他人，我都能夠容納他；我自己若是不賢，人家將拒絕我，不和我結交；我怎麼還要拒絕人家呢？」按集解引包曰：「友交當如子夏，汎交當如子張。」此言是也。孔子所謂「汎愛眾，而親仁」；「汎愛眾，」即汎交；「親仁，」即友交也。

朱熹章句

賢與之與，平聲。

子夏之言迫狹，子張譏之是也。但其所言亦有過高之病。蓋大賢雖無所不容，然大故亦所當絕；不賢固不可以拒人，然損友亦所當遠。學者不可不察。

子夏曰：「雖小道，必有可觀者焉；致遠恐泥*，是以君子不爲也。」

廣解《

「小道」者，不過是一技一藝之長，但也必有可取可觀的地方也。「泥，」去聲，滯陷不通也。這種小道，想久遠

朱熹章句

泥，去聲。

小道，如農圃醫卜之屬。泥，不通也。

楊氏曰：「百家衆技，猶耳目鼻口，皆有所明而不能相通。非無可觀也，致遠則泥矣，故君子不為也。」

行去，恐怕要行不通，所以君子不去學它。按集解云：「小道，謂異端。」焦循補疏云：「聖人一貫，則其道大；異端執一，則其道小。」

子夏曰：「日知其所亡*，月無忘其所能，可謂好*學也已矣！」

廣解《「亡，」今作「無。」「好，」去聲。「日知其所亡」者，知新也；「月無忘其所能」者，溫故也。能溫故而知新，「可謂好學也已矣！」

子夏曰：「博學而篤志，切問而近思，仁在其中矣！」

廣解《「博學，」是對於各種學問，都要去學牠。「篤志，」集解及皇邢疏皆訓「志」為「識，」同誌；「篤志，」即牢牢的記誌。朱注「志」如字讀，謂篤志好學；其義較長。切，切實也。切問，則不泛。皇疏謂「切，猶急也。」言所學有不明白的，應急去問人。近思者，問明白以後，再實心體認一番也。按中庸言「博學之，審問之，慎思之，明辯之，篤行之。」又言「力行近乎仁。」此言博學、篤志、切問、近思，皆學問思辨之道，未及力行；但能從事於此，則仁自在其中也。

朱熹章句 亡，讀作無。好，去聲。亡，無也。謂己之所未有。尹氏曰：「好學者，日新而不失。」

朱熹章句 四者皆學問思辨之事耳，未及乎力行而為仁也。然從事於此，則心不外馳，而所存自熟，故曰仁在其中矣。

程子曰：「博學而篤志，切問而近思，何以言仁在其中矣？學者要思得之。了此，便是徹上徹下之道。」又曰：「學不博則不能守約，志不篤則不能力行。切問近思在己者，則仁在其中矣。」又曰：「近思者以類而推。」蘇氏曰：「博學而志不篤，則大而無成；泛問遠思，則勞而無功。」

子夏曰：「百工居肆以成其事；君子學以致其道。」

廣解《　肆，即工場。事，指百工之業。致，極也。言做百工的人，必須日日在工場裏，然後纔能專心致志，各成其業。君子亦必須力學，乃能深造其道。或曰：「此『學』字以地言，乃學校之學，與『居肆』相對，省一『居』字。」（見趙佑溫故錄）

朱熹章句　肆，謂官府造作之處。致，極也。工不居肆，則遷於異物而業不精。君子不學，則奪於外誘而志不篤。尹氏曰：「學所以致其道也。百工居肆，必務成其事。君子之於學，可不知所務哉？」愚按：二說相須，其義始備。

子夏曰：「小人之過也必文*。」

廣解《　過，是過失；文，去聲，就是掩飾。小人憚於改過，而不憚自欺，所以做錯了事，一定自己要掩飾，不肯認錯也。若是君子，則做錯了事情，就老老實實認錯，不過下回小心，不再做錯罷了。這是君子與小人不同的地方。

朱熹章句　文，去聲。文，飾之也。小人憚於改過，而不憚於自欺，故必文以重其過。

子夏曰：「君子有三變：望之儼然*，即之也溫，聽其言也厲。」

廣解《　「三變」者，在他人視之，有三種不同的態度，不是君子有意做出這三種態度也。「望之儼然」者，一時望見他，覺得他的容貌，十分莊重也。「即之也溫」者，去和他接近時，他又是顏色溫和也。「聽其言也厲」者，他雖然待人和氣，但說出來的話，又是很嚴正的也。

朱熹章句　儼然者，貌之莊。溫者，色之和。厲者，辭之確。程子曰：「他人儼然則不溫，溫則不厲，惟孔子全之。」謝氏曰：「此非有意於變，蓋並行而不相悖也，如良玉溫潤而栗然。」

子夏曰：「君子信而後勞其民；未信，則以為厲己也。信而後諫；未信，則以為謗己也。」

廣解　君子，指在位之人。對人民，必須自己先有信用，然後再使人民做勞苦的工役；若沒有信用，就要使人民做勞苦的工役，則人民必以為是虐政。厲，害也。對國君，也必先使國君信任自己，然後去諫；若國君不信任而去諫，則必以我之諫為謗毀他，不但於事無濟，而反受其禍也。

朱熹章句　信，謂誠意惻怛而人信之也。厲，猶病也。事上使下，皆必誠意交孚，而後可以有為。

子夏曰：「大德不踰閑；小德出入可也。」

廣解　閑，音賢。「閑，」猶現在一般人所常說的「範圍。」做人，只要大處不踰越範圍；至於小事體，日常的瑣碎言動，就是在範圍內外，偶然出入些，也可以的。按此為拘小節而壞大防者發。書曰：「不矜細行，終累大德。」故「出入」兩字，只是出入於範圍的內外，不能太遠於範圍。

朱熹章句　大德、小德，猶言大節、小節。閑，闌也，所以止物之出入。言人能先立乎其大者，則小節雖或未盡合理，亦無害也。吳氏曰：「此章之言，不能無弊。學者詳之。」

子游曰：「子夏之門人小子，當洒埽應對進退則可矣！抑末也！本之則無，如之何？」子夏聞之曰：「噫！言游過矣！君子之道，孰先傳焉？孰後倦焉？譬諸草木，區以別矣！君子之道，焉可誣也？有始有卒者，其惟聖人乎？」

廣解　此章是子游批評子夏之教學生也。「洒，」同灑。

朱熹章句　洒，色賣反。埽，素報反。子游譏子夏弟子，於威儀容節之間則可矣。然此小學之末

「埽，」同掃。言「子夏的學生，於洒水埽地，對付人家說話，以及關於進退等種種儀節，是都學得不錯。但這些都是末務；至於做人的根本，卻沒有學到，這是什麼教法」也。子夏聞子游的批評，不以為然，故加以辨駁說明。「噫，」歎詞。「君子之道，」即子游所謂「本」也。傳，傳授也；倦即「誨人不倦」之倦。言君子之道，誰當為先而傳之，誰當為後而倦教。施教貴於因材。人之材質，譬如草木，種類不同。若欲概以君子之道傳之，是誣君子之道也，此豈可乎？按漢書薛宣傳用此，「誣」作「憮。」注引蘇林曰：「憮，同也。」言君子之道，焉可一律以之教人也。始卒，即始終，亦即本末。大學言「物有本末，事有終始，」是其證。「有始有卒，」即本末兼具，此惟聖人能之，非可責之門人也。

耳，推其本，如大學正心誠意之事，則無有。
別，必列反。焉，於虔反。

倦，如誨人不倦之倦。區，猶類也。言君子之道，非以其末為先而傳之，非以其本為後而倦教。但學者所至，自有淺深，如草木之有大小，其類固有別矣。若不量其淺深，不問其生熟，而概以高且遠者強而語之，則是誣之而已。君子之道，豈可如此？若夫始終本末一以貫之，則惟聖人為然，豈可責之門人小子乎？

程子曰：「君子教人有序，先傳以小者近者，而後教以大者遠者。非先傳以近小，而後不教以遠大也。」又曰：「洒掃應對，便是形而上者，理無大小故也。故君子只在慎獨。」又曰：「聖人之道，更無精粗。從洒掃應對，與精義入神貫通只一理。雖洒掃應對，只看所以然如何。」又曰：「凡物有本末，不可分本末為兩段事。洒掃應對是其然，必有所以然。」又曰：「自洒掃應對上，便可到聖人事。」愚按：程子第一條，說此章文意，最為詳盡。其後四條，皆以明精粗本末。其分雖殊，而理則一。學者當循序而漸進，不可厭末而求本。蓋與第一條之意，實相表裏。非謂末即是本，但學其末而本便在此也。

子夏曰：「仕而優則學，學而優則仕。」

廣解《 優者，有餘裕之意。言仕而有餘力，仍須求學，學而有餘裕，始可仕也。

朱熹章句 優，有餘力也。仕與學理同而事異，故當其事者，必先有以盡其事，而後可及其餘。然仕而學，則所以資其仕者益深；學而仕，則所以驗其學者益廣。

子游曰：「喪致乎哀而止。」

廣解《 致，至也，極也。「喪致乎哀而止，」向來有兩種解

朱熹章句 致極其哀，不尚文飾也。楊氏曰：「『喪，

釋：集解引孔註說，謂居喪至能盡哀而止。哀不足，固不可；哀有餘，而至滅性，傷生，亦不可也。朱注說，居喪至能盡哀而止，不尚文飾。二說並通。

與其易也寧戚』，不若禮不足而哀有餘之意。」愚按：「而止」二字，亦微有過於高遠而簡略細微之弊。學者詳之。

子游曰：「吾友張也，爲難能也！然而未仁。」

廣解《 張，謂子張也。子游說：「我的朋友子張，做到像他的人，已經是不容易了！」然而還沒有做到仁人的地位。」

朱熹章句 子張行過高，而少誠實惻怛之意。

曾子曰：「堂堂乎張也！難與並爲仁矣。」

廣解《 此曾子說子張也。「堂堂乎，」是曾子說子張的容儀。子張儀容堂皇，過於務外自高，故人不能輔他為仁，他亦不能輔人為仁也。

朱熹章句 堂堂，容貌之盛。言其務外自高，不可輔而為仁，亦不能有以輔人之仁也。范氏曰：「子張外有餘而內不足，故門人皆不與其為仁。子曰：『剛、毅、木、訥近仁。』寧外不足而內有餘，庶可以為仁矣。」

曾子曰：「吾聞諸夫子：『人未有自致者也，必也親喪乎？』」

廣解《 「自致，」猶云自己盡心。論語稽曰：「『自』之云者，出於性情之真摯，不待勉強，自然而然也。」言人於他事，未有能自盡其心者；只有對於父母的喪事罷。孟子曰：「親喪，固所自盡也。」意與此同。

朱熹章句 致，盡其極也。蓋人之真情所不能自已者。尹氏曰：「親喪固所自盡也，於此不用其誠，惡乎用其誠。」

曾子曰：「吾聞諸夫子：『孟莊子之孝也，其他可能也；其不改父之臣，與父之政，是難能也。』」

廣解《 孟莊子，魯國的大夫，姓仲孫，名速，是孟獻子（仲孫蔑）之子。孔子說他的孝行，別的事情，是人人做得到的；只有他在父親死後，於父親所用的人，及父親所行的各種政事，都不改換，這是別人家難以做到的。按孔子此言，與「三年無改於父之道，可謂孝矣，」同一意思。但亦因莊子的父親獻子，是有賢德的，所以才這樣說。否則，正當幹父之蠱矣。

朱熹章句 孟莊子，魯大夫，名速。其父獻子，名蔑。獻子有賢德，而莊子能用其臣，守其政。故其他孝行雖有可稱，而皆不若此事之為難。

孟氏使陽膚為士師，問於曾子。曾子曰：「上失其道，民散久矣！如得其情，則哀矜而勿喜。」

廣解《 陽膚，是曾子的弟子。士師，猶現在的管獄員。陽膚要去做管獄員，故來問曾子也。「上失其道，民散久矣」者，言在上位的人，久已失了教養人民之道，因之民心離散而為種種犯法的事體也。按當時世卿如季氏等，類皆剝民以肥私，民之陷於罪，其情確有不可言，不忍言者。「如得其情，則哀矜而勿喜」者，謂查得其犯罪行為的實情，要哀憐

朱熹章句 陽膚，曾子弟子。民散，謂情義乖離，不相維繫。謝氏曰：「民之散也，以使之無道，教之無素。故其犯法也，非迫於不得已，則陷於不知也。故得其情，則哀矜而勿喜也。」

他，不要以為他作了惡，犯了罪，被我查出，自以為能而歡喜也。哀矜者，哀其罹刑，憐其無知，或有所不得已也。

子貢曰：「紂*之不善，不如是之甚也。是以君子惡*居下流，天下之惡*皆歸焉。」

朱熹章句　惡居之惡，去聲。下流，地形卑下之處，眾流之所歸。喻人身有汙賤之實，亦惡名之所聚也。子貢言此，欲人常自警省，不可一置其身於不善之地。非謂紂本無罪，而虛被惡名也。

廣解《　兩「惡」字，上為好惡之「惡，」下為善惡之「惡。」紂，即殷朝亡國的君主。言紂的不好，實在沒有如一般人所傳說的那樣厲害，「下流，」本謂江河將入海之處。上流的水，都流到這裏入海，故所有的濁水，下流裏都有。一個人做了惡事，後人把種種罪惡，都歸在他身上。好像居在江河下流，濁水都流到這裏也。所以君子不肯自居於下流，以致天下的罪惡，都歸在他身上。近人顧頡剛，曾作紂七十罪惡一篇文章。他從各種古書上，搜集說紂王罪惡的言語，共有七十件大罪。但他所述最古的書，說紂王的，不過幾句平常罪惡的事體。這很可為本章「紂之不善，不如是之甚，」及「天下之惡皆歸焉」諸語的實證。

子貢曰：「君子之過也，如日月之食焉：過也，人皆見之；更*也，人皆仰之。」

朱熹章句　更，平聲。

廣解《　子夏曾說「小人之過也必文。」此章子貢說君子之過不文，而且能改過也。「食，」即「蝕」字。子貢說：「君子做錯了事，好像日蝕月蝕。」君子對於錯處，並不遮瞞，所以大家都看見他，好像日蝕月蝕時，大家都看見日月的失明也。「更，」就是「改。」君子能夠改過；等到改了以後，人家仍舊信仰他是個君子，這又好像日蝕月蝕之後，人們仰望日月，見其朗然如故也。

衛公孫朝*問於子貢曰：「仲尼焉*學？」子貢曰：「文武之道，未墜於地在人；賢者識*其大者，不賢者識*其小者，莫不有文武之道焉。夫子焉*不學？而亦何常師之有？」

朱熹章句 朝，音潮。焉，於虔反。公孫朝，衛大夫。識，音志。下焉字，於虔反。文武之道，謂文王、武王之謨訓功烈，與凡周之禮樂文章皆是也。在人，言人有能記之者。識，記也。

廣解 「朝，」音潮。「焉學」「焉不學」的「焉，」均平聲，副詞。「識，」今作「誌。」公孫朝，是衛國的大夫。當時魯有成大夫，公孫朝，楚有武城尹，公孫朝，（均見左傳）鄭子產之弟亦叫公孫朝，（見列子）故此標「衛」字以別之。公孫朝向子貢問道：「孔子學於甚麼人？」「文武之道，」指周文王武王。所定一切禮樂文章。「未墜於地，」言未亡失也。賢人記得文武之道之重大的；不賢的人記得文武之道之細小的。是賢者與不賢者，都有文武之道保守著也。夫子無所不學，那裏有一定的師呢？按孔子學琴於師襄，問禮於老聃，訪樂於萇弘，問官於郯子，即其無常師之證。

叔孫武叔語*大夫於朝*曰：「子貢賢於仲尼。」子服景伯以告子貢。子貢曰：「譬之宮牆：賜之牆也及肩，窺見室家之好。夫子之牆數仞；不得其門而入，不見宗廟之美，百官之富。得其門者或寡矣！夫子之云，不亦宜乎？」

朱熹章句　語，去聲。朝，音潮。武叔，魯大夫，名州仇。牆卑室淺。七尺曰仞。不入其門，則不見其中之所有，言牆高而宮廣也。此夫子，指武叔。

廣解　叔孫武叔，魯國的大夫叔孫州仇也。「武，」是他的諡。「語，」去聲。「朝，」音潮。叔孫武叔在上朝的時候，對大夫們說子貢賢於孔子也。子服景伯，已見前憲問篇注。他聽了叔孫武叔的話，去告訴子貢。宮牆，是房屋的圍牆；古時候自天子以至士，所居都可稱「宮。」仞，是長度的名稱，或言七尺，或言八尺；論語稽謂以周禮溝、洫、澮深廣之文考之，當以八尺為斷。兩「夫子，」前指孔子，後指叔孫武叔。子貢言以房屋的圍牆作譬，我的牆，不過和人的肩部這般高，所以在牆外，可以看見牆裏人家房屋的美好。孔子的牆，高到幾仞了。如果你找不到牠的門，不能走進去，便不能見到裏面祖廟的華美，朝堂官吏的眾多。一般人不明白夫子的高深之道，好像這所房屋的門，能夠找到的少，裏面的情形能夠看見的也少。叔孫武叔自然也不能夠明白夫子之道，他說我賢於夫子，不是應該的嗎？

叔孫武叔毀仲尼。子貢曰：「無以爲也！仲尼不可毀也。他人之賢者，丘陵也，猶可踰也；仲尼，日月也，無得而踰焉。人雖欲自絕，其何傷於日月乎？多見其不知量*也！」

廣解《

叔孫武叔謗毀仲尼，故子貢發此論。「無以為，」猶云無用為此毀也。他人之賢，譬如丘陵，尚可踰樾；仲尼之聖，則如日月，至高至明，無人得而踰越之。「多，」祇也，適也。人雖欲自絕於日月，於日月何害，適足以見不知自度其德，自量其力而已。皇疏解「量」為聖人之度量；言祇見汝之愚闇，不知聖人之度量而已。亦可通。

朱熹章句

量，去聲。無以為，猶言無用為此。土高曰丘，大阜曰陵。日月，踰其至高。自絕，謂以謗毀自絕於孔子。多，與祇同，適也。不知量，謂不自知其分量。

陳子禽謂子貢曰：「子爲恭也；仲尼豈賢於子乎？」子貢曰：「君子一言以爲知*，一言以爲不知*，言不可不愼也！夫子之不可及也，猶天之不可階而升也。夫子之得邦家者，所謂立之斯立，道*之斯行，綏*之斯來，動之斯和。其生也榮，其死也哀，如之何其可及也？」

廣解《

陳子禽，皇疏說不是孔子的弟子陳亢，（按見前學而篇）當是另一同姓名的人。他見子貢時時稱贊孔子，所以對子貢說：「是你對先生恭敬而已；孔子豈能比你好嗎？」「知，」今作「智。」子貢答陳子禽說：「君子說一句話，說得不錯，則人家以為他智；說錯了，則人家以為他不智。說話，是不可不謹慎的。孔子之不可及，好像天一般，是不可用階

朱熹章句

為恭，謂為恭敬推遜其師也。知，去聲。責子禽不謹言。階，梯也。大可為也，化不可為也，故曰不可階而升。道，去聲。立之，謂植其生也。道，引也，謂教之也。行，從也。綏，安也。來，歸附也。動，謂鼓舞之也。和，所謂於變時雍。言其感應之妙，神速如此。榮，謂莫不尊親。哀，則如喪考妣。程子曰：「此聖人之神化，上下與天地同流者也。」

梯升上去的。孔子如果得國而為諸侯，得家而為大夫，其於人民，立之以禮則人立；導之以教令則人行；安撫之則近悅而遠來；役使之則心悅而誠服；（此從皇疏）活著的時候，人人敬愛，非常榮顯；死了，人人為他悲哀。像夫子這樣的人，怎麼能夠及得上呢？」

謝氏曰：「觀子貢稱聖人語，乃知晚年進德，蓋極於高遠也。夫子之得邦家者，其鼓舞羣動，捷於桴鼓影響。人雖見其變化，而莫窺其所以變化也。蓋不離於聖，而有不可知者存焉，此殆難以思勉及也。」

堯曰第二十

堯曰：「咨*！爾舜，天之厤*數在爾躬。允執其中，四海困窮，天祿永終。」

朱熹章句　此堯命舜，而禪以帝位之辭。咨，嗟歎聲。曆數，帝王相繼之次第，猶歲時氣節之先後也。允，信也。中者，無過不及之名。四海之人困窮，則君祿亦永絕矣，戒之也。

廣解︽　堯因自己的兒子丹朱不肖，乃把天子之位傳於舜。此節係堯對舜所說的話也。「咨，」音資。嗟歎聲也。爾，你也。「厤」今作「曆。」尚書洪範「五紀：」「一曰歲，二曰月，三曰日，四曰星辰，五曰曆數。」堯典云：「乃命羲和，欽若昊天，曆象日月星辰，敬授民時。」「厤數，」即「曆象，」歲月日星辰運行之法也。古代以定曆數為王者之大事，故堯禪位於舜，曰「天之厤數在爾躬」也。允者，信也，誠也。「執中」者，即中庸稱舜「執其兩端，用其中於民」也。中者，無過不及之中道。天子玉食萬方，其祿自天予之，故曰「天祿。」朱注云：「四海之人困窮，則君祿亦永絕矣；戒之也。」毛奇齡稽求篇則云：「四海困窮是儆辭；天祿永終是勉辭；蓋四海當念其困窮，天祿當期其永終也。」二說均通。

舜亦以命禹。

廣解《 「舜」的兒子商均亦不肖，舜把天子位，傳授於夏禹，仍把堯的話，告知禹也。按江聲尚書集注音疏疑上節為舜典佚文，東晉偽古文尚書入之大禹謨中。

朱熹章句 舜後遜位於禹，亦以此辭命之。今見於虞書大禹謨，比此加詳。

曰：「予小子履*，敢用玄牡，敢昭告于皇皇后帝：有罪不敢赦；帝臣不蔽，簡在帝心。朕*躬有罪，無以萬方；萬方有罪，罪在朕*躬。」

朱熹章句 此引商書湯誥之辭。蓋湯既放桀而告諸侯也。與書文大同小異。曰上當有湯字。履，蓋湯名。用玄牡，夏尚黑，未變其禮也。簡，閱也。言桀有罪，己不敢赦。而天下賢人，皆上帝之臣，己不敢蔽。簡在帝心，惟帝所命。此述其初請命而伐桀之辭也。又言君有罪非民所致，民有罪實君所為，見其厚於責己薄於責人之意。此其告諸侯之辭也。

廣解《 履，音呂。朕，音陣。「予小子履」云云者，履，商王湯之名。予小子履，湯自稱也。禹受了天子之位，傳到桀為天子，暴虐無道，被商王趕出在南巢的地方，湯遂自己做了天子。此湯告於天之辭也。玄牡，黑色的犧牲也。昭，明也。皇，大也。后，君也。「皇皇后帝，」指天上的上帝。夏尚黑，商尚白；此時商初克夏，尚未改所尚，故仍用玄牡。「帝臣」集注解謂指桀。桀為天子，亦為上帝之臣，故曰「帝臣。」言我對於有罪的人，不敢違天赦他。像桀的罪過，已經不能給他隱蔽了。簡，閱也。他的罪過，已經簡閱在上帝的心裏也。朕，我也，湯自稱。言我身若有罪過，與萬方的人民，是無與的：至若萬方人民有罪，那是我天子做得不好，應該將這個罪，責在我身上。朱注云：「言桀有罪，己不敢赦；而天下賢人皆上帝之臣，己不敢蔽，簡在帝心，惟其所命。」與集解說異。又朱注以此為湯的請命於天而伐桀之辭。呂氏春秋順民篇，墨子兼愛下，則均以為克夏後大旱禱天之辭。東晉偽古文尚書采此節入湯誥，而辭句稍異。

周有大賚，*善人是富。「雖有周親，不如仁人。百姓有過，在予一人。」

廣解《

湯做天子以後，傳到紂王，也是個無道之君。周武王伐之，紂兵敗，自己舉火燒死，商朝又換了周朝。賚，賜也。富，多也。「周有大賚，善人是富」者，言天賜周朝許多善人也。一說周家大賜財帛於天下之善人，善人因是而富也。「周親，」至親也。紂王的至親，有箕子、微子、比干等，雖然很多，但不能用，不如周家有許多仁人，而都能用；故曰「雖有周親，不如仁人」也。（按此本孔穎達詩疏之語，朱注亦採之。集解引孔註謂「周親」是指管叔蔡叔，「仁人」是指箕子微子；並以誅管蔡，封箕微，為「雖有周親，不如仁人。」是「周」為周代。「百姓有過，在予一人」二語，與上文湯「萬方有罪，罪在朕躬」的話，同一意義。按「雖有周親……」四句，亦見墨子兼愛中，宋翔鳳以為封太公之辭。偽古文尚書采入泰誓，以為誓師之辭。）

朱熹章句

賚，來代反。

此以下述武王事。賚，予也。武王克商，大賚于四海。見周書武成篇。此言其所富者，皆善人也。詩序云「賚所以錫予善人」，蓋本於此。

此周書太誓之辭。孔氏曰：「周，至也。言紂至親雖多，不如周家之多仁人。」

謹權量，審法度，脩廢官，四方之政行焉。興滅國，繼絕世，舉逸民，天下之民歸心焉。所重民：食、喪、祭，寬則得衆，信則民任焉，敏則有功，公則說。

廣解 以此下，皆周得天下以後之作為也。權，稱重輕的秤也。量，量多少的斗斛也。「謹」者，整飭之，使民謹守也。成蓉鏡經義駢枝謂「法度」與「權量」相對為文，當為二事。「法度，」即「律度。」律，謂十二律，樂聲也；度，謂尺，量長短者也。審，謂審察之，使歸於一。此二語，即尚書堯典之「同律度量衡。」朱注則謂禮樂制度皆是「法度。」成氏又謂修廢官者，即修掌權量法度之官。集解及朱注補釋「舉廢官，」蓋謂凡已廢之官皆修舉之。能「謹權量，審法度，脩廢官，」則四方的政事，都很順遂的施行了。「滅國，」謂已被滅之諸侯國；「絕世，」謂世系斷絕，祭祀已廢者；「逸民，」謂有賢德而遺逸在路之人。能「興滅國，繼絕世，舉逸民，」則天下的人民，都歸心了。「所重民：食、喪、祭」者，即偽古文尚書武成篇所謂「重民五教，惟食、喪、祭」也。食為民命所關，故重之；「慎終追遠，民德歸厚矣，」故又重喪與祭也。集解引孔說以民、食、喪、祭四項並列，亦通。「寬則得眾，信則民任焉，敏則有功」三語，與陽貨篇答子張問仁語同。「公則說」者，「說，」今作悅，言為政事事公平，則人民都歡悅也。

朱熹章句 權，稱錘也。量，斗斛也。法度，禮樂制度皆是也。興滅繼絕，謂封黃帝、堯、舜、夏、商之後。舉逸民，謂釋箕子之囚，復商容之位。三者皆人心之所欲也。

武成曰：「重民五教，惟食喪祭。」說，音悅。

此於武王之事無所見，恐或泛言帝王之道也。

楊氏曰：「論語之書，皆聖人微言，而其徒傳守之，以明斯道者也。故於終篇，具載堯舜咨命之言，湯武誓師之意，與夫施諸政事者。以明聖學之所傳者，一於是而已。所以著明二十篇之大旨也。孟子於終篇，亦歷敘堯、舜、湯、文、孔子相承之次，皆此意也。」

按本章凡五節：一記堯禪舜時語；二記舜禪禹亦以堯語告禹；三記湯告天語；四記周武王事；第五節，皇疏以為明二帝三王所修相同之政。漢書律歷志，引「謹權量」云云，以為是孔子語。

子張問於孔子曰：「何如，斯可以從政矣？」子曰：「尊五美，屏*四惡，斯可以從政矣！」子張曰：「何謂五美？」子曰：「君子惠而不費，勞而不怨，欲而不貪，泰而不驕，威而不猛。」子張曰：「何謂惠而不費？」子曰：「因民之所利而利之，斯不亦惠而不費乎？擇可勞而勞之，又誰怨？欲仁而得仁，又焉*貪？君子無衆寡，無小大，無敢慢，斯不亦泰而不驕乎！君子正其衣冠，尊其瞻視，儼然人望而畏之，斯不亦威而不猛乎？」

朱熹章句

費，芳味反。焉，於虔反。

廣解《

子張問何如則可以從政。孔子告以「尊五美，屏四惡。」屏，去聲，除去也。子張不知何謂「五美，」故孔子列舉「惠而不費……」五語告之。子張仍不解其意；故孔子又逐句解釋之也。「因民之所利而利之」者，邢疏云：「民居五土，所利不同。山者，利其禽獸；渚者，利其魚鹽；中原，利其五穀。人君因其所利，使各居所安，不易其利，是惠愛利民，在政，且不費於財也。」「擇可勞而勞之，又誰怨」者，意思是揀擇可以使人民勞作之時，而又為人民所能夠勞作的事，去叫人民勞作，人民自然不生怨恨之心也。「焉，」平聲，副詞。一般的「欲，」總是貪財貨。但若以仁愛待民，為己之「欲，」則只要能以仁愛待民，即得所「欲，」又那裏會有貪財貨的毛病也。常人之情，見人眾則怕，遇位高的大人則敬。君子則不然，無論眾寡小大，都不存輕視之心，怠慢之意，如此，故常舒泰，而又並不驕傲也。把衣冠穿戴得端端正正，又能莊以蒞之，則觀瞻所及，自能令人尊敬；人見了他的威儀儼然，自然會畏敬他，但並不以凶猛威嚇人也。

子張曰：「何謂四惡？」子曰：「不教而殺謂之虐。不戒視成謂之暴。慢令致期謂之賊。猶之與人也，出納之吝，謂之有司。」

廣解

子張明白了五美，又問：「甚麼叫四惡呢？」孔子以下四語告之。不先以禮義教導百姓，見百姓犯了罪，便把他殺了；這叫做「虐。」叫百姓做事，不預先告誡百姓；開著眼睛，等到事體做成以後，再去下批評，加刑罰，這就是「暴。」慢其令於先，而刻期於後，百姓不能照著期限做成，就加以刑罰，這叫做「賊。」賊，殘害也。「猶之與人也，」言這筆錢，總是要給人的；而於出納之間，妄生吝惜之意，舍不得拿出去，這可說是「有司。」「有司，」皇疏謂是庫吏之屬。

朱熹章句

出，去聲。虐，謂殘酷不仁。暴，謂卒遽無漸。致期，刻期也。賊者，切害之意。緩於前而急於後，以誤其民，而必刑之，是賊害之也。猶之，猶言均之也。均之以物與人，而於其出納之際，乃或吝而不果。則是有司之事，而非為政之體。所與雖多，人亦不懷其惠矣。項羽使人，有功當封，刻印刓，忍弗能予，卒以取敗，亦其驗也。

尹氏曰：「告問政者多矣，未有如此之備者也。故記之以繼帝王之治，則夫子之為政可知也。」

言為政者於應當與人之款，若像庫吏的吝於出納，如軍旅之費，遲之則敗徵見；災賑之需，延之則餓莩眾矣。故孔子以為是四惡之一。

子曰：「不知命，無以爲君子也。不知禮，無以立也。不知言，無以知人也。」

廣解 這章的「君子，」是指有道德知識的人。言不知有命而信之，則見害必避，見利必趨，不能成為君子也。韓詩外傳及董仲舒對策均言人受天命以生，故有仁義禮智之心；故不知命，無以為君子。此說亦通。「禮」為人生日用間所不能無，故不知禮的人，不能立於社會也。按泰伯篇孔子曰：「立於禮；」季氏篇孔子告伯魚曰：「不學禮，無以立，」均與此同旨。易繫辭傳云：「將叛者其辭慚；中心疑者其辭枝；吉人之辭寡；躁人之辭多；誣善之人其辭游；失其守者其辭屈。」故聽人言語的得失，可以知人的邪正；不知言，就不能知人。

朱熹章句 程子曰：「知命者，知有命而信之也。人不知命，則見害必避，見利必趨，何以為君子？」不知禮，則耳目無所加，手足無所措。言之得失，可以知人之邪正。

尹氏曰：「知斯三者，則君子之事備矣。弟子記此以終篇，得無意乎？學者少而讀之，老而不知一言為可用，不幾於侮聖言者乎？夫子之罪人也，可不念哉？」

新刊廣解四書讀本

孟子

梁惠王篇第一

（一）

孟子見梁惠王。王曰：「叟！不遠千里而來，亦將有以利吾國乎？」

廣解《 梁惠王即魏侯罃。周顯王三十五年，和齊威王會於徐州後三十七年，自稱為王。本都安邑，後遷於大梁，於以稱魏惠王，又稱梁惠王。按史記惠王三十五年，大招賢士，故孟子到梁。「叟，」老人之稱。當時秦國用商鞅，國富兵強，魏國受其壓迫而遷都，故梁惠王一見孟子，便問以「利。」所謂「利」者，乃指富國彊兵之術，如商鞅之相秦也。

朱熹章句 梁惠王，魏侯罃也。都大梁，僭稱王，溢曰惠。史記：「惠王三十五年，卑禮厚幣以招賢者，而孟軻至梁。」

孟子對曰：「王何必曰利？亦有仁義而已矣！王曰何以利吾國，大夫曰何以利吾家，士庶人曰何以利吾身：上下交征利，而國危矣！萬乘之國，弒*其君者，必千乘之家。千乘之國，弒*其君者，必百乘之家。萬取千焉，千取百焉，不爲不多矣！苟爲後義而先利，不奪不饜*。

廣解

弒，音試。饜，音厭。梁惠王所說之利，就是富國強兵，以侵略征伐為榮，而孟子卻主張王道，王道所重的是「仁義；」仁義是以「仁愛」和「正義；」就是以德治天下，與當時之以霸力服人者，指趣絕對不同。所以孟子對梁惠王第一句便說：「何必曰利，」針對著當時諸侯的缺點來說。這是孔孟政治學說的基本，也是全部孟子的中心。

征，取也，上下交取，謂之「交征。」交征的原因，由於國人都重於一己之利，「仁，」是愛人，愛人便不利征，義是正誼，正誼便不亂取，所以尊利而國亂，重仁義而國治。三代時，天子稱王，天子之國，有兵車萬乘，諸侯或稱伯稱子稱男稱公稱侯，有兵車千乘。到孟子時，各國諸侯，都已自己僭稱為王，都有兵車萬乘，所以有萬乘千乘之說。饜，就是滿足。「萬取千焉，千取百焉，不為不多矣，」是說帝王擁有萬乘，而諸侯有他的十分之一，諸侯擁有千乘，而貴族有他的十分之一；十分之一的數目，在理已經是不少了。然而終是以「利」為前提，那末非爭奪不能滿足。這是專務爭權奪利的害處，其結果，必使國家走上危亡的道路。故曰：「上下交征利，而國危矣！」只有仁義則不然，講仁義的人，接著大聲道：

朱熹章句

叟，長老之稱。王所謂利，蓋富國強兵之類。仁者，心之德、愛之理。義者，心之制、事之宜也。此二句乃一章之大指，下文乃詳言之。後多放此。乘，去聲。饜，於豔反。

此言求利之害，以明上文何必曰利之意也。征，取也。上取乎下，下取乎上，故曰交征。國危，謂將有弒奪之禍。乘，車數也。萬乘之國者，天子畿內地方千里，出車萬乘。千乘之家者，天子之公卿采地方百里，出車千乘也。千乘之國，諸侯之國。百乘之家，諸侯之大夫也。弒，下殺上也。饜，足也。言臣之於君，每十分而取其一分，亦已多矣。若又以義為後而以利為先，則不弒其君而盡奪之，其心未肯以為足也。

未有仁而遺其親者也！未有義而後其君者也！王亦曰「仁義」而已矣，何必曰利？」

廣解《　中庸言：「仁者，人也；親親為大。」孝親是仁的根本。不能愛其父母，焉能愛別人？君臣的關係是義，義者不後其君，所以便無篡奪之事。這是孟子拿「仁義」和「利」來比較的話。末二句是他的結論。

〔二〕

孟子見梁惠王，王立於沼*上，顧鴻鴈麋*鹿，曰：「賢者亦樂*此乎？」孟子對曰：「賢者而後樂此，不賢者雖有此不樂*也。

廣解《　沼，池也。「樂，」歡樂之樂。據戰國策上的記載：「梁王魏嬰，觴諸侯於范臺，魯君避席擇言曰：……今主君前夾林而後蘭臺，強臺之樂也。……」可見梁王很喜歡建奢華的池苑的。這時候，他竟以此為榮，所以孟子說出這番理論。鴻鴈麋鹿，都是花園中所蓄養，以點綴景色的動物，梁王的話，意思是問孟子，你也喜歡這些嗎？這是梁王隨便的一句問話，而孟子卻說出許多理由和故實來：「賢者而後樂此，不賢者雖有此不樂」者，賢者以仁義之道治國，國家安寧，故有此樂；不賢者當國，國不可保，爭亂日多，雖多池苑，亦不能享樂也。

朱熹章句　此言仁義未嘗不利，以明上文亦有仁義而已之意也。遺，猶棄也。後，不急也。言仁者必愛其親，義者必急其君。故人君躬行仁義而無求利之心，則其下化之，自親戴於己也。

朱熹章句　重言之，以結上文兩節之意。此章言仁義根於人心之固有，天理之公也。利心生於物我之相形，人慾之私也。循天理，則不求利而自無不利；殉人慾，則求利未得而害已隨之。所謂毫釐之差，千里之繆。此孟子之書所以造端托始之深意，學者所宜精察而明辨也。太史公曰：「余讀孟子書至梁惠王問何以利吾國，未嘗不廢書而歎也。曰嗟乎！利誠亂之始也。夫子罕言利，常防其源也。故曰『放於利而行，多怨』。自天子以至於庶人，好利之弊，何以異哉？」程子曰：「君子未嘗不欲利，但專以利為心則有害。惟仁義則不求利而未嘗不利也。當是之時，天下之人惟利是求，而不復知有仁義。故孟子言仁義而不言利，所以拔本塞源而救其弊，此聖賢之心也。」樂，音洛，篇內同。沼，池也。鴻，鴈之大者。麋，鹿之大者。

「詩云：『經始靈臺，經之營之，庶民攻之，不日成之。經始勿亟，庶民子來。王在靈囿，麀鹿攸伏，麀鹿濯濯，白鳥鶴鶴。王在靈沼，於牣魚躍。』文王以民力爲臺爲沼，而民歡樂之，謂其臺曰靈臺，謂其沼曰靈沼，樂其有麋鹿魚鼈。古之人與民偕樂，故能樂也。

朱熹章句

此一章之大指。亟，音棘。麀，音憂。鶴，詩作翯，戶角反。於，音烏。

此引詩而釋之，以明賢者而後樂此之意。詩大雅靈臺之篇，經，量度也。靈臺，文王臺名也。營，謀為也。攻，治也。不日，不終日也。亟，速也，言文王戒以勿亟也。子來，如子來趨父事也。靈囿、靈沼，臺下有囿，囿中有沼也。麀，牝鹿也。伏，安其所，不驚動也。濯濯，肥澤貌。鶴鶴，潔白貌。於，歎美辭。牣，滿也。孟子言文王雖用民力，而民反歡樂之，既加以美名，而又樂其所有。蓋由文王能愛其民，故民樂其樂，而文王亦得以享其樂也。

廣解

這是孟子引詩經，詩經裏大雅靈臺篇的句子。詩序解釋這篇的意義道：「靈臺，民始附也；文王受命而民樂其有德，以及鳥獸昆蟲焉。」「經始，」是開始計劃。「經之營之，」是有了規劃而進行營治。攻者，是用力治造的意思。「庶民攻之，不日成之」者，說文王叫百姓來造靈臺，百姓很高興給文王出力，不到幾日，便造成功了。「亟」同「急。」「經始勿亟，庶民子來」者，說文王並不督著百姓，急速完工，而百姓卻自願給文王造臺，好像兒子為父母做事，一齊努力。下文是說文王在靈臺的樂處。囿，即花園。麀鹿，是雌鹿。「攸伏」有二說。鄭玄毛詩箋說：「攸，所也。文王親至靈囿視牝鹿所伏之處，言愛物也。」而趙翼以為「伏」字即古之「包」字，而「包」字的本義是懷妊。按下文都說到各種動物優游自得的態度，所以「攸伏」也以作「遊伏」解為妥當。「麀鹿濯濯」者，麀鹿身上的毛，非常肥澤；「鶴鶴」者，形容鳥毛的潔白。「於」音烏，歎詞。「牣，」音刃，滿也。說文王到小池邊去，看見水中滿游著的魚，活潑地跳躍著。焦循說：「『靈』訓善，靈臺即善臺，靈沼即善沼。」這靈臺靈沼之名，是由於人民愛戴文王而取的名字。所以孟子說：「以民力為臺為沼，而民歡樂之。」「偕樂，」就是同樂的意思。

湯誓曰：「時日害喪？予及女偕亡。」民欲與之偕亡，雖有臺池鳥獸，豈能獨樂哉！」

廣解　上段是孟子引詩經，證明「賢者而後樂此」的話，這段孟子又引用桀的故事來說明「不賢者雖有此不樂」的意義。湯誓，尚書篇名，書序說：「伊尹相湯伐桀，升自陑，遂與桀戰於鳴條之野，作湯誓時，是也。害，音「曷，」同「盍，」「何不」的意思。「時日害喪，予及女偕亡，」是湯誓文中述百姓的話。因夏桀自己曾說：我猶如天上的日，日不亡，我也不亡。所以百姓就引用桀的話，說這個日何以還沒有喪亡？我們這種苦楚，已夠了，願與你同歸於盡，這故事正證明「獨樂」之不可能；民心既失，即有臺沼，欲獨自享樂，也是做不到的。

朱熹章句　害，音曷。喪，去聲。女，音汝。此引書而釋之，以明不賢者雖有此不樂之意也。湯誓，商書篇名。時，是也。日，指夏桀。害，何也。桀嘗自言，吾有天下，如天之有日，日亡吾乃亡耳。民怨其虐，故因其自言而目之曰，此日何時亡乎？若亡則我寧與之俱亡，蓋欲其亡之甚也。孟子引此，以明君獨樂而不恤其民，則民怨之，而不能保其樂也。

〔三〕

梁惠王曰：「寡人之於國也，盡心焉耳矣！河內凶，則移其民於河東，移其粟於河內；河東凶，亦然。察鄰國之政，無如寡人之用心者。鄰國之民不加少，寡人之民不加多，何也？」

廣解　古之君主，自己謙稱「孤」與「寡人。」「焉耳，」何休說是「於是」的意思，河內河東，都是梁國的地方。凶，指水災旱災等禍患。梁王的意思，他已盡心想利百姓，使百姓安謐了，而隣國卻沒有這種仁政，何以隣國的百姓不移居到梁國來呢？

朱熹章句　寡人，諸侯自稱，言寡德之人也。河內河東皆魏地。兇，歲不熟也。移民以就食，移粟以給其老稚之不能移者。

孟子對曰：「王好戰，請以戰喻：填然鼓之，兵刃既接，棄甲曳兵而走，或百步而後止，或五十步而後止。以五十步笑百步，則何如？」曰：「不可！直不百步耳，是亦走也。」

朱熹章句 好，去聲。填，音田。填，鼓音也。兵以鼓進，以金退。直，猶但也。言此以譬鄰國不恤其民，惠王能行小惠，然皆不能行王道以養其民，不可以此而笑彼也。

楊氏曰：「移民移粟，荒政之所不廢也。然不能行先王之道，而徒以是為盡心焉，則末矣。」

廣解≪ 「好，」去聲。喻，比喻。孟子知梁惠王最喜戰爭，就把戰事來做比喻。填，鼓聲。古代戰爭的時候，擊鼓而兵進，擊金而兵退。「兵刃既接，」是說戰爭已開始。曳，拖也。兵，兵器也，「棄甲曳兵，」是敗退的意思。「以五十步笑百步，」意思是說，逃了五十步的人在取笑逃一百步的人，說他們膽怯或無用。「曰不可，」是梁王的答話。王引之經傳釋詞：「直，猶特也，但也。」「直不百步」者，乃是說，既然都是逃走，其兩者間之差很小，有什麼可以取笑別人？

曰：「王如知此，則無望民之多於鄰國也。」

廣解≪ 此段又是孟子的話。趙岐解釋道：「孟子曰：『王如知此不足以相笑。王之政，猶此也。王雖有移民轉粟之善政，其好戰殘民，與鄰國同；而獨望民之多，何異於五十步笑百步者乎？』」意思是說梁王雖然關懷百姓，好行小惠，但比之鄰國好得不多，猶戰陣時逃卒五十步與百步之差。既然相去無幾，百姓如何能加多？

不違農時，穀不可勝食也。數罟不入洿池，魚鼈不可勝食也。斧斤以時入山林，材木不可勝用也。穀與魚鼈不可勝食，材木不可勝用，是使民養生喪死無憾也。養生喪死無憾，王道之始也。

廣解《

此段即根據上文，再告王要使百姓加多，須先施以王道仁政；而王道仁政，以民生為本。「農時」指民眾耘耕之時序，春耕夏耘，秋收冬藏，即所謂農時也。使百姓征伐，不得耕耘，便失其農時了。「勝」音升。不可「勝食，」是吃不勝吃的意思。數，音促，細也；罟，網也；數罟，是密網。洿，音汙。洿池，是深池。不用密網，到深池裏去捕魚鼈，使小的都得長大。高誘說：「古者魚不尺不升於俎，這樣可以使魚不致絕種。孟子所說，亦是此意。「斧斤以時入山林」者，山裏的草木，要在適當的時節去砍伐也。秋冬時，草木已黃落，或已枯槁，然後揀取不會再長的樹木，用斧砍下，如此便保存了將來尚須生長的許多樹木。憾，恨也。「養生，」是為生者謀生。「喪死，」是為死者治喪。養生喪死，統人民之生計既裕，則養生喪死，一切可以無憾了。這是以民生為國力基礎的說法，便是仁政，故曰「王道之始也。」實是推行王道的初步辦法。故曰：「王道之始。」

朱熹章句

勝，音升。數，音促。罟，音古。洿，音烏。

農時，謂春耕夏耘秋收之時。凡有興作，不違此時，至冬乃役之也。不可勝食，言多也。數，密也。罟，網也。洿，窊下之地，水所聚也。古者網罟必用四寸之目，魚不滿尺，市不得粥，人不得食。山林川澤，與民共之，而有厲禁。草木零落，然後斧斤入焉。此皆為治之初，法制未備，且因天地自然之利，而撙節愛養之事也。然飲食宮室所以養生，祭祀棺槨所以送死，皆民所急而不可無者。今皆有以資之，則人無所恨矣。王道以得民心為本，故以此為王道之始。

五畝之宅，樹之以桑，五十者，可以衣帛矣！雞豚狗彘之畜，無失其時，七十者，可以食肉矣！百畝之田，勿奪其時，數口之家，可以無饑矣！謹庠序之教，申之以孝悌之義，頒白者，不負戴於道路矣！七十者，衣帛食肉，黎民不饑不寒，然而不王者，未之有也！

廣解

此節是說推行王道的具體辦法。「五畝之宅，」據趙岐所說，是一夫所受，二畝半在田，二畝半在邑，田中不得有木，恐妨五穀，故於牆下植桑，以供蠶事。古代庶人的衣料是布，周禮上說：「庶民不蠶者不帛。」所以有許多人到老不能穿帛。孟子說五十衣帛，是養老之意。豚，彘，是小豬。雞豚狗彘，統言農家所豢養的牲畜。畜，養也。「時，」是說動物孵化和生育的時候。這意思和「數罟不入洿池」一樣，是使生物自然滋長的方法。人到七十歲，非肉不能滋補。家中既常養著雞豚狗彘，肉類就不會短缺，故曰：「七十者，可以食肉矣！」「百畝之田，」是古時一夫婦，常規定種田百畝。「勿奪其時，」就是上段所說不違農時。如是百姓有得吃，有得穿了。但是，訓練人民不單是使他們衣食足而已，還得教化他們，所以下文又說，「謹庠序之教，申之以孝悌之義。」庠序，趙岐說：「殷曰序，周曰庠。」是古代學校之名稱。謹者，嚴飭的意思。申，翻覆說明也。「弟，」今作「悌。」孝父母曰孝，愛兄弟曰悌。孝悌是仁義的出發點。頒白，就是頭髮半白的老人。「負戴於道路，」是說把重大東西，用肩

朱熹章句

衣，去聲。畜，敕六反。數，去聲。王，去聲。凡有天下者人稱之曰王，則平聲；據其身臨天下而言曰王，則去聲。後皆放此。

五畝之宅，一夫所受，二畝半在田，二畝半在邑。田中不得有木，恐妨五穀，故於牆下植桑以供蠶事。五十始衰，非帛不暖，未五十者不得衣也。畜，養也。時，謂孕子之時，如孟春犧牲毋用牝之類也。七十非肉不飽，未七十者不得食也。百畝之田，亦一夫所受。至此則經界正，井地均，無不受田之家矣。庠序，皆學名也。申，重也，丁寧反覆之意。善事父母為孝，善事兄長為悌。頒，與斑同，老人頭半白黑者也。負，任在背。戴，任在首。夫民衣食不足，則不暇治禮義；而飽暖無教，則又近於禽獸。故既富而教以孝悌，則人知愛親敬長而代其勞，不使之負戴於道路矣。衣帛食肉但言七十，舉重以見輕也。黎，黑也。黎民，黑髮之人，猶秦言黔首也。少壯之人，雖不得衣帛食肉，然亦不至於饑寒也。此言盡法製品節之詳，極財成輔相之道，以左右民，是王道之成也。

挑著或用頭頂著，在道路上走。這是說舉辦了學校，教百姓都曉得「孝」「悌。」做子弟的，都能替父兄去做事。因此頒白者，便不負戴於道路上了。到了這時候，七十的老人，能夠衣帛食肉，少壯的黎民，也不憂飢寒，就是教化大行，王道成功的時候。

狗彘食人食而不知檢*，塗有餓莩*而不知發。人死，則曰，『非我也，歲也。』是何異於刺人而殺之，曰，『非我也，兵也。』王無罪歲，斯天下之民至焉。」

廣解《　此段孟子再接著說當時的情形，和王道相反。檢，就是把事體檢點。塗，同途。「莩，」同「殍，」音瓢。餓莩，是餓死的人。孟子就梁國當時的情形說道：王所養的豬狗，常給他吃人的食料。道路上卻有餓死的人。王不知檢點這種現狀，又不肯發倉庫的米穀救濟百姓。百姓餓死了，王卻說：這不是我餓死他，是因年歲災荒而餓死的。這更何異於拿了兵器，把人刺死，卻說：不是我殺死他，是兵器殺死他的。你不要諉罪於歲，則天下之民都來歸了。

朱熹章句

莩，平表反。刺，七亦反。

檢，制也。莩，餓死人也。發，發倉廩以賑貸也。歲，謂歲之豐兇也。惠王不能制民之產，又使狗彘得以食人之食，則與先王制度品節之意異矣。至於民饑而死，猶不知發，則其所移特民間之粟而已。乃以民不加多，歸罪於歲兇，是知刃之殺人，而不知操刃者之殺人也。不罪歲，則必能自反而益修其政。天下之民至焉，則不但多於鄰國而已。

程子曰：「孟子之論王道，不過如此，可謂實矣。」又曰：「孔子之時，周室雖微，天下猶知尊周之為義，故春秋以尊周為本。至孟子時，七國爭雄，天下不復知有周，而生民之塗炭已極。當是時，諸侯能行王道，則可以王矣。此孟子所以勸齊梁之君也。蓋王者，天下之義主也。聖賢亦何心哉？視天命之改與未改耳。」

梁惠王曰：「寡人願安承教。」孟子對曰：「殺人以梃*與刃*，有以異乎？」曰：「無以異也。」

「以刃與政，有以異乎？」曰：「無以異也。」

廣解《　「承教，」承受教訓。安，一說是安心的意思，一說是語助辭，無義。梃，木棍也。刃，刀也。孟子因梁惠王願聽教訓，故意用比喻來說。「以梃與刃，」「以刃與政，」一層進一層來問。「曰：『無以異也。』」都是梁惠王回答的話。

朱熹章句　承上章言願安意以受教。梃，徒頂反。梃，杖也。孟子又問而王答也。

曰：「庖*有肥肉*，廄*有肥馬，民有飢色，野有餓莩，此率獸而食人也。獸相食，且人惡*之。為民父母行政，不免於率獸而食人，惡*在其為民父母也？

廣解《　此孟子又進一層說也。疱，是廚房。　，是馬房。「率獸食人，」是間接的說法。「惡之」之「惡，」去聲。「惡在」之「惡，」平聲，何也。言獸相搏食，人尚且見而厭惡之。今為民之父母行政，而不免於率獸以食人，則其所以為民父母者何在乎？

朱熹章句　厚斂於民以養禽獸，而使民饑以死，則無異於驅獸以食人矣。惡之之惡，去聲。惡在之惡，平聲。君者，民之父母也。惡在，猶言何在也。

仲尼曰：『始作俑*者，其無後乎！』為其象人而用之也。如之何其使斯民飢而死也？」

廣解《　仲尼，孔子之字。此節孟子又引孔子之言，以告惠王也。「俑，」音勇，木雕的偶像。古時人死埋葬，常用草人，算是死者的隨從。後來改用木偶，口眼耳鼻，很像真人。其後，許多君主，又以真人來殉葬，所以孔子說：「始作俑者，其無後乎！」意思是說發明「俑」的人太殘忍了，一定要絕子絕孫的。孟子引了孔子的話，又自己解釋道：用木偶殉葬，不過因牠像個人形，孔子尚以為殘忍。現在如何竟使百姓弄到飢餓而死呢？

朱熹章句　俑，音勇。為，去聲。俑，從葬木偶人也。古之葬者，束草為人以為從衛，謂之芻靈，略似人形而已。中古易之以俑，則有面目機發，而大似人矣。故孔子惡其不仁，而言其必無後也。孟子言此作俑者，但用像人以葬，孔子猶惡之，況實使民饑而死乎？李氏曰：「為人君者，固未嘗有率獸食人之心。然殉一己之欲，而不恤其民，則其流必至於此。故以為民父母告之。夫父母之於子，為之就利避害，未嘗頃刻而忘於懷，何至視之不如犬馬乎？」

〔四〕

梁惠王曰：「晉國，天下莫強焉，叟之所知也。及寡人之身，東敗於齊，長*子死焉；西喪地於秦七百里，南辱於楚，寡人恥之；願比*死者一洒*之！如之何則可？」

廣解《

梁國又稱魏國。魏的祖先，本是晉國的大夫，後來和姓趙姓韓的兩個大夫，把晉國土地瓜分，自立為王，故魏趙韓三國，又稱三晉。晉國未被瓜分時候，是很強的。春秋時晉文公當國，號稱五霸之一，及悼公之世，尚稱霸於中原。故曰：「晉國，天下莫強焉！」「莫強」者，言當時各國，沒有強於晉國的也。梁國地方，在現在的河南。齊在山東，秦在陝西，楚在河北。周炳中說：「齊於桂陵之役，救趙敗魏；馬陵之役，救韓敗魏。」這就是「東敗於齊！」「長，」上聲。長子，太子申也。馬陵之役被虜。閻若璩說：「惠王九年己未，秦魏戰於少梁。」史記魏世家亦載，秦用商鞅，數破魏，魏乃割河西之地，遂遷都大梁；此即「西喪地於秦七百里」也。「喪，」去聲，失也。南辱於楚，指魏圍趙邯鄲時，楚使景舍救趙，取魏睢濊之間。事見戰國策。朱注所云：「又與楚將昭陽戰敗，亡其七邑，」則在梁襄王十二年。「比」音必二反。朱注云：「比，為也。」廣雅云：「比，代也。」洒，同洗，雪也。言如何始可以為死者雪恥。

朱熹章句

長，上聲。喪，去聲。比，必二反。灑與洗同。

魏本晉大夫魏斯，與韓氏趙氏共分晉地，號曰三晉。故惠王猶自謂晉國。惠王三十年，齊擊魏，破其軍，虜太子申。十七年，秦取魏少梁，後魏又數獻地於秦。又與楚將昭陽戰敗，亡其七邑。比，猶為也。言欲為死者雪其恥也。

孟子對曰：「地方百里，而可以王。王如施仁政於民，省刑罰，薄稅斂，深耕易耨*；壯者以暇日，修其孝悌忠信，入以事其父兄，出以事其長上；可使制梃，以撻*秦楚之堅甲利兵矣！

廣解《 本書公孫丑篇謂「文王以百里」王天下。「王，」王天下也，是統一天下的意思。「方百里，」是東西百里，南北亦百里。省，減也。易，去聲，治也。耨，音奴豆反，耘苗也。減輕刑罰；薄徵賦稅；教民農事，耕土須深，耘苗須淨。更擇人民之壯者，以暇日，修其孝悌忠信；入以事其父兄，出以事其長上。梃，是木棍。撻，用力打也。「可使制梃，以撻秦楚之堅甲利兵者，」意思說能行仁政，就是軍事器械不及他國，也能打勝仗的。

彼奪其民時，使不得耕耨以養其父母；父母凍餓，兄弟妻子離散。彼陷*溺其民，王往而征之，夫*誰與王敵？故曰：『仁者無敵。』王請勿疑！」

廣解《 上節就自己方面說，此節更就敵國方面說。陷，是把人推在土坑裏；溺，是推在水裏；這都是形容國君的虐待百姓。「夫」音扶，語助辭。「仁者無敵，」是一句諺句，孟子引用之。

朱熹章句 百里，小國也。然能行仁政，則天下之民歸之矣。省，所梗反。斂、易皆去聲。耨，奴豆反。長，上聲。省刑罰，薄稅斂，此二者仁政之大目也。易，治也。耨，耘也。盡己之謂忠，以實之謂信。君行仁政，則民得盡力於農畝，而又有暇日以修禮義，是以尊君親上而樂於效死也。

朱熹章句 養，去聲。彼，謂敵國也。夫，音扶。陷，陷於阱。溺，溺於水。暴虐之意。征，正也。以彼暴虐其民，而率吾尊君親上之民往正其罪。彼民方怨其上而樂歸於我，則誰與我為敵哉？「仁者無敵」，蓋古語也。百里可王，以此而已。恐王疑其迂闊，故勉使勿疑也。孔氏曰：「惠王之志在於報怨，孟子以論在於救民。所謂惟天吏則可以伐之，蓋孟子之本意。」

〔五〕

孟子見梁襄王，出語人曰：「望之不似人君，就之而不見所畏焉。卒然問曰：『天下惡乎定？』吾對曰定于一。『孰能一之？』對曰：『不嗜殺人者能一之。』『孰能與之？』對曰：『天下莫不與也。王知夫苗乎？七八月之間旱，則苗槁矣。天油然作雲，沛然下雨，則苗浡然興之矣。其如是，孰能禦之？今夫天下之人牧，未有不嗜殺人者也。如有不嗜殺人者，則天下之民皆引領而望之矣。誠如是也，民歸之，由水之就下，沛然誰能禦之？』」

廣解《

梁襄王，是梁惠王的兒子，名赫。惠王死後，襄王即位，孟子去見他。「語，」去聲。「出語人曰」以下，是孟子見過梁襄王，出來告訴他人的話。「望之不似人君，就之而不見所畏焉」者，意思是說梁襄王，遠望去竟沒有人君的威儀，到他面前，更一些沒有使人畏敬的地方。「卒」同猝。卒然，同忽然。襄王見了孟子，突然發問：「天下惡乎定，」惡，平聲，何也；言「天下於何定」也。「一」者，就是統一。這時候大國有七，彼此用武力相爭，必須并合為一國，然後戰爭會平定也。「孰能一之，」是梁襄王又問也。「對曰」以下，又是孟子的答語。嗜，嗜好也。當時國君或暴虐百姓，或以征伐為事，所以孟子說：只有不喜歡殺人的人纔能夠統一。「孰能與之，」是梁襄王又問也。與，朱注曰：猶歸也。韋昭注戰國策曰：「與，從也。」「對曰」以下，又是孟

朱熹章句　襄王，惠王子，名赫。語，去聲。卒，七沒反。惡，平聲。

語，告也。不似人君，不見所畏，言其無威儀也。卒然，急遽之貌。蓋容貌辭氣，乃德之符。其外如此，則其中之所存者可知。王問列國分爭，天下當何所定。孟子對以必合於一，然後定也。王問也。嗜，甘也。王復問也。與，猶歸也。夫，音扶。浡，音勃。由當作猶，古字借用。後多放此。周七八月，夏五六月也。油然，雲盛貌。沛然，雨盛貌。浡然，興起貌。御，禁止也。人牧，謂牧民之君也。領，頸也。蓋好生惡死，人心所同。故人君不嗜殺人，則天下悅而歸之。

蘇氏曰：「孟子之言，非苟為大而已。然不深原其意而詳究其實，未有不以為迂者矣。予觀孟子以來，自漢高祖及光武及唐太宗及我太祖皇帝，能一天下者四君，皆以不嗜殺人致之。其餘殺人愈多而天下愈亂。

子對答的話。「王知夫苗乎」以下，是孟子用農田的稻苗，來做譬喻。槁，枯也。「油然，」是很盛的樣子。久旱之後，將要下雨，空中就滿佈著濃厚的雲，故曰「油然作雲。」沛然，朱注曰：「雨盛貌。」浡然，是突然起來的樣子。將要枯槁的苗，已多奄奄無生氣的垂著，一經著雨，就突然復活，依舊直立起來，故曰：「則苗浡然興之矣。」「人牧，」是像司畜牧的專司教養百姓的人，即指當時的人君。這是說，帝王施仁政於民，同甘霖之於枯苗；枯苗浡然復活，和人民欣然而往，都是自然的現象，沒法抑制的。引領，是伸著頭頸，形容他們盼望之切。」水是無不向下流的，并且沒有人能抵禦得住的。如有不嗜殺人的國君，則天下之民，都來歸向，猶如水之向下奔流一樣。

〔六〕

齊宣王問曰：「齊桓晉文之事，可得聞乎？」孟子對曰：「仲尼之徒，無道桓文之事者，是以後世無傳焉。臣未之聞也；無以，則王乎！」

廣解《 齊宣王，齊威王之子，名辟疆，在位十九年。「宣」是諡。孟子赴齊事，早於赴梁，此書章篇之次，非遊歷之次也。齊桓公名小白，晉文公名重耳，是春秋時五霸中最著名的兩個君主。當時國君，都羨慕五霸的功業。宣王好游說之士，也羨慕五

秦晉及隋，力能合之，而好殺不已，故或合而復分，或遂以亡國。孟子之言，豈偶然而已哉？」

朱熹章句 齊宣王，姓田氏，名辟彊，諸侯僭稱王也。齊桓公、晉文公，皆霸諸侯者。道，言也。董子曰：「仲尼之門，五尺童子羞稱五霸。為其先詐力而後仁義也，亦此意也。」以、已通用。無已，必欲言之而不止也。王，謂王天下之道。

霸之業，所以問孟子以齊桓晉文之事。仲尼，孔子字。孟子受業子思之門人，是孟子為孔子數傳以後的儒家。孔子輕霸業而重王道，所以孟子說：「仲尼之徒，無道桓文之事者。」無以，趙注云：「與無已同。」意思是一定要我說而不容我止住，那就只有說王道了。

元人四書辨疑說：「無已，無以言也。」謂既無以言齊桓晉文之事，則不如言王道耳。

曰：「德何如，則可以王矣？」曰：「保民而王，莫之能禦也。」曰：「若寡人者，可以保民乎哉？」曰：「可！」曰：「何由知吾可也？」曰：「臣聞之胡齕曰：王坐於堂上，有牽牛而過堂下者，王見之，曰：『牛何之？』對曰：『將以釁鐘。』王曰：『舍之！吾不忍其觳觫，若無罪而就死地。』對曰：『然則廢釁鐘與？』曰：『何可廢也？以羊易之。』不識有諸？」曰：「有之。」曰：「是心足以王矣！百姓皆以王爲愛也，臣固知王之不忍也。」齕，音核。釁，喜印切。觳，音斛。觫，音速。與，今作歟。

廣解《　齊宣王知道霸者是以力服人的。王道則須以德服人。故又發此問。孟子因宣王之問，而說明王道之德，在乎「保民。」「若寡人者……」句，是宣王的問話。「可」字是孟子的答語。「何由知吾可也，」又是宣王問。孟子乃對宣王轉述胡齕的話，以說明

朱熹章句　保，愛護也。齕，音核。舍，上聲。觳，音斛。觫，音速。與，平聲。胡齕，齊臣也。釁鐘，新鑄鐘成，而殺牲取血以塗其釁郤也。觳觫，恐懼貌。孟子述所聞胡齕之語而問王，不知果有此事否？

王見牛之觳觫而不忍殺，即所謂惻隱之心，仁之端

其可以保民。胡齕，是當時宣王的一個近臣。「牛何之，」是宣王的問話。之，往也。釁鐘，是將牲畜的血塗在鐘上。一說，殺牲以祭叫做「釁。」觳觫，是恐懼戰慄非常可憐的狀態。一說，此句斷句，應作「吾不忍其觳觫若無罪而就死地。」「若，」猶「然」也。「觳觫若」猶云觳觫然。「不識有諸，」是孟子說完這故事以後，問宣王的話。「諸，」「之乎」也。猶言：「不知道有此事否？」「曰有之，」是宣王承認確有其事。「是心足以王矣」以下，又是孟子的話。「是心，」指愛牛之心。這種心理，已足以王天下了！「愛」是愛惜的意思。孟子說，百姓都以為王捨不得牛，所以用小些的羊來代替；我卻知王的於心不忍也。

王曰：「然！誠有百姓者，齊國雖褊*小，吾何愛一牛？即不忍其觳觫，若無罪而就死地，故以羊易之也。」

廣解

「誠有百姓者，」是真有這種百姓，以為我愛惜一牛也。褊，狹也。褊小，猶言狹小。齊是大國，此言雖褊小，是宣王自謙的話。宣王說明這是不忍之心，並非愛惜一牛。

也。擴而充之，則可以保四海矣。故孟子指而言之，欲王察識於此而擴充之也。愛，猶吝也。

朱熹章句

言以羊易牛，其跡似吝，實有如百姓所譏者。然我之心不如是也。

曰：「王無異於百姓之以王爲愛也。以小易大，彼惡*知之？王若隱其無罪而就死地，則牛羊何擇焉？」王笑曰：「是誠何心哉？我非愛其財，而易之以羊也，宜乎百姓之謂我愛也。」

廣解《　「無異，」言不必怪異。「以小易大，」指以羊易牛。「彼」指百姓。「惡，」平聲，何也。隱，痛也。擇，別也。言王如痛牠無罪而就死地，那麼，牛與羊，又有甚麼分別呢？「宜乎百姓之謂我愛也！」宣王聞牛羊何擇之言，不能解釋自己當時以羊易牛是何居心，故不覺失笑曰：「是誠何心哉？我並非惜一牛之值，而易之較小之羊，無怪百姓要說我愛惜了。」

朱熹章句　惡，平聲。異，怪也。隱，痛也。擇，猶分也。言牛羊皆無罪而死，何所分別而以羊易牛乎？孟子故設此難，欲王反求而得其本心。王不能然，故卒無以自解於百姓之言也。

曰：「無傷也，是乃仁術也。見牛未見羊也。君子之於禽獸也，見其生，不忍見其死；聞其聲，不忍食其肉。是以『君子遠庖廚』也。」

廣解《　這又是孟子的話。「無傷也，」猶云「這沒有什麼妨害。」「仁術，」為仁之道也。「見牛未見羊」的意思是：見牛之觳觫而未見羊之觳觫。故以下文的話來說明。「君子遠庖廚，」本禮記玉藻之文。

朱熹章句　遠，去聲。無傷，言雖有百姓之言，不為害也。術，謂法之巧者。蓋殺牛既所不忍，釁鐘又不可廢。於此無以處之，則此心雖發而終不得施矣。然見牛則此心已發而不可遏，未見羊則其理未形而無所妨。故以羊易牛，則二者得以兩全而無害，此所以為仁之術也。聲，謂將死而哀鳴也。蓋人之於禽獸，同生而異類。故用之以禮，而不忍之心施於見聞之所及。其所以必遠庖廚者，亦以預養是心，而廣為仁之術也。

王說*曰：「詩云：『他人有心，予忖*度*之。』夫子之謂也。夫*我乃行之，反而求之，不得吾心。

夫子言之，於我心有戚戚焉。此心之所以合於王者，何也？」

廣解《 「說，」同「悅。」孟子將宣王所以不忍之心，解釋明白，所以王悅。所引是詩經小雅巧言篇的兩句。忖度，猶思量也。言他人的心，我能思量之也。「夫子，」是宣王對孟子的尊稱。「夫」音扶。一說「夫」字屬上句讀，同今語之「吧，」亦通。「夫我乃行之反而求之不得吾心」者，是說這件事體，我這樣做去，回轉來自己想想，不曾想到當時做這事的心理。「戚戚，」是心動的樣子。孟子將當時心理，一一解釋說明，恰合宣王心理，故使之心動也。「此心之所以合於王者，何也，」是宣王進一步問，何以這不忍之心，是合於王道呢？

朱熹章句 說，音悅。忖，七本反。度，待洛反。夫我之夫，音扶。詩小雅巧言之篇。戚戚，心動貌。王因孟子之言，而前日之心復萌，乃知此心不從外得，然猶未知所以反其本而推之也。

曰：「有復於王者曰：『吾力足以舉百鈞，而不足以舉一羽；明足以察秋毫之末，而不見輿薪。』則王許之乎？」曰：「否！」

廣解《 這段孟子又以譬喻問宣王。復，告也。鈞，三十斤也。百鈞，即三千斤。秋毫，是秋天新生的毫毛。動物夏日脫毛，秋日重生，所以新生之毛較普通的為細，輿即車。薪，即柴，力足以舉三千斤之重，而不能舉一毛羽；明足以察秋天新生的細毛之末端，而不見一車的柴；此設辭也。許，說文云：「聽也。」「王許之乎，」猶言「你相信他底話嗎？」「否」字為王之答辭。

「今恩足以及禽獸，而功不至於百姓者，獨何與*？然則一羽之不舉，爲不用力焉；輿薪之不見，爲不用明焉；百姓之不見保，爲不用恩焉。故王之不王，不爲也；非不能也。」

廣解≪ 此段又是孟子說的，省去一「曰」字。宣王既否認世間有能舉百鈞，不能舉一羽，能見秋毫，不能見輿薪的人，孟子因更進一層說道：你王的恩德，足以及於牛，而不曾有功德加到百姓身上，是甚麼緣故呢？「與」同「歟」。」上云「保民而王，」故此云「不見保，」言百姓不為王所保也。「王之不王，」第一個「王」字作代名詞，即孟子稱宣王之辭。第二個「王」字是動詞，是「統一天下」的意思。

曰：「不爲者，與不能者之形，何以異？」曰：「挾太山以超北海，語人曰：『我不能』，是誠不能也。爲*長者折枝，語人曰：『我不能』，是不爲也，非不能也。故王之不王，非挾太山以超北海之類也，王之不王，是折枝之類也。

廣解≪ 「不為者，與不能者之形，何以異？」又是宣王問。孟子又設一個極淺顯的譬喻來說明。挾，以手夾持之也。超，躍過也。太山，即泰山。「挾太山以超北海，」乃是當時通行的成語。墨子上也有「挈太山以超江河，生民以來，未嘗有也」的話。「折枝，」有二說：趙岐孟子注毛奇齡四書賸言以為折枝，是幼輩替

朱熹章句 與，平聲。為不之為，去聲。復，白也。鈞，三十斤。百鈞，至重難舉也。羽，鳥羽。一羽，至輕易舉也。秋毫之末，毛至秋而末銳，小而難見也。輿薪，以車載薪，大而易見也。許，猶可也。今恩以下，又孟子之言也。蓋天地之性，人為貴。故人之與人，又為同類而相親。是以惻隱之發，則於民切而於物緩；推廣仁術，則仁民易而愛物難。今王此心能及物矣，則其保民而王，非不能也，但自不肯為耳。

朱熹章句 語，去聲。為長之為，去聲。長，上聲。折，之舌反。形，狀也。挾，以腋持物也。超，躍而過也。為長者折枝，以長者之命，折草木之枝，言不難也。是心固有，不待外求，擴而充之，在我而已。何難之有？

長輩按摩，折手節，解疲枝，四書辨疑以為枝同肢，折肢，磬折腰枝，鞠躬作禮；陸善經以為折枝，乃是折草樹之枝。「長，」上聲。「挾太山，超北海，」喻非人力所能為；「為長者折枝，」喻輕而易舉。二喻相形，則「不為」與「不能」之異顯然矣。

老吾老，以及人之老；幼吾幼，以及人之幼；天下可運於掌。詩云：『刑*于寡妻，至于兄弟，以御*于家邦。』言舉斯心，加諸彼而已！故推恩足以保四海；不推恩無以保妻子。古之人所以大過人者，無他焉，善推其所為而已矣。今恩足以及禽獸，而功不至於百姓者，獨何*與？

廣解《

此仍為孟子之辭，「老吾老」的上一個「老，」作奉養解。「幼吾幼」的上一個「幼，」作慈愛解。廣雅云：「運，轉也。」「天下可運於掌，」言其易也。「刑于寡妻，至于兄弟，以御于家邦。」見詩經大雅思齊篇。「刑，」今作「型，」就是典型，模範。「寡妻，」是國君自稱其妻的謙詞，猶之國君常自稱為寡人。這是說國君能修身以為嫡妻之典型，再推而至於兄弟，更推及於國家，即大學由齊家而治國之意。御，是行的意思，和易「時乘六龍以御天」的「御」字同。一說，「御」音迓，迎也，合也。

孟子引了詩經的句子，又解釋這句話，就是說把這不忍之心，加之於別人身上罷了！這便是「推恩，」暗暗說明宣王之「不忍」是「仁術，」但未能推恩及於百姓耳。「與，」同「歟。」

朱熹章句

與，平聲。老，以老事之也。吾老，謂我之父兄。人之老，謂人之父兄。幼，以幼畜之也。吾幼，謂我之子弟。人之幼，謂人之子弟。運於掌，言易也。詩大雅思齊之篇。刑，法也。寡妻，寡德之妻，謙辭也。御，治也。不能推恩，則眾叛親離，故無以保妻子。蓋骨肉之親，本同一氣，又非但若人之同類而已。故古人必由親親推之，然後及於仁民；又推其餘，然後及於愛物，皆由近以及遠，自易以及難。今王反之，則必有故矣。故復推本而再問之。

權，然後知輕重；度，然後知長短：物皆然，心爲甚。王請度之*！

廣解《 權，是秤錘；度，是尺；此皆作動詞。凡百事物，一定須權度而後知輕重長短，而人心更甚。禽獸，輕者，短者；百姓，重者，長者；所以恩及禽獸而功不至於百姓者，因未嘗權度之也。故曰「王請度之。」「度，」入聲，量度也。

朱熹章句 度之之度，待洛反。權，稱錘也。度，丈尺也。度之，謂稱量之也。言物之輕重長短，人所難齊，必以權度度之而後可見。若心之應物，則其輕重長短之難齊，而不可不度以本然之權度，又有甚於物者。今王恩及禽獸，而功不至於百姓。是其愛物之心重且長，而仁民之心輕且短，失其當然之序而不自知也。故上文既發其端，而於此請王度之也。

抑王興甲兵，危士臣，構怨於諸侯，然後快於心與*。」

廣解《 「抑，」轉接連詞，猶今語之「還是。」「興，動也。「構怨，」猶言結怨。「與」同「歟。」這一節，是孟子推測宣王心理的話。

朱熹章句 與，平聲。抑，發語辭。士，戰士也。構，結也。孟子以王愛民之心所以輕且短者，必其以是三者為快也。然三事實非人心之所快，有甚於殺觳觫之牛者。故指以問王，欲其以此而度之也。

王曰：「否！吾何快於是？將以求吾所大欲也。」曰：「王之所大欲，可得聞與*。」

廣解《 大欲，是極大的欲望。「曰」字以下，是孟子之辭，故意問他「大欲」是什麼？

朱熹章句 不快於此者，心之正也；而必為此者，欲誘之也。欲之所誘者獨在於是，是以其心尚明於他而獨暗於此。此其愛民之心所以輕短，而功不至於百姓也。

王笑而不言。曰：「爲肥甘不足於口與？輕煖不足於體與？抑爲采色不足視於目與？聲

音不足聽於耳與？便嬖不足使令於前與？王之諸臣皆足以供之，而王豈爲是哉？」曰：「否！吾不爲是也。」曰：「然則王之所大欲可知已。欲辟土地，朝秦楚，莅中國，而撫四夷也。以若所爲，求若所欲，猶緣木而求魚也。」與，皆同歟。便，此處讀皮延反。嬖，音閉。辟，同闢。朝，音潮。莅，音利。

廣解《　孟子問宣王的大欲，宣王只笑而不說。孟子又故意問他。「與」均同「歟。」肥甘，肥美之肉食。輕煖，輕煖之衣裘，便嬖，便佞寵倖之臣也。孟子故意舉出這五種事物來問齊宣王。而又逗他說，王之諸臣皆足以供之，大欲怕不在此。於是得了下列的結論。「辟，」同「闢。」朝，作動詞用；「朝四夷」者，使四夷來朝也。莅，臨也。撫，安撫也。這四句便是說統一天下，為帝王。「若，」如此也。一曰汝也。言以宣王所為，求此大欲，必不可得。緣木求魚，謂上高木以求魚，言其必不可得。

朱熹章句　與，平聲。為肥、抑為、豈為，不為之為，皆去聲。便、令皆平聲。辟，與辟同。朝，音潮。便嬖，近習嬖倖之人也。已，語助辭。辟，開廣也。朝，致其來朝也。秦楚，皆大國。莅，臨也。若，如此也。所為，指興兵結怨之事。緣木求魚，言必不可得。

王曰：「若是其甚與？」曰：「殆有甚焉！緣木求魚，雖不得魚，無後災；以若所爲，求若所欲，盡心力而爲之，後必有災。」

廣解《　孟子說宣王要統一天下，如緣木求魚之難，故宣王驚問曰：「竟如此困難嗎？」「有」同「又，」「殆又甚焉，」就是說，「比緣木求魚更甚呢。」

曰：「可得聞與*？」曰：「鄒*人與楚人戰，則王以爲孰勝？」曰：「楚人勝。」曰：「然則小固不可以敵大，寡固不可以敵衆，弱固不可以敵彊。海內之地，方千里者九，齊集有其一；以一服八，何以異於鄒敵楚哉？蓋亦反其本矣！

廣解≪ 是宣王之問話。鄒是當時的小國，楚，是大國。這又是孟子假設來問宣王的話。孟子遂根據宣王「楚人勝」的話而加以說明。王制中說：「凡四海之內九州，州方千里。」「齊集有其一」者，齊國合併諸小國而得其一州也。「蓋亦反其本矣，」意思是你既不能以武力統一中國，當反而求其根本之道；根本之道，即把政治的動向改變一下。走到仁政王道的路上去。「蓋，」疑詞。

今王發政施仁：使天下仕者皆欲立於王之朝，耕者皆欲耕於王之野，商賈*皆欲藏於王之市，行旅皆欲出於王之塗；天下之欲疾其君者，皆欲赴愬於王：其若是，孰能禦之？」

廣解≪ 朝，朝廷。「賈，」讀如古。行曰商，坐曰賈。「塗，」同「途。」疾，恨也，仇也。赴愬，往告也。天下之民皆歸之如此，孰能止之哉？至此方說到孟子本旨。

朱熹章句 甚與聞與之與，平聲。殆、蓋，皆發語辭。鄒，小國。楚，大國。齊集有其一，言集合齊地，其方千里，是有天下九分之一也。以一服八，必不能勝，所謂後災也。反本，說見下文。

朱熹章句 朝，音潮。賈，音古。愬，與訴同。行貨曰商，居貨曰賈。發政施仁，所以王天下之本也。近者悅，遠者來，則大小強弱非所論矣。蓋力求所欲，則所欲者反不可得；能反其本，則所欲者不求而至。與首章意同。

王曰：「吾惛，不能進於是矣！願夫子輔吾志，明以教我。我雖不敏，請嘗試之。」曰：「無恆產而有恆心者，惟士爲能。若民，則無恆產，因無恆心；苟無恆心，放辟邪侈，無不爲已。及陷於罪，然後從而刑之，是罔民也。焉有仁人在位，罔民而可爲也？惛，同昏。辟，今作僻。侈，音此。焉，音煙。

廣解《 「惛」同「昏，」不明也，亂也。「曰」字以下，是孟子的話。恆者，久常也。恆產，是能永久保守的財產。恆心，是能永久不變的心志。讀書明理的人，雖無恆產，尚可以有所自守，不變其恆心，故曰：「惟士為能。」一般沒有知識不明事理的平常百姓，既沒有永久的產業，為了生活，不得不另覓途徑，所以沒有恆心，不免要放僻，邪侈，無所不為了。百姓做了種種惡事，陷在罪犯裏面，然後加以刑罰，這種政治，實是欺罔百姓的舉動。何以呢？百姓犯罪，由於作惡；而所以作惡，皆因為飢寒交迫，沒有恆產的緣故。做人君的，能使百姓都有恆產，百姓自然不至於作惡犯罪了。現在做人君的，不知道推行仁政，使百姓增加產業，只知用刑罰禁制百姓犯罪，這就是欺罔了。一說，「罔」與「網」同。「罔民，」謂以刑法陷民，猶以網罟捕禽魚也。

朱熹章句 惛，與昏同。恆，胡登反。辟，與僻同。焉，於虔反。恆，常也。產，生業也。恆產，可常生之業也。恆心，人所常有之善心也。士嘗學問，知義理，故雖無常產而有常心。民則不能然矣。罔，猶羅網，欺其不見而取之也。

是故明君制民之產，必使仰足以事父母，俯足以畜妻子；樂*歲終身飽，凶年免於死亡；然後驅而之善，故民之從之也輕。今也制民之產，仰不足以事父母，俯不足以畜妻子；樂歲終身苦，凶年不免於死亡；此惟救死而恐不贍*，奚暇治禮義哉？王欲行之，則盍*反其本矣！樂，音洛。贍，音占。盍，音合。

廣解　這段連接上文，仍為孟子之言。上文說民之作惡犯罪，由於無恆產。故此段是說明賢明的國君，必先制定人民的財產。仰，對上；俯，對下；樂歲，豐熟之年；凶年，饑饉災禍之年。贍，足也。奚，何也。盍，何不也。這段言先富後教，先解民生問題，然後可以談到政治教育。管子云：「倉廩實，知禮節；衣食足，知榮辱。」旨正相同。

五畝之宅，樹之以桑，五十者可以衣帛矣；雞豚狗彘之畜，無失其時，七十者可以食肉矣；百畝之田，勿奪其時，八口之家，可以無飢矣；謹庠序之教，申之以孝悌之義，頒白者不負戴於道路矣；老者衣帛食肉，黎民不飢不寒，然而不王*者，未之有也？」

廣解　上段說明制民之產之必要；此段說明制民之產之辦法，與上面對梁惠王的話，完全相同。

朱熹章句　畜，許六反，下同。輕，猶易也。此言民有常產而有常心也。治，平聲。凡治字為理物之義者，平聲；為己理之義者，去聲。後皆放此。贍，足也。此所謂無常產而無常心者也。盍，何不也。使民有常產者，又發政施仁之本也。說見下文。

朱熹章句　音見前篇。此言制民之產之法也。趙氏曰：「八口之家，次上農夫也。此王政之本，常生之道，故孟子為齊梁之君各陳之也。」楊氏曰：「為天下者，舉斯心加諸彼而已。然雖有仁心仁聞，而民不被其澤者，不行先王之道故也。故以制民之產告之。」

此章言人君當黜霸功，行王道。而王道之要，不過推其不忍之心，以行不忍之政而已。齊王非無此心，而奪於功利之私，不能擴充以行仁政。雖以孟子反覆曉告，精切如此，而蔽固已深，終不能悟，是可歎也。

〔七〕

莊暴*見孟子曰：「暴見於王，王語暴以好樂，暴未有以對也。」曰：「好樂何如？」孟子曰：「王之好樂甚，則齊國其庶幾乎！」

廣解《 莊暴是齊國的一個臣子，莊暴所稱之王，也是齊宣王。「見於」之見，音現，是被召見的意思。樂，音樂也。語，去聲，是告語的意思。好，去聲，喜歡也。「曰」「好樂何如，」是莊暴申述與宣王對話的事以後，又問孟子，宣王好樂，於政治上如何也。庶幾，是相近的意思。因為禮和樂，是王道仁政中很重要的兩件事，所以孟子說：齊王果然喜歡音樂而喜歡到極點，那麼，齊國就庶幾有希望了！

朱熹章句 見於之見，音現，下見於同。語，去聲，下同。好，去聲，篇內並同。莊暴，齊臣也。庶幾，近辭也。言近於治。

他日，見於王，曰：「王嘗語莊子以好樂，有諸？」王變乎色，曰：「寡人非能好先王之樂也，直好世俗之樂耳！」

廣解《 「見於王」者，是孟子。「諸」同「之乎，」「有諸，」「有之乎」也。變乎色，有羞慚的意思，齊王因為好世俗之樂，而不懂古樂，所以羞慚。

朱熹章句 變色者，慚其好之不正也。

曰：「王之好樂甚，則齊其庶幾乎！今之樂，由古之樂也。」曰：「可得聞與？」曰：「獨樂樂，與人樂樂，孰樂？」曰：「不若與人。」曰：「與少樂樂，與眾樂樂，孰樂？」曰：「不若與眾。」

廣解《 「好樂甚，」猶言「甚好樂」也。「由，」一本作「猶。」「由」「猶」古同。「可得聞與」之「與，」同「歟。」「獨樂樂，」第一「樂」字為音樂之樂；第二「樂」字為歡樂之樂；下同。意思是一人作樂快樂呢，還是和別人共同作樂快樂？

「臣請爲王言樂。今王鼓樂於此，百姓聞王鐘鼓之聲，管籥之音，舉疾首蹙頞而相告曰：『吾王之好鼓樂，夫何使我至於此極也！父子不相見，兄弟妻子離散。』今王田獵於此，百姓聞王車馬之音，見羽旄之美，舉疾首蹙頞而相告曰：『吾王之好田獵，夫何使我至於此極也！父子不相見，兄弟妻子離散。』此無他，不與民同樂也。」

廣解《 鼓樂，弄音樂的意思。管籥，是簫笛等的樂器。舉，皆也。疾首感頞，言其頭痛而皺眉。極，因窮之至也。這都是王獨樂而不與民同樂之故。

朱熹章句 今樂，世俗之樂。古樂，先王之樂。聞與之與，平聲。樂樂，下字音洛。孰樂，亦音洛。獨樂不若與人，與少樂不若與眾，亦人之常情也。為，去聲。此以下，皆孟子之言也。

朱熹章句 蹙，子六反。頞，音遏。夫，音扶。同樂之樂，音洛。鐘鼓管籥，皆樂器也。舉，皆也。疾首，頭痛也。蹙，聚也。頞，額也。人憂戚則蹙其額。極，窮也。羽旄，旌屬。不與民同樂，謂獨樂其身而不恤其民，使之窮困也。

「今王鼓樂於此，百姓聞王鐘鼓之聲，管籥之音，舉欣欣然有喜色而相告曰：『吾王庶幾無疾病與，何以能鼓樂也？』今王田獵於此，百姓聞王車馬之音，見羽旄之美，舉欣欣然有喜色而相告曰：『吾王庶幾無疾病與，何以能田獵也？』此無他，與民同樂也。今王與百姓同樂，則王矣！」

廣解《「欣欣然，」喜悅之貌。上段言獨樂之害，此段言同樂之利，互相比較，所以辭句也差不多。儒家不言征伐，重教化，所以主張帝王當教化體卹百姓。此不過借好樂的問題，以引起仁政罷了。

朱熹章句 病與之與，平聲。同樂之樂，音洛。與民同樂者，推好樂之心以行仁政，使民各得其所也。好樂而能與百姓同之，則天下之民歸之矣，所謂齊其庶幾者如此。

范氏曰：「戰國之時，民窮財盡，人君獨以南面之樂自奉其身。孟子切於救民，故因齊王之好樂，開導其善心，深勸其與民同樂，而謂今樂猶古樂。其實今樂古樂，何可同也？但與民同樂之意，則無古今之異耳。若必欲以禮樂治天下，當如孔子之言，必用韶舞，必放鄭聲。蓋孔子之言，為邦之正道；孟子之言，救時之急務，所以不同。」楊氏曰：「樂以和為主，使人聞鐘鼓管弦之音而疾首蹙頞，則雖奏以鹹、英、韶、濩，無補於治也。故孟子告齊王以此，姑正其本而已。」

〔八〕

齊宣王問曰：「文王之囿，方七十里，有諸？」孟子對曰：「於傳有之。」曰：「若是其大乎？」曰：「民猶以爲小也。」曰：「寡人之囿，方四十里，民猶以爲大，何也？」曰：「文王之囿，方七十里，芻蕘者往焉，雉兔者往焉，與民同之，民以爲小，不亦宜乎？臣始至於境，問國之大禁，然後敢入。臣聞郊關之內，有囿方四十里，殺其麋鹿者，如殺人之罪；則是方四十里爲阱於國中，民以爲大，不亦宜乎？」

廣解

文王，周文王也。囿，是畜養禽獸的園。方七十里，縱橫七十里也。傳，書傳之文也。說文：「芻，刈草也。」「蕘，薪也。」芻，所以餵馬牛，薪，所以舉火。芻蕘者，指牧與樵而言。雉兔者，指獵人而言。「大禁，」是最大的禁令。郊關，趙岐說：「齊四境之郊皆有關，」阱，陷禽獸之陷穽也。齊國之囿，人民不敢輕易進去，殺麋鹿便得死刑，等於一個陷害人民的大阱，所以說「為阱於國中。」這兩段相對照而言，也是注重帝王與人民同樂，與上章之旨同。

朱熹章句

囿，音又。傳，直戀反。

囿者，蕃育鳥獸之所。古者四時之田，皆於農隙以講武事，然不欲馳騖於稼穡場圃之中，故度閒曠之地以為囿。然文王七十里之囿，其亦三分天下有其二之後也與？傳，謂古書。

芻，音初。蕘，音饒。

芻，草也。蕘，薪也。阱，才性反。

禮：入國而問禁。國外百里為郊，郊外有關。阱，坎地以陷獸者，言陷民於死也。

〔九〕

齊宣王問曰：「交鄰國有道乎？」孟子對曰：「有。惟仁者爲能以大事小，是故湯事葛，

文王事昆夷。惟智者爲能以小事大，故大王事獯鬻，句踐事吳。以大事小者，樂天者也；以小事大者，畏天者也。樂天者，保天下；畏天者，保其國。詩云：『畏天之威，于時保之。』

廣解 湯，是商朝第一世的王。葛，是夏末一個小國。文王，即周文王。昆夷，是文王時的一種夷狄。「大」同「太。」太王，是文王之祖。那時周國的區域還很小。獯鬻，是西北戎狄所建的大國。句踐，是春秋時越國的國王。吳國，是春秋時的大國。越王句踐為吳王夫差所敗，屈身事之。「樂天」這名辭，見於易經繫辭傳。樂天，是樂於奉承天命的；其仁足以廣被天下，不以殘殺為能，所以孟子稱以大事小者為「樂天。」天道又虧盈而益謙，不畏則盈滿招咎，而害其國，智者知而畏之，故孟子稱以小事大者為「畏天。」所引詩為周頌我將之篇的兩句。言文王畏天之威，故能保其國家。

朱熹章句 獯，音熏。鬻，音育。句，音鉤。仁人之心，寬洪惻怛，而無較計大小強弱之私。故小國雖或不恭，而吾所以字之之心自不能已。智者明義理，識時勢。故大國雖見侵陵，而吾所以事之之禮尤不敢廢。湯事見後篇。文王事見詩大雅。大王事見後章。所謂狄人，即獯鬻也。句踐，越王名。事見國語、史記。樂，音洛。天者，理而已矣。大之字小，小之事大，皆理之當然也。自然合理，故曰樂天。不敢違理，故曰畏天。包含遍覆，無不周遍，保天下之氣象也。制節謹度，不敢縱逸，保一國之規模也。詩周頌我將之篇。時，是也。言以好勇，故不能事大而恤小也。

王曰：「大哉言矣！寡人有疾，寡人好勇。」對曰：「王請無好小勇。夫撫劍疾視，曰：『彼惡敢當我哉？』此匹夫之勇，敵一人者也。王請大之！詩云：『王赫斯怒，爰整其旅，以遏徂莒，以篤周祜，以對于天下。』此文王之勇也。文王一怒而安天下之民。惡，音烏。赫，音黑。旅，音呂。遏，恩葛切。徂，音租。莒，同旅。祜，音戶。

廣解 宣王贊孟子之言之大，而自承有好勇之缺點，故不能

朱熹章句 夫撫之夫，音扶。惡，平聲。

以大事小也。撫劍，即按劍。疾視，惡視也。即瞋然張目的意思。「惡敢」即「安敢。」惡，平聲。「王請大之，」就是「請王不要好小勇，要好大勇。」「詩云」者，是孟子引詩經大雅皇矣篇贊歎周文王之大勇的句子。赫，發怒的狀態。斯，語詞。「王赫斯怒」者，是說：文王赫然發動他的怒氣。爰，猶「於是」也。整，整頓也。旅，軍隊也。遏，是遏止。文王時，有一個密國，屢次侵犯周國土地，文王因此發怒，帶了兵去遏止密國的侵犯。徂，往也。莒，詩經裏作「旅，」古時音同者多借用。「以遏徂莒，」是說發兵前往遏止密國來侵犯進攻的軍隊。篤，增厚也。祜，福也。「對」字之義有三說：鄭玄說，「對，」答也。毛公說：對，遂也。趙岐則謂「對」是「揚，」此句的意思是「揚名於天下。」是孟子引詩經以證明文王的大勇。

「書曰：『天降下民，作之君，作之師，惟曰其助上帝，寵之四方，有罪無罪惟我在。天下曷敢有越厥志。』一人衡*行於天下，武王恥之，此武王之勇也。武王亦一怒而安天下之民。今王亦一怒而安天下之民，民惟恐王之不好勇也！」

廣解　此段又引書經泰誓篇中稱贊武王好勇之言。「天降下民，作之君，作之師」者，言上天降生百姓，特為設立君主，使他治理百姓；更立師長，使他教導百姓也。「惟曰」者，乃假設上

疾視，怒目而視也。小勇，血氣所為。大勇，義理所發。詩大雅皇矣篇。赫，赫然怒貌。爰，於也。旅，眾也。遏，詩作「按」，止也。徂，往也。莒，詩作旅。徂旅，謂密人侵阮徂共之眾也。篤，厚也。祜，福也。對，答也，以答天下仰望之心也。此文王之大勇也。

朱熹章句　衡，與橫同。書周書大誓之篇也。然所引與今書文小異，今且依此解之。寵之四方，寵異之於四方也。有罪者我得而誅之，無罪者我得而安之。我既在此，則天下何敢有過

天之詞以明作君之旨。趙岐讀作「惟曰其助上帝寵之」為一句，「四方有罪無罪惟我在」為一句。在，察也。意思是有罪者我去誅滅他；無罪者我去安撫他也。曷，何也，誰也。厥，其也。「越其志，」即反其道也。「一人，」猶云「一夫，」「獨夫。」「衡，」同「橫。」周武王未即天子位以前，商朝的紂王，橫行天下，暴虐百姓，武王乃起兵誅紂，故曰「一怒而安天下之民」也。這是孟子引書注以明武王之勇大。今王如能好大勇，亦一怒而安天下之民，則天下之民，唯恐王之不好勇矣。朱注云：「此章言人君能懲小忿，則能卹小事大，以交鄰國；能養大勇，則能除暴救民，以安天下。」又引張敬夫云：「小勇者，血氣之怒也，大勇者，義理之怒也。血氣之怒不可有，義理之怒不可無。」

〔十〕

齊宣王見孟子於雪宮，王曰：「賢者亦有此樂乎？」孟子對曰：「有。人不得，則非其上矣！不得而非其上者，非也；為民上而不與民同樂者，亦非也。樂民之樂者，民亦樂其樂；憂民之憂者，民亦憂其憂。樂以天下，憂以天下，然而不王者，未之有也！」

廣解《 雪宮，齊國離宮之一。賢者，指孟子。「樂，」歡樂之樂。何異孫謂「有」是一句，「人不得則非其上矣」為一句。或曰：「有人」當作「人有，」韓愈文引作「人有不得志，則非其上者眾矣。」

越其心志而作亂者乎？衡行，謂作亂也。孟子釋書意如此，而言武王亦大勇也。

王若能如文武之為，則天下之民望其一怒以除暴亂，而拯己於水火之中，惟恐王之不好勇耳。

此章言人君能懲小忿，則能恤小事大，以交鄰國；能養大勇，則能除暴救民，以安天下。張敬夫曰：「小勇者，血氣之怒也。大勇者，理義之怒也。血氣之怒不可有，理義之怒不可無。知此，則可以見性情之正，而識天理人欲之分矣。」

朱熹章句 樂，音洛，下同。

雪宮，離宮名。言人君能與民同樂，則人皆有此樂；不然，則下之不得此樂者，必有非其君上之心。明人君當與民同樂，不可使人有不得者，非但當與賢者共

「不得」者，指不得其樂而言。言人民不得其樂，因而非議其上者，固非；君王不與民同樂者亦非。蓋君王以百姓的歡樂為歡樂，百姓自然也將君王的歡樂，視同自己的歡樂了；君王以百姓的憂患為憂患，百姓自然也將君王的憂患，視同自己的憂患了。樂則與天下同樂，憂則與天下同憂，上下一心，未有不王者矣。

之而已也。下不安分，上不恤民，皆非理也。樂民之樂而民樂其樂，則樂以天下矣；憂民之憂而民憂其憂，則憂以天下矣。

昔者，齊景公問於晏子曰：『吾欲觀於轉附朝儛，遵海而南，放於琅邪，吾何修而可以比於先王觀也。』

廣解《 以下是孟子引齊景公的故事來說明君王應行之道。齊景公，是齊國的君主。晏子名嬰，字平仲，是齊景公時的名臣。轉附、朝儛，是齊國東北近海的兩座山名。琅邪，是齊國東南境的地名。遵，循也。放，至也。「吾何修而可以比於先王觀，」修，修養。景公欲優游四方，詢晏子以修何德行，方可比於先王之遊觀。

朱熹章句 朝，音潮。放，上聲。晏子，齊臣，名嬰。轉附、儛，皆山名也。遵，循也。放，至也。琅邪，齊東南境上邑名。觀，遊也。

晏子對曰：『善哉，問也！天子適諸侯曰巡狩，巡狩者，巡所守也；諸侯朝於天子曰述職，述職者，述所職也。無非事者。春省耕而補不足，秋省斂而助不給。夏諺曰：『吾王不遊，吾何以休？吾王不豫，吾何以助？』一遊一豫，爲諸侯度。今也不然：師行而糧食，飢者弗食，勞者弗息。睊睊胥讒，民乃作慝。方命虐民，飲食若流；流連荒亡，爲諸侯憂。從流下而

忘反謂之流；從流上而忘反謂之連；從獸無厭謂之荒；樂酒無厭謂之亡。先王無流連之樂，荒亡之行。惟君所行也。

廣解《

此係當時晏子回答齊景公之語。「無非事者，」是說從沒有無事而出行的。省，察視也。斂，收也。春耕，耒耜不足者補之，秋收，收獲不足者助之。「夏諺，」是夏朝的謠諺民歌。夏諺云云，乃晏子舉以證明君王之出遊於農事的關係。度，即法度，是晏子說明夏諺的意思，聖王的一遊一豫，都是各國諸侯所應當取法的。「今也」指景公時。「師行而糧食，」是食糧為國君所帶的軍隊吃了。睊睊，是側著眼睛看人。胥讒，是都有一種謗恨的意思。慝，隱惡也。這兩句是說百姓憤恨的態度。方，違背也；命，即天子的命令。諸侯本應奉天子的命令去安撫百姓，現在變成違背命令而虐待百姓了。「飲食若流，」言其飲食之無窮竭也。「流連荒亡，」解見正文。晏子之意，謂先王出行，專為農事，非遊樂也。「惟君所行也，」就是「任君所擇耳」的意思。

朱熹章句

狩，舒救反。省，悉井反。述，陳也。省，視也。斂，收穫也。給，亦足也。夏諺，夏時之俗語也。豫，樂也。巡所守，巡行諸侯所守之土也。述所職，陳其所受之職也。皆無有無事而空行者，而又春秋循行郊野，察民之所不足而補助之。故夏諺以為王者一遊一豫，皆有恩惠以及民，而諸侯皆取法焉，不敢無事慢游以病其民也。今，謂晏子時也。師，眾也。二千五百人為師。春秋傳曰：「君行師從。」糧，謂糗糒之屬。睊睊，側目貌。胥，相也。讒，謗也。慝，怨惡也，言民不勝其勞而起謗怨也。方，逆也。命，王命也。若流，如水之流，無窮極也。流連荒亡，解見下文。諸侯，謂附庸之國，縣邑之長。厭，平聲。此釋上文之義也。從流下，謂放舟隨水而下。從流上，謂挽舟逆水而上。從獸，田獵也。荒，廢也。樂酒，以飲酒為樂也。亡，猶失也，言廢時失事也。行，去聲。言先王之法，今時之弊，二者惟在君所行耳。

景公說*，大戒於國，出舍於郊，於是始興發，補不足。召太師曰：『為我作君臣相說*之樂，』蓋徵*招、角招是也。其詩曰：『畜君何尤？』畜君者，好君也。」

廣解《

說，同悅。景公聽了晏子的話，非常歡喜，故出示告誡

朱熹章句

說，音悅。為，去聲。樂，如字。徵，陟裡反。招，與韶同。畜，敕六反。

全國。「出舍於郊」者，不敢安居宮內，搬到郊外去住也。這是表示接近平民的意思。「興」「發」意同。「興，」舉也；「發，」開也，於是始，是開了倉庫，把米穀發給不足的農民。太師，是樂官。徵，音止。招，音韶。徵招角招兩種樂歌，即當時太師所作。「畜君何尤，」這樂歌中的一句。尤，過也。「畜君者，好君也。」是孟子解釋「畜君」二字之義。

戒，告命也。出捨，自責以省民也。興發，發倉廩也。大師，樂官也。君臣，己與晏子也。樂有五聲，三曰角為民，四曰征為事。招，舜樂也。其詩，徵招角招之詩也。尤，過也。言晏子能畜止其君之欲，宜為君之所尤，然其心則何過哉？孟子釋之，以為臣能畜止其君之欲，乃是愛其君者也。

尹氏曰：「君之與民，貴賤雖不同，然其心未始有異也。孟子之言，可謂深切矣。齊王不能推而用之，惜哉！」

〔十二〕

齊宣王問曰：「人皆謂我毀明堂。毀諸？已乎？」孟子對曰：「夫*明堂者，王者之堂也。王欲行王政*，則勿毀之矣！」

廣解《　明堂者，據趙岐注：「泰山下明堂，本周天子東巡狩朝諸侯之處也。」或曰：「明堂本在魯境。」此時朝狩之禮已廢，故當時人勸宣王毀明堂。因明堂係周天子之堂，故孟子稱為「王者之堂。」「夫」音扶。

朱熹章句　趙氏曰：「明堂，太山明堂。周天子東巡守朝諸侯之處，漢時遺址尚在。人欲毀之者，蓋以天子不復巡守，諸侯又不當居之也。王問當毀之乎？且止乎？」夫，音扶。明堂，王者所居，以出政令之所也。能行王政，則亦可以王矣。何必毀哉？

王曰：「王政*可得聞與*？」對曰：「昔者，文王之治岐也*，耕者九一，仕者世祿，關市譏*而不征，澤梁無禁，罪人不孥*。老而無妻曰鰥*，老而無夫曰寡，老而無子曰獨，幼而無父曰孤，此四者，天下之窮民而無告者，文王發政施仁，必先斯四者。詩云：『哿*矣富人，哀此煢*獨。』」

廣解

「與」同「歟。」岐，即岐山，地名。此舉周文王治岐之政以為例。周行井田制，田九百畝，畫作井形，家各耕百畝，其中百畝為公田及廬井。公田所入，即為田賦，故曰「耕者九一。」做官的人，世世有祿米可得，故曰：「仕者世祿。」譏，同稽，稽查也。一說：問也。對於關裏市裏，只稽查出入而並不征商民的稅，故曰：「關市譏而不征。」澤者，有水的地方。梁者，堰水捕魚的場所。有水的地方，聽民養魚捕魚，沒有禁令，故曰：「澤梁無禁。」孥，妻子也，「罪人不孥，」罪不及妻子也。且發政施仁，必先及於鰥寡孤獨四種無可訴苦的窮民。又引詩經小雅、正月中的二句為證。毛傳云：「哿，可也。」煢獨，即上文所說鰥寡孤獨之人。言富人猶可，惟哀此煢獨之人耳。

朱熹章句

與，平聲。孥，音奴。鰥，姑頑反。哿，工可反。煢，音瓊。

岐，周之舊國也。九一者，井田之制也。方一里為一井，其田九百畝。中畫井字，界為九區。一區之中，為田百畝。中百畝為公田，外八百畝為私田。八家各受私田百畝，而同養公田，是九分而稅其一也。世祿者，先王之世，仕者之子孫皆教之，教之而成材則官之。如不足用，亦使之不失其祿。蓋其先世嘗有功德於民，故報之如此，忠厚之至也。關，謂道路之關。市，謂都邑之市。譏，察也。征，稅也。關市之吏，察異服異言之人，而不征商賈之稅也。澤，謂瀦水。梁，謂魚梁。與民同利，不設禁也。孥，妻子也。惡惡止其身，不及妻子也。先王養民之政：導其妻子，使之養其老而恤其幼。不幸而有鰥寡孤獨之人，無父母妻子之養，則尤宜憐恤，故必以為先也。詩小雅正月之篇。哿，可也。煢，困悴貌。

王曰：「善哉，言乎！」曰：「王如善之，則何爲不行？」王曰：「寡人有疾，寡人好貨」對曰：「昔者公劉好貨，詩云：『乃積乃倉，乃裹餱糧，于橐于囊，思戢用光，弓矢斯張，干戈戚揚，爰方啓行。』故居者有積倉，行者有裹糧也，然後可以爰方啓行。王如好貨，與百姓同之，於王何有？」

廣解

貨，貨財也。孟子以宣王自承好貨，乃引公劉之事以說之。公劉，是周代的祖先，夏朝的一個諸侯，其事蹟見於詩

朱熹章句

餱，音侯。橐，音托。戢，詩作輯，音集。

王自以為好貨，故取民無制，而不能行此王政。公

經。孟子所引，是詩經大雅公劉篇的第一章。乃，發語辭。「乃積乃倉，」是說居者把米穀堆積在倉庫裏。餱糧，即乾糧，出行的人常包裹帶在身邊的。橐與囊，都是盛糧食的袋。此言行者裏乾糧於囊橐也。戢，集也。光，大也。「思戢用光」者，言思安集人民以光大其國也。「弓矢，干戈，戚揚，皆兵器。戚，即斧；揚，即鉞，大斧也。爰，于是也，啟行，猶言起程。此三句，是孟子更說明所引詩句的意義。故「居者，」以下，是孟子的話。於王何有，言無妨於王天下也。

王曰：「寡人有疾，寡人好色。」對曰：「昔者大王*好色，愛厥妃，詩云：『古公亶父*，來朝走馬，率西水滸*，至于岐下。爰及姜女，聿*來胥宇。』當是時也，內無怨女，外無曠夫。王如好色，與百姓同之，於王何有？」

廣解《「大」同「太。」太王，是公劉之孫，周文王之祖。那時候，周還是一個小國諸侯，故稱古公。亶父，是太公的名號。孟子又引詩經大雅緜篇的話。以證太王之好色，明好色也祇須與民同之。來朝，翌晨也。走馬，躍馬疾馳也。率，循也。滸，水邊之地。「爰及」猶言「乃與，」聿，自也。胥，相也；宇，房宅。「聿來胥宇，」言自來看房宅，與古公亶父同居也。太王好色，自愛其妃，而能與民同之，故人民婚姻皆得完滿，無怨女曠夫也。怨女，是無夫之女。曠夫，是無婦之夫。

劉，後稷之曾孫也。詩大雅公劉之篇。積，露積也。餱，乾糧也。無底曰橐，有底曰囊。皆所以盛餱糧也。戢，安集也。言思安集其民人，以光大其國家也。戚，斧也。揚，鉞也。爰，於也。啟行，言往遷於豳也。何有，言不難也。孟子言公劉之民富足如此，是公劉好貨，而能推己之心以及民也。今王好貨，亦能如此，則其於王天下也，何難之有？

朱熹章句 大，音泰。

王又言此者，好色則心志蠱惑，用度奢侈，而不能行王政也。大王，公劉九世孫。詩大雅緜之篇也。古公，大王之本號，後乃追尊為大王也。亶甫，大王名也。來朝走馬，避狄人之難也。率，循也。滸，水涯也。岐下，岐山之下也。姜女，大王之妃也。胥，相也。宇，居也。曠，空也。無怨曠者，是大王好色，而能推己之心以及民也。

楊氏曰：「孟子與人君言，皆所以擴充其善心而格其非心，不止就事論事。若使為人臣者，論事每如此，豈不能堯舜其君乎？」愚謂此篇自首章至此，大意皆

〔十二〕

孟子謂齊宣王曰：「王之臣，有託其妻子於其友，而之楚遊者，比其反也，則凍餒其妻子。則如之何？」王曰：「棄之。」曰：「士師不能治士，則如之何？」王曰：「已之。」曰：「四境之內不治，則如之何？」王顧左右而言他。

廣解《 此係孟子設喻以問齊宣王也。「之楚，」往楚也。「比，」及也。餒，餓也。孟子設問說有這樣一個朋友，試設身處其地，應當如何對付他？宣王答道：「棄之。」「棄之」者，與之斷絕交往也。曰者，孟子又問也。士師，掌管監獄的官。士，士師之屬員。「已之」者，罷免之也。治四境是君王的責任，所以孟子以四境之內不治當如何來問他，宣王暫而無可答，乃顧左右而說別的事也。

同。蓋鐘鼓、苑囿、游觀之樂，與夫好勇、好貨、好色之心，皆天理之所有，而人情之所不能無者。然天理人慾，同行異情。循理而公於天下者，聖賢之所以盡其性也；縱欲而私於一己者，眾人之所以滅其天也。二者之間，不能以髮，而其是非得失之歸，相去遠矣。故孟子因時君之問，而剖析於幾微之際，皆所以遏人慾而存天理。其法似疏而實密，其事似易而實難。學者以身體之，則有以識其非曲學阿世之言，而知所以克己復禮之端矣。

朱熹章句 比，必二反。

託，寄也。比，及也。棄，絕也。士師，獄官也。其屬有鄉士遂士之官，士師皆當治之。已，罷去也。治，去聲。

孟子將問此而先設上二事以發之，及此而王不能答也。其憚於自責，恥於下問如此，不足與有為可知矣。

趙氏曰：「言君臣上下各勤其任，無墮其職，乃安其身。」

〔十三〕

孟子見齊宣王曰：「所謂故國者，非謂有喬木之謂也，有世臣之謂也。王無親臣矣！昔者所進，今日不知其亡也。」王曰：「吾何以識其不才而舍*之。」曰：「國君進賢，如不得已，將使卑踰*尊，疏踰*戚，可不慎與*？左右皆曰『賢』，未可也；諸大夫皆曰『賢』，未可也；國人皆曰『賢』，然後察之；見賢焉，然後用之。左右皆曰『不可』，勿聽；諸大夫皆曰『不可』，勿聽；國人皆曰『不可』，然後察之；見不可焉，然後去之。左右皆曰『可殺』，勿聽；諸大夫皆曰『可殺』，勿聽；國人皆曰『可殺』，然後察之；見可殺焉，然後殺之。故曰『國人殺之』也。如此，然後可以為民父母。」

廣解　「故國，」是傳世久遠的國家。喬木，是高大的樹木。世臣，是世代做官與國家極有關係的臣子。王，指宣王。親臣者，親任之臣。進，引也，登也。亡，喪棄也。孟子謂宣王用人不明，始則不待詳察而用之，後又惡而棄之。「昔者，」前日。前日進，今日亡，甚言之耳。「舍，」今作「捨。」宣王聽了孟子的話，反問孟子言吾何以預知其不才而捨之不用呢？「曰」字以下，為孟子的話。言如不得已，而欲特加拔擢，使卑賤者，踰尊貴者，疏遠者，踰親近者，不可不慎也。孟子接著又說明選賢去姦的方法。左右，是在王左右的人。諸大夫，是朝中的職官。國人，是國內的百姓。孟子就選賢去姦二件事說明，著重在「然後察之」四字。所謂「察，」便是選賢棄姦的要訣。但也得聽左右諸侯國人

朱熹章句　世臣，累世勳舊之臣，與國同休戚者也。親臣，君所親信之臣，與君同休戚者也。此言喬木世臣，皆故國所宜有。然所以為故國者，則在此而不在彼也。昨日所進用之人，今日有亡去而不知者，則無親臣矣。況世臣乎？舍，上聲。王意以為此亡去者，皆不才之人。我初不知而誤用之，故今不以其去為意耳。因問何以先識其不才而舍之邪？與，平聲。如不得已，言謹之至也。蓋尊尊親親，禮之常也。然或尊者親者未必賢，則必進疏遠之賢而用之。是使卑者踰尊，疏者踰戚，非禮之常，故不可不謹也。去，上聲。左右近臣，其言固未可信。諸大夫之言，宜可信矣，然猶恐其蔽於私也。至於國人，則其論公矣，然猶必察之者，蓋人有同俗而為眾所悅者，亦有特立而為俗所憎者。故必自察之，而親見其賢否之實，然後從而用舍之；則於賢者知之深，任之重，而不才者，不得以幸進

的公論，而其中尤重國人，所謂重民意也，故曰「國人殺之」者，言非出於王之私意也。

〔十四〕

齊宣王問曰：「湯放桀，武王伐紂，有諸？」孟子對曰：「於傳有之。」曰：「臣弒其君可乎？」曰：「賊仁者謂之『賊』，賊義者謂之『殘』；殘賊之人，謂之『一夫』。聞誅一夫紂矣，未聞弒君也。」

廣解　桀，是夏朝末代的王。因桀暴虐百姓，成湯舉兵討伐，驅桀於南巢。故曰：「湯放桀。」紂是商朝末代的王。紂暴虐百姓，周武王舉兵去討伐，紂自焚死，故曰：「武王伐紂。」「有諸，」即「有之乎？」宣王問孟子果有此二事否也。臣殺君稱為「弒。」在古代，弒的罪名，是非常重的。湯武在當時都是諸侯，是臣；桀與紂是天子，是君。故宣王以此來責問孟子。「曰」字以下，孟子答。「賊，」作動詞用，傷害也。「一夫」者，即書經中所說的「獨夫，」眾叛親離，故有此稱。

矣。所謂進賢如不得已者如此。此言非獨以此進退人才，至於用刑，亦以此道。蓋所謂天命天討，皆非人君之所得私也。傳曰：「民之所好好之，民之所惡惡之，此之謂民之父母。」

朱熹章句　傳，直戀反。

放，置也。書曰：「成湯放桀於南巢。」桀紂，天子，湯武，諸侯。賊，害也。殘，傷也。害仁者，兇暴淫虐，滅絕天理，故謂之賊。害義者，顛倒錯亂，傷敗彝倫，故謂之殘。一夫，言眾叛親離，不復以為君也。書曰：「獨夫紂。」蓋四海歸之，則為天子，天下叛之，則為獨夫。所以深警齊王，垂戒後世也。王勉曰：「斯言也，惟在下者有湯武之仁，而在上者有桀紂之暴則可。不然，是未免於篡弒之罪也。」

〔十五〕

孟子見齊宣王曰：「爲巨室，則必使工師求大木。工師得大木，則王喜，以爲能勝其任也。匠人斲而小之，則王怒，以爲不勝其任矣。夫人幼而學之，壯而欲行之，王曰：『姑舍女所學而從我，』則何如？今有璞玉於此，雖萬鎰，必使玉人彫琢之。至於治國家，則曰：『姑舍女所學而從我，』則何以異於教玉人彫琢玉哉？」

廣解《 巨室，大屋也。工師，主工匠之吏。匠人，工人也。斲，以斧削之也。這是孟子以匠人來作比喻的話。「夫，」音扶，語辭。壯，壯年也。姑，且也。「舍，」同「捨。」「女，」同「汝。」匠人不勝其任，王怒之，可也；如欲使匠人棄其所學而從王之命，則非矣。此孟子自言所學者為仲尼之術，仁政王道，不能舍其所學，以徇宣王也。璞，玉之未琢者。一鎰為二十兩。萬鎰，言此璞價值之貴。玉人，專治玉器之匠。教玉人琢玉，是以不懂琢玉的人，依自己的主意教玉人琢玉，其玉必毀矣。蓋古之賢者，常患人君不能行其所學，而世之庸君，亦常患賢者不能從其所好，故孟子言之。

朱熹章句 勝，平聲。夫，音扶。捨，上聲。女，音汝，下同。

巨室，大宮也。工師，匠人之長。匠人，眾工人也。姑，且也。言賢人所學者大，而王欲小之也。鎰，音溢。

璞，玉之在石中者。鎰，二十兩也。玉人，玉工也。不敢自治而付之能者，愛之甚也。治國家則殉私慾而不任賢，是愛國家不如愛玉也。

范氏曰：「古之賢者，常患人君不能行其所學；而世之庸君，亦常患賢者不能從其所好。是以君臣相遇，自古以為難。孔孟終身而不遇，蓋以此耳。」

〔十六〕

齊人伐燕，勝之。宣王問曰：「或謂寡人勿取，或謂寡人取之。以萬乘之國，伐萬乘之國，五旬而舉之，人力不至於此。不取，必有天殃*。取之，何如？」孟子對曰：「取之而燕民悅，則取之，古之人有行之者，武王是也。取之而燕民不悅，則勿取，古之人有行之者，文王是也。以萬乘之國，伐萬乘之國，簞*食壺漿，以迎王師，豈有他哉？避水火也。如水益深，如火益熱，亦運而已矣。」

廣解《 史記載燕王噲讓國於其相子之，而國大亂，齊伐之，燕兵不戰，遂大勝燕。殃，即禍害。旬，十日也。「舉之，」言滅燕全國。宣王以為伐燕而勝，必有天助，故曰「人力不至於此。不取必有天禍。」武王伐紂而殷民喜，咸來迎師。故孟子以武王為「取之」之例。文王為殷諸侯，三分天下有其二，而尚未伐殷，以三仁尚在，恐殷民不悅也，故孟子以文王為「不取」之例。簞，竹器；食音嗣，飯也。言人民以簞盛飯，以壺盛漿，歡迎王師也。水火，均以喻災禍。如水益深，如火益熱，言災禍愈甚也。運轉也，避也。「亦運而已矣」者，言「亦只有轉望別的人再來拯救也。」一說，「運」即命運之「運。」言此亦燕民之劫運耳。

朱熹章句 按史記，燕王噲讓國於其相子之，而國大亂。齊因伐之。燕士卒不戰，城門不閉，遂大勝燕。乘，去聲，下同。以伐燕為宣王事，與史記諸書不同，已見序說。商紂之世，文王三分天下有其二，以服事殷。至武王十三年，乃伐紂而有天下。張子曰：「此事間不容發。一日之間。天命未絕，則是君臣。當日命絕，則為獨夫。然命之絕否，何以知之？人情而已。諸侯不期而會者八百，武王安得而止之哉？」簞，音丹。食，音嗣。簞，竹器。食，飯也。運，轉也。言齊若更為暴虐，則民將轉而望救於他人矣。趙氏曰：「征伐之道，當順民心。民心悅則天意得矣。」

〔十七〕

齊人伐燕，取之。諸侯將謀救燕。宣王曰：「諸侯多謀伐寡人者，何以待之！」孟子對曰：「臣聞七十里爲政於天下者，湯是也。未聞以千里畏人者也！

廣解《 宣王不聽孟子之言，而取燕國的土地，於是諸侯共謀救燕伐齊。宣王恐懼而問孟子。「千里畏人，」即指齊王。

朱熹章句 千里畏人，指齊王也。

書曰：『湯一征，自葛始，天下信之。東面而征西夷怨，南面而征北狄怨，曰：奚爲後我？』民望之，若大旱之望雲霓*也。歸市者不止，耕者不變，誅其君而弔其民，若時雨降，民大悅。書曰：『徯*我后，后來其蘇！』」霓，音泥。徯，音以。

廣解《 孟子又引尚書仲虺之誥的話，以證明湯以七十里為政於天下的事實。葛，是當時的一個小國。湯初次出兵，先伐葛國，湯征葛的時候，天下的人，都相信湯是個仁君，故曰，「天下信之。」「奚為後我，」就是「為什麼不先來伐我國呢？」意思是盼望湯師的早日到來。霓，虹也；虹出而雨，故大旱時望之。「歸市者不止，耕者不變，」言商賈農夫依舊營業工作。下文所引，也是尚書仲虺之誥的兩句。「徯，」等待的意思。「后，」作人君講。「徯我后」即「待我君。」「蘇」者，已死而復醒也。言人民都說

朱熹章句 霓，五稽反。徯，胡禮反。兩引書，皆商書仲虺之誥文也。與今書文亦小異。一征，初征也。天下信之，信其志在救民，不為暴也。奚為後我，言湯何為不先來征我之國也。霓，虹也。雲合則雨，虹見則止。變，動也。徯，待也。后，君也。蘇，復生也。他國之民，皆以湯為我君，而待其來，使己得蘇息也。此言湯之所以七十里而為政於天下也。

我君一到，我們便能脫離苦難了。

今燕虐其民，王往而征之，民以為將拯己於水火之中也，簞食壺漿，以迎王師。若殺其父兄，係累其子弟，毀其宗廟，遷其重器，如之何其可也！天下固畏齊之彊也，今又倍地而不行仁政，是動天下之兵也。王速出令，反其旄倪，止其重器，謀於燕眾，置君而後去之，則猶可及止也。」

廣解《 此段仍為孟子說。拯，救也。「係」同「繫。」係累，綑縛也。遷，運也。重器，即寶器。遷其重器，猶言將他們的寶器運回齊國。固，久也。「彊」同「強。」倍地，謂併吞燕國，齊地倍廣。反，放回去。「旄，」同「髦，」老人也。「倪，」小兒也。「止其重器」者，止其寶器，不遷移也。「猶可及止，」言尚來得及止諸侯之兵。

朱熹章句 累，力追反。拯，救也。繫累，縶縛也。重器，寶器也。畏，忌也。倍地，並燕而增一倍之地也。齊之取燕，若能如湯之徵葛，則燕人悅之，而齊可為政於天下矣。今乃不行仁政而肆為殘虐，則無以慰燕民之望，而服諸侯之心，是以不免乎以千里而畏人也。旄與耄同。倪，五稽反。

反，還也。旄，老人也。倪，小兒也。謂所虜略之老小也。猶，尚也。及止，及其未發而止之也。

范氏曰：「孟子事齊梁之君，論道德則必稱堯舜，論征伐則必稱湯武。蓋治民不法堯舜，則是為暴；行師不法湯武，則是為亂。豈可謂吾君不能，而舍所學以徇之哉？」

〔十八〕

鄒與魯鬨。穆公問曰：「吾有司死者三十三人，而民莫之死也。誅之，則不可勝誅；不誅，則疾視其長上之死而不救，如之何則可也？」孟子對曰：「凶年饑歲，君之民，老弱轉乎溝壑，壯者散而之四方者，幾千人矣。而君之倉廩實，府庫充，有司莫以告，是上慢而殘下也。曾子曰：『戒之！戒之！出乎爾者，反乎爾者也。』夫民今而後得反之也；君無尤焉！君行仁政，斯民親其上，死其長矣。」

廣解《 鄒國魯國，都是當時的小國。鬨，是戰鬭。穆公是鄒國的國君。有司，官吏也。疾視，仇視也。穆公因人民戰時不勇，致官吏死了三十三人，而百姓卻不肯拚死去救官吏。這種百姓，殺之，則誅不勝誅；不殺，則坐視長官之死而不救，罪又無可報，故問孟子也。轉，飢餓輾轉而死也。溝壑，田中溝，山中澗也。民死者多，不勝葬，「故曰轉乎溝壑。」倉廩，儲粟；府庫，貯財。慢，怠忽也。殘，傷害也。言上慢君命，下殘民命。曾子，孔子弟子曾參。「出乎爾，反乎爾，」言自己所作，必致自食其報。尤，過也。謂穆公不必責備百姓。「長，」去聲；即指官吏。

〔十九〕

朱熹章句 鬨，胡弄反。勝，平聲。長，上聲，下同。鬨，鬭聲也。穆公，鄒君也。不可勝誅，言人眾不可盡誅也。長上，謂有司也。民怨其上，故疾視其死而不救也。幾，上聲。夫，音扶。轉，飢餓輾轉而死也。充，滿也。上，謂君及有司也。尤，過也。君不仁而求富，是以有司知重斂而不知恤民。故君行仁政，則有司皆愛其民，而民亦愛之矣。范氏曰：「書曰：『民惟邦本，本固邦寧。』有倉廩府庫，所以為民也。豐年則斂之，凶年則散之，恤其饑寒，救其疾苦。是以民親愛其上，有危難則赴救之，如子弟之衛父兄，手足之捍頭目也。穆公不能反己，猶欲歸罪於民，豈不誤哉？」

滕文公問曰：「滕，小國也，間於齊楚，事齊乎？事楚乎？」孟子對曰：「是謀，非吾所能及也；無已，則有一焉：鑿斯池也，築斯城也，與民守之，效死而民弗去，則是可爲也。」

廣解》 滕亦當時一小國。齊，楚，皆大國。滕在齊楚之間，聯齊則楚怒，聯楚則齊恨，所以滕文公以此問孟子。「是謀，」即事齊事楚之謀也。「無已，」解見第一章。效，猶致也。致死以守國，而民亦肯效死以守，故尚可為也。

朱熹章句 間，去聲。滕，國名。無已，見前篇。一，謂一說也。效，猶致也。國君死社稷，故致死以守國。至於民亦為之死守而不去，則非有以深得其心者不能也。此章言有國者當守義而愛民，不可僥倖而苟免。

〔二十〕

滕文公問曰：「齊人將築薛*，吾甚恐。如之何則可？」孟子對曰：「昔者，大王*居邠*，狄人侵之，去之岐山之下居焉。非擇而取之，不得已也。苟爲善，後世子孫必有王者矣。君子創業垂統，爲可繼也。若夫成功，則天也。君如彼何哉？彊*爲善而已矣！」

廣解》 薛，也是當時的小國，為齊國所滅。齊滅薛後，又在薛地築城。文公以其逼近滕國，恐齊又來滅滕，所以甚為恐懼。邠，地名。狄，北狄也。太王事詳見下章。創業者，創立事業也。垂統者，把君位相繼不斷，傳於後世子孫也。孟子的意思是以齊國比狄人，叫滕文公也學太王。彊，上聲，勉強也。

朱熹章句 薛，國名，近滕。齊取其地而城之，故文公以其偪己而恐也。邠，與豳同。邠，地名。言大王非以岐下為善，擇取而居之也。詳見下章。夫，音扶。強，上聲。創，造。統，緒也。言能為善，則如大王雖失其地，而其後世遂有天下，乃天理也。然君子造基業於前，而垂統緒於後，但能不失其正，令後世可繼續而行耳。若夫成功，則豈可必乎？彼，齊也。君之力既無如之何，則但強於為善，使其可繼而俟命於天耳。此章言人君但當竭力於其所當為，不可徼幸於其所難必。

〔二十一〕

滕文公問曰：「滕，小國也，竭力以事大國，則不得免焉。如之何則可？」孟子對曰：「昔者大王居邠，狄人侵之，事之以皮幣*，不得免焉；事之以犬馬，不得免焉；事之以珠玉，不得免焉。乃屬其耆*老而告之曰：『狄人之所欲者，吾土地也。吾聞之也，君子不以其所以養人者害人。二三子何患乎無君，我將去之。』去邠，踰梁山，邑於岐山之下居焉。邠人曰：『仁人也，不可失也。』從之者如歸市。或曰：『世守也，非身之所能為也。效死勿去。』君請擇於斯二者。」

廣解《

此章與上章同意。文公因自己國小力弱，問孟子以外交之道。皮，狐貉之裘；幣，繒帛之貨也。犬馬，古時玩物。免者，免其侵略也。「屬」同「囑」。耆老，長老也。

土地生五穀，所以養人。狄人因欲土地而來侵，若與之戰，則是「以所養人者害人」矣。「二三子，」即指耆老。

「如歸市」者，言從之者眾也。「或曰」云云，亦孟子之言，乃另一辨法，即前章「效死弗去」之旨。身，我也。言國土為世傳之基業，非可由己意棄之也。

〔二十二〕

朱熹章句

屬，音燭。

皮，謂虎、豹、麋、鹿之皮也。幣，帛也。屬，會集也。土地本生物以養人，今爭地而殺人，是以其所以養人者害人也。邑，作邑也。歸市，人眾而爭先也。又言或謂土地乃先人所受而世守之者，非己所能專。但當致死守之，不可捨去。此國君死社稷之常法。傳所謂國滅君死之，正也，正謂此也。能如大王則避之，不能則謹守常法。蓋遷國以圖存者，權也；守正而俟死者，義也。審己量力，擇而處之可也。

楊氏曰：「孟子之於文公，始告之以效死而已，禮之正也。至其甚恐，則以大王之事告之，非得已也。然無大王之德而去，則民或不從而遂至於亡，則又不若效死之為愈。故又請擇於斯二者。」又曰：「孟子所論，自世俗觀之，則可謂無謀矣。然理之可為者，不過如此。捨此則必為儀秦之為矣。凡事求可，功求魯平公將出。嬖人臧倉者請曰：「他日君出，則必命有司所之。今乘輿已駕矣，有司未知所之，敢請。」公曰：「將見孟子。」曰：「何哉？君所爲輕身以先於匹夫者，以爲賢乎？禮義由賢者出，而孟子之後喪踰前喪。君無見焉！」公曰：「諾。」

廣解《　魯平公，魯君。將出者，將出外也。嬖人，是君王左右極寵幸的小人。臧倉，姓臧，名倉。「請曰，」請問平公也。「有司」執事之吏。言平公常時將出，一定先以所要去地方，告訴執事的官吏。「乘輿已駕，」言平公所乘的車子已預備好。「敢請」者，敢請問你往何處去也。平公為千乘之國君，孟子不過一平民，故臧倉有「輕身」以先於匹夫的話。「先」者，孟子未謁平公，平公先往見之也。孟子先喪父，喪禮很儉約；後喪母，喪禮很豐盛，故臧倉以這一點來責備孟子，說孟子不是賢者。「公曰諾」者，平公答應臧氏，不去訪孟子也。

成。取必於智謀之末而不循天理之正者，非聖賢之道也。」

朱熹章句　乘，去聲。乘輿，君車也。駕，駕馬也。孟子前喪父，後喪母。踰，過也，言其厚母薄父也。諾，應辭也。

樂正子入見曰：「君奚爲不見孟軻也？」曰：「或告寡人曰：『孟子之後喪踰前喪，』是以不往見也。」曰：「何哉？君所謂踰者，前以士，後以大夫；前以三鼎，而後以五鼎與？」曰：「否，謂棺槨衣衾之美也。」曰：「非所謂踰也，貧富不同也。」

廣解《　樂正，複姓。樂正子，是孟子的弟子。時為魯臣。孟軻，即孟子，名軻也。鼎，是喪祭時用以盛食物的器皿。「與」同

朱熹章句　入見之見，音現。與，平聲。樂正子，孟子弟子也，仕於魯。三鼎，士祭禮。五鼎，大

「歟。」樂正子為孟子辯護，言君所謂後喪踰前喪者，前以士禮，後以大夫之禮；前以三鼎祭，後以五鼎祭嗎？那是因孟子前後官職的不同，故喪禮節各異也。乃是貧富的關係。魯平公答說：「我所指的是棺槨衣衾之美。」樂正子又說：「這也不能說『踰，』是貧富不同之故。」

夫祭禮。

樂正子見孟子曰：「克告於君，君爲來見也。嬖人有臧倉者沮*君，君是以不果來也。」曰：「行，或使之；止，或尼*之；行止，非人所能也。吾之不遇魯侯，天也。臧氏之子，焉*能使予不遇哉！」

廣解　克是樂正子的名。沮，阻住也。尼，亦是阻止的意思。魯侯，即指平公。「君為來見」者，言君將為我而來見也。「曰」字以下，是孟子的話。魯平公因樂正子之言而欲來見孟子，又因臧倉之言而不果來，是其行止皆非出於自動，故曰「或使之。」但魯君之行止，亦非樂正子與臧倉所能為；因孟子之不遇魯侯，不得行其道，乃天未欲平治天下耳。臧氏之子，豈能使孟子不遇乎？一說「行、」「止、」是指行仁義而言。欲行仁義，非人力所能為。故孟子嘆曰：「仁義不行，乃是天意，臧倉焉能阻我行仁義乎？」

朱熹章句　為，去聲。沮，慈呂反。尼，女乙反。焉，於虔反。

克，樂正子名。沮尼，皆止之之意也。言人之行，必有人使之者。其止，必有人尼之者。然其所以行所以止，則固有天命，而非此人所能使，亦非此人所能尼也。然則我之不遇，豈臧倉之所能為哉？此章言聖賢之出處，關時運之盛衰。乃天命之所為，非人力之可及。

公孫丑篇第二

（一）

公孫丑問曰：「夫子當路於齊，管仲晏子之功，可復許乎？」孟子曰：「子誠齊人也，知管仲晏子而已矣！或問乎曾西曰：『吾子與子路孰賢？』曾西蹵*然曰：『吾先子之所畏也。』曰：『然則吾子與管仲孰賢？』曾西艴*然不悅曰：『爾何曾比予於管仲！管仲得君，如彼其專也；行乎國政，如彼其久也；功烈，如彼其卑也；爾何曾比予於是！』」曰：「管仲，曾西之所不爲也；而子爲我願之乎？」

廣解

公孫丑，姓公孫，名丑，孟子弟子，齊人也。當路者，居重要地位，如在當道，係指掌握國家政權而言。管仲名夷吾，相齊桓公；晏子，名嬰字平仲，相齊景公，均春秋時齊之名臣。「復，」扶又反。許，進也，興也。朱注云：「許，期也。」言可再見管仲晏子之功業否也。子，稱人之詞。誠，真也。言「你真是齊人，祇知道管晏二人。」曾西，孔子弟子曾參之子。「吾子」亦稱人之詞。子路，孔子弟子仲由字。「蹵然，」不安之貌。「先子，」曾西稱其父，猶云「先父。」畏，敬也。「艴然」即「勃然，」忿怒變色之貌。曾，乃也。桓公信任管仲，國政一以委之，故曰「得君如彼

朱熹章句

復，扶又反。公孫丑，孟子弟子，齊人也。當路，居要地也。管仲，齊大夫，名夷吾，相桓公，霸諸侯。許，猶期也。孟子未嘗得政，丑蓋設辭以問也。齊人但知其國有二子而已，不復知有聖賢之事。蹵，子六反。艴，音拂。又音勃。曾，並音增。孟子引曾西與或人問答如此。曾西，曾子之孫。蹵，不安貌。先子，曾子也。艴，怒色也。曾之言則也。烈，猶光也。桓公獨任管仲四十餘年，是專且久也。管仲不知王道而行霸術，故言功烈之卑也。楊氏曰：「孔子言子路之才，曰：『千乘之國，可使治其賦也。』使其見於施為，如是而已。其於九合諸侯，一匡天下，固有所不逮也。然則曾西推尊子路如

其專。」管仲相齊，凡四十餘年，故曰「行乎國政如彼其久。」但不能以王道佐齊桓公，故曰「功烈如彼其卑。」孟子引曾西之言，以明己之不屑管仲晏子，故復加「曰」字以別之。「而子為我」之「為，」同「謂，」見王引之經傳釋詞。

曰：「管仲以其君霸，晏子以其君顯，管仲晏子，猶不足為與？」曰：「以齊王由反手也。」

廣解　此節是公孫丑又問，孟子又答。「與，」同「歟。」「由，」同「猶。」反手，猶言反掌，言其易也。

曰：「若是，則弟子之惑滋甚！且以文王之德，百年而後崩，猶未洽於天下。武王周公繼之，然後大行。今言王若易然，則文王不足法與？」

廣解　此節又是公孫丑問孟子的話。惑，疑也。滋，益也。洽，徧也。言文公德行甚佳，尚不能及身而王。待武王起，方滅紂而得天下，周公繼之，相成王制禮作樂，然後教化大行。若，如此也。「以齊王猶反掌，」其易如此，則文王不足效法歟？「然」字用作「易」字之語尾。

曰：「文王何可當也？由湯至於武丁，賢聖之君六七作，天下歸殷久矣；久則難變也。武丁朝諸侯，有天下，猶運之掌也。紂之去武丁未久也，其故家遺俗，流風善政，猶有存者；又有微子、微仲，王子、比干，箕子、膠鬲，皆賢人也，相與輔相之，故久而後失之也。尺地

此，而羞比管仲者何哉？譬之御者，子路則范我馳驅而不獲者也；管仲之功，詭遇而獲禽耳。曾西，仲尼之徒也，故不道管仲之事。」子為之為，去聲。曰，孟子言也。願，望也。

朱熹章句　與，平聲。顯，顯名也。王，去聲。由猶通。反手，言易也。

朱熹章句　易，去聲，下同。與，平聲。滋，益也。文王九十七而崩，言百年，舉成數也。文王三分天下，纔有其二；武王克商，乃有天下。周公相成王，制禮作樂，然後教化乃行。

莫非其有也，一民莫非其臣也。然而文王猶方百里起，是以難也。齊人有言曰：『雖有智慧，不如乘勢；雖有鎡基，不如待時。』今時則易然也。夏后、殷、周之盛，地未有過千里者也，而齊有其地矣；雞鳴狗吠相聞，而達乎四境，而齊有其民矣。地不改辟矣，民不改聚矣，行仁政而王，莫之能禦也。且王者之不作，未有疏於此時者也！民之憔悴於虐政，未有甚於此時者也！飢者易為食，渴者易為飲。孔子曰：『德之流行，速於置郵而傳命。』當今之時，萬乘之國行仁政，民之悅之，猶解倒懸也。故事半古之人，功必倍之，惟此時為然。」

廣解

武丁即高宗，是殷朝的賢君。作，興也。「猶運之掌，」喻其易。自武丁至紂凡九世。故家，舊臣之家。微子、微仲、王子、比干、箕子、膠鬲等，都是殷朝紂王時候的賢臣。「猶方百里起」之「猶，」同「由。」是時商德未甚衰，而文王僅為百里之侯，故文王王天下難也。鎡基，是種田的器具。待時，待農時也。所引兩句，是齊人的俗語。「雞鳴狗吠相聞，」用以形容人烟之稠密，人口之眾多。說文：「改，更也。」「辟，」同「闢。」地大民多，故不必更闢地，更聚民，能行仁政，即足以王天下。作，起也。疏，稀也。「憔悴，」是說人臉黃肌瘦，形容極困苦的樣子。虐政，是虐待人民的政治。「易，」去聲。飢渴之人，不論其飲食之優劣，得之便足。以喻民久困於虐政，行仁政，易使民歸向。郵，驛也。

朱熹章句

朝，音潮。鬲，音隔，又音歷。輔相之相，去聲。猶方之猶與由通。

當，猶敵也。商自成湯至於武丁，中間大甲、大戊、祖乙、盤庚皆賢聖之君。作，起也。自武丁至紂凡九世。故家，舊臣之家也。鎡音茲。

鎡基，田器也。時，謂耕種之時。辟，與辟同。

此言其勢之易也。三代盛時，王畿不過千里。今齊已有之，異於文王之百里。又雞犬之聲相聞，自國都以至於四境，言民居稠密也。

此言其時之易也。自文武至此七百餘年，異於商之賢聖繼作；民苦虐政之甚，異於紂之猶有善政。易為飲食，言饑渴之甚，不待甘美也。

郵，音尤。

置，驛也。郵，馹也。所以傳命也。孟子引孔子之言古代置驛以傳命令，極為捷速。德之流行，則更速於置郵傳命。人被倒懸，有解救之者，必甚喜悅。民之憔悴於虐政，其苦亦猶倒懸耳。故行仁政，可以收事半功倍之效。以憑藉論，則已有廣土眾民；以時勢論，又正當事半功倍；故不能與文王相提並論也。

如此。乘，去聲。倒懸，喻困苦也。所施之事，半於古人，而功倍於古人，由時勢易而德行速也。

〔二〕

公孫丑問曰：「夫子加齊之卿相，得行道焉，雖由此霸王不異矣。如此，則動心否乎？」孟子曰：「否！我四十不動心。」

廣解《　加，猶居也。「異」字有二解：一為異同之異，「由此霸王不異」者，謂不異於古之霸王也；一為怪異之異，謂「從此成霸王之業亦不足怪異。」動心者，是說擔了重大責任，心中有所疑懼而不安定也。顧炎武日知錄解釋「動心」道：「『我四十不動心者』不動其『行一不義，殺一不辜，而得天下有不為也』之心。」

朱熹章句　相，去聲。此承上章，又設問孟子，若得位而行道，則雖由此而成霸王之業，亦不足怪。任大責重如此，亦有所恐懼疑惑而動其心乎？四十強仕，君子道明德立之時。孔子四十而不惑，亦不動心之謂。

曰：「若是，則夫子過孟賁遠矣！」曰：「是不難。告子先我不動心。」

廣解《　孟賁，是古時候的勇士，衛人。水行不避蛟龍，陸行不避兕虎。告子，趙岐注告子篇曰：「名不害。嘗學於孟子。」蓋即以為浩生不害。閻若璩云：「浩生複氏，不害其名，與見公孫丑

朱熹章句　賁，音奔。孟賁，勇士。告子，名不害。孟賁血氣之勇，丑蓋借之以贊孟子不動心之難。孟子言告子未為知道，乃能先我不動心，則此亦未足為難也。

之告子及告子題篇者，自各一人。」毛奇齡亦以趙岐為誤。但其生平已不可考。

曰：「不動心有道乎？」曰：「有。北宮黝之養勇也，不膚撓，不目逃，思以一毫挫於人，若撻之於市朝，不受於褐寬博，亦不受於萬乘之君；視刺萬乘之君，若刺褐夫，無嚴諸侯；惡聲至，必反之。孟施舍之所養勇也，曰：『視不勝，猶勝也。量敵而後進，慮勝而後會，是畏三軍者也。舍豈能為必勝哉？能無懼而已矣！』孟施舍似曾子，北宮黝似子夏，夫二子之勇，未知其孰賢？然而孟施舍守約也。昔者，曾子謂子襄曰：『子好勇乎？吾嘗聞大勇於夫子矣：自反而不縮，雖褐寬博，吾不惴焉。自反而縮，雖千萬人，吾往矣！』孟施舍之守氣，又不如曾子之守約也。」

廣解

「不動心有道乎，」公孫丑又問：「曰有……」以下，孟子又答也。北宮，是姓。黝，是名。據高誘淮南子註：也是齊國人。養，是修養。撓者，屈也。「不膚撓」者，有人刺他的肌膚，他也不縮做一團的。「不目逃」者，有人刺他的眼睛，他也不逃避的。挫，辱也。言所受挫辱，雖細至一毫，如被撻於市朝，引以為奇辱大恥也。市朝，普通解為市場與朝廷。顧炎武謂市朝者，市之有行列如朝也，非朝廷之謂。閻若璩謂市朝，乃殺人陳屍之所。俞樾曰：『朝市，』雙言，朝也市也；「市朝，」單言，市之朝也。若撻之於市朝，正是司市之朝耳。古之朝名，通行上下，並

朱熹章句

程子曰：「心有主，則能不動矣。」

黝，伊糾反。撓，奴效反。朝，音潮。乘，去聲。

北宮姓，黝名。膚撓，肌膚被刺而撓屈也。目逃，目被刺而轉睛逃避也。挫，猶辱也。褐，毛布。寬博，寬大之衣，賤者之服也。不受者，不受其挫也。刺，殺也。嚴，畏憚也。言無可畏憚之諸侯也。黝蓋刺客之流，以必勝為主，而不動心者也。舍，去聲，下同。

孟，姓。施，發語聲。舍，名也。會，合戰也。舍自言其戰雖不勝，亦無所懼。若量敵慮勝而後進戰，則是無勇而畏三軍矣。捨蓋力戰之士，以無懼為主，而

非朝廷也。」按如俞說，則市朝猶今之公安局，警察署耳。「褐寬博」者，穿麤布衣的窮人僅一衣，故寬大。「萬乘之君，」是大國的諸侯。「不受於褐寬博」云云，意思是：無論一個平常的窮人，或大國的國君把他羞辱時，他都不願意承受的。「褐夫，」同「褐寬博，」賤夫也。嚴，畏敬也，「無嚴，」猶言不怕。惡聲，叱罵之聲。人以惡聲加之，必以惡聲報之也。趙岐云：「孟姓，舍名，施，發音也。」因為下文孟施舍自稱作舍，故趙岐以「施」為發音。與「介之推」「孟之反」之「之」字同。閻若璩及翟氏灝云：古人雙名可以稱一字，趙岐說非。「曰」字以下，引孟施舍之言。曾子，即曾參。子夏，孔子弟子卜商字。「夫」音扶。二子指孟施舍及北宮黝。約，簡要也。子夏博學切問，得六經之傳；曾子反己三省，聞一貫之道。故子夏所得者博，曾子所守者約。北宮黝之勇，在視萬乘之君如褐夫。孟施舍之勇，在不復量敵慮勝，且視不勝猶勝，其所守在己，故似曾子，而較北宮黝為簡要也。子襄，曾子的弟子。縮，直也。自反，自己反省。「不惴」舊有三解：（一）「不惴」謂不恐懼之。（朱注及焦循正義）（二）「不惴，」惴也；「不，」發語詞，無義。（王引之經傳釋詞。）（三）「不惴，」豈不惴也。（閻若璩四書釋地。）又一說，「惴」當作「遄，」往也。「不遄」正與下「往矣」相對。孟施舍之所守在「氣，」曾子之所守則在「義。」故孟施舍之所守，又不如曾子之簡要矣。

不動心者也。

夫，音扶。

黝務敵人，捨專守己。子夏篤信聖人，曾子反求諸己。故二子之與曾子、子夏，雖非等倫，然論其氣象，則各有所似。賢，猶勝也。約，要也。言論二子之勇，則未知誰勝；論其所守，則舍比於黝，為得其要也。

好，去聲。惴，之瑞反。

此言曾子之勇也。子襄，曾子弟子也。夫子，孔子也。縮，直也。檀弓曰：「古者冠縮縫，今也衡縫。」又曰：「棺束縮二衡三。」惴，恐懼之也。往，往而敵之也。

言孟施舍雖似曾子，然其所守乃一身之氣，又不如曾子之反身循理，所守尤得其要也。孟子之不動心，其原蓋出於此，下文詳之。

曰：「敢問夫子之不動心，與告子之不動心，可得聞與*？」「告子曰：『不得於言，勿求於心；不得於心，勿求於氣。』不得於心，勿求於氣，可；不得於言，勿求於心，不可。夫志，氣之帥也。氣，體之充也。夫志，至焉。氣，次焉。故曰：『持其志，無暴其氣。』」與，作歟。

廣解

上文公孫丑以孟賁為比，故孟子引北宮黝、孟施舍二勇士，及曾子論大勇之言，以明不動心之道。此則公孫丑又問孟子的不動心，和告子之不動心也。孟子先說明告子的不動心。「不得於言，勿求於心；不得於心，勿求於氣。」是告子之言，孟子引之。「不得於心，勿求於氣，可；不得於言，勿求於心，不可。」是孟子批評告子之言。「夫志，氣之帥也」以下，是孟子批評告子之說，又自己加以申說。朱注云：「告子謂於言有所未達，則當舍置其言，而不必反求其理於心；於心有所不安，則當力制其心，而不必更求其助於氣；此所以固守其心而不動之速也。」按「不得於言，」正由告子未能「知言。」能知言，則於詖淫邪遁之辭，皆有以得之矣。告子云：「不得於言，勿求於心，」不過如道家之心若死灰，佛家之離心意參而已，故孟子以為不可。「心」是理智的主宰；「氣」是情感的作用。若不得於心而求之於氣，則理智不明，情感妄動，徒然發生盲目的衝動，故孟子以為「可。」心之所之，謂之「志。」志者，即是心的理智作用所定的行為的動向。故當以「志」為「氣」之帥。但徒有「志」而無充乎

朱熹章句

聞與之與，平聲。夫志之夫，音扶。

此一節，公孫丑之問。孟子誦告子之言，又斷以己意而告之也。告子謂於言有所不達，則當捨置其言，而不必反求其理於心；於心有所不安，則當力制其心，而不必更求其助於氣，此所以固守其心而不動之速也。孟子既誦其言而斷之曰，彼謂不得於心而勿求諸氣者，急於本而緩其末，猶之可也；謂不得於言而不求諸心，則既失於外，而遂遺其內，其不可也必矣。然凡曰可者，亦僅可而有所未盡之辭耳。若論其極，則志固心之所之，而為氣之將帥；然氣亦人之所以充滿於身，而為志之卒徒者也。故志固為至極，而氣即次之。人固當敬守其志，然亦不可不致養其氣。蓋其內外本末，交相培養。此則孟子之心所以未嘗必其不動，而自然不動之大略也。

體之「氣」，則又因循退縮，無進取之勇。「氣」充乎體，則不餒矣。朱子釋「志至氣次」云：「志為至極，而氣次之。」似與孟子崇「養氣」之旨未合。「次」當訓為「次舍」之次。（見陳組綬近聖居燃犀解。）蓋「志」為氣之帥，則志之所至，氣即隨之也。「持其志」者，使趨向正而不可移易也；「無暴其氣」者，使能聽命於志也。

「既曰：『志至焉，氣次焉』，又曰『持其志，無暴其氣』者，何也？」曰：「志壹則動氣，氣壹則動志也。今夫蹶*者，趨者，是氣也；而反動其心。」蹶，音厥。

廣解《

「既曰」以下，是公孫丑又問也。公孫丑之意，以為既云志之所到，氣即隨之，則氣已聽命於志，何必又云「持其志無暴其氣」呢？壹，專一也。一個人志向專一，去做一件事，氣必隨之而動。「志壹則動氣」者，即上文所云「志至焉，氣次焉」也。但在氣專一的時候，志也會隨之而動的，這就是「氣壹則動志」也。蹶，是傾跌。趨，是向前急走。趙氏以「行而蹶者」解之，是「蹶者趨者」即「趨而蹶者」也。一個人因趨走而傾跌，是氣的作用；然而因此就動心了。這是氣壹則動志的一個實例。因為氣壹可以動志，故又須「持其志，無暴其氣。」

朱熹章句

夫，音扶。

公孫丑見孟子言志至而氣次，故問如此則專持其志可矣，又言無暴其氣何也？壹，專一也。蹶，顛躓也。趨，走也。孟子言志之所向專一，則氣固從之；然氣之所在專一，則志亦反為之動。如人顛躓趨走，則氣專在是而反動其心焉。所以既持其志，而又必無暴其氣也。程子曰：「志動氣者什九，氣動志者什一。」

「敢問夫子惡*乎長？」曰：「我知言，我善養吾浩然之氣。」

廣解《 「惡，」音烏，何也。公孫丑又問孟子也。「曰」字以下，為孟子答語。「浩然，」正大之貌。

「敢問何謂浩然之氣？」曰：「難言也。其爲氣也，至大至剛，以直養而無害，則塞於天地之間。其爲氣也，配義與道，無是餒*也。是集義所生者，非義襲而取之也。行有不慊*於心，則餒矣。我故曰：『告子未嘗知義』，以其外之也。必有事焉而勿正，心勿忘，勿助長也。無若宋人然：宋人有閔*其苗之不長而揠*之者，芒芒然歸，謂其人曰：『今日病矣！予助苗長矣。』其子趨而往視之，苗則槁矣。天下之不助苗長者寡矣。以爲無益而舍之者，不耘苗者也；助之長者，揠*苗者也。非徒無益，而又害之。」

廣解《 公孫丑又問，「甚麼叫做浩然之氣？」孟子道：「這是很難說明白的。」「曰」字以下，又為孟子之答辭。「氣」為抽象

朱熹章句 惡，平聲。公孫丑復問孟子之不動心所以異於告子如此者，有何所長而能然，而孟子又詳告之以其故也。知言者，盡心知性，於凡天下之言，無不有以究極其理，而識其是非得失之所以然也。浩然，盛大流行之貌。氣，即所謂體之充者。本自浩然，失養故餒，惟孟子為善養之以復其初也。蓋惟知言，則有以明夫道義，而於天下之事無所疑；養氣，則有以配夫道義，而於天下之事無所懼，此其所以當大任而不動心也。告子之學，與此正相反。其不動心，殆亦冥然無覺，悍然不顧而已爾。

朱熹章句 孟子先言知言，而丑先問氣者。承上文方論志氣而言也。難言者，蓋其心所獨得，而無形聲之驗，有未易以言語形容者。故程子曰：「觀此一

之詞，故難言。「至大，」故沒有限量；「至剛，」故不可屈撓。「以直養，」謂以直道好好的蓄養牠，「直」即義也。下文以苗為喻，耘苗，即是養；揠苗則是害。以直養而無害，則此浩然之氣，日滋月長，充其量可以充塞于天地之間。這一種氣，是配合義與道的。義者，人心之當然；道者，天理之自然也。「無是，」朱注謂「無此氣；」毛奇齡四書逸講箋謂「無是道義。」按無道義，即不能有浩然之正氣；無浩然之氣，則餒矣。此浩然之氣，乃由平時集義所生者。朱注曰：「『集義』者，猶言積善。蓋欲事事皆合於義也。」按集，合也。平時所為，事事皆合於義，則集合此義自能生浩然之氣；此即所謂「以直養」也。朱注又曰：「『襲』如『齊侯襲莒』之襲。」並不是所做的事偶然合義；就能襲取於外而得到這浩然之氣的。慊，口劫反。朱注：「快也，足也。」一個人行事，自己覺得有所不足，那就心中懼怯，氣也餒了。告子嘗謂「仁內義外。」（見告子篇）外義，故不知義，亦不能集義以生浩然之氣。其不動心，不過是「勿求於氣，」而非能善養其浩然之氣也。疑告子主義外之說，以孟子之集義為襲取於外，故孟子辨之如此。朱注曰：「必有事焉，有所事也。如『有事於顓臾』（見論語季氏）之『有事。』正，預期也。春秋傳曰：『戰不正勝，』是也。……此言養氣者，必以集義為事，而勿預期其效。其或未充，則但當勿忘其所有事，而不可作為以助其長，乃集義養氣之節度也。」焦循正義訓「正」為「止，」（詩終風鄭箋云：「正，猶止也。」）「必

言，則孟子之實有是氣可知矣。」至大初無限量，至剛不可屈撓。蓋天地之正氣，而人得以生者，其體假本如是也。惟其自反而縮，則得其所養；而又無所作為以害之，則其本體不虧而充塞無間矣。

程子曰：「天人一也，更不分別。浩然之氣，乃吾氣也。養而無害，則塞乎天地；一為私意所蔽，則欿然而餒，卻甚小也。」謝氏曰：「浩然之氣，須於心得其正時識取。」又曰：「浩然是無虧欠時。」

餒，奴罪反。

配者，合而有助之意。義者，人心之裁製。道者，天理之自然。餒，饑乏而氣不充體也。言人能養成此氣，則其氣合乎道義而為之助，使其行之勇決，無所疑憚；若無此氣，則其一時所為雖未必不出於道義，然其體有所不充，則亦不免於疑懼，而不足以有為矣。

慊，口簟反，又口劫反。

集義，猶言積善，蓋欲事事皆合於義也。襲，掩取也，如齊侯襲莒之襲。言氣雖可以配乎道義，而其養之之始，乃由事皆合義，自反常直，是以無所愧怍，而此氣自然發生於中。非由只行一事偶合於義，便可掩襲於外而得之也。慊，快也，足也。言所行一有不合於義，而自反不直，則不足於心而其體有所不充矣。然則義豈在外哉？告子不知此理，乃曰仁內義外，而不復以義為事，則必不能集義以生浩然之氣矣。上文不得於言勿求於心，即外義之意，詳見告子上篇。

長，上聲。揠，烏八反。舍，上聲。

必有事焉而勿正，趙氏、程子以七字為句。近世或并下文心字讀之者亦通。必有事焉，有所事也，如

有事焉而勿正」者，言必有事於集義而勿止也。何以不止？心勿忘也。時時以不得於言不得於心者，求諸心，則心勿忘而義集也。俞樾古書疑義舉例則謂「正心」二字為「忘」字之誤。此文當作「必有事焉而勿忘；勿忘，勿助長也。」言必有事於集義而勿忘；但雖勿忘，亦勿助長。按下文不耘苗者，即是「忘，」揠苗則是助長。忘，則不「以直養」矣；助長，則非「無害」矣。「無」同「毋，」禁之之詞。「閔」同「憫，」憂也。長，上聲。揠，讀如挖，拔也。「芒芒，」趙注云：「罷倦之貌。」朱注云：「無知之貌。」「其人，」指宋人之家人。病，疲倦也。槁，枯萎也。「舍」同「捨，」棄置也。

「何謂知言？」曰：「被*辭知其所蔽，淫辭知其所陷，邪辭知其所離，遁辭知其所窮。生於其心，害於其政；發於其政，害於其事。聖人復起，必從吾言矣！」被，讀如避。

廣解《

上節所說，單是說明「養浩然之氣。」故公孫丑又問「何謂知言」也。朱注云：「被，偏陂也；淫，放蕩也；邪，邪僻也；遁，逃遁也。四者相因，言之病也。蔽，遮隔也；陷，沉溺也；離，叛去也；窮，困屈也。四者亦相因，則心之失也。」按「詖辭」為偏於一隅，執其一端之辭。荀子解蔽篇云「墨子蔽於欲而不知得，慎子蔽於法而不知賢，申子蔽於執而不知知，惠子蔽於辭而不知實，莊子蔽於天而不知人。」是皆「蔽於一曲而闇於大理，」故其言皆有所偏執也。「淫辭」猶「放言，」所謂汪洋自恣之議論

有事於顓臾之有事。正，預期也。春秋傳曰「戰不正勝」，是也。如作正心義亦同。此與大學之所謂正心者，語意自不同也。此言養氣者，必以集義為事，而勿預期其效。其或未充，則但當勿忘其所有事，而不可作為以助其長，乃集義養氣之節度也。閔，憂也。揠，拔也。芒芒，無知之貌。其人，家人也。病，疲倦也。舍之不耘者，忘其所有事。揠而助之長者，正之不得，而妄有作為者也。然不耘則失養而已，揠則反以害之。無是二者，則氣得其養而無所害矣。如告子不能集義，而欲強制其心，則必不能免於正助之病。其於所謂浩然者，蓋不惟不善養，而又反害之矣。

朱熹章句　被，彼寄反。復，扶又反。

此公孫丑復問而孟子答之也。被，偏陂也。淫，放蕩也。邪，邪僻也。遁，逃避也。四者相因，言之病也。蔽，遮隔也。陷，沈溺也。離，叛去也。窮，困屈也。四者亦相因，則心之失也。人之有言，皆本於心。其心明乎正理而無蔽，然後其言平正通達而無病；苟為不然，則必有是四者之病矣。即其言之病，而知其心之失，又知其害於政事之決然而不可易者如此。非心通於道，而無疑於天下之理，其孰能之？彼告子者，不得於言而不肯求之於心；至為義外之說，則自不免於四者之病，其何以知天下之言而無所疑

也。此皆有所陷溺，不能復出者也。「邪辭」即「邪說。」春秋戰國時弒父弒君之「暴行，」亦必有邪說為之辯護，如衛輒拒父，而藉口於王父之命之類。蓋其心反叛離道義，故有此等邪辭耳。遁辭者，隱曲之言，其本意則隱而不明，其言辭則妄而不實，蘇秦張儀之言，大多如此。若能知其辭之所窮，則其姦不能售矣。以上四句，釋「知言。」以下則推論四種言辭之害。蓋言為心聲，所以言有被淫邪遁之辭者，皆由心有蔽陷離窮之病。下滕文公篇云：「邪說者不得作。作於其心，害於其事；作於其事，害於其政。聖人復起，不易吾言矣。」與此略同。「吾言」是指「生於其心……」四句。

「宰我、子貢，善為說辭。冉牛、閔子、顏淵，善言德行。孔子兼之。曰：『我於辭命，則不能也。』然則夫子既聖矣乎？」

廣解《 朱注云：「此一節，林氏以為皆公孫丑之問，是也。」公孫丑聽孟子說「我知言，我善養吾浩然之氣，」故有此問。宰我，名予，子貢，姓端木，名賜，冉牛，名耕，字伯牛，閔子，名損，字子騫，顏淵，名回，皆孔子弟子。論語先進云：「德行，顏淵、閔子騫、冉伯牛、仲弓；言語，宰我、子貢。」公孫丑蓋以長於言語者指「知言，」長於德行者指「養氣」也。孔門弟子各有所長，孔子兼而有之，但猶自謙為不能辭命；今孟子自謂善知言，又善養氣，是已成聖人矣。

哉？

程子曰：「心通乎道，然後能辨是非，如持權衡以較輕重，孟子所謂知言是也。」又曰：「孟子知言，正如人在堂上，方能辨堂下人曲直。若猶未免雜於堂下眾人之中，則不能辨決矣。」

朱熹章句 行，去聲。

此一節，林氏以為皆公孫丑之問是也。說辭，言語也。德行，得於心而見於行事者也。三子善言德行者，身有之，故言之親切而有味也。公孫丑言數子各有所長，而孔子兼之，然猶自謂不能於辭命。今孟子乃自謂我能知言，又善養氣，則是兼言語德行而有之，然則豈不既聖矣乎？此夫子，指孟子也。程子曰：「孔子自謂不能於辭命者，欲使學者務本而已。」

曰：「惡*！是何言也！昔者子貢問於孔子曰：『夫子聖矣乎？』孔子曰：『聖則吾不能；我學不厭而教不倦也。』子貢曰：『學不厭，智也，教不倦，仁也；仁且智，夫子既聖矣！』夫聖，孔子不居，是何言也！」

廣解《 此段是孟子回答的話。「惡，」音烏，歎詞。公孫丑以為孟子已經是聖人，所以孟子答道：「唉！這是甚麼話呢？」乃引子貢與孔子的一段談話為證，並道：「這個『聖』字，孔子尚且不敢自居；如今你說我是聖人，這是甚麼話呢！」

朱熹章句 惡，平聲。夫聖之夫，音扶。惡，驚歎辭也。昔者以下，孟子不敢當丑之言，而引孔子、子貢問答之辭以告之也。此夫子，指孔子也。學不厭者，智之所以自明；教不倦者，仁之所以及物。再言「是何言也」，以深拒之。

「昔者竊聞之：子夏、子游、子張，皆有聖人之一體，冉牛、閔子、顏淵，則具體而微。敢問所安？」曰：「姑舍是。」

廣解《 此段又是公孫丑所問。因為孟子既不敢自比於孔子，所以又把孔子的弟子，提出來請教。子夏，卜商字；子游，言偃字；子張，顓孫師字；皆孔子弟子。有一體者，有聖人一部份的長處；具體而微者，有聖人全部份的長處，不過比聖人規模小一點。「所安」謂願自處於那一等也。「曰，姑舍是」者，孟子不欲與孔子弟子度長絜短，故有此答。姑且；「舍」同「捨，」丟開不談也。

朱熹章句 此一節，林氏亦以為皆公孫丑之問，是也。一體，猶一肢也。具體而微，謂有其全體，但未廣大耳。安，處也。公孫丑復問孟子既不敢比孔子，則於此數子欲何所處也。舍，上聲。孟子言且置是者，不欲以數子所至者自處也。

曰：「伯夷、伊尹何如？」曰：「不同道。非其君不事，非其民不使；治則進，亂則退，伯夷也。何事非君？何使非民？治亦進，亂亦進，伊尹也。可以仕則仕，可以止則止，可以久則久，可以速則速，孔子也。皆古聖人也。吾未能有行焉，乃所願，則學孔子也。」

廣解《 此段仍是公孫丑問的話。伯夷，殷末孤竹君的長子。與弟叔齊讓國而逃，避紂居北海之濱。周武王伐紂，得了天下，伯夷情願在首陽山餓死，不食周朝的粟米。伊尹，夏末時人，助湯伐桀，後來做了商朝的宰相。伯夷為聖之清者，近於有所不為之狷；伊尹為聖之任者，近於進取之狂；故二人不同道。孟子說明了二人的不同道，接下去說到孔子的為人。則孔子是聖之時者，故仕止久速，各以其時之宜。孟子於三人，雖皆自謙曰「吾未能有行焉，」而又云願學孔子，蓋以時中之聖為鵠者也。

朱熹章句 治，去聲。伯夷，孤竹君之長子。兄弟遜國，避紂隱居，聞文王之德而歸之。及武王伐紂，去而餓死。伊尹，有莘之處士。湯聘而用之，使之就桀。桀不能用，復歸於湯。如是者五，乃相湯而伐桀也。三聖人事，詳見此篇之末及萬章下篇。

「伯夷伊尹於孔子，若是班乎！」曰：「否！自有生民以來，未有孔子也。」

廣解《 公孫丑又問：「伯夷 伊尹對於孔子，是同等的嗎？」孟子道：「並不！自從天地間有人民以來，沒有一個能及得孔子的！」

朱熹章句 班，齊等之貌。公孫丑問，而孟子答之以不同也。

曰：「然則有同與*？」曰：「有。得百里之地而君之，皆能以朝*諸侯，有天下。行一不義，殺一不幸*，而得天下，皆不為也：是則同。」

廣解

「與，」同「歟。」公孫丑又問：「然則這三個人，亦有相同的地方嗎？」「得百里之地而君之」者，言假使得到百里的地方，使這三個人做君主也。「朝諸侯有天下，」即是王天下。「不辜，」即是無罪。假如使他們行一件不義的事體，殺一個無罪的人民，而取得天下，這三個人都是不肯做的。這就是他們相同的地方。

朱熹章句

與，平聲。朝，音潮。

有，言有同也。以百里而王天下，德之盛也。行一不義、殺一不辜而得天下有所不為，心之正也。聖人之所以為聖人，其本根節目之大者，惟在於此。於此不同，則亦不足以為聖人矣。

曰：「敢問其所以異？」曰：「宰我、子貢、有若，智足以知聖人，汙*不至阿其所好。宰我曰：『以予觀於夫子，賢於堯舜遠矣！』子貢曰：『見其禮而知其政，聞其樂*而知其德，由百世之後，等百世之王，莫之能違也。自生民以來，未有夫子也。』有若曰：『豈惟民哉！麒麟之於走獸，鳳凰之於飛鳥，泰山之於丘垤*，河海之於行潦*，類也。聖人之於民，亦類也。出於其類，拔乎其萃，自生民以來，未有盛於孔子也。』」

廣解

公孫丑又問：「那末，三個人的所以不同在那裏？」「曰」字以下，又是孟子答語。有若，也是孔子的弟子。朱注以「汙下」釋「汙」字，非。當從焦循正義作「洿，」是夸大之「夸」的假借字。阿者，是私心愛好的意思。孟子說：「像宰我、子貢、有若，其才智，都足以知道聖人；即使說話夸大一點，也不至於阿私於心所愛好的人。故即引三人稱贊孔子之言，以示伯夷、伊尹之不及孔子。古先聖王，去今久遠，已人亡政息矣。然孔子觀

朱熹章句

汙，音蛙。好，去聲。

汙，下也。三子智足以知夫子之道。假使汙下，必不阿私所好而空譽之，明其言之可信也。程子曰：「語聖則不異，事功則有異。夫子賢於堯舜，語事功也。蓋堯舜治天下，夫子又推其道以垂教萬世。堯舜之道，非得孔子，則後世亦何所據哉？」言大凡見人之禮，則可以知其政；聞人之樂，則可以知其德。是以我從百世之後，差等百世之王，無有能遁其情者，而見其皆莫若夫子之盛也。

其所遺之禮，（包典章制度言。）而可以推知其政；聞其所遺之樂，（如舜之韶，武王之武。）而可以推知其德。等，差等也。從百世之後，上溯百世之前王，雖有差等，皆不違離孔子之道，此即所謂「集大成，」故為生民以來未有之大聖也。古以麒麟為獸之長，鳳凰為鳥之長，太山為山之最高者，黃河及海為水之最大者，故以喻人中之聖人。丘垤，小山；行潦，是道旁溝中之水。出，高出；拔，特起；萃，聚也。出類，拔萃，言與眾不同也。

〔三〕

孟子曰：「以力假仁者霸；霸，必有國大。以德行仁者王；王，不待大。湯以七十里，文王以百里。以力服人者，非心服也；力不贍也。以德服人者，中心悅而誠服也，如七十子之服孔子也。詩云：『自西自東，自南自北，無思不服。』此之謂也。」

廣解《　此章說明「王」與「霸」的分別。力，兵力也。假，假託也。「必有大國，」必大國而後能霸也。德者，道德也。「不待大，」不必待大國也。贍，足也。所引詩大雅文王有聲篇。「無思不服，」猶云「無不心服。」

垤，大結反。潦，音老。

麒麟，毛蟲之長。鳳凰，羽蟲之長。垤，蟻封也。行潦，道上無源之水也。出，高出也。拔，特起也。萃，聚也。言自古聖人，固皆異於眾人，然未有如孔子之尤盛者也。

程子曰：「孟子此章，擴前聖所未發，學者所宜潛心而玩索也。」

朱熹章句　力，謂土地甲兵之力。假仁者，本無是心，而借其事以為功者也。霸，若齊桓晉文是也。以德行仁，則自吾之得於心者推之，無適而非仁也。贍，足也。詩大雅文王有聲之篇。王霸之心，誠偽不同。故人所以應之者，其不同亦如此。

鄒氏曰：「以力服人者，有意於服人，而人不敢不服；以德服人者，無意於服人，而人不能不服。從古以來，論王霸者多矣，未有若此章之深切而著明也。」

〔四〕

孟子曰：「仁則榮，不仁則辱。今惡辱而居不仁，是猶惡濕而居下也。如惡之，莫如貴德而尊士。賢者在位，能者在職，國家閒暇，及是時，明其政刑，雖大國必畏之矣！詩云：『迨天之未陰雨，徹彼桑土，綢繆牖戶；今此下民，或敢侮予。』孔子曰：『爲此詩者，其知道乎！能治其國家，誰敢侮之？』」

廣解《　惡，去聲，厭也。卑下則近水，故濕。職，官職。「閒暇，」言無外患內禍之時。明，察也。所引詩經見豳風鴟鴞篇，是詩人假託鳥的口氣而說的。迨，及也。徹，取也。桑土，桑樹的皮和泥土也。毛詩釋文云：「土，音杜。韓詩作杜。」方言：「東齊謂根曰杜。」是桑土即桑根。繆，音謀。綢繆，纏結也。牖，即戶。言鳥取桑根以結巢也。「今此下民，」今毛詩作「今女下民。」「女」同「汝。」「或敢」即誰敢也。

朱熹章句　惡，去聲，下同。

好榮惡辱，人之常情。然徒惡之而不去其得之之道，不能免也。閒，音閑。

此因其惡辱之情，而進之以強仁之事也。貴德，猶尚德也。士，則指其人而言之。賢，有德者，使之在位，則足以正君而善俗。能，有才者，使之在職，則足以修政而立事。國家閒暇，可以有為之時也。詳味及字，則惟日不足之意可見矣。

徹，直列反。土，音杜。綢，音稠。繆，武彪反。

詩豳風鴟鴞之篇，周公之所作也。迨，及也。徹，取也。桑土，桑根之皮也。綢繆，纏綿補葺也。牖戶，巢之通氣出入處也。予，鳥自謂也。言我之備患詳密如此，今此在下之人，或敢有侮予者乎？周公以鳥之為巢如此，比君之為國，亦當思患而預防之。孔子讀而贊之，以為知道也。

今國家閒暇，及是時，般樂怠敖，是自求禍也。禍福無不自己求之者！詩云：『永言配命，自求多福。』太甲曰：『天作孽，猶可違；自作孽，不可活。』此之謂也。」

廣解《

「般，」音盤，大也。「樂，」歡樂之樂。怠，懶惰也。敖，驕傲也。上文說國家當閒暇之時，應先修明其政刑。此段說現今的國家，在閒暇時候，國君只知道大大地享樂，懶惰驕傲，這是自求禍殃。所引詩經，見大雅文王篇的句子，用以證明禍福自求的道理。「永言配命，」朱注云：「永，長也。言，猶念也。配，合也。命，天命也。」言當永念所配受之天命，以自求多福也。太甲，商王。今尚書有太甲篇，係東晉偽古文。此引詩以明自己求福，引太甲之言以明自己求禍。

朱熹章句

般，音盤。樂，音洛。敖，音傲。言其縱欲偷安，亦惟日不足也。結上文之意。孽，魚列反。詩大雅文王之篇。永，長也。言，猶念也。配，合也。命，天命也。此言福之自己求者。太甲，商書篇名。孽，禍也。違，避也。活，生也，書作逭。逭，猶緩也。此言禍之自己求者。

〔五〕

孟子曰：「尊賢使能，俊傑在位，則天下之士，皆悅而願立於其朝矣。市廛而不征，法而不廛，則天下之商，皆悅而願藏於其市矣。關，譏而不征，則天下之旅，皆悅而願出於其路矣。耕者，助而不稅，則天下之農，皆悅而願耕於其野矣。廛，無夫里之布，則天下之民，皆悅而願爲之氓矣。信能行此五者，則鄰國之民，仰之若父母矣。率其子弟，攻其父母，自生民以來，未有能濟者也。如此，則無敵於天下；無敵於天下者，天吏也，然而不王者，未之有也。」

廣解

有道德的人曰「賢，」有才幹的人曰「能，」才德出眾者曰「俊傑。」廛，是市場上的房屋，此指市屋之稅而言。征，是征稅。「廛而不征，」乃稅其舍而不稅其物。或曰，商賈居此屋，不征其稅。趙岐曰：「法而不廛」者，「當以什一之法征其地耳，不當征其廛宅也。」朱注引張子曰：「或賦其市地之廛而不征其貨；或治之以市官之法而不賦其廛。」焦循正義引鄭玄謂「市廛而不征」者，言貨物儲藏於市中者不取租稅；「法而不廛」者，言有貨物久滯於廛者，官以法為居取之。（鄭說見禮記王制「市廛而不稅」句注）。關，境上之門也。譏，猶言稽察。言但稽察而不取稅。旅，行旅之人。征，亦稅也。助，是古代井田制度借民力助耕公田的一種方法。「廛無夫里之布。」趙岐註曰：「里，居也。布，錢也。夫，一夫也。」朱注云：「周禮『宅不毛者有里布。民無職業者，出夫家之征。』鄭氏謂宅不種桑麻者，罰之，使出一里二十五家之布；民無常業者，罰之，使出一夫百畝之稅，一家力役之征也。今戰國時一切取之；市宅之民，已賦其廛，又令出此夫里之布，非先王之法也。」江永羣經補義則謂上「廛而不征法而不廛」之「廛，」是市宅；此「廛」字，則指民居。「布，」泉也，錢也，非「布帛」之布。「夫布」見周禮閭師，「凡無職者出夫布。」謂閒民為人傭力者，不能赴公家旬三日之役，使出一夫力役之泉，猶後世之僱役錢。「里布，」見周禮載師，「凡宅不毛者有里布。」謂不種桑麻之荒地，或為臺榭游觀者，仍使出地稅也。戰

朱熹章句

朝，音潮。

俊傑，才德之異於眾者。廛，市宅也。張子曰：「或賦其市地之廛，而不征其貨；或治之以市官之法，而不賦其廛。蓋逐末者多則廛以抑之，少則不必廛也。」解見前篇。

但使出力以助耕公田，而不稅其私田也。氓，音盲。

周禮：「宅不毛者有裡布，民無職事者，出夫家之征。」鄭氏謂：「宅不種桑麻者，罰之使出一里二十五家之布；民無常業者，罰之使出一夫百畝之稅，一家力役之征也。」今戰國時，一切取之。市宅之民，已賦其廛，又令出此夫裡之布，非先王之法也。氓，民也。

呂氏曰：「奉行天命，謂之天吏。廢興存亡，惟天所命，不敢不從，若湯武是也。」此章言能行王政，則寇戎為父子；不行王政，則赤子為仇讎。

國時，則非閒民，已有力役之征者，仍使出夫布；宅種桑麻，已有布縷之征者，仍使出里布；故孟子主廢除之。其說最為明白。氓，民也。一聲之轉。信，誠也。「五者，」即指上文所說五事。仰，仰望也。濟，成也。天吏，天使也。為天誅伐無道，故曰「天使。」

〔六〕

孟子曰：「人皆有不忍人之心。先王有不忍人之心，斯有不忍人之政矣。以不忍人之心，行不忍人之政，治天下可運之掌上。所以謂人皆有不忍人之心者，今人乍見孺子將入於井，皆有怵惕惻隱之心，非所以內交於孺子之父母也，非所以要譽於鄉黨朋友也，非惡其聲而然也。」

廣解

「不忍人之心」為「仁心；」「不忍人之政」為「仁政；」「仁政」以「仁心」為本。以「仁心」行「仁政，」則仁可以覆天下。「可運之掌上」者，言其易也。下乃舉事實以證「人皆有不忍人之心。」乍，猶忽然也。孺子，即小孩。怵惕，受驚的樣子。惻，傷憫也。隱，隱痛。「內，」今作「納，」「內交，」猶說結交。要譽，求取很好的名譽。惡，去聲。惡其聲，厭惡小兒哭喊的聲音也。今人忽見小孩子將入於井，都會引起驚惶惻隱之心；此乃純粹由於內心的同情，並非由于外力，有所為而出此；故可證明「不忍人之心，」是人類同具的天性。

朱熹章句

天地以生物為心，而所生之物因各得夫天地生物之心以為心，所以人皆有不忍人之心也。言眾人雖有不忍人之心，然物慾害之，存焉者寡，故不能察識而推之政事之閒；惟聖人全體此心，隨感而應，故其所行無非不忍人之政也。怵，音黜。內，讀為納。要，平聲。惡，去聲，下同。

乍，猶忽也。怵惕，驚動貌。惻，傷之切也。隱，痛之深也。此即所謂不忍人之心也。內，結。要，求。聲，名也。言乍見之時，便有此心，隨見而發，非由此三者而然也。程子曰：「滿腔子是惻隱之心。」謝氏曰：「人須是識其真心。方乍見孺子入井之時，其心怵惕，乃真心也。非思而得，非勉而中，天理之自然也。內交、要譽、惡其聲而然，即人欲之私矣。」

「由是觀之：無惻隱之心，非人也。無羞惡*之心，非人也。無辭讓之心，非人也。無是非之心，非人也。

廣解《

「惻隱之心，」即「不忍人之心。」此心既為人所同具，則無此心者，即非人矣。因而推論及於「羞惡、」「辭讓、」「是非」之心。惡，去聲。「是非之心，」謂辨別是非之心。

朱熹章句

惡，去聲，下同。羞，恥己之不善也。惡，憎人之不善也。辭，解使去己也。讓，推以與人也。是，知其善而以為是也。非，知其惡而以為非也。人之所以為心，不外乎是四者，故因論惻隱而悉數之。言人若無此，則不得謂之人，所以明其必有也。

「惻隱之心，仁之端也。羞惡之心，義之端也。辭讓之心，禮之端也。是非之心，智之端也。人之有是四端也，猶其有四體也。有是四端而自謂不能者，自賊者也。謂其君不能者，賊其君者也。

廣解《

端，是一件事物的起頭。仁，是愛人無私的心，也就是「推己及人。」「惻隱，」既由於純粹的同情，故是「仁」的起頭。義，是做應該做的事。人做了錯事，總覺得自己慚愧，見人做了錯事，就要厭惡他，這是人的本性，也是「義」的起頭。人家給我東西，我總要推辭，與人同在一處，總要謙讓，這是禮的起頭。人是非之心，所以辨別一切，故是智的起頭。四體，就是四肢。人的心中有仁義禮智四端，猶之身上有手足四肢，都是生來俱有的。不能，言不能有此四端。「賊，」害也。

朱熹章句

惻隱、羞惡、辭讓、是非，情也。仁、義、禮、智，性也。心，統性情者也。端，緒也。因其情之發，而性之本然可得而見，猶有物在中而緒見於外也。四體，四支，人之所必有者也。自謂不能者，物慾蔽之耳。

「凡有四端於我者，知皆擴*而充之矣；若火之始然，泉之始達。苟能充之，足以保四海；苟不充之，不足以事父母。」

廣解《 擴，音廓，推廣也。充，滿也。「然，」同「燃。」泉流出去叫做達。星星之火，可以燎原；涓涓之流，可成江河；故以比此四端之擴充。保四海，保天下也。古先聖王能以仁心行政，故可以保四海之民，皆擴充此四端之效。

朱熹章句 擴，音廓。

擴，推廣之意。充，滿也。四端在我，隨處發見。知皆即此推廣，而充滿其本然之量，則其日新又新，將有不能自已者矣。能由此而遂充之，則四海雖遠，亦吾度內，無難保者；不能充之，則雖事之至近而不能矣。此章所論人之性情，心之體用，本然全具，而各有條理如此。學者於此，反求默識而擴充之，則天之所以與我者，可以無不盡矣。

程子曰：「人皆有是心，惟君子為能擴而充之。不能然者，皆自棄也。然其充與不充，亦在我而已矣。」又曰：「四端不言信者，既有誠心為四端，則信在其中矣。」愚按：四端之信，猶五行之土。無定位，無成名，無專氣。而水、火、金、木，無不待是以生者。故土於四行無不在，於四時則寄王焉，其理亦猶是也。

〔七〕

孟子曰：「矢人豈不仁於函*人哉？矢人唯恐不傷人，函人唯恐傷人；巫匠亦然。故術不可不愼也。孔子曰：『里仁爲美。擇不處仁，焉*得智？』夫*仁，天之尊爵也，人之安宅也。莫之禦而不仁，是不智也。不仁不智，無禮無義，人役也。人役而恥爲役，由弓人而恥爲弓，矢人而恥爲矢也。如恥之，莫如爲仁。仁者如射。射者正己而後發；發而不中，不怨勝己者，反求諸己而已矣！」

廣解

矢是箭；矢人，是造箭的人。函是甲；函人，是造甲的人。造箭的人，惟恐所造的箭，不能傷被射的人。造甲的人，惟恐所造的甲，被箭射透，以至傷披甲的人。巫，是代人祈禱禳疾的。匠即梓匠，是代人製造棺木的。這兩種人，與矢人函人正相同。孟子以為矢人與函人，巫與匠，其本性是相同的，而所操的職業不同，致使他們一則有惟恐不傷人，一則惟恐傷人；一則惟求人之生，一則似利人之死；故選擇技術職業不可不慎。這還是譬喻之辭，下面方說到本旨。所引孔子語，論語里仁篇。里，居也。「里仁」即「處仁」也。焉，平聲，副詞。「夫仁」以下，是孟子解釋之辭。「天之尊爵」者，言是上天所認為最尊重的爵位。安宅，謂可以安居之處。禦，止也，「莫之禦，」「無止之者」也。莫之禦而不仁者是不智；不仁不智之人，必無禮無義；此等人祇能為「人役」耳。「人役，」是受人役使之人，奴僕之屬。既是「人役，」必為人所役使，猶弓人必為弓，矢人必為矢也。如果恥為「人役，」則莫如為仁。仁者必先正己；行有不得，則反求諸己；故以射為喻。中庸云：「射有似乎君子，失諸正鵠，反求諸其身。」與此同義。

朱熹章句

函，音含。函，甲也。惻隱之心人皆有之，是矢人之心，本非不如函人之仁也。巫者為人祈祝，利人之生。匠者作為棺槨，利人之死。

焉，於虔反。夫，音扶。

里有仁厚之俗者，猶以為美。人擇所以自處而不於仁，安得為智乎？此孔子之言也。仁、義、禮、智，皆天所與之良貴。而仁者天地生物之心，得之最先，而兼統四者，所謂元者善之長也，故曰尊爵。在人則為本心全體之德，有天理自然之安，無人欲陷溺之危。人當常在其中，而不可須臾離者也，故曰安宅。此又孟子釋孔子之意，以為仁道之大如此，而自不為之，豈非不智之甚乎？

由，與猶通。

以不仁故不智，不智故不知禮義之所在。此亦因人愧恥之心，而引之使志於仁也。不言智、禮、義者，仁該全體。能為仁，則三者在其中矣。中，去聲。

為仁由己，而由人乎哉？

〔八〕

孟子曰：「子路人告之以有過，則喜。禹聞善言，則拜。大舜有大焉：善與人同，舍己從人，*樂取於人以爲善。自耕稼陶漁以至爲帝，無非取於人者。取諸人以爲善，是與人爲善者也。故君子莫大乎與人爲善。」

廣解 此章係孟子說子路禹舜三人的美德。言子路樂聞自己的過失。禹，即夏禹。尚書臯陶謨曰：「禹拜昌言。」昌言，即善言也。大舜，是虞代的聖君。「有，」同「又，」謂舜之德更大也。「善與人同」者，視人家的善，猶自己的善也。善與人同，故能「舍己從人，樂取於人以為善。」朱注云：「舜之側微，耕于歷山，陶于河濱，漁于雷澤。」陶，製造過瓦器也。後受堯禪為帝。言舜一生之善，無非取於人者。「諸，」之於也。「與人為善」之「與，」許也，助也。取人之善，則人益勸，故曰「與人為善。」此朱子說。焦氏正義則謂「與人為善」即「善與人同，」言與人同為善也。說亦可通。

朱熹章句 喜其得聞而改之，其勇於自修如此。周子曰：「仲由喜聞過，令名無窮焉。今人有過，不喜人規，如諱疾而忌醫，寧滅其身而無悟也。噫！」程子曰：「子路，人告之以有過則喜，亦可謂百世之師矣。」書曰：「禹拜昌言。」蓋不待有過，而能屈己以受天下之善也。

舍，上聲。樂，音洛。

言舜之所為，又有大於禹與子路者。善與人同，公天下之善而不為私也。己未善，則無所繫吝而舍以從人；人有善，則不待勉強而取之於己，此善與人同之目也。

舜之側微，耕於歷山，陶於河濱，漁於雷澤。與，猶許也，助也。取彼之善而為之於我，則彼益勸於為善矣，是我助其為善也。能使天下之人皆勸於為善，君子之善，孰大於此。

此章言聖賢樂善之誠，初無彼此之閒。故其在人者有以裕於己，在己者有以及於人。

〔九〕

孟子曰：「伯夷，非其君不事，非其友不友，不立於惡人之朝*，不與惡人言。立於惡人之朝*，與惡人言，如以*朝衣*朝冠，坐於塗炭。推*惡惡之心，思與鄉人立，其冠不正，望望然去之，若將浼焉。是故諸侯雖有善其辭命而至者，不受也，不受也者，是亦不屑就已。」

廣解

伯夷見前不動心章注。「非其君不事，」故「不立於惡人之朝；」「非其友不友，」故「不與惡人言。」朝衣朝冠，整潔之禮服。塗，泥也。塗炭，汙穢之處。「惡惡，」上惡字去聲，厭惡惡人也。把這種厭惡惡人的心思推而廣之，可以想像他與鄉人立，見他的冠戴得不正時，就向他看看，便走開了，要沾染著汙穢似的。趙注云：「望望然，慚愧之貌。」朱注云：「望望，去而不顧之貌。」二解俱未安。禮記問喪云：「其送往也，望望然，汲汲然，如有追而弗及也。」注云：「望望，瞻望之貌。」其說較長。浼，音莫罪反，漫也，汙也，是沾染汙穢的意思。「辭命，」謂來致聘之言辭。屑，潔也。「不屑就，」言不以就為潔，趙朱二注同。按「不屑，」不肯也，不願也。心有所不願，不肯屈己意以為之，曰「不屑。」莊子則陽篇「而心不屑與之俱。」釋文「屑，本亦作肯。」

朱熹章句

朝，音潮。惡惡，上去聲，下如字。浼，莫罪反。塗，泥也。鄉人，鄉里之常人也。望望，去而不顧之貌。浼，汙也。屑，趙氏曰：「潔也。」說文曰：「動作切切也。」不屑就，言不以就之為潔，而切切於是也。已，語助辭。

「柳下惠，不羞汙君，不卑小官。進不隱賢，必以其道；遺佚而不怨，阨窮而不憫。故曰：『爾為爾，我為我，雖袒裼裸裎於我側，爾焉能浼我哉？』故由由然與之偕而不自失焉，援而止之而止。援而止之而止者，是亦不屑去已！」

廣解

柳下惠，魯公族大夫也，姓展名禽，字季，居於柳下，惠其諡也。他的性質，恰與伯夷相反。「不羞汙君，不卑小官」

朱熹章句

佚，音逸。袒，音但。裼，音錫。裸，魯果反。裎，音程。焉能之焉，於虔反。

柳下惠，魯大夫展禽，居柳下而謚惠也。不隱賢，不者，不以事汙君為羞，不以小官為卑也。「進不隱賢，必以其道」者，進身做官，不隱己之賢能，而必以其道也。遺佚，即遺棄，謂被君主所棄也。阨，困也。憫，憂也。「故曰」以下，是柳下惠所說。袒裼，音但錫，即露臂。裸，音魯果反，裎，音程，即露體。「由由然，」自得之貌。「不自失，」即自得也。「援而止之而止，」言雖欲去，仍可攀留之也。

孟子曰：「伯夷隘*，柳下惠不恭。隘與不恭，君子不由也。」隘，意買反。

廣解

孟子既述伯夷、柳下惠之為人，復批評之，故加「孟子曰」三字。隘，猶狹陋也。伯夷斤斤自守，懼人汙己，故孟子評之曰「隘。」柳下惠放浪形骸，故孟子評之曰「不恭。」其性質相反，而各趨極端，雖為「聖之清，」「聖之和，」而亦各有所偏，各有其弊。故孟子稱君子不由。「不由，」猶云「不從。」蓋孟子所願學者，孔子之「聖之時」耳。

〔十〕

孟子曰：「天時不如地利，地利不如人和。三里之城，七里之郭，環而攻之而不勝；夫環而攻之，必有得天時者矣，然而不勝者，是天時不如地利也。城非不高也，池非不深也，兵革非不堅利也，米粟非不多也，委而去之，是地利不如人和也。故曰：域民不以封疆之界，固國不以山谿之險，威天下不以兵革之利。得道者多助，失道者寡助。寡助之至，親戚

枉道也。遺佚，放棄也。阨，困也。憫，憂也。爾為爾至焉能浼我哉，惠之言也。袒裼，露臂也。裸裎，露身也。由由，自得之貌。偕，並處也。不自失，不失其止也。援而止之而止者，言欲去而可留也。

朱熹章句　隘，狹窄也。不恭，簡慢也。夷、惠之行，固皆造乎至極之地。然既有所偏，則不能無弊，故不可由也。

畔*之；多助之至，天下順之。以天下之所順，攻親戚之所畔*，故君子有不戰，戰必勝矣！」

廣解《 「天時，」古時豫備戰爭，都先用占卜方法，選定一出兵的吉日。「地利，」指城池山川之固而言。「人和，」謂人民與國君上下一心。郭，外城也。「三里，」「七里，」言其城郭之小。環，圍也。池，即城外的護城河。兵，兵器；革，甲也。堅指甲；利指兵。委，棄也。孟子以「天時、」「地利、」「人和」三者相比，明「人和」為最重要也。朱注云：「域，界限也。」時君以封疆之界。「域民，」禁往他國；然民實非封疆之界所能域。「故曰……」三句，承上文「地利不如人和」而言。「畔，」同「叛。」

朱熹章句 天時，謂時日支幹、孤虛、王相之屬也。地利，險阻、城池之固也。人和，得民心之和也。

夫，音扶。

三里七里，城郭之小者。郭，外城。環，圍也。言四面攻圍，曠日持久，必有值天時之善者。革，甲也。粟，谷也。委，棄也。言不得民心，民不為守也。域，界限也。言不戰則已，戰則必勝。尹氏曰：「言得天下者，凡以得民心而已。」

〔十二〕

孟子將朝*王。王使人來曰：「寡人如就見者也；有寒疾，不可以風，朝*將視朝*，不識可使寡人得見乎？」對曰：「不幸而有疾，不能造朝*。」

廣解《 「朝，」音潮。「就見，」齊王往見孟子也。「寒疾，」感冒風寒之疾。「不可以風，」謂有寒疾，當避風也。「朝將視朝，」朱注讀前「朝」字如字，早也。後「朝」字音潮。言翌晨將視朝也。趙注前「朝」字亦音潮，一字作一讀，言如孟子果來朝也。此言孟子本將朝見齊王。王使人來謂孟子，言有寒疾，當避風；但如孟子能來朝，仍將力疾視朝，不知孟子能否來朝，可使寡人得見，如親來孟子館中就見否也。「造」音七到反，赴也。

朱熹章句 章內朝，並音潮，惟朝將之朝，如字。造，七到反，下同。王，齊王也。孟子本將朝王，王不知而託疾以召孟子，故孟子亦以疾辭也。

明日，出弔於東郭氏。公孫丑曰：「昔者辭以病，今日弔，或者不可乎？」曰：「昔者疾，今日愈，如之何不弔？」

廣解　東郭氏，是齊國的大夫。孟子前去弔東郭氏之喪也。昔者，昨日也。公孫丑見孟子昨天以病辭齊王，不往朝，而今天去弔東郭氏之喪，疑其不可。「曰」字以下，為孟子答語。

朱熹章句　東郭氏，齊大夫家也。昔者，昨日也。或者，疑辭。辭疾而出弔，與孔子不見孺悲，取瑟而歌同意。

王使人問疾，醫來。孟仲子對曰：「昔者有王命，有采薪之憂，不能造朝。今病小愈，趨造於朝，我不識能至否乎？」使數人要於路曰：「請必無歸而造於朝。」

廣解　孟仲子，據趙岐註，是孟子從弟，在孟子身邊就學的。這時候，孟子已往東郭氏去弔喪，所以由孟仲子答覆齊王的使者。「采薪之憂，」謂病也。言因病不能采薪也，自謙之辭。曲禮云：「君使士射，不能，則辭以疾，曰『某有負薪之憂。』」「要，」平聲，同「邀。」使人邀孟子於路中也。

朱熹章句　要，平聲。孟仲子，趙氏以為孟子之從昆弟，學於孟子者也。采薪之憂，言病不能采薪，謙辭也。仲子權辭以對，又使人要孟子令勿歸而造朝，以實己言。

不得已而之景丑氏宿焉。景子曰：「內則父子，外則君臣，人之大倫也。父子主恩，君臣主敬。丑見王之敬子也，未見所以敬王也。」曰：「惡*！是何言也！齊人無以仁義與王言者，豈以仁義為不美也？其心曰：『是何足與言仁義也』云爾。則不敬莫大乎是！我非堯舜之道，不敢以陳於王前，故齊人莫如我敬王也。」

廣解《 之，往也。景子名丑，亦齊大夫。孟子剛從東郭氏弔喪回來，被孟仲子所派的人攔住，要孟子去朝見齊王，孟子不願去朝，不得已到景丑家裏去宿夜。「主恩」「主敬」者，為以恩為主，以敬為主也。「曰」字以下，為孟子答語。「惡，」平聲，歎詞。「豈以仁義為不美也，」是反詰語。「是何足與言仁義」之「是，」即指齊王。「云爾，」語詞，言齊人心中，如此云云也。

景子曰：「否！非此之謂也。禮曰：『父召無諾*，君命召，不俟駕。』固將朝*也，聞王命而遂不果，宜與夫禮若不相似然！」

廣解《 禮記曲禮曰：「父召無諾，先生召無諾，唯而起。」玉藻曰：「父命呼，唯而不諾。」曲禮注云：「應辭，唯恭於諾。」玉藻曰：「君召，……在官不俟屨，在外不俟車。」論語鄉黨曰：「君命召，不俟駕行矣。」言急赴君命，不及俟駕車而先行也。宜，殆也。本書滕文公：「不見諸侯，宜若小然；」又「杜尺而直尋，宜若可為也；」離婁：「宜若無罪焉；」盡心「宜若登天然：」「宜」字均當訓「殆。」見王引之經傳釋詞。言孟子之不朝王，殆與禮所謂「君命召不俟駕」者，若不相似也。「夫，」音扶，指示形容詞。

朱熹章句 惡，平聲，下同。景丑氏，齊大夫家也。景子，景丑也。惡，歎辭也。景丑所言，敬之小者也；孟子所言，敬之大者也。

朱熹章句 夫，音扶，下同。禮曰：「父命呼，唯而不諾。」又曰：「君命召，在官不俟屨，在外不俟車。」言孟子本欲朝王，而聞命中止，似與此禮之意不同也。

曰：「豈謂是與*？曾子曰：『晉楚之富，不可及也。彼以其富，我以吾仁；彼以其爵，我以吾義。吾何慊*乎哉！』夫*豈不義而曾子言之，是或一道也。天下有達尊三：爵一，齒一，德一。朝廷莫如爵，鄉黨莫如齒，輔世長*民莫如德。惡得有其一，以慢其二哉！」

廣解《

「與，」今作「歟。」此又為孟子答辨景丑的話。慊，少也。心有所不足也。言晉楚之君雖富貴，而吾之仁義足以當之也。以下是孟子解釋曾子之言。「夫，」音扶。言曾子所言，豈為不義？而曾子言之，這或許是一種道理也。達，通也。齒，年齡；爵，官祿；德，道德。三者人所共尊，故曰「達尊。」輔，助也；長，上聲，動詞，長養之也。孟子自以為有齒德二尊，而齊王僅有「爵」之一尊；今齊王命孟子去朝，是以其一慢其二也。「惡，」音烏，安也。慢，即怠慢。

朱熹章句

與，平聲。慊，口簟反。長，上聲。慊，恨也，少也。或作嗛，字書以為口銜物也。然則慊亦但為心有所銜之義，其為快、為足、為恨、為少，則因其事而所銜有不同耳。孟子言我之意，非如景子之所言者。因引曾子之言，而雲夫此豈是不義，而曾子肯以為言，是或別有一種道理也。達，通也。蓋通天下之所尊，有此三者。曾子之說，蓋以德言之也。今齊王但有爵耳，安得以此慢於齒德乎？

「故將大有爲之君，必有所不召之臣，欲有謀焉則就之。其尊德樂*道，不如是，不足與有爲也。故湯之於伊尹，學焉而後臣之，故不勞而王。桓公之於管仲，學焉而後臣之，故不勞而霸。今天下地醜德齊，莫能相尚，無他，好臣其所教，而不好臣其所受教。湯之於伊尹，桓公之於管仲，則不敢召；管仲且猶不可召，而況不爲管仲者乎？」

廣解《

「大有為，」即大有作為。「不召，」謂不當以命令召見，當就而謀議者。謀，即商量。就，是自己到他那裏去。湯，即商

朱熹章句

樂，音洛。大有為之君，大有作為，非常之君也。程子曰：「古

湯。伊尹，是商朝的賢相。桓公，即齊桓公。管仲，是齊桓公時的賢相。「學焉而後臣，」是先到他那裏去請教，然後再任用他做官。醜，相類也。齊，相等也。尚，是勝過的意思。「好，」去聲，喜也。「所教，」是才德不如我而能聽我命令，受我指揮之人；「所受教，」是才德勝我，我須聽他教導之人。臣其所教者，則可召；臣其所受教，則不敢召也。「不為管仲者，」孟子自謂也。「不為管仲，」見本篇第一章。按本章所記，孟子對齊王的態度似乎太傲。其實孟子在齊，此時尚處賓師之位，非當仕有官職之人，不以奉命趨走為恭，而以責難陳善為敬，故與孔子之君命召不俟駕而行不同。

〔十二〕

陳臻*問曰：「前日於齊，王餽*兼金一百而不受。於宋，餽七十鎰*而受。於薛*，餽五十鎰而受。前日之不受是，則今日之受非也；今日之受是，則前日之不受非也：夫子必居一於此矣。」孟子曰：「皆是也。當在宋也，予將有遠行，行者必以贐*，辭曰『餽贐』，予何爲不受？當在薛也，予有戒心，辭曰『聞戒，故爲兵餽之』，予何爲不受？若於齊，則未有處也。無處而餽之，是貨之也。焉有君子而可以貨取乎？」

廣解《

陳臻，孟子弟子。餽，贈送也。金，指社會上通用的

之人所以必待人君致敬盡禮而後往者，非欲自為尊大也，為是故耳。」

先從受學，師之也。後以為臣，任之也。

好，去聲。醜，類也。尚，過也。所教，謂聽從於己，可役使者也。所受教，謂己之所從學者也。

不為管仲，孟子自謂也。范氏曰：「孟子之於齊，處賓師之位，非當仕有官職者，故其言如此。」

此章見賓師不以趨走承順為恭，而以責難陳善為敬；人君不以崇高富貴為重，而以貴德尊士為賢，則上下交而德業成矣。

朱熹章句

陳臻，孟子弟子。兼金，好金也，其價兼倍於常者。一百，百鎰也。皆適於義也。贐，徐刃

銀子。古時金、銀、銅、都稱金，兼金者，最好的銀子。鎰，古時衡名。一鎰，為二十四兩。「辭，」指餽金時的言辭。「贐，」或作「費，」音習印切，送行者所贈的旅費叫做「贐。」「餽贐」猶今云送程儀也。戒，備戒也。孟子在薛，有人欲害之。兵，所以戒不虞。薛餽金時云：「聞有戒備，故餽金為設兵備之用也，」處，即「於義未有所處」的意思。「貨之」謂以金錢收買之也。「焉，」平聲，副詞。言君子豈可以金錢收買而得之也。

（十三）

孟子之平陸，謂其大夫曰：「子之持戟之士，一日而三失伍，則去之否乎？」曰：「不待三。」「然則子之失伍也亦多矣！凶年饑歲，子之民，老羸*轉於溝壑，壯者散而之四方者，幾千人矣。」曰：「此非距心之所得爲也。」

廣解《 之，往也。平陸，齊國的邊邑。大夫，邑宰也。持戟之士，執兵器的衛士也。「失伍，」謂值班守衛時無故不到也。「去之，」罷免之也。此閻若璩說。趙朱均以「士」為戰士，「伍」為行列，「去之」為殺之，不如閻說為合情理。「不待三，」言「不到第三次，便令出伍」也。羸，弱也。距心，姓孔，是平陸的大夫。言此乃齊王之政，非大夫所得擅，故曰「非距心所得為。」

反。贐，送行者之禮也。為兵之為，去聲。時人有欲害孟子者，孟子設兵以戒備之。薛君以金餽孟子，為兵備。辭曰「聞子之有戒心也」。焉，於虔反。無遠行戒心之事，是未有所處也。取，猶致也。尹氏曰：「言君子之辭受取予，惟當於理而已。」

朱熹章句 去，上聲。平陸，齊下邑也。大夫，邑宰也。戟，有枝兵也。士，戰士也。伍，行列也。去之，殺之也。幾，上聲。子之失伍，言其失職，猶士之失伍也。距心，大夫名。對言此乃王之失政使然，非我所得專為也。

曰：「今有受人之牛羊而爲之牧之者，則必爲之求牧與芻矣。求牧與芻而不得，則反諸其人乎？抑亦立而視其死與*？」曰：「此則距心之罪也。」

廣解《 此孟子又設譬對孔距心言也。「牧之」之「牧，」即畜牧。「求牧」之「牧，」牧地也。芻，餵羊之草。「反諸其人，」以羊還主人也。抑，轉折連詞，猶今云「還是。」「與」同「歟。」

朱熹章句 為，去聲。死與之與，平聲。牧之，養之也。牧，牧地也。芻，草也。孟子言若不得自專，何不致其事而去。

他日，見於王曰：「王之爲都者，臣知五人焉。知其罪者，惟孔距心。」爲王誦之。王曰：「此則寡人之罪也。」

廣解《 見於王，孟子見齊王也。為，治也；都，邑也。「為都者」即治理一邑的大夫。「誦之，」傳述與孔距心問答之言也。

朱熹章句 見，音現。為王之為，去聲。為都，治邑也。邑有先君之廟曰都。孔，大夫姓也。為王誦其語，欲以諷曉王也。陳氏曰：「孟子一言而齊之君臣舉知其罪，固足以興邦矣。然而齊卒不得為善國者，豈非說而不繹，從而不改故邪？」

〔十四〕

孟子謂蚳鼃**曰：「子之辭靈丘而請士師，似也，爲其可以言也。今既數月矣，未可以言與*？」

廣解《 「為，」去聲，同「謂。」蚳音池，鼃同蛙。蚳鼃，人名，齊國的大夫。靈丘，齊邑。士師，刑官之屬，在都中，故刑罰不中，

朱熹章句 蚳，音遲。鼃，烏花反。為，去聲。與，平聲。蚳鼃，齊大夫也。靈丘，齊下邑。似也，言所為近似

可以進諫。一說，古有兩種士師：一種是管獄員，如論語：「柳下惠為士師」是也；一種是諫官，等於漢朝的諫議大夫，清朝的御史之類，此章所說的士師是也。言蚳鼃之辭靈丘大夫，而請改任為士師，似乎合理，因其可以進諫也。今為士師，已數月之久，而無進諫之言，豈未可以言與？「與」同「歟」。

有理。可以言，謂士師近王，得以諫刑罰之不中者。

蚳鼃諫於王而不用，致爲臣而去。齊人曰：「所以爲蚳鼃，則善矣；所以自爲，則吾不知也。」

廣解《 「致為臣」即「致仕，」辭職也。齊人因此批評孟子，言所以為蚳鼃計者，則善，所以自為計者如何，則吾輩不知；蓋譏孟子之不去也。

朱熹章句　致，猶還也。為，去聲。譏孟子道不行而不能去也。

公都子以告。曰：「吾聞之也，有官守者，不得其職則去；有言責者，不得其言則去。我無官守，我無言責也，則吾進退，豈不綽綽然有餘裕哉？」

廣解《 公都子，孟子弟子。以告者，把齊人說的話，來告訴孟子也。「曰」字以下，孟子對公都子之話。做地方官的有應守的職務，叫「官守；」做諫官的負進諫的責任，叫「言責。」綽綽，是很寬的樣子。「餘裕，」是很有餘地的意思。孟子在齊，不居官職，故進退綽然也。

朱熹章句　公都子，孟子弟子也。官守，以官為守者。言責，以言為責者。綽綽，寬貌。裕，寬意也。孟子居賓師之位，未嘗受祿。故其進退之際，寬裕如此。尹氏曰：「進退久速，當於理而已。」

〔十五〕

孟子為卿於齊，出弔於滕。王使蓋*大夫王驩*為輔行。王驩朝暮見，反齊滕之路，未嘗與之言行事也。公孫丑曰：「齊卿之位，不為小矣；齊滕之路，不為近矣；反之而未嘗與言行事，何也？」曰：「夫既或治之，予何言哉？」

廣解《 卿，是客卿，位在大夫之上，但沒有一定的職務與責任。孟子出弔於滕，蓋奉齊王之命。「蓋，」音古盍反，是齊國的地名。王驩，時為蓋邑大夫，是一個小人。輔行，副使也。「反齊滕之路，」言由齊之滕，又由滕反齊也。行事，使事也。孟子既為正使，一切使事，驩宜聽命於孟子，乃驩既自專，而孟子又未嘗與言，故公孫丑疑而問也。「齊卿之位不為小矣，」指孟子而言。朱注謂指王驩，豈公孫丑以驩位不小，故應與之言乎？當從陳綏燃犀解說。孟子答公孫丑之言，是隱約之辭。言「彼既或治之，我又說什麼呢？」「夫，」音扶，彼也，指王驩。或，疑詞。「治之，」謂治使事。

朱熹章句 蓋，古盍反。見，音現。

蓋，齊下邑也。王驩，王嬖臣也。輔行，副使也。反，往而還也。行事，使事也。夫，音扶。

王驩蓋攝卿以行，故曰齊卿。夫既或治之，言有司已治之矣。孟子之待小人，不惡而嚴如此。

〔十六〕

孟子自齊葬於魯，反於齊，止於嬴。*充虞請曰：「前日不知虞之不肖，使虞敦匠事。嚴，虞不敢請。今願竊有請也，木若以美然？」曰：「古者棺槨無度；中古棺七寸，槨稱之。自天子達於庶人。非直爲觀美也，然後盡於人心。不得，不可以爲悅；無財，不可以爲悅。得之爲有財，古之人皆用之；吾何爲獨不然？且比化者，無使土親膚，於人心獨無恔*乎？吾聞之也，君子不以天下儉其親。」

廣解　顧炎武日知錄云：「言葬而不言喪，此改葬也。禮，改葬，緦，事畢而除。故反於齊，止於嬴，而充虞乃得承間而問。」按趙朱二注均謂孟子喪母，歸葬魯。則是營葬方畢，即反於齊，有背喪禮矣。若謂終喪而反，則充虞何以至三年後而始問於逆旅之中？且何以云「前日」乎？充虞，孟子弟子。「敦匠事，」監督製造棺材的事也。此句或讀於「匠」字句絕。「事」字屬下誤。作「事嚴。」事嚴，事急也，故無暇請問。「以」通「已，」太也。「木若以美然，」言棺木似乎太好也。「無度，」言沒有一定的尺寸也。「中古，」大概指周朝初年。七寸，指棺之厚。稱，相當也。槨，是加在棺外的。「槨稱之」者，言與棺的厚薄相當也。「非直，」即不但。「觀美，」外觀形式之美。言葬父母的棺槨，用較好的木材，不但是為了外表上的美觀，如此然後盡人子的心。不得，不得好木也。「得之為有財，」為，與也。言既可得之，又有財足以購之也。朱注曰：「比，

朱熹章句　孟子仕於齊，喪母，歸葬於魯。嬴，齊南邑。充虞，孟子弟子，嘗董治作棺之事者也。嚴，急也。木，棺木也。以，已通。以美，太美也。稱，去聲。度，厚薄尺寸也。中古，周公制禮時也。槨稱之，與棺相稱也。欲其堅厚久遠，非特為人觀視之美而已。不得，謂法制所不當得。得之為有財，言得之而又為有財也。或曰：「為當作而。」比，必二反。恔，音效。比，猶為也。化者，死者也。恔，快也。言為死者不使土近其肌膚，於人子之心，豈不快然無所恨乎？送終之禮，所當得為而不自盡，是為天下愛惜此物，而薄於吾親也。

猶為也。化者，死者也。恔，快也。」是說為了使已死者的尸體不被泥土黏在皮膚上，這在人子的心裏，難道不是很快慰的嗎？「不以天下儉其親，」言不為天下之故而儉於其親也。

〔十七〕

沈同以其私問曰：「燕可伐與*？」孟子曰：「可。子噲*不得與人燕，子之不得受燕於子噲。有仕於此，而子悅之，不告於王而私與之吾子之祿爵；夫士也，亦無王命而私受之於子，則可乎？何以異於是？」

廣解《 沈同，齊國的大臣。「以其私問，」以他私人的資格問孟子也。「伐與」之「與，」今作「歟。」這時燕國的國君名叫子噲，讓位與子之。子之遂為燕王。孟子以此時尚有周天子在，諸侯之授受，必須王命；今私相授受，是不合法的。

朱熹章句 伐與之與，平聲；下伐與、殺與同。夫，音扶。

沈同，齊臣。以私問，非王命也。子噲、子之，事見前篇。諸侯土地人民，受之天子，傳之先君。私以與人，則與者受者皆有罪也。仕，為官也。士，即從仕之人也。

齊人伐燕。或問曰：「勸齊伐燕，有諸？」曰：「未也。沈同問『燕可伐與*？』吾應之曰『可。』彼然而伐之也。彼如曰：『孰可以伐之？』則將應之曰：『爲天吏，則可以伐之。』今有殺人者，或問之曰：『人可殺與*？』則將應之曰『可。』彼如曰：『孰可以殺之？』則將應之曰：『爲士師，則可以殺之。』今以燕伐燕，何爲勸之哉？」

廣解《 「諸」即「之乎。」「與，」同「歟。」「天吏，」指受天命之王

朱熹章句 天吏，解見上篇。言齊無道，與燕無

者。士師，是審理訟獄的官，能判定人罪而將人殺戮的。以「燕伐燕」者，是說齊國與燕國同一無道，以齊伐燕，等於以燕國伐燕國也。

異，如以燕伐燕也。史記亦謂孟子勸齊伐燕，蓋傳聞此說之誤。

楊氏曰：「燕固可伐矣，故孟子曰可。使齊王能誅其君，吊其民，何不可之有？乃殺其父兄，虜其子弟，而後燕人畔之。乃以是歸咎孟子之言，則誤矣。」

〔十八〕

燕人畔。王曰：「吾甚慚於孟子。」陳賈曰：「王無患焉。王自以為與周公，孰仁且智？」王曰：「惡！是何言也？」曰：「周公使管叔監殷，管叔以殷畔。知而使之，是不仁也；不知而使之，是不智也。仁智，周公未之盡也，而況於王乎？賈請見而解之。」

廣解

「畔，」同「叛。」齊國伐燕，五旬而舉之。齊王問孟子，孟子告以置君而返，事已見上篇。齊王因不聽孟子的話，燕人果然叛齊。故齊王自覺慚愧。陳賈，是齊國的大夫。周武王滅紂後，將紂子武庚仍封在殷的地方做諸侯。管叔，武王之弟，周公之兄。當時因恐殷朝的後代反叛，所以周公使管叔，去監視殷人的行動。不料武王死後，管叔反助殷人反叛。陳賈思以周公之事來安慰齊王也。「無患，」猶言「無憂。」「請見，」請見孟子；「解之」者，解說王的過失也。

見孟子，問曰：「周公何人也？」曰：「古聖人也。」曰：「使管叔監殷，管叔以殷畔也，有諸？」曰：「然。」曰：「周公知其將畔而使之與？」曰：「不知也。」「然則聖人且有過與？」

朱熹章句

齊破燕後二年，燕人共立太子平為王。惡、監，皆平聲。陳賈，齊大夫也。管叔，名鮮，武王弟，周公兄也。武王勝商殺紂，立紂子武庚，而使管叔與弟蔡叔、霍叔監其國。武王崩，成王幼，周公攝政。管叔與武庚畔，周公討而誅之。

曰：「周公，弟也；管叔，兄也。周公之過，不亦宜乎？且古之君子，過則改之；今之君子，過則順之。古之君子，其過也，如日月之食*，民皆見之；及其更也，民皆仰之。今之君子，豈徒順之，又從爲之辭。」

廣解》 此陳賈見孟子而問也。「諸，」之乎也。「與，」同「歟。」孟子以周公為管叔之弟，故信任管叔。周公之過，是在情理之中的。古之君子，指真正的君子如周公者而言。「順」者，順遂其過，不肯改也。日月之食，即日蝕，月蝕。更，改也。仰者，仰望之也。「為之辭」者，不但不能改過，又從而解說之，以文飾其過也。

朱熹章句 與，平聲。

言周公乃管叔之弟，管叔乃周公之兄，然則周公不知管叔之將畔而使之，其過有所不免矣。或曰：「周公之處管叔，不如舜之處象何也？」游氏曰：「象之惡已著，而其志不過富貴而已，故舜得以是而全之；若管叔之惡則未著，而其志其才皆非象比也，周公詎忍逆探其兄之惡而棄之耶？周公愛兄，宜無不盡者。管叔之事，聖人之不幸也。舜誠信而喜象，周公誠信而任管叔，此天理人倫之至，其用心一也。」

更，平聲。

順，猶遂也。更，改也。辭，辯也。更之則無損於明，故民仰之。順而為之辭，則其過愈深矣。責賈不能勉其君以遷善改過，而教之以遂非文過也。林氏曰：「齊王慚於孟子，蓋羞惡之心，有不能自已者。使其臣有能因是心而將順之，則義不可勝用矣。而陳賈鄙夫，方且為之曲為辯說，而沮其遷善改過之心，長其飾非拒諫之惡，故孟子深責之。然此書記事，散出而無先後之次，故其說必參考而後通。若以第二篇十章十一章，置於前章之後，此章之前。則孟子之意，不待論說而自明矣。」

〔十九〕

孟子致爲臣而歸。王就見孟子曰：「前日願見而不可得；得侍同朝*，甚喜。今又棄寡人而歸，不識可以繼此而得見乎？」對曰：「不敢請耳，固所願也！」他日，王謂時子曰：「我欲中國而授孟子室，養弟子以萬鍾，使諸大夫國人，皆有所矜式；子盍爲我言之！」

廣解《　孟子在齊國做客卿，因齊王不能行其道，故致仕而歸。「前日，……」云云，趙注謂指孟子未來齊時。「得侍同朝，」王之謙辭，言得孟子在朝為臣，指來齊後而言。時子，是齊國的大夫。中國，謂在國之中央。「授孟子室，」賜孟子以宅第也。鍾，古時量名。古時俸祿以粟，以鍾為單位。弟子，孟子之弟子。矜，敬也。式，法也。盍，何不也。

朱熹章句　孟子久於齊而道不行，故去也。朝，音潮。為，去聲。時子，齊臣也。中國，當國之中也。萬鍾，穀祿之數也。鍾，量名，受六斛四斗。矜，敬也。式，法也。盍，何不也。

時子因陳子而以告孟子，陳子以時子之言告孟子。孟子曰：「然。夫時子惡*知其不可也。如使予欲富，辭十萬而受萬，是爲欲富乎？」惡，音烏。

廣解《　因，託也。時子以齊王之言託陳子轉告孟子。陳子，即陳臻。孟子為齊卿，祿當十萬鍾，孟子不受其祿，故曰「辭十萬。」今若受齊王萬鍾之養，是「受萬」矣。

朱熹章句　陳子，即陳臻也。夫，音扶。惡，平聲。孟子既以道不行而去，則其義不可以復留；而時子不知，則又有難顯言者。故但言設使我欲富，則我前日為卿，嘗辭十萬之祿，今乃受此萬鍾之饋。是我雖欲富，亦不為此也。

「季孫曰：『異哉，子叔疑！使己爲政，不用，則亦已矣。又使其子弟爲卿。人亦孰不欲富貴，而獨於富貴之中，有私龍斷焉。』古之爲市者，以其所有，易其所無者，有司者治之耳。有賤丈夫焉，必求龍斷而登之，以左右望而罔市利，人皆以爲賤，故從而征之。征商，自此賤丈夫始矣！」

廣解

此章分段有兩說，一謂季孫、子叔，均孟子弟子。季孫說「異哉，」子叔亦疑也。以下均為孟子解說之詞。一謂季孫之言自異哉起，至斷焉為止。子叔疑為人名。「龍」同「壟，」亦作「隴。」土山高起而四面削落的，叫做「龍斷。」一個人登在土山上面，左望，右望，看見市場上有那一種貨物，可所賺錢的，就用賤價把這貨物買來。等到市場上這種貨物少了，價錢貴起來，他就把這貨物出賣掉。「罔，」同「網。」「罔市利，」謂獨佔市利，一網打盡也。征，收稅也。

朱熹章句

龍，音壟。

此孟子引季孫之語也。季孫、子叔疑，不知何時人。龍斷，岡壟之斷而高也，義見下文。蓋子叔疑者嘗不用，而使其子弟為卿。季孫譏其既不得於此，而又欲求得於彼，如下文賤丈夫登龍斷者之所為也。孟子引此以明道既不行，復受其祿，則無以異此矣。孟子釋龍斷之說如此。治之，謂治其爭訟。左右望者，欲得此而又取彼也。罔，謂罔羅取之也。從而征之，謂人惡其專利，故就征其稅，後世緣此遂征商人也。程子曰：「齊王所以處孟子者，未為不可，孟子亦非不肯為國人矜式者。但齊王實非欲尊孟子，乃欲以利誘之，故孟子拒而不受。」

〔二十〕

孟子去齊，宿於晝。有欲爲王留行者，坐而言不應，隱几而臥。客不悅曰：「弟子齊宿而後敢言，夫子臥而不聽，請勿復敢見矣！」曰：「坐！我明語子。昔者魯繆公無人乎子思之側，則不能安子思；泄柳、申詳，無人乎繆公之側，則不能安其身。子爲長者慮，而不及子思。子絕長者乎？長者絕子乎？」

廣解

晝，地名，齊國西南邑。應，去聲。隱，依也，憑也。孟

朱熹章句

晝，如字，或曰：「當作畫，音獲。」

子不與客言，憑几而假寐也。「齊，」同「齋，」即齋戒，是竭誠恭敬的意思。「繆」同「穆。」魯繆公是魯國的國君。子思，孔子孫名伋。泄柳申詳，都是魯繆公手下的賢臣。子思以道不行欲去，繆公常使賢人往留，以誠意達於子思，子思乃安而留之。泄柳申詳，亦是賢人，惟繆公尊之不如子思。然二子義不苟容，非有賢者在繆公之側，亦不能自安其身。孟子學子思。今留行的人，不在王。宣揚孟子之道，使之改悔，又不奉王命，自來相留，是為孟子計，以為不及子思也。長，上聲。長者，孟子自謂。

〔二十二〕

孟子去齊。尹士語人曰：「不識王之不可以爲湯武，則是不明也；識其不可，然且至，則是干澤也。千里而見王，不遇故去。三宿而後出晝，是何濡滯也？士則茲不悅。」

廣解《　尹士，亦是齊人。干，求取也。澤，恩澤也。干澤，求取恩澤，即「干祿」也。濡滯，行遲遲也。尹士批評孟子，以為如不知齊王不可行王道，則是他不明；如知齊王不能行王道而貿貿然來，乃是求官。遇，合也。既以不合而去，過了三宿，方纔出晝，則尚有望齊王挽留之意。士，尹士自稱其名。茲，此也。言己對此不滿意也。

下同。晝，齊西南近邑也。為，去聲，下同。隱，於靳反。隱，憑也。客坐而言，孟子不應而臥也。

齊，側皆反。復，扶又反。語，去聲。

齊宿，齊戒越宿也。繆公尊禮子思，常使人候伺道達誠意於其側，乃能安而留之也。洩柳，魯人。申詳，子張之子也。繆公尊之不如子思，然二子義不苟容，非有賢者在其君之左右維持調護之，則亦不能安其身矣。

長，上聲。

長者，孟子自稱也。言齊王不使子來，而子自欲為王留我；是所以為我謀者，不及繆公留子思之事，而先絕我也。我之臥而不應，豈為先絕子乎？

朱熹章句　語，去聲。

尹士，齊人也。干，求也。澤，恩澤也。濡滯，遲留也。

高子以告。曰：「夫尹士惡知予哉！千里而見王，是予所欲也；不遇故去，豈予所欲哉？予不得已也！予三宿而出晝，於予心猶以爲速，王庶幾改之。王如改諸，則必反予。夫出晝而王不予追也，予然後浩然有歸志。予，雖然，豈舍王哉？王由足用爲善；王如用予，則豈徒齊民安，天下之民舉安。王庶幾改之，予日望之！予豈若是小丈夫然哉？諫於其君而不受，則怒，悻悻然見於其面。去則窮日之力而後宿哉？」尹士聞之曰：「士誠小人也！」

廣解

高子，亦齊人，係孟子弟子。以告者，以尹士所說的話，告訴孟子也。「曰」字以下，孟子答高子也。「夫，」音扶。惡，平聲，何也。「諸，」同「之乎，」擬度之詞。反，招之還也。「不予追，」猶言「不追予。」朱注曰：「浩然，如水之流，不可止也。」「舍，」同「捨。」「由，」同「猶。」用，以也。舉，皆也。小丈夫，猶言小人。「悻悻然，」忿忿不平之貌。「見，」同「現。」窮，竭也。「窮日之力，」猶言「盡一日之力以行。」尹士聞孟子之言，自知其謬，故曰「士誠小人也。」

朱熹章句

高子，亦齊人，孟子弟子也。夫，音扶，下同。惡，平聲。見王，欲以行道也。今道不行，故不得已而去，非本欲如此也。所改必指一事而言，然今不可考矣。浩然，如水之流不可止也。楊氏曰：「齊王天資樸實，如好勇、好貨、好色、好世俗之樂，皆以直告而不隱於孟子，故足以為善。若乃其心不然，而謬為大言以欺人，是人終不可與入堯舜之道矣，何善之能為？」悻，形頂反。見，音現。悻悻，怒意也。窮，盡也。此章見聖賢行道濟時，汲汲之本心；愛君澤民，惓惓之餘意。李氏曰：「於此見君子憂則違之之情，而荷蕢者所以為果也。」

〔二十二〕

孟子去齊。充虞路問曰：「夫子若有不豫色然？前日，虞聞諸夫子曰：『君子不怨天，不尤人。』」曰：「彼一時，此一時也。五百年必有王者興，其間必有名世者。由周而來，七百有餘歲矣。以其數則過矣；以其時考之，則可矣。夫天，未欲平治天下也；如欲平治天下，當今之世，舍我其誰也？吾何爲不豫哉！」

廣解《　充虞，是孟子弟子。路問者，在路上問孟子也。不豫色，是不愉快的面色。「君子不怨天，不尤人，」本是孔子之言。名世，謂王者之佐，德業聲名，為世所重者。「以其數則過矣，」言周已來已有七百餘歲，則已超過五百歲之期矣。「夫，」音扶。言如天意欲平治天下，則當今之世，名世之人，非己莫屬也。「舍」同「捨。」

朱熹章句　路問，於路中問也。豫，悅也。尤，過也。此二句實孔子之言，蓋孟子嘗稱之以教人耳。彼，前日。此，今日。自堯舜至湯，自湯至文武，皆五百餘年而聖人出。名世，謂其人德業聞望，可名於一世者，為之輔佐。若皐陶、稷、契、伊尹、萊朱、太公望、散宜生之屬。周，謂文武之間。數，謂五百年之期。時，謂亂極思治可以有為之日。於是而不得一有所為，此孟子所以不能無不豫也。夫，音扶。舍，上聲。言當此之時，而使我不遇於齊，是天未欲平治天下也。然天意未可知，而其具又在我，我何為不豫哉？然則孟子雖若有不豫然者，而實未嘗不豫也。蓋聖賢憂世之志，樂天之誠，有並行而不悖者，於此見矣。

〔二十三〕

孟子去齊，居休。公孫丑問曰：「仕而不受祿，古之道乎？」曰：「非也。於崇，吾得見王，退而有去志；不欲變，故不受也。繼而有師命，不可以請。久於齊，非我志也。」

廣解≪　休、崇，皆地名。孟子在齊做客卿，並不受齊王的俸祿，故公孫丑以為問也。孟子言見王於崇，即知齊王不能行仁政，故懷去志。「不欲變，」不欲改變去志也。以不欲久處齊，故不受其祿。「有師命，」指齊伐燕事。方有軍旅之事，故「不可以請。」「請」者，請辭去也。

朱熹章句　休，地名。崇，亦地名。孟子始見齊王，必有所不合，故有去志。變，謂變其去志。師命，師旅之命也。國既被兵，難請去也。孔氏曰：「仕而受祿，禮也；不受齊祿，義也。義之所在，禮有時而變，公孫丑欲以一端裁之，不亦誤乎？」

滕文公篇第三

（一）

滕文公為世子，將之楚，過宋而見孟子。孟子道性善，言必稱堯舜。

廣解　天子之子稱太子，諸侯之子稱世子。滕文公在做世子的時候，將到楚國去，路過宋國；這時孟子剛在宋國，故來見也。孟子言人心皆善，人皆可以為堯舜，滕文公來見，即以此勉之。朱注云：「道，言也。性者，人所稟於天以生之理也。」按中庸云：「天命之謂性；率性之謂道。」是子思亦主性善也。孟子道性善之言，散見本書各篇，告子篇論性語尤多。荀子書有性惡篇，首云：「人之性惡，其善者偽之。」「偽」即「人為。」故又云：「不學而能，不事而成之在天者，謂之『性；』可學而能，可事而成之在人者，謂之『偽。』」雖孟子之旨欲人之盡性而樂於善，荀子之旨欲人之化性而勉於善，亦可謂為殊塗而同歸；但終成為儒家中對峙的兩派。中庸稱仲尼祖述堯舜。孟子言必稱堯舜，與孔子之旨正同。荀子非十二子篇譏子思孟子，「略法先王而不知其統，」故主張「法後王。」此亦孟荀學說不同之點。

朱熹章句　世子，太子也。道，言也。性者，人所稟於天以生之理也，渾然至善，未嘗有惡。人與堯舜初無少異，但眾人汨於私欲而失之，堯舜則無私欲之蔽，而能充其性爾。故孟子與世子言，每道性善，而必稱堯舜以實之。欲其知仁義不假外求，聖人可學而至，而不懈於用力也。門人不能悉記其辭，而撮其大旨如此。程子曰：「性即理也。天下之理，原其所自，未有不善。喜、怒、哀、樂未發，何嘗不善。發而中節，即無往而不善；發不中節，然後為不善。故凡言善惡，皆先善而後惡；言吉凶，皆先吉而後凶；言是非，皆先是而後非。」

世子自楚反，復見孟子。孟子曰：「世子疑吾言乎？夫道，一而已矣！成覸*謂齊景公曰：

『彼丈夫也，我丈夫也，吾何畏彼哉？』顏淵曰：『舜何人也，予何人也，有爲者亦歟若是！』公明儀曰：『「文王我師也。」周公豈欺我哉！』今滕，絕長補短，將五十里也；猶可以爲善國。書曰：『若藥不瞑眩，厥疾不瘳。』」

廣解

「世子，」仍指滕文公。「夫道，一而已矣」者，言別無卑淺易行之道也。蓋人之才質容有不齊，故或「生知、」「安行，」或「學知、」「利行，」或「困知、」「勉行；」但及其知之，及其成功，則一也。（見中庸。）世子之意，殆亦如公孫丑之羨道之高且美，而又疑其不可幾及，欲降而求其次；孟子此答，亦不能為拙工改繩墨，為拙射變彀率之意。成覸，古之勇士，淮南子齊俗訓及史記范睢傳作「成荊，」漢書廣川王傳作「成慶。」謂齊景公者，與人言齊景公也。「彼，」即指景公。成覸所云，即北宮黝「無嚴諸侯」之意。孟子引之，亦與上篇論「不動心」引北宮黝孟施舍二人同。朱注謂「彼」指聖賢，未是。顏淵，孔子弟子。公明儀，亦見禮記檀弓及祭義。祭義注以為曾子弟子。朱注云：『「文王我師也，」蓋周公之言。公明儀蓋亦以文王為必可師，故誦周公之言，而歎其不我欺也。』「絕」同「截。」就滕國地形，截其長以補其短，約可方五十里，言其國之小也。但雖小國，尚可以為善國。「若藥……」二句，見偽古文尚書說命篇，國語楚語亦以為武丁命傅說語而引之。瞑眩，目眩暈視不明也。「瘳」音抽，病愈也。藥力大者，服之則瞑眩，但非此不能愈病。蓋以病者不憚服藥為喻，戒文公勿以堯舜之道為難能而行之也。

朱熹章句

復，扶又反。夫，音扶。

時人不知性之本善，而以聖賢為不可企及；故世子於孟子之言不能無疑，而復來求見，蓋恐別有卑近易行之說也。孟子知之，故但告之如此，以明古今聖愚本同一性，前言已盡，無復有他說也。

覸，古莧反。

成覸，人姓名。彼，謂聖賢也。有為者亦若是，言人能有為，則皆如舜也。公明，姓；儀，名；魯賢人也。文王我師也，蓋周公之言。公明儀亦以文王為必可師，故誦周公之言，而歎其不我欺也。孟子既告世子以道無二致，而復引此三言以明之，欲世子篤信力行，以師聖賢，不當復求他說也。

瞑，莫甸反。眩，音縣。

絕，猶截也。書商書說命篇。瞑眩，憒亂。言滕國雖小，猶足為治，但恐安於卑近，不能自克，則不足以去惡而為善也。

愚按：孟子之言性善，始見於此，而詳具於告子之篇。然默識而旁通之，則七篇之中，無非此理。其所以擴前聖之未發，而有功於聖人之門，程子之言信矣。

〔二〕

滕定公薨，世子謂然友曰：「昔者，孟子嘗與我言於宋，於心終不忘。今也不幸，至於大故，吾欲使子問於孟子，然後行事。」然友之鄒，問於孟子。孟子曰：「不亦善乎！親喪，固所自盡也。曾子曰：『生，事之以禮；死，葬之以禮，祭之以禮，可謂孝矣。』諸侯之禮，吾未之學也。雖然，吾嘗聞之矣：三年之喪，齊疏之服，飦粥之食，自天子達於庶人，三代共之。」

廣解

滕定公是滕文公之父。古時天子死曰崩，諸侯死曰薨。然友，滕人，世子之傅。大故，大喪也，指父母喪而言。行事，辦喪事也。這時候，孟子已回鄒國，所以然友就到鄒國去問孟子。「不亦善乎！」是孟子贊美世子之來問，能鄭重喪禮。父母的喪事，做人子的本應該盡自己的心。下引曾子的話，表示父母生時，奉事固然要盡禮；父母死了，安葬祭祀，也要盡禮。這樣，方可說是個孝子也。諸侯喪父母的禮，雖沒有學過；但也曾經聽人講過，父母三年之喪，應穿下端縫邊（齊）的粗布（疏）衣服，（齊疏，粗布也。）吃些稀爛粥（飦），從天子到小百姓是一律的，這是三代以來共同遵行的禮制。「齊，」本作「齋，」音資，衣下縫也。疏，麤也。喪服以麤麻布為之，不緝曰斬衰，緝之曰「齊衰。」父喪當服斬衰，此言齊者，包斬衰而言。「飦」同「饘，」讀若「專，」粥也。居喪當食粥。按此所引曾子語，亦見論語為政篇，

朱熹章句

定公，文公父也。然友，世子之傅也。大故，大喪也。事，謂喪禮。齊，音資。疏，所居反。飦，諸延反。

當時諸侯莫能行古喪禮，而文公獨能以此為問，故孟子善之。又言父母之喪，固人子之心所自盡者。蓋悲哀之情，痛疾之意，非自外至，宜乎文公於此有所不能自已也。但所引曾子之言，本孔子告樊遲者，豈曾子嘗誦之以告其門人歟？三年之喪者，子生三年，然後免於父母之懷。故父母之喪，必以三年也。齊，衣下縫也。不緝曰斬衰，緝之曰齊衰。疏，麤也，麤布也。飦，糜也。喪禮：三日始食粥。既葬，乃疏食。此古今貴賤通行之禮也。

為孔子告樊遲語。殆曾子嘗述之以告門人也。

然友反命，定爲三年之喪，父兄百官皆不欲，曰：「吾宗國魯先君莫之行，吾先君亦莫之行也；至於子之身而反之，不可！且志曰：『喪祭從先祖。』」曰：「吾有所受之也。」

廣解　「反命，」然友回到滕國，把孟子的話，轉告世子也。世子遵從孟子之說，乃決定實行三年之喪。父兄，是世子的長輩。百官，是國中所有的官。滕君亦姬姓，文王子叔繡所封；與魯君同出文王，故以魯為「宗國。」言魯國前代的國君，與滕國前代的國君，皆未行三年之喪。今欲行三年之喪，是反之也。志，古時傳記之書。曰：「吾有所受之也。」是世子答父兄百官之言。說不是我要違反祖宗，是向人請教過的。

朱熹章句　父兄，同姓老臣也。滕與魯俱文王之後，而魯祖周公為長。兄弟宗之，故滕謂魯為宗國也。然謂二國不行三年之喪者，乃其後世之失，非周公之法本然也。志，記也，引志之言而釋其意。以為所以如此者，蓋為上世以來，有所傳受；雖或不同，不可改也。然志所言，本謂先王之世舊俗所傳，禮文小異而可以通行者耳，不謂後世失禮之甚者也。

謂然友曰：「吾他日未嘗學問，好馳馬試劍。今也父兄百官，不我足也，恐其不能盡於大事。子爲我問孟子。」然友復之鄒問孟子。孟子曰：「然。不可以他求者也。孔子曰：『君薨，聽於冢宰，歠*粥，面深墨，即位而哭，百官有司，莫敢不哀，先之也。上有好者，下必有甚焉者矣。君子之德，風也；小人之德，草也；草尚*之風，必偃。』是在世子。」

廣解　世子又向然友說道：「我在從前沒有講求過學問，只喜跑馬射箭。現父兄百官，對我都不滿意，我也深恐於我這件喪葬大事，有所未盡，你替我再去問問孟子。」然友奉了世子的

朱熹章句　好、為，皆去聲。復，扶又反。歠，川悅反。不我足，謂不以我滿足其意也。然者，然其不我足之言。不可他求者，言當責之於己。冢宰，六

命，再到鄒國去問孟子。「不可以他求」者，即下云：「是在世子」也。所引孔子語，見論語憲問篇。是佐國君總理政務之上卿。君薨，世子須守喪禮，故委政於冢宰，令代聽治之也。「歠，」音川悅反，飲也。歠粥，即上「飦粥之食。」深墨，深黑色也。居喪哀、戚，形於面，故晦黑也。即位，就喪位也。世子如此，到百官有司執事之人，自為所感，而莫敢不哀矣。「好，」去聲。尚，加也；偃，仆也，言草如加之以風，則草必偃仆。「君子之德……」云云，亦見論語顏淵篇。

然友反命。世子曰：「然！是誠在我。」五月居廬，未有命戒。百官族人，可謂曰知。及至葬，四方來觀之，顏色之戚*，哭泣之哀，弔者大悅。

廣解《 然友回國復命。世子道：「不錯！確乎在我自己！」廬，居喪之倚廬。諸侯五月而葬；孝子居中門外之倚廬中也。聽於冢宰，故沒有發布命令或告戒。百官和同族的人，都說他可謂知禮了。到了安葬的時候，四方來送葬的人，看見世子顏色的悲慼，哭泣的哀慟，都非常滿意，都稱贊世子真是個孝子。

卿之長也。歠，飲也。深墨，甚黑色也。即，就也。尚，加也。論語作上，古字通也。偃，伏也。孟子言但在世子自盡其哀而已。

朱熹章句 諸侯五月而葬，未葬，居倚廬於中門之外。居喪不言，故未有命令教戒也。可謂曰知，疑有闕誤。或曰「皆謂世子之知禮也。」

林氏曰：「孟子之時，喪禮既壞，然三年之喪，惻隱之心，痛疾之意，出於人心之所固有者，初未嘗亡也。惟其溺於流俗之弊，是以喪其良心而不自知耳。文公見孟子而聞性善堯舜之說，則固有以啟發其良心矣，是以至此而哀痛之誠心發焉。及其父兄百官皆不欲行，則亦反躬自責，悼其前行之不足以取信，而不敢有非其父兄百官之心。雖其資質有過人者，而學問之力，亦不可誣也。及其斷然行之，而遠近見聞無不悅服，則以人心之所同然者，自我發之，而彼之心悅誠服，亦有所不期然而然者。人性之善，豈不信哉？」

〔三〕

滕文公問爲國。孟子曰：「民事不可緩也。詩云：『晝爾于茅，宵爾索綯，亟其乘屋，其始播百穀。』民之爲道也，有恆產者有恆心，無恆產者無恆心；苟無恆心，放辟邪侈，無不爲已。及陷乎罪，然後從而刑之，是罔民也。焉有仁人在位，罔民而可爲也？

廣解《

為國，治國也。時孟子已到滕國。「民事不可緩也，」是說治國之道，先要講求百姓的事，不可遲緩。所引詩經，見豳風七月篇。于，往取也。茅，茅草也。索綯，用草絞成繩索也。意思是說：日間你去割茅草；夜間你去絞繩索。「亟」同「急。」乘，升也。取茅索綯，所以修理茅屋。言急急的升到屋頂上去修理好，整治好吧！就要開始播種百穀了。「民之為道也」以下，是孟子說明民事所以不可緩之理。與梁惠王篇告齊宣王語同。

朱熹章句

滕文公以禮聘孟子，故孟子至滕，而文公遂問之。綯，音陶。亟，紀力反。

民事，謂農事。詩豳風七月之篇。于，往取也。綯，絞也。亟，急也。乘，升也。播，布也。言農事至重，人君不可以為緩而忽之。故引詩言治屋之急如此者，蓋以來春將復始播百穀，而不暇為此也。音義並見前篇。

「是故賢君必恭儉禮下，取於民有制。陽虎曰：『爲富不仁矣！爲仁不富矣！』夏后氏五十而貢，殷人七十而助，周人百畝而徹，其實皆什一也。徹者，徹也。助者，藉也。龍子曰：『治地莫善於助，莫不善於貢。貢者，校數歲之中以爲常，樂歲粒米狼戾，多取之而不爲虐，則寡取之。凶年糞其田而不足，則必取盈焉。爲民父母，使民盻盻然，將終歲勤動，不得以養其父母；又稱貸而益之，使老稚轉乎溝壑，惡在其爲民父母也？』夫世祿，滕固行之矣。詩云：『雨我公田，遂及我私。』惟助爲有公田，由此觀之，雖周亦助也。

廣解

恭，是恭敬。儉，是儉省。「禮下，」是待臣以禮。「取於民有制，」是征取賦稅，有一定的制度，不額外加增。這都是賢君為國之道。陽虎，是春秋時魯季孫氏之家臣，論語作陽貨。陽虎之言，蓋主張為富，所以顧不到仁；孟子雖然引用陽虎之言，意思卻正與陽虎相反。孟子論仁政，以解決民生問題為前提，其意側重在「取於民有制」一語，故先引陽虎之言，次論三代取民之制也。夏稱「夏后氏，」殷周稱「人」者，趙注云：「禹禪於君，故夏稱后；殷周順人心而征伐，故言人也。」按論語八佾篇宰我答哀公問社，亦稱「夏后氏，」「殷人，」「周人。」疑當時習用語如此。「貢、」「助、」「徹，」三代稅制之名。朱注謂夏時一夫授田五十畝，每夫計其五畝之入以為貢；商人始為井田，六百三十畝畫為九區，每區七十畝，中為公田，八家各授七十畝，借其力

朱熹章句

恭則能以禮接下，儉則能取民以制。陽虎，陽貨，魯季氏家臣也。天理人欲，不容并立。虎之言此，恐為仁之害於富也；孟子引之，恐為富之害於仁也。君子小人，每相反而已矣。

徹，敕列反。借，子夜反。

此以下，乃言制民常產，與其取之之制也。夏時一夫授田五十畝，而每夫計其五畝之入以為貢。商人始為井田之制，以六百三十畝之地，畫為九區，區七十畝。中為公田，其外八家各授一區，但借其力以助耕公田，而不復稅其私田。周時一夫授田百畝。鄉遂用貢法，十夫有溝；都鄙用助法，八家同井。耕則通力而作，收則計畝而分，故謂之徹。其實皆什一者，貢法固以十分之一為常數，惟助法乃是九一，而商制不可考。周制則公田百畝，中以二十畝為廬舍，一夫所耕公田實計十畝。通私田百畝，為十一分而取其一，蓋又輕於什一矣。竊料商制亦當似此，而以十四畝為

以助耕公田；周時一夫授田百畝，鄉遂用貢法，都鄙用助法，耕則通力而作，收則計畝而分，故謂之徹。又謂貢法以十分之一為常數；助法乃是九一；周制公田百畝中二十畝為廬舍，通私田計之，為十一分而取其一云云。顧炎武日知錄，錢塘溉堂考古錄則謂「五十、」「七十、」「百畝，」非授田有多少，乃三代丈尺不同之故。丈尺雖異，而所授之田實同，故曰「其實皆什一也。」若授田多少相差如此，則一王之興，必改畛涂溝洫矣。其說甚通。「徹者，徹也」者，朱注云：「徹，通也，均也。」按論語顏淵篇，有若答哀公云：「盍徹乎。」鄭玄注云：「周法什一而稅，謂之徹。徹者，通也，也天下之通法。」姚文田求自齋稿據周禮司稼云：「巡野觀稼，以年之上下出斂法，」謂徹無常額，惟視年之豐歉；故無貢法樂歲少取，凶年必取盈之弊，亦無助法不盡力於公田之弊。至其取之之額，仍是什一。謂之「徹」者，直是通盤核算，猶「徹上徹下」之謂也。說較朱子為詳。「藉，」亦作「耤，」謂借民力以耕公田也。殷助周徹，孟子先釋徹，後釋助者，孟子主行助法，徹為賓，助為主也。不及貢法者，以下引龍子語已詳之也。此倪思寬讀書記說。龍子，古時的賢人，焦循正義疑即列子仲尼篇之龍叔。治地，就是整理土地。龍子以殷人之助法為完善，夏人之貢法為不完善也。「校」本作「挍，」從手，比較也。以數歲之秋收為比較，而得一平均數。即以此「中數」為標準，每年向耕田的人，征收若干米穀也。此與現今田主收田租，不

廬捨，一夫實耕公田七畝，是亦不過什一也。徹，通也，均也。藉，借也。

樂，音洛。盻，五禮反，從目從兮。或音普莧反者非。養，去聲。惡，平聲。

龍子，古賢人。狼戾，猶狼借，言多也。糞，壅也。盈，滿也。盻，恨視也。勤動，勞苦也。稱，舉也。貸，借也。取物於人，而出息以償之也。益之，以足取盈之數也。稚，幼子也。

夫，音扶。

孟子嘗言文王治岐，耕者九一，仕者世祿，二者王政之本也。今世祿滕已行之，惟助法未行，故取於民者無制耳。蓋世祿者，授之土田，使之食其公田之入，實與助法相為表裏，所以使君子野人各有定業，而上下相安者也，故下文遂言助法。

雨，于付反。

詩小雅大田之篇。雨，降雨也。言願天雨於公田，而遂及私田，先公而後私也。當時助法盡廢，典籍不存，惟有此詩，可見周亦用助，故引之也。

論豐年凶年，總是收租米若干，正是同樣的。「樂，」音洛。狼戾。即狼藉。豐年農民米穀多了，往往不甚貴重，甚至狼藉於地而不顧也。淮南子覽冥訓云：「流涕狼戾不可止。」亦謂涕之零落於地。糞，治田施肥也。凶年收入薄，以抵償治田施肥的工本還不夠。取盈者，謂取稅必滿其所定之額也。「盻，」音兮，恨視貌。稱，舉也；貸，借也。「稱貸，」猶今云「舉債。」「惡，」音烏，何也。「夫，」音扶。梁惠王篇，孟子說文王治岐云：「耕者九一，仕者世祿。」本章所以僅論稅法，不及世祿者，因滕國本已實行世祿。故僅提及一語，下文仍續論稅法。所引詩經，見小雅大田篇。只有助法，中央有一方公田；從這兩句詩看來，則周朝雖說是行徹法，仍有公田，仍舊是井田的制度，故曰：「雖周亦助也。」以上是論取民制產之法，即論語所謂「富之；」以下是論庠序學校之教，即論語所謂「教之。」先富後教，與梁惠王篇所說仍同。

「設爲庠序學校以教之：庠者，養也。校者，教也。序者，射也。夏曰校，殷曰序，周曰庠，學則三代共之，皆所以明人倫也。人倫明於上，小民親於下。有王者起，必來取法，是爲王者師也。詩云：『周雖舊邦，其命惟新。』文王之謂也。子力行之，亦以新子之國。」

廣解《

「庠、」「序、」「校，」都是鄉校的名稱；學是國立的學校。庠以養老為重，校以教人為重，序以習練射箭為重，各舉其

朱熹章句

庠以養老為義，校以教民為義，序以習射為義，皆鄉學也。學，國學也。共之，無異名也。倫，序也。父子有親，君臣有義，夫婦有別，長幼有

所重以為名也。至於國立學校，三代的名稱是相同的。設學的宗旨不過講明人所應知的君臣、父子、夫婦、兄弟、朋友等各種倫常之理。人倫既由在上者詳細講明，那些小百姓就都知親愛了；不但父子夫婦兄弟朋友之間，互相親愛，對於國君亦知親愛，所謂「人人親其上，死其長」也。為國之道，雖千頭萬緒，舉其重要者，不過民生教育二大問題。滕國如能推行井田學校之制，將來有王天下的人出來，必定要來採用，那末，就成了王者之師了。所引詩經，見大雅 文王篇。這二句是說周朝雖然是前代傳下來的一個舊國，到了文王，發政施仁，就受了天命，而造成一個新的國家。「子，」指滕文公，言但能盡力施行起來，也可以把你的國建設成一個新國家也。

使畢戰問井地。孟子曰：「子之君，將行仁政，選擇而使子，子必勉之！夫*仁政，必自經界始。經界不正，井地不均，穀祿不平。是故暴君汙吏，必慢其經界。經界既正，分田制祿，可坐而定也。

廣解《

畢戰，滕文公臣。滕文公使畢戰到孟子前請問井田土地的辦法也。「子，」指畢戰。「夫，」音扶。「經界，」即溝洫畛涂，所以畫分井田的界限。故經界不能整理清楚，井田就不能均勻；井田不均勻，則豪強貪汙得以兼併多取，故穀祿不均也。暴

序，朋友有信，此人之大倫也。庠序學校，皆以明此而已。

滕國褊小，雖行仁政，未必能興王業；然為王者師，則雖不有天下，而其澤亦足以及天下矣。聖賢至公無我之心，於此可見。

詩大雅文王之篇。言周雖后稷以來，舊為諸侯，其受天命而有天下，則自文王始也。子，指文公，諸侯未踰年之稱也。

朱熹章句

夫，音扶。

畢戰，滕臣。文公因孟子之言，而使畢戰主為井地之事，故又使之來問其詳也。井地，即井田也。經界，謂治地分田，經畫其溝塗封植之界也。此法不修，則田無定分，而豪強得以兼併，故井地有不鈞；賦無定法，而貪暴得以多取，故谷祿有不平。此欲行仁政者

虐的君主，貪汙的官吏，對於土地的界限，所以混亂之不肯注意釐正者，以便於舞弊也。若是經界一正，分配田畝，制定俸祿的辦法，只要坐著就可規定了。故行仁政必自經界始也。

夫滕，壤地褊小，將爲君子焉，將爲野人焉。無君子，莫治野人；無野人，莫養君子。請野，九一而助；國中什一使自賦。卿以下，必有圭田。圭田五十畝。餘夫二十五畝。死徙無出鄉。鄉田同井，出入相友，守望相助，疾病相扶持，則百姓親睦。方里而井，井九百畝，其中爲公田；八家皆私百畝，同養公田。公事畢，然後敢治私事，所以別野人也：此其大略也。若夫潤澤之，則在君與子矣。」

廣解《 本篇第一章言「滕絕長補短將五十里，」故云「壤地褊小。」壤地。土地；褊小，狹小也。為，有也。梁惠王篇「善推其所為而已矣，」說苑引「為」作「有，」是「為」「有」古通之證。言滕國的土地雖小，亦須有做官的君子。在鄉野耕田的小人；因為沒有君子，無人管治野人，沒有野人，無人耕種田地，養活君子也。野，指國都以外四郊的地方。九一而助者，九家為井，中為公田，行助法也。國中，指城中，謂郊門以內，勢不能畫分井田，故以「什一」為標準，叫百姓自己來繳納賦稅。「野九一，」「國中什一，」輕重不同者，國中役多，野役少也。（見周禮載師

之所以必從此始，而暴君汙吏則必欲慢而廢之也。有以正之，則分田制祿，可不勞而定矣。

朱熹章句 夫，音扶。養，去聲。

言滕地雖小，然其閒亦必有為君子而仕者，亦必有為野人而耕者，是以分田制祿之法，不可偏廢也。此分田制祿之常法，所以治野人使養君子也。野，郊外都鄙之地也。九一而助，為公田而行助法也。國中，郊門之內，鄉遂之地也。田不井授，但為溝洫，使什而自賦其一，蓋用貢法也。周所謂徹法者蓋如此，以此推之，當時非惟助法不行，其貢亦不止什一矣。此世祿常制之外，又有圭田，所以厚君子也。圭，潔也，所以奉祭祀也。不言世祿者，滕已行之，但此未備耳。

程子曰：「一夫上父母，下妻子，以五口八口為率，受田百畝。如有弟，是余夫也。年十六，別受田

鄭眾注。)圭，潔也。用以供虔潔的祭祀，故稱「圭田。」「圭田，」即周禮載師之「士田，」士者，仕也。凡卿以下的官，必給他圭田五十畝，使他們作奉養祭祀的費用。這就是上面所說的世祿。孫蘭輿地隅說則以此「圭田」即九章中之「圭田，」係指零星不井之田。其說較長。朱注引程子注曰：「一夫上父母，下妻子，以五口八口為率，受田百畝。如有弟，是餘夫也。年十六，別受田二十五畝，俟其壯而有室，然後更受百畝之田。」此以「餘夫二十五畝」與圭田並提。亦明在井田之外也。百姓既均有恆產，則安土重遷，故死亡的安葬，生存的遷居，都不會遠離故鄉。在一鄉中，其田同井者，那些農民，出來耕田，回家休息，常常作伴，彼此就非常友善；守望盜賊，也能大家相助；有了疾病，更大家互相扶持幫助；則百姓自然親愛而和睦了。「方里而井」者，是說把一里見方的地畫成井形，而成為九區；每一井形之地，共田九百畝。中央一方百畝為公田，傍邊八方為八家私人的田。公田由這八家農民共同耕種；要等公田的農事完畢，然後去做各家私田的農事。「所以別野人也，」趙朱均謂所以分別野人與君子。按上面所說，是皆就「野人」(即農民)而言，與君子無涉；「別野人」者，謂使家受私田，各有恆產耳。這是井田之法的大略情形，至於要如何因時制宜，詳加規定，使合於人情，宜於土俗，那是在乎你們的國君和你了。

二十五畝，俟其壯而有室，然後更受百畝之田。」愚按：此百畝常制之外，又有餘夫之田，以厚野人也。死，謂葬也。徙，謂徙其居也。同井者，八家也。友，猶伴也。守望，防寇盜也。

養，去聲。別，彼列反。

此詳言井田形體之制，乃周之助法也。公田以為君子之祿，而私田野人之所受。先公後私，所以別君子野人之分也。不言君子，據野人而言，省文耳。上言野及國中二法，此獨詳於治野者，國中貢法，當時已行，但取之過於什一爾。夫，音扶。井地之法，諸侯皆去其籍，此特其大略而已。潤澤，謂因時制宜，使合於人情，宜於土俗，而不失乎先王之意也。

呂氏曰：「子張子慨然有意三代之治。論治人先務，未始不以經界為急。講求法制，粲然備具。要之可以行於今，如有用我者，舉而措之耳。嘗曰：『仁政必自經界始。貧富不均，教養無法；雖欲言治，皆苟而已。世之病難行者，未始不以亟奪富人之田為辭。然茲法之行，悅之者眾。苟處之有術，期以數年，不刑一人而可復。所病者，特上之未行耳。』乃言曰：『縱不能行之天下，猶可驗之一鄉。』方與學者議古之法，買田一方，畫為數井。上不失公家之賦役。退以其私，正經界，分宅裡，立斂法，廣儲蓄，興學校，成禮俗，救菑恤患，厚本抑末。足以推先王之遺法，明當今之可行。有志未就而卒。」愚按：喪禮經界兩章，見孟子之學，識其大者。是以雖當禮法廢壞之後，制度節文不可復考，而能因略以致詳，推舊而為新；不屑屑於既往之跡，而能合乎先王之意，真可謂命世亞聖之才矣。

〔四〕

有爲神農之言者許行，自楚之滕，踵門而告文公曰：「遠方之人，聞君行仁政，願受一廛*而爲氓。」文公與之處。其徒數十人，皆衣*褐*捆*屨*織席以爲食。

廣解　為，治也，猶今云研究。許行為農家，治神農之言。神農，上古之帝王。漢書藝文志農家有神農二十篇。班固自注云：「六國時，諸子疾時怠於農業，道耕農事，託之神農。」蓋當時農家多依託神農，不但許行為然也。商子畫策篇云：「神農之世，公耕而食，婦織而衣，不用刑政而治。」北堂書鈔引尸子云：「神農氏並耕而食。」呂氏春秋愛類篇述神農之教，亦言身親耕，妻親績。許行主張君臣並耕，而託之神農之言，蓋因當時本有此種傳說耳。周秦諸子各創學說，皆欲以改制救世。但孔孟言堯舜，墨子宗夏禹，道家祖黃帝，所以必託之古人者，以世俗之人，多貴古賤今，非如此不能動人也。（說見韓非子顯學篇。）許行，楚人，故自楚往滕。踵門，親至門也。廛，民宅。氓，即民也。「與之處」者，給以住宅也。褐，麤毛布，賤者所服。「衣，」去聲，穿也。捆，織也。（見說文。）屨，麻鞋。朱注從趙注訓「捆」為「扣椓，」謂織屨欲其堅，故扣椓之。言其徒以織屨席為業，賣以供食也。

朱熹章句　衣，去聲。捆，音閫。

神農，炎帝神農氏。始為耒耜，教民稼穡者也。為其言者，史遷所謂農家者流也。許，姓，行，名也。踵門，足至門也。仁政，上章所言井地之法也。廛，民所居也。氓，野人之稱。褐，毛布，賤者之服也。捆，扣椓之欲其堅也。以為食，賣以供食也。程子曰：「許行所謂神農之言，乃後世稱述上古之事，失其義理者耳，猶陰陽、醫、方稱黃帝之說也。」

陳良之徒陳相，與其弟辛，負耒耜而自宋之滕，曰：「聞君行聖人之政，是亦聖人也，願為聖人氓。」耒，音類。耜，音似。

廣解　陳相，為陳良之弟子，陳辛則陳相之弟也。耒耜，農具。從宋國來到滕國，願為滕君之民。觀許行陳相之至自楚宋，可以推想當時文公初行仁政，便有四方之人皆悅而願為之氓之效。

朱熹章句　陳良，楚之儒者。耜，所以起土。耒，其柄也。

陳相見許行而大悅，盡棄其學而學焉。陳相見孟子，道許行之言曰：「滕君，則誠賢君也。雖然，未聞道也。賢者與民並耕而食，饔飧而治。今也，滕有倉廩府庫，則是厲民而以自養也，惡得賢？」饔，音雍。飧，音孫。惡，音烏。

廣解　陳相見了許行，非常悅服，把從前受於其師陳良的學說都棄掉了，去學許行的學說，故來見孟子時，即述許行之言也。朝飯叫「饔，」夜飯叫「飧。」「並耕而食，饔飧而治，」言當與民並耕，自己炊爨而食，兼治民事也。積米穀的曰倉廩；藏銀錢的曰府庫。厲，害也。言在滕國仍有積滿米穀的倉廩，積滿錢財的府庫，這就是害民以奉養自己，那裏算得賢呢？惡，平聲，安也。

朱熹章句　饔，音雍。飧，音孫。惡，平聲。饔飧，熟食也。朝曰饔，夕曰飧。言當自炊爨以為食，而兼治民事也。厲，病也。許行此言，蓋欲陰壞孟子分別君子野人之法。

孟子曰：「許子必種粟而後食乎？」曰：「然！」「許子必織布而後衣乎？」曰：「否，許子衣褐。」「許子冠乎？」曰：「冠。」曰：「奚冠？」曰：「冠素。」曰：「自織之與*？」曰：「否，以粟易之。」曰：「許子奚爲不自織？」曰：「害於耕。」

廣解《 許子，孟子稱許行也。言許子必自己種粟，而後食之乎？必自己織布，而後衣之乎？「衣褐」者，言許子所穿的是毛布，不是普通的布也。素，白色生絹也。「冠素」者，以生絹製冠也。「與，」同「歟」。孟子問許子所衣之褐，與製冠之素，都是自己織的嗎？奚，何也。孟子又問：「許子為什麼不自己織也。」

朱熹章句 衣，去聲。與，平聲。

曰：「許子以釜*甑*爨*，以鐵耕乎？」曰：「然。」「自爲之與*？」曰：「否，以粟易之。」

廣解《 釜，是鐵製的烹飪器具，即今之鑊或鍋。甑，是陶製的烹飪器具，即今之瓦罐。爨，煮飯燒菜也。「鐵，」指用鐵製的農器。「與，」同「歟」。孟子又問，「許子煮食的釜甑和耕田的農器，是自己製成的嗎？」

朱熹章句 釜，所以煮。甑，所以炊。爨，然火也。鐵，耜屬也。此語八反，皆孟子問而陳相對也。

「以粟易械器者，不爲厲陶冶；陶冶亦以其械器易粟者，豈爲厲農夫哉？且許子何不爲陶冶，舍皆取諸其宮中而用之？何爲紛紛然與百工交易？何許子之不憚煩？」曰：「百工之事，固不可耕且爲也。」

廣解

孟子因陳相言許子之褐、素、釜、甑、農具之類，皆不自製而以粟易之，乃駁之也。陶，製造瓦器者；冶，製造鐵器者。械器，指釜甑耒耜等物。朱注云：「舍，止也。或讀句屬上，「舍」謂作陶冶之處也。」按朱注所舉二解均未安。錢玄同先生謂「舍」即今浙江紹興方言之「啥，」意即「什麼；」言無論什麼都可取之於他的家中而用之也。其說甚精。古時凡居室皆可稱「宮。」秦始皇以後，「宮」字始專指帝王所居。「不憚煩，」猶說不怕厭煩。以上孟子向陳相問許子的生活情形，所以絮絮不休者，全在逼出「百工之事不可耕且為」的一語。下文便以此語為根據，說出一番大道理來。

朱熹章句

舍，去聲。

此孟子言而陳相對也。械器，釜甑之屬也。陶，為甑者。冶，為釜鐵者。舍，止也，或讀屬上句。舍，謂作陶冶之處也。

「然則治天下獨可耕且爲與*？有大人之事，有小人之事。且一人之身，而百工之所爲備。如必自爲而後用之，是率天下而路也。故曰：「或勞心，或勞力。」勞心者治人，勞力者治於人。治於人者食*人，治人者食*於人，天下之通義也。」

廣解

此節仍是孟子之言。「與，」同「歟。」百工之事既不可耕且為，則治天下獨可耕且為乎？「大人」即上章所謂「君子，」治人者也；「小人」即上章所謂「野人，」治於人者也。治天下，大人之事也；耕稼，小人之事也。一人之身，衣食住行各方面，備具百工之所為；如必一切自為而後用之，則是率天下之人而

朱熹章句

與，平聲。食，音嗣。

此以下皆孟子言也。路，謂奔走道路，無時休息也。治於人者，見治於人也。食人者，出賦稅以給公上也。食於人者，見食於人也。此四句皆古語，而孟子引之也。君子無小人則饑，小人無君子則亂。以此相易，正猶農夫陶冶以粟與械器相易，乃所以相濟而非

路也。趙注云：「是率導天下之人以羸路也。」「路」與「露」通。「羸露」謂瘦瘠暴露。朱注云：「路，謂奔走道路，無時休息也。」與趙說異。管子四時篇云：「不知五穀之故，國家乃路。」房注云：「路，謂失其常居。」失其常居者，言日常生活亦不得安也。一人說不能兼為百工之事，故分工互助，為人類生活之原則。耕織陶冶之類，為體力的勞動；政治教育之類，為精神的勞動；其為人類社會工作則一也。左傳襄公九年記知武子語，國語魯語記公父文伯之母語，皆云：「君子勞心，小人勞力，先王之制也。」是「勞心勞力」古有此語，故加「故曰」。「食」音嗣。食人，謂耕稼以養人；食於人，謂為人所養。——此就理論上駁許行君民並耕之說也。

所以相病也。治天下者，豈必耕且為哉？

「當堯之時，天下猶未平，洪水橫流，氾*濫*於天下。草木暢茂，禽獸繁殖。五穀不登，禽獸偪*人，獸蹄鳥跡之道，交於中國；堯獨憂之，舉舜而敷治焉。舜使益掌火，益烈山澤而焚之，禽獸逃匿。禹疏九河，瀹*濟漯*而注諸海；決汝漢，排淮泗，而注之江。然後中國可得而食也。當是時也，禹八年於外，三過其門而不入，雖欲耕得乎？

廣解《　堯的時候，有洪水之災。洪水，大水；橫流，不由其道；氾濫，陸上到處都是水也。暢茂，長盛也；繁殖，生殖繁多

朱熹章句　瀹，音藥。濟，子禮反。漯，他合反。天下猶未平者，洪荒之世，生民之害多矣；聖人迭興，漸次除治，至此尚未盡平也。洪，大也。橫流，

也。登，成熟也。「偪」同「逼。」印著禽獸的蹄跡的道路，縱橫於中國，言禽獸多，且逼人也。帝堯獨以此為憂，遂舉了舜出來，叫他敷治。敷，分也。堯一人獨憂之，不能一人獨治之，故舉舜而分治焉。下文益掌火，禹治水，后稷教民稼穡，契司教育，即分治也。烈，熾也。烈而焚之，猶云燃火以燒之。燒去山澤中之草木以驅禽獸也。疏，分導也。「疏九河，」即禹貢之「播為九河。」九河者，徒駭、太史、馬頰、覆釜、胡蘇、簡潔、鉤盤、鬲津也。蓋分黃河下流為九道，一以殺水勢；一則每年可以濬一河之淤，周而復始，使不致壅塞也。瀹，亦疏通之意。「漯，」音「塔。」決，排，皆濬淤導水也。濟漯入海，汝漢入長江。朱子謂據禹貢，及今水路入江者僅漢水；汝泗皆入淮，而淮自入海；此云四水皆入江，乃記者之誤。按禹貢無汝水。漢書地理志言汝水入淮。孫蘭輿地偶說，孫星衍分江導淮論則謂淮泗合流之後，有由廬州巢湖胭脂河入江者，有由天長六合入江者；其本流則至清江浦入海。「排」者，通其上游支流以殺水勢也。可以證孟子之非誤。洪水既平，中國之地然後可耕而食。

不由其道而散溢妄行也。氾濫，橫流之貌。暢茂，長盛也。繁殖，眾多也。五穀，稻、黍、稷、麥、菽也。登，成熟也。道，路也。獸蹄鳥跡交於中國，言禽獸多也。敷，布也。益，舜臣名。烈，熾也。禽獸逃匿，然後禹得施治水之功。疏，通也，分也。九河：曰徒駭，曰太史，曰馬頰，曰覆釜，曰胡蘇，曰簡，曰潔，曰鉤盤，曰鬲津。瀹，亦疏通之意。濟漯，二水名。決、排，皆去其壅塞也。汝、漢、淮、泗，亦皆水名也。據禹貢及今水路，惟漢水入江耳。汝泗則入淮，而淮自入海。此謂四水皆入於江，記者之誤也。

「后稷教民稼穡，樹藝五穀。五穀熟而民人育。人之有道也，飽食煖衣，逸居而無教，則近於禽獸。聖人有憂之，使契爲司徒，教以人倫：父子有親，君臣有義，夫婦有別，長幼有序，朋友有信。放勳曰：『勞之來之，匡之直之，輔之翼之，使自得之，又從而振德之。』聖人之憂民如此，而暇耕乎？」

廣解　后稷，是管農事的官名，按尚書堯典，那時候做后稷的人名棄，是周朝的始祖。稼穡，農藝也。樹藝，種植也。育，養也。「人之有道也，」與本篇第三章「民之為道也」同。「有、」「為、」古通用。「有憂之」者，「又憂之」也。上云「堯獨憂之，」故此云「又憂之。」「契，」音薛，人名，商朝的始祖。司徒，掌教育之官。契為司徒，亦見堯典。放勳，堯之號。「曰，」一作「日，」言堯日日勞來匡直輔翼之。（見焦循正義，據孫奭孟子音義。）「來，」亦作「勑。」爾雅：「勞來，勤也。」「勞之來之，」謂勉之以勤；「匡之直之，」謂正之以義；「輔之翼之，」謂助之以教化；使能自得其本善之性也。振，救也。振德，謂加惠窮民，救其困乏也。朱注則云：「又從而提撕警覺以加惠焉。」蓋以「提撕」訓「振，」「加惠」訓「德，」以「放勳曰」以下云云，為命契之辭也。

朱熹章句　契，音薛。別，彼列反。長、放，皆上聲。勞、來，皆去聲。

言水土平，然後得以教稼穡；衣食足，然後得以施教化。後稷，官名，棄為之。然言教民，則亦非並耕矣。樹，亦種也。藝，殖也。契，亦舜臣名也。司徒，官名也。人之有道，言其皆有秉彝之性也。然無教則亦放逸怠惰而失之，故聖人設官而教以人倫，亦因其固有者而道之耳。書曰：「天敘有典，敕我五典五惇哉。」此之謂也。放勳，本史臣贊堯之辭，孟子因以為堯號也。德，猶惠也。堯言，勞者勞之，來者來之，邪者正之，枉者直之，輔以立之，翼以行之，使自得其性矣，又從而提撕警覺以加惠焉，不使其放逸怠惰而或失之。蓋命契之辭也。

「堯以不得舜爲己憂，舜以不得禹、皋陶爲己憂。夫以百畝之不易爲己憂者，農夫也。分人以財謂之惠，教人以善謂之忠，爲天下得人者謂之仁。是故以天下與人易，爲天下得人難。孔子曰：『大哉！堯之爲君！惟天爲大，惟堯則之。蕩蕩乎，民無能名焉！君哉，舜也！巍巍乎，有天下而不與焉！』堯舜之治天下，豈無所用其心哉？亦不用於耕耳。」

廣解《

「皋，」音「高。」「陶，」讀如「遙。」皋陶為士，掌司法，亦見堯典。「不易」之「易，」去聲，即「易其田疇」之易，治也。「與人易」之「易，」亦去聲，為「難易」之易。「為天下」之「為，」去聲。則，效法也。言堯能取法乎天。蕩蕩，大貌。「民無能名」者，言民不能指其德而名之也。「君哉」言其能盡人君之道。巍巍，高貌。不與，猶言不相關。言舜雖然得了天下，卻像毫不相關，只以救民為心，並不以天子的地位自足也。所引孔子語，與論語泰伯篇所記略異。——此又引歷史事實以駁許行君民並耕之說也。

朱熹章句

夫，音扶。易，去聲。易，治也。堯舜之憂民，非事事而憂之也，急先務而已。所以憂民者其大如此，則不惟不暇耕，而亦不必耕矣。為、易，並去聲。分人以財，小惠而已。教人以善，雖有愛民之實，然其所及亦有限而難久。惟若堯之得舜，舜之得禹皋陶，及所謂為天下得人者，而其恩惠廣大，教化無窮矣，此其所以為仁也。與，去聲。則，法也。蕩蕩，廣大之貌。君哉，言盡君道也。巍巍，高大之貌。不與，猶言不相關，言其不以位為樂也。

「吾聞用夏變夷者，未聞變於夷者也。陳良，楚產也。悅周公仲尼之道，北學於中國；北方之學者，未能或之先也。彼所謂豪傑之士也。子之兄弟，事之數十年，師死而遂倍之。昔者，孔子沒，三年之外，門人治任將歸，入揖於子貢，相嚮而哭，皆失聲，然後歸。子貢反，築室於場，獨居三年，然後歸。他日，子夏、子張、子游、以有若似聖人，欲以所事孔子事之，彊曾子。曾子曰：『不可！江漢以濯之，秋陽以暴之，皜皜乎不可尚已！』今也南蠻鴃舌之人，非先王之道，子倍子之師而學之，亦異於曾子矣。吾聞出於幽谷，遷于喬木者；未聞下喬木而入於幽谷者。魯頌曰：『戎狄是膺，荊舒是懲。』周公方且膺之，子是之學，亦爲不善變矣！」

廣解《

孟子駁許行君民並耕之說既竟，乃復責陳相背其師

朱熹章句

此以下責陳相倍師而學許行也。夏，諸夏禮義之教也。變夷，變化蠻夷之人也。變於夷，反

陳良而去學許行也。夏指中國，夷指蠻夷。夏，是文明的民族，應該把文化去啟導野蠻民族，使他也變成文明；從不曾聽說文明民族，反願變成野蠻的。故曰：「吾聞用夏變夷者，未聞變於夷者也。」產，生也。「楚產」即是生長於楚國。周公 孔子之道，儒家之道也。那時候，楚國稱荊蠻，尚無文化，故陳相特地到中國來求學。北方的學人，沒有一個趕得上他。不為地方習俗所囿，力求上進，故稱之為豪傑之士。子之兄弟，指陳相 陳辛兩人。「倍」同「背」。任，擔也。「治任，」整治行李也。子貢主辦孔子喪事，故門人入揖告辭。「嚮，」今亦作「向。」相嚮，相對也。失聲，悲極，哭不成聲也。反者，子貢送別了眾人回來。場，冢旁空地。子貢築室於孔子墓旁，獨住三年然後去也。子夏、子張、子游、以有若似聖人者，如檀弓所記，子游謂有若之言似夫子，史記仲尼弟子傳謂有若狀似夫子之類。彊，上聲，勉強也。濯，音濁，洗滌也。周正建子，共七八月，即夏正建寅之五六月；其秋，即夏正之夏。秋陽，夏日也。「暴」同「曝。」朱注云：「皜皜，潔白貌。尚，加也。」朱意蓋謂濯以江 漢，曝以秋陽，故潔白無以復加。焦氏正義則謂「皜」通「顥，」言孔子之德如天之元氣顥顥也。尚，上也。「不可上，」即子貢所謂「如天之不可階而升，」江漢非池沼可擬，秋陽非爝燎之倫；蓋以江 漢、秋陽及天比孔子云。說亦可通。「鴃，」音決。是一種小鳥。「鴃舌之人，」謂口音特別，講話像鳥聲的人。南蠻，指楚。「南蠻鴃舌之人，」指許行。其並耕

見變化於蠻夷之人也。產，生也。陳良生於楚，在中國之南，故北遊而學於中國也。先，過也。豪傑，才德出眾之稱，言其能自拔於流俗也。倍，與背同。言陳良用夏變夷，陳相變於夷也。

任，平聲。強，上聲。暴，蒲木反。皜，音杲。

三年，古者為師心喪三年，若喪父而無服也。任，擔也。場，塚上之壇場也。有若似聖人，蓋其言行氣像有似之者，如檀弓所記子游謂有若之言似夫子之類是也。所事孔子，所以事夫子之禮也。江漢水多，言濯之潔也。秋日燥烈，言暴之干也。皜皜，潔白貌。尚，加也。言夫子道德明著，光輝潔白，非有若所能彷彿也。或曰：「此三語者，孟子讚美曾子之辭也。」

鴃，亦作鶪，古役反。

鴃，博勞也，惡聲之鳥。南蠻之聲似之，指許行也。

小雅伐木之詩云：「伐木丁丁，鳥鳴嚶嚶，出自幽谷，遷於喬木。」魯頌閟宮之篇也。膺，擊也。荊，楚本號也。舒，國名，近楚者也。懲，艾也。按今此詩為僖公之頌，而孟子以周公言之，亦斷章取義也。

之說，亦非先王之道也。幽谷，即很深的山谷，指黑暗低下的地方。喬木，即高大的樹木，指光明高大的地方。詩經小雅伐木云：「出自幽谷，遷於喬木。」孟子用其意為喻。魯頌，是魯國的頌詩。所引，見魯頌閟宮篇。膺，擊也，伐也。荊，即是楚。舒，古國名，近楚者也。懲，猶今云「懲戒。」言周公所伐者戎狄，所懲者荊舒。朱子謂閟宮本頌僖公，孟子以指周公，是斷章取義。翟顥孟子考異，則謂閟宮一詩，第七第八二章，方頌僖公，此在第四章，確指周公。

「從許子之道，則市賈*不貳*，國中無僞。雖使五尺之童適市，莫之或欺。布帛長短同，則賈*相若；麻縷絲絮輕重同，則賈*相若；五穀多寡同，則賈*相若；屨大小同，則賈*相若。」曰：「夫物之不齊，物之情也；或相倍蓰，或相什伯，或相千萬。子比而同之，是亂天下也。巨屨小屨同賈，人豈爲之哉？從許子之道，相率而爲僞者也，惡*能治國家？」

廣解《 此陳相又稱贊許子之道以答孟子也。「賈」今作「價。」「貳」同「二。」陳相以為推行許子的學說，能使市價劃一不貳，國中的人都不敢作偽，雖使五尺長的童子到市上去買東西，決沒有人會欺騙他。許子的主張，對於貨物，只問量的多寡，而不管質的好壞。故布與帛，長短相同，價錢就一樣；麻縷絲絮，輕重相同，價錢就一樣；連五穀也不問它是米是麥，只要容量的多少相同，價錢也是一樣。至於所穿的鞋，也只須大小相同，價

朱熹章句

賈，音價，下同。

陳相又言許子之道如此。蓋神農始為市井，故許行又託於神農，而有是說也。五尺之童，言幼小無知也。許行欲使市中所粥之物，皆不論精粗美惡，但以長短輕重多寡大小為價也。

夫，音扶。蓰，音師，又山綺反。比，必二反。惡，平聲。

倍，一倍也。蓰，五倍也。什伯千萬，皆倍數也。

錢也是一樣。「曰」字以下，又孟子駁陳相之辭。「夫，」音「扶。」「物之不齊，物之情也，」是說貨物的不能劃一，正是貨物的實在情形。所以在價值也自然不同了。倍，是一倍，蓰，是五倍，什，是十倍，伯，是百倍，千萬，是千倍萬倍。比，音必二反，次也。現在你們要把它劃成同一的價錢，是反使天下擾亂了。大的鞋如與小的鞋賣同一價錢，製鞋的人還肯做它嗎？質料相同的，大小不同，價尚不能劃一；何況質量本有高低呢？你以為從許子之道，可以國中無偽，我卻以為從許子之道，正是使國人相率為偽，怎能治國家呢？「惡，」平聲，何也。

比，次也。孟子言物之不齊，乃其自然之理，其有精粗，猶其有大小也。若大屨小屨同價，則人豈肯為其大者哉？今不論精粗，使之同價，是使天下之人皆不肯為其精者，而競為濫惡之物以相欺耳。

〔五〕

墨者夷之，因徐辟而求見孟子。孟子曰：「吾固願見。今吾尚病，病愈，我且往見。」夷子不來。他日，又求見孟子，孟子曰：「吾今則可以見矣。不直，則道不見；我且直之。吾聞夷子墨者，墨之治喪也，以薄爲其道也。夷子思以易天下，豈以爲非是而不貴也？然而夷子葬其親厚，則是以所賤事親也。」

廣解《

漢書 藝文志有墨家，以墨翟為始祖。墨者，是宗墨子學說的人。夷之，姓夷名之，是當時的一位墨者。徐辟，孟子弟子。夷子，即夷之。直者，直言以相質也。「見，」音現。言不直言以質之，則無以現示儒家之道。故我且直言以質之也。墨子書有節葬篇，以為儒家厚葬靡財病民，久服喪生害事。莊子 天下篇

朱熹章句

辟，音璧，又音闢。墨者，治墨翟之道者。夷，姓；之，名。徐辟，孟子弟子。孟子稱疾，疑亦托辭以觀其意之誠否。不見之見，音現。又求見，則其意已誠矣，故因徐辟以質之如此。直，盡言以相正也。莊子曰：「墨子生不歌，死無服，桐

亦言墨子「死無服，桐棺三寸而無椁。」夷子既宗墨子，故思以薄葬改變天下之風氣，是以薄葬為貴，而所賤為厚葬；今夷子厚葬其親，則是以所賤事親矣。此即孟子直言質問夷子之辭。

棺三寸而無槨。」是墨之治喪，以薄為道也。易天下，謂移易天下之風俗也。夷子學於墨氏而不從其教，其心必有所不安者，故孟子因以詰之。

徐子以告夷子。夷子曰：「儒者之道，古之人『若保赤子』，此言何謂也？之則以爲愛無差等，施由親始。」徐子以告孟子。孟子曰：「夫夷子信以爲人之親其兄之子，爲若親其鄰之赤子乎？彼有取爾也。赤子匍匐將入井，非赤子之罪也。且天之生物也，使之一本，而夷子二本故也。蓋上世嘗有不葬其親者，其親死，則舉而委之於壑。他日過之，狐狸食之，蠅蚋姑嘬之；其顙有泚，睨而不視。夫泚也，非爲人泚，中心達於面目。蓋歸，反虆梩而掩之。掩之，誠是也。則孝子仁人之掩其親，亦必有道矣。」徐子以告夷子，夷子憮然，爲閒，曰：「命之矣！」

廣解

徐子即徐辟，把孟子的話，轉告夷子也。道，言也。孟子為儒家，故夷子引儒者之言以反質孟子。赤子，是初生的嬰兒。因初生嬰兒皮膚色紅，故曰「赤子。」「若保赤子，」見周書康誥。言古之聖王愛民如保赤子也。「之，」夷之自稱其名。墨子主「兼愛，」以為「愛人之父若其父，愛人之子若其子，」故曰「愛無差等。」但施愛由親始耳。蓋夷之以為儒者之言「若保赤子，」即是墨家兼愛之意；但愛雖無差等，而施愛則始於親，故不妨厚葬其親也。「夫，」音扶。孟子以為人之親其兄之子，與親其隣之

朱熹章句

夫，音扶，下同。匍，音蒲。匐，蒲北反。

「若保赤子」，周書康誥篇文，此儒者之言也。夷子引之，蓋欲援儒而入於墨，以拒孟子之非己。又曰：「愛無差等，施由親始」，則推墨而附於儒，以釋己所以厚葬其親之意，皆所謂遁辭也。孟子言人之愛其兄子與鄰之子，本有差等。書之取譬，本為小民無知而犯法，如赤子無知而入井耳。且人物之生，必各本於父母而無二，乃自然之理，若天使之然也。故其愛由此立，而推以及人，自有差等。今如夷子之言，則是視其父母本無異於路人，但其施之之序，姑自此始

赤子，是有差等的。「彼有取爾也」之「彼，」指「若保赤子」之言。所謂「若保赤子」者，蓋別有取意也。匍匐，手足著地扒行也。赤子無知，在地上匍匐，將入於井，猶愚民無知而陷於罪，皆非其罪。故今之人保民若赤子也。人物之生，各有其唯一之父母，故曰「一本。」今夷子以為愛無差等，則視路人如父母，是有二父母矣，故曰「二本。」此就夷之之言駁之也。上世，太古之世。委，拋棄也。壑，山間澗谷也。蠅，蒼蠅。蚋，小蟲名，蚊的一類。「姑，」古通「蛄，」也是一種小蟲。嘬者，攢聚在一處吮吸之也。顙，前額。泚，出汗的樣子。睨者，斜著眼也。虆，盛土之草具；梩，掘土的器械。掩，蓋也。言上古之世，也曾有不葬其親之人。其父母死，則抬到山中，棄之於壑。過了幾天，偶然重經棄尸之地，見狐狸在那裏吃它，蠅蚋螻蛄在攢集著吮吸它，不覺愛親之念油然而生，既不忍，又慚愧，額上汗也出來了，斜著眼不忍再看。他的出汗，並不是為了別人，乃是愛親之念，發於內心，在顏面上表現出來。於是回到家裏，取了虆梩轉去，用泥土把它掩埋起來。這便是葬禮的起源。由此可見孝子仁人之葬其親，也本於愛親之心，厚葬之禮，即因於此。其不當以薄葬為貴可知。此孟子因夷之厚葬其親，以啟發其本心，而解其蔽也。憮然，茫然如有所失的樣子。「為閒」即「有間，」間，頃也。「命之，」猶云「教之。」夷之聞孟子之言，大為感動，故憮然有間，曰：「孟子已教我矣。」

耳。非二本而何哉？然其於先後之間，猶知所擇，則又其本心之明有終不得而息者，此其所以卒能受命而自覺其非也。

蚋，音汭。嘬，楚怪反，泚，七禮反。睨，音詣。為，去聲。虆，力追反。梩，力知反。

因夷子厚葬其親而言此，以深明一本之意。上世，謂太古也。委，棄也。壑，山水所趨也。蚋，蚊屬。姑，語助聲，或曰螻蛄也。嘬，攢共食之也。顙，額也。泚，泚然汗出之貌。睨，邪視也。視，正視也。不能不視，而又不忍正視，哀痛迫切，不能為心之甚也。非為人泚，言非為他人見之而然也。所謂一本者，於此見之，尤為親切。蓋惟至親故如此，在他人，則雖有不忍之心，而其哀痛迫切，不至若此之甚矣。反，覆也。虆，土籠也。梩，土轝也。於是歸而掩覆其親之屍，此葬埋之禮所由起也。此掩其親者，若所當然，則孝子仁人所以掩其親者，必有其道，而不以薄為貴矣。憮，音武。閒，如字。

憮然，茫然自失之貌。為閒者，有頃之閒也。命，猶教也。言孟子已教我矣。蓋因其本心之明，以攻其所學之蔽，是以吾之言易入，而彼之惑易解也。

〔六〕

陳代曰：「不見諸侯，宜若小然。今一見之，大則以王，小則以霸。且志曰：『枉尺而直尋』，宜若可爲也。」孟子曰：「昔齊景公田，招虞人以旌，不至，將殺之。『志士不忘在溝壑，勇士不忘喪其元。』孔子奚取焉？取非其招不往也。如不待其招而往，何哉？且夫枉尺而直尋者，以利言也。如以利，則枉尋直尺而利，亦可爲與*？

廣解《

陳代，孟子弟子。宜，殆也。「宜若小然，」殆若褊小也；「宜若可為，」殆若可為也。八尺曰尋。枉，屈也，曲也；直，伸也，正也。「枉尺直尋，」言所屈者小，所伸者大。代欲孟子去見諸侯，屈己以伸道，故有此言。田，打獵。虞人，是專管山澤苑囿的小官。旌，是一種旗。按古禮：國君招大夫用旌，招虞人用皮冠。齊景公招虞人用旌是失禮的。虞人因守禮而不肯至。景公以為違抗命令，將要殺他。「在溝壑」者，死於凍餒，無棺椁，委尸溝壑中也。喪，去聲，亡失也。元，頭也。「喪其元，」謂被殺也。這兩句，是孔子當時贊美虞人的話。按齊景公事亦見左傳昭公十二年，所記與此不同。「奚取焉，」言孔子對於虞人何所取也。孔子所取，即在這個虞人對於齊景公用旌去招他，決定不去，雖死不願耳。如不待諸侯來招，我先去見他們，那是什麼道理呢？「夫，」音扶。而且你所說的「枉尺直尋，」無非在利益上計算。如果單以利益為標準，那麼如所屈的有一尋，所伸的只有一尺，難道也可以做的嗎？「與，」今作「歟。」

朱熹章句

王，去聲。

陳代，孟子弟子也。小，謂小節也。枉，屈也。直，伸也。八尺曰尋。枉尺直尋，猶屈己一見諸侯，而可以致王霸，所屈者小，所伸者大也。

喪，去聲。

田，獵也。虞人，守苑囿之吏也。招大夫以旌，招虞人以皮冠。元，首也。志士固窮，常念死無棺槨，棄溝壑而不恨；勇士輕生，常念戰鬥而死，喪其首而不顧也。此二句，乃孔子歎美虞人之言。夫虞人招之不以其物，尚守死而不往，況君子豈可不待其招而自往見之邪？此以上告之以不可往見之意。

夫，音扶。與，平聲。

此以下，正其所稱枉尺直尋之非。夫所謂枉小而所伸者大則為之者，計其利耳。一有計利之心，則雖枉多伸少而有利，亦將為之邪？甚言其不可也。

「昔者，趙簡子使王良與嬖奚乘，終日而不獲一禽。嬖奚反命曰：『天下之賤工也。』或以告王良。良曰：『請復之。』彊而後可。一朝而獲十禽，嬖奚反命曰：『天下之良工也。』簡子曰：『我使掌與女乘。』謂王良，良不可。曰：『吾爲之範我馳驅，終日不獲一；爲之詭遇，一朝而獲十。詩云：「不失其馳，舍矢如破。」我不貫與小人乘，請辭！』御者且羞與射者比，比而得禽獸，雖若丘陵，弗爲也。如枉道而從彼，何也？且子過矣！枉己者，未有能直人者也。」

廣解《　趙簡子，晉大夫趙鞅也；「簡」是諡。嬖，是寵愛的意思。奚，是人名。王良，是當時善於駕馬的人。左傳哀公二年作郵無恤，字子良；國語晉語作郵無正，即郵良，伯樂。乘，去聲，御車也。與，為也。使王良為嬖人奚駕車去打獵也。反命，復命於簡子。「請復之」者，請再為奚駕車出獵也。「彊，」上聲，勉強也。奚不肯，故彊之。朝，猶云上午。「女」同「汝。」「使掌與汝乘」者，使王良掌為嬖奚御車之職也。範，法也。為，去聲。「範我馳驅」者，按御車之法馳驅也。詭遇，不按御車之法，使與禽遇也。所引詩經，見小雅車攻篇「不失其馳，」謂不失其馳驅之法，即「範我馳驅」也。「舍，」上聲，同「捨。」舍矢，發箭也。如破，言發箭必中，貫禽而殺之也。「貫」同「慣。」言為此等小人駕車，我是不慣的，故請辭也。孟子引王良不肯給嬖奚駕車的故事，意

朱熹章句　乘，去聲。強，上聲。女，音汝。為，去聲。捨，上聲。

趙簡子，晉大夫趙鞅也。王良，善御者也。嬖奚，簡子幸臣。與之乘，為之御也。復之，再乘也。強而後可，嬖奚不肯，強之而後肯也。一朝，自晨至食時也。掌，專主也。范，法度也。詭遇，不正而與禽遇也。言奚不善射，以法馳驅則不獲，廢法詭遇而後中也。詩小雅車攻之篇。言御者不失其馳驅之法，而射者發矢皆中而力，今嬖奚不能也。貫，習也。比，必二反。

比，阿黨也。若丘陵，言多也。

或曰：「居今之世，出處去就不必一一中節，欲其一一中節，則道不得行矣。」楊氏曰：「何其不自重也，枉己其能直人乎？古之人寧道之不行，而不輕其去就；是以孔孟雖在春秋戰國之時，而進必以正，以至終不得行而死也。使不恤其去就而可以行道，孔孟

在說明自己不肯屈己從人的道理。故述故事完畢後，再加以斷語。御者，指王良。射者，指嬖奚。比，阿私也。言駕車的人，尚且以與射箭的人阿私為羞恥，因阿比而可以多獲禽獸，雖堆積著像山陵般高，也不肯做。如要我枉屈了自己所守之道，去依附那些無道的諸侯，這是什麼道理呢？矯枉當以直；己已枉曲，豈能正人。此直指陳代「枉尺直尋」之言之誤。

〔七〕

景春曰：「公孫衍*、張儀，豈不誠大丈夫哉！一怒而諸侯懼，安居而天下熄。」孟子曰：「是焉*得爲大丈夫乎？子未學禮乎？丈夫之冠也，父命之。女子之嫁也，母命之，往送之門，戒之曰：『往之女*家，必敬必戒，無違夫子。』以順爲正者，妾婦之道也。居天下之廣居，立天下之正位，行天下之大道，得志，與民由之；不得志，獨行其道。富貴不能淫，貧賤不能移，威武不能屈：此之謂大丈夫。」

廣解

景春，人名姓。公孫衍，即犀首，衍與張儀，都是魏國人，為縱橫家的主要人物，見史記張儀傳。怒則游說諸侯，使相攻伐，故諸侯懼；安居則各國戰爭之事也就銷滅，故曰「安居而天下熄」也。「是，」指衍儀等人。「焉，」平聲，安也。丈夫，指男子。冠，去聲，行冠禮也。古禮男子二十而冠，始為成人。「父命

當先為之矣。孔孟豈不欲道之行哉？」

朱熹章句

景春，人姓名。公孫衍、張儀，皆魏人。怒則說諸侯使相攻伐，故諸侯懼也。焉，於虔反。冠，去聲。女家之女，音汝。加冠於首曰冠。女家，夫家也。婦人內夫家，以嫁為歸也。夫子，夫也。女子從人，以順為正道也。蓋言二子阿諛苟容，竊取權勢，乃妾婦順從之道耳，非丈夫之事也。

之」者，男子冠，父主其事也。此是喻中之賓。「母命之」者，女子出嫁，母主其事也。「女家」之「女，」同「汝。」女子以夫家為家，故曰汝家。夫子，女之壻也。言女子嫁人，在臨去的時候，母親送她到門口，告戒她道：「到你夫家去，必要恭敬，必要謹戒，不可違反丈夫的話。」此是喻中之主。由此可見以順從為正當的，那是做妾婦之道。這是說：公孫衍 張儀這種人，只知奉承國王，好像妻妾之奉承丈夫一樣。朱注云：「廣居，仁也；正位，禮也；大道，義也。」「與民由之，」使人民共由此道也。「獨行其道，」安貧樂道，守之不失也。朱注又云：「淫，蕩其心也；移，變其節也；屈挫其志也。」蓋大丈夫於其道，能篤信死守，達不離道，故富貴不能淫；窮不失義，故貧賤不能移；有殺身以成仁，無求生以害義，故威武不能屈，必如此，方可謂之大丈夫也。

廣居，仁也。正位，禮也。大道，義也。與民由之，推其所得於人也；獨行其道，守其所得於己也。淫，蕩其心也。移，變其節也。屈，挫其志也。

何叔京曰：「戰國之時，聖賢道否，天下不復見其德業之盛；但見奸巧之徒，得志橫行，氣焰可畏，遂以為大丈夫。不知由君子觀之，是乃妾婦之道耳，何足道哉？」

〔八〕

周霄*問曰：「古之君子仕乎？」孟子曰：「仕。傳曰：『孔子三月無君，則皇皇如也。出疆必載質。*』公明儀曰：『古之人三月無君則弔。』」

廣解《 周霄，魏國人，亦見戰國策 魏策。「傳」者，指前代所遺留的傳記。無君，謂不得仕而無君可事也。皇皇，是求取不到，心中不安的樣子。禮記 檀弓云：「皇皇焉如有求而弗得也。」

朱熹章句 傳，直戀反。質與贄同，下同。

周霄，魏人。無君，謂不得仕而事君也。皇皇，如有求而弗得之意。出疆，謂失位而去國也。質，所執以見人者，如士則執雉也。出疆載之者，將以見所適國問喪云：「皇皇然如有求而弗得也。」「皇皇如，」即「皇皇焉，」「皇皇然」也。「出疆」謂失官去國。疆，境也。「質，」同「贄，」亦作「摯，」臣所執以見君者，如士用雉之類。出疆載質而行，以備見所適之國之君也。「三月，」虛數，言其久也。（用汪中述學釋三九說。）言久不得仕，則弔之。

「三月無君則弔，不以急乎？」曰：「士之失位也，猶諸侯之失國家也。禮曰：『諸侯耕助，以供粢*盛；夫人蠶繅*，以爲衣服。犧牲不成，粢盛不潔，衣服不備，不敢以祭。惟士無田，則亦不祭。』牲殺、器皿、衣服不備，不敢以祭，則不敢以宴，亦不足弔乎？」

廣解

以急，太急也。此句為周霄又問。「曰」字以下，孟子又答也。古者天子諸侯皆親耕以供粢盛，王后夫人皆親蠶以供祭服；見禮記祭統。「盛」音成。助，藉田也。天子諸侯所耕曰藉田。藉者，助也，借百姓的助力，故名。粢盛，是祭祖時上供的稷稻。蠶繅，飼蠶繅絲也。諸侯夫人飼蠶繅絲，是用以製成祭祀所穿的禮服的。犧牲是祭祀所用的牛羊豕；不成，沒有長成。「田，」即本篇第三章的「圭田。」「無田，」沒有圭田也。失位不仕，則無圭田，故不祭也。禮記曲禮云：「無田祿者，不設祭器。」王制云：「有田則祭，無田則薦。」並無田不祭之證。牲殺，指祭祀時特殺的犧牲；皿，所以覆器者，器皿，指祭器；衣服，指祭祀的禮服；三者不備，不敢以祭。不祭，則不宴也。

之君，而事之也。

朱熹章句

周霄問也。以、已通，太也。後章放此。盛，音成。繅，素刀反。皿，武永反。

禮曰：「諸侯為借百畝，冕而青紘，躬秉耒以耕，而庶人助以終畝。收而藏之御廩，以供宗廟之粢盛。使世婦蠶於公桑蠶室，奉繭以示於君，遂獻於夫人。夫人副褘受之，繅三盆手，遂佈於三宮世婦，使繅以為黼黻文章，而服以祀先王先公。」又曰：「士有田則祭，無田則薦。」黍稷曰粢，在器曰盛。牲殺，牲必特殺也。皿，所覆器者。

「出疆必載質，何也？」曰：「士之仕也，猶農夫之耕也，農夫豈爲出疆舍其耒耜哉？」曰：「晉國，亦仕國也。未嘗聞仕如此其急；仕如此其急也，君子之難仕，何也？」曰：「丈夫生而願爲之有室，女子生而願爲之有家。父母之心，人皆有之。不待父母之命，媒妁之言，鑽穴隙相窺，踰牆相從，則父母國人皆賤之。古之人未嘗不欲仕也，又惡不由其道；不由其道而往者，與鑽穴隙之類也。」

廣解

「出疆必載質，何也，」周霄又問。「曰士之仕也，……」孟子又答也。孟子以仕為士之職業，故曰猶農夫之耕。「舍」同「捨，」棄置也。「曰晉國亦仕國，……」周霄又問。周霄，魏人，魏為三晉之一，故據晉為問。「難仕，」謂不輕易出仕。「曰丈夫生，……」孟子又答。男以女為室，女以男為家。妁，音酌，亦媒也。此言凡為父母者，皆願為子女婚嫁；若不待父母之命，媒妁之言，而私通淫奔，是不為婚姻之正道，則父母國人皆賤之；以喻君子未嘗不欲仕，但不由其道而仕，則亦為人所賤也。惡，去聲，厭惡也。焦氏正義謂末句無「之」字，言與鑽穴隙相類。孔廣森經學卮言謂「與」同「歟，」屬上句。王引之經傳釋詞謂「與，」語助詞，無義。

〔九〕

朱熹章句

周霄問也。為，去聲。舍，上聲。為，去聲。妁，音酌。隙，去逆反。惡，去聲。晉國，解見首篇。仕國，謂君子遊宦之國。霄意以孟子不見諸侯為難仕，故先問古之君子仕否，然後言此以風切之也。男以女為室，女以男為家。妁，亦媒也。言為父母者，非不願其男女之有室家，而亦惡其不由道。蓋君子雖不潔身以亂倫，而亦不殉利而忘義也。

彭更問曰：「後車數十乘，從者數百人，以傳食於諸侯，不以泰乎？」孟子曰：「非其道，則一簞食不可受於人。如其道，則舜受堯之天下，不以爲泰，子以爲泰乎？」

廣解《 彭更，孟子弟子。彭更此問，疑孟子無功受祿也。後車，弟子所乘以隨孟子者。數十乘，數十輛也。從者。從孟子之弟子。「乘、」「從、」皆去聲。「以，」同「已，」太也。泰，侈也，甚也。簞，盛飯之竹器。

朱熹章句 更更，平聲。乘、從，皆去聲。傳，直戀反。簞，音丹。食，音嗣。彭更，孟子弟子也。泰，侈也。

曰：「否。士無事而食，不可也。」曰：「子不通功易事，以羨補不足，則農有餘粟，女有餘布。子如通之，則梓匠輪輿，皆得食於子。於此有人焉，入則孝，出則弟，守先王之道，以待後之學者，而不得食於子；子何尊梓匠輪輿，而輕爲仁義者哉！」

廣解《 「曰否，……」彭更又問也。「易，」音亦。羨，有餘也。農耕女織，各盡所能；餘粟餘布，互相交換，各取所需；即所謂「通功易事，以羨補不足」也。此分功互助之法，為人類社會生活之原則。梓人、匠人，皆木工；輪人、輿人，皆車工。「弟，」今作「悌。」入孝出弟，守先王之道以待後之學者，即儒者，亦即「為仁義者。」

朱熹章句 言不以舜為泰，但謂今之士無功而食人之食，則不可也。羨，延面反。通功易事，謂通人之功，而交易其事。羨，餘也。有餘，言無所貿易，而積於無用也。梓人，匠人，木工也。輪人，輿人，車工也。

曰：「梓匠輪輿，其志將以求食也。君子之爲道也，其志亦將以求食與*？」曰：「子何以其志爲哉！其有功於子，可食而食之矣。且子食志乎？食功乎？」

廣解《「與，」同「歟。」此彭更又問也。「曰」字以下，孟子又答。四「食」字皆音嗣，予之食也。「食志，」因其志在求食而予之食也；「食功，」因其有功於我而予之食也。

朱熹章句 與，平聲。可食而食、食志食功之食，皆音嗣，下同。孟子言自我而言，固不求食；自彼而言，凡有功者則當食之。

曰：「食志。」曰：「有人於此，毀瓦畫墁*，其志將以求食也，則子食之乎？」曰：「否。」曰：「然則子非食志也，食功也。」墁，音幔。

廣解《「曰食志，」彭更又答也。「曰」字以下，孟子又設一個譬喻答他。毀瓦者，把屋上的瓦毀壞；畫墁者，把粉飾好的潔白牆壁塗汙也。假定有個人在這裏，毀壞屋瓦，塗汙牆壁，而他的志願，是要向你求飯吃的，那麼，你也給他飯吃嗎？彭更聽了這話，回答道：「否。」孟子因又說道：「然則子非食志也，食功也。」

朱熹章句 墁，武安反。子食之食，亦音嗣。墁，牆壁之飾也。毀瓦畫墁，言無功而有害也。既曰食功，則以士為無事而食者，真尊梓匠輪輿而輕為仁義者矣。

（十）

萬章問曰：「宋，小國也。今將行王政，齊楚惡*而伐之，則如之何？」孟子曰：「湯居亳*，與葛爲鄰，葛伯放而不祀。湯使人問之曰：『何爲不祀？』曰：『無以供犧牲也。』湯使遺之牛羊，葛伯食之，又不以祀。湯又使人問之曰：『何爲不祀？』曰：『無以供粢盛也。』湯使亳眾往爲之耕，老弱饋*食。葛伯率其民，要*其有酒食黍稻者，奪之。不授者，殺之。有童子以黍肉餉，殺而奪之。書曰：『葛伯仇餉，』此之謂也。爲其殺是童子而征之，四海之內，皆曰：『非富天下也，爲匹夫匹婦復讎也。』湯始征，自葛載，十一征而無敵於天下。東面而征西夷怨，南面而征北狄怨，曰：『奚爲後我？』民之望之，若大旱之望雨也。歸市者弗止，芸者不變。誅其君，弔其民，如時雨降，民大悅。書曰：『徯我后，后來其無罰。』

廣解

萬章，孟子弟子。周廣業孟子出處時地考謂孟子去齊，居休，歸鄒，聞宋王偃將行仁政，往遊焉。萬章之問，當在此時。殆其初政有足觀者。史記宋世家乃謂偃射天，淫於酒色，殺諫者，諸侯謂之「桀宋。」蓋晚節不終者。惡，去聲，厭惡也。亳，音僕，湯都也。葛，國名。葛伯，葛國之君。放，放縱無道；不祀，不祭祀也。「遺」同「饋，」贈送也。粢盛，供祭祀之稷稻。要同邀。亳人老弱饋食於耕者，葛伯率其民邀截而奪其所饋之食也。兩「食」字皆音飼。「葛伯仇餉，」見偽古文尚書仲虺之誥。王鳴盛尚書後案據書序「葛伯不祀，湯始征之，作湯征；」以為此句當在湯征篇中。湯征篇，今逸。仇餉者，謂葛伯如以饋餉者為仇也。「為，」去聲。「非富天下，」言湯非以天下為富而欲得之。載，亦始也。十一征，言征伐十一次。「奚為後我，」言何為不先伐我國也。「芸」同「耘。」弔，哀而撫慰之也。徯，待也。后，君也。按梁惠王篇述湯征葛事，與此大同小異。引書語，作「后來其蘇。」

朱熹章句

惡，去聲。

萬章，孟子弟子。宋王偃嘗滅滕伐薛，敗齊、楚、魏之兵，欲霸天下，疑即此時也。

遺，唯季反。盛，音成。往為之為，去聲。饋食、酒食之食，音嗣。要，平聲。餉，式亮反。

葛，國名。伯，爵也。放而不祀，放縱無道，不祀先祖也。亳眾，湯之民。其民，葛民也。授，與也。餉，亦饋也。書商書仲虺之誥也。仇餉，言與餉者為仇也。

為，去聲。

非富天下，言湯之心，非以天下為富而欲得之也。載，亦始也。十一征，所征十一國也。餘已見前篇。

「『有攸不爲臣，東征，綏厥士女，匪厥玄黃，紹我周王見休，惟臣附于大邑周。』其君子，實玄黃于匪以迎其君子；其小人，簞食壺漿以迎其小人。救民於水火之中。取其殘而已矣！

廣解

此節自「有攸不為臣，」至「惟臣附于大邑周。」是引尚書中記周武王伐紂的事。偽古文尚書武成篇中所記，與此大同小異。攸，所也。「有攸不為臣，」朱注以為指那時尚有助紂為虐，不願為周武王的臣子者。焦氏正義以為「不從」即「惟，」惟，念也。「有攸」即「有所；」「有攸不惟，」即「有所念；」所念惟執臣子之節耳。與朱子說異。東征，武王東征伐紂也。「綏厥士女，」撫慰紂的男女子民也。「匪，」同「篚，」竹編的器具。玄黃，黑色黃色的幣帛。言用竹編的器具，盛黑色黃色的幣帛也。朱注又云：「紹，繼也，猶言事也。」焦氏則謂「紹」者，紹介見周王。亦與朱子不同。休，美也，善也。周王，指武王。「我」者，親之之辭；「大邑」者，尊之之辭也。以上孟子引尚書之言。君子，指有爵位者；小人，指百姓。「簞食壺漿，」以簞盛飯，以壺盛漿也。「食」音嗣。「取其殘，」謂取其殘民之獨夫而誅之。

朱熹章句

食，音嗣。

按周書武成篇載武王之言，孟子約其文如此。然其辭時與今書文不類，今姑依此文解之。有所不惟臣，謂助紂為惡，而不為周臣者。匪，與篚同。玄黃，幣也。紹，繼也，猶言事也。言其士女以篚盛玄黃之幣，迎武王而事之也。商人而曰我周王，猶商書所謂我後也。休，美也。言武王能順天休命，而事之者皆見休也。臣附，歸服也。孟子又釋其意，言商人聞周師之來，各以其類相迎者，以武王能拯民於水火之中，取其殘民者誅之，而不為暴虐耳。君子，謂在位之人。小人，謂細民也。

太誓曰：『我武惟揚，侵于之疆，則取于殘，殺伐用張，于湯有光。』不行王政云爾。苟行王政，四海之內，皆舉首而望之，欲以爲君；齊楚雖大，何畏焉！」

廣解　太誓，尚書的一篇，是記武王伐紂的文字。今泰誓後得，非伏勝所傳，（見惠棟古文尚書考。）無此文。「侵于、」「取于，」二「于」字，皆句中助詞，無義。言武王奮威揚武，侵紂之疆土，取殘民之獨夫，以張殺伐，繼湯而行弔民伐罪之事，故曰「于湯有光」也。孟子既引湯武往事以告萬章，乃以己意斷之。言所慮者宋王未必能真行仁政耳。苟真行仁政，則天下之民皆欲歸之，齊楚又何足畏哉！

朱熹章句　太誓，周書也。今書文亦小異。言武王威武奮揚，侵彼紂之疆界，取其殘賊，而殺伐之功因以張大，比於湯之伐桀又有光焉，引此以證上文取其殘之意。宋實不能行王政，後果為齊所滅，王偃走死。

尹氏曰：「為國者能自治而得民心，則天下皆將歸往之，恨其征伐之不早也。尚何強國之足畏哉？苟不自治，而以強弱之勢言之，是可畏而已矣。」

〔十二〕

孟子謂戴不勝曰：「子欲子之王之善與*？我明告子：有楚大夫於此，欲其子之齊語也，則使齊人傅諸？使楚人傅諸？」曰：「使齊人傅之。」曰：「一齊人傅之，衆楚人咻*之，雖日撻*而求其齊也，不可得矣。引而置之莊嶽之間數年，雖日撻*而求其楚，亦不可得矣。子謂薛居州善士也，使之居於王所。在於王所者，長*幼卑尊，皆薛居州也，王誰與爲不善？在王所者，長*幼卑尊，皆非薛居州也，王誰與爲善？一薛居州，獨如宋王何！」

廣解　戴不勝，宋大夫。子，指戴不勝；子之王，指宋王。「與」同「歟」。齊語，是齊國的方言。傅，教也。諸，之乎也。撻，責打也。咻，喧擾也。莊、嶽，街里名，是齊國繁盛的地方。此以學習方言為喻。薛居州，也是宋國人。所，處也。「居於王所，」在宋王

朱熹章句　與，平聲。咻，音休。戴不勝，宋臣也。齊語，齊人語也。傅，教也。咻，讙也。齊，齊語也。莊嶽，齊街里名也。楚，楚語也。此先設譬以曉之也。長，上聲。居州，亦宋臣。言小人衆而君子獨，無以成正君之功。

左右也。長，上聲。「皆薛居州，」言皆如薛居州為善士也；「皆非薛居州」言皆非善士，不像薛居州也。蓋環境移人，其力最大，故近朱者赤，近墨者黑；所謂蓬生麻中，不扶自直；白沙在泥，不染自黑也。

〔十二〕

公孫丑問曰：「不見諸侯何義？」孟子曰：「古者，不爲臣不見。段干木踰垣而辟之，泄柳閉門而不內，是皆已甚。迫，斯可以見矣。陽貨欲見孔子，而惡無禮。大夫有賜於士，不得受於其家，則往拜其門。陽貨矙孔子之亡也，而饋孔子蒸豚。孔子亦矙其亡也，而往拜之。當是時，陽貨先，豈得不見？曾子曰：『脅肩諂笑，病于夏畦。』子路曰：『未同而言，觀其色赧赧然，非由之所知也。』由是觀之，則君子之所養，可知已矣。」

廣解《　不在這個國內做官，則和這國的國君沒有君臣之義，所以不見也。段干，複姓，木名，魏人，與文侯同時。泄柳，魯人，與繆公同時。按史記魏世家言文侯客段干木，過其閭，未嘗不軾；呂氏春秋下賢篇言文侯見段干木，立倦而不敢息；本書公孫丑篇言泄柳申詳無人乎繆公之側，則不能安其身；則初雖踰垣閉門，其後仍見之矣。「辟，」同「避。」「內，」同「納。」已甚，太過也。迫，切也。言諸侯求見之意，甚迫切也。陽貨，即陽虎，魯大夫。惡，去聲。矙，伺也。亡，不在家也。饋，贈送也。蒸豚，蒸熟

朱熹章句　不為臣，謂未仕於其國者也，此不見諸侯之義也。辟，去聲。內，與納同。段干木，魏文侯時人。洩柳，魯繆公時人。文侯、繆公欲見此二人，而二人不肯見之，蓋未為臣也。已甚，過甚也。迫，謂求見之切也。欲見之見，音現。惡，去聲。矙，音勘。此又引孔子之事，以明可見之節也。欲見孔子，欲召孔子來見己也。惡無禮，畏人以己為無禮也。受於其家，對使人拜受於家也。其門，大夫之門也。矙，窺也。陽貨於魯為大夫，孔子為士，故以此物及其不在

的小豬也。此事亦見論語陽貨篇。脅肩，是聳著雙肩。諂笑，是奉承人家的笑。夏畦，夏天治畦灌田也。夏天治畦灌田是很勞苦的工作；而脅肩諂笑，其精神上苦痛，實在比夏畦尤其厲害。「未同而言，」謂與他人意見並不相同，因為要奉承他，勉強和他談話，所以看他的面色，總是漲紅了的。赧，赤也；中心慚愧，故色赧赧然也。「非由之所知」者，子路言這種人，究竟是什麼心理，真使我不瞭解。孟子引了曾子子路的話，又說道：君子平日之所養，已可知了。君子所養者廉恥，若奔走諸侯之門，以求富貴，則廉恥喪盡矣。

朱熹章句

而饋之，欲其來拜而見之也。先，謂先來加禮也。脅，虛業反。赧，奴簡反。

脅肩，竦體。諂笑，強笑。皆小人側媚之態也。病，勞也。夏畦，夏月治畦之人也。言為此者，其勞過於夏畦之人也。未同而言，與人未合而強與之言也。赧赧，慚而面赤之貌。由，子路名。言非己所知，甚惡之之辭也。孟子言由此二言觀之，則二子之所養可知，必不肯不俟其禮之至，而輒往見之也。

此章言聖人禮義之中正，過之者傷於迫切而不洪，不及者淪於汙賤而可恥。

〔十三〕

戴盈之曰：「什一，去關市之征，今茲未能；請輕之，以待來年，然後已，何如？」孟子曰：「今有人日攘*其鄰之雞者，或告之曰：『是非君子之道。』曰：『請損之，月攘一雞，以待來年，然後已。』如知其非義，斯速已矣，何待來年？」

廣解

戴盈之，也是宋國的大夫。什一，十分之一也。征，征稅。田賦收十分之一，關市譏而不征，是孟子的主張。今茲，今年。左傳僖公十六年，「今茲魯多大喪，明年齊有亂。」亦以「今茲」與明年對舉。已，免除之也。攘，偷也。「是非君子之道，」言偷雞不是君子之道。損減少也。孟子以攘雞為喻，明非義之事，當立即革除，不必有所待也。

朱熹章句

去，上聲。

盈之，亦宋大夫也。什一，井田之法也。關市之徵，商賈之稅也。已，止也。攘，如羊反。

攘，物自來而取之也。損，減也。知義理之不可而不能速改。與月攘一雞，何以異哉？

〔十四〕

公都子曰：「外人皆稱夫子好辯，敢問何也？」孟子曰：「予豈好辯哉！予不得已也。天下之生久矣，一治一亂。當堯之時，水逆行，氾濫於中國，蛇龍居之。民無所定，下者爲巢，上者爲營窟。書曰：『洚水警余。』洚水者，洪水也。使禹治之，禹掘地而注之海，驅蛇龍而放之菹，水由地中行，江淮河漢是也。險阻既遠，鳥獸之害人者消，然後人得平土而居之。

廣解　好，去聲。好辯，喜歡和人家辯論也。「天下之生久矣，」言天地間自生有人民以來，已經長久了。「水逆行」者，洪水不循河道，衝到陸地上來也。水既泛濫於大陸，於是水族中蛇龍等物，都跟著大水住到陸地上來了。百姓奔避災害，沒有了一定住所；低下的地方，只好架木為巢，躲在樹上；較高的地方，便在泥土上掘了洞，住在裏面。「洚水警余，」見偽古文尚書大禹謨。「洚水，」是時候的話，「洪水」是孟子時通行的話，故以洪水釋洚水。掘地，去壅塞以疏導之也。放，逐也。菹，低窪有水草之澤。「水由地中行」者，行於兩岸之中，各循其道也。那就是長江、淮河、黃河、漢水，這幾條大川。危險阻害，即指洪水。遠，去也；消，除也。然後一般人民，得到平地而可以安居。此一亂而一治也。

朱熹章句　好，去聲，下同。治，去聲。生，謂生民也。一治一亂，氣化盛衰，人事得失，反覆相尋，理之常也。洚，音降，又胡貢、胡工二反。水逆行，下流壅塞，故水倒流而旁溢也。下，下地。上，高地也。營窟，穴處也。書虞書大禹謨也。洚水，洚洞無涯之水也。警，戒也。此一亂也。菹，側魚反。掘地，掘去壅塞也。菹，澤生草者也。地中，兩涯之間也。險阻，謂水之氾濫也。遠，去也。消，除也。此一治也。

「堯舜既沒，聖人之道衰，暴君代作。壞宮室以爲汙池，民無所安息；棄田以爲園囿，使民不得衣食。邪說暴行又作，園囿汙池，沛澤多而禽獸至。及紂之身，天下又大亂。周公相武王，誅紂伐奄，三年討其君，驅飛廉於海隅而戮之，滅國者五十；驅虎豹犀象而遠之，天下大悅。書曰：『丕顯哉，文王謨！丕承哉，武王烈！佑啓我後人，咸以正無缺。』」

廣解《 宮室，指民居。汙池，是蓄水的大池。沛澤，水草盛處。暴君棄民田以為園囿，壞民居以為汙池，故沛澤多也。奄，是東方國名，是助紂為虐的。飛廉，紂臣，也是助紂為虐的。所引尚書見偽古文君牙篇。丕，大也。顯，明也。謨，謀也。承，繼也。烈，功也。佑，助也。啟，開也。咸，皆也。言文王武王，皆以正道佑助開導我後人而無缺失。此又一亂而一治也。

朱熹章句 壞，音怪。行，去聲，下同。沛，蒲內反。暴君，謂夏太康、孔甲、履癸、商武乙之類也。宮室，民居也。沛，草木之所生也。澤，水所鐘也。自堯舜沒至此，治亂非一，及紂而又一大亂也。相，去聲。奄，平聲。奄，東方之國，助紂為虐者也。飛廉，紂幸臣也。五十國，皆紂黨虐民者也。書周書君牙之篇。丕，大也。顯，明也。謨，謀也。承，繼也。烈，光也。佑，助也。啟，開也。缺，壞也。此一治也。

「世衰道微，邪說暴行有作；臣弒其君者有之，子弒其父者有之，孔子懼，作春秋。春秋，天子之事也。是故孔子曰：『知我者，其惟春秋乎！罪我者，其惟春秋乎！』」

廣解《 「有作，」又作也。到了孔子時，天下又一亂。孔子見了這種情形，很覺得憂懼，所以做了一部春秋。春秋，本是魯國的史書，因為是編年體，故取四季之二以為名。孔子依魯史作春秋，旨在糾正亂臣賊子，以筆削褒貶寓王法，此天子之事也。所

朱熹章句 有作之有，讀為又，古字通用。此周室東遷之後，又一亂也。胡氏曰：「仲尼作春秋以寓王法。惇典、庸禮、命德、討罪，其大要皆天子之事也。知孔子者，謂此書之作，遏人慾於橫流，存天理於既滅，為後世慮，至深遠也。罪孔子者，以謂無其位而托二百四十二年南面之權，使亂臣賊子禁其

以孔子說：「後世曉得我的，只在這部春秋；責我不應行天子的賞罰的，也只在這部春秋。」

「聖王不作，諸侯放恣，處士橫議，楊朱墨翟之言盈天下。天下之言，不歸楊，則歸墨。楊氏爲我，是無君也。墨氏兼愛，是無父也。無父無君，是禽獸也。公明儀曰：『庖有肥肉，廄有肥馬，民有飢色，野有餓莩，此率獸而食人也。』楊墨之道不息，孔子之道不著，是邪說誣民，充塞仁義也。仁義充塞，則率獸食人，人將相食。吾爲此懼，閑先聖之道，距楊墨，放淫辭，邪說者，不得作；作於其心，害於其事；作於其事，害於其政。聖人復起，不易吾言矣！」

廣解

作，興也。放恣，猶云放縱。橫，逆也，肆也。楊朱墨翟，是孟子以前，孔子以後的人。楊朱之書不傳，今惟偽列子有楊朱篇。墨翟有墨子，今存，但亦殘缺。孟子又言：「楊氏取為我，拔一毛而利天下，不為也。墨子兼愛，磨頂放踵，利天下為之。」蓋楊朱為極端的個人主義，不欲為社會國家盡力；此云「無君，」猶今言無國家觀念也。墨子主兼愛，以為愛無差等，愛人之父若其父，故謂之「無父。」儒家之道是「人道。」無父無君，非儒家之道，故以為「非人之道，」而斥之曰「是禽獸也。」所引公明儀語，與梁惠王篇第三章對梁惠王所說同。息，滅也。著，明也。誣，欺罔也。充塞，猶阻塞也。閑，防衛也。距，排抵也。放，驅

欲而不得肆，則戚矣。」愚謂孔子作春秋以討亂賊，則致治之法垂於萬世，是亦一治也。

朱熹章句

橫、為，皆去聲。莩，皮表反。楊朱但知愛身，而不復知有致身之義，故無君；墨子愛無差等，而視其至親無異眾人，故無父。無父無君，則人道滅絕，是亦禽獸而已。公明儀之言，義見首篇。充塞仁義，謂邪說遍滿，妨於仁義也。孟子引儀之言，以明楊墨道行，則人皆無父無君，以陷於禽獸，而大亂將起，是亦率獸食人而人又相食也。此又一亂也。

為，去聲。復，扶又反。閑，衛也。放，驅而遠之也。作，起也。事，所行。政，大體也。孟子雖不得志於時，然楊墨之害，自是滅息，而君臣父子之道，賴以不墜。是亦一治也。

程子曰：「楊墨之害，甚於申韓；佛氏之害，甚於楊墨。蓋楊氏為我疑於義，墨氏兼愛疑於仁，申韓則淺

而遠之也。此孟子自言所以與人辯論，是在息滅邪說，使不至深入人心，害及政事，是出不得已，非好辯也。

「昔者，禹抑洪水而天下平。周公兼夷狄、驅猛獸而百姓寧。孔子成春秋而亂臣賊子懼。詩云『戎狄是膺，荊舒是懲，則莫我敢承。』無父無君，是周公所膺也。我亦欲正人心，息邪說，距詖*行，放淫辭，以承三聖者，豈好辯哉？予不得已也。能言距楊墨者，聖人之徒也。」

廣解

抑，遏止也。兼併也。「戎狄是膺，荊舒是懲，」解見許行章。承，當也。「莫我敢承，」言無人敢當我也。無父無君。夷狄之俗，故曰：「是周公所膺也。」詖行，偏詖不正之行，淫辭，放蕩之言。三聖，指禹、周公、孔子。此節總結上文，而以己距楊墨為繼三聖之功。末句又謂凡能以言論排斥楊墨等學說的，都是聖人的信徒；則不僅己欲辭而闢之，且望人亦能距之矣。

陋易見。故孟子止辟楊墨，為其惑世之甚也。佛氏之言近理，又非楊墨之比，所以為害尤甚。」

朱熹章句

抑，止也。兼，並之也，總結上文也。說見上篇。承，當也。行、好，皆去聲。詖、淫，解見前篇。辭者，說之詳也。承，繼也。三聖，禹、周公、孔子也。蓋邪說橫流，壞人心術，甚於洪水猛獸之災，慘於夷狄篡弒之禍，故孟子深懼而力救之。再言豈好辯哉，予不得已也，所以深致意焉。然非知道之君子，孰能真知其所以不得已之故哉？

言苟有能為此距楊墨之說者，則其所趨正矣，雖未必知道，是亦聖人之徒也。孟子既答公都子之問，而意有未盡，故復言此。蓋邪說害正，人人得而攻之，不必聖賢；如春秋之法，亂臣賊子，人人得而討之，不必士師也。聖人救世立法之意，其切如此。若以此意推之，則不能攻討，而又唱為不必攻討之說者，其為邪詖之徒，亂賊之黨可知矣。尹氏曰：「學者於是非之原，毫釐有差，則害流於生民，禍及於後世，故孟子辨邪說如是之嚴，而自以為承三聖之功也。當是時，方且以好辯目之，是以常人之心，而度聖賢之心也。」

〔十五〕

匡章曰：「陳仲子，豈不誠廉士哉！居於陵，三日不食，耳無聞，目無見也。井上有李，螬食實者過半矣。匍匐往，將食之，三咽，然後耳有聞，目有見。」孟子曰：「於齊國之士，吾必以仲子爲巨擘焉。雖然，仲子惡能廉？充仲子之操，則蚓而後可者也。夫蚓，上食槁壤，下飲黃泉。仲子所居之室，伯夷之所築與？抑亦盜跖之所築與？所食之粟，伯夷之所樹與？抑亦盜跖之所樹與？是未可知也。」

廣解《 匡章，齊人，為齊宣王將，見戰國策齊策及燕策。呂氏春秋不屈篇高誘注，則以為孟子弟子。陳仲子，亦齊人，即戰國策齊策趙威后問齊使所云於陵仲子，荀子非十二子所云陳仲，韓非子外儲說所云田仲。誠，真也。於，音烏。於陵，齊國地名。螬，是一種小蟲。實，即李之果實。餓極，故耳不能聽，目不能視，足不能行，乃匍匐伏地扒行而往。「將食之，」取此螬食過半之李子而食之也。「咽，」音宴，吞也。擘，薄厄反，巨擘，是大拇指。「惡，」平聲，何也。充，是推而極之之意；操，操守也。蚓，是蚯蚓，俗名曲蟮，是一種圓體細長的蟲。槁壤，即乾燥的泥土。黃泉，地下的泉水。言就仲子之操守，推而極之，必如蚯蚓之食槁壤，飲黃泉方可也。盜跖，是古時大盜，名跖。樹，種也。四「與」字，均同「歟。」

朱熹章句

於，音烏。下於陵同。螬，音曹。咽，音宴。

匡章、陳仲子，皆齊人也。廉，有分辨，不苟取也。於陵，地名。螬，蠐螬蟲也。匍匐，言無力不能行也。咽，吞也。

擘，薄厄反。惡，平聲。蚓，音引。

巨擘，大指也。言齊人中有仲子，如眾小指中有大指也。充，推而滿之也。操，所守也。蚓，丘蚓也。言仲子未得為廉也，必若滿其所守之志，則惟丘蚓之無求於世，然後可以為廉耳。夫，音扶。與，平聲。槁壤，乾土也。黃泉，濁水也。抑，發語辭也。言蚓無求於人而自足，而仲子未免居室食粟，若所從來或有非義，則是未能如蚓之廉也。

曰：「是何傷哉！彼身織屨，妻辟纑，以易之也。」曰：「仲子，齊之世家也。兄戴，蓋祿萬鍾。以兄之祿爲不義之祿而不食也，以兄之室爲不義之室而不居也，辟兄離母，處於於陵。他日歸，則有饋其兄生鵝者，己頻顣曰：『惡用是鶃鶃者爲哉？』他日，其母殺是鵝也，與之食之。其兄自外至，曰：『是鶃鶃之肉也。』出而哇之。以母則不食，以妻則食之。以兄之室則弗居，以於陵則居之。是尚爲能充其類也乎？若仲子者，蚓而後充其操者也。」

廣解《 此又是匡章之言。「是何傷哉，」言這有什麼妨害也。「身織屨，」仲子親自編織麻鞋也。「妻辟纏，」他的妻親自紡織練麻也。辟，績麻也。纑，練麻也。「易之，」去換取食住所需的物品。元李治古今黈謂世家，世祿之家。他的兄名戴。蓋，地名，其兄之采邑。每年得祿米一萬鍾也。「戴蓋」猶云「乘軒，」為大夫也。是謂「蓋」為車蓋，「戴」非兄名，與通解異。仲子以不肯食兄之祿，住兄之室，故避兄，離母，去住在於陵的地方。己，指仲子。頻顣，眉皺也。頻，額也。「顣，」同「蹙。」惡，平聲，何也。鶃鶃，音魚一切，鵝鳴聲。哇音蛙，吐也。充類，猶云類推。言不能以母食之不食推及於妻，以兄室弗壁推及於於陵所居之室。然若必欲就仲子之操守推而極之，則必蚯蚓而後可，非人之所能為矣。

朱熹章句 辟，音壁。纑，音盧。辟，績也。纑，練麻也。蓋，音合。辟，音避。頻，與顰同。顣，與蹙同，子六反。惡，平聲。鶃，魚一反。哇，音蛙。世家，世卿之家。兄名戴，食采於蓋，其入萬鍾也。歸，自於陵歸也。己，仲子也。鶃鶃，鵝聲也。頻顣而言，以其兄受饋為不義也。哇，吐之也。

言仲子以母之食、兄之室，為不義而不食不居，其操守如此。至於妻所易之粟，於陵所居之室，既未必伯夷之所為，則亦不義之類耳。今仲子於此則不食不居，於彼則食之居之，豈為能充滿其操守之類者乎？必其無求自足，如丘蚓然，乃為能滿其志而得為廉耳，然豈人之所可為哉？

范氏曰：「天之所生，地之所養，惟人為大。人之所以為大者，以其有人倫也。仲子避兄離母，無親戚君臣上下，是無人倫也。豈有無人倫而可以為廉哉？」

離婁篇第四

（一）

孟子曰：「離婁之明，公輸子之巧，不以規矩，不能成方員。師曠之聰，不以六律，不能正五音。堯舜之道，不以仁政，不能平治天下。今有仁心仁聞而民不被其澤，不可法於後世者，不行先王之道也。故曰：『徒善不足以爲政，徒法不能以自行。』詩云：『不愆不忘，率由舊章。』遵先王之法而過者，未之有也。」

廣解

離婁，是古時最有眼力的人。即莊子天地篇駢拇篇之離朱。經典釋文引司馬彪云：「黃帝時人，百步見秋毫之末。」公輸子，名般，亦作斑，春秋末魯人，能造機器，見墨子魯問篇及戰國策宋策。師曠，是春秋晉平公時最精音樂的一個樂師，見左傳及呂氏春秋諸書。規，是畫圓的器械；矩，是製方的器械。「員」同「圓」。六律是以竹為筩，分六陰六陽，（黃鐘、太簇、姑洗、蕤賓、夷則、無射，六律為陽；大呂、夾鐘、仲呂、林鐘、南呂、應鐘，六呂為陰：是謂十二律。此云六律，以陽兼陰。）調節五音高下的一種器具。五音，宮商角徵羽也。此以技巧聰明喻堯舜之道，以各種工具喻仁政：仁政者，謂行仁之政治制度，如井田學校等，皆政治上的工具也。仁心，即不忍人之心；仁聞，仁愛之聲

朱熹章句

離婁，古之明目者。公輸子，名班，魯之巧人也。規，所以為員之器也。矩，所以為方之器也。師曠，晉之樂師，知音者也。六律，截竹為筩，陰陽各六，以節五音之上下。黃鐘、太蔟、姑洗、蕤賓、夷則、無射，為陽；大呂、夾鐘、仲呂、林鐘、南呂、應鐘，為陰也。五音：宮、商、角、徵、羽也。范氏曰：「此言治天下不可無法度，仁政者，治天下之法度也。」

聞，去聲。

仁心，愛人之心也。仁聞者，有愛人之聲聞於人也。先王之道，仁政是也。范氏曰：「齊宣王不忍一牛之死，以羊易之，可謂有仁心。梁武帝終日一食蔬素，宗廟以麪犧牲，斷死刑必為之涕泣，天下知其慈仁，可謂有仁聞。然而宣王之時，齊國不治，武帝之末，江南大亂。其故何哉，有仁心仁聞而不行先王之道故

譬聞於遠方者也。澤，恩澤。「不可法於後世，」言不可為後世之法則。「先王之道，」即先王所定之政治制度。徒善，謂僅有仁心而無仁政；徒法，謂僅有仁政而無仁心。所引詩經，見大雅 假樂篇。愆，就是過失。忘，就是遺忘。率循也。章，就是法律制度。意思是：為政之道，不要有過失，不要遺忘了，須遵守著前代聖王的法度。能遵守前代聖王法度而還有過錯的，那是決不會有的。

「聖人既竭目力焉，繼之以規矩準繩，以爲方員平直，不可勝用也。既竭耳力焉，繼之以六律正五音，不可勝用也。既竭心思焉，繼之以不忍人之政，而仁覆*天下矣。故曰：『爲高必因丘陵，爲下必因川澤。』爲政不因先王之道，可謂智乎？是以惟仁者宜在高位，不仁而在高位，是播其惡於衆也。」

廣解《

竭，盡也。準，是求平面準確的水準器。繩，是求直線準確的墨線。「勝，」平聲。「不可勝用，」言其用無窮也。「不忍人之政，」即上所云「仁政。」覆，被也。言其仁可以徧被天下也。此節仍承上節之意而申說之。又引兩句成句，以明為政當因先王之道，則如因丘陵以為高，因川澤以為下，事半而功倍也。但惟「仁者」能行「仁政，」所謂「有不忍人之心，斯有不忍人之政」也。故惟仁者當在高位。若不仁者而在高位，徒播其惡於眾耳。此又「徒法不能以自行」之意。

也。」

徒，猶空也。有其心，無其政，是謂徒善；有其政，無其心，是為徒法。程子嘗言：「為政須要有綱紀文章，謹權、審量、讀法、平價，皆不可闕。」而又曰，「必有關睢麟趾之意，然後可以行周官之法度」，正謂此也。詩大雅假樂之篇。愆，過也。率，循也。章，典法也。所行不過差、不遺忘者，以其循用舊典故也。

朱熹章句

勝，平聲。

準，所以為平。繩，所以為直。覆，被也。此言古之聖人，既竭耳目心思之力，然猶以為未足以遍天下，及後世，故制為法度以繼續之，則其用不窮，而仁之所被者廣矣。

丘陵本高，川澤本下，為高下者因之，則用力少而成功多矣。鄒氏曰：「自章首至此，論以仁心仁聞行先王之道。」仁者，有仁心仁聞而能擴而充之，以行先王之道者也。播惡於眾，謂貽患於下也。

上無道揆也，下無法守也，朝不信道，工不信度，君子犯義，小人犯刑，國之所存者，幸也。故曰：城郭不完，兵甲不多，非國之災也。田野不辟，貨財不聚，非國之害也。上無禮，下無學，賊民興，喪無日矣！

廣解《 此節從反面說明不遵先王之道之害。揆，度也。不遵先王之道，則君上無可揆度之道；臣下無可遵守之法。朝廷不信先王之道，百工不信先王之度。不信道，故犯義；不信度，故犯刑。此種國家，政治制度既蕩然無存，其能存者幸也。「所，」或也；「國之所存者，」即國之或存者。」見王引之經傳釋詞。「故曰」以下，是斷語。完，備也。「辟，」同「闢。」「禮」字本可包典章制度而言。「下無學」謂無教化及於民眾。如此，則奸宄寇賊並作，而國家之喪亡無日矣。喪，責也。

「詩曰：『天之方蹶，無然泄泄。』泄泄，猶沓沓也。事君無義，進退無禮，言則非先王之道者，猶沓沓也。故曰：『責難於君謂之恭，陳善閉邪謂之敬，吾君不能謂之賊。』」

廣解《 所引詩經，見大雅板篇。蹶，是顛跌的意思。「天之方蹶，」是說天意剛要把這個國家傾覆。朱注云：「泄泄，怠緩悅從之貌。」焦氏正義則以「多言」訓「泄」「沓。」說文口部：「呭，多言也。」言部：「詍，多言也。」均引詩此句。是「泄」為「呭」或「詍」之通借字。又曰部：「沓，語多沓沓也。」字亦作「誻，」見言

朱熹章句 朝，音潮。此言不仁而在高位之禍也。道，義理也。揆，度也。法，制度也。道揆，謂以義理度量事物而制其宜。法守，謂以法度自守。工，官也。度，即法也。君子小人，以位而言也。由上無道揆，故下無法守。無道揆，則朝不信道而君子犯義；無法守，則工不信度而小人犯刑。有此六者，其國必亡；其不亡者僥倖而已。辟，與闢同。喪，去聲。上不知禮，則無以教民；下不知學，則易與為亂。鄒氏曰：「自是以惟仁者至此，所以責其君。」

朱熹章句 蹶，居衛反。洩，弋制反。詩大雅板之篇。蹶，顛覆之意。洩洩，怠緩悅從之貌。言天欲顛覆周室，群臣無得洩洩然，不急救正之。沓，徒合反。沓沓，即洩洩之意。蓋孟子時人語如此。非，詆毀

部。「泄泄，」古語；「沓沓，」孟子時語。此以「沓沓」釋「泄泄，」猶以「洪水」釋「洚水」也。「泄泄」「沓沓」指「言則非先王之道」而說，所謂言多而失者也。「無然泄泄」者，猶云：「不要這樣地亂說了。」「吾君不能謂之賊」者，即「謂其君不能者，賊其君者也」之意。孟子自謂「我非堯舜之道不敢以陳於王前。」故以「言則非先王之道」為「泄泄沓沓，」而深戒之也。此章要旨，在治國須有「仁心，」（即「不忍人之心，」）並須有「仁政。」（即「不忍人之政，」亦即「先王之道。」）孟子對梁惠王齊宣王所說制產教民之法，對滕文公所說井田學校之制，皆所謂「仁政」也。

也。

范氏曰：「人臣以難事責於君，使其君為堯舜之君者，尊君之大也；開陳善道以禁閉君之邪心，惟恐其君或陷於有過之地者，敬君之至也；謂其君不能行善道而不以告者，賊害其君之甚也。」鄒氏曰：「自詩云『天之方蹶』至此，所以責其臣。」鄒氏曰：「此章言為治者，當有仁心仁聞以行先王之政，而君臣又當各任其責也。」

〔二〕

孟子曰：「規矩，方員之至也。聖人，人倫之至也。欲為君，盡君道；欲為臣，盡臣道：二者，皆法堯舜而已矣。不以舜之所以事堯事君，不敬其君者也不以堯之所以治民治民，賊其民者也，孔子曰：『道二，仁與不仁而已矣。』暴其民甚，則身弒國亡。不甚，則身危國削。名之曰『幽、厲，』雖孝子慈孫，百世不能改也。詩云：『殷鑒不遠，在夏后之世，』此之謂也。」

廣解

「至也」者，是到了極點的意思，也就是標準的意思。規矩是方圓的標準，聖人是人倫的標準，堯舜是君道臣道的標

朱熹章句

至，極也。人倫說見前篇。規矩盡所以為方員之理，猶聖人盡所以為人之道。法堯舜以盡君臣之道，猶用規矩以盡方員之極，此孟子所以道性善

準。幽、厲，是殘暴君主死後的謚。周書謚法解云：「壅遏不通曰幽，殺戮無辜曰厲。」所引詩經，見大雅蕩篇。「監，」同「鑒，」鏡也，所以自照。這兩句的意思，是說商朝的明鏡不遠，就在夏桀之世。孟子引此，說後來的人君，也應把這些暴君作為自照的明鏡而知所警戒也。

而稱堯舜也。法堯舜，則盡君臣之道而仁矣；不法堯舜，則慢君賊民而不仁矣。二端之外，更無他道。出乎此，則入乎彼矣，可不謹哉？幽，暗。厲，虐。皆惡謚也。苟得其實，則雖有孝子慈孫，愛其祖考之甚者，亦不得廢公義而改之。言不仁之禍必至於此，可懼之甚也。詩大雅蕩之篇。言商紂之所當鑒者，近在夏桀之世，而孟子引之，又欲後人以幽厲為鑒也。

〔三〕

孟子曰：「三代之得天下也以仁，其失天下也以不仁。國之所以廢興存亡者亦然：天子不仁，不保四海，諸侯不仁，不保社稷；卿大夫不仁，不保宗廟；士庶人不仁，不保四體。今惡*死亡而樂*不仁，是猶惡醉而強*酒。」

廣解《　「四海，」猶說「四海之內，」即指天子所有的天下。社稷者，諸侯所祭的土神與穀神，即指諸侯所有的國土。宗廟，是卿大夫的家祠。四體，指身體生命而言。惡，去聲。樂，喜樂之樂。強，上聲。強酒，勉強飲酒也。論不仁的害處，自天子至庶人，是一律的。

朱熹章句　三代，謂夏、商、周也。禹、湯、文、武，以仁得之；桀、紂、幽、厲，以不仁失之。國，謂諸侯之國。言必死亡。惡，去聲。樂音洛。強，上聲。此承上章之意而推言之也。

〔四〕

孟子曰：「愛人不親，反其仁；治人不治，反其智；禮人不答，反其敬。行有不得者，皆反求諸己；其身正而天下歸之。詩云：『永言配命，自求多福。』」

廣解≪ 反者，反求諸己也。「治人」之「治，」平聲；「不治」之「治，」去聲。「不得，」不能達其目的也，如愛人而人不親我，治人而人仍不治，禮人而人不答我。能反求諸己，則責己嚴而身可正；其身既正，則天下人皆歸向之矣。所引詩經，見大雅文王篇。解見公孫丑篇仁則榮章。

〔五〕

孟子曰：「人有恆言，皆曰：『天下國家。』天下之本在國，國之本在家，家之本在身。」

廣解≪ 恆言，是常說的話。「天下國家，」為人所常言也。此章與大學以修身為齊家、治國、平天下之本同旨。

〔六〕

孟子曰：「爲政不難，不得罪於巨室。巨室之所慕，一國慕之；一國之所慕，天下慕之。故沛然德教溢乎四海。」

廣解≪ 巨室，世臣大家也。這種人家，在國內很有聲望，一般人民大都仰望而以為表率的。所以孟子說：施行政治是不難的，但不可開始就得罪這些有聲望的大家。須先用誠意去感化，使這些有聲望的大家都心悅誠服，則全國的人自然也都仰慕了。再推開去，就能使天下的人都來仰慕。德，道德；教，教化

朱熹章句 治人之治，平聲。不治之治，去聲。我愛人而人不親我，則反求諸己，恐我之仁未至也。智敬放此。不得，謂不得其所欲，如不親、不治、不答是也。反求諸己，謂反其仁、反其智、反其敬也。如此，則其自治益詳，而身無不正矣。天下歸之，極言其效也。解見前篇。亦承上章而言。

朱熹章句 恆，胡登反。恆，常也。雖常言之，而未必知其言之有序也。故推言之，而又以家本乎身也。此亦承上章而言之，大學所謂「自天子至於庶人，壹是皆以修身為本」，為是故也。

朱熹章句 巨室，世臣大家也。得罪，謂身不正而取怨怒也。麥丘邑人祝齊桓公曰：「願主君無得罪於群臣百姓。」意蓋如此。慕，向也，心悅誠服之謂也。沛然，盛大流行之貌。溢，充滿也。蓋巨室之心，難以力服，而國人素所取信；今既悅服，則國人皆服，而吾德教之所施，可以無遠而不至矣。此亦承上章而言，蓋君子不患人心之不服，而患吾身之不修；吾身既修，則人心之難服者先服，而無一人之不服矣。

也。溢，充滿也。沛然，是廣大普遍的樣子。為治而為天下人所仰慕，則他的道德教化，就能廣大普遍而充滿四海以內了。

林氏曰：「戰國之世，諸侯失德，巨室擅權，為患甚矣。然或者不修其本而遽欲勝之，則未必能勝而適以取禍。故孟子推本而言，惟務修德以服其心。彼既悅服，則吾之德教無所留礙，可以及乎天下矣。裴度所謂韓弘輿疾討賊，承宗斂手削地，非朝廷之力能制其死命，特以處置得宜，能服其心故爾，正此類也。」

〔七〕

孟子曰：「天下有道，小德役大德，小賢役大賢。天下無道，小役大，弱役強，斯二者，天也。順天者存，逆天者亡。齊景公曰：『既不能令，又不受命，是絕物也。』涕出而女*於吳。」

廣解《

天下有道的時世，不論國之大小，而以道德賢能的大小相役。天下無道的時世，那就成為小國服役於大國，弱國服役於強國了。這兩種都是一定的天理。能夠順這天理，國家就可以存在。逆這天理國家就必至滅亡。「齊景公曰」以下，是引齊景公當時說的話。「不能令，」謂齊已衰弱，不能命令諸侯。「不受命，」謂不肯受吳之命令。「絕物」者，自絕於人也。「女，」去聲，動詞，謂以女嫁之也。說苑權謀篇載齊景公以女妻闔閭，送諸郊，泣曰：「吾死不見汝矣。」吳越春秋則云嫁吳王闔閭之太子波。

朱熹章句

有道之世，人皆修德，而位必稱其德之大小；天下無道，人不修德，則但以力相役而已。天者，理勢之當然也。

女，去聲。

引此以言小役大弱役強之事也。令，出令以使人也。受命，聽命於人也。物，猶人也。女，以女與人也。吳，蠻夷之國也。景公羞與為昏而畏其強，故涕泣而以女與之。

「今也小國師大國而恥受命焉，是猶弟子而恥受命於先師也。如恥之，莫若師文王。師文王，大國五年，小國七年，必爲政於天下矣。」

廣解《 「小國，師大國，」言效大國之般樂怠敖，而不修德政也。既師大國之所為，又以接受大國的命令為羞恥，這好像做了學生，以聽受先生的命令為恥。如果真知道羞恥，不如師周文王，行仁政；那麼，大的國家不出五年，小的國家不出七年，必定能為政於天下了。「為政於天下，」猶言宰天下，主天下之政，即王天下也。

朱熹章句 言小國不修德以自強，其般樂怠敖，皆若效大國之所為者，而獨恥受其教命，不可得也。此因其愧恥之心而勉以修德也。文王之政，布在方策，舉而行之，所謂師文王也。五年七年，以其所乘之勢不同為差。蓋天下雖無道，然修德之至，則道自我行，而大國反為吾役矣。程子曰：「五年七年，聖人度其時則可矣。然凡此類，學者皆當思其作為如何，乃有益耳。」

「詩云：『商之孫子，其麗不億。上帝既命，侯于周服。侯服于周，天命靡常。殷士膚敏，祼*將于京。』」

廣解《 所引詩經，見大雅文王篇。麗，數目也。億，十萬也。言商朝的子子孫孫，數目之多，不止十萬也。「上帝既命，侯于周服」者，言上帝既然命周文王做天子，則商的子孫皆當為諸侯而臣服于周也。「天命靡常」者，天命沒有一定，言有德的人都可以做天子也。膚，偉大也。敏，敏捷也。祼，音灌，祭祀時把酒灑在地上以迎神也。將，助也。言殷的士人，偉大與敏捷的，都來助祭於周京也。孟子引此詩，明周文王脩德行仁，能受天命，而使殷的子孫，殷的士人，都來歸嚮，以申說上文，師文王，可以為政於天下之意。

「孔子曰：『仁不可爲衆也。』夫國君好仁，天下無敵。今也欲無敵於天下而不以仁，是猶執熱而不以濯也。詩云：『誰能執熱，逝不以濯。』」

廣解　朱注云：「『人不可為眾，』猶所謂『難為兄，難為弟』云爾。」言有仁者，則雖有十萬之眾，不能當之。疑孔子之言，因讀詩而發，僅「仁不可為眾也」一句。「夫」字以下，孟子推言之。熱，熱物。濯，以水濯手也。所引詩經，見大雅桑柔篇。

朱熹章句　裸，音灌。夫，音扶。好，去聲。詩大雅文王之篇。孟子引此詩及孔子之言，以言文王之事。麗，數也。十萬曰億。侯，維也。商士，商孫子之臣也。膚，大也。敏，達也。裸，宗廟之祭，以郁鬯之酒灌地而降神也。將，助也。言高之孫子眾多，其數不但十萬而已。上帝既命周以天下，則凡此商之孫子，皆臣服於周矣。所以然者，以天命不常，歸於有德故也。是以商士之膚大而敏達者，皆執裸獻之禮，助王祭事於周之京師也。孔子因讀此詩，而言有仁者則雖有十萬之眾，不能當之。故國君好仁，則必無敵於天下也。不可為眾，猶所謂難為兄難為弟雲爾。恥受命於大國，是欲無敵於天下也；乃師大國而不師文王，是不以仁也。詩大雅桑柔之篇。逝，語辭也。言誰能執持熱物，而不以水自濯其手乎？此章言不能自強，則聽天所命；修德行仁，則天命在我。

〔八〕

孟子曰：「不仁者，可與言哉？安其危而利其菑*，樂其所以亡者。不仁而可與言，則何亡國敗家之有？有孺子歌曰：『滄浪之水清兮，可以濯我纓*。滄浪之水濁兮，可以濯我足。』孔子曰：『小子聽之！清斯濯纓，濁斯濯足矣，自取之也。』夫人必自侮，然後人侮之；家必自毀，而後人毀之；國必自伐，而後人伐之。太甲曰：『天作孽*，猶可違。自作孽，不可活。』此之謂也。」

廣解《 「菑，」同「災。」不仁的人，逢到危難，尚以為安；逢到災禍，尚以為有利；荒淫暴虐，明明是所以亡國之道，而尚且自以為快樂。其顛倒昏亂，自取滅亡如此，故不可復以忠言告之也。孺子，小孩也。滄浪，或以為水名，即今之夏水；或以為地名，即武當縣漢水中之滄浪洲，或謂滄浪，青色，水之色也。並見焦氏正義。纓，是帽上結的絲帶。滄浪之歌，亦見楚辭漁父篇。孟子引滄浪之歌，及孔子語，旨在喻人之榮辱無非自取。故斷之以「人必自侮然後人侮之」云云。所引太甲語，與公孫丑篇仁則榮章同。

〔九〕

朱熹章句 菑，與災同。樂，音洛。安其危利其菑者，不知其為危菑而反以為安利也。所以亡者，謂荒淫暴虐，所以致亡之道也。不仁之人，私慾固蔽，失其本心，故其顛倒錯亂至於如此，所以不可告以忠言，而卒至於敗亡也。浪，音郎。滄浪，水名。纓，冠系也。言水之清濁有以自取之也。聖人聲入心通，無非至理，此類可見。夫，音扶。所謂自取之者。解見前篇。此章言心存則有以審夫得失之幾，不存則無以辨於存亡之著。禍福之來，皆其自取。

孟子曰：「桀紂之失天下也，失其民也；失其民者，失其心也。得天下有道：得其民，斯得天下矣。得其民有道：得其心，斯得民矣。得其心有道：所欲與之聚之，所惡勿施爾也。民之歸仁也，猶水之就下，獸之走壙也。故爲淵敺魚者獺也，爲叢敺爵者鸇也，爲湯武敺民者，桀與紂也。今天下之君有好仁者，則諸侯皆爲之敺矣。雖欲無王，不可得已。今之欲王者，猶七年之病，求三年之艾也。苟爲不畜，終身不得。苟不志於仁，終身憂辱，以陷於死亡。詩云：『其何能淑？載胥及溺。』此之謂也。」

廣解《 「與之」之「與，」為也。「為，」去聲。言民之所欲，則

朱熹章句 惡，去聲。

為民聚之也。見王引之經傳釋詞。惡，去聲。爾，語助，猶云「而已。」言得民之心有道，為聚其所欲，勿施其所惡而已。壙，曠野也。敺，即驅逐之驅。獺，水獺，獸名，喜食魚類。叢，即叢林。爵，同雀。鸇，猛鳥，喜食雀。魚為獺所驅，則潛於淵，雀為鸇所驅，則匿於林；民為桀紂所驅，則歸於湯武矣。「好、」「為、」「王、」皆去聲。言今之諸侯，皆桀紂之類；故有好仁之君，則諸侯皆為之驅民來歸，雖欲不王天下而不可得也。艾，草木植物，其葉可用以炙，以陳者為佳。生了七年的病，方去求三年陳的艾葉，已是太晚了；假使不畜藏艾葉，則三年之艾終身不得矣。「苟為」之「為，」使也，亦假設之詞。見王引之經傳釋詞。此以求艾喻「志仁，」言及今而志於仁，猶未為晚；苟不志於仁，則將終身受辱以陷於身死國亡矣。所引詩經，見大雅桑柔篇。淑，善也。載，則也。胥，相也，皆也。溺，陷也。言如今之諸侯，其何能為善乎，則相偕陷於亂亡而已。

〔十〕

孟子曰：「自暴者，不可與有言也。自棄者，不可與有爲也。言非禮義，謂之自暴也。吾身不能居仁由義，謂之自棄也。仁，人之安宅也。義，人之正路也。曠安宅而弗居，舍正路而不由，哀哉！」

民之所欲，皆為致之，如聚斂然。民之所惡，則勿施於民。鼂錯所謂「人情莫不欲壽，三王生之而不傷；人情莫不欲富，三王厚之而不困；人情莫不欲安，三王扶之而不危；人情莫不欲逸，三王節其力而不盡」，此類之謂也。

走，音奏。

壙，廣野也。言民之所以歸乎此，以其所欲之在乎此也。為，去聲。敺，與驅同。獺，音闥。爵，與雀同。鸇，諸延反。

淵，深水也。獺，食魚者也。叢，茂林也。鸇，食雀者也。言民之所以去此，以其所欲在彼而所畏在此也。好、為、王，皆去聲。

艾，草名，所以灸者，干久益善。夫病已深而欲求干久之艾，固難卒辦，然自今畜之，則猶或可及；不然，則病日益深，死日益迫，而艾終不可得矣。

詩大雅桑柔之篇。淑，善也。載，則也。胥，相也。言今之所為，其何能善，則相引以陷於亂亡而已。

廣解

暴，猶害也。自暴，猶言自己害自己。棄，拋棄也。自棄，猶言自己拋棄自己。一個人，說出來的話，不合禮，不合義的，叫做「自暴。」自己以為不能居仁由義的，叫做「自棄。」仁是人的安穩的房屋。義是人的正大的道路。故「仁」謂之「居，」「義」謂之「由。」曠，空也。「舍」同「捨，」棄置也。

朱熹章句

暴，猶害也。非，猶毀也。自害其身者，不知禮義之為美而非毀之，雖與之言，必不見信也。自棄其身者，猶知仁義之為美，但弱於怠惰，自謂必不能行，與之有為必不能勉也。程子曰：「人苟以善自治，則無不可移者，雖昏愚之至，皆可漸磨而進也。惟自暴者拒之以不信，自棄者絕之以不為，雖聖人與居，不能化而入也。此所謂下愚之不移也。」仁宅已見前篇。義者，宜也，乃天理之當行，無人慾之邪曲，故曰正路。舍，上聲。曠，空也。由，行也。此章言道本固有而人自絕之，是可哀也。此聖賢之深戒，學者所當猛省也。

〔十一〕

孟子曰：「道在爾*而求諸遠，事在易而求諸難。人人親其親，長*其長*，而天下平。」

廣解

「爾、」「邇，」古通用。「易，」去聲，「難易」之易。「長，」上聲。上「親」字「長」字皆動詞。「親其親，」「長其長，」此道之近而易者，而平治天下之基在是，不必他求也。故曰：「堯舜之道，孝弟而已矣。」

朱熹章句

爾、邇，古字通用。易，去聲。長，上聲。親長在人為甚邇，親之長之在人為甚易，而道初不外是也。捨此而他求，則遠且難而反失之。但人人各親其親、各長其長，則天下自平矣。

〔十二〕

孟子曰：「居下位而不獲於上，民不可得而治也。獲於上有道，不信於友，弗獲於上矣。信於友有道，事親弗悅，弗信於友矣。悅親有道，反身不誠，不悅於親矣。誠身有道，不明乎善，不誠其身矣。是故誠者，天之道也；思誠者，人之道也。至誠而不動者，未之有也。不誠，未有能動者也。」

廣解《 此章自「人之道也」以上，與中庸同。「獲於上，」謂得在上者之信任。不能得在上者之信任，則凡事掣肘，不能治民矣。「信於友，」謂使朋友信任。朋友且不信任，更無怪乎在上者之不信任了。「事親弗悅，」謂不能孝親，使親心悅也。「反身不誠，」即自己反省，諸事皆出於虛偽也。「誠身」之「誠，」是動詞，謂使自己誠實也。誠身先須明善，即大學所謂「欲誠其意者先致其知」也。「誠」是天道；天道不貳，天道不息，即至誠之道也。「思誠」者，思有以誠之，此人之道也。中庸作「誠之者，人之道也。」「動，」謂感動他人。誠之至，未有不能感動他人者；不誠，則未有能感動他人者矣。此章以「誠」為治民之本，與大學中庸相同。

朱熹章句 獲於上，得其上之信任也。誠，實也。反身不誠，反求諸身而其所以為善之心有不實也。不明乎善，不能即事以窮理。無以真知善之所在也。游氏曰：「欲誠其意，先致其知；不明乎善，不誠乎身矣。學至於誠身，則安往而不致其極哉？以內則順乎親，以外則信乎友，以上則可以得君，以下則可以得民矣。」

誠者，理之在我者皆實而無偽，天道之本然也；思誠者，欲此理之在我者皆實而無偽，人道之當然也。至，極也。楊氏曰：「動便是驗處，若獲乎上、信乎友、悅於親之類是也。」此章述中庸孔子之言，見思誠為修身之本，而明善又為思誠之本。乃子思所聞於曾子，而孟子所受乎子思者，亦與大學相表裏，學者宜潛心焉。

〔十三〕

孟子曰：「伯夷辟*紂，居北海之濱，聞文王作，興曰：『盍歸乎來！吾聞西伯善養老者。』太公辟*紂，居東海之濱，聞文王作，興曰：『盍歸乎來！吾聞西伯善養老者。』二老者，天下之大老也，而歸之，是天下之父歸之也。天下之父歸之，其子焉往？諸侯有行文王之政者，七年之內，必爲政於天下矣。」

廣解

「辟，」同「避。」作，起也，興也，是起來的意思。盍，何不也。來，語末助詞，無義。見經傳釋詞。紂命文王為西方諸侯之長，故號曰「西伯。」太公，即姜太公，呂尚。姜是姓，呂是氏，尚是名。初遇文王時，嘗曰：「太公望子久矣。」因號曰太公望。「大老，」父老之領袖也。焉，平聲，何也。

朱熹章句

辟，去聲。作、興，皆起也。盍，何不也。西伯，即文王也。紂命為西方諸侯之長，得專征伐，故稱西伯。太公，姜姓，呂氏，名尚。文王發政，必先鰥寡孤獨，庶人之老，皆無凍餒，故伯夷、太公來就其養，非求仕也。焉，於虔反。二老，伯夷、太公也。大老，言非常人之老者。天下之父，言齒德皆尊，如眾父然。既得其心，則天下之心不能外矣。蕭何所謂養民致賢以圖天下者，暗與此合，但其意則有公私之辨，學者又不可以不察也。七年，以小國而言也。大國五年，在其中矣。

〔十四〕

孟子曰：「求也爲季氏宰，無能改於其德，而賦粟倍他日。孔子曰：『求！非我徒也，小子鳴鼓而攻之，可也。』由此觀之，君不行仁政而富之，皆棄於孔子者也。況於爲之強*戰？爭地以戰，殺人盈野；爭城以戰，殺人盈城：此所謂率土地而食人肉，罪不容於死！故善戰者服上刑，連諸侯者次之，辟*草萊，任土地者次之。」

廣解

求，是孔子弟子，冉求。季氏，是魯國的大臣季孫氏。

朱熹章句

求，孔子弟子冉求。季氏，魯卿。宰，家臣。賦，猶取也，取民之粟倍於他日也。小子，弟宰，家臣也。冉求嘗在季氏家中做家臣。不能把季氏的道德改好，而徵收的錢糧，卻比從前加增了一倍。孔子大不以為然，所以不願認他為弟子，命其餘的學生，聲罪致討。此事見論語先進篇。按魯哀公十二年，季康子用田賦，見左傳賦粟倍他日，正指此事。魯本用「丘賦，」今更加以「田賦，」是於人民一丘所出之賦以外，復以其田之所收為標準而賦之也。孟子引孔子的話，意在為下文作根據。凡是國君不行仁政，而為之增加財富者，都是見棄於孔子的人。況且為他們強戰，犧牲人民，爭地爭城，這真率土地去吃人民的肉了。這種人的罪惡，是死有餘辜的！故善於打仗的人，應該受最重的刑罰。約從連橫的人，闢草萊，任土地的人，受更次等的刑罰。善戰者，指孫臏吳起等兵家。連諸侯，即蘇秦張儀等之縱橫家。「辟，」同「闢。」井田之法有「萊田。」闢草萊，即商鞅之開阡陌。廢井田，呂氏春秋有任地篇，專講耕耨蓄藏之術，即李悝盡地力之法也。

〔十五〕

孟子曰：「存乎人者，莫良於眸子。眸子不能掩其惡。胸中正，則眸子瞭焉；胸中不正，則眸子眊焉。聽其言也，觀其眸子，人焉廋哉？」

廣解 爾雅釋訓云：「存，在也。」禮記文王世子「必在視寒

子也。鳴鼓而攻之，聲其罪而責之也。為，去聲。林氏曰：「富其君者，奪民之財耳，而夫子猶惡之。況為土地之故而殺人，使其肝腦塗地，則是率土地而食人之肉。其罪之大，雖至於死，猶不足以容之也。」辟與辟同。

善戰，如孫臏、吳起之徒。連結諸侯，如蘇秦、張儀之類。辟，開墾也。任土地，謂分土授民，使任耕稼之責，如李悝盡地方，商鞅開阡陌之類也。

朱熹章句 眸，音牟。瞭，音了。眊，音耄。良，善也。眸子，目瞳子也。瞭，明也。眊者，濛

煖之節」句注云：「在，察也。」「存乎人，」察乎人也。眸子，就是眼中的瞳神。「莫良於眸子，」莫好於眸子也。瞭，是明亮。眊，是糊塗。「人焉」之「焉，」平聲，何也。廋，是隱藏的意思。按大戴禮記曾子立事云：「目者，心之浮也。」人心的誠偽，善惡，邪正，往往都從眼光中流露出來，所謂「傳神正在阿堵中。」故聽其言，察其眸子，確是觀人的妙法。

〔十六〕

孟子曰：「恭者不侮人，儉者不奪人。侮奪人之君，惟恐不順焉，惡*得爲恭儉？恭儉，豈可以聲音笑貌爲哉？」

廣解《 敬恭的人主，不肯欺侮怠慢他人；儉樸的人主，不肯奪取他人的東西。那些欺侮人，奪人東西的君主，只恐怕人民不順著自己的欲望。這種君主，那裏能算他是恭儉呢？恭敬儉樸的行為，豈可以說話的聲音，對人的笑臉，假裝出來的呢？

「惡，」平聲。

濛，目不明之貌。蓋人與物接之時，其神在目，故胸中正則神精而明，不正則神散而昏。焉，於虔反。廋，音搜。

廋，匿也。言亦心之所發，故並此以觀，則人之邪正不可匿矣。然言猶可以偽為，眸子則有不容偽者。

朱熹章句 惡，平聲。

惟恐不順，言恐人之不順己。聲音笑貌，偽為於外也。

〔十七〕

淳于髡*曰：「男女授受不親，禮與*？」孟子曰：「禮也。」曰：「嫂溺，則援之以手乎？」曰：「嫂溺不援，是豺狼也。男女授受不親，禮也。嫂溺援之以手者，權也。」曰：「今天下溺矣，夫子之不援，何也？」曰：「天下溺，援之以道。嫂溺，援之以手。子欲手援天下乎？」

廣解

淳于髡，齊人，與孟子同時人。嘗仕齊及魏，史記滑稽傳。「男女授受不親，」見禮記坊記「與，」同「歟。」溺者，失足墜水中也。援者，牽持之也。男子和女子不把物件親手授受，是正經的禮節。嫂跌入水裏，用手去拉救，那是權宜辦法。淳于髡之問是譬喻，以「男女授受不親」喻君子出處之大節，以「嫂溺」喻人民之陷於水火；其意蓋欲孟子行權，稍自貶損。以救民於水火之中，與滕文公篇陳代「枉尺直尋」之言同旨。不知天下溺當援之以道；如枉道以求合，則如救溺者己亦溺矣，故不可也。

朱熹章句

與，平聲。援，音爰。

淳于，姓；髡，名；齊之辯士。授，與也。受，取也。古禮，男女不親授受，以遠別也。援，救之也。權，稱錘也，稱物輕重而往來以取中者也。權而得中，是乃禮也。言今天下大亂，民遭陷溺，亦當從權以援之，不可守先王之正道也。言天下溺，惟道可以捄之，非若嫂溺可手援也。今子欲援天下，乃欲使我枉道求合，則先失其所以援之之具矣。是欲使我以手援天下乎？此章言直己守道，所以濟時；枉道殉人，徒為失己。

〔十八〕

公孫丑曰：「君子之不教子，何也？」孟子曰：「勢不行也。教者必以正，以正不行，繼之以怒，繼之以怒，則反夷矣。夫子教我以正，夫子未出於正也，則是父子相夷也。父子相夷則惡矣。古者易子而教之。父子之閒不責善，責善則離，離則不祥莫大焉。」

廣解 勢，指事實上的情勢而言。夷，傷也。見易序卦傳。傷者，謂傷父子間的情感。「夫子、」「先生，」古時為對父兄之通稱。「夫子教我以正…」二語，是述其子反脣相譏之言。父責其子，子譏其父，則父子之間，互傷情感，這是最不好的事體。責善，朋友之道也。父子責善，因而傷了情感，致有脫離親子關係等事，世間不祥的事，沒有比這個更大了。

〔十九〕

孟子曰：「事，孰爲大？事親爲大。守，孰爲大？守身爲大。不失其身而能事其親者，吾聞之矣；失其身而能事其親者，吾未之聞也。孰不爲事？事親，事之本也。孰不爲守？守身，守之本也。」

廣解 事親者，奉事父母也。守身者，守住自己的身子，不做壞事也。一失其身，則辱及其親，奉養雖厚，亦非孝矣。故事親為事之本，守身為守之本，而事親與守身，其關係也極密切。此節以「事親」「守身」並舉；下節則專論「事親。」

朱熹章句 不親教也。夷，傷也。教子者，本為愛其子也，繼之以怒，則反傷其子矣。父既傷其子，子之心又責其父曰：「夫子教我以正道，而夫子之身未必自行正道。」則是子又傷其父也。易子而教，所以全父子之恩，而亦不失其為教。責善，朋友之道也。王氏曰：「父有爭子，何也？所謂爭者，非責善也。當不義則爭之而已矣。父之於子也如何？曰，當不義，則亦戒之而已矣。」

朱熹章句 守身，持守其身，使不陷於不義也。一失其身，則虧體辱親，雖日用三牲之養，亦不足以為孝矣。事親孝，則忠可移於君，順可移於長。身正，則家齊、國治、而天下平。

「曾子養曾皙*，必有酒肉，將徹*，不請所與。問有餘，必曰『有。』曾皙死，曾元養曾子，必有酒肉，將徹，不請所與。問有餘，曰：『亡*矣。』將以復進也。此所謂養口體者也。若曾子，則可謂養志也。事親若曾子者，可也。」

廣解《 曾子，名參，曾皙，名點，曾子之父；皆孔子弟子。曾元，是曾子的兒子。徹者，飯畢，將所剩的酒肉取去也。「必請所與」者，必定請問他父親，將所餘的酒肉給那個人吃也。「亡，」同「無。」朱注云：「曾元不請所與，雖有言無，其意將以復進於親，不欲其與人也。」按曾元但不及曾子能養志耳，何至嗇飲食之費，而諱有曰無，以欺其父？且既曰無矣，而後復進之，不使曾子知其欺而怒乎？蓋曾子之「必曰有」者，雖實無而仍曰有，此其不拂親意，所謂「養志」也。若曾元，則據實答曰無矣。「將以復進」者，言如需此，將再烹飪以復進耳。果如朱注所云：則於曾元當云「必曰亡；」事親如此，非但不能「養志，」且并不能養口體矣。

朱熹章句 養，去聲。復，扶又反。

此承上文事親言之。曾皙，名點，曾子父也。曾元，曾子子也。曾子養其父，每食必有酒肉。食畢將徹去，必請於父曰：「此余者與誰？」或父問此物尚有餘否？必曰「有」。恐親意更欲與人也。曾元不請所與，雖有言無。其意將以復進於親，不欲其與人也。此但能養父母之口體而已。曾子則能承順父母之志，而不忍傷之也。

言當如曾子之養志，不可如曾元但養口體。程子曰：「子之身所能為者，皆所當為，無過分之事也。故事親若曾子可謂至矣，而孟子止曰可也，豈以曾子之孝為有餘哉？」

〔二十〕

孟子曰：「人不足與適*也，政不足閒*也；惟大人爲能格君心之非。君仁莫不仁，君義莫不義，君正莫不正；一正君，而國定矣。」

廣解　「適，」同謫。責也，過也。「閒，」去聲，讀如諫，非，尤也。格，正也。「人，」指君所用之人。與，以也。「不足與適，」即不足以責。政，指君所行之政。言君之用人行政，雖不當，皆不足非責；只有大才大德的人，纔能用感化的法子，把君主的心改正。因為君心既仁，則用人行政，無有不仁；君心既義，則用人行政，無有不義。君心既正，則用人行政，無有不正。所以只要把君主的心糾正，全國就可以安定了。

朱熹章句　適，音謫。間，去聲。趙氏曰：「適，過也。間，非也。格，正也。」徐氏曰：「格者，物之所取正也。書曰：『格其非心。』」愚謂間字上亦當有與字。言人君用人之非，不足過謫；行政之失，不足非間。惟有大人之德，則能格其君心之不正以歸於正，而國無不治矣。大人者，大德之人，正己而物正者也。程子曰：「天下之治亂，繫乎人君之仁與不仁耳。心之非，即害於政，不待乎發之於外也。昔者孟子三見齊王而不言事，門人疑之。孟子曰：『我先攻其邪心，心既正，而後天下之事可從而理也。』夫政事之失，用人之非，知者能更之，直者能諫之。然非心存焉，則事事而更之，後復有其事，將不勝其更矣；人人而去之，後復用其人，將不勝其去矣。是以輔相之職，必在乎格君心之非，然後無所不正；而欲格君心之非者，非有大人之德，則亦莫之能也。」

〔二十一〕

孟子曰：「有不虞之譽，有求全之毀。」

廣解　虞，意料所及也。行不足以致譽，而偶然得譽，出於意料，叫做「不虞之譽。」不虞之譽，在己得之，不足喜；在人得之，不足貴也。行本無可訾議，而以求全責備之故，仍加以不好的批評，叫做「求全之毀。」求全之毀，如出於善意者，則是望之切，故責之詳，在己得之，反可喜，在人得之，亦未可以是輕之，若出於惡意，則是吹毛求疵而已，更無足措意也。

朱熹章句　虞，度也。呂氏曰：「行不足以致譽而偶得譽，是謂不虞之譽。求免於毀而反致毀，是謂求全之毀。言毀譽之言，未必皆實，修己者不可以是遽為憂喜。觀人者，不可以是輕為進退。」

〔二十二〕

孟子曰：「人之易*其言也，無責耳矣。」

廣解《「易，」去聲，「難易」之易。「易其言」者，隨口講話，不知輕重也。孟子說：凡是不顧事實，輕易發言的，是不負責任的緣故。如當局的人，往往大言不慚，是「易其言」也；將來能否做到，他是不負責任的。如旁觀的人，往往喜唱高調，說風涼話，是「易其言」也；事實上能否做到，他是不負責任的。孟子此言，可謂切中今人之病。朱注以「未遭失言之責」釋「無責，」以為此係孟子有為而言，於義似有未安。

朱熹章句　易，去聲。
人之所以輕易其言者，以其未遭失言之責故耳。蓋常人之情，無所懲於前，則無所警於後。非以為君子之學，必俟有責而後不敢易其言也。然此豈亦有為而言之與？

〔二十三〕

孟子曰：「人之患，在好*為人師。」

廣解《「好，」去聲。朱注引王勉云：「好為人師，則自足而不復有進，此人之大患也。」按揚子法言云：「師者，人之模範。」為人師，非易事也。故孟子以好為人師，為人之大患。

朱熹章句　好，去聲。
王勉曰：「學問有餘，人資於己，以不得已而應之可也。若好為人師，則自足而不復有進矣，此人之大患也。」

〔二十四〕

樂正子從於子敖之齊。樂正子見孟子。孟子曰：「子亦來見我乎？」曰：「先生何為出此言

也？」曰：「子來幾日矣？」曰：「昔者。」曰：「昔者，則我出此言也，不亦宜乎！」曰：「舍館未定。」曰：「子聞之也，舍館定，然後求見長者乎？」曰：「克有罪。」

廣解《　子敖，王驩字，即孟子和他同行出弔於滕，而不與談話的人。之，往也。時孟子在齊，樂正子與王驩同來齊也。昔者，前日也。舍館，所住之客舍。長，上聲。克，樂正子名。孟子痛責樂正子，疑另有他故，否則，舍館定後，再見長者，亦不為大過也。

〔二十五〕

孟子謂樂正子曰：「子之從於子敖來，徒餔啜也。我不意子學古之道，而以餔啜也。」

廣解《　此章與上章相接，樂正子與子敖同行之故，而責之。再責樂正子也。徒，但也。餔，食也。啜，飲也。「徒餔啜，」言但為飲食計。不意，料不到也。樂正子與王驩同行，決不是真的為了飲食，孟子不過借此責問他罷了。

〔二十六〕

孟子曰：「不孝有三，無後爲大。舜不告而娶，爲無後也；君子以爲猶告也。」

廣解《　趙岐注云：「於禮，有不孝者三事：阿意曲從，陷親不義，一也；家貧親老，不為祿仕，二也；不娶無子，絕先祖祀，

朱熹章句　子敖，王驩字。長，上聲。昔者，前日也。館，客舍也。王驩，孟子所不與言者，則其人可知矣。樂正子乃從之行，其失身之罪大矣；又不早見長者，則其罪又有甚者焉。故孟子姑以此責之。陳氏曰：「樂正子固不能無罪矣，然其勇於受責如此，非好善而篤信之，其能若是乎？世有強辯飾非，聞諫愈甚者，又樂正子之罪人也。」

朱熹章句　餔，博孤反。啜，昌悅反。徒，但也。餔，食也。啜，飲也。言其不擇所從，但求食耳。此乃正其罪而切責之。

朱熹章句　趙氏曰：「於禮有不孝者三事：謂阿意曲從，陷親不義，一也；家貧親老，不為祿仕，二也；不娶無子，絕先祖祀，三也。三者之中，無後為

三也。三者之中，無後為大也。」舜娶帝堯的女為妻，並沒有稟告父母，因為舜雖是個孝子，他的父親瞽瞍，非常頑劣，舜若稟告，一定不能允許。所以孟子推論舜的不告而娶，因為是恐怕絕了後代。故君子，以為舜的不告，猶之稟告，不能說他是錯的。

〔二十七〕

孟子曰：「仁之實，事親是也。義之實，從兄是也。智之實，知斯二者，弗去是也。禮之實，節文斯二者是也。樂之實，樂斯二者，樂則生矣。生則惡可已也？惡可已，則不知足之蹈之，手之舞之。」

廣解《　事親，孝也；從兄，弟也。孝弟為仁義之本質，故以「事親」為「仁」之實，「從兄」為「義」之實。「斯二者，」事親與從兄也，即孝弟也。能知此二者而不離去之，是「智」也。至於「禮，」亦自「事親」「從兄」起。節，品節之也；文，加以種種儀式也。就事親從兄二事而品節之，加以種種儀式，如禮記內則少儀諸篇所記，此即禮之本質。第一「樂」字是音樂之樂，後二「樂」字是歡樂之樂。於事親從兄二者，能雍容和樂，無所勉強，孝弟之心，天倫之樂，自油然而生。惡，平聲。歡情快感既已發生，必有不能自已，且不自知其手舞足蹈者，此樂之所自起也。此章言仁義智禮樂五者，皆起於事親從兄；「堯舜之道，孝弟而已矣。」

大。」為無之為，去聲。

舜告焉則不得娶，而終於無後矣。告者禮也。不告者權也。猶告，言與告同也。蓋權而得中，則不離於正矣。

范氏曰：「天下之道，有正有權。正者萬世之常，權者一時之用。常道人皆可守，權非體道者不能用也。蓋權出於不得已者也，若父非瞽瞍，子非大舜，而欲不告而娶，則天下之罪人也。」

朱熹章句　仁主於愛，而愛莫切於事親；義主於敬，而敬莫先於從兄。故仁義之道，其用至廣，而其實不越於事親從兄之間。蓋良心之發，最為切近而精實者。有子以孝弟為仁之本，其意亦猶此也。

樂斯、樂則之樂，音洛。惡，平聲。

斯二者，指事親從兄而言。知而弗去，則見之明而守之固矣。節文，謂品節文章。樂則生矣，謂和順從容，無所勉強，事親從兄之意油然自生，如草木之有生意也。既有生意，則其暢茂條達，自有不可遏者，所謂惡可已也。其又盛，則至於手舞足蹈而不自知矣。

此章言事親從兄，良心真切，天下之道，皆原於此。然必知之明而守之固，然後節之密而樂之深也。

〔二十八〕

孟子曰：「天下大悅而將歸己；視天下悅而歸己，猶草芥也，惟舜爲然。不得乎親，不可以爲人。不順乎親，不可以爲子。舜盡事親之道而瞽瞍厎豫；瞽瞍厎豫而天下化；瞽瞍厎豫而天下之爲父子者定：此之謂大孝！」

廣解　視猶草芥，言輕之也。「不得乎親，」不能得親之歡心也。「不順乎親，」不能順親之志，使之歡樂也。瞽瞍，舜父。厎，與「致，」音義並同。豫，樂也。「厎豫」者，由不樂而使之至於樂也。舜能盡子道，使瞽瞍亦受其感化而樂悅，故天下亦化之，天下之為父子者，亦從此定矣。此詩所謂「孝子不匱，永錫爾類」者也，故謂之「大孝。」

朱熹章句　言舜視天下之歸己如草芥，而惟欲得其親而順之也。得者，曲為承順以得其心之悅而已。順則有以諭之於道，心與之一而未始有違，尤人所難也。為人蓋泛言之，為子則愈密矣。厎，之爾反。瞽瞍，舜父名。厎，致也。豫，悅樂也。瞽瞍至頑，嘗欲殺舜，至是而厎豫焉。書所謂「不格奸亦允若」是也。蓋舜至此而有以順乎親矣。是以天下之為子者，知天下無不可事之親，顧吾所以事之者未若舜耳。於是莫不勉而為孝，至於其親亦厎豫焉，則天下之為父者，亦莫不慈，所謂化也。子孝父慈，各止其所，而無不安其位之意，所謂定也。為法於天下，可傳於後世，非止一身一家之孝而已，此所以為大孝也。

李氏曰：「舜之所以能使瞽瞍厎豫者，盡事親之道，其為子職，不見父母之非而已。昔羅仲素語此云：『只為天下無不是底父母。』了翁聞而善之曰：『惟如此而後天下之為父子者定。彼臣弒其君、子弒其父者，常始於見其有不是處耳。』」

〔二十九〕

孟子曰：「舜生於諸馮，遷於負夏，卒於鳴條，東夷之人也。文王生於岐周，卒於畢郢，西夷之人也。地之相去也，千有餘里。世之相後也，千有餘歲。得志行乎中國，若合符節；先聖後聖，其揆一也。」

廣解《 諸馮、負夏、鳴條，皆地名。岐周，岐山下周之舊都。畢郢，也是地名。「郢，」亦作「程，」呂氏春秋具備篇所謂「武王嘗窮於畢程」也。「東夷西夷」之「夷，」指「夷服」而言。夷服為九服之一，見周禮職方氏。符節，以竹或玉或金屬為之，篆刻文字而中分之，彼此各藏一半，合之以為信。「若合符節，」言其相同。揆，度也。言其道不二。

朱熹章句 諸馮、負夏、鳴條，皆地名，在東方夷服之地。岐周，岐山下周舊邑，近畎夷。畢郢，近豐鎬，今有文王墓。得志行乎中國，謂舜為天子，文王為方伯，得行其道於天下也。符節，以玉為之，篆刻文字而中分之，彼此各藏其半，有故則左右相合以為信也。若合符節，言其同也。揆，度也。其揆一者，言度之而其道無不同也。范氏曰：「言聖人之生，雖有先後遠近之不同，然其道則一也。」

〔三十〕

子產聽鄭國之政，以其乘輿，濟人於溱洧。孟子曰：「惠而不知爲政。歲十一月徒杠成，十二月輿梁成，民未病涉也。君子平其政，行辟人可也。焉得人人而濟之？故爲政者，每人而悅之，日亦不足矣！」

廣解《 子產，春秋時鄭國的賢大夫，公孫僑也。聽，治也。溱、洧，鄭國的兩條水名。乘輿，所坐的車子也。濟，渡也。杠，橋也。

朱熹章句 乘，去聲。溱，音臻。洧，榮美反。子產，鄭大夫公孫僑也。溱洧，二水名也。子產見人徒杠，可通徒步之橋。梁，也是橋。輿梁，可行車子的橋也。冬日水涸，可以造橋。有橋則不必涉水，故民不以涉水為病。子產在鄭國執政時，把他所坐的車子，在溱水洧水地方，渡來往的人。孟子說他只知道以恩惠待百姓，不知道真正辦理政治的道理，故曰：「惠而不知為政。」辟人，闢除行人，使之避己也。焉，平聲。為政者在能平其政，而不在以小惠待人民。鄭國之水，不僅溱洧，如不治橋政，則病涉者眾，安得人人以乘輿濟之？故為政者，若欲使人人悅其小惠，則雖日日為之，亦不足也。

有徒涉此水者，以其所乘之車載而渡之。惠，謂私恩小利。政，則有公平正大之體，綱紀法度之施焉。杠，音江。杠，方橋也。徒杠，可通徒行者。梁，亦橋也。輿梁，可通車輿者。周十一月，夏九月也。周十二月，夏十月也。夏令曰：「十月成梁。」蓋農功已畢，可用民力，又時將寒冱，水有橋樑，則民不患於徒涉，亦王政之一事也。辟，與闢同。焉，於虔反。辟，辟除也，如周禮闇人為之辟之辟。言能平其政，則出行之際，辟除行人，使之避己，亦不為過。況國中之水，當涉者眾，豈能悉以乘輿濟之哉？言每人皆欲致私恩以悅其意，則人多日少，亦不足於用矣。諸葛武侯嘗言，「治世以大德，不以小惠」，得孟子之意矣。

〔三十一〕

孟子告齊宣王曰：「君之視臣如手足，則臣視君如腹心；君之視臣如犬馬，則臣視君如國人；君之視臣如土芥，則臣視君如寇讎。」王曰：「禮爲舊君有服，何如斯可爲服矣？」曰：「諫行，言聽，膏澤下於民；有故而去，則君使人導之出疆，又先於其所往，去三年不反，然後收其田里：此之謂三有禮焉。如此，則爲之服矣。今也爲臣，諫則不行，言則不聽，膏澤不下於民；有故而去，則君搏執之，又極之於其所往；去之日，遂收其田里：此之謂寇讎；寇讎，何服之有？」

廣解《

君之於臣，視如手足，恩禮之至也。視如犬馬，只供

朱熹章句

孔氏曰：「宣王之遇臣下，恩禮衰薄，至於昔者所進，今日不知其亡；則其於群臣，可謂邈

玩好騎乘，已賤之矣，但尚有豢養之恩。視如土芥，則蹂躪斬艾，毫不顧恤矣。臣之於君，視如腹心，親愛之至也。國人，猶路人；視如國人，則休戚不相關矣。如寇讎，則仇恨之至也。服，喪服。儀禮曰：「以道去君而未絕者，服齊衰三月。」是為舊君有服也。王意為舊君，尚有喪服，豈可以寇讎視其君乎，故有此問。「膏澤下於民，」言恩澤下及於人民。故，事故。導之出己國之境，又於其所適之國，預為先容也。田里，謂在己國時所授之圭田里宅。此於在位、去國、及去國以後，君之待臣，三次皆有禮也。搏執，逮捕之也。「極之於其所往」者，設法使其所往之國，皆不收容之，使窮無所之也。孟子所說，二事適相反。明有服無服，當以舊君待其臣如何而定。此章論君臣相互的待遇，至為平等。後世腐儒，乃倡為「臣罪當誅，天王聖明」之謬說，於是專制君主之淫威，遂比虎狼還厲害了。明太祖讀孟子此章，竟不許孔廟中祭祀孟子，可笑亦復可恨。難怪黃黎洲明夷待訪錄，要痛斥小儒的無識而肇禍了。

〔三十二〕

孟子曰：「無罪而殺士，則大夫可以去。無罪而戮民，則士可以徙。」

廣解　此章言明哲保身，須見幾而作。易曰：「履霜堅冰至。」其所由來者漸也。

然無敬矣。故孟子告之以此。手足腹心，相待一體，恩義之至也。如犬馬則輕賤之，然猶有豢養之恩焉。國人，猶言路人，言無怨無德也。土芥，則踐踏之而已矣，斬艾之而已矣，其賤惡之又甚矣。寇讎之報，不亦宜乎？」

為，去聲，下為之同。

儀禮曰：「以道去君而未絕者，服齊衰三月。」王疑孟子之言太甚，故以此禮為問。導之出疆，防剽掠也。先於其所往，稱道其賢，欲其收用之也。三年而後收其田祿裡居，前此猶望其歸也。極，窮也。窮之於其所往之國，如晉錮欒盈也。

潘興嗣曰：「孟子告齊王之言，猶孔子對定公之意也；而其言有跡，不若孔子之渾然也。蓋聖賢之別如此。」楊氏曰：「君臣以義合者也。故孟子為齊王深言報施之道，使知為君者不可不以禮遇其臣耳。若君子之自處，則豈處其薄乎？孟子曰：『王庶幾改之，予日望之』，君子之言蓋如此。」

朱熹章句　言君子當見幾而作，禍已迫，則不能去矣。

〔三十三〕

孟子曰：「君仁莫不仁，君義莫不義。」

廣解 朱注引張氏說，以為重出；然本篇第二十章重在能格君心之非，此章則直戒人君，語雖相同，旨則有異。

〔三十四〕

孟子曰：「非禮之禮，非義之義，大人弗爲。」

廣解 察理不精，則其所謂禮者非禮，所謂義者非義矣；此大人所弗為也。

〔三十五〕

孟子曰：「中也養不中，才也養不才。故人樂*有賢父兄也。如中也棄不中，才也棄不才，則賢不肖之相去，其閒不能以寸。」

廣解 中者，無過與不及，恰到好處也。養，謂涵育薰陶之也。「樂，」音洛。言人之所以樂有賢父兄者，以其能教育之也；若為父兄者，以其子弟為不中不才而遽棄之，則所謂賢父兄者，與不肖之父兄，相去能有多少？「不能以寸，」極言其相去之少也。

朱熹章句 張氏曰：「此章重出。然上篇主言人臣當以正君為急，此章直戒人君，義亦小異耳。」

朱熹章句 察理不精，故有二者之蔽。大人則隨事而順理，因時而處宜，豈為是哉？

朱熹章句 樂，音洛。無過不及之謂中，足以有為之謂才。養，謂涵育熏陶，俟其自化也。賢，謂中而才者也。樂有賢父兄者，樂其終能成己也。為父兄者，若以子弟之不賢，遂遽絕之而不能教，則吾亦過中而不才矣。其相去之閒，能幾何哉？

〔三十六〕

孟子曰：「人有不爲也，而後可以有爲。」

廣解《　有所不為者，行己有恥，以廉隅自飭者也。必如此，方可以有為。若寡廉鮮恥，無所不為之人，則敗事有餘，成事不足，決不能有所作為。今世往往視有所不為者為迂執，為消極，以為不足有為；奔走鑽營，非但恬不知恥，且群目為幹練之才；此國事之所以不可為也！

朱熹章句　程子曰：「有不為，知所擇也。惟能有不為，是以可以有為。無所不為者，安能有所為邪？」

〔三十七〕

孟子曰：「言人之不善，當如後患何！」

廣解《　自命能幹的人，最喜歡說人家的不好；不知其有後患，故孟子有此歎。

朱熹章句　此亦有為而言。

〔三十八〕

孟子曰：「仲尼不爲已甚者。」

廣解《　已甚，就是太過。做人做事，都要適中，只有孔子能夠如此，故孟子稱之。

朱熹章句　已，猶太也。楊氏曰：「言聖人所為，本分之外，不加毫末。非孟子真知孔子，不能以是稱之。」

〔三十九〕

孟子曰：「大人者，言不必信，行不必果，惟義所在。」

廣解《 此章重在「惟義所在」一句。言義之所在，則言不必信，行不必果耳。若必求其言之信，行之果，而不問是義之所在與否，則戈硜硜之小人而已。

朱熹章句 行，去聲。必，猶期也。大人言行，不先期於信果，但義之所在，則必從之，卒亦未嘗不信果也。尹氏云：「主於義，則信果在其中矣；主於信果，則未必合義。」王勉曰：「若不合於義而不信不果，則妄人爾。」

〔四十〕

孟子曰：「大人者，不失其赤子之心者也。」

廣解《 赤子，初生的嬰孩也。嬰孩的心，誠實无妄，純然天理。大人之心，也是如此，故曰：「不失其赤子之心。」按趙岐注云：「大人謂君。國君視民當如赤子；不失其民心之謂也。」此別一解。

朱熹章句 大人之心，通達萬變；赤子之心，則純一無偽而已。然大人之所以為大人，正以其不為物誘，而有以全其純一無偽之本然。是以擴而充之，則無所不知，無所不能，而極其大也。

〔四十一〕

孟子曰：「養生者，不足以當大事，惟送死，可以當大事。」

廣解《 養生送死，指人子事親而言。養生固當竭力；至送死，則為人子，自盡其心之最後的機會，不能盡心，將抱恨終身矣。故孟子云然。

朱熹章句 養，去聲。事生固當愛敬，然亦人道之常耳；至於送死，則人道之大變。孝子之事親，捨是無以用其力矣。故尤以為大事，而必誠必信，不使少有後日之悔也。

〔四十二〕

孟子曰：「君子深造之以道，欲其自得之也。自得之，則居之安；居之安，則資之深；資之深，則取之左右逢其原，故君子欲其自得之也。」

廣解

此章論教學之法。造，音七到反，詣也，致也。深造之者，致其極也。博學而不深造，則不能精而有所得。學記云：「人不學，不知道。」又云：「雖有至道，弗學，不知其善也。」是學以知道為目的也。故曰「深造之以道。」學記又云：「君子之教，喻也；道而弗牽，強而弗抑，開而弗達。」又云：「力不能問，然後語之；語之而弗知，雖舍之可也。」論語記孔子之教人，亦曰：「不憤，不啟；不悱，不發；舉一隅，不以三隅反，則不復也。」此皆「欲其自得之」也。自得之，則默識心通，如其性之所自有，而所以處之者安矣。處之既安，則不至見異思遷，淺嘗自畫，非淺襲於口耳之間，非強擬於形似之迹，而資之深矣。資，猶藉也。所資藉者既深，則日用之間，取之無盡，不待遠求，無不逢其本原矣。自得之，得此道也；居之，居此道也；資之，資此道；取之，取此道也。此章所論，與現代教育學說重自學輔導的原理，不謀而合。

朱熹章句

造，七到反。

造，詣也。深造之者，進而不已之意。道，則其進為之方也。資，猶借也。左右，身之兩旁，言至近而非一處也。逢，猶值也。原，本也，水之來處也。言君子務於深造而必以其道者，欲其有所持循，以俟夫默識心通，自然而得之於己也。自得於己，則所以處之者安固而不搖；處之安固，則所借者深遠而無盡；所借者深，則日用之閒取之至近，無所往而不值其所資之本也。

程子曰：「學不言而自得者，乃自得也。有安排佈置者，皆非自得也。然必潛心積慮，優遊饜飫於其閒，然後可以有得。若急迫求之，則是私己而已，終不足以得之也。」

〔四十三〕

孟子曰：「博學而詳說之，將以反說約也。」

廣解　此章論研究學問的方法。中庸言博學審問慎思明辨，即博學而詳說之也。學不博，則孤陋寡聞；說不詳，則不能盡解。然博學詳說，非欲以誇多鬬靡也，欲其融會貫通，能反而說到至約之地，得其至要之旨耳。「約，」即簡要的意思。若徒事博學詳說，而不能反乎約，其學文則博而寡要，其說必蕪雜支離矣。「多學而識，」博而詳也；「一以貫之，」反乎約也。「博學切問，」博學詳說也；「篤志近思，」反乎約也。此章所說，與現代研究科學的歸納法，同一原理。

朱熹章句　言所以博學於文，而詳說其理者，非欲以誇多而斗靡也；欲其融會貫通，有以反而說到至約之地耳。蓋承上章之意而言，學非欲其徒博，而亦不可以徑約也。

〔四十四〕

孟子曰：「以善服人者，未有能服人者也。以善養人，然後能服天下；天下不心服而王*者，未之有也。」

廣解　此章言以善去服人，是不能叫人心服的。只有以善去教養人，天下的人才能心服。也可以說空口說善，是無益的；必須有實惠及人，然後人能服他。現在一班人，最喜發表議論，雖所說的都是所謂「善，」但人家是不會服從他的。要把所說的善，實實在在的做出來，加惠於人，然後能服天下的人也。天下的人不心服，是斷不會王天下的。

朱熹章句　王，去聲。服人者，欲以取勝於人；養人者，欲其同歸於善。蓋心之公私小異。而人之向背頓殊，學者於此不可以不審也。

〔四十五〕

孟子曰：「言無實，不祥。不祥之實，蔽賢者當之。」

廣解　此章，朱注列舉二解：（一）「天下之言，無有實不祥者。惟蔽賢為不祥之實。」此以「實不祥」三字相連，「實」字為形容「不祥」二字之副詞。（二）「言而無實者不祥，故蔽賢為不祥之實。」則以「無實」二字相連；「實」字為「無」字之止詞。朱子又云：「二說未知孰是，疑或有闕文焉。」按晏子春秋諫下云：「國有三不祥：有賢而不知，一不祥；知而不用，二不祥；用而不任，三不祥也。」與此以「蔽賢」為「不祥之實」同旨。蔽賢者之言，往往無實，故曰「言無實不祥」也。似以第二說為長。

朱熹章句　或曰：「天下之言無有實不祥者，惟蔽賢為不祥之實。」或曰：「言而無實者不祥，故蔽賢為不祥之實。」二說不同，未知孰是，疑或有闕文焉。

〔四十六〕

徐子曰：「仲尼亟稱於水曰：『水哉！水哉！』何取於水也？」孟子曰：「原泉混混，不舍晝夜，盈科而後進，放乎四海，有本者如是，是之取爾！苟爲無本，七八月之間雨集，溝澮皆盈，其涸也，可立而待也。故聲聞過情，君子恥之！」

廣解　徐子，趙注謂即徐辟，介紹夷之見孟子者。仲尼，孔子的字。亟，音去吏反，屢次也。「原」同「源」。混混，古音讀如袞，俗作滾滾，水湧出不斷之貌。舍，止也。科，坎也，坑也。放，至

朱熹章句　亟，去吏反。亟，數也。水哉水哉，歎美之辭。舍、放，皆上聲。原泉，有原之水也。混混，湧出之貌。不捨晝夜，言常出不竭也。盈，滿也。科，坎也。言其進以漸也。

也，達也。本謂水源。「是之取爾，」言孔子之取於水者此耳。集，聚也。溝澮，田間路旁行水之溝。涸，水乾也。聲聞，聲名聞望也。情，實也。按論語子罕篇子在川上章即記孔子稱水之語。此云「亟稱，」當不僅一次矣。水流晝夜不止，似君子之自強不息。盈科後進，似君子之循序漸進，而不躐等。放乎四海，似君子之欲罷不能，必求至道。故孔子取之也。若純盜虛聲，而實不足以副之，則如大雨之後，溝澮中一時充滿的水；雖亦有氾濫之勢，終是無源之水，不久即乾；故君子恥之也。

〔四十七〕

孟子曰：「人之所以異於禽獸者，幾希！庶民去之，君子存之。舜明於庶物，察於人倫，由仁義行，非行仁義也。」

廣解

「人之所以異於禽獸者幾希」者，言人與禽獸所異的地方，只有這一些也。尋常的庶民，不知道這所異的一些，把它丟掉了。只有君子，才把這一些保存著。庶物，種種事物也。舜明白這種種事物的道理，體察人倫之所以然，一切的動作，就都自然合於仁義，不是曉得了仁義的好處，特地照著仁義去行的。「行仁義」者，「利而行之」者也。「由仁義行」者，「安而行之」者也。

於，至也。言水有原本，不已而漸進以至於海；如人有實行，則亦不已而漸進以至於極也。澮，古外反。涸，下各反。聞，去聲。

集，聚也。澮，田閒水道也。涸，干也。如人無實行，而暴得虛譽，不能長久也。聲聞，名譽也。情，實也。恥者，恥其無實而將不繼也。林氏曰：「徐子之為人，必有躐等干譽之病，故孟子以是答之。」

鄒氏曰：「孔子之稱水，其旨微矣。孟子獨取此者，自徐子之所急者言之也。孔子嘗以聞達告子張矣，達者有本之謂也。聞則無本之謂也。然則學者其可以不務本乎？」

朱熹章句

幾希，少也。庶，眾也。人物之生，同得天地之理以為性，同得天地之氣以為形；其不同者，獨人於其間得形氣之正，而能有以全其性，為少異耳。雖曰少異，然人物之所以分，實在於此。眾人不知此而去之，則名雖為人，而實無以異於禽獸。君子知此而存之，是以戰兢惕厲，而卒能有以全其所受之理也。

物，事物也。明，則有以識其理也。人倫，說見前篇。察，則有以盡其理之詳也。物理固非度外，而人倫尤切於身，故其知之有詳略之異。在舜則皆生而知之也。由仁義行，非行仁義，則仁義已根於心，而所

〔四十八〕

孟子曰：「禹惡*旨酒，而好善言。湯執中，立賢無方。文王視民如傷，望道而未之見。武王不泄邇，不忘遠。周公思兼三王，以施四事。其有不合者，仰而思之，夜以繼日；幸而得之，坐以待旦。」

廣解《　惡，去聲。旨，味好的意思。禹厭惡味好的酒，而喜歡聽善的言語。儀狄作酒而甘，進之禹。禹飲而美之，遂疏儀狄，絕旨酒，曰：「後世必有以酒亡其國者！」見戰國策魏策。尚書皐陶謨曰：「禹拜昌言。」昌言即善言。論語亦云：「禹聞善言拜。」「中」者，做事剛剛合著要處，沒有過頭或不及的毛病。「執中，」即論語堯曰篇所謂「允執其中」也。方，法也。「立賢無方，」言用賢人，沒有一定辦法，不拘資格階級也。「視民如傷」者，是看得百姓，總像還有傷害，必定要把他醫好。「而」亦「如」也，古通用。「望道而未之見」者，言文王雖然已經知「道」行「道，」但他自己，還像沒有看見道的一般。泄者，狎也。「不泄邇，不忘遠」者，言武王對於近者不狎，對於遠者不忘也。三王，三代聖

行皆從此出。非以仁義為美，而後勉強行之，所謂安而行之也。此則聖人之事，不待存之，而無不存矣。尹氏曰：「存之者，君子也；存者，聖人也。君子所存，存天理也。由仁義行，存者能之。」

朱熹章句　惡、好，皆去聲。

戰國策曰：「儀狄作酒，禹飲而甘之，曰『後世必有以酒亡其國者』，遂疏儀狄而絕旨酒。」書曰：「禹拜昌言。」執，謂守而不失。中者，無過不及之名。方，猶類也。立賢無方，惟賢則立之於位，不問其類也。而，讀為如，古字通用。

民已安矣，而視之猶若有傷；道已至矣，而望之猶若未見。聖人之愛民深，而求道切如此。不自滿足，終日乾乾之心也。泄，狎也。邇者人所易狎而不泄，遠者人所易忘而不忘，德之盛，仁之至也。

三王：禹也，湯也，文武也。四事，上四條之事也。時異勢殊，故其事或有所不合，思而得之，則其理初不異矣。坐以待旦，急於行也。

此承上章言舜，因歷敘群聖以繼之；而各舉其一事，以見其憂勤惕厲之意。蓋天理之所以常存，而人心之

王，禹、湯、文、武也。四事，即上面所說禹、湯、文、武的四件事體。自己有不合的地方，仰著頭想，日裏想不通，夜裏繼續想下去。如果想到了，那麼，就夜裏坐著，再也不睡，一直等到天亮，連忙就去做。

〔四十九〕

孟子曰：「王者之迹熄*而詩亡，詩亡，然後春秋作。晉之乘，楚之檮杌，**魯之春秋，一也。其事，則齊桓、晉文。其文，則史。孔子曰：『其義，則丘竊取之矣！』」

廣解

熄，滅也。「王者之迹熄，」言周自平王東遷，文、武、成、康、王業的遺迹，都像火一般的熄滅了。朱注云：「詩亡者，謂黍離降為國風，而雅亡也。」黍離為詩王風篇名。王風所采本周都之王城之詩今降而列入國風，則王都之雅亡，而頌揚文、武、成、康、等詩從此無人再詠，故曰：詩亡也。按周室盛時，有采詩之官，叫做「輶軒使者，」故各國風詩，均得上之太師。及平王東遷以後，政令不行於諸侯，故采詩之官亦廢，於是各國之詩無人采輯，故詩經之詩，至春秋中世以前為止，所謂「詩亡，」當即指此。采詩之制既廢，則各國之政治風俗如何，不得而知。於是孔子作春秋，記各國之事，寓王者褒貶之意，故曰「詩亡，然後春秋作」也。晉之史，名曰乘，乘，載也。史所以記載事實，

所以不死也。程子曰：「孟子所稱，各因其一事而言，非謂武王不能執中立賢，湯卻洩邇忘遠也。人謂各舉其盛，亦非也，聖人亦無不盛。」

朱熹章句

王者之跡熄，謂平王東遷，而政教號令不及於天下也。詩亡，謂黍離降為國風而雅亡也。春秋，魯史記之名。孔子因而筆削之。始於魯隱公之元年，實平王之四十九年也。乘，去聲。檮，音逃。杌，音兀。

乘義未詳。趙氏以為興於田賦乘馬之事。或曰：「取記載當時行事而名之也。」檮杌，惡獸名，古者因以為兇人之號，取記惡垂戒之義也。春秋者，記事者必表年以首事。年有四時，故錯舉以為所記之名也。古者列國皆有史官，掌記時事。此三者皆其所記冊書之名也。

春秋之時，五霸迭興，而桓文為盛。史，史官也。竊取者，謙辭也。公羊傳作「其辭則丘有罪焉爾」，意亦如此。蓋言斷之在己，所謂筆則筆、削則削，游夏不能贊一辭者也。尹氏曰：「言孔子作春秋，亦以

故名。楚之史，名曰檮杌；檮杌本惡獸，史記惡人之事以重戒，故名。魯之史，名曰春秋；因為是編年史，故於四季錯舉其二以為名。孔子作春秋以魯史為根據；其事，無非齊桓公晉文公等的事；其文，則魯史之舊文；但孔子筆則筆，削則削，褒則褒，貶則貶，自己有一種義法在內，故曰「其義，則丘竊取之矣。」「竊取，」是自謙之辭。

〔五十〕

孟子曰：「君子之澤，五世而斬。小人之澤，五世而斬。予未得爲孔子徒也，予私淑諸人也。」

廣解《

「澤」者，一個人的事業，學術，或此人所造之風尚，遺留於後人者也。斬，絕也。孟子言無論君子或小人，他的事業學術，或風尚之傳於後人者，到了五世，都斷絕了，父子相繼為一世，師生相傳亦為一世。孟子去孔子的年代已遠，不能親受業為孔子的弟子，而受業於子思之門人。

孔子而曾子，而子思，而子思之門人，傳至孟子，恰好五世。故雖未得為孔子之徒，而尚得私淑於人也。淑，善也。私淑者，間接的私下受其好處也。

史之文載當時之事也，而其義則定天下之邪正，為百王之大法。」此又承上章歷敘群聖，因以孔子之事繼之；而孔子之事莫大於春秋，故特言之。

朱熹章句

澤，猶言流風餘韻也。父子相繼為一世，三十年亦為一世。斬，絕也。大約君子小人之澤，五世而絕也。楊氏曰：「四世而緦，服之窮也；五世袒免，殺同姓也；六世親屬竭矣。服窮則遺澤寖微，故五世而斬。」私，猶竊也。淑，善也。李氏以為方言是也。人，謂子思之徒也。自孔子卒至孟子游梁時，方百四十餘年，而孟子已老。然則孟子之生，去孔子未百年也。故孟子言予雖未得親受業於孔子之門，然聖人之澤尚存，猶有能傳其學者。故我得聞孔子之道於人，而私竊以善其身，蓋推尊孔子而自謙之辭也。此又承上三章，歷敘舜禹，至於周孔，而以是終之。其辭雖謙，然其所以自任之重，亦有不得而辭者矣。

〔五十一〕

孟子曰：「可以取，可以無取，取傷廉。可以與，可以無與，與傷惠。可以死，可以無死，死傷勇。」

廣解 廉是不苟取於人；惠是有利益給人；勇是對於應該做的事，毫不退縮。「可以取，可以無取」者，言某項利益，在可以取，可以不取之間的。我若把這利益取來，是反有傷於廉的。「可以與，可以無與」者，言某項利益，在可以給人，可以不給人之間的。我為要見好於人，竟給了人，這是給得沒有什麼道理的，是反有傷於惠的。「可以死可以無死」者，言遇著一件生死關頭的事體，但是在可以死可以不死之間的。我若不顧一切，竟以死殉了，這是反有傷於勇的。如公西華為孔子使齊，而取冉求五秉之粟，則在公西華為傷廉，在冉求為傷惠。（事見論語）子路死衛孔悝之難，是為傷勇。（事見史記 弟子傳。）

朱熹章句 先言可以者，略見而自許之辭也；後言可以無者，深察而自疑之辭也。過取固害於廉，然過與亦反害其惠，過死亦反害其勇，蓋過猶不及之意也。林氏曰：「公西華受五秉之粟，是傷廉也；冉子與之，是傷惠也；子路之死於衛，是傷勇也。」

〔五十二〕

逢*蒙學射於羿*，盡羿之道，思天下惟羿為愈己，於是殺羿。孟子曰：「是亦羿有罪焉。」公明儀曰：「宜若無罪焉。」曰：「薄乎云爾，惡*得無罪？

廣解 羿，夏少康時有窮國君，為夏之諸侯，善射，百發百

朱熹章句 逢，薄江反。惡，平聲。

中。「逢，」音龐。逢蒙，荀子王霸篇作蠭門，呂氏春秋具備篇作蠭蒙，淮南原道訓作逢蒙子，羿之弟子。愈，勝也。逢蒙既盡得羿之射法，以為天下能勝己者惟羿一人，於是殺之。楚辭離騷王逸注言羿田獵將歸，寒從使其家臣逢蒙射而殺之。這是一個傳說的故事。「是亦羿有罪焉，」是孟子對於此事的批評。宜若，殆也。公明儀，見滕文公篇第一章，是孟子以前的人。此非與孟子對語，特因儀有此言，故孟子引之。「曰」字以下，乃復申說己意。「薄乎云爾」者，言羿罪但較逢蒙為薄而已。惡，平聲，何也。

羿，有窮后羿也。逢蒙，羿之家眾也。羿善射，篡夏自立，後為家眾所殺。愈，猶勝也。薄，言其罪差薄耳。

「鄭人使子濯孺子侵衛，衛使庾公之斯追之。子濯孺子曰：『今日我疾作，不可以執弓，吾死矣夫！』問其僕曰：『追我者，誰也？』其僕曰：『庾公之斯也。』曰：『吾生矣！』其僕曰：『庾公之斯，衛之善射者也；夫子曰「吾生，」何謂也？』曰：『庾公之斯，學射於尹公之他；尹公之他，學射於我。夫尹公之他，端人也；其取友必端矣！』庾公之斯至，曰：『夫子何為不執弓？』曰：『今日我疾作，不可以執弓。』曰：『小人學射於尹公之他，尹公之他學射於夫子；我不忍以夫子之道，反害夫子。雖然，今日之事，君事也，我不敢廢。』抽矢扣輪，去其金，發乘矢而後反。」

廣解《

鄭，衛，二國名。子濯孺子，庾公之斯，尹公之他，都是人名，此孟子引另一故事，以明羿之不得無罪也。「之」字是助詞。古人姓與名字間，往往加「之」字，如孟之反、介之推之類。侵，襲也。疾作，病發也。病，故不能執弓而射。「夫，」音扶，同「吧。」僕，御者也。夫子，御者及庾公之斯，稱子濯孺子也。端，正也。小人，庾公之斯自稱。金，箭頭的鏃。去其鏃，則不至傷人。乘矢，四枝箭也。乘，去聲。按左傳襄公四年，載衛獻公奔齊，公孫丁御。初，尹公佗學射於庾公差，庾公差學射於公孫丁，二子追公。庾公差曰：「射為背師，不射為戮。」射兩軥而還。尹公佗曰：「子為師，我則達矣。」公孫丁乃授公轡而射之，貫其臂。所載姓名大同小異，而行事適與此反。此章之旨，重在「取友必端」一語，羿之罪，正以不能取端人而授以射法也。

朱熹章句 他，徒何反。矣夫、夫尹之夫，並音扶。去，上聲。乘，去聲。之，語助也。僕，御也。尹公他亦衛人也。端，正也。孺子以尹公正人；知其取友必正；故度庾公必不害己。小人，庾公自稱也。金，鏃也。扣輪出鏃，令不害人，乃以射也。乘矢，四矢也。孟子言使羿如子濯孺子得尹公他而教之，則必無逢蒙之禍。然夷羿篡弒之賊，蒙乃逆儔；庾斯雖全私恩，亦廢公義。其事皆無足論者，孟子蓋特以取友而言耳。

〔五十三〕

孟子曰：「西子蒙不潔，則人皆掩鼻而過之。雖有惡人，齋戒沐浴，則可以祀上帝。」

廣解

西子，即世所稱春秋時越國美女西施。按管子言毛嬙西施天下之美人，莊子亦言厲與西施，疑西施為古美女之名，而越人以號其美女。猶善射者皆稱羿，大盜皆稱跖也。蒙，被也。不潔，汙穢有臭氣的東西，西子雖美，而身上蒙被著汙穢之物，人家見了她，也都把鼻頭捻住走過去，不要看她了。惡人，

朱熹章句 西子，美婦人。蒙，猶冒也。不潔，汙穢之物也。掩鼻，惡其臭也。齊，側皆反。惡人，丑貌者也。尹氏曰：「此章戒人之喪善，而勉人以自新也。」

貌醜之人。只要齋戒沐浴，也可以去祭祀上帝。此章全是譬喻之辭。西子，比本質良善的人；惡人，比本質不好的人。言本質的人，只要能改過自新，則君子亦許其為善也。

〔五十四〕

孟子曰：「天下之言性也，則故而已矣。故者，以利爲本。所惡*於智者，爲其鑿也。如智者，若禹之行水也，則無惡*於智矣。禹之行水也，行其所無事也。如智者，亦行其所無事，則智亦大矣。天之高也，星辰之遠也，苟求其故，千歲之日至，可坐而致也。」

廣解《

此章，自來注家多以為是孟子論性之言；其實是孟子批評當時言性者之言。孟子之時，言性者甚多；或謂性惡，或謂性有善有不善，或謂性無善無不善，或謂性可以為善可以為不善，要皆持之有故。故曰「天下之言性也，則故而已矣。」故者，即荀子所謂「持之有故」之「故，」墨子所謂「故，所若而然也，」「故者，有之必然」之「故，」為議論之根據，斷定之前提者也。「則」是效法，根據之意。墨子小取云：「故中效，則是也；不中效，則非也。」「中效」之「故，」方可以為「則。」例如墨子經云：「圓，一中同長也。」（即直徑。）「一中同長，」即「圓」之「故。」凡以「一中同長」畫成者，皆是圓形，故「一中同長」之「故」為「中

朱熹章句

性者，人物所得以生之理也。故者，其已然之跡，若所謂天下之故者也。利，猶順也，語其自然之勢也。言事物之理，雖若無形而難知；然其發見之已然，則必有跡而易見。故天下之言性者，但言其故而理自明，猶所謂善言天者必有驗於人也。然其所謂故者，又必本其自然之勢；如人之善、水之下，非有所矯揉造作而然者也。若人之為惡、水之在山，則非自然之故矣。

惡、為，皆去聲。

天下之理，本皆順利，小智之人，務為穿鑿，所以失之。禹之行水，則因其自然之勢而導之，未嘗以私智穿鑿而有所事，是以水得其潤下之性而不為害也。天雖高，星辰雖遠，然求其已然之跡，則其運有常。雖千歲之久，其日至之度，可坐而得。況於事物之

效」者，而可以為畫圓之「則。」「以利為本」之「利，」順也，宜也。孟子所謂「利，」即墨子所謂「中效。」此謂天下之言性者，皆各有其所據為論證之「故；」但所謂「故」者，當以「利」為本。若所依據之「故」為不「利」者，則其言為穿鑿之論，而不合於自然矣。但喜為穿鑿之論者，皆自命為智者；人以其持之有故，言之成理，亦群譽為智者。故又曰：「所惡於智者，為其鑿也。」鑿，即穿鑿，謂詭辯者奮其私智臆說，取不足據或並非事實之論證，牽強附會，發為架空之言論也。惡，去聲，厭惡也。行水，即治水。禹之治水，因勢利導，純任自然，絕無奮其私智，師心自用之事，故能行所無事。如此謂「智者，」亦能絕不矯揉造作，傅會穿鑿，如禹之行所無事，則方可謂為真智，故曰「則智亦大矣。」此以禹之治水為喻也。「日至」即冬至之日。致者，推算而得之。言雖以天之高，星辰之遠，苟能求其「故，」則善曆法者，能推算得千年之冬至。天文曆法，尚可以其「故」推算之，況水之「性」乎？

近，若因其故而求之，豈有不得其理者，而何以穿鑿為哉？必言日至者，造歷者以上古十一月甲子朔夜半冬至為歷元也。

程子曰：「此章專為智而發。」愚謂事物之理，莫非自然。順而循之，則為大智。若用小智而鑿以自私，則害於性而反為不智。程子之言，可謂深得此章之旨矣。

〔五十五〕

公行子有子之喪，右師往弔。入門，有進而與右師言者，有就右師之位而與右師言者。孟子不與右師言。右師不悅曰：「諸君子皆與驩言，孟子獨不與驩言，是簡驩也。」孟子聞之曰：「禮，朝廷不歷位而相與言，不踰階而相揖也。我欲行禮，子敖以我爲簡，不亦異乎？」

廣解　「行，」音杭。公行子，齊大夫。右師，官名，即王驩，字子敖者也。簡，慢也。歷，涉也。歷位，謂歷過他人之位。踰階相揖，謂彼此不同階而遙相揖。今右師後至，入門，即進與之言；及就位，又歷位以就之而與之言，皆非禮也。王驩是齊王的寵臣，所以一班官員，一見他來，就趕過去奉承。孟子不肯做這種獻媚權貴的事，所以老是不理他。他一責問，孟子就引用兩句禮為根據，說「我欲行禮，」使他再無話說。原來孟子是心惡王驩，並看不起一班沒有骨氣的官員，卻用禮來解釋自己的行動，不明白地斥責他人，這是孟子的善於措辭處。

朱熹章句　公行子，齊大夫。右師，王驩也。簡，略也。朝，音潮。

是時齊卿大夫以君命弔，各有位次。若周禮，凡有爵者之喪禮，則職喪涖其禁令，序其事，故雲朝廷也。歷，更涉也。位，他人之位也。右師未就位而進與之言，則右師歷己之位矣；右師已就位而就與之言，則己歷右師之位矣。孟子右師之位又不同階，孟子不敢失此禮，故不與右師言也。

〔五十六〕

孟子曰：「君子所以異於人者，以其存心也。君子以仁存心，以禮存心。仁者愛人，有禮者敬人。愛人者，人恆愛之；敬人者，人恆敬之。」

廣解《 此章言君子所以不同於尋常的一般人者，因他的存心，是以仁待人，以禮律己。因為以仁存心，所以愛人，因為以禮存心，所以對人恭敬。又因為愛人之故，所以人也回轉來愛他；因為敬人之故，所以人也回轉來敬他。

朱熹章句 以仁禮存心，言以是存於心而不忘也。此仁禮之施。恆，胡登反。此仁禮之驗。

「有人於此，其待我以橫逆，則君子必自反也。我必不仁也，必無禮也，此物奚宜至哉？其自反而仁矣，自反而有禮矣，其橫逆由*是也，君子必自反也，我必不忠。自反而忠矣，其橫逆由是也，君子曰：此亦妄人也已矣！如此，則與禽獸奚擇哉？於禽獸，又何難*焉？是故君子有終身之憂，無一朝之患也。乃若所憂則有之：舜人也，我亦人也，舜為法於天下，可傳於後世，我由未免為鄉人也；是則可憂也。憂之如何？如舜而已矣。若夫君子所患則亡*矣。非仁無為也，非禮無行也，如有一朝之患，則君子不患矣。」

廣解《 「有人於此，」是假設之辭。橫逆者，強橫不講理也。自反，自己反省也。「我必不仁也，必無禮也，」即自己反省之語。物，事也。「此物，」指「以橫逆待我」之事而言。「由，」同「猶，」言其待我之橫逆仍如此也。忠者，盡己之心以待人也。若兩次反省，於仁、於禮、於忠，皆內省不疚，而此人之橫逆仍如此，則其為妄人也可知。擇，別也。言與禽獸有何分別也。難，去聲，責難也。「又何難焉，」言不足責也。朝，如字讀。一朝之患，謂意外无

朱熹章句 橫，去聲，下同。橫逆，謂強暴不順理也。物，事也。由與猶同，下放此。忠者，盡己之謂。我必不忠，恐所以愛敬人者，有所不盡其心也。難，去聲。奚擇，何異也。又何難焉，言不足與之校也。夫，音扶。鄉人，鄉里之常人也。君子存心不苟，故無後憂。

妄之災，突如其來者。他人無故以橫逆待我，我如忿而與妄人爭執鬬很，亦一朝之患也。所謂「終身之憂，」即下文所言「憂不如舜」也。「我由」之「由，」同「猶。」「若夫」之「夫，」音扶。「亡矣」之「亡，」同「無。」此章言做人只要自己做得不錯，至於橫逆之來，只要問心無愧，都可置之不顧。所宜憂的，就是恐怕自己不能像舜那樣的好。此為人處世之道，最宜玩味也。

〔五十七〕

禹稷當平世，三過其門而不入，孔子賢之。顏子當亂世，居於陋巷。一簞食，*一瓢飲，人不堪其憂，顏子不改其樂，孔子賢之。孟子曰：「禹稷顏回同道。禹思天下有溺者，由己溺之也。稷思天下有飢者，由己飢之也。是以如是其急也。禹稷顏子，易地則皆然。今有同室之人鬬者，救之，雖被髮纓冠而救之，可也。鄉鄰有鬬者，被髮纓冠而往救之，則惑也；雖閉戶可也。」

廣解《　平世，有道之世。亂世，無道之世。「三過其門而不入，」是禹治水時的事。此言禹稷，是連類及之。古人作文，不講邏輯，此類甚多，不獨孟子也。顏子，即孔子弟子顏回，字淵。顏子事，見論語。「由己」之「由，」同「猶。」「被髮纓冠」而往救之，

朱熹章句　食，音嗣。樂，音洛。聖賢之道，進則救民，退則修己，其心一而已矣。由，與猶同。禹稷身任其職，故以為己責而救之急也。聖賢之心無所偏倚，隨感而應，各盡其道。故使禹稷居顏子之地，則亦能樂顏子之樂；使顏子居禹稷之任，亦能憂禹稷之憂也。不暇束髮，而結纓往救，言急也。以喻

言不及束髮，即結冠而往排解也。此章先述禹稷顏回之事，然後加以評論。蓋聖賢所抱之道皆同，只因所處的境遇不同，故所做的事亦異。又以同室之人與鄉鄰有鬭者為喻，申明其義。

〔五十八〕

公都子曰：「匡章，通國皆稱不孝焉；夫子與之遊，又從而禮貌之，敢問何也？」孟子曰：「世俗所謂不孝者五：惰其四支，不顧父母之養，一不孝也。博弈，好飲酒，不顧父母之養，二不孝也。好貨財，私妻子，不顧父母之養，三不孝也。從耳目之欲，以爲父母戮，四不孝也。好勇鬭很，以危父母，五不孝也。章子有一於是乎？夫章子，子父責善而不相遇也。責善，朋友之道也。父子責善，賊恩之大者。夫章子，豈不欲有夫妻子母之屬哉？爲得罪於父，不得近，出妻屏子，終身不養焉。其設心以爲不若是，是則罪之大者，是則章子已矣。」

廣解

匡章，齊人。見滕文公篇末章。禮貌之者，用禮節待他也。惰其四支，手足懶惰，不肯做事也。不顧父母之養者，不管奉養父母的衣食也。養，去聲。好，亦去聲。從，放縱；言放縱著耳目對於聲色的嗜慾。戮，辱也。鬭很者，因意氣忿戾而與人鬭爭也。上言匡章，此言章子，是於名下加一「子」字，古有此稱。「夫，」音扶。不相遇，不相合也。「父子責善，賊恩之大者，」即前

禹稷。喻顏子也。此章言聖賢心無不同，事則所遭或異；然處之各當其理，是乃所以為同也。尹氏曰：「當其可之謂時，前聖後聖，其心一也，故所遇皆盡善。」

朱熹章句

匡章，齊人。通國，盡一國之人也。禮貌，敬之也。好、養、從皆去聲。很，胡懇反。戮，羞辱也。很，忿戾也。夫，音扶。遇，合也。相責以善而不相合，故為父所逐也。賊，害也。朋友當相責以善。父子行之，則害天性之恩也。夫章之夫，音扶。為，去聲。屏，必井反。養，去聲。

答公孫丑問所謂「責善則離，離則不祥莫大焉」之意。賊，害也。「為，」去聲，因為也。屏，必井反。不養，匡章不受其妻子之奉養也。此章所說，是「眾惡必察」之意。孟子以為匡章因為得罪於父，而知自責，其人非全無心肝者，並且這也不是不孝，故不與之絕交也。

言章子非不欲身有夫妻之配、子有子母之屬，但為身不得近於父，故不敢受妻子之養，以自責罰。其心以為不如此，則其罪益大也。此章之旨，於眾所惡而必察焉，可以見聖賢至公至仁之心矣。楊氏曰：「章子之行，孟子非取之也，特哀其志而不與之絕耳。」

〔五十九〕

曾子居武城，有越寇。或曰：「寇至，盍去諸？」曰：「無寓人於我室，毀傷其薪木。」寇退。則曰：「修我牆屋，我將反。」寇退，曾子反。左右曰：「待先生如此其忠且敬也！寇至，則先去以為民望。寇退則返，殆於不可？」沈猶行曰：「是非汝所知也。昔沈猶有負芻之禍，從先生者七十人，未有與*焉。」子思居於衛，有齊寇，或曰：「寇至，盍去諸？」子思曰：「如伋*去，君誰與守？」孟子曰：「曾子、子思同道。曾子，師也；父兄也。子思，臣也；微也。曾子、子思，易地則皆然。」

廣解

武城，魯國縣名。越寇，越國的兵來攻魯也。盍，何不也。諸，之乎也。薪木，樹木。左右，曾子之門人。「以為民望，」使民望而效之也。沈猶行，曾子弟子，負芻之禍，挑柴的人暴動也。一云，負芻，人名。「與，」去聲。言曾子舍於沈猶氏，適有

與，去聲。

朱熹章句

武城，魯邑名。盍，何不也。左右，曾子之門人也。忠敬，言武城之大夫事曾子，忠誠恭敬也。為民望，言使民望而效之。沈猶行，弟子姓名也。言曾子嘗捨於沈猶氏，時有負芻者作亂，來攻沈猶氏，曾子率其弟子去之，不與其難。言師賓不與臣同。言所以不去

負芻之禍，曾子亦率其弟子去之，未預其難也。齊寇，齊兵來攻衛也。伋，子思名。「師也，父兄也。」言曾子居師的地位，和父兄的地位相等，是沒有守城的責任的。「臣也，微也，」言子思在衛國，是居臣的地位；其身分是微賤的。此章著重「師」和「臣」的分別。言君子處世，其道本同；只因為地位不同，所以有時行止會不同。

〔六十〕

儲子曰：「王使人瞷*夫子，果有以異於人乎？」孟子曰：「何以異於人哉？堯舜與人同耳。」

廣解《 儲子，齊國人。「瞷，」一作瞯，窺伺竊視的意思。一說使人瞯之者，使善相人者相孟子之形貌也。荀子非相篇言姑布子卿及唐舉能相人之形狀顏色而知其吉凶妖祥。則孟子時已有相人之法矣。故孟子答以堯舜之相，亦與人同。

之意如此。

微，猶賤也。尹氏曰：「或遠害，或死難，其事不同者，所處之地不同也。君子之心，不繫於利害，惟其是而已，故易地則皆能為之。」孔氏曰：「古之聖賢，言行不同，事業亦異，而其道未始不同也。學者知此，則因所遇而應之；若權衡之稱物，低昂屢變，而不害其為同也。」

朱熹章句 瞷，古莧反。

儲子，齊人也。瞷，竊視也。聖人亦人耳，豈有異於人哉？

〔六十二〕

齊人有一妻一妾而處室者，其良人出，則必饜*酒肉而後反。其妻問所與飲食者，則盡富貴也。其妻告其妾曰：「良人出，則必饜酒肉而後反，問其與飲食者，盡富貴也。而未嘗有顯者來。吾將瞷良人之所之也。」蚤起，施*從良人之所之，偏國中無與立談者。卒之東郭墦*閒之祭者，乞其餘。不足，又顧而之他，此其爲饜足之道也。其妻歸，告其妾曰：「良人者，所仰望而終身也。今若此！」與其妾訕*其良人，而相泣於中庭。而良人未之知也，施施從外來，驕其妻妾。由君子觀之，則人之所以求富貴利達者，其妻妾不羞也，而不相泣者，幾希矣！

廣解《　良人，婦人稱丈夫也。古稱「良人，」後世稱「郎，」良郎一聲之轉。饜，吃飽也。瞷，窺伺之也。蚤起，即早晨起來。蚤早，古通用。施，音迤，斜行也。不欲使其良人覺之。「偏國中，」就是走偏城中的意思。「卒，」終也；之，往也。東郭，東方城門外也。墦，音藩，塚也。「墦間之祭者，」謂掃墓者。訕，譏罵也。施施，儼然自得之貌；猶今人言「像煞有介事」也。朱注謂此章章首當有「孟子曰」三字。今無之者，闕文也。按本章為求富貴利達者乞憐昏夜，驕人白日而發。齊人之事，為孟子之寓言。

朱熹章句　施，音迤，又音易。墦，音燔。施施，如字。

章首當有「孟子曰」字，闕文也。良人，夫也。饜，飽也。顯者，富貴人也。施，邪施而行，不使良人知也。墦，塚也。顧，望也。訕，怨詈也。施施，喜悅自得之貌。

孟子言自君子而觀，今之求富貴者，皆若此人耳。使其妻妾見之，不羞而泣者少矣，言可羞之甚也。

趙氏曰：「言今之求富貴者，皆以枉曲之道，昏夜乞哀以求之，而以驕人於白日，與斯人何以異哉？」

萬章篇第五

（一）

萬章問曰：「舜往于田，號泣于旻天，何為其號泣也？」孟子曰：「怨慕也。」萬章曰：「父母愛之，喜而不忘。父母惡之，勞而不怨。然則舜怨乎？」曰：「長息問於公明高曰：『舜往于田，則吾既得聞命矣。號泣于旻天于父母，則吾不知也。』公明高曰：『是非爾所知也。』夫公明高以孝子之心，為不若是恝，我竭力耕田，共為子職而已矣；父母之不我愛，於我何哉！」

廣解

萬章，齊人，孟子弟子。號泣，且訴且泣也。「旻，」音閔。朱注云：「仁覆閔下，謂之旻天。」為古尚書說，見說文日部引。爾雅釋天云：「秋為旻天。」劉熙釋名云：「旻，閔也。物就枯落，可閔傷也。」惡，去聲。公明高，曾子弟子。長息，公明高弟子。恝，音苦入反，同「忿，」忽忘也。故趙朱均以「無愁之貌」釋之。「共，」平聲，同「恭。」「我竭力耕田」至「於我何哉，」為設身處地代舜設想之辭，言我竭力耕田，恭為人子之職而已；父母之不愛我，不知我有何罪。此舜自怨自責之辭，非怨父母也。

朱熹章句

號，平聲。

舜往于田，耕歷山時也。仁覆閔下，謂之旻天。號泣于旻天，呼天而泣也。事見虞書大禹謨篇。怨慕，怨己之不得其親而思慕也。惡，去聲。夫，音扶。恝，苦八反。共，平聲。

長息，公明高弟子。公明高，曾子弟子。於父母，亦書辭，言呼父母而泣也。恝，無愁之貌。於我何哉，自責不知己有何罪耳，非怨父母也。楊氏曰：「非孟子深知舜之心，不能為此言。蓋舜惟恐不順於父母，未嘗自以為孝也；若自以為孝，則非孝矣。」

「帝使其子九男二女，百官牛羊倉廩備，以事舜於畎*畝之中。天下之士多就之者，帝將胥天下而遷之焉。為不順於父母，如窮人無所歸。」

廣解《 畎畝，即田畝。帝，堯也。史記五帝本紀言堯以二女妻之，以觀其內；九男事之，以觀其外。二女，長娥皇，次女英。堯使子女事舜，又命百官致牛羊倉廩，甚完備也。畝，田間水道。畎畝，田畝也。史記又云：「一年所居成聚，二年成邑，三年成都。」即此所謂「天下之士多就之者」也。胥，皆也。遷，移以與之也。

朱熹章句 為，去聲。帝，堯也。史記云：「二女妻之，以觀其內；九男事之，以觀其外。」又言：「一年所居成聚，二年成邑，三年成都」是天下之士就之也。胥，相視也。遷之，移以與之也。如窮人之無所歸，言其怨慕迫切之甚也。

「天下之士悅之，人之所欲也；而不足以解憂。好色，人之所欲；妻帝之二女，而不足以解憂。富，人之所欲；富有天下，而不足以解憂。貴，人之所欲；貴為天子，而不足以解憂。人悅之，好色，富貴，無足以解憂者，惟順於父母，可以解憂。人少，則慕父母。知好色，則慕少艾。有妻子，則慕妻子。仕則慕君；不得於君則熱中。大孝終身慕父母，五十而慕者，予於大舜見之矣！」

廣解《 「人少」之「少，」去聲。少年時也。「知好色」之「好，」去聲。少艾，年青女子也。熱中，心中焦急也。此章言舜之所以為大孝，因一切幸福，都不在意，惟以得父母的歡心為遂願；故年五十而猶如孺子之思念父母也。

朱熹章句 孟子推舜之心如此，以解上文之意。極天下之欲，不足以解憂；而惟順於父母，可以解憂。孟子真知舜之心哉！少、好，皆去聲。言常人之情，因物有遷，惟聖人為能不失其本心也。艾，美好也。楚辭、戰國策所謂幼艾，義與此同。不得，失意也。熱中，躁急心熱也。言五十者，舜攝政時年五十也。五十而慕，則其終身慕可知矣。此章言舜不以得眾人之所欲為己樂，而以不順乎親之心為己憂。非聖人之盡性，其孰能之？

〔二〕

萬章問曰：「詩云：『娶妻如之何？必告父母。』信斯言也，宜莫如舜；舜之不告而娶，何也？」孟子曰：「告則不得娶。男女居室，人之大倫也。如告，則廢人之大倫，以懟父母，是以不告也。」萬章曰：「舜之不告而娶，則吾既得聞命矣，帝之妻舜而不告，何也？」曰：「帝亦知告焉則不得妻也。」

廣解《 所引詩經，見齊風南山篇。言一個人娶妻，必須告知父母也。「信斯言也，」言真如這句話。「男女居室，人之大倫也，」言男婚女嫁，是做人最大的倫理。舜如告知瞽瞍，則婚事必不成，故曰：「如告，則廢人之大倫」也。懟，音特祿反，讎怨也。因父母不許，而廢了人的大倫，便怨懟父母了。「妻，」去聲，以女兒嫁人，亦叫做「妻。」

萬章曰：「父母使舜完廩，捐階，瞽瞍焚廩。使浚井，出，從而揜之。象曰：『謨蓋都君，咸我績。牛羊父母，倉廩父母，干戈朕，琴朕，弤朕，二嫂使治朕棲。』象往入舜宮，舜在牀琴。象曰：『鬱陶，思君爾！』忸怩。舜曰：『惟茲臣庶，汝其于予治。』不識舜不知象之將殺己與？」曰：「奚而不知也？象憂亦憂，象喜亦喜。」

廣解《 廩，藏米的屋子。完廩，修治倉廩也。捐階，把走上廩去的梯子拿掉也。浚井，把井底的泥掘出也。揜者，從井上投下

朱熹章句 懟，直類反。詩齊國風南山之篇也。信，誠也，誠如此詩之言也。懟，讎怨也。舜父頑母嚚，常欲害舜。告則不聽其娶，是廢人之大倫，以讎怨於父母也。妻，去聲。以女為人妻曰妻。程子曰：「堯妻舜而不告者，以君治之而已，如今之官府治民之私者亦多。」

朱熹章句 弤，都禮反。忸，女六反。怩，音尼。與，平聲。完，治也。捐，去也。階，梯也。揜，蓋也。按史記，曰：「使舜上塗廩，瞽瞍從下縱火焚

土石，將井堵塞也。象，瞽瞍後妻所生之子。謨，謀也。都君者，因舜所住的地方，附從的人甚多，三年成都，故稱舜為「都君。」咸，都也。績，功勞也。「咸我績，」言都是我的功勞。干戈，舜用的兵器。弤，舜的弓。棲，寢也。朕，古人自己的通稱，言象欲以二嫂為妻也。宮，舜所住之屋。「在牀琴，」在牀上彈琴也。鬱陶，煩悶得很的意思。忸怩，極慚愧的神色。茲，此也。臣庶，官及百姓也。于，為也。助也。舜謂象「汝其助我治之。」以上述舜故事。末句是萬章問語。「與」同「歟。」「奚而不知，」何為不知也。按史記焚廩時，舜以兩頂笠帽，當作兩翼，自廩上跳下。掘井時，舜從井旁另一洞穿出。

曰：「然則舜偽喜者與*？」曰：「否。昔者有饋生魚於鄭子產，子產使校人畜之池。校人烹之，反命曰：『始舍之，圉圉焉，少則洋洋焉，攸然而逝。』子產曰：『得其所哉！得其所哉！』校人出，曰：『孰謂子產智？予既烹而食之，曰：「得其所哉！得其所哉！」』故君子可欺以其方，難罔以非其道。彼以愛兄之道來，故誠信而喜之，奚偽焉！」

廣解《　此節萬章又問，孟子引子產故事以釋之。「與，」今作「歟。」校人，管池沼的小吏。圉圉，困而未舒之貌。洋洋，舒緩

廩，舜乃以兩笠自捍而下去，得不死。後又使舜穿井，舜穿井為匿空旁出。舜既入深，瞽瞍與象共下土實井，舜從匿空中出去。」即其事也。象，舜異母弟也。謨，謀也。蓋，蓋井也。舜所居三年成都，故謂之都君。鹹，皆也。績，功也。舜既入井，像不知舜已出，欲以殺舜為己功也。干，盾也。戈，戟也。琴，舜所彈五弦琴也。弤，琱弓也。象欲以舜之牛羊倉廩與父母，而自取此物也。二嫂，堯二女也。棲，床也，像欲使為己妻也。象往舜宮，欲分取所有，見舜坐在床彈琴，蓋既出即潛歸其宮也。鬱陶，思之甚而氣不得伸也。象言己思君之甚，故來見爾。忸怩，慚色也。臣庶，謂其百官也。象素憎舜，不至其宮，故舜見其來而喜，使之治其臣庶也。孟子言舜非不知其將殺己，但見其憂則憂，見其喜則喜，兄弟之情，自有所不能已耳。萬章所言，其有無不可知，然舜之心，則孟子有以知之矣，他亦不足辨也。程子曰：「象憂亦憂，像喜亦喜，人情天理，於是為至。」

朱熹章句　與，平聲。校，音效，又音教。畜，許六反。

搖尾之貌。攸然，自得其樂之貌。逝，往也，去也。一云，「攸」同「悠。」悠，遠也。「攸然而逝，」迅走水深處也。欺，罔，義同。「可欺以其方」者，言可以情理之所常有者欺之也。「難罔以非其道」者，言不可以情理之所必無者欺之也。象以愛兄之道來，所謂「以其方」也，故舜真信而喜之耳。

〔三〕

萬章問曰：「象日以殺舜爲事，立爲天子，則放之，何也？」孟子曰：「封之也，或曰放焉。」

廣解《 放者，把人驅逐到遠地方，派人把他管束起來也。萬章以為「放，」孟子以為是「封。」

萬章曰：「舜流共工*于幽州，放驩兜*於崇山，殺三苗于三危，殛鯀于羽山，四罪而天下咸服，誅不仁也。象至不仁，封之有庳，有庳之人奚罪焉？仁人固如是乎：在他人則誅之，在弟則封之？」曰：「仁人之於弟也，不藏怒焉，不宿怨焉，親愛之而已矣。親之，欲其貴也。愛之，欲其富也。封之有庳，富貴之也。身爲天子，弟爲匹夫，可謂親愛之乎！」

廣解《 流，就是放逐。「共」音恭，共工，是官名。舜所流放之人，時為共工之官也。幽州，地名。驩兜，人名。崇山，地名。三苗，是國名，即今南方山洞中的苗人。三危，地名。朱注云：「殺，殺其君也。」按尚書堯典「作竄三苗。」焦氏正義引段玉裁說文

校人，主池沼小吏也。圉圉，困而未紓之貌。洋洋，則稍縱矣。攸然而逝者，自得而遠去也。方，亦道也。罔，蒙蔽也。欺以其方，謂誑之以理之所有；罔以非其道，謂昧之以理之所無。象以愛兄之道來，所謂欺之以其方也。舜本不知其偽，故實喜之，何偽之有？此章又言舜遭人倫之變，而不失天理之常也。

朱熹章句 放，猶置也；置之於此，使不得去也。萬章疑舜何不誅之，孟子言舜實封之，而或者誤以為放也。

朱熹章句 庳，音鼻。流，徙也。共工，官名。驩兜，人名。二人比周，相與為黨。三苗，國名，負固不服。殺，殺其君也。殛，誅也。鯀，禹父名，方命圮族，治水無功，皆不

注，謂「竄」字本作「𥨍，」孟子作「殺，」即左傳「𥻆蔡叔」之「𥻆。」「𥨍，」塞也，謂塞之使不得通中國；「𥻆，」謂放之令自匿；與言「流」言「放」一例。「竄，」「殺，」皆假借字。朱注又云：「殛，誅也。鯀，禹父名。」羽山，地名。焦氏謂「殛」為「極」之借字，周禮注「舜極鯀於羽山，」字正作「極。」尚書洪範「鯀則殛死，」左傳昭七年，「昔堯殛鯀於羽山，」釋文本亦均作「極。」極亦放也。極死者，被放逐而死，非謂殺之也。誅，謂罰其罪。萬章問舜放象事，故舉舜流放四凶，以例之云。說較朱注為長。有庳，地名。朱注云：「藏怒，謂藏匿其怒；宿怨，謂留蓄其怨。」

「敢問或曰放者，何謂也？」曰：「象不得有爲於其國，天子使吏治其國，而納其貢稅焉；故謂之放。豈得暴彼民哉？雖然，欲常常而見之，故源源而來。『不及貢，以政接于有庳』，此之謂也。」

廣解

此萬章又問也。孟子答以象雖在有庳國內為君，舜另行派官，代他治理國政，而納其貢稅於象，所以人家說他是「放。」象雖暴虐，亦不得暴虐那一方的百姓。舜因為象是兄弟，要常常和他見面，所以使象源源不絕的到都城裏來。「不及貢，以政接于有庳，」言等不到諸侯朝貢的時期，日以政事，接見有庳的君主也。下云「此之謂也，」則這句話當是古書所載，而孟子引之。

仁之人也。幽州、崇山、三危、羽山、有庳，皆地名也。或曰：「今道州鼻亭，即有庳之地也。」未知是否？萬章疑舜不當封象，使彼有庳之民無罪而遭象之虐，非仁人之心也。藏怒，謂藏匿其怒。宿怨，謂留蓄其怨。

朱熹章句

孟子言象雖封為有庳之君，然不得治其國，天子使吏代之治，而納其所收之貢稅於象。有似於放，故或者以為放也。蓋象至不仁，處之如此，則既不失吾親愛之心，而彼亦不得虐有庳之民也。源源，若水之相繼也。來，謂來朝覲也。不及貢以政接於有庳，謂不待及諸侯朝貢之期，而以政事接見有庳之君。蓋古書之辭，而孟子引以證源源而來之意，見其親愛之無已如此也。吳氏曰：「言聖人不以公義廢私恩，亦不以私恩害公義。舜之於象，仁之至，義之盡也。」

〔四〕

咸丘蒙問曰：「語云：『盛德之士，君不得而臣，父不得而子。』舜南面而立，堯帥*諸侯北面而朝*之，瞽瞍亦北面而朝*之。舜見瞽瞍，其容有蹙。孔子曰：『於斯時也，天下殆哉，岌岌乎？』不識此語誠然乎哉？」孟子曰：「否，此非君子之言，齊東野人之語也，堯老而舜攝也。堯典曰：『二十有八載，放勳乃徂落，百姓如喪考妣，三年，四海遏密八音。』孔子曰：『天無二日，民無二王。』舜既為天子矣，又帥天下諸侯以為堯三年喪，是二天子矣。」

廣解《

咸丘蒙，孟子弟子。語，傳說的古語也。君南面，臣北面。「帥，」今作「率。」朝音潮，朝見也。蹙，皺眉蹙額，心有不安之貌。殆，危也。岌岌，危殆之狀。齊東野人，是齊國東部的鄉下人。趙注謂東野人，即東作田野之人，是以「東野」二字連讀。（東作，謂春日力田。）攝，代也。堯典，尚書首篇。放勳，堯帝之號。徂落，死也。「徂，」同「殂。」一無「落」字。朱注云：「徂，升也；落，降也。人死則魂升而魄降，故古者謂死為徂落。」遏，止也；密，寂靜也。金石絲竹匏土革木八種樂器的聲音。叫做八音。父母死後稱為考妣，今日猶如此。

朱熹章句

朝，音潮。岌，魚及反。

咸丘蒙，孟子弟子。語者，古語也。蹙，顰蹙不自安也。岌岌，不安貌也。言人倫乖亂，天下將危也。齊東，齊國之東鄙也。孟子言堯但老不治事，而舜攝天子之事耳。堯在時，舜未嘗即天子位，堯何由北面而朝乎？又引書及孔子之言以明之。堯典，虞書篇名。今此文乃見於舜典，蓋古書二篇，或合為一耳。言舜攝位二十八年而堯死也。徂，升也。落，降也。人死則魂升而魄降，故古者謂死為徂落。遏，止也。密，靜也。八音，金、石、絲、竹、匏、土、革、木，樂器之音也。

咸丘蒙曰：「舜之不臣堯，則吾既得聞命矣。詩云：『普天之下，莫非王土；率土之濱，莫非王臣。』而舜既爲天子矣，敢問瞽瞍之非臣如何？」曰：「是詩也，非是之謂也。勞於王事而不得養父母也。曰：『此莫非王事，我獨賢勞也。』故說詩者，不以文害辭，不以辭害志，以意逆志，是爲得之。如以辭而已矣，雲漢之詩曰：『周餘黎民，靡有孑遺。』信斯言也，是周無遺民也。

廣解

「舜之不臣堯」者，言舜並不以堯為臣也。所引詩經，見小雅北山。普，遍也。遍天之下，莫非王之土。率，循也。濱，水邊。率土之濱，猶云四海之內，莫非王臣也。孟子答道：「這首詩，不是這樣的說。做此詩者，是勞於王家之事，而不得養父母；所以說大家都是王家的臣子，為什麼我一個人，為了有賢才而獨辛苦勤勞呢？」說詩是解說詩句。文，字也。辭，語也。志，作者之意也。逆，迎也。詩是純文學的作品。讀詩者不可拘於文字，反把詩中的辭句看錯；不可拘於辭句，反把作者的意思誤會。須以我之意去推度迎合作者言外之意，方能得著真正的理解。這是孟子的讀詩方法。雲漢，大雅之一篇。此詩寫當時大旱情形。黎民，庶民。孑，孤獨也。遺，留存也。如以辭害志，以為這句詩是真的，則周真無一個遺留下來的人民了。

朱熹章句

不臣堯，不以堯為臣，使北面而朝也。詩小雅北山之篇也。普，遍也。率，循也。此詩今毛氏序云：「役使不均，已勞於王事而不得養其父母焉。」其詩下文亦云：「大夫不均，我從事獨賢。」乃作詩者自言天下皆王臣，何為獨使我以賢才而勞苦乎？非謂天子可臣其父也。文，字也。辭，語也。逆，迎也。雲漢，大雅篇名也。孑，獨立之貌。遺，脫也。言說詩之法，不可以一字而害一句之義，不可以一句而害設辭之志，當以己意迎取作者之志，乃可得之。若但以其辭而已，則如雲漢所言，是周之民真無遺種矣。惟以意逆之。則知作詩者之志在於憂旱，而非真無遺民也。

「孝子之至，莫大乎尊親；尊親之至，莫大乎以天下養。為天子父，尊之至也。以天下養，養之至也。詩曰：『永言孝思，孝思維則，』此之謂也。書曰：『祇載見瞽瞍，夔夔齊栗，瞽瞍亦允若，』是為父不得而子也？」

廣解

孟子既說明咸丘蒙引詩之誤，又接下去說明孝子的道理。至，是極頂的意思。言孝之極，莫大於尊敬他的父母。尊敬他父母之極，莫大於以天下來供養父母。「養，」去聲。現在舜使瞽瞍為天子之父，是尊敬父母之極了；以天下去奉養瞽瞍，是奉養父母之極了。所引詩經，見大雅下武。言人當永久說著孝思而不忘記；這種孝思，可以做天下的法則。所引書經，見偽古文舜典。祇，敬也。載，事也。「齊」同「齋，」戒也。「栗」同「慄，」懼也。「夔夔齊栗」者，敬謹恐懼的狀貌。允，信也。若，順也。言舜敬事瞽瞍，露著敬謹恐懼的狀貌，就是瞽瞍，也相信舜是真孝順的。「是為父不得而子也」者，朱子集注說：「瞽瞍不能以不善及其子，而反見化於其子，即是所謂父不得而子也。」按王引之經傳釋詞，此句「也」字同「乎，」表反詰語。言「如此者，尚為父不得而子乎？」

朱熹章句

養，去聲。

言瞽瞍既為天子之父，則當享天下之養，此舜之所以為尊親養親之至也。豈有使之北面而朝之理乎？詩大雅下武之篇。言人能長言孝思而不忘，則可以為天下法則也。

見，音現。齊，側皆反。

書大禹謨篇也。只，敬也。載，事也。夔夔齊栗，敬謹恐懼之貌。允，信也。若，順也。言舜敬事瞽瞍，往而見之，敬謹如此，瞽瞍亦信而順之也。孟子引此而言瞽瞍不能以不善及其子，而反見化於其子，則是所謂父不得而子者，而非如咸丘蒙之說也。

〔五〕

萬章曰：「堯以天下與舜，有諸？」孟子曰：「否，天子不能以天下與人。」「然則舜有天下也，孰與之？」曰：「天與之。」「天與之者，諄諄然命之乎？」曰：「否，天不言，以行與事示之而已矣。」

廣解《 與，給予也。「諸」即「之乎。」諄諄然，是說話很誠懇的樣子。萬章因孟子說舜的天下，是天給與的，因反詰道：「天把天下給與舜，是很誠懇地對舜說的嗎？」孟子道：「不是的。天不會說話的。只用人的行為和事情表示出天意而已。」

朱熹章句 天下者，天下之天下，非一人之私有故也。萬章問而孟子答也。諄，之淳反。萬章問也。諄諄，詳語之貌。行，去聲，下同。行之於身謂之行，措諸天下謂之事。言但因舜之行事，而示以與之之意耳。

曰：「以行與事示之者，如之何？」曰：「天子能薦人於天，不能使天與之天下。諸侯能薦人於天子，不能使天子與之諸侯。大夫能薦人於諸侯，不能使諸侯與之大夫。昔者堯薦舜於天而天受之。暴之於民而民受之。故曰：天不言，以行與事示之而已矣。」

廣解《 此萬章再問，孟子再答也。「暴」同「曝，」宣示也。

朱熹章句 暴，步卜反，下同。暴，顯也。言下能薦人於上，不能令上必用之。舜為天人所受，是因舜之行與事，而示之以與之之意也。

曰：「敢問薦之於天而天受之；暴之於民而民受之，如何？」曰：「使之主祭，而百神享之，是天受之。使之主事而事治，百姓安之，是民受之也。天與之，人與之，故曰，天子不能以天下與人。舜相*堯，二十有八載，非人之所能爲也，天也。堯崩，三年之喪畢，舜避堯之子於南河之南。天下諸侯朝覲者，不之堯之子而之舜；訟獄者，不之堯之子而之舜；謳歌者，不謳歌堯之子而謳歌舜。故曰，天也。夫然後之中國，踐天子位焉。而居堯之宮，逼堯之子，是篡也，非天與也。泰誓曰：『天視自我民視，天聽自我民聽，』此之謂也。」

廣解

此萬章又問，孟子又答也。「天與之，」謂天意欲與之；「人與之，」謂民意欲與之。相，去聲，輔佐也。舜之相堯，如此之久，這是天意，非人所能為力。南河，水名。「不之」及「之舜」之「之，」往也。謳歌，以謳歌頌揚也。夫，音扶。「之中國，」從南河之南，復往國都也。踐位，即位也。而，如也。言舜如居堯之宮，逼堯之子，則是篡奪，不是天給與之矣。泰誓，尚書篇名。言天不能視聽，天之視聽，從我民之視聽表現出來。

朱熹章句

治，去聲。相，去聲。朝，音潮。夫音扶。

南河在冀州之南，其南即豫州也。訟獄，謂獄不決而訟之也。自，從也。天無形，其視聽皆從於民之視聽。民之歸舜如此，則天與之可知矣。

〔六〕

萬章問曰：「人有言，至於禹而德衰，不傳於賢而傳於子，有諸？」孟子曰：「否，不然也。天與賢，則與賢；天與子，則與子。昔者，舜薦禹於天，十有七年，舜崩，三年之喪畢，禹避舜之子於陽城，天下之民從之，若堯崩之後，不從堯之子而從舜也。禹薦益於天，七年，禹崩，三年之喪畢，益避禹之子於箕山之陰，朝覲訟獄者，不之益而之啓，曰：『吾君之子也。』謳歌者，不謳歌益而謳歌啓，曰：『吾君之子也。』丹朱之不肖，舜之子亦不肖。舜之相*堯，禹之相*舜也，歷年多，施澤於民久。啓賢，能敬承繼禹之道。益之相*禹也，歷年少，施澤於民未久。舜禹益相去久遠，其子之賢不肖，皆天也，非人之所能爲也。莫之爲而爲者天也；莫之致而至者，命也。

廣解《 「有諸」即「有之乎。」陽城，地名。箕山，山名。啟，禹子名。朱，堯子名；丹，所封國。史記五帝本紀，舜之子曰商均。「舜禹益相去久遠，」謂舜相堯二十八年，禹相舜十七年，而益相禹僅七年，所歷之年，相差甚多。致，求而得之也。「莫之致而至，」言不求而自至也。

朱熹章句 朝，音潮。陽城，箕山之陰，皆嵩山下深谷中可藏處。啟，禹之子也。楊氏曰：「此語孟子必有所受，然不可考矣。但雲天與賢則與賢，天與子則與子，可以見堯、舜、禹之心，皆無一毫私意也。」之相之相，去聲。相去之相，如字。堯舜之子皆不肖，而舜禹之為相久，此堯舜之子所以不有天下，而舜禹有天下也。禹之子賢，而益相不久，此啟所以有天下而益不有天下也。然此皆非人力所為而自為，非人力所致而自至者。蓋以理言之謂之天，自人言之謂之命，其實則一而已。

「匹夫而有天下者，德必若舜禹，而又有天子薦之者，故仲尼不有天下。繼世以有天下，天之所廢，必若桀紂者也。故益伊尹周公不有天下。伊尹相湯以王於天下。湯崩，太丁未立，外丙二年，仲壬四年。太甲顛覆湯之典刑，伊尹放之於桐。三年，太甲悔過，自怨自艾，於桐處仁遷義。三年，以聽伊尹之訓己也，復歸于亳。周公之不有天下，猶益之於夏，伊尹之於殷也。孔子曰：『唐虞禪，夏后殷周繼，其義一也。』」

廣解

匹夫，猶言平民。仲尼之德，雖過舜禹，而無天子薦之，故不有天下也。啟繼禹，太甲繼湯，成王繼武王，皆賢主，天不廢之，故益、伊尹、周公不有天下也。「相，」「王，」皆去聲。趙岐云：「太丁，湯之太子，未立而死。外丙立二年，仲壬立四年，皆太丁弟也。太甲，太丁子也。」「太甲顛覆湯之典刑」者，言太甲立後，把湯的舊規矩，一切廢掉也。那時伊尹為相，就把太甲安置在桐的地方。過了三年，太甲懊悔，自己改過，自己怨自己不好，自己責治自己。住在桐的地方，以仁自處，見義則遷，這三年裏頭，一切聽受伊尹的教訓，所以伊尹仍舊把他迎回亳來。亳，音薄，湯都。禪，謂讓國於賢者。繼，謂子孫相繼為天子。

朱熹章句

孟子因禹益之事，歷舉此下兩條以推明之。言仲尼之德，雖無愧於舜禹，而無天子薦之者，故不有天下。繼世而有天下者，其先世皆有大功德於民，故必有大惡如桀紂，則天乃廢之。如啟及大甲、成王雖不及益、伊尹、周公之賢聖，但能嗣守先業，則天亦不廢之。故益、伊尹、周公，雖有舜禹之德，而亦不有天下。

相、王，皆去聲。艾，音乂。

此承上文言伊尹不有天下之事。趙氏曰：「太丁，湯之太子，未立而死。外丙立二年，仲壬立四年，皆太丁弟也。太甲，太丁子也。」程子曰「古人謂歲為年。湯崩時，外丙方二歲，仲壬方四歲，惟太甲差長，故立之也。」二說未知孰是。顛覆，壞亂也。典刑，常法也。桐，湯墓所在。艾，治也；說文云「芟草也」；蓋斬絕自新之意。亳，商所都也。此復言周公所以不有天下之意。禪，音擅。禪，授也。或禪或繼，皆天命也。聖人豈有私意於其間哉？

尹氏曰：「孔子曰：『唐虞禪，夏後、殷、周繼，其義一也。』孟子曰：『天與賢則與賢，天與子則與子。』知前聖之心者，無如孔子，繼孔子者，孟子而已矣。」

〔七〕

萬章問曰：「人有言，伊尹以割烹要*湯，有諸？」孟子曰：「否，不然。伊尹耕於有莘之野，而樂堯舜之道焉。非其義也，非其道也，祿之以天下，弗顧也。繫馬千駟，弗視也。非其義也，非其道也，一介不以與人，一介不以取諸人。湯使人以幣聘之，囂囂然曰：『我何以湯之聘幣為哉！我豈若處畎畝之中，由是以樂堯舜之道哉！』湯三使往聘之，既而幡*然改曰：『與我處畎畝之中，由是以樂堯舜之道，吾豈若使是君為堯舜之君哉！吾豈若使是民為堯舜之民哉！吾豈若於吾身親見之哉！天之生此民也，使先知覺後知，使先覺覺後覺也。予，天民之先覺者也；予將以斯道覺斯民也。非予覺之而誰也！』

廣解《 「要，」平聲，求也，干也。割烹，割肉烹羹，為庖人也。伊尹以割烹要湯，見墨子尚賢，莊子庚桑楚，史記殷本紀，呂氏春秋本味篇言之甚詳。有莘，國名。樂，音洛。四馬曰駟，千駟，四千匹馬也。「介，」同「芥，」草也。一介不與不取，極言其取與之不苟。囂囂然，閑暇自得之貌。「幡」同「翻。」幡然，改變之貌。以下是引伊尹之言。

朱熹章句 要，平聲，下同。要，求也。按史記：「伊尹欲行道以致君而無由，乃為有莘氏之媵臣，負鼎俎以滋味說湯，致於王道。」蓋戰國時有為此說者。樂，音洛。莘，國名。樂堯舜之道者，誦其詩，讀其書，而欣慕愛樂之也。駟，四匹也。介與草芥之芥同。言其辭受取與，無大無細，一以道義而不苟也。囂，五高反，又戶驕反。囂囂，無欲自得之貌。幡然，變動之貌。於吾身親見之，言於我之身親見其道之行，不徒誦說嚮慕之而已也。此亦伊尹之言也。知，謂識其事之所當然。覺，謂悟其理之所以然。覺後知後覺，如呼寐者而使之寤也。言天使者，天理當然，若使之也。程子曰：「予天民之先覺，謂我乃天生此民中，盡得民道而先覺者也。既為先覺之民，豈可不覺其未覺者。及彼之覺，亦非分我所有以予之也。皆彼自有此理，我但能覺之而已。」

「思天下之民，匹夫匹婦，有不被堯舜之澤者，若己推而內*之溝中，其自任以天下之重如此，故就湯而說*之以伐夏救民。吾未聞枉己而正人者也，況辱己以正天下者乎！聖人之行不同也，或遠或近，或去或不去，歸潔其身而已矣。吾聞其以堯舜之道要湯，未聞以割烹也。伊訓曰：『天誅造攻自牧宮，朕載自亳。』」

廣解

「思天下之民，……」是孟子推想伊尹的意思。匹夫匹婦，男女百姓也。「內，」今作「納。」「說，」音「稅。」遠，隱遁；近，仕近君也。伊訓，古文尚書篇名。朱注云：「今書『牧宮』作『鳴條。』」造，載，皆始也。按朱云「今書，」即偽古文尚書。趙注「造」訓「造作，」言「造作可攻討之罪者，從牧宮桀起，自取之也。」故以「牧宮」為桀宮。江聲尚書集注音疏謂「朕」是伊尹自稱。

朱熹章句

推，吐回反。內，音納。說，音稅。

書曰：「昔先正保衡作我先王，曰，『予弗克俾厥後為堯舜，其心愧恥，若撻於市』。一夫不獲，則曰『時予之辜』。」孟子之言蓋取諸此。是夏桀無道，暴虐其民，故欲使湯伐夏以救之。徐氏曰：「伊尹樂堯舜之道。堯舜揖遜，而伊尹說湯以伐夏者，時之不同，義則一也。」行，去聲。

辱己甚於枉己，正天下難於正人。若伊尹以割烹要湯，辱己甚矣，何以正天下乎？遠，謂隱遁也。近，謂仕近君也。言聖人之行雖不必同，然其要歸，在潔其身而已。伊尹豈肯以割烹要湯哉？

林氏曰：「以堯舜之道要湯者，非實以是要之也，道在此而湯之聘自來耳。猶子貢言夫子之求之，異乎人之求之也。」愚謂此語亦猶前章所論父不得而子之意。

伊訓，商書篇名。孟子引以證伐夏救民之事也。今書牧宮作鳴條。造、載，皆始也。伊尹言始攻桀無道，由我始其事於亳也。

萬章問曰：「或謂孔子於衛主癰疽，於齊主侍人瘠環，有諸乎？」孟子曰：「否，不然也。好事者爲之也。於衛主顏讎由。彌子之妻，與子路之妻，兄弟也。彌子謂子路曰：『孔子主我，衛卿可得也。』子路以告。孔子曰：『有命。』孔子進以禮，退以義，得之不得，曰有命。而主癰疽，與侍人瘠環，是無義無命也。孔子不悅於魯衛，遭宋桓司馬，將要而殺之，微服而過宋。是時孔子當阨，主司城貞子，爲陳侯周臣。吾聞觀近臣，以其所爲主，觀遠臣，以其所主。若孔子主癰疽與侍人瘠環，何以爲孔子？」

廣解《 朱注云：「主，謂舍於其家，以之為主人也。癰疽，瘍醫也。侍人，奄人也。瘠姓，環名。皆時君所近狎之人也。」按史記孔子世家：「衛靈公與夫人同車，宦者雍渠驂乘，出，使孔子為次乘。」報任安書云：「衛靈公與雍渠同載。」癰疽，即雍渠，因為聲音相同，所以寫法各別。「侍，」亦作「寺。」侍人，俗稱太監。好，去聲。好事者，是喜歡造謠生事的人。顏讎由，衛國的大夫。全祖望經史問答謂即顏濁鄒，為子路的妻兄。孔子在衛，住在顏讎由家裏。彌子，是衛君的寵臣。叫彌子瑕。彌子之妻，與子路之妻，是姊妹。兄弟，即姊妹也。彌子見孔子住在妻兄家裏，

朱熹章句 癰，於容反。疽，七餘反。好，去聲。主，謂舍於其家，以之為主人也。癰疽，瘍醫也。侍人，奄人也。瘠，姓。環，名。皆時君所近狎之人也。好事，謂喜造言生事之人也。讎，如字，又音犨。

顏讎由，衛之賢大夫也，史記作顏濁鄒。彌子，衛靈公幸臣彌子瑕也。徐氏曰：「禮主於辭遜，故進以禮；義主於制斷，故退以義。難進而易退者也，在我者有禮義而已，得之不得則有命存焉。」

要，平聲。不悅，不樂居其國也。桓司馬，宋大夫向魋也。司城貞子，亦宋大夫之賢者也。陳侯，名周。按史記：「孔子為魯司寇，齊人饋女樂以閒之，孔子遂行。適衛月餘，去衛適宋。司馬魋欲殺孔子，孔

所以對子路說：「孔子若肯來住在我家裏，我對衛君說一聲，他就可得卿相的位子。」子路把這話告知了孔子。孔子說：「有命」者，意言得不得衛卿有命，不必去投奔彌子也。而，如也。如孔子住在癰疽與瘠環家裏，是沒有道義，不知天命了。宋桓司馬宋國的司馬桓魋也。孔子過宋，與弟子習禮大樹下，桓魋欲殺之，事見論語及史記孔子世家。孔子不得已，乃改裝微服，逃過了宋國。這時候，孔子遇了患難並沒有亂投人家。司城貞子，趙注朱注均以為宋大夫，因宋名司空之官為司城也。焦氏正義則以貞子為陳大夫，司城是以官為氏，其先本宋人，後奔陳，因以司城為氏者，周，陳君之名。為陳侯周臣者，言孔子在陳為羈旅之臣。按史記世家亦云：「孔子遂至陳，主於司城貞子家。」是為焦說之證。「為陳侯周臣，」疑指司城貞子言。正因司城為宋官名，上文又牽涉宋事，故加此句，免人誤會貞子乃宋人耳。「所為主」是他所留的家人；「所主」是他所住的主人。

子去至陳，主於司城貞子。」孟子言孔子雖當阨難，當猶擇所主，況在齊衛無事之時，豈有主癰疽侍人之事乎？近臣，在朝之臣。遠臣，遠方來仕者。君子小人，各從其類，故觀其所為主，與其所主者，而其人可知。

（九）

萬章問曰：「或曰，『百里奚自鬻於秦養牲者，五羊之皮，食*牛，以要*秦穆公』，信乎？」孟子曰：「否，不然。好事者爲之也。百里奚，虞人也。晉人以垂棘之璧，與屈*產之乘*，假道於虞以伐虢。宮之奇諫，百里奚不諫，知虞公之不可諫而去之秦，年已七十矣。曾不知以食牛干秦穆公之爲汙也，可謂智乎？不可諫而不諫，可謂不智乎？知虞公之將亡而先去之，不可謂不智也。時舉於秦，知穆公之可與有行也而相之，可謂不智乎？相秦而顯其君於天下，可傳於後世，不賢而能之乎？自鬻以成其君，鄉黨自好者不爲，而謂賢者爲之乎？」

廣解

百里，複姓；奚，名。百里奚事，見左傳史記各書者甚多，秦人號之為五羖大夫。奚因虞公不聽宮之奇之諫而許晉假道，知虞之將亡，乃先亡之秦。後又亡秦至宛。秦穆公知其賢，乃託言為晉之媵，以五羊皮贖之楚人，而使為相。其實媵晉伯姬者是虞大夫井伯，非奚也。詳見焦氏正義。

鬻，賣也。「食，」同「飼，」萬章所引傳說，謂奚自賣於秦之養牲者而為之食牛。五羊之皮，即奚賣身之值。言以此干求秦穆公也。垂棘，地名；其地產美玉。屈，亦地名；其地產良馬。假道，借路也。宮之奇，亦虞大夫。晉獻公因荀息之計，借道於虞以伐虢，滅虢後，并滅虞。事見左傳。「有行，」有所作為也。「自

朱熹章句

食，音嗣。好，去聲，下同。

百里奚，虞之賢臣。人言其自賣於秦養牲者之家，得五羊之皮而為之食牛，因以干秦穆公也。屈，求勿反。乘，去聲。

虞虢，皆國名。垂棘之璧，垂棘之地所出之璧也。屈產之乘，屈地所生之良馬也。乘，四匹也。晉欲伐虢，道經於虞，故以此物借道，其實欲並取虞。宮之奇，亦虞之賢臣。諫虞公令勿許，虞公不用，遂為晉所滅。百里奚知其不可諫，故不諫而去之。

相，去聲。

自好，自愛其身之人也。孟子言百里奚之智如此，必知食牛以干主之為汙。其賢又如此，必不肯自鬻以成其君也。然此事當孟子時，已無所據。孟子直以事理反覆推之，而知其必不然耳。

好，」謂知自愛者。

范氏曰：「古之聖賢未遇之時，鄙賤之事，不恥為之。如百里奚為人養牛，無足怪也。惟是人君不致敬盡禮，則不可得而見。豈有先自汙辱以要其君哉？莊周曰：『百里奚爵祿不入於心，故飯牛而牛肥，使穆公忘其賤而與之政。』亦可謂知百里奚矣。伊尹、百里奚之事，皆聖賢出處之大節，故孟子不得不辯。」尹氏曰：「當時好事者之論，大率類此。蓋以其不正之心度聖賢也。」

〔十〕

孟子曰：「伯夷，目不視惡色，耳不聽惡聲。非其君不事，非其民不使。治則進，亂則退。橫政之所出，橫民之所止，不忍居也。思與鄉人處，如以朝衣朝冠坐於塗炭也。當紂之時，居北海之濱，以待天下之清也。故聞伯夷之風者，頑夫廉，懦夫有立志。」

廣解《 橫，不循法度也。橫政，暴政；橫民，亂民也。頑，無知而貪也。廉，廉潔也。懦，柔弱也。立志，自立之志。餘均已見前篇。

朱熹章句 治，去聲，下同。橫，去聲。朝，音潮。橫，謂不循法度。頑者，無知覺。廉者，有分辨。懦，柔弱也。餘並見前篇。

「伊尹曰：『何事非君？何使非民？』治亦進，亂亦進。曰：『天之生斯民也，使先知覺後知，使先覺覺後覺。予，天民之先覺者也，予將以此道覺此民也。』思天下之民，匹夫匹婦，有不與被堯舜之澤者，若己推而內之溝中。其自任以天下之重也。

廣解《 伊尹的思想，與伯夷正相反。「何事非君，何使非民」者，凡我所事者即是我之君，凡我所使者即是我之民也。「內，」今作「納。」「自任以天下之重，」即「以天下之重自任」也。餘均已見前篇。

朱熹章句 與，音預。何事非君，言所事即君。何使非民，言所使即民。無不可事之君，無不可使之民也。餘見前篇。

「柳下惠，不羞汙君，不辭小官。進不隱賢，必以其道。遺佚而不怨，阨窮而不憫。與鄉人處，由由然不忍去也。『爾爲爾，我爲我，雖袒裼裸裎於我側，爾焉能浼我哉？』故聞柳下惠之風者，鄙夫寬，薄夫敦。」

廣解　柳下惠又是另一種性情。鄙夫，胸襟狹隘之人；薄夫，性情刻薄之人。寬，大也。敦，篤也，厚也。餘均已見前篇。

朱熹章句　鄙，狹陋也。敦，厚也。余見前篇。

「孔子之去齊，接淅而行；去魯，曰：『遲遲吾行也！』去父母國之道也。可以速而速，可以久而久，可以處而處，可以仕而仕，孔子也。」

廣解　接，承也。淅，漬米也。接淅，是說米已淘浸，將下鍋造飯，為了要走，來不及炊，就將米撈了起來，用手承著，立刻動身。「接淅而行，」是極言其動身之快。至於離開魯國，則說：「遲遲吾行，」這是因為魯是父母之國，不忍即別也。孔子做人，看時局，看環境，隨機應付。如去齊，可速即速。去魯，可久則久。不做官，即可隱處則隱處。做官，即可仕則仕。不像前三人之固執不移也。

朱熹章句　淅，先歷反。接，猶承也。淅，漬米水也。漬米將炊，而欲去之速，故以手承水取米而行，不及炊也。舉此一端，以見其久、速、仕、止，各當其可也。或曰：「孔子去魯，不稅冕而行，豈得為遲？」楊氏曰：「孔子欲去之意久矣，不欲苟去，故遲遲其行也。膰肉不至，則得以微罪行矣，故不稅冕而行，非速也。」

孟子曰：「伯夷，聖之清者也。伊尹，聖之任者也。柳下惠，聖之和者也。孔子，聖之時者也。孔子之謂集大成。集大成也者，金聲而玉振之也。金聲也者，始條理也。玉振之也者，終條理也。始條理者，智之事也。終條理者，聖之事也。智，譬則巧也。聖，譬則力也。由射於百步之外也；其至，爾力也，其中，非爾力也。」

廣解

此段與上文是一章，特加「孟子曰」三字者，因上文都是孟子敘述四人的話。以下則是孟子的批評也。集大成者，言集先聖之長以成一己之德也。

尚書言「簫韶九成。」眾樂合奏完成曰「一成。」故下文即以音樂為喻。金，鎛鐘。聲，發聲也。玉，特磬。振，收也。凡奏樂，先擊鎛鐘以發其聲，終擊特磬以收其音。條理，指眾樂合奏之節奏言。言以鎛鐘始之，以特磬終之也。凡做人，始用修養工夫，是智之事，中庸所謂「誠身」必先「明善」也。

智者始能「擇善，」而「固執」以底於成，則有賴乎毅力，能始終如一。則為聖矣。下文又以射為喻。「由」同「猶。」能射到百步之外，這是「力；」其射中正鵠，則是巧也。中，去聲。

朱熹章句

張子曰：「無所雜者清之極，無所異者和之極。勉而清，非聖人之清；勉而和，非聖人之和。所謂聖者，不勉不思而至焉者也。」孔氏曰：「任者，以天下為己責也。」愚謂孔子仕、止、久、速，各當其可，蓋兼三子之所以聖者而時出之，非如三子之可以一德名也。或疑伊尹出處，合乎孔子，而不得為聖之時，何也？程子曰：「終是任底意思在。」

此言孔子集三聖之事，而為一大聖之事；猶作樂者，集眾音之小成，而為一大成也。成者，樂之一終，書所謂「簫韶九成」是也。金，鐘屬。聲，宣也，如聲罪致討之聲。玉，磬也。振，收也，如振河海而不洩之振。始，始之也。終，終之也。條理，猶言脈絡，指眾音而言也。智者，知之所及；聖者，德之所就也。蓋樂有八音：金、石、絲、竹、匏、土、革、木。若獨奏一音，則其一音自為始終，而為一小成。猶三子之所知偏於一，而其所就亦偏於一也。八音之中，金石為重，故特為眾音之綱紀。又金始震而玉終詘然也，故並奏八音，則於其未作，而先擊鎛鐘以宣其聲；俟其既闋，而後擊特磬以收其韻。宣以始之，收以終之。二者之間，脈絡通貫，無所不備，則合眾小成而為一大成，猶孔子之知無不盡而德無不全也。金聲玉振，始終條理，疑古樂經之言。故兒寬雲「惟天子建中和之極，兼總條貫，金聲而玉振之。」亦此意也。

中，去聲。

此復以射之巧力，發明智、聖二字之義。見孔子巧力俱全，而聖智兼備，三子則力有餘而巧不足，是以一節雖至於聖，而智不足以及乎時中也。此章言三子之行，各極其一偏；孔子之道，兼全於衆理。所以偏者，由其蔽於始，是以缺於終；所以全者，由其知之至，是以行之盡。三子猶春夏秋冬之各一其時，孔子則大和元氣之流行於四時也。

〔十二〕

北宮錡*問曰：「周室班爵祿也，如之何？」孟子曰：「其詳，不可得聞也。諸侯惡*其害己也，而皆去其籍。然而軻也，嘗聞其略也：天子一位，公一位，侯一位，伯一位，子男同一位，凡五等也。君一位，卿一位，大夫一位，上士一位，中士一位，下士一位，凡六等。天子之制，地方千里，公侯皆方百里，伯七十里，子男五十里，凡四等。不能五十里，不達於天子，附於諸侯，曰附庸。天子之卿，受地視侯，大夫受地視伯，元士受地視子男。大國地方百里，君十卿祿，卿祿四大夫，大夫倍上士，上士倍中士，中士倍下士，下士與庶人在官者同祿。祿，足以代其耕也。次國地方七十里，君十卿祿，卿祿三大夫，大夫倍上士，上士倍中士，中士倍下士，下士與庶人在官者同祿。祿，足以代其耕也。小國地方五十里，君十卿祿，卿祿二大夫，大夫倍上士，上士倍中士，中士倍下士，下士與庶人在官者同祿。祿，足以代其耕也。耕者之所獲，一夫百畝；百畝之糞，上農夫食*九人，上次食*八人，中食*七人，中次食*六人，下食*五人，庶人在官者，其祿以是爲差*。」

廣解《 北宮，姓，錡，名，衛人。錡，魚倚反。班，列也。一說北宮錡問孟子，周代所定的爵位俸祿之制是如何的。惡，去聲。籍，典冊也。諸侯強大僭越，皆背周初之制，故惡其有害於己，而毀滅其典籍也。天子、公、侯、伯、子、男，是五等的封爵。君、卿、大夫、上士、中士、下士，是六等的職位。一千方里，一百方里，七十方里，五十方里，是四等的國土。比五十方里更小的國家，不能直達於天子，只能附在諸侯下面，稱為「附庸。」視者，以此為標準也。大的諸侯，國土一百方里。國君之俸祿，十倍於卿。卿之祿，四倍於大夫。大夫，比上士加倍。上士倍中士，中士倍下士。下士，則與百姓在官辦差的人，受一樣的俸祿。這種俸祿，適足以代替他耕田的收入。次國是伯爵的國土，小國是子男的國土。算法都可類推。耕田的人，一夫可以受田百畝。糞，治田也，加肥種田也，肥料多而力勤者為上農，其所收可供九人之食；以下，則用力不齊，所收能供給的人數也不同，共有五等。庶人在官者，其受祿的多少，也以這個為標準，而有所相差，為五等也。食音嗣，以食養人也。

朱熹章句 錡，魚綺反。北宮，姓；錡，名；衛人。班，列也。惡，去聲。去，上聲。當時諸侯兼并僭竊，故惡周制妨害己之所為也。此班爵之制也。五等通於天下，六等施於國中。此以下，班祿之制也。不能，猶不足也。小國之地不足五十里者，不能自達於天子，因大國以姓名通，謂之附庸，若春秋邾儀父之類是也。視，比也。徐氏曰：「王畿之內，亦制都鄙受地也。」元士，上士也。

十，十倍之也。四，四倍之也。倍，加一倍也。徐氏曰：「大國君田三萬二千畝，其入可食二千八百八十人。卿田三千二百畝，可食二百八十八人。大夫田八百畝，可食七十二人。上士田四百畝，可食三十六人。中士田二百畝，可食十八人。下士與庶人在官者田百畝，可食九人至五人。庶人在官，府史胥徒也。」愚按：君以下所食之祿，皆助法之公田，借農夫之力以耕而收其租。士之無田，與庶人在官者，則但受祿於官，如田之入而已。

三，謂三倍之也。徐氏曰：「次國君田二萬四千畝，可食二千一百六十人。卿田二千四百畝，可食二百十六人。」二，即倍也。徐氏曰：「小國君田一萬六千畝，可食千四百四十人。卿田一千六百畝，可食百四十四人。」

食，音嗣。獲，得也。一夫一婦，佃田百畝。加之以糞，糞多而力勤者為上農，其所收可供九人。其次用力不齊，故有此五等。庶人在官者，其受祿不同，亦有此五等也。愚按：此章之說，與周禮、王制不同，蓋不可考，闕之可也。程子曰：「孟子之時，去先王未遠，載籍未經秦火，然而班爵祿之制已不聞其詳。今之禮書，皆掇拾於煨燼之餘，而多出於漢儒一時之傳會，柰何欲盡信而句為之解乎？然則其事固不可一一追復矣。」

〔十二〕

萬章問曰：「敢問友。」孟子曰：「不挾長*，不挾貴，不挾兄弟而友。友也者，友其德也，不可以有挾也。」

廣解

此章記萬章問交友之道也。挾者，有所挾持而自恃也。趙注謂「不挾貴」者，不挾恃自己之貴，「不挾兄弟而友」者，不挾恃兄弟之富貴。江永羣經補義則謂「兄弟」即婚姻，如中張載與程顥程頤為中表兄弟之類。趙佑溫故錄則謂兄弟為等夷之稱，言必其人與己等夷，始友之也。與趙說異，亦均可通。

朱熹章句

挾者，兼有而恃之之稱。

「孟獻子，百乘之家也，有友五人焉：樂正裘、牧仲，其三人，則予忘之矣。獻子之與此五人者友也，無獻子之家者也。此五人者，亦有獻子之家，則不與之友矣。

廣解

孟獻子，仲孫蔑也，魯國之賢大夫。百乘之家，大夫之家也。他有朋友五人，孟子只記得樂正裘、牧仲二人的姓名，其餘三人，則已忘記。獻子對於這五人，完全以友道相待，並不挾恃著自己的家世；而這五人所以肯和獻子為友，也是不將獻子的家世放在心中的。假使這五人的心中，也有獻子是貴族的觀念，獻子也就不與他們為友了。此言大夫的不挾貴。

朱熹章句

乘，去聲，下同。孟獻子，魯之賢大夫仲孫蔑也。張子曰：「獻子忘其勢，五人者忘人之勢。不資其勢而利其有，然後能忘人之勢。若五人者有獻子之家，則反為獻子之所賤矣。」

「非惟百乘之家爲然也，雖小國之君亦有之。費惠公曰：『吾於子思，則師之矣。吾於顏般，

則友之矣，王順長息，則事我者也。』」

廣解《 費，音祕，小國名；惠公，費國的君主也。他曾說過，對於有道德學問的子思，則師事之。於次一等的顏般，則友事之。若王順、長息，道德學問不及自己，就當事我了。此言小國之君的不挾貴。

「非惟小國之君爲然也，雖大國之君亦有之。晉平公之於亥唐也，入云則入，坐云則坐，食云則食，雖疏食*菜羹，未嘗不飽，蓋不敢不飽也。然終於此而已矣。弗與共天位也，弗與治天職也，弗與食天祿也，士之尊賢者也非王公之尊賢也。

廣解《 晉平公名彪，悼公子。亥唐，晉之隱士，事見皇甫謐高士傳。疏，粗也；食，音嗣。平公對於亥唐，無不聽命。亥唐叫他進內則進內，叫他坐則坐，叫他吃則吃，亥唐和他同吃飯，雖然是粗飯和菜羹，也未嘗不吃飽，因為他在亥唐的面前不敢不吃飽。然平公之待遇亥唐，終於以此為止。位，職，祿，皆天所授；故位曰天位，職曰天職，祿曰天祿，此三者，平公弗能與亥唐共有也。故平公的交友，是和士人的尊賢一般，不是用王公的身份來尊賢的。此言大國之君的不挾貴。

朱熹章句 費，音祕。般，音班。惠公，費邑之君也。師，所尊也。友，所敬也。事我者，所使也。

朱熹章句 疏食之食，音嗣。平公、王公下，諸本多無之字，疑闕文也。亥唐，晉賢人也。平公造之，唐言入，公乃入。言坐乃坐，言食乃食也。疏食，糲飯也。不敢不飽，敬賢者之命也。范氏曰：「位曰天位，職曰天職，祿曰天祿。言天所以待賢人，使治天民，非人君所得專者也。」

「舜尚見帝，帝館甥于貳室，亦饗舜，迭爲賓主，是天子而友匹夫也。」

廣解《 帝，堯帝也。尚，上也。「舜尚見帝」者，舜上朝去見堯也。館，房舍也。禮妻之父曰外舅。舅之相對待者為甥，所以壻可以稱甥。貳室，副宮也。言堯帝請舜，住在副宮裏也。時時到舜的地方去吃飯，故曰：「亦饗舜。」「迭為賓主，」互相為賓主也。因堯館舜於貳室，是堯為主，堯亦往舜處吃飯，是又堯為賓了。此言堯以天子而友匹夫，是天子的不挾貴。

朱熹章句 尚，上也。舜上而見於帝堯也。館，捨也。禮，妻父曰外舅。謂我舅者，吾謂之甥。堯以女妻舜，故謂之甥。貳室，副宮也。堯捨舜於副宮，而就饗其食。

「用下敬上，謂之貴貴；用上敬下，謂之尊賢。貴貴尊賢，其義一也。」

廣解《 以在下位的人，敬重上位的人，叫做「貴貴；」以在上位的人，敬重在下位的人，叫做「尊賢。」貴貴尊賢，皆事理之當然，故曰「其義一也。」當時只知貴貴，不知尊賢，故孟子云然。

朱熹章句 貴貴、尊賢，皆事之宜者。然當時但知貴貴，而不知尊賢，故孟子曰「其義一也」。此言朋友人倫之一，所以輔仁，故以天子友匹夫而不為詘，以匹夫友天子而不為僭。此堯舜所以為人倫之至，而孟子言必稱之也。

〔十三〕

萬章問曰：「敢問交際何心也？」孟子曰：「恭也。」曰：「卻之卻之爲不恭，何哉？」曰：「尊者賜之，曰：『其所取之者，義乎，不義乎？』而後受之，以是爲不恭，故弗卻也。」曰：「請無以辭卻之，以心卻之。曰：『其取諸民之不義也，』而以他辭無受，不可乎？」曰：「其交也以道，其接也以禮，斯孔子受之矣。」

廣解　交際者，指以禮儀幣帛相交接而言。卻之，謂人以幣帛來，不受之也。「曰其所取之者義乎不義乎，」言長者以物賜我，假使我心裏想一想道：他所得來的東西，是合義的還是不合義的也。經過考慮之後，合義的才收它，這樣就是不恭敬了。所以不要推卻不受。」「以辭卻之，」言不顯然用說話來推卻；「以心卻之，」謂只在自己的心裏來推卻。「曰其取諸民之不義也，」即是心中的猜想。知道他送來的是不義之物，另外用一種婉轉的言詞來推卻，這樣難道不可以嗎？孟子說：「只要他的交接是以道以禮的，送來的東西，就是孔子也受他了。」

萬章曰：「今有禦人於國門之外者，其交也以道，其餽也以禮，斯可受禦與*？」曰：「不可。康誥曰：『殺越人于貨，閔*不畏死，凡民罔不譈*。』是不待教而誅者也。殷受夏，周受殷，所不辭也。於今為烈，如之何其受之！」

廣解　朱注云：「禦，止也。止人而殺之，且奪其貨也。國門之外，無人之處也。」按禦，彊禦也，謂以暴力加人，而奪其貨物也。「受禦」之「禦，」則指禦人而得之物而言。「與」同「歟。」萬章以為苟不問他貨物的來歷，假使有人在國門之外，搶奪了他人的貨物，也用道理來和我交際，用禮貌來餽送我，那麼，可收受他這禦得之物嗎？孟子說不可。乃引尚書中康誥篇的話來作

朱熹章句　際，接也。交際，謂人以禮儀幣帛相交接也。卻，不受而還之也。再言之，未詳。萬章疑交際之間，有所卻者，人便以為不恭，何哉？孟子言尊者之賜，而心竊計其所以得此物者，未知合義與否，必其合義，然後可受，不然則卻之矣，所以卻之為不恭也。

萬章以為彼既得之不義，則其餽不可受。但無以言語間而卻之，直以心度其不義，而托於他辭以卻之，如此可否耶？交以道，如餽贐、聞戒、周其饑餓之類。接以禮，謂辭命恭敬之節。孔子受之，如受陽貨烝豚之類也。

朱熹章句　與，平聲。譈，書作憝，徒對反。禦，止也。止人而殺之，且奪其貨也。國門之外，無人之處也。萬章以為苟不問其物之所從來，而但觀其交接之禮，則設有御人者，用其御得之貨以禮餽我，則可受之乎？康誥，周書篇名。越，顛越也。今書閔作愍，無凡民二字。譈，怨也。言殺人而顛越之，因取其貨，閔然不知畏死，凡民無不怨之。孟子言此乃不待教戒而當即誅者也。如何而可受之

證。越，顛越也。于，取也。「殺越人於貨」者，言殺了他的人，取了他的貨物。「閔」本作「暋」，強也。言閔然不怕死也。罔，無也。譈，怨恨也。可以不必教訓他，即把他誅戮。「殷受夏……於今為烈」十四字，朱子以為衍文。趙注以「不待教」為不待教命，即可討之；以「不辭」為「不須辭問」；以「於今為烈」為於今猶為烈烈明法。按辭問，即審訊也。此言殺人劫物之盜匪現行犯，可以格殺勿論，不必再加教訓，不必加以審問，三代皆然，至戰國時猶厲行此種法律也。怎麼可以受他搶來的贓物呢？

曰：「今之諸侯，取之於民也，猶禦也。苟善其禮際矣，斯君子受之，敢問何說也？」曰：「子以爲有王者作，將比*今之諸侯而誅之乎？其教之不改而後誅之乎？夫*謂『非其有而取之者，盜也，』充類至義之盡也。孔子之仕於魯也，魯人獵較*，孔子亦獵較。獵較猶可，而況受其賜乎？」

廣解

此萬章又問，孟子又答也。比，連也。「比而誅之，」猶云一律殺了他們。夫，音扶。言「非其有而取之者盜也」這句話，是就其類而擴充之，推其意而至於盡，極言之耳；非便以為真盜也。故殺人劫貨之真盜，則不待教而誅；今之諸侯，則雖有王者起，亦必教之不改而後誅也。朱注不詳「獵較。」趙氏云：「獵較者，田獵相較奪禽獸，得之以祭，時俗所尚以為吉祥。孔子不

乎？「殷受」至「為烈」十四字，語意不倫。李氏以為此必有斷簡或闕文者近之，而愚意其直為衍字耳。然不可考，姑闕之可也。

朱熹章句

比，去聲。夫，音扶。較，音角。

比，連也。言今諸侯之取於民，固多不義，然有王者起，必不連合而盡誅之。必教之不改而後誅之，則其與禦人之盜，不待教而誅者不同矣。夫禦人於國門之外，與非其有而取之，二者固皆不義之類，然必禦人，乃為真盜。其謂非有而取為盜者，乃推其類，至於義之至精至密之處而極言之耳，非便以為真盜也。然則今之諸侯，雖曰取非其有，而豈可遽以同於禦人

違而從之，所以小同於世也。」按古時諸侯將祭則田獵。獵畢，除取供君祭者外，餘與士眾習射於射宮。射而中者，雖田獵不得禽，亦可得之；不中者，雖田獵得禽，亦不得也。獵較，則惟於獵畢較其所得之禽之多且異，不復習射矣。及三家僭禮，於其祭時亦行獵較之禮，以誇其祭品之豐富，且多異物矣。曰獵較所獲之禽，自互相攫奪，此古禮變壞之一端也。

曰：「然則孔子之仕也，非事道與*？」曰：「事道也。」「事道奚獵較也？」曰：「孔子先簿正祭器，不以四方之食供簿正。」曰：「奚不去也？」曰：「爲之兆也；兆足以行矣，而不行，而後去，是以未嘗有所終三年淹也。」

廣解《 「與，」今作「歟。」事道，以行道為事也。孟子說，孔子所以獵較者，因為孔子仕於衰世，不能立刻盡變一切習俗，所以先立簿書，而正宗廟之祭器；祭器一正，則祭品均有規定，不必以四方的珍食供簿中所規定的正式祭品了；這樣，獵較之俗，也就可以漸漸廢止了。「奚不去也」者，言孔子如此委曲周全，終於行不通為什麼不就走也。「為之兆」者，小試其道，示人以成績，使人知其道之可行也。兆足以行，而道終不行，於是去之。所以孔子雖沒有立刻就走，也沒有作三年之久的淹留的。

之盜也哉？又引孔子之事，以明世俗所尚，猶或可從，況受其賜，何為不可乎？獵較未詳。趙氏以為田獵相較，奪禽獸之祭。孔子不違，所以小同於俗也。張氏以為獵而較所獲之多少也。二說未知孰是。

朱熹章句 與，平聲。

此因孔子事而反覆辯論也。事道者，以行道為事也。事道奚獵較也，萬章問也。先簿正祭器，未詳。徐氏曰：「先以簿書正其祭器，使有定數，不以四方難繼之物實之。夫器有常數、實有常品，則其本正矣，彼獵較者，將久而自廢矣。」未知是否也。兆，猶卜之兆，蓋事之端也。孔子所以不去者，亦欲小試行道之端，以示於人，使知吾道之果可行也。若其端既可行，而人不能遂行之，然後不得已而必去之。蓋其去雖不輕，而亦未嘗不決，是以未嘗終三年留於一國也。

「孔子有見行可之仕，有際可之仕，有公養之仕。於季桓子，見行可之仕也。於衛靈公，際可之仕也。於衛孝公，公養之仕也。」

廣解　此節仍為孟子之言。「見行可」者，見其道之可行也。「際可」者，交際上有禮也。「公養」者，國君能養賢也。季桓子，魯大夫季孫斯也。孔子在魯為司寇，正季桓子秉政之時。衛靈公嘗郊迎孔子，所以謂之「際可之仕。」所以謂之「見行可之仕。」按史記，衛並無孝公。恐即出公輒。輒嘗致粟於孔子，所以謂之「公養之仕。」

朱熹章句　見行可，見其道之可行也。際可，接遇以禮也。公養，國君養賢之禮也。季桓子，魯卿季孫斯也。衛靈公，衛侯元也。孝公，春秋史記皆無之，疑出公輒也。因孔子仕魯，而言其仕有此三者。故於魯則兆足以行矣而不行然後去，而於衛之事，則又受其交際問餽而不卻之一驗也。尹氏曰：「不聞孟子之義，則自好者為於陵仲子而已。聖賢辭受進退，惟義所在。」愚按：此章文義多不可曉，不必強為之說。

〔十四〕

孟子曰：「仕非爲貧也，而有時乎爲貧。娶妻非爲養*也，而有時乎爲養。爲貧者，辭尊居卑，辭富居貧。辭尊居卑，辭富居貧，惡*乎宜乎？抱關擊柝。孔子嘗爲委吏矣，曰，『會計當而已矣。』嘗爲乘田矣，曰，『牛羊茁壯長而已矣。』位卑而言高，罪也。立乎人之本朝*而道不行，恥也。」

廣解　「養，」去聲。惡，音烏。朝，音潮。長，上聲。做官本為行道，不是為了家貧，但有時候確是為了家貧而謀祿。娶妻本為嗣續，不是為了奉養，但有時候，卻也為了奉養而娶妻。如果為貧而做官，當辭尊位而居小官，辭重祿而受薄俸。抱關，管城門

朱熹章句　為、養，並去聲，下同。仕本為行道，而亦有家貧親老，或道與時違，而但為祿仕者，如娶妻本為繼嗣，而亦有為不能親操井臼，而欲資其餽養者。貧富，謂祿之厚薄。蓋仕不為道，已非出處之正，故其所處但當如此。惡，平聲。柝，音託。

也。擊柝，敲更也。極言其位之卑，祿之薄。孟子又引孔子來證明他的話。委吏，管倉廩的小吏；乘田，主苑囿芻牧的小吏。孔子做委吏的時候說，只要會計不錯就罷了。做乘田的時候說，只要牛羊肥壯長大就罷了。因為孔子深知道，位子卑的人而高談朝政，是有罪的。若位子高了，立在人的朝廷上而其道不能行，也是可羞恥的事情。

柝，行夜所擊木也。蓋為貧者雖不主於行道，而亦不可以苟祿。故惟抱關擊柝之吏，位卑祿薄，其職易稱，為所宜居也。李氏曰：「道不行矣，為貧而仕者，此其律令也。若不能然，則是貪位慕祿而已矣。」委，烏偽反。會，工外反。當，丁浪反。乘，去聲。茁，阻刮反。長，上聲。此孔子之為貧而仕者也。委吏，主委積之吏也。乘田，主苑囿芻牧之吏也。茁，肥貌。言以孔子大聖，而嘗為賤官不以為辱者，所謂為貧而仕，官卑祿薄，而職易稱也。朝，音潮。以出位為罪，則無行道之責；以廢道為恥，則非竊祿之官，此為貧者之所以必辭尊富而寧處貧賤也。尹氏曰：「言為貧者不可以居尊，居尊者必欲以行道。」

〔十五〕

萬章曰：「士之不託諸侯，何也？」孟子曰：「不敢也。諸侯失國而後託於諸侯，禮也。士之託於諸侯，非禮也。」萬章曰：「君餽之粟，則受之乎？」曰：「受之。」「受之何義也？」曰：「君之於氓也，固周之。」曰：「周之則受，賜之則不受，何也？」曰：「不敢也。」曰：「敢問其不敢，何也？」曰：「抱關擊柝者，皆有常職以食*於上；無常職而賜於上者，以爲不恭也。」曰：「君餽之，則受之，不識可常繼乎？」曰：「繆公之於子思也，亟*問，亟*餽鼎肉。子思不悅，於卒也，摽*使者出諸大門之外，北面稽首再拜而不受，曰：『今而後知君之犬馬畜伋。』蓋自是臺無餽也。悅賢不能舉，又不能養也，可謂悅賢乎？」

廣解《

孟子中所用的「士」字，有兩種意義：與卿大夫同提及的，例如北宮錡章所云，是有位的士；此章所云，則是無位的

朱熹章句

託，寄也，謂不仕而食其祿也。古者諸侯出奔他國，食其廩餼，謂之寄公。士無爵士，不得比諸侯。不仕而食祿，則非禮也。周，救也。視其空

士，指讀書明道而未入仕的人。託，寄也，謂若寓公，寄食於所居之國也。失國之君，寄食鄰國，叫做「寓公。」士若比於寓公，託於諸侯，則為非禮，故曰「不敢。」氓，民也。周，賙濟也。士雖不得託於諸侯，若所居之國之君以粟餽之，則亦可受；因君之於民，固可以粟米周濟之也。「周」是濟急，「賜」是不問其貧窮與否而賜予之。周之則受，賜之則不受者，因士有常職，方可食君上之祿，即抱關擊柝者，亦有其常職；若無常職而受其賜，則不恭也。孟子復引子思事以答萬章可否常繼之問。「亟，」音器，屢次也。鼎肉，禮記少儀注云：「謂牲體已解，可升於鼎。」率，終也。摽，麾也。稽首，叩頭也。伋，子思名。「犬馬畜伋，」言畜己如犬馬也。「臺，」亦作「儓，」主使令之賤吏。左傳昭公七年，言人有十等，王、公、大夫、士、皁、輿、隸、僚、僕、臺。言魯繆公悅子思之賢，而不能舉用之，又不能終養之也。

曰：「敢問國君欲養君子，如何斯可謂養矣？」曰：「以君命將之，再拜稽首而受。其後廩人繼粟，庖人繼肉，不以君命將之。子思以爲鼎肉，使己僕僕爾亟拜也，非養君子之道也。堯之於舜也，使其子九男事之，二女女*焉，百官牛羊倉廩備，以養舜於畎畝之中，後舉而加諸上位。故曰王公之尊賢者也。」

廣解《　孟子譏魯繆公不能養賢，故萬章又問：國君要養君

乏，則周恤之，無常數，君待民之禮也。賜，謂予之祿，有常數，君所以待臣之禮也。

亟，去聲，下同。摽，音杓。使，去聲。

亟，數也。鼎肉，熟肉也。卒，末也。摽，麾也。數以君命來饋，當拜受之，非養賢之禮，故不悅。而於其末後復來饋時，麾使者出拜而辭之。犬馬畜急，言不以人禮待己也。臺，賤官，主使令者。蓋繆公愧悟，自此不復令臺來致饋也。舉，用也。能養者未必能用也，況又不能養乎？

朱熹章句　初以君命來饋，則當拜受。其後有司各

子，應當怎樣。將，送也。言第一次以國君的命令送東西去，君子則再拜叩頭而受。以後國君只須叫管穀倉的廩人，繼續送米，管庖廚的庖人，繼續送肉，不必再用國君的命令送去，以免其拜賜之勞。子思那時的不高興，是因為繆公時常差人用君命送鼎肉去，使他僕僕不休的屢次下拜，這便不是尊養君子之道。「僕僕爾，」猶僕僕然，煩勞猥頓之貌。此下又引堯帝之待虞舜為例。「二女女焉，」把兩個女兒嫁他也。下「女」字去聲，作動詞用。百官牛羊倉廩，無不完備，以養舜於田畝之間。後來舉他起來，登了上位。像這樣，才可以說是王公之尊養賢人也。

〔十六〕

萬章曰：「敢問不見諸侯，何義也？」孟子曰：「在國，曰市井之臣。在野，曰草莽之臣。皆謂庶人。庶人不傳質爲臣，不敢見於諸侯，禮也。」

廣解《 萬章「不見諸侯」之問，與陳代同。而答之較詳。兩章可以參看。國，都邑也。野，鄉野田間也。所謂「市井之臣，」「草莽之臣，」都是庶人百姓。「質」同「贄。」這種庶人，在不曾執始見時的贄，自通於諸侯，而正式為諸侯之臣，就不敢進見諸侯，這是合乎禮的。」

以其職繼續所無，不以君命來饋，不使賢者有亟拜之勞也。僕僕，煩猥貌。女下字，去聲。能養能舉，悅賢之至也，惟堯舜為能盡之，而後世之所當法也。

朱熹章句 質，與贄同。傳，通也。質者，士執雉，庶人執鶩，相見以自通者也。國內莫非君臣，但未仕者與執贄在位之臣不同，故不敢見也。

萬章曰：「庶人，召之役，則往役。君欲見之，召之，則不往見之，何也？」曰：「往役，義也。往見，不義也。且君之欲見之也，何爲也哉？」

廣解《　萬章又道：「君主用命令召庶人充工役，則庶人去做工役。君主平時要見庶人，特地召他，卻不去見君主，是何意義呢？」孟子道：「去做工役，是應該的。去見君主，是不應該的。而且君主要召見庶人，究竟為了什麼呢？」

朱熹章句　往役者，庶人之職；不往見者，士之禮。

曰：「爲其多聞也。爲其賢也。」曰：「爲其多聞也，則天子不召師，而況諸侯乎？爲其賢也，則吾未聞欲見賢而召之也。繆公亟*見於子思，曰：『古千乘之國以友士，何如？』子思不悅，曰：『古之人有言，曰事之云乎！豈曰友之云乎？』子思之不悅也，豈不曰：『以位，則子君也，我臣也；何敢與君友也？以德，則子事我者也；奚可以與我友？』千乘之君，求與之友而不可得也，而況可召與*！齊景公田，招虞人以旌，不至，將殺之。志士不忘在溝壑，勇士不忘喪其元。孔子奚取焉？取非其招不往也。」

廣解《　萬章答孟子道：「君主要見庶人，因為他博學多聞，因為他有賢德。」孟子道：「既是為他多聞是要請教他了。那麼天子尚且不敢召師，何況是諸侯呢？若是為他有賢德，那麼，我沒有聽見過要見賢德的人，而用命令去召他來的。「亟」音器。

朱熹章句　為並去聲。亟、乘，皆去聲。召與之與，平聲。孟子引子思之言而釋之，以明不可召之意。喪，息浪反。說見前篇。

從前魯繆公屢次去見子思，他對子思道：「古時候有千乘國家的君主，而和士人做朋友的，你以為怎樣呢？」子思就不喜歡起來。子思的話是說：人君之於賢士，古之人有言，說事他咯！難道說友他嗎？「豈不曰」以下，是孟子解釋子思的意思。子，指繆公；我，子思自稱。由子思之事看來，國君求與賢人，尚且不可得，何況召他呢？「與」同「歟」。下又引齊景公招虞人事，解已見前。

曰：「敢問招虞人，何以？」曰：「以皮冠。庶人以旃，士以旂，大夫以旌。以大夫之招招虞人，虞人死不敢往；以士之招招庶人，庶人豈敢往哉？況乎以不賢人之招招賢人乎！欲見賢人而不以其道，猶欲其入而閉之門也。夫*義，路也。禮，門也。惟君子能由是路，出入是門也。詩云：『周道如底，其直如矢，君子所履，小人所視。』」

朱熹章句

皮冠，田獵之冠也。事見春秋傳。然則皮冠者，虞人之所有事也，故以是招之。庶人，未仕之臣。通帛曰旃。士，謂已仕者。交龍為旗，析羽而注於旗干之首曰旌。欲見而召之，是不賢人之招也。以士之招招庶人，則不敢往；以不賢人之招招賢人，則不可往矣。夫，音扶。底，詩作砥，之履反。詩小雅大東之篇。底，與砥同，礪石也。言其平也。矢，言其直也。視，視以為法也。引此以證上文能由是路之義。

廣解

萬章又問，國君招虞人，該用什麼東西也。孟子道：「國君招虞人當用皮冠，招庶人當用旃，招士則用旂，招大夫則旌。當時齊景公以招大夫的旌，去招虞人，虞人死也不敢去的。若以招士的東西去招庶人，庶人豈敢去呢？何況用招不賢人的方法去招賢人呢！國君要見賢人，而不用延見賢人之道，猶之乎要他進房屋裏來，卻把門關閉起來也。夫，音扶。義，是一條路；禮，是一扇門。只有君子能走這條路，進出這扇門。所引詩經，見小雅大東篇。周道，通行的大道，「底，」同「砥，」音紙，磨東西的石頭；「如底，」喻其平也。矢，箭也；如矢，喻其直也。履，踐行也。引此詩，以惟君子能踐行此平直之道，喻惟君子能由義之路，出入禮之門。

萬章曰：「孔子『君命召，不俟駕而行，』然則孔子非與？」曰：「孔子當仕有官職，而以其官召之也。」

廣解《 此萬章又問也。「孔子君命召，不俟駕而行，」見論語鄉黨。今言君召亦不往見，則孔子非與？「與，」同「歟」。」孟子答道：「孔子那時候正在做官，有他的職務，魯君以他的官召之，故不俟駕而行也。」

朱熹章句　與，平聲。孔子方仕而任職，君以其官名召之，故不俟駕而行。徐氏曰：「孔子、孟子，易地則皆然。」此章言不見諸侯之義，最為詳悉，更合陳代、公孫丑所問者而觀之，其說乃盡。

〔十七〕

孟子謂萬章曰：「一鄉之善士，斯友一鄉之善士。一國之善士，斯友一國之善士。天下之善士，斯友天下之善士。以友天下之善士爲未足，又尚論古之人。頌其詩，讀其書，不知其人可乎？是以論其世也；是尚友也。」

廣解《 此章言自己為如何人，才可以與如何人為友，自一鄉推至一國天下，都是一樣。友了天下之善士，尚以為不足，又須上論古之人。誦古人之詩，讀古人之書，而不知古人的生平行事，豈可乎？所以又要考論他的時代。這樣，就是上友古之人

朱熹章句　言己之善蓋於一鄉，然後能盡友一鄉之善士。推而至於一國天下皆然，隨其高下以為廣狹也。尚，上同。言進而上也。頌，誦通。論其世，論其當世行事之跡也。言既觀其言，則不可以不知其為人之實，是以又考其行也。夫能友天下之善士，其所

了。「尚」同「上」。「頌」同「誦」。」

〔十八〕

齊宣王問卿。孟子曰：「王，何卿之問也？」王曰：「卿不同乎？」曰：「不同。有貴戚之卿，有異姓之卿。」王曰：「請問貴戚之卿。」曰：「君有大過則諫，反覆之而不聽，則易位。」王勃然變乎色。曰：「王勿異也。王問臣，臣不敢不以正對。」王色定。然後請問異姓之卿。曰：「君有過則諫，反覆之而不聽，則去。」

廣解《 「問卿」者，問為卿之道，應該怎樣也。與國君有親族關係的，叫「貴戚之卿。」與國君不同姓的，叫「異姓之卿。」貴戚之卿與國君關係密切，國君有大過，反覆的諫他而不聽，則將危及國家，故易置其君也。異姓之卿，則與國君關係既疏，且無易君之權，故君有過失，則諫，反覆的諫他而仍舊不聽，惟有離去這個國家而已。勃然，變色之貌。

友眾矣，猶以為未足，又進而取於古人。是能進其取友之道，而非止為一世之士矣。

朱熹章句 大過，謂足以亡其國者。易位，易君之位，更立親戚之賢者。蓋與君有親親之恩，無可去之義。以宗廟為重，不忍坐視其亡，故不得已而至於此也。勃然，變色貌。孟子言也。君臣義合，不合則去。此章言大臣之義，親疏不同，守經行權，各有其分。貴戚之卿，小過非不諫也，但必大過而不聽，乃可易位。異姓之卿，大過非不諫也，雖小過而不聽，已可去矣。然三仁貴戚，不能行之於紂；而霍光異姓，乃能行之於昌邑。此又委任權力之不同，不可以執一論也。

告子篇第六

(一)

告子曰：「性，猶杞柳也。義，猶桮棬也。以人性爲仁義，猶以杞柳爲桮棬。」孟子曰：「子能順杞柳之性而以爲桮棬乎？將戕賊杞柳而後以爲桮棬也！如將戕賊杞柳而以爲桮棬，則亦將戕賊人以爲仁義與？率天下之人而禍仁義者，必子之言夫！」

廣解《　告子，見公孫丑篇注。杞柳，是一種落葉灌木，山東河北等處產生尤多。桮，音杯。棬，音圈。桮棬，是一種屈木所製的器具，有如卮匜之類。告子言人的性質，自然生成，猶如杞柳，也是自然生成的。而義，則有如桮棬，是人工製成的。若要以人性為仁義，有如把杞柳製成桮棬，非加人工不可。告子蓋以「善」為由於「人為，」非天性本然，故有此喻。孟子主性善，以仁義為性所固有，而非出於「人為，」故就告子之喻以駁之。戕賊，猶言殘害。用杞柳製桮棬，須用刀斧劈之、斲之，故曰「將戕賊杞柳，而後以為桮棬。」既不能順杞柳之性以製成桮棬，而須加以戕賊，則亦將戕賊了人去做仁義嗎？率天下的人，以仁義為禍害的，必定是這句話了！

朱熹章句　桮，音杯。棬，丘圓反。

性者，人生所稟之天理也。杞柳，櫃柳。桮棬，屈木所為，若卮匜之屬。告子言人性本無仁義，必待矯揉而後成，如荀子性惡之說也。戕，音牆。與，平聲。夫，音扶。

言如此，則天下之人皆以仁義為害性而不肯為，是因子之言而為仁義之禍也。

〔二〕

告子曰：「性，猶湍*水也。決諸東方則東流，決諸西方則西流。人性之無分於善不善也，猶水之無分於東西也。」孟子曰：「水信無分於東西；無分於上下乎？人性之善也，猶水之就下也！人無有不善，水無有不下。今夫水，搏而躍之，可使過顙；激而行之，可使在山，是豈水之性哉？其勢則然也。人之可使爲不善，其性亦猶是也。」

廣解《 「湍，」他端反。湍水，波流瀠洄的水也。告子又說：「人的性，猶如湍水，決他向東則東流，決他向西則西流。人性的分不出什麼善和不善，猶水之分不出向東或向西也。」孟子道：「水，的確是分不出向東向西的；難道分不出向上向下嗎？人的性是善的，猶水的性是向下流的。所以人性無有不善，水性無有不向下的。水，把它打著，可使它跳起來，高過人的額頭；把它壅激起來，可使它反而流到山上去。這難道是水的本性嗎？它是迫於勢而這樣的。一個人之可使他為不善，也如水的過顙在山一樣，被迫而然，並非本性也。」

朱熹章句 湍，他端反。湍，波流瀠回之貌也。告子因前說而小變之，近於揚子善惡混之說。言水誠不分東西矣，然豈不分上下乎？性即天理，未有不善者也。夫，音扶。搏，補各反。搏，擊也。躍，跳也。顙，額也。水之過額在山，皆不就下也。然其本性未嘗不就下，但為搏激所使而逆其性耳。此章言性本善，故順之而無不善；本無惡，故反之而後為惡，非本無定體，而可以無所不為也。

〔三〕

告子曰：「生之謂性。」孟子曰：「生之謂性也，猶白之謂白與*？」曰：「然。」「白羽之白也，猶白雪之白；白雪之白，猶白玉之白與*？」曰：「然。」「然則犬之性，猶牛之性；牛之性，猶人之性與*？」「與，」同「歟。」

廣解《 朱注云：「生，指人物之所以知覺運動者而言。」又云：「與近世佛氏所謂『作用是性』者略相似。」按白虎通性情篇云：「性者，生也。」「性」字從「心」「生」聲；以「生」釋「性，」亦音訓也。「生，」即「生活，」「生命。」「生之謂性，」是謂凡有生命的皆有此性，即趙州和尚所謂「狗子亦有佛性」也。故孟子以「生之謂性猶白之謂白與」反問之。蓋以凡白色之物皆謂之白，比凡有生命之物皆有此性也。故告子逕應之曰「然。」孟子又詢以白羽之「白，」白雪之「白，」白玉之「白，」是否無別。告子又應之曰「然。」犬、牛、人，皆有生命的動物；如告子所言，則犬之「性、」牛之「性、」與人之「性」同矣。知人之性與犬牛之性不同，則「生之謂性」之說自破。孟子之意，以為人之所以異於犬牛者，正以其性之善也。

朱熹章句 生，指人物之所以知覺運動者而言。告子論性，前後四章，語雖不同，然其大指不外乎此，與近世佛氏所謂作用是性者略相似。與，平聲。下同。

白之謂白，猶言凡物之白者，同謂之白，更無差別也。白羽以下，孟子再問而告子曰然，則是謂凡有生者同是一性矣。

孟子又言若果如此，則犬牛與人皆有知覺，皆能運動，其性皆無以異矣，於是告子自知其說之非而不能對也。愚按：性者，人之所得於天之理也；生者，人之所得於天之氣也。性，形而上者也；氣，形而下者也。人物之生，莫不有是性，亦莫不有是氣。然以氣言之，則知覺運動，人與物若不異也；以理言之，則仁義禮智之？豈物之所得而全哉？此人之性所以無不善，而為萬物之靈也。告子不知性之為理，而以所謂氣者當之，是以杞柳湍水之喻，食色無善無不善之說，縱橫繆戾，紛紜舛錯，而此章之誤乃其本根。所以然者，蓋徒知知覺運動之蠢然者，人與物同；而不知仁義禮智之粹然者，人與物異也。孟子以是折之，其義精矣。

〔四〕

告子曰：「食色，性也。仁，內也，非外也。義，外也，非內也。」孟子曰：「何以謂仁內義外也？」曰：「彼長*而我長之，非有長於我也；猶彼白而我白之，從其白於外也，故謂之外也。」曰：「異於白馬之白也，無以異於白人之白也。不識長馬之長也，無以異於長人之長與*？且謂長者義乎？長之者義乎？」

廣解

飲食男女，人之大欲存焉，故食欲性慾，為人之本能，因謂之性也。仁愛之心亦出於人的本性，從內裏發出，故告子以為是「內」非「外」者，宜也。事之宜不宜，似乎在事的本身，故告子以為是「外」非「內」。孟子是主張人性皆善的，仁義都是人性所固有，故反問之曰：「何以謂仁內義外也？」長，上聲。「彼長，」彼年長也。「我長之，」我以彼為長也。「彼白，」彼色白也。「我白之，」我以為白也。彼色白而我以為白，「白」不在我；彼長而我長之，「長」亦不在我而在彼，故告子以為是「外」而非「內」。「長長，」即是「義。」告子以此釋其「義外」之說也。「曰異於白……」以下，孟子又答也。朱注謂「異於」二字為衍文，當刪去。「白馬之白也，無以異於白人之白也，」是承告子以「白」喻「長」之說而言。趙注則「異於白」三字為一句。言「長」與「白」不同也。白馬之白，與白人之白同；長馬之長，則與長人之長異；

朱熹章句

告子以人之知覺運動者為性，故言人之甘食悅色者即其性。故仁愛之心生於內，而事物之宜由乎外。學者但當用力於仁，而不必求合於義也。

長，上聲，下同。

我長之，我以彼為長也；我白之，我以彼為白也。

與，平聲，下同。

張氏曰：「上異於二字疑衍。」李氏曰：「或有闕文焉。」愚按：白馬白人，所謂彼白而我白之也；長馬長人，所謂彼長而我長之也。白馬白人不異，而長馬長人不同，是乃所謂義也。義不在彼之長，而在我長之之心，則義之非外明矣。

故曰「異於白」也。「長馬，」以馬為老也。以馬為老，並無敬此老馬之意；「長人，」則有敬長之心；故不同也。且所謂「義」者，不是指他的年長而言，是指「我以為長而尊敬之」之意而言。此則發於我之內心者也。故「義」亦是「內」而非「外。」按公孫丑篇，孟子嘗云：「告子未嘗知義，以其外之也。」即指此。

曰：「吾弟則愛之，秦人之弟則不愛也，是以我爲悅者也；故謂之內。長楚人之長，亦長吾之長，是以長爲悅者也；故謂之外也。」曰：「耆*秦人之炙*，無以異於耆*吾炙*，夫*物則亦有然者也；然則耆炙亦有外與*？」耆，今作嗜，音自。炙，音隻。夫，音扶。與，作歟。

廣解《

此告子又辯也愛我之弟而不愛秦人之弟，則愛與不愛，完全以「我」為主，故謂之「內。」此即「仁內」之說。楚國人的長輩，我亦長之敬之；我自己的長輩，我亦長之敬之；則長之與否，完全以「彼」之是否年長為主，故謂之「外。」此即「外義」之說。孟子又以耆炙為喻駁之。「耆」同「嗜，」是喜歡吃的意思。炙，是燒好的肉。秦人燒的肉我喜歡吃，我自己燒的肉也喜歡吃；這和告子所說「長楚人之長亦長吾之長」正同。若以此為長長之義是「外」非「內」之證，則此嗜炙之心情亦是「外」非「內」矣。但告子明云「食色性也；」嗜炙，即是「食欲，」決不是在「外」的，是發自內心的。「嗜炙」既是在內的，則「長長」也是在內的了。

按本篇記告子論性之言，四章相連，而其說不同。第一章，

朱熹章句

言愛主於我，故仁在內；敬主於長，故義在外。耆，與嗜同。夫，音扶。

言長之耆之，皆出於心也。林氏曰：「告子以食色為性，故因其所明者而通之。」自篇首至此四章，告子之辯屢屈，而屢變其說以求勝，卒不聞其能自反而有所疑也。此正其所謂不得於言勿求於心者，所以卒於鹵莽而不得其正也。

以杞柳桮棬為喻，是疑仁義出於人為的造作也；此與荀子「人之性惡，其善者偽也」之說相近。第二章，以湍水為喻，是疑人性無善不善之分也；此即性可以為善可以為惡之說也。第三章，言「生之謂性，」此即佛氏「作用是性」之旨也。第四章，則又主「仁內義外」之說。曰仁內，則已承認「性善」說矣；但猶以「義」為「外」耳。「仁內義外」之說，見管子戒篇及墨子經上篇。是告子之屢問孟子而屢變其旨，蓋舉所聞當時論性之說，向孟子質疑問難，為請益之辭，非自立一說，以與孟子抗衡也。孟子之不憚煩瀆，反覆辯證，亦因其問難而啟發之，非如距楊墨之言之辭而闢之也。趙岐謂告子是孟子弟子，或亦因此乎？

〔五〕

孟季子問公都子曰：「何以謂義內也？」曰：「行吾敬，故謂之內也。」「鄉人長於伯兄一歲，則誰敬？」曰：「敬兄。」「酌則誰先？」曰：「先酌鄉人。」「所敬在此，所長在彼，果在外，非由內也。」公都子不能答，以告孟子。孟子曰：「敬叔父乎？敬弟乎？彼將曰：『敬叔父。』曰：『弟爲尸，則誰敬？』彼將曰：『敬弟。』子曰：『惡在其敬叔父也？』彼將曰：『在位故也。』子亦曰：『在位故也。庸敬在兄，斯須之敬在鄉人。』」季子聞之曰：「敬叔父則敬，敬弟則敬，果在外，非由內也。」公都子曰：「冬日則飲湯，夏日則飲水，然則飲食亦在外也。」

朱熹章句

孟季子，疑孟仲子之弟也。蓋聞孟子之

廣解《

朱注疑孟季子，即孟仲子之弟。趙氏無注。疏則以季任當之，翟灝考異謂經文未有「孟」字，趙佑溫故錄亦云非孟子從弟。他聽了告子仁內義外之說，也以告子為是，所以問公都子道：「何以說義是內的？」公都子答道：「因為行我的恭敬，所以說他是內。」孟季子又道：「假如一個同鄉的人，他大於長兄一歲，則應該敬重那一個？」公都子道：「應該敬長兄。」孟季子道：「請他們兩人吃酒，先酌那一個？」公都子道：「這應該先酌鄉人。」孟季子駁道：「所敬的是兄，年長的卻是鄉人；照此看來，所謂義者，果然是在外而不是在內的了。」公都子聽了這話，不能對答，只得去告訴孟子。孟子道：「你只問他：『一個人敬叔父呢？還是敬弟呢？』他將說道：『敬叔父。』你再問他：『弟在祭祀時作代表神的尸，那末在弟和叔父之間，你將敬誰呢？』他將說道：『敬弟。』你再問他：『這樣，怎麼說敬叔父呢？』他將說道：『為了在尸位的原故。』你也就可以說，『所以敬鄉人的原故，也是為了「在位」的緣故。』平時的敬重，是在兄；暫時的敬重，是在鄉人。」孟季子聽了這句話，又說道：「敬叔父則這樣敬，敬弟則那樣敬，這樣看來，則所謂義者，果然是在外，不是在內的了！」公都子道：「冬日則飲熱湯，夏日則飲冷水。照你這樣說，則飲食也是在外的了！」「惡在」之「惡，」音烏，何也。

〔六〕

言而未達，故私論之。所敬之人雖在外，然知其當敬而行吾心之敬以敬之，則不在外也。長，上聲。

伯，長也。酌，酌酒也。此皆季子問、公都子答，而季子又言，如此則敬長之心，果不由中出也。

惡，平聲。尸，祭祀所主以象神，雖子弟為之，然敬之當如祖考也。在位，弟在尸位，鄉人在賓客之位也。庸，常也。斯須，暫時也。言因時制宜，皆由中出也。此亦上章耆炙之意。

范氏曰：「二章問答，大指略同，皆反覆譬喻以曉當世，使明仁義之在內，則知人之性善，而皆可以為堯舜矣。」

公都子曰：「告子曰：『性無善，無不善也。』或曰：『性可以爲善，可以爲不善。是故文武興則民好善，幽厲興則民好暴。』或曰：『有性善，有性不善。是故以堯爲君而有象，以瞽瞍爲父而有舜，以紂爲兄之子，且以爲君，而有微子啓，王子比干。』今曰性善，然則彼皆非與*？」

廣解《 公都子引告子的話道：「一個人的性，無所謂善，亦無所謂不善。」又引或人的話道：「人的性，是可以使他為善，也可以使他為不善的：所以文王武王興起來了，則百姓都跟著好善。幽王厲王興起來了，則百姓都跟著好暴。」又引另一個或人的話道：「人的性，有生來是善的，也有生來是不善的。故以堯帝為君，而有暴戾的象；以瞽瞍為父，而有純孝的舜；以紂王為其兄的兒子，而且人君，而有微子啟，王子比干這些善人。」如今說人性是善的，那麼，上面諸人所說的話，都不對嗎？按，微子是紂王的庶兄，比干才是紂王的叔父。此處併在一處言，是因行文的便利。此顧炎武說，見日知錄。翟顥考異據陸九淵答周元忠書，以為微子啟與王子比干皆紂父帝乙之弟。孟子與史記不同，不當因史記而疑孟子。其說亦可通。「好，」去聲。「與，」同「歟。」

朱熹章句 此亦「生之謂性、食色性也」之意，近世蘇氏、胡氏之說蓋如此。好，去聲。此即湍水之說也。韓子性有三品之說蓋如此。按此文，則微子、比干皆紂之叔父，而書稱微子為商王元子，疑此或有誤字。與，平聲。

孟子曰：「乃若其情，則可以爲善矣，乃所謂善也。若夫爲不善，非才之罪也。惻隱之心，人皆有之。羞惡之心，人皆有之。恭敬之心，人皆有之。是非之心，人皆有之。惻隱之心，仁也。羞惡之心，義也。恭敬之心，禮也。是非之心，智也。仁義禮智，非由外鑠我也，我固有之也，弗思耳矣。故曰，求則得之，舍則失之。或相倍蓰而無算者，不能盡其才者也。」

朱熹章句

乃若，發語辭。情者，性之動也。人之情，本但可以為善而不可以為惡，則性之本善可知矣。夫，音扶。

才，猶材質，人之能也。人有是性，則有是才，性既善則才亦善。人之為不善，乃物欲陷溺而然，非其才之罪也。

惡，去聲。舍，上聲。蓰，音師。

恭者，敬之發於外者也；敬者，恭之主於中者也。鑠，以火銷金之名，自外以至內也。算，數也。言四者之心人所固有，但人自不思而求之耳，所以善惡相去之遠，由不思不求而不能擴充以盡其才也。前篇言是四者為仁義禮智之端，而此不言端者，彼欲其擴而充之，此直因用以著其本體，故言有不同耳。

廣解

程瑤田通藝錄謂「乃若」為語詞；「其情，」謂為不善者之情；惻隱、羞惡、恭敬、是非之心，即情也。為不善者之情，本亦可以為善，此乃我所謂「善」也。若夫成為不善，則非才之罪；才，質也，材也。戴震孟子字義疏證則謂「情，」猶素也，實也，非性情之情；「才，」以體質言；性，以本始言。焦氏正義，則謂人「性」同具神明之德，故「情」可旁通，而可以為善；運旋乎情，使能旁通，以致窮理盡性之功者，則為「才。」才不才，即智愚之別。三說實小異而大同。鑠，以火銷金屬也，從外面熱進去，故曰外鑠。倍是一倍，蓰是五倍，四端為我內心所固有，求則得之，舍則失之，有得有失，以致人的善不善相差一倍或五倍，甚而至於無數倍，都是不能盡其天生的材質之故也。「夫，」音扶。「惡，」去聲。「舍，」去聲。「蓰，」音徙。

「詩云：『天生蒸民，有物有則，民之秉夷，好是懿德。』孔子曰：『爲此詩者，其知道乎！故有物必有則，民之秉夷也，故好是懿德。』」

廣解︽ 所引詩經，見大雅烝民篇。烝，眾也。詩作「烝。」物，事也。則，法也。秉，執也。夷，常也。好，去聲。懿，美也。言天生眾民，有事物必有法則，眾民所秉的常性，都是喜好懿美的道德的。孟子引此詩，又引孔子之言，并加以說明也。

〔七〕

孟子曰：「富歲子弟多賴，凶歲子弟多暴。非天之降才爾殊也，其所以陷溺其心者然也。今夫麰麥，播種而耰之，其地同，樹之時又同，浡然而生，至於日至之時，皆熟矣。雖有不同，則地有肥磽，雨露之養，人事之不齊也。故凡同類者，舉相似也。何獨至於人而疑之？聖人與我同類者。故龍子曰：『不知足而為屨，我知其不為蕢也。』屨之相似，天下之足同也。」

廣解︽ 富歲，豐年也。趙岐以「善」訓「賴。」朱注云：「賴，

朱熹章句 好，去聲。詩大雅烝民之篇。蒸，詩作烝，眾也。物，事也。則，法也。夷，詩作彝，常也。懿，美也。有物必有法：如有耳目，則有聰明之德；有父子，則有慈孝之心，是民所秉執之常性也，故人之情無不好此懿德者。以此觀之，則人性之善可見，而公都子所問之三說，皆不辯而自明矣。程子曰：「性即理也，理則堯舜至於塗人一也。才稟於氣，氣有清濁，稟其清者為賢，稟其濁者為愚。學而知之，則氣無清濁，皆可至於善而復性之本，湯武身之是也。孔子所言下愚不移者，則自暴自棄之人也。」又曰：「論性不論氣，不備；論氣不論性，不明，二之則不是。」張子曰：「形而後有氣質之性，善反之則天地之性存焉。故氣質之性，君子有弗性者焉。」愚按：程子此說才字，與孟子本文小異。蓋孟子專指其發於性者言之，故以為才無不善；程子兼指其稟於氣者言之，則人之才固有昏明強弱之不同矣，張子所謂氣質之性是也。二說雖殊，各有所當，然以事理考之，程子為密。蓋氣質所稟雖有不善，而不害性之本善；性雖本善，而不可以無省察矯揉之功，學者所當深玩也。

朱熹章句 富歲，豐年也。賴，借也。豐年衣食饒足，故有所顧借而為善；凶年衣食不足，故有以陷溺

藉也。豐年衣食饒足，故有所藉而為善。」與趙說略異。阮元謂「賴」即「嬾，」懈也。言富歲粒米狼戾，民多懈怠。較趙朱二注為長。蓋年豐，則生活裕如，故青年子弟多懈嬾；年凶，則生活窘迫，故青年子弟多暴戾。爾，如此也。言非天生之材質如此不同；所以陷溺其心之環境如此也。夫，音扶。麰麥，大麥。凡麥，下種之後，當覆以土，故曰「播種而耰之。」樹，種也。「浡然，」猶云蓬蓬勃勃地。「日至之時，」當成熟之期也。孔廣森趙佑謂「日至」指夏至，夏至，則麥之遲者亦熟。管子輕重篇亦云「夏至而麥熟。」肥，沃也；磽，苦交切，薄也。此以麰麥喻人性，以地之肥磽，雨露人事之不齊，喻後天環境之不同。屨，麻鞋。蕢，草器。織屨者雖不知人足之大小，但必以足形，不至做成蕢的形狀；因為天下之足，形狀是同的。

其心而為暴。夫，音扶。麰，音牟。耰，音憂。磽，苦交反。

麰，大麥也。耰，覆種也。日至之時，謂當成熟之期也。磽，瘠薄也。聖人亦人耳，其性之善，無不同也。蕢，音匱。

蕢，草器也。不知人足之大小而為之屨，雖未必適中，然必似足形，不至成蕢也。

「口之於味，有同耆*也。易牙，先得我口之所耆者也。如使口之於味也，其性與人殊，若犬馬之與我不同類也，則天下何耆*皆從易牙之於味也？至於味，天下期於易牙，是天下之口相似也。惟耳亦然，至於聲，天下期於師曠，是天下之耳相似也。惟目亦然。至於子都，天下莫不知其姣也。不知子都之姣者，無目者也。故曰：口之於味也，有同耆*焉。耳之於聲也，有同聽焉。目之於色也，有同美焉。至於心，獨無所同然乎？心之所同然者，何也？謂理也，義也。聖人先得我心之所同然耳。故理義之悅我心，猶芻豢之悅我口。」

廣解《「耆，」同嗜。易牙，春秋時齊桓公之饔人，最善烹調，名巫，字易牙。師曠，晉平公樂師，善音樂。子都，古之美貌者。詩鄭風山有扶蘇云：「不見子都，乃見狂且。」按左傳隱十一年杜預注云：「子都，鄭大夫公孫閼。」姣，美她。同然者，皆以為是者也。牛羊食草，草即芻，所以即稱牛羊為芻；犬豕食穀，豢飼於人，所以即稱犬豕為豢。此芻豢，指牛羊犬豕之肉。此章以理義為人心之所同然，明人性之皆善。

〔八〕

孟子曰：「牛山之木嘗美矣。以其郊於大國也，斧斤伐之，可以為美乎？是其日夜之所息，雨露之所潤，非無萌蘖*之生焉；牛羊又從而牧之，是以若彼濯濯也。人見其濯濯也，以為未嘗有材焉，此豈山之性也哉？

廣解《牛山，齊國城外的一座大山。它的樹木，本來是極其盛美的。因為它在大國的近郊，人人拿斧頭去砍伐它，可以保全它的盛美麼？甚，滋生也。日日夜夜之所生息，雨露之所滋潤，不是沒有萌芽出生來；無奈牧童又把牛羊驅上去嚼吃，去踐踏，所以一座草木盛美的山，弄得一無所有了。人們見它一些沒有草木，就以為這座山未嘗有過材木，這個，豈是這座山的本性嗎？萌，芽也；蘖，芽之旁出者也。濯濯，光潔之貌。

朱熹章句 耆，與嗜同，下同。易牙，古之知味者。言易牙所調之味，則天下皆以為美也。師曠，能審音者也。言師曠所和之音，則天下皆以為美也。姣，古卯反。子都，古之美人也。姣，好也。然，猶可也。草食曰芻，牛羊是也；穀食曰豢，犬豕是也。程子曰：「在物為理，處物為義，體用之謂也。孟子言人心無不悅理義者，但聖人則先知先覺乎此耳，非有以異於人也。」程子又曰：「理義之悅我心，猶芻豢之悅我口，此語親切有味。須實體察得理義之悅心，真猶芻豢之悅口，始得。」

朱熹章句 蘖，五割反。牛山，齊之東南山也。邑外謂之郊，言牛山之木，前此固嘗美矣，今為大國之郊，伐之者眾，故失其美耳。息，生長也。日夜之所息，謂氣化流行未嘗間斷，故日夜之閒，凡物皆有所生長也，萌，芽也。蘖，芽之旁出者也。濯濯，光潔之貌。材，材木也。言山木雖伐，猶有萌蘖，而牛羊又從而害之，是以至於光潔而無草木也。

「雖存乎人者，豈無仁義之心哉？其所以放其良心者，亦猶斧斤之於木也。旦旦而伐之，可以爲美乎？其日夜之所息，平旦之氣，其好惡*與人相近也者幾希；則其旦晝之所爲，有牿*亡之矣。牿之反覆，則其夜氣不足以存；夜氣不足以存，則其違禽獸不遠矣。人見其禽獸也，而以爲未嘗有才焉者，是豈人之情也哉？

廣解

上節說山，實是以山比人，此節就說到人了。存乎人心的仁義，也是和山固有的草木一樣。仁義之心，就是人的良心。人們之所以放失其良心，亦猶斧頭的伐木一樣，一天一天地把樹木砍伐，怎麼還能夠盛美呢？不過良心，仍時有滋息，也如牛山，日日夜夜的生息草木。當天初明時，神氣清明，良心時一發現，這叫做「平旦之氣。」他心中的所好或所惡，與一般人祇有幾希相近者，因為他白天裏所作所為，又將他的良心擾亂（牿）了，亡失了也。反反覆覆地攪亂，所以弄到後來，良心發現的夜氣，也一些不足以保存；夜氣一些都不存在，那末他和禽獸的相去也不遠了。人家見他是與禽獸一樣了，便以為他未嘗有可以為善的材質，這豈是人的實情嗎？平旦，平明，天初曉的時候。「好，」「惡，」皆去聲。「有，」同「又。」「牿，」同「梏，」攪也。情，誠也，實也。

朱熹章句

好、惡，並去聲。良心者，本然之善心，即所謂仁義之心也。平旦之氣，謂未與物接之時，清明之氣也。好惡與人相近，言得人心之所同然也。幾希，不多也。梏，械也。反覆，展轉也。言人之良心雖已放失，然其日夜之間，亦必有所生長。故平旦未與物接，其氣清明之際，良心猶必有發見者。但其發見至微，而旦晝所為之不善，又已隨而梏亡之，如山木既伐，猶有萌櫱，而牛羊又牧之也。晝之所為，既有以害其夜之所息，又不能勝其晝之所為，是以展轉相害。至於夜氣之生，日以寖薄，而不足以存其仁義之良心，則平旦之氣亦不能清，而所好惡遂與人遠矣。

「故苟得其養，無物不長；苟失其養，無物不消。孔子曰：『操則存，舍則亡。出入無時，莫知其鄉。』惟心之謂與*？」

廣解《 此是上兩節的總結。言良心與草木，得其養，則長；失其養，則消也。下又引孔子的話來作證。操，持也；操持之，即得其養；舍，同捨，舍棄之，即失其養。操則存，即「求則得之；」舍則亡，即「舍則失之。」謂心存於內而不亡失；出，謂心放於外而不知求。出入無時，故所以操之求之者，無刻之可懈；少懈，則放心難求，而莫知其所向矣。「鄉」同「嚮，」今作「向。」「與，」同「歟。」此童言人之所以不善，由於不知操持，而放失牿亡其良心。

朱熹章句 長，上聲。山木人心，其理一也。舍，音捨。與，平聲。孔子言心，操之則在此，捨之則失去。其出入無定時，亦無定處如此。孟子引之，以明心之神明不測，得失之易，而保守之難。不可頃刻失其養。學者當無時不用其力，使神清氣定，常如平旦之時，則此心常存，無道而非仁義矣。程子曰：「心豈有出入，亦以操舍而言耳，操之之道，敬以直內而已。」愚聞之師曰：「人，理義之心未嘗無，惟持守之即在爾。若於旦晝之間，不至梏亡，則夜氣愈清。夜氣清，則平旦未與物接之時，湛然虛明氣象，自可見矣。」孟子發此夜氣之說，於學者極有力，宜熟玩而深省也。

〔九〕

孟子曰：「無或*乎王之不智也。雖有天下易生之物也，一日暴*之，十日寒之，未有能生者也。吾見亦罕矣。吾退而寒之者至矣。吾如有萌焉何哉？今夫*弈之爲數，小數也；不專心致志，則不得也。弈秋，通國之善弈者也。使弈秋誨二人弈，其一人專心致志，惟弈秋之爲聽。一人雖聽之，一心以爲有鴻鵠將至，思援弓繳*而射*之；雖與之俱學弗若之矣。爲是其智弗若與*？曰：非然也。」

廣解《 「或，」同「惑。」「暴，」作「曝。」「王，」疑指齊宣王。大概那時有人怪王不智，而孟子又不幫他的忙，所以孟子說這一番話。凡物之生長，皆需要日光暖氣。所以即使天下最易生長的

朱熹章句 或，與惑同，疑怪也。王，疑指齊王。易，去聲。暴，步卜反。見，音現。暴，溫之也。我見王之時少，猶一日暴之也；我退則諂諛雜進之日多，是十日寒之也。雖有萌櫱之生，我

東西，在太陽下曬了一日，就要使牠冷十日，當然是不會生長的了。意思是以曬太陽比喻人君近賢人。「吾見亦罕矣」者，孟子自言見王甚少也。「我退而寒之者至矣」者，言我退而王又與小人接近也。則雖有善心之萌，吾亦無如之何矣。弈，就是著圍棋。弈秋是古時一個最能著圍棋的人，名秋。數，術也。著棋，本來是一件小技藝，可是若不專心致志，就得不到著法的訣巧。假定使弈秋去教誨兩個人學棋。其中一人，專心致志，只聽弈秋的話。其他一人，雖然也聽著弈秋的話，心裏卻以為有一隻鴻鵠，將要飛來了，想拿了弓，將繩繫了箭(繳)去射鴻鵠，心思一分，學棋的成績必定不及專心致志的那一個人了。難道為了他的聰明不及那一人嗎？這當然可以說不是的。「今夫」之「夫，」音扶。繳音灼，以繩繫矢而射也。射，入聲，食亦反。「弗若與」之「與，」同「歟。」

〔十〕

孟子曰：「魚，我所欲也。熊掌，亦我所欲也。二者不可得兼，舍魚而取熊掌者也。生，亦我所欲也。義，亦我所欲也。二者不可得兼，舍生而取義者也。生亦我所欲，所欲有甚於生者，故不爲苟得也。死亦我所惡*，所惡*有甚於死者，故患有所不辟*也。

廣解《 「舍，」同捨，棄也。此以魚與熊掌喻生與義，明雖同為

亦安能如之何哉？夫，音扶。繳，音灼。射，食亦反。為是之為，去聲。若與之與，平聲。弈，圍棋也。數，技也。致，極也。弈秋，善弈者名秋也。繳，以繩系矢而射也。

程子為講官，言於上曰：「人主一日之間，接賢士大夫之時多，親宦官宮妾之時少；則可以涵養氣質，而熏陶德性。」時不能用，識者恨之。范氏曰：「人君之心，惟在所養。君子養之以善則智，小人養之以惡則愚。然賢人易疏，小人易親，是以寡不能勝眾，正不能勝邪。自古國家治日常少，而亂日常多，蓋以此也。」

朱熹章句 舍，上聲。

我之所欲，但如得生而有害於義，寧舍生而取義也。所欲之甚於生者，即指「義。」不為苟得，不苟得生也。所惡之甚於死者，即指「不義。」不避患，言雖死亦所不避也。惡，去聲。「辟，」同「避。」

魚與熊掌皆美味，而熊掌尤美也。惡、辟，皆去聲，下同。釋所以舍生取義之意。得，得生也。欲生惡死者，雖眾人利害之常情；而欲惡有甚於生死者，乃秉彝義理之良心，是以欲生而不為苟得，惡死而有所不避也。

「如使人之所欲，莫甚於生，則凡可以得生者，何不用也？使人之所惡*，莫甚於死者，則凡可以辟*患者，何不爲也？由是則生而有不用也，由是則可以辟*患而有不爲也。是故所欲有甚於生者，所惡*有甚於死者，非獨賢者有是心也。人皆有之，賢者能勿喪耳。

廣解《

此節承上節而言。以「由是則生而有不用，」「由是則可以避患而有不焉」為據，以明人之所欲有甚於生，所惡有甚於死；且不獨賢者有此心，人人皆有此心，不過賢者能勿喪失而已。「喪，」去聲。

朱熹章句

設使人無秉彝之良心，而但有利害之私情，則凡可以偷生免死者，皆將不顧禮義而為之矣。由其必有秉彝之良心，是以其能舍生取義如此。喪，去聲。羞惡之心，人皆有之，但眾人汨於利慾而忘之，惟賢者能存之而不喪耳。

「一簞食*，一豆羹，得之則生，弗得則死。嘑*爾而與之，行道之人弗受；蹴*爾而與之，乞人不屑也。萬鍾，則不辨禮義而受之。萬鍾於我何加焉？爲宮室之美，妻妾之奉，所識窮乏者得我與*？鄉*爲身死而不受，今爲宮室之美爲之；鄉*爲身死而不受，今爲妻妾之奉爲之；鄉*爲身死而不受，今爲所識窮乏者得我而爲之：是亦不可以已乎？此之謂失其本心。」

廣解《

「食，」音飼。「嘑，」今作「呼。」蹴，音促，以足蹋之也。

朱熹章句

食，音嗣。嘑，呼故反。蹴，子六反。

「與，」同「歟。」「鄉，」作「嚮，」亦作「向。」「為，」去聲。一簞食，一笥箕的飯；一豆羹，一木盌的羹。飢餓的人對於這些兒東西，是得之則生，弗得則死的。假使拿著這飯這羹，大聲呼叱：「來吃這些東西罷！」這樣，就是路過的陌生人，也是弗願意領受的。假使更進一步，把這些東西放在地下，蹬著腳，表示給他吃，就是叫化子，也不屑意領受了。可見人皆有羞惡之心，寧可餓死，不肯受辱。這一段是證明上文所謂「所欲有甚於生，所惡有甚於死」的心，是人皆有之的。但是萬鍾的厚祿，則世人往往不辨禮義而受之。萬鍾之祿雖厚，於我有什麼益處呢？為了所住的房屋的華美，三妻四妾的奉事，我所素識的窮乏朋友，可以得我些恩惠嗎？從前情願忍著凍餓，不肯為免死而受人的簞食豆羹，現在則為了房屋的華美，妻妾的奉事，所識的窮乏朋友可以得我些恩惠，而竟受萬鍾之祿。這不是可以罷休的事嗎？這個，可以說是失了他的本心了。

豆，木器也。嘑，咄啐之貌。行道之人，路中凡人也。蹴，踐踏也。乞人，丐乞之人也。不屑，不以為潔也。言雖欲食之急而猶惡無禮，有寧死而不食者。是其羞惡之本心，欲惡有甚於生死者，人皆有之也。

為，去聲。與，平聲。

萬鍾於我何加，言於我身無所增益也。所識窮乏者得我，謂所知識之窮乏者感我之惠也。上言人皆有羞惡之心，此言眾人所以喪之。由此三者，蓋理義之心雖曰固有，而物慾之蔽，亦人所易昏也。

鄉、為，並去聲。為之之為，並如字。

言三者身外之物，其得失比生死為甚輕。鄉為身死猶不肯受嘑蹴之食，今乃為此三者而受無禮義之萬鍾，是豈不可以止乎？本心，謂羞惡之心。此章言羞惡之心，人所固有。或能決死生於危迫之際，而不免計豐約於宴安之時，是以君子不可頃刻而不省察於斯焉。

〔十一〕

孟子曰：「仁，人心也。義，人路也。舍其路而弗由，放其心而不知求，哀哉！人有雞犬放，則知求之；有放心而不知求。學問之道無他，求其放心而已矣！」

朱熹章句

仁者，心之德。程子所謂心如穀種，仁則其生之性是也。然但謂之仁，則人不知其切於己。故反而名之曰人心，則可以見其為此身酬酢萬變之主，而不可須臾失矣。義者，行事之宜。謂之人路，則可以見其為出入往來必由之道，而不可須臾舍矣。

舍，上聲。

哀哉二字，最宜詳味，令人惕然有深省處。程子曰：

廣解《 仁，是人人固有的愛人之心，故曰「人心也。」義，是應該做的事，是人人應該走的大路，故曰「人路也。」「舍，」同「捨。」由，從也。舍其路而弗由，謂棄義也。放其心而不知求，謂棄仁也。人有雞犬放到外面去，則曉得去求牠們回來，放了心出去，倒不曉得去求牠回來。所以學問之道，沒有其他的方法，只要把放心求回來就好了！

「心至重，雞犬至輕。雞犬放則知求之，心放而不知求，豈愛其至輕而忘其至重哉？弗思而已矣。」愚謂上兼言仁義，而此下專論求放心者，能求放心，則不違於仁而義在其中矣。

學問之事，固非一端，然其道則在於求其放心而已。蓋能如是則志氣清明，義理昭著，而可以上達；不然則昏昧放逸，雖曰從事於學，而終不能有所發明矣。故程子曰：「聖賢千言萬語，只是欲人將已放之心約之，使反覆入身來，自能尋向上去，下學而上達也。」此乃孟子開示切要之言，程子又發明之，曲盡其指，學者宜服膺而勿失也。

〔十二〕

孟子曰：「今有無名之指，屈而不信，非疾痛害事也。如有能信之者，則不遠秦楚之路，爲指之不若人也。指不若人，則知惡之。心不若人，則不知惡，此之謂不知類也。」信，今作伸。惡，音汙。

廣解　無名指，左右手第四指也。「信，」同「伸。」無名指彎曲著不會伸直，既沒有病痛，也不害於做事。可是如果有人能把這無名指伸直的，那末這個人一定會不怕秦國楚國的遠路，而去求治的。這是為了無名指的不如人咯。為了一個手指不如人，心裏便很厭惡；自己的心不如人，則不知道厭惡。這個就可以叫做「不知類，」「不知類」就是不知輕重之別。

朱熹章句　信，與伸同。為，去聲。無名指，手之第四指也。惡，去聲。不知類，言其不知輕重之等也。

〔十三〕

孟子曰：「拱把之桐梓，*人苟欲生之，皆知所以養之者。至於身，而不知所以養之者，豈愛身不若桐梓哉？弗思甚也。」

廣解《 兩隻手圍攏來叫做「拱，」一隻手握攏來叫做「把。」一拱一把大的桐樹梓樹，人們苟要它長大起來，都曉得所以培養它的方法。只有自己的身子，倒勿曉得培養他的道理。難道是愛身子不及愛桐梓嗎？實在是太不思想了！

朱熹章句 拱，兩手所圍也。把，一手所握也。桐梓，二木名。

〔十四〕

孟子曰：「人之於身也，兼所愛；兼所愛，則兼所養也。無尺寸之膚不愛焉，則無尺寸之膚不養也。所以考其善不善者，豈有他哉？於己取之而已矣。體有貴賤，有小大。無以小害大，無以賤害貴。養其小者為小人，養其大者為大人。今有場師，舍其梧檟，養其樲棘，則為賤場師焉。養其一指，而失其肩背而不知也，則為狼疾人也。飲食之人，則人賤之矣，為其養小以失大也。飲食之人，無有失也，則口腹豈適為尺寸之膚哉？」

廣解《 此言人於自己的一身，無有尺寸的體膚是不愛的，所以也無有尺寸的體膚是不養的。考察一個人所養的善不善，沒

朱熹章句 人於一身，固當兼養，然欲考其所養之善否者，惟在反之於身，以審其輕重而已矣。賤而小

有其他的法子，只有反求諸己罷了。人體，也有貴賤小大的分別，如心腦，為一體中之貴者大者；口腹，則為賤者小者。人既愛養其身體，不可只愛養其賤者小者，以害其貴者大者。若只養其小者，則將自己養成小人；養其大者，方能把自己養成大人。場師，管理場圃之師。梧，梧桐；檟，梓樹；是有用的大木。樲棘，是一種小棗樹，無材料可取的。假使有個場師，對於樹木，捨棄梧檟有用之樹，而培養小棗無用之樹，則為下賤的場師了。假使一個人對於自己的身體，只養了一指，失了肩背，而自己尚不知道，這樣，就成為狼疾的人了。只知飲食專顧口腹的人，大家都看輕他，因為他養了小的而失了大的也。如果養小而不失大，喜歡飲食的人，於心腦的修養並不忘記，那末口腹本來也是重要的，豈但是尺寸之膚而已。按朱注云：「狼善顧，疾則不能，故以為失肩背之喻。」趙氏則訓「狼疾」為「狼藉。」狼藉，紛亂也。「養其一指，失其肩背，」似即用上章「無名之指屈而不伸」之喻。蓋一指之屈而不伸，病根在於肩背。今只知醫養一指，而反失其肩背，則此人為昏亂不知輕重之人也。故趙氏云：「此為狼藉亂不知治疾之人也。」「適」「啻」古通。國策秦策，「疑臣者不適之人。」亦以「適」為「啻。」啻，但也。

者，口腹也；貴而大者，心志也。舍，上聲。檟，音賈。樲，音貳。

場師，治場圃者。梧，桐也；檟，梓也，皆美材也。樲棘，小棗，非美材也。狼善顧，疾則不能，故以為失肩背之喻。為，去聲。

飲食之人，專養口腹者也。此言若使專養口腹，而能不失其大體，專口腹之養，軀命所關，不但為尺寸之膚而已。但養小之人，無不失其大者，故口腹雖所當養，而終不可以小害大，賤害貴也。

〔十五〕

公都子問曰：「鈞*是人也，或為大人，或為小人，何也？」孟子曰：「從其大體為大人，從其小體為小人。」曰：「鈞*是人也，或從其大體，或從其小體，何也？」曰：「耳目之官，不思而蔽於物；物交物，則引之而已矣。心之官則思；思則得之，不思則不得也。此天之所與我者，先立乎其大者，則其小者不能奪也。此為大人而已矣。」

廣解

「鈞，」今作「均。」大體，心也。小體，耳目口腹之類。官，猶今云「器官。」人身上耳目，這些器官，是不會思想的，易為外物所蔽的；所以也只能算是物。以此物與外來之事物相接，自然被外來之事物引去了。只有心這器官，是能思想的；但須能思想，則能得其理；不思想，也不能得其理。耳目與心，都是天之所給與我的。我只要先把大的心立定了，則小的耳目，就不能奪心的主宰之權。這樣就是大人物了！「此天」之「此，」按趙注當作「比。」今從朱注作「此。」

朱熹章句

鈞，同也。從，隨也。大體，心也。小體，耳目之類也。官之為言司也。耳司聽，目司視，各有所職而不能思，是以蔽於外物。既不能思而蔽於外物，則亦一物而已。又以外物交於此物，其引之而去不難矣。心則能思，而以思為職。凡事物之來，心得其職，則得其理，而物不能蔽；失其職，則不得其理，而物來蔽之。此三者，皆天之所以與我者，而心為大。若能有以立之，則事無不思，而耳目之欲不能奪之矣，此所以為大人也。然此天之此，舊本多作比，而趙注亦以比方釋之。今本既多作此，而注亦作此，乃未詳孰是。但作比字，於義為短，故且從今本云。范浚心箴曰：「茫茫堪輿，俯仰無垠。人於其間，眇然有身。是身之微，大倉稊米，參為三才，曰惟心耳。往古來今，孰無此心？心為形役，乃獸乃禽。惟口耳目，手足動靜，投閒抵隙，為厥心病。一心之微，眾欲攻之，其與存者，嗚呼幾希！君子存誠，克念克敬，天君泰然，百體從令。」

〔十六〕

孟子曰：「有天爵者，有人爵者。仁義忠信，樂善不倦，此天爵也。公卿大夫，此人爵也。古之人，脩其天爵，而人爵從之。今之人，脩其天爵以要人爵，既得人爵而棄其天爵，則惑之甚者也；終亦必亡而已矣。」

廣解《　「樂，」音洛。仁義忠信，樂善不倦，自然為人所尊，叫做「天爵。」由人給予的官職，如公卿大夫，叫做「人爵。」「人爵從之」者，不待求之而自至也。要，音邀，求也。言現今的人，修養道德，目的只在要求做官；等到做了官，就把道德丟掉了；這樣做人，真是糊塗透頂。終必并其所得之人爵而亡失之也。

〔十七〕

孟子曰：「欲貴者，人之同心也。人人有貴於己者，弗思耳！人之所貴者，非良貴也；趙孟之所貴，趙孟能賤之。詩云：『既醉以酒，既飽以德，』言飽乎仁義也；所以不願人之膏粱之味也。令聞*廣譽施於身，所以不願人之文繡也。」

廣解《　「人人有貴於己者，」即天爵也。「良」猶「良知良能」之良。言別人所給的貴，不是真正本來的貴也。晉卿趙文子名武，趙簡子名鞅，趙襄子名無恤，皆稱趙孟。焦氏正義引吳斗南云：「趙盾字孟，故其子孫皆稱趙孟。」趙孟，是晉國有勢力的貴族；他能給人做官，使之貴，也能奪人的官，使之賤。所引詩經，見大雅既醉篇。膏，肉之肥者；粱，米之精者。令聞，美名。廣譽，大名。文繡，華美的衣服。言仁義勝於膏粱之味，令名勝於文繡之美。

朱熹章句　樂，音洛。天爵者，德義可尊，自然之貴也。修其天爵，以為吾分之所當然者耳。人爵從之，蓋不待求之而自至也。要，音邀。要，求也。修天爵以要人爵，其心固已惑矣；得人爵而棄天爵，則其惑又甚焉，終必並其所得之人爵而亡之也。

朱熹章句　貴於己者，謂天爵也。人之所貴，謂人以爵位加己而後貴也。良者，本然之善也。趙孟，晉卿也。能以爵祿與人而使之貴，則亦能奪之而使之賤矣。若良貴，則人安得而賤之哉？聞，去聲。詩大雅既醉之篇。飽，充足也。願，欲也。膏，肥肉。粱，美谷。令，善也。聞，亦譽也。文繡，衣之美者也。仁義充足而聞譽彰著，皆所謂良貴也。尹氏曰：「言在我者重，則外物輕。」

〔十八〕

孟子曰：「仁之勝不仁也，猶水勝火。今之為仁者，猶以一杯水，救一車薪之火也。不熄，則謂之水不勝火。此又與於不仁之甚者也，亦終必亡而已矣。」

廣解《 此以水必滅火喻仁必勝不仁。但一杯之水，則不能滅一車柴薪之火，水少而火大也。今之為仁者，為之不力；其所謂「仁」者，亦僅如一杯之水而已，故不能勝不仁。但不當因此而謂仁不能勝不仁也。朱注云：「與，猶助也。」「與於不仁之甚者，」謂「有以深助於不仁者也。」孟子之意，蓋言此種仁不勝不仁之言，適足助長不仁；猶本篇首章所謂「率天下之人而禍仁義者必子之言」也。焦氏正義引儀禮士昏禮記注云：「與，猶兼也。」又引廣雅釋詁云：「兼，同也。」「此又與於不仁之甚者也，」即「此又同於不仁之甚者也。」其說亦通。「亡，」朱如字讀，故曰：「終必并其所為而亡之。」趙注云：「亡，無也。終亦必無仁矣。」

朱熹章句 與，猶助也。仁之能勝不仁，必然之理也。但為之不力，則無以勝不仁，而人遂以為真不能勝，是我之所為有以深助於不仁者也。言此人之心，亦且自怠於為仁，終必並與其所為而亡之。趙氏曰：「言為仁不至，而不反諸己也。」

〔十九〕

孟子曰：「五穀者，種之美者也。苟為不熟，不如荑稗。*夫仁，亦在乎熟之而已矣。」

廣解《 荑，音蹄。稗，音蒲賣反。荑稗，像五穀的二種野草，其實亦可食。言五穀雖然是美種，然必須成熟，乃有益於人。倘若

朱熹章句 荑，音蹄。稗，蒲賣反。夫，音扶。荑稗，草之似谷者，其實亦可食，然不能如五穀之美也。但五穀不熟，則反不如荑稗之熟；猶為仁而不

不成熟，反不如野草之成熟者尚有用處也。所以為仁，必須成熟方好，不可功虧一簣。夫，音扶。

熟，則反不如為他道之有成。是以為仁必貴乎熟，而不可徒恃其種之美，又不可以仁之難熟，而甘為他道之有成也。

尹氏曰：「日新而不已則熟。」

〔二十〕

孟子曰：「羿之教人射，必志於彀*；學者亦必志於彀*。大匠誨人，必以規矩；學者亦必以規矩。」

廣解《 羿，古時善於射箭的人。彀者，弓開滿也。言羿教人射箭，必須專心致志；把弓開滿了再射；學的人亦然。大匠製器，必須要製圓的規，製方的矩；學的人亦然。此以喻教人及為學。

朱熹章句 彀，古候反。羿，善射者也。志，猶期也。彀，弓滿也。滿而後發，射之法也。學，謂學射。大匠，工師也。規矩，匠之法也。此章言事必有法，然後可成，師舍是則無以教，弟子舍是則無以學。曲藝且然，況聖人之道乎？

〔二十一〕

任人有問屋廬子曰：「禮與食孰重？」曰：「禮重。」「色與禮孰重？」曰：「禮重。」曰：「以禮食，則飢而死；不以禮食，則得食；必以禮乎？親迎，則不得妻；不親迎，則得妻；必親迎乎？」屋廬子不能對，明日之鄒，以告孟子。孟子曰：「於答是也何有？不揣其本，而齊其末，方寸之木，可使高於岑樓。金重於羽者，豈謂一鉤金，與一輿羽之謂哉？取食之重者，與禮之輕者而比之，奚翅*食重？取色之重者，與禮之輕者而比之，奚翅*色重？翅與啻同，式義切。

廣解《 任，國名。任人者，一個任國的人。屋廬子，名連，孟

朱熹章句 任，平聲。

子弟子。屋廬子既以禮重於食於色為答，任人又駁道：「假使一個人按禮而吃飯，則必飢餓而死；若不按禮而吃飯，就有飯吃；在這生死關頭，難道一定要按禮而食嗎？古時娶妻，以新郎須往女家行親迎之禮。假使一個人想按禮親迎，就不能得妻；不按禮親迎，倒可以得妻；難道一定要行親迎的禮嗎？屋廬子不能對答，第二日到鄒國，便將這話請教孟子。「於答是也何有。」與論語「於從政乎何有」同一句法，言對答這句話，有什麼難呢？趙注云：「岑樓，山之銳嶺者。」按爾雅：「山小而高，岑。」「樓」同「塿」。培塿，邱山也。朱注云：「岑樓，樓之高銳似山者。」方寸之木，其高亦僅一寸。如不揣其本使其下相平，而徒齊其在上之末，則置方寸之木於岑樓之上，亦可使高於岑樓也。鉤，帶鉤。金重於羽，物理之當然。若以一帶鉤之金與一輿之羽相比，則羽重於金矣。「翅」，「啻」，古通。奚翅，猶云「何但。」不得食則死，是食之重者；男女居室，人之大倫，則娶妻為色之重者。食時之禮與親迎之禮，乃禮之輕者也。二者相比，何但食重色重而已，言其相去懸絕也。

「往應之曰：『紾*兄之臂而奪之食，則得食。不紾*，則不得食，則將紾*之乎？踰東家牆而摟*其處子，則得妻。不摟*，則不得妻，則將摟*之乎？』」

廣解《 「往應之曰」以下，是孟子教屋廬子回答任人的說法。

任，國名。屋廬子，名連，孟子弟子也。任人復問也。迎，去聲。於，如字。

何有，不難也。揣，初委反。

本，謂下。末，謂上。方寸之木至卑，喻食色。岑樓，樓之高銳似山者，至高，喻禮。若不取其下之平，而升寸木於岑樓之上，則寸木反高，岑樓反卑矣。鉤，帶鉤也。金本重而帶鉤小，故輕，喻禮有輕於食色者；羽本輕而一輿多，故重，喻食色有重於禮者。

翅，與啻同，古字通用，施智反。

禮食親迎，禮之輕者也。饑而死以滅其性，不得妻而廢人倫，食色之重者也。奚翅，猶言何但。言其相去懸絕，不但有輕重之差而已。

朱熹章句 紾，音軫。摟，音婁。

紾，音軫，扭轉也。言扭轉了兄的臂膀，把兄手裏的食物，奪了來自己吃，這樣，才能得食；否則就不得食；那末就扭轉兄的臂膀去奪食嗎？踰，越過去也。東家牆，東邊人家的牆壁也。摟，強力抱住也。處子，即處女。言跳過東邊人家的牆上，用強力去抱牢他家的處女，如此，就可以得妻；不這樣，就不能得妻；那末就去強抱她嗎？奪食而紾兄臂，踰牆而摟處子，背禮極矣。故以與得食得妻較，禮就重得多了。

〔二十二〕

曹交問曰：「人皆可以爲堯舜，有諸？」孟子曰：「然。」交聞文王十尺，湯九尺，今交九尺四寸以長，食粟而已，如何則可？」曰：「奚有於是？亦爲之而已矣。有人於此，力不能勝*一匹雛，則爲無力人矣。今曰舉百鈞，則爲有力人矣。然則舉烏獲之任，是亦爲烏獲而已矣。夫*人豈以不勝爲患哉？弗爲耳。

廣解《

曹交，曹國君主之弟。名交。「有諸，」即「有之乎。」「食粟而已，」言只能吃飯，沒有別的才德也。「奚有於是，」即「於此何有，」言「這有什麼呢？」「亦為之而已矣」者，言要做堯舜那樣的人，只要去做就好了！勝，平聲。朱注云：「匹字本作鳴，鴨也，省作匹。禮記說匹為鶩是也。」按禮記說見曲禮注。則「匹」字當音木，匹雛，小鴨也。趙注以「小雛」釋「匹雛。」按方

紾，戾也。摟，牽也。處子，處女也。此二者，禮與食色皆其重者，而以之相較，則禮為尤重也。

此章言義理事物，其輕重固有大分，然於其中，又各自有輕重之別。聖賢於此，錯綜斟酌，毫髮不差，固不肯枉尺而直尋，亦未嘗膠柱而調瑟，所以斷之，一視於理之當然而已矣。

朱熹章句

趙氏曰：「曹交，曹君之弟也。」人皆可以為堯舜，疑古語，或孟子所嘗言也。曹交問也。食粟而已，言無他材能也。勝，平聲。匹，字本作鳴，鴨也，從省作匹。禮記說「匹為鶩」是也。烏獲，古之有力人也，能舉移千鈞。

言：「𤴔，小也。」音節。「𤴔」誤作「疋，」又誤作「匹」耳。王念孫廣雅疏證謂「𤴔」同「鷂。」玉篇，「鷂，小雞也。」是趙以匹雛為小雞。一鈞，三十斤。百斤，三千斤也。烏獲，古之力士，史記秦本紀。「舉烏獲之任，」言烏獲之力所能任者，亦能舉之也。按此章與首篇齊桓晉文之事章以「為長者折枝」喻「不為，」以「挾太山超北海」喻「不能」同，蓋以「勝一匹雛」喻「不為，」以「舉百鈞」喻「不能。」「力不能勝一匹雛」者，自謂不能勝，非真不能勝也。「曰舉百鈞」者，自謂能舉百鈞，未必果能舉也。故必能舉烏獲之任，始可為烏獲；此不可強而致者也。若夫堯舜，則人皆可為，而所以為之之道，不外孝弟；如尚自謂不能，則猶自謂「力不能勝一匹雛，」不為耳，非不能也。「夫，」音扶。

「徐行後長者謂之弟*，疾行先長者謂之不弟*。夫*徐行者，豈人所不能哉？所不爲也。堯舜之道，孝弟*而已矣。子服堯之服，誦堯之言，行堯之行，是堯而已矣。子服桀之服，誦桀之言，行桀之行，是桀而已矣。」

廣解《　徐，慢也；疾，快也。「弟，」今作「悌。」「夫，」音扶，下同。「之行」之「行，」去聲，行為也。此言做人的道德，從孝悌做起。孝悌之事，並沒有難處。故為堯為桀，在乎人之自擇而已。

朱熹章句　後，去聲。長，上聲。先，去聲。夫，音扶。陳氏曰：「孝弟者，人之良知良能，自然之性也。堯舜人倫之至，亦率是性而已。豈能加毫末於是哉？」楊氏曰：「堯舜之道大矣，而所以為之，乃在夫行止疾徐之閒，非有甚高難行之事也，百姓蓋日用而不知耳。」之、行，並去聲。言為善為惡，皆在我而已。詳曹交之問。淺陋麤率，必其進見之時，禮貌衣冠言動之閒，多不循理，故孟子告之如此兩節云。

曰：「交得見於鄒君，可以假館，願留而受業於門。」曰：「夫*道，若大路然，豈難知哉？人病不求耳。子歸而求之，有餘師。」

廣解《 曹交聽了孟子的說話，大為佩服，因此說，要去見鄒國的君主，他若肯借一間館屋，情願留在這裏做個弟子。孟子答道：「做人的道理，如大路一樣。並沒有什麼難知的。一個人只患不肯自己去探求罷了。你回去求之於事親敬長之間，則仁義禮智，本為吾心所固有，隨處發見，無不可師，不必住在這裏也。」

朱熹章句 見，音現。假館而後受業，又可見其求道之不篤。夫，音扶。言道不難知，若歸而求之事親敬長之間，則性分之內，萬理皆備，隨處發見，無不可師，不必留此而受業也。曹交事長之禮既不至，求道之心又不篤，故孟子教之以孝弟，而不容其受業。蓋孔子餘力學文之意，亦不屑之教誨也。

〔二十三〕

公孫丑問曰：「高子曰：『小弁*，小人之詩也。』」孟子曰：「何以言之？」曰：「怨。」曰：「固哉，高叟之爲詩也！有人於此，越人關*弓而射*之，則己談笑而道之，無他，疏之也。其兄關弓而射之，則己垂涕泣而道之；無他，戚之也。小弁之怨，親親也；親親，仁也。固矣夫*，高叟之爲詩也！」

廣解《 趙朱並云：「高子，齊人。」按高子，亦見前公孫丑篇尹士章及後盡心篇追蠡章。尹士章趙注以為齊人，孟子弟子。此章孟子以「叟」稱之，疑非弟子，或各為一人。為詩，治詩也。小弁，是詩經小雅裏的一篇詩名。弁，音盤。詩小序及毛傳以為作者是周幽王太子宜臼（即平王）的先生。因為幽王得了褒姒，

朱熹章句 弁，音盤。高子，齊人也。小弁，小雅篇名。周幽王娶申后，生太子宜臼；又得褒姒，生伯服，而黜申后、廢宜臼。於是宜臼之傅為作此詩，以敘其哀痛迫切之情也。關，與彎同。射，食亦反。夫，音扶。固，謂執滯不通也。為，猶治也。越，蠻夷國名。道，語也。親親

黜申后廢太子宜臼，所以作此詩以敘其哀痛迫切之情。朱注從此說。趙注則以為伯奇之詩。伯奇尹吉甫之子。伯奇母死，吉甫娶後妻，生伯邦。信後妻之讒，逐伯奇。伯奇以荷葉為衣，梈花為食，清晨履霜而行，自傷見逐，作履霜操。事見琴操。按下云，「小弁，親之過大者，」似以從毛詩說為長。固，陋也，固執而不遜也。「關，」同「彎。」射，音食亦反。道，說也。戚，親也，疏之反。「夫，」音扶。其兄彎弓射人，弟與兄有密切關係，故垂涕泣而道之。這是比喻。幽王寵褒姒，廢申后及宜臼，勢將危及國家，故小弁之詩，陳其哀怨之情。此正是親親之仁。這是孟子正意。

曰：「凱風何以不怨？」曰：「凱風，親之過小者也。小弁，親之過大者也。親之過大而不怨，是愈疏也。親之過小而怨，是不可磯*也。愈疏，不孝也。不可磯，亦不孝也。孔子曰：『舜其至孝矣，五十而慕！』」

廣解

凱風，詩經裏邶風中的一篇詩名。朱注云：「衛有七子之母，不能安其室，七子作此以自責也。此采鄭玄箋說。焦氏正義據詩序言「孝子能盡其孝道以慰其母心而成其志，」孔穎達疏有「母遂不嫁」之說，謂七子之母僅有欲嫁之心，後為七子所感，而不復嫁，故孟子以為過之小者。愈，益也。磯，淚也。言親僅有小過，微淚之而遽怒也。末引孔子舜五十而慕之言，明舜猶怨慕，則小弁之怨，不為不孝矣。

之心，仁之發也。

朱熹章句

凱風，邶風篇名。衛有七子之母，不能安其室，七子作此以自責也。磯，音機。磯，水激石也。不可磯，言微激之而遽怒也。言舜猶怨慕，小弁之怨，不為不孝也。趙氏曰：「生之膝下，一體而分。喘息呼吸，氣通於親。當親而疏，怨慕號天。是以小弁之怨，未足為愆也。」

〔二十四〕

宋牼*將之楚，孟子遇於石丘。曰：「先生將何之？」曰：「吾聞秦楚構兵，我將見楚王說*而罷之。楚王不悅，我將見秦王說而罷之。二王，我將有所遇焉。」

廣解《 宋牼，姓宋名牼。即莊子天下篇荀子非十二子篇之宋鈃。牼，音鏗。之，往也。石丘，地名。構兵，交戰也。說，音稅。言將先見楚王，說之罷戰；如楚王不悅，將再見秦王，說之罷戰也。遇，合也。

朱熹章句 牼，口莖反。宋，姓；牼，名。石丘，地名。趙氏曰：「學士年長者，故謂之先生。」說，音稅。時宋牼方欲見楚王，恐其不悅，則將見秦王也。遇，合也。按莊子書：「有宋鈃者，禁攻寢兵，救世之戰。上說下教，強聒不舍。」疏云：「齊宣王時人。」以事考之，疑即此人也。

曰：「軻也，請無問其詳，願聞其指：說之將何如？」曰：「我將言其不利也。」曰：「先生之志則大矣，先生之號則不可。先生以利說秦楚之王，秦楚之王悅於利以罷三軍之師，是三軍之士樂罷而悅於利也。爲人臣者，懷利以事其君；爲人子者，懷利以事其父；爲人弟者，懷利以事其兄，是君臣、父子、兄弟終去仁義懷利以相接：然而不亡者，未之有也。先生以仁義說秦楚之王，秦楚之王悅於仁義而罷三軍之師，是三軍之士樂罷而悅於仁義也。爲人臣者，懷仁義以事其君；爲人子者，懷仁義以事其父；爲人弟者，懷仁義以事其兄，是君臣、父子、兄弟去利懷仁義以相接也：然而不王*者，未之有也。何必曰利！」

廣解《 指，大指。問宋牼說秦楚罷兵，大指如何也。號，用以號召之主張名義也。樂，音洛。王，去聲。此論說秦楚罷兵，不當

朱熹章句 徐氏曰：「能於戰國擾攘之中，而以罷兵息民為說，其志可謂大矣；然以利為名，則不可

以「利」為號，而當以「仁義。」以「利」為主，未有不亡；以仁義為主，未有不王。與首篇第一章告梁惠王之旨相同。

〔二十五〕

孟子居鄒，季任爲任處守，以幣交，受之而不報。處於平陸，儲子爲相，以幣交，受之而不報。他日由鄒之任，見季子。由平陸之齊，不見儲子。屋廬子喜曰：「連得閒矣。」問曰：「夫子之任見季子，之齊不見儲子，爲其爲相與？」曰：「非也。書曰：『享多儀，儀不及物曰不享，惟不役志于享。』爲其不成享也。」屋廬子悅。或問之。屋廬子曰：「季子不得之鄒，儲子得之平陸。」

廣解

季任，任君之弟。任，小國，風姓。焦氏正義據春秋稱蔡君之弟為蔡季，紀君之弟為紀季，謂此當作任季，傳寫誤倒。儲子，齊相也。「處，」上聲。處守，留守也。孟子住在鄒國的時候，任君往鄰國朝會，季任為留守，以幣帛來交結孟子，孟子受了他的幣帛，不去答他。孟子住在平陸的時候，儲子時為齊相，也以幣帛來交結孟子，孟子也受了不去報他。後來孟子從鄒到任，去見季子。又一次，從平陸到齊，卻不去見儲子。屋廬子見了這情形，喜得乘間去問他一見一不見的道理也。「為其為相與，」上「為」字去聲。「與，」同「歟。」言因為儲子為相的緣故嗎？孟子道：「不是的。」「享多儀，儀不及物曰不享，惟不役志于享，」見書經洛誥之篇。享，獻也。多，動詞，重也。儀，禮也。

也。」樂，音洛，下同。王，去聲。此章言休兵息民，為事則一，然其心有義利之殊，而其效有興亡之異，學者所當深察而明辨之也。

朱熹章句

任，平聲。相，去聲，下同。

趙氏曰：「季任，任君之弟。任君朝會於鄰國，季任為之居守其國也。儲子，齊相也。」不報者，來見則當報之，但以幣交，則不必報也。屋廬子知孟子之處此必有義理，故喜得其閒隙而問之。為其之為，去聲，下同。與，平聲。

言儲子但為齊相，不若季子攝守君位，故輕之邪？書周書洛誥之篇。享，奉上也。儀，禮也。物，幣也。役，用也。言雖享而禮意不及其幣，則是不享矣，以其不用志於享故也。孟子釋書意如此。

徐氏曰：「季子為君居守，不得往他國以見孟子，則以幣交而禮意已備。儲子為齊相，可以至齊之境內而不來見，則雖以幣交，而禮意不及其物也。」

物，指幣帛。役，用也。言獻享以禮儀為重；禮薄而幣多，便是「儀不及物，」叫做「不享；」以其不用志于享故也。「為其不成享也，」是孟子解釋書經的話。屋廬子聽見了這道理很喜悅。別人卻還不懂，因此有人來問屋廬子。屋廬子道：「季子不得之鄒，儲子得之平陸。」因季子為君居守，不得往他國見孟子，則以幣交而禮意已備。儲子為齊相，可以至齊之境內，而不來見，則雖以幣交，而禮意不及其物也。所以孟子到任去見季子，到齊卻不去見儲子也。

〔二十六〕

淳于髡曰：「先名實者，爲*人也。後名實者，自爲*也。夫子在三卿之中，名實未加於上下而去之，仁者固如此乎？」孟子曰：「居下位，不以賢事不肖者，伯夷也。五就湯，五就桀者，伊尹也。不惡*汙君，不辭小官者，柳下惠也。三子者不同道，其趨*一也。一者何也？曰，仁也。君子亦仁而已矣，何必同？」

廣解《

名，指道德之令名。實，指治國惠民之事功。言以令名事功為先者，志在兼善，故曰「為人。」以令名事功為後者，志在獨善，故曰「為己。」「為，」去聲。夫子，稱孟子。在三卿之中，言為卿於齊也。名實未加於上下者，言未能上匡其君，下澤其民也。仁者志在救人，故以為不當如此，言未可遽去也。伯夷，伊

朱熹章句

先、後、為，皆去聲。名，聲譽也。實，事功也。言以名實為先而為之者，是有志於救民也；以名實為後而不為者，是欲獨善其身者也。名實未加於上下，言上未能正其君，下未能濟其民也。惡、趨，並去聲。仁者，無私心而合天理之謂。楊氏曰：「伊尹之就湯，以三聘之勤也。其就桀也，湯進之也。湯豈有伐桀之意哉？其進伊尹以事之也，欲其

尹，柳下惠，已見前。伊尹五就湯，五就桀，亦見鬼谷子忤合篇。伊尹之五就桀，蓋湯進之，欲桀用之。五就而不見用，乃佐湯以伐桀也。惡，去聲。趨，去聲。言其旨趣則一，仁而已矣。

悔過遷善而已。伊尹既就湯，則以湯之心為心矣；及其終也，人歸之，天命之，不得已而伐之耳。若湯初求伊尹，即有伐桀之心，而伊尹遂相之以伐桀，是以取天下為心也。以取天下為心，豈聖人之心哉？」

曰：「魯繆公之時，公儀子爲政，子柳、子思爲臣，魯之削也滋甚，若是乎賢者之無益於國也？」曰：「虞不用百里奚而亡，秦穆公用之而霸，不用賢則亡，削，何可得與*！」與，同歟。

廣解《 公儀子名休，魯繆公之相。子柳就是泄柳。削，國境被侵奪也。髡此問，意在譏孟子。故孟子引虞國因不用百里奚而亡，秦穆公用了他而霸，不用賢人，就要亡國，并削亦不可得以答之。

朱熹章句 公儀子，名休，為魯相。子柳，泄柳也。削，地見侵奪也。髡譏孟子雖不去，亦未必能有為也。與，平聲。百里奚，事見前篇。

曰：「昔者王豹處於淇，而河西善謳，緜駒處於高唐，而齊右善歌，華周、杞梁之妻，善哭其夫，而變國俗。有諸內，必形諸外。爲其事而無其功者，髡未嘗覩之也。是故無賢者也，有則髡必識之。」曰：「孔子爲魯司寇，不用，從而祭，燔肉不至，不稅*冕而行。不知者以爲爲*肉也；其知者以爲爲*無禮也。乃孔子則欲以微罪行，不欲爲苟去。君子之所爲，衆人固不識也。」

廣解《 王豹，衛國人。淇，水名。謳，歌唱也。河西，指衛。緜駒，齊國人。高唐，地名，在今山東禹城縣西南。齊右，齊國西邊的地方。華周名還，杞梁名殖，皆齊國的大夫，莊公伐莒時，二人同時戰死。事見左傳襄公二十三年及列女傳。髡舉此三事

朱熹章句 華，去聲。王豹，衛人，善謳。淇，水名。綿駒，齊人，善歌。高唐，齊西邑。華周、杞梁，二人皆齊臣，戰死於莒。其妻哭之哀，國俗化之皆善哭。髡以此譏孟子仕齊無功，未足為賢也。

以明苟有所長，必能移風易俗，所謂「有諸內必形諸外」也。此直譏孟子仕齊無功，不足稱賢者矣。孟子又引孔子去魯事以答之。燔，炙也。燔肉，謂胙肉。據史記魯君受齊女樂，三日不朝。及郊，又不以胙肉分給大夫，孔子乃去。「稅，」同「脫。」冕，與祭時所戴禮冠。「不脫冕而行，」極言其去之速，非真戴冕而去也。「為肉，」「為無禮，」二「為」字皆去聲。言在不知孔子者，以為孔子為不得肉而去；即在知孔子者，亦以孔子為無禮而去；不知孔子的真意，不欲彰魯君之過，又不欲無故而苟去，故借此微罪而行。則君子之所為，庸眾人固不識之。此句針對淳于髡「髡必識之」語而發。

〔二十七〕

孟子曰：「五霸者，三王之罪人也。今之諸侯，五霸之罪人也。今之大夫，今之諸侯之罪人也。天子適諸侯曰巡狩，諸侯朝*於天子曰述職。春省耕而補不足，秋省斂而助不給。入其疆，土地辟*，田野治，養老尊賢，俊傑在位，則有慶；慶以地。入其疆，土地荒蕪，遺老失賢，掊克在位，則有讓。一不朝*，則貶其爵。再不朝*，則削其地；三不朝*，則六師移之。是故天子討而不伐，諸侯伐而不討。五霸者，摟諸侯以伐諸侯者也；故曰，五霸者，三王之罪人也。

廣解《 五霸，春秋時的五個霸主：齊桓公，晉文公，秦穆公，宋襄公，楚莊王也。三王，三代之王者，夏禹，商湯，周文武也。

稅，音脫。為肉、為無之為，並去聲。

按史記：「孔子為魯司寇，攝行相事。齊人聞而懼，於是以女樂遺魯君。季桓子與魯君往觀之，怠於政事。子路曰：『夫子可以行矣。』孔子曰：『魯今且郊，如致膰於大夫，則吾猶可以止。』桓子卒受齊女樂，郊又不致膰俎於大夫，孔子遂行。」孟子言以為為肉者，固不足道；以為為無禮，則亦未為深知孔子者。蓋聖人於父母之國，不欲顯其君相之失，又不欲為無故而苟去，故不以女樂去，而以膰肉行。其見幾明決，而用意忠厚，固非眾人所能識也。然則孟子之所為，豈髡之所能識哉？

尹氏曰：「淳于髡未嘗知仁，亦未嘗識賢也，宜乎其言若是。」

朱熹章句

趙氏曰：「五霸：齊桓、晉文、秦穆、宋襄、楚莊也。三王，夏禹、商湯、周文、武也。」

此章先下斷定，然後逐句說明。「天子適諸侯」者，言天子每過十二年到諸侯的國裏去考察一次，叫做「巡狩。」諸侯照禮，每過五年去朝一次天子，稱述自己的職務，叫做「述職。」治國的要務，全在教養人民，故春則省察百姓的耕種而補充他們的不足。秋則去省察百姓的收成而資助他們的不足。所以天子巡狩入諸侯之國境，見他土地開闢，田野整理得很好，能夠養老尊賢，有才能的俊傑在位做官，就與以獎賞慶賀，加封土地。如果天子入了諸侯的國境，見土地荒蕪不治，把老人遺棄不養，賢人失掉不用，只有掊克聚斂的人在位做官，就要加責罰。讓，責也。諸侯一次不入朝，把他的官爵貶一級；再不入朝，則削他所封的土地；三次不朝，則起了天子的六軍去征討他，而另立別人。移者，易置一諸侯也。所以天子只是討有罪的不是伐人國；諸侯對諸侯的爭戰，是不應該的，所以只是伐而不是討。像五霸諸人，他是牽率了各國諸侯，去伐別個諸侯的，所以說他們是三王的罪人。摟，牽也。

丁氏曰：「夏昆吾、商大彭、豕韋、周齊桓、晉文，謂之五霸。」朝，音潮。辟，與闢同。治，去聲。慶，賞也，益其地以賞之也。掊克，聚斂也。讓，責也。移之者，誅其人而變置之也。討者，出命以討其罪，而使方伯連帥帥諸侯以伐之也。伐者奉天子之命，聲其罪而伐之也。摟，牽也。五霸牽諸侯以伐諸侯，不用天子之命也。自入其疆至則有讓，言巡狩之事；自一不朝至六師移之，言述職之事。

「五霸桓公爲盛。葵丘之會諸侯，束牲載書而不歃血。初命曰：『誅不孝，無易樹子，無以妾爲妻。』再命曰：『尊賢育才，以彰有德。』三命曰：『敬老慈幼，無忘賓旅。』四命曰：『士無世官，官事無攝，取士必得，無專殺大夫。』五命曰：『無曲防，無遏糴*，無有封而不告。』曰：『凡我同盟之人，既盟之後，言歸于好。』今之諸侯，皆犯此五禁，故曰，今之諸侯，五霸之罪人也。」歃，音殺。糴，音狄。

廣解《

蔡丘，春秋時宋國的地名，在現在河南省考城縣。孟子說春秋時的五霸，以齊桓公為最盛。他在葵丘地方，會合諸侯，只把牲畜束縛，上載盟書，並不殺那牲畜來歃血。一云「載書」即盟書。歃血，盟時殺牲而同飲其血也。那盟書的第一條是說：「誅不孝，無易樹子，無以妾為妻。」樹，立也。樹子，已立之太子。第二條說：「尊賢育才，以彰有德。」彰者，顯揚之也。第三條說：「敬老慈幼，無忘賓旅。」賓旅，他國人之在境內者，不要忘記他使他流落也。第四條說：「士無世官，官事無攝。取士必得，無專殺大夫。」攝，兼治也。言一官專治一事，不得兼職；取士必得其人；大夫有罪，諸侯不得擅殺，當請命於天子也。第五條說：「無曲防，無遏糴，無有封而不告」者。曲防者，曲為提防，或壅之使不流入鄰國，或決之以鄰國為壑也。遏糴者，鄰國凶歉，禁其來糴米穀也。封而不告者，諸侯私封大夫以食邑而不告諸天子也。以上五條，是齊桓公會諸侯的盟約。「凡我同盟之人，既盟之後，言歸於好。」是盟後相約之辭。按葵丘之會，見左傳僖公九年。孟子述了這事之後，又道：「現在的諸侯都犯這五條禁令，所以說，現在的諸侯，是五霸的罪人。」

朱熹章句

歃，所洽反。糴，音狄。好，去聲。按春秋傳：「僖公九年，葵丘之會，陳牲而不殺。讀書加於牲上，壹明天子之禁。」樹，立也。已立世子，不得擅易。初命三事，所以修身正家之要也。賓，賓客也。旅，行旅也。皆當有以待之，不可忽忘也。士世祿而不世官，恐其未必賢也。官事無攝，當廣求賢才以充之，不可以闕人廢事也。取士必得，必得其人也。無專殺大夫，有罪則請命於天子而後殺之也。無曲防，不得曲為堤防，壅泉激水，以專小利，病鄰國也。無遏糴，鄰國兇荒，不得閉糴也。無有封而不告者，不得專封國邑而不告天子也。

「長君之惡其罪小，逢君之惡其罪大。今之大夫，皆逢君之惡，故曰，今之大夫，今之諸侯之罪人也。」

廣解《 君有過，臣不能諫止，隨他滋長，叫做「長君之惡。」長，上聲。君的過處，還沒有發現，為臣的先把這種壞事去引誘他，叫做「逢君之惡。」「長君之惡，」其罪還小，「逢君之惡，」其罪更大。現在的大夫，都是逢君之惡的，所以說如今的大夫，都是如今的諸侯的罪人。

朱熹章句 長，上聲。君有過不能諫，又順之者，長君之惡也。君之過未萌，而先意導之者，逢君之惡也。林氏曰：「邵子有言：『治春秋者，不先治五霸之功罪，則事無統理，而不得聖人之心。春秋之間，有功者未有大於五霸，有過者亦未有大於五霸。故五霸者，功之首，罪之魁也。』孟子此章之義，其若此也與？然五霸得罪於三王，今之諸侯得罪於五霸，皆出於異世，故得以逃其罪。至於今之大夫，其得罪於今之諸侯，則同時矣；而諸侯非惟莫之罪也，乃反以為良臣而厚禮之。不以為罪而反以為功，何其謬哉！」

〔二十八〕

魯欲使慎子爲將軍。孟子曰：「不教民而用之，謂之殃民。殃民者，不容於堯舜之世。一戰勝齊，遂有南陽，然且不可。」慎子勃然不悅曰：「此則滑釐所不識也。」

廣解《 慎子，名滑釐。南陽，齊國地名。就是現在山東的鄒縣。這時魯國想奪齊國的南陽地方，所以使慎子為將軍。殃，害也。論語言「以不教民戰，是為棄之。」故孟子以為殃民；殃民之人，非堯舜之世所能容；就使打了一仗，就勝齊國，遂取得了南陽，還是不可也。慎子聽了這話，突然變色說道：「你這種話，真是我慎滑釐所不懂的了。」

朱熹章句 慎子，魯臣。教民者，教之禮義，使知入事父兄，出事長上也。用之，使之戰也。是時魯蓋欲使慎子伐齊，取南陽也。故孟子言就使慎子善戰有功如此，且猶不可。滑，音骨。滑釐，慎子名。

曰：「吾明告子：天子之地方千里；不千里，不足以待諸侯。諸侯之地方百里；不百里，不足以守宗廟之典籍。周公之封於魯也，爲方百里也；地非不足而儉於百里。太公之封於齊也，亦爲方百里也；地非不足也，而儉於百里。今魯方百里者五，子以爲有王者作，則魯在所損乎？在所益乎？徒取諸彼以與此，然且仁者不爲；況於殺人以求之乎？君子之事君也，務引其君以當道，志於仁而已。」

廣解

子，指慎子。周初定制，天子畿內之地，是一千方里；諸侯的地方是一百方里。周公之封於魯，太公之封於齊，也只各得一百方里；不是土地不足而只給他百里，實在為了定制的關係。現在魯國的地方，已經有一百方里的五倍，是已背周之定制了。徒，空也；言不必戰爭殺人，把那南陽地方，取來給與魯國，有仁心的人尚且不肯為，何況還要殺了人去求這地方呢？君子的事他的君上，務須引導他的君上，做合理的事，一心在於施行仁政而已。蓋是時魯弱齊強，今使慎子為將，欲攻取南陽，挑釁強鄰，勝負不可知；即幸而取得南陽，兵連禍結，亦非魯國之福，故孟子非之也。

朱熹章句

待諸侯，謂待其朝覲聘問之禮。宗廟典籍，祭祀會同之常制也。二公有大勳勞於天下，而其封國不過百里。儉，止而不過之意也。魯地之大，皆併吞小國而得之。有王者作，則必在所損矣。徒，空也，言不殺人而取之也。當道，謂事合於理，志仁，謂心在於仁。

〔二十九〕

孟子曰：「今之事君者曰：『我能爲君辟*土地，充府庫。』今之所謂良臣，古之所謂民賊也。君不鄉*道，不志於仁，而求富之，是富桀也。『我能爲君約與國，戰必克。』今之所謂良臣，古之所謂民賊也。君不鄉*道，不志於仁，而求爲之強戰，是輔桀也。由今之道，無變今之俗，雖與之天下，不能一朝居也。」

廣解《 「辟，」今作「闢。」闢土地，謂闢草萊，盡地力也。良臣，能幹的臣子。民賊，殘害百姓的盜賊。約與國者，連合和好相與的國家。「鄉，」今作「向。」不向道不志仁之君，是暴君也，故以桀擬之。「由今之道」云云者，言照著現今所行之道做去，不改變現今這種人心風俗，雖然把天下給與了他，也是不能夠一日住得穩的。

朱熹章句 為，去聲。辟，與闢同。鄉，與向同，下皆同。辟，開墾也。約，要結也。與國，和好相與之國也。言必爭奪而至於危亡也。

〔三十〕

白圭曰：「吾欲二十而取一，何如？」孟子曰：「子之道，貉*道也。萬室之國，一人陶，則可乎？」曰：「不可，器不足用也。」曰：「夫貉*，五穀不生，惟黍生之。無城郭宮室宗廟祭祀之禮，無諸侯幣帛饔飧*，無百官有司，故二十取一而足也。今居中國，去人倫，無君子，如之何其可也？陶以寡，且不可以爲國，況無君子乎？欲輕之於堯舜之道者，大貉小貉也。欲重之於堯舜之道者，大桀小桀也。」

廣解

白圭，名丹，周人。貉，音陌。是北方的一種夷狄。陶是燒窰。「萬室之邑，一人陶，」是孟子的譬喻。貉人所居的地方，不生五穀，只生高粱。他們是未開化的游牧民族，所以沒有城郭宮室宗廟，以及祭祀之禮，沒有諸侯來往，要用幣帛送禮，饔飧請客，也沒有百官吏胥，一切用途都很省，所以二十分取一分，就夠用也。現今居在中國，廢去人倫，沒有君子做官，怎樣可以呢？「以」同「已，」太也。燒窰的人太少了，尚且不可以成國家，何況沒有主持政事的君子呢？要想輕於堯舜十分取一的制度的，是大小貉種那樣的夷狄。要想重於堯舜十分取一的制度的，是大小桀王那樣的暴君。

朱熹章句

白圭，名丹，周人也。欲更稅法，二十分而取其一分。林氏曰：「按史記：白圭能薄飲食，忍嗜欲，與童僕同苦樂。樂觀時變，人棄我取，人取我與，以此居積致富。其為此論，蓋欲以其術施之國家也。」貉，音陌。

貉，北方夷狄之國名也。孟子設喻以詰圭，而圭亦知其不可也。夫，音扶。

北方地寒，不生五穀，黍早熟，故生之。饔飧，以飲食饋客之禮也。無君臣、祭祀、交際之禮，是去人倫；無百官有司，是無君子。因其辭以折之。什一而稅，堯舜之道也。多則桀，寡則貉。今欲輕重之，則是小貉、小桀而已。

〔三十一〕

白圭曰：「丹之治水也愈於禹。」孟子曰：「子過矣！禹之治水，水之道也。是故禹以四海為壑，今吾子以鄰國為壑。水逆行，謂之洚水；洚水者，洪水也，仁人之所惡*也。吾子過矣！」

廣解

白圭自以為治水的才能，勝過大禹。故孟子駁之。「水之道，」猶云水之路。言大禹之治水，是順著水之故道而導之入海。白圭則把水擠到鄰國去，以鄰國為貯水的地方。水逆行，謂不順其故道而泛濫於陸上也。惡，去聲。洪水為仁人之所惡，而白圭把水擠到鄰國，叫鄰國的人去受禍害，故孟子斥之。

朱熹章句

趙氏曰：「當時諸侯有小水，白圭為之築堤，壅而注之他國。」順水之性也。壑，受水處也。惡，去聲。

水逆行者，下流壅塞，故水逆流，今乃壅水以害人，則與洪水之災無異矣。

〔三十二〕

孟子曰：「君子不亮，惡乎執？」

廣解《　朱注云：「惡，平聲。亮，信也，與諒同。惡乎執，言凡事苟且，無所執持也。」趙注同。何異孫十三經問對謂「惡，」讀去聲。「君子不亮，」即論語「君子貞而不諒」之意。諒者，信而不通之謂。言君子所以不諒者，非惡乎信，惡乎執也。故孟子又曰：「所惡執一者，為其賊道也。」似較趙朱為長。

朱熹章句　惡，平聲。亮，信也，與諒同。惡乎執，言凡事苟且，無所執持也。

〔三十三〕

魯欲使樂正子爲政。孟子曰：「吾聞之，喜而不寐。」公孫丑曰：「樂正子強乎？」曰：「否。」「有知慮乎？」曰：「否。」「多聞識乎？」曰：「否。」「然則奚爲喜而不寐？」曰：「其爲人也好善。」「好善足乎？」曰：「好善優於天下，而況魯國乎！夫苟好善，則四海之內，皆將輕千里而來，告之以善。夫苟不好善，則人將曰訑訑，『予既已知之矣。』訑訑之聲音顏色，距人於千里之外。士止於千里之外，則讒諂面諛之人至矣。與讒諂面諛之人居。國欲治，可得乎？」

廣解《　孔子嘗云，「由也果，賜也達，求也藝，」可以從政。（見論語）「強，」即「果」也；「有知慮，」即「達」也；「多聞識，」即「藝」

朱熹章句　喜其道之得行。知，去聲。此三者，皆當世之所尚，而樂正子之所短，故丑疑而也。「知，」同「智。」「識，」同「誌。」「好善」之「好，」去聲。優者，綽有餘裕之謂。「夫，」音扶。輕，易也。「輕千里而來，」猶云「不遠千里而來。」訑，音怡。訑訑，自足其智，不喜善言之貌。「人將曰訑訑」者，言人將說他訑訑也。「予既已知之矣，」述不好善者之言；自以為智，故人以「訑訑」目之也。此種訑訑之聲音顏色，直可以拒人於千里之外。正士既遠，則讒諂面諛之人至矣，此國之所以不得而治也。樂正子雖非強果達藝之才，而能好善，故孟子聞其將為政，喜而不寐也。

〔三十四〕

陳子曰：「古之君子，何如則仕？」孟子曰：「所就三，所去三。迎之致敬以有禮，言將行其言也，則就之。禮貌未衰，言弗行也，則去之。其次，雖未行其言也，迎之致敬以有禮，則就之。禮貌衰，則去之。其下，朝不食，夕不食，飢餓不能出門戶，君聞之曰：『吾大者不能行其道，又不能從其言也，使飢餓於我土地，吾恥之。』周之，亦可受也；免死而已矣。」

廣解《 陳子，即陳臻。此章孟子言君子去就之道。致，盡也。言人君來迎接他，能盡恭敬之心，而有禮貌，又說將行他的言語，則可以就職做官。人君對他的禮貌，雖然還是如前，未嘗衰薄，但他的言語，不肯照行，就可以去了。其次的，雖然未能照行他的言語，但來接他，能盡恭敬之心而有禮貌，則可以就職

歷問之。丑問也。好，去聲，下同。丑問也。優，有餘裕也。言雖治天下，尚有餘力也。夫，音扶，下同。

輕，易也，言不以千里為難也。訑，音移。治，去聲。

訑訑，自足其智，不嗜善言之貌。君子小人，迭為消長。直諒多聞之士遠，則讒諂面諛之人至，理勢然也。此章言為政，不在於用一己之長，而貴於有以來天下之善。

朱熹章句 其目在下。所謂見行可之仕，若孔子於季桓子是也。受女樂而不朝，則去之矣。所謂際可之仕，若孔子於衛靈公是也。故與公游於囿，公仰視蜚鴈而後去之。所謂公養之仕也。君之於民，固有周之之義，況此又有悔過之言，所以可受。然未至於饑餓不能出門戶，則猶不受也。其曰免死而已，則其所受亦有節矣。

做官。禮貌衰薄了，就可去了。下等的，朝晚沒有飯吃，飢餓得不能出門戶，人君聽得他這個情形，說道：「我，大之不能夠行他之道，又不能從他的言語，使他飢餓在我的國境裏面，我也覺得慚愧的。」因此，把俸祿周濟他，這樣，也還可以收受的；這不過是免死罷了。按朱子於三就，言第一等為「見行可之仕，」第二等為「際可之仕，」第三等為「公養之仕。」

〔三十五〕

孟子曰：「舜發於畎畝之中，傅說*舉於版築之間，膠鬲舉於魚鹽之中，管夷吾舉於士，孫叔敖舉於海，百里奚舉於市。故天將降大任於是人也，必先苦其心志，勞其筋骨，餓其體膚，空乏其身，行拂亂其所爲，所以動心忍性，曾*益其所不能。人恒過，然後能改。困於心，衡*於慮，而後作。徵於色，發於聲，而後喻。入則無法家拂*士，出則無敵國外患者，國恒亡。然後知生於憂患而死於安樂*也。」

廣解《

按尚書堯典，史記五帝本紀舜嘗耕于歷山，是由畎畝之間起而為天子也。版築，以版夾起，實土其中，舂之以築牆也。傅說在傅巖做版築的事，武丁舉之以為相。見尚書序及史記殷本紀。「說，」音悅。膠鬲，殷末賢人，亦見公孫丑篇，以為輔紂之人；但紂非能舉賢人者，當是文王舉而進之於紂，如湯聘伊尹，使之就桀耳。魚鹽，販魚鹽為生也。管夷吾，即管仲，助

朱熹章句

說，音悅。

舜耕歷山，三十登庸。說築傅巖，武丁舉之。膠鬲遭亂，鬻販魚鹽，文王舉之。管仲囚於士官，桓公舉以相國。孫叔敖隱處海濱，楚莊王舉之為令尹。百里奚事見前篇。曾，與增同。

降大任，使之任大事也，若舜以下是也。空，窮也。乏，絕也。拂，戾也，言使之所為不遂，多背戾也。動心忍性，謂竦動其心，堅忍其性也。然所謂性，亦

公子糾，與齊桓公爭國。子糾死，魯囚管仲致之齊，桓公以鮑叔牙之薦舉以為相。士，士師，獄官。事見左傳及史記齊世家，管晏列傳。孫叔敖，楚蔿敖，字孫叔。（孫星衍有孫叔敖名字考。）其父蔿賈被殺，乃竄處淮海之濱，而莊王舉以為相也。（從毛奇齡說。）百里奚見前篇。市，買賣也。奚嘗為人養牲；養牲販賣，故曰「市。」大任，重大的責任。餓則體羸膚瘠，故曰「餓其體膚。」空即乏也，空乏，謂匱乏。拂，逆也，戾也。動心，使其心竦動；忍性，使其性堅忍也。「曾，」同「增。」「衡，」同「橫，」不順也。作，奮發也。徵，驗也。喻，曉也。言常人不能燭於幾微未發之先，必事已暴著，驗於人之顏色，發於人之聲音言語，然後能警悟而通曉也。此皆中人之常，故曰「人恆……」云云。「拂」同「弼。」「入，」謂國內。法家，有法度之世家；拂士，能輔弼之正士。「出，」指國外。「樂，」音洛。言由此可知人之生全，往往在憂患之中，而安樂反可以致人於死亡也。此章最足激發青年人志氣。稍遭挫折，即志氣沮喪者，讀之尤當猛省。

指氣稟食色而言耳。程子曰：「若要熟，也須從這裡過。」

衡，與橫同。

恆，常也。猶言大率也。橫，不順也。作，奮起也。徵，驗也。喻，曉也。此又言中人之性，常必有過，然後能改。蓋不能謹於平日，故必事勢窮蹙，以至困於心，橫於慮，然後能奮發而興起；不能燭於幾微，故必事理暴著，以至驗於人之色，發於人之聲，然後能警悟而通曉也。拂，與弼同。

此言國亦然也。法家，法度之世臣也。拂士，輔弼之賢士也。樂，音洛。

以上文觀之，則知人之生全，出於憂患，而死亡由於安樂矣。

尹氏曰：「言困窮拂郁，能堅人之志，而熟人之仁，以安樂失之者多矣。」

〔三十六〕

孟子曰：「教亦多術矣。予不屑之教誨也者，是亦教誨之而已矣。」

廣解《

術，方法也。「予不屑之教誨，」即「予不屑教誨之」也。

孟子言教人方法很多。有時我不屑教誨他，恰是一種教誨方法。按論語孔子託疾不見孺悲，取瑟而歌，使之聞之，就是「不屑教誨」的教誨。

朱熹章句

多術，言非一端。屑，潔也。不以其人為潔而拒絕之，所謂不屑之教誨也。其人若能感此，退自修省，則是亦我教誨之也。

尹氏曰：「言或抑或揚，或與或不與，各因其材而篤之，無非教也。」

盡心篇第七

（一）

孟子曰：「盡其心者，知其性也。知其性，則知天矣。存其心，養其性，所以事天也。殀壽不貳，脩身以俟之，所以立命也。」

廣解

心者，思慮之官。吾人所以能悟眾理，應萬事者，完全是心的作用。性者，天之所命，心之所具，有仁義禮知四端者也。上篇云：「心之官則思，思則得之，不思則不得也。」不能盡其心以思慮，則無以自知其本善之性，有是四端而自謂不具矣。惟能盡其心，則可以致知而知至，必能自知其心之本善矣；故曰：「盡其心者，知其性也。」中庸云：「天命之謂性。」既能知其性，則可以知天道與人道，天地之德與人性之德，理無二致；故曰：「知其性，則知天矣。」存者，操而不舍之謂；養，順而不害之謂。存心即所以養性，養性亦即所以存心。性既為天之所賦，則存心養性即所以事天。事者，奉承而不遺之謂。父母生我之身，不敢毀傷己之身體，即所以事父母；天賦我以本善之性，則存心養性，以擴充我固有之四端，亦即所以事天。盡心知性似偏於「知」的方面，存心養性似偏於「行」的方面；然存養

朱熹章句

心者，人之神明，所以具眾理而應萬事者也。性則心之所具之理，而天又理之所從以出者也。人有是心，莫非全體，然不窮理，則有所蔽而無以盡乎此心之量。故能極其心之全體而無不盡者，必其能窮夫理而無不知者也。既知其理，則其所從出，亦不外是矣。以大學之序言之，知性則物格之謂，盡心則知至之謂也。

存，謂操而不捨；養，謂順而不害。事，則奉承而不違也。殀壽，命之短長也。貳，疑也。不貳者，知天之至，修身以俟死，則事天以終身也。立命，謂全其天之所付，不以人為害之。

程子曰：「心也、性也、天也，一理也。自理而言謂之天，自稟受而言謂之性，自存諸人而言謂之心。」

張子曰：「由太虛，有天之名；由氣化，有道之名；合虛與氣，有性之名；合性與知覺，有心之名。」愚謂：盡心知性而知天，所以造其理也；存心養性以事

亦須求其「盡，」大學所謂「無所不用其極」也；而所以盡心者，亦不外乎存養，大學所謂慎獨方能誠意也。此亦即知即行之義。殀，謂短命，壽，謂長壽。貳，疑也。命有殀壽，君子惟修身以俟之而已，此即中庸所謂「居易以俟命」也。存心養性，即修身之道。不貳，即論語所謂「不惑，」謂不以殀壽嬰其心，而有所疑貳，致存養之功，有所怠忽也。蓋能「知命，」故不惑；此即君子所以立命之道。此章言心性命，實開宋儒理學之端；理極微妙，學者當細心讀之。

〔二〕

孟子曰：「莫非命也，順受其正。是故知命者，不立乎巖牆之下。盡其道而死者，正命也；桎梏死者，非正命也。」

廣解《 巖牆者，如山巖向外面傾斜的牆壁，易倒塌者。桎梏，是拘罪人的鐐銬。此章承上章而言。「莫非命也，順受其正」者，言人之殀壽，莫非命也，但當順受其正命耳。能順受正命，則殀壽不貳矣。立乎巖牆之下而壓死，陷罪被刑，至桎梏而死，皆非正命。盡其道，謂能盡修身之道，盡存養之道。如此而死，無論或殀或壽，皆是順受其正，故曰「正命。」就本章所言觀之，則所謂「俟命」者，非如一般頹廢的定命論者之委心任運；所謂「立命」者，亦非如一般反定命論者之行險徼幸；惟努力於己之存

天，所以履其事也。不知其理，固不能履其事；然徒造其理而不履其事，則亦無以有諸己矣。知天而不以殀壽貳其心，智之盡也；事天而能修身以俟死，仁之至也。智有不盡，固不知所以為仁；然智而不仁，則亦將流蕩不法，而不足以為智矣。

朱熹章句 人物之生，吉凶禍福，皆天所命。然惟莫之致而至者，乃為正命，故君子修身以俟之，所以順受乎此也。命，謂正命。巖牆，牆之將覆者。知正命，則不處危地以取覆壓之禍。盡其道，則所值之吉凶，皆莫之致而至者矣。

桎梏，所以拘罪人者。言犯罪而死，與立巖牆之下者同，皆人所取，非天所為也。此章與上章蓋一時之言，所以發其末句未盡之意。

養工夫，以修其身，以盡其在我；至於或夭或壽，則命定自天，但順受其正而已，此所謂「居易以俟命」也。若正命所遭，非殺身無以成仁，非舍生無以取義，則患亦所不苟避也，難亦所不苟免也。蓋雖殺身，亦是正命順受之而已。此義亦不可不知。

〔三〕

孟子曰：「求則得之，舍*則失之，是求有益於得也；求在我者也。求之有道，得之有命，是求無益於得也；求在外者也。」

廣解

「舍，」上聲，同「捨。」「在我」者，指吾心固有之仁義，所謂天爵是也。「在外」者，指富貴利達，所謂人爵也。天爵在我，求可必得，故「求」有益於「得」也。人爵在外，雖求之亦有其道，而得與不得則有命存焉，非可以人力強也，故「求」無益於「得。」

「求之有道」者，趙云：「謂賢者修其天爵而人爵從之；」朱云：「有道，言不可妄求。」按如趙氏所云，則賢者之修天爵，志在求人爵矣；朱子雖曰「不妄求，」終有求之之心，似非孟子本旨。「道」即方法也。孟子蓋謂世之求富貴利達者，雖亦有其求之之道；但果能得富貴與否，終有命在，不能必也。聖賢惟知修其天爵而已；所以修其天爵，非欲以此為要求人爵之地也；所以不求人爵，亦非因其不可必得也。此章之旨，在醒世人之棄天爵而求人爵者。與論語孔子所云，「富而可求也，雖執鞭之士，吾亦為之；如不可求，從吾所好，」同一用意。學者不可誤會。

朱熹章句

舍，上聲。在我者，謂仁義禮智，凡性之所有者。有道，言不可妄求。有命，則不可必得。在外者，謂富貴利達，凡外物皆是。趙氏曰：「言為仁由己，富貴在天，如不可求，從吾所好。」

〔四〕

孟子曰：「萬物皆備於我矣，反身而誠，樂*莫大焉。彊*恕而行，求仁莫近焉。」

廣解

「樂，」音洛。「彊，」上聲，即「勉強」之「強。」「萬物，」指一切關於為人的事物。就是人倫物理。這本來是人人所有的，都備具在我的性分之中，故曰「萬物皆備於我」也。誠者真實無妄之謂。大學謂誠意在無自欺。不自歉，即反身而誠也。其實，反身而誠，即是「恕。」「有諸己而後求諸人，無諸己而後非諸人，」恕也，即反身而誠也。「所惡於上，無以使下，所惡於下，無以事上，……」即「施諸己而不願，亦勿施於人」也，恕也，亦即反身而誠也。「所求乎子以事父，所求乎臣以事君，……」即以己所欲施之於人也，亦恕也，亦即反身而誠也。能反身而誠，則己立立人，己達達人，可以成己，可以成物，可以盡其性以盡物之性，可以參天地贊化育矣，此所謂「仁」也，故曰「樂莫大焉。」其未能至此者，則當強行恕道以求「仁。」反身而誠者，安而行之者也；強恕而行者，勉強而行之者也；及其成功，一也。「恕」者推己以及人。論語以「能近取譬」為「為仁之方，」即此所謂「強恕而行，求仁莫近」也。

朱熹章句

此言理之本然也。大則君臣父子，小則事物細微，其當然之理，無一不具於性分之內也。

樂，音洛。

誠，實也。言反諸身，而所備之理，皆如惡惡臭、好好色之實然，則其行之不待勉強而無不利矣，其為樂孰大於是。強，上聲。

強，勉強也。恕，推己以及人也。反身而誠則仁矣，其有未誠，則是猶有私意之隔，而理未純也。故當凡事勉強，推己及人，庶幾心公理得而仁不遠也。

此章言萬物之理具於吾身，體之而實，則道在我而樂有餘；行之以恕，則私不容而仁可得。

〔五〕

孟子曰：「行之而不著焉，習矣而不察焉，終身由之而不知其道者，衆也。」

廣解《 著者，知之明；察者，識之精。由之者，由此道也。「終身由之，」則既行之而且習之矣。而終不明不察，故不知其道也。道不遠人，本為人人所共由而不可須臾離者，故雖夫婦之愚，可以能行。然人莫不飲食，鮮能知味，此亦行之不著，習矣不察之一例也。終身由之而不知其道者多，故孔子曰：「民可使由之不可使知之；」孫中山先生亦謂知難行易，不知者亦能行也。

朱熹章句 著者，知之明；察者，識之精。言方行之而不能明其所當然，既習矣而猶不識其所以然，所以終身由之而不知其道者多也。

〔六〕

孟子曰：「人不可以無恥；無恥之恥，無恥矣。」

廣解《 做人不可以無恥，故論語曰：「行己有恥。」恥，即羞惡之心也。「無恥之恥無恥矣」者，趙岐注曰：「人能恥己之無所恥，是為改行從善之人，終身無復有恥辱之累也。」按「無恥不恥，」猶云「惟無恥是恥，」言以無恥為可恥也。此句上「無恥，」即上句「人不可以無恥」之「無恥，」謂無羞恥之心。下「無恥，」謂無恥辱。

朱熹章句 趙氏曰：「人能恥己之無所恥，是能改行從善之人，終身無復有恥辱之累矣。」

〔七〕

孟子曰：「恥之於人大矣！爲機變之巧者，無所用恥焉。不恥不若人，何若人有？」

廣解

「恥之於人大矣，」即上章「人不可以無恥」之意。有恥，則可進於聖賢；無恥，則將淪為禽獸；故所關極為重大。趙注「造機變穽陷之巧以攻戰，」即釋「為機變之巧。」其實，以機心變詐之巧術欺人害人者，其無形之穽陷，反較有形者為陰險也。此種人直是無恥之尤，故無所用其羞恥之心。「不恥不若人」者，己不如人，不以為可恥也。不恥己之不如人，則必毫無進步，故曰「何若人有，」言必事事不如人也。蓋無恥者，非機變之小人，即甘為人下之懦夫，故曰「恥之於人大矣。」

朱熹章句

恥者，吾所固有羞惡之心也。存之則進於聖賢，失之則入於禽獸，故所繫為甚大。為機械變詐之巧者，所為之事皆人所深恥，而彼方且自以為得計，故無所用其愧恥之心也。但無恥一事不如人，則事事不如人矣。或曰：「不恥其不如人，則何能有如人之事。」其義亦通。或問：「人有恥不能之心如何？」程子曰：「恥其不能而為之可也，恥其不能而掩藏之不可也。」

〔八〕

孟子曰：「古之賢王，好善而忘勢。古之賢士，何獨不然，樂*其道而忘人之勢。故王公不致敬盡禮，則不得亟*見之。見且猶不得亟*，而況得而臣之乎？」

廣解

好，去聲。「樂，」音洛。「亟，」音器，屢次也。古時候賢明的國王，好人之善而忘卻自己的權勢。古時候賢明的士人，也是如此，樂自己所信之道，而忘卻別人的權勢。假使王公大人，對於他不致敬盡禮，就不能常常與賢士相見。常常相見，尚且不可得，何況要把賢士作臣下，聽己使令呢？

朱熹章句

好，去聲。樂，音洛。亟，去吏反。言君當屈己以下賢，士不枉道而求利。二者勢若相反，而實則相成，蓋亦各盡其道而已。

〔九〕

孟子謂宋句踐曰：「子好游乎？吾語子游。人知之，亦囂囂。人不知，亦囂囂。」曰：「何如斯可以囂囂矣？」曰：「尊德樂義，則可以囂囂矣。故士窮不失義，達不離道。窮不失義，故士得己焉。達不離道，故民不失望焉。古之人，得志，澤加於民；不得志，脩身見於世；窮則獨善其身，達則兼善天下。」

廣解

「句，」音鉤。宋句踐，姓宋名句踐，姓宋名句踐，戰國時人。「遊」者，遊說諸侯也。語，去聲。囂囂，自得無欲之貌。孟子對宋句踐道：「你喜歡遊說嗎？我告你遊說的道理。人家曉得你這個人，你固然可以悠然自得不必求人；人家不曉得你這個人，你也要悠然自得，不去求人。」言游說儘管游說，不必把得失放在心上也。宋句踐因問：「怎樣，方可以囂囂呢？」「樂，」音洛。「見，」讀若現。孟子道：「士能尊德樂義，那就可以囂囂了。」故士雖窮困，不可失義；即使顯達，也不可離開素來所懷抱的道德。貧賤不能移，故窮不失義；富貴不能淫，故達不離道。得己者，不失自己的身分也。窮而失義，則失自己的身分；達而離道，則人民對他都失望了。古時候的人，得志了，顯達了，則行其道而加恩澤於人民；此即「兼善天下」也。不得志，則修身以自見於世，亦不至沒世而名不稱；此即「獨善其身」也。

朱熹章句

句，音鉤。好、語，皆去聲。宋，姓。句踐，名。游，遊說也。趙氏曰：「囂囂，自得無欲之貌。」樂，音洛。

德，謂所得之善。尊之，則有以自重，而不慕乎人爵之榮。義，謂所守之正。樂之，則有以自安，而不殉乎外物之誘矣。離，力智反。

言不以貧賤而移，不以富貴而淫，此尊德樂義見於行事之實也。得己，言不失己也。民不失望，言人素望其興道致治，而今果如所望也。

見，音現。見，謂名實之顯著也。此又言士得己、民不失望之實。此章言內重而外輕，則無往而不善。

戰國時游說之士，皆戚戚於貧賤，汲汲於富貴，故窮則失義，而不能獨善其身，達則離道，而不能兼善天下，故孟子以此語之。孔孟雖亦周遊列國，而與游說之士絕不相同者，即在此。

〔十〕

孟子曰：「待文王而後興者，凡民也。若夫豪傑之士，雖無文王猶興。」

廣解《 「凡民，」指一般的平常凡庸之人。「豪傑之士，」有志之士也。興，感動奮發也。凡民不能自奮，必待如文王者，鼓舞教導之，而始能奮發。有志之士，則能自奮，不為環境所囿，不為時勢所抑，故雖無鼓舞教導之者，尚能奮發有為，日進於善也。「夫，」音扶。

朱熹章句 夫，音扶。興者，感動奮發之意。凡民，庸常之人也。豪傑，有過人之才智者也。蓋降衷秉彝，人所同得，惟上智之資無物慾之蔽，為能無待於教，而自能感發以有為也。

〔十一〕

孟子曰：「附之以韓魏之家，如其自視欿然，則過人遠矣。」

廣解《 韓魏，晉國之卿，富貴之家也。附，加也，言以韓魏之家的富貴加諸其人也。如其能自視欿然，不自滿足，可知他不以富貴為懷而志於道，故曰「過人遠矣。」

朱熹章句 欿，音坎。附，益也。韓魏，晉卿富家也。欿然，不自滿之意。尹氏曰：「言有過人之識，則不以富貴為事。」

〔十二〕

孟子曰：「以佚道使民，雖勞不怨。以生道殺民，雖死不怨殺者。」

廣解《

「以佚道使民」者，言如教民種田，本欲其收穫米穀，有安佚的日子可過也，故雖苦而不怨。「以生道殺民」者，言如國君誅戮殺人的罪犯，本意是使社會間，不復有殺人的兇手，而良民得以生活，不但其他人民決無怨者；即兇手亦以罪有應得，死而無怨矣。

朱熹章句　程子曰：「以佚道使民，謂本欲佚之也，播谷乘屋之類是也。以生道殺民，謂本欲生之也，除害去惡之類是也。蓋不得已而為其所當為，則雖咈民之欲而民不怨，其不然者反是。」

〔十三〕

孟子曰：「霸者之民，驩虞如也。王者之民，皞皞如也。殺之而不怨，利之而不庸，民日遷善而不知為之者。夫君子所過者化，所存者神，上下與天地同流，豈曰小補之哉！」

廣解《

「驩，」同「歡。」「虞，」同「娛。」古字通借。「霸者之民，驩虞如也，」言霸國的百姓，好像歡樂娛快的樣子。所以如此者，因霸者之治，有意為之，故民易知之而樂之也。「皞，」音浩。皞皞者，廣大自得的態度，所謂「不識不知，順帝之則」者也。「殺之而不怨」者，即前章所說，「以生道殺民，雖死不怨」也。庸，功也。「利之而不庸」者，言王者利民，民亦不知他的功勞，所謂「帝力何有於我」也。「民日遷善而不知為之者，」言百姓受了王者的教化，日遷於善，竟不知道是那個使他這樣的也。此

朱熹章句　皞，胡老反。驩虞，與歡娛同。皞皞，廣大自得之貌。程子曰：「驩虞，有所造為而然，豈能久也？耕田鑿井，帝力何有於我？如天之自然，乃王者之政。」楊氏曰：「所以致人驩虞，必有違道干譽之事；若王者則如天，亦不令人喜，亦不令人怒。」此所謂皞皞如也。庸，功也。豐氏曰：「因民之所惡而去之，非有心於殺之也，何怨之有？因民之所利而利之，非有心於利之也，何庸之有？輔其性之自然，使自得之，故民日遷善而不知誰之所為也。」

三句即是「王者之民」的「皞皞如」也。君子，謂「王者」也。朱注謂「所過者化，」言身所經歷之處，無人不化；如舜之耕於歷山，田者讓畔，陶於河濱，器不苦窳。「所存者神，」言心所存主處，便神妙不測，如孔子之立之斯立，導之斯行，綏之斯來，動之斯和，莫知其所以然而然。焦氏正義謂「過」即行動之義。行動著於外，存者運於中。所行動者民即變化，由於所存者神也。又引易繫辭云：「神而化之，使民宜之。」「所過者化，所存者神，」即神而化之也。按上指天，下指地，「上下與天地同流，」言王者神化，與天地運行化育萬物之功相同。故能神而化之，不但小補於民而已。神而化之，與天地之運行同，即所謂「唯天為大，唯堯則之，」故「蕩蕩乎民無能名」也。

〔十四〕

孟子曰：「仁言不如仁聲之入人深也。善政不如善教之得民也。善政民畏之，善教民愛之。善政得民財，善教得民心。」

廣解《

此章承上章而伸說王霸之不同也。「仁言」者，程子謂以仁愛之言加於民。「仁聲」者，程子謂有仁之實而為眾人所稱道者也。則仁言者，是為政者口頭所說的好聽話，如現在一般政府之宣言，無不仁至義盡者也。仁聲，則不尚空談，而將實惠施及民身，於是有了仁愛的名聲。這種名聲比了空洞的好話，

夫，音扶。

君子，聖人之通稱也。所過者化，身所經歷之處，即人無不化，如舜之耕歷山而田者遜畔，陶河濱而器不苦窳也。所存者神，心所存主處便神妙不測，如孔子之立斯立、道斯行、綏斯來、動斯和，莫知其所以然而然也。是其德業之盛，乃與天地之化同運並行，舉一世而甄陶之，非如霸者但小小補塞其罅漏而已。此則王道之所以為大，而學者所當盡心也。

朱熹章句

程子曰：「仁言，謂以仁厚之言加於民。仁聲，謂仁聞，謂有仁之實而為眾所稱道者也。此尤見仁德之昭著，故其感人尤深也。」政，謂法度禁令，所以制其外也。教，謂道德齊禮，所以格其心也。得民財者，百姓足而君無不足也；得民心者，不遺其親，不後其君也。

更能深入人心。故曰：「仁言不如仁聲之入人深也。」「善政，」道之以政，齊之以刑也。「善教，」道之以德。齊之以禮也。霸國之政令雖善，不如王者之教化，更能得到人民的悅服。故曰：「善政不如善教之得民也。」霸國之善政，以整理財政為第一要務，故曰：「善政得民財。」王者之善教，則使人民心悅誠服，故曰：「善教得民心。」善政易，善教難；善政易見功效，但善政人亡政息。亦易消失。善教功效遲緩。善教既得民心，一時不易即失。故齊桓為五霸之首，身死國即不振。湯武之王，傳世數百年未易動搖也。

〔十五〕

孟子曰：「人之所不學而能者，其良能也。所不慮而知者，其良知也。孩提之童，無不知愛其親者。及其長也，無不知敬其兄也。親親，仁也。敬長，義也。無他，達之天下也。」

廣解《

良能，本來自有的善的能力；良知，本來自有的善的知識；所以是不學而能，不慮而知的。孩提，是二三歲的孩童。說文云：「咳，小兒笑也。孩，古文咳。」提，以一手提挈，初學步也。二三歲的孩童，沒有不知道愛他父母親的。等他稍長大些，沒有不知道敬重其兄的。親愛自己的父母親就是仁；敬重自己的兄長就是義。則仁義本人人所固有之良知。能把這人人備具的親親敬兄之良知，擴而充之，推而達之於天下，則聖人之

朱熹章句

良者，本然之善也。程子曰：「良知良能，皆無所由；乃出於天，不繫於人。」長，上聲，下同。

孩提，二三歲之閒，知孩笑、可提抱者也。愛親敬長，所謂良知良能者也。言親親敬長，雖一人之私，然達之天下無不同者，所以為仁義也。

道，於此矣。親親即是「孝，」敬兄即是「弟。」此與上篇所云，「堯舜之道，孝弟而已矣，」同一意思。又按本章首以「不學而能，不慮而知」並提，下文於「愛其親，」「敬其兄，」俱只曰「無不知，」而不曰「無不能」者，蓋「不慮而知」者，由於性之善，此人人所同然也。由「知之」而「能之，」則在常人必有待於「學」矣。由自己愛親之孝，敬兄之弟而推之，固是所謂「達之天下；」由人人同具的愛親敬兄之良知，以啟導其天性之良能，使人人皆能孝弟，亦是所謂「達之天下」也。

〔十六〕

孟子曰：「舜之居深山之中，與木石居，與鹿豕游，其所以異於深山之野人者，幾希。及其聞一善言，見一善行，*若決江河，沛然莫之能禦也。」

廣解《

此章言舜微賤時，耕於歷山，居於深山之中，和樹木土石在一處，和麋鹿豬羊在一處，與深山裏沒有知識的農夫野人，相去沒有多少。及其聽到他人一句善言，見到他人一件善行，立刻去照做，好像長江大河決了口，浩浩蕩蕩地誰也阻擋不住。所以人只要存心向善，不管出身如何，環境如何，總可以成為聖賢。

朱熹章句

行，去聲。

居深山，謂耕歷山時也。蓋聖人之心，至虛至明，渾然之中，萬理畢具。一有感觸，則其應甚速，而無所不通，非孟子造道之深，不能形容至此也。

〔十七〕

孟子曰：「無爲其所不爲，無欲其所不欲，如此而已矣。」

廣解 趙注云：「無使人為己所不欲為者，無使人欲己之所不欲者，每以身況之，如此，則人道足矣。」按趙注似與孟子本旨未合。「無，」同「毋。」言不要「為」其所「不為，」不要「欲」其所「不欲，」為人之道，如此而已。播間乞餘，人人所「不為；」簞食豆羹，呼蹴而與，人人所「不欲。」苟能推而廣之，毋為其所不為，毋欲其所不欲，則乞憐昏夜，以求富貴利達，亦我所不為；萬鍾之祿，不合禮義，亦我所不欲矣。有所不為，有所不欲者，羞惡之本心；其終至於無所不為，無所不欲者，由未能就此羞惡之心，擴而充之耳。

朱熹章句 李氏曰：「有所不為不欲，人皆有是心也。至於私意一萌，而不能以禮義制之，則為所不為、欲所不欲者多矣。能反是心，則所謂擴充其羞惡之心者，而義不可勝用矣，故曰如此而已矣。」

〔十八〕

孟子曰：「人之有德慧術知*者，恆存乎疢*疾。獨孤臣孽子，其操心也危，其慮患也深，故達。」

廣解 「知，」去聲，同「智。」「疢，」音趁，病也。此云疢疾，猶言患難，孤臣、孽子者，不見容於君父者也。孟子言人之有德行、智慧、道術、才智的，常常是在患難中磨練出來的。所以只

朱熹章句 知，去聲。疢，丑刃反。德慧者，德之慧。術知者，術之知。疢疾，猶災患也。言人必有疢疾，則能動心忍性，增益其所不能也。

有在遠的孤臣，和庶出的孽子，他所擔著的心思很危險，所憂慮的患難很深刻，故能成一個明達事理的人。此與上篇舜發於畎畝章之旨相同。

孤臣，遠臣；孽子，庶子，皆不得於君親，而常有疢疾者也。達，謂達於事理，即所謂德慧術知也。

〔十九〕

孟子曰：「有事君人者，事是君，則爲容悅者也。有安社稷臣者，以安社稷爲悅者也。有天民者，達可行於天下而後行之者也。有大人者，正己而物正者也。」

廣解《

「有事君人者，」言有一種事君的人也。朱注云：「阿徇以為容，逢迎以為悅，此鄙夫之事，妾婦之道也。」按呂氏春秋似順篇高誘注云：「容，悅也。」容悅二字雙聲，同義疊用。這是最下的一等。又有安社稷之臣，以安社稷為悅者，又是一等。「天民」者，是能全盡天理的人，一定要有機會可行他的道理於天下，才肯出來事君行道的。按前篇稱伊尹為「天民之先覺者，」則此「天民」亦指伊尹之類。這又是一等。所謂「大人」者，是最高的一等，正己而人化之，即上章所云「所過者化，所存者神，上下與天地同流」者也。「正己而物正，」則「篤恭而天下平」矣。事君為容悅者，是佞臣；安社稷者，是一國之臣；天民，則非一國之士矣，然尚有待於作為；至於大人，則非堯舜不足以當之。

朱熹章句

阿徇以為容，逢迎以為悅，此鄙夫之事、妾婦之道也。言大臣之計安社稷，如小人之務悅其君，眷眷於此而不忘也。民者，無位之稱。以其全盡天理，乃天之民，故謂之天民。必其道可行於天下，然後行之；不然，則寧沒世不見知而不悔，不肯小用其道以殉於人也。張子曰：「必功覆斯民然後出，如伊呂之徒。」大人，德盛而上下化之，所謂「見龍在田，天下文明」者。

此章言人品不同，略有四等。容悅佞臣不足言。安社稷則忠矣，然猶一國之士也。天民則非一國之士矣，然猶有意也。無意無必，惟其所在而物無不化，惟聖者能之。

〔二十〕

孟子曰：「君子有三樂，而王天下不與存焉。父母俱存，兄弟無故，一樂也。仰不愧於天，俯不怍於人，二樂也。得天下英才而教育之，三樂也。君子有三樂，而王。天下不與存焉。」

廣解《

「樂，」音洛。「王，」去聲。「與，」去聲。此言君子有三種快樂，王天下卻不在其內。「父母俱存，兄弟無故，」是一樂。「無故」者，言兄弟和樂也。怍，亦愧也。仰起頭來對天，低下頭來對人，都沒有慚愧，這也是一樂。得天下英才而教育之，使能成大材大器，亦是一樂。

朱熹章句

樂，音洛。王、與，皆去聲，下並同。此人所深願而不可必得者，今既得之，其樂可知。程子曰：「人能克己，則仰不愧，俯不怍，心廣體胖，其樂可知，有息則餒矣。」盡得一世明睿之才，而以所樂乎己者教而養之，則斯道之傳得之者眾，而天下後世將無不被其澤矣。聖人之心所願欲者，莫大於此，今既得之，其樂為何如哉？林氏曰：「此三樂者，一繫於天，一繫於人。其可以自致者，惟不愧不怍而已，學者可不勉哉？」

〔二十一〕

孟子曰：「廣土眾民，君子欲之，所樂不存焉。中天下而立，定四海之民，君子樂之，所性不存焉。君子所性，雖大行不加焉，雖窮居不損焉，分定故也。君子所性，仁義禮智根於心；其生色也睟然，見於面，盎於背，施於四體，（四體）不言而喻。」

廣解《

「廣土眾民，」指為大國諸侯；地闢而民聚，可以行其道，施其澤，故君子欲之。但君子所樂者不在此。「中天下而立，定四海之民，」指王天下。其道大行，匹夫匹婦無不被其澤，故君子樂之。但君子所性者不在此。分，去聲，分量之分。所性，謂所稟受之天性；「分定」者，性稟自天，其分量不可增損也。「大

朱熹章句

樂，音洛，下同。地辟民聚，澤可遠施，故君子欲之，然未足以為樂也。其道大行，無一夫不被其澤，故君子樂之，然其所得於天者則不在是也。分，去聲。分者，所得於天之全體，故不以窮達而有異。睟，音粹。見，音現。盎，烏浪反。

行，」指上文中天下而立，定四海之民」而言。雖達而兼善天下，於性分無所增加；雖窮居獨善其身，於性分無所減損；故曰「所性不存」也。君子所稟受之天性，仁義禮智四德，皆本於其心，不由外鑠。誠於中，必形於外。故根於心之仁義禮智，發而著見於容顏、儀態、動作者，睟然有純粹中正，清和潤澤之貌也。「睟」與「粹」同。（見焦氏正義）「睟然，」當依周廣業孟子逸文考連上句讀，兼下「見於面、盎於背，施於四體」而言「見」同「現。」「盎」音烏浪反，豐厚盈溢之意。「盎於背」者，謂流露於儀容態度之間；「施於四體」者，謂流露於動作周旋之際也。俞樾謂下「四體」二字為衍文。其說甚是。喻，曉也。君子之盛德既形於容顏、儀態、動作之間，則自「不動而敬，不言而信」矣，故曰「不言而喻。」此即中庸所謂「誠則形，形則著，著則明，明則動，動則變，變則化；惟天下至誠為能化」也。

上言所性之分，與所欲所樂不同，此乃言其蘊也。仁義禮智，性之四德也。根，本也。生，發見也。睟然，清和潤澤之貌。盎，豐厚盈溢之意。施於四體，謂見於動作威儀之閒也。喻，曉也。四體不言而喻，言四體不待吾言，而自能曉吾意也。蓋氣稟清明，無物慾之累，則性之四德根本於心，其積之盛，則發而著見於外者，不待言而無不順也。程子曰：「睟面盎背，皆積盛致然。四體不言而喻，惟有德者能之。」此章言君子固欲其道之大行，然其所得於天者，則不以是而有所加損也。

〔二十二〕

孟子曰：「伯夷辟紂，居北海之濱，聞文王作，興曰：『盍歸乎來！吾聞西伯善養老者。』大公辟紂，居東海之濱，聞文王作，興曰：『盍歸乎來！吾聞西伯善養老者。』天下有善養老，則仁人以爲己歸矣。

廣解《 「以為己歸」者，以善養耆者的人，為自己之所歸也。餘已見離婁篇注。

朱熹章句 辟，去聲，下同。大，他蓋反。己歸，謂己之所歸。余見前篇。

「五畝之宅，樹牆下以桑，匹婦蠶之，則老者足以衣*帛矣。五母雞，二母彘，無失其時，老者足以無失肉矣。百畝之田，匹夫耕之，八口之家，可以無饑矣。

廣解《 此節亦與梁惠王篇告梁惠王、齊宣王者大致相同。此「蠶」字作動詞用。

「所謂西伯善養老者，制其田里，教之樹畜，導其妻子，使養其老。五十非帛不煖，七十非肉不飽；不煖不飽，謂之凍餒。文王之民，無凍餒之老者，此之謂也。」

廣解《 田，指百畝之田；里，指五畝之宅；樹，指耕桑；畜，指雞彘。無帛肉之不煖不飽，與無衣食之凍餒本不同；而亦謂之凍餒者，由文王篤念耆老也。此章言文王之善養老，在教導人民使各養其老，非家賜而人益之也。

〔二十三〕

孟子曰：「易*其田疇，薄其稅斂，民可使富也。食之以時，用之以禮，財不可勝*用也。民非水火不生活，昏暮叩人之門戶求水火，無弗與者，至足矣。聖人治天下，使有菽粟如水火；菽粟如水火，而民焉*有不仁者乎？」

廣解《 「易，」去聲，治也。疇，耕治之田也。「斂，」去聲。稅斂，即稅收。在下者，易治其田疇，則地無遺利；在上者，又薄其賦

朱熹章句 衣，去聲。此文王之政也。一家養母雞五，母彘二也。餘見前篇。

朱熹章句 田，謂百畝之田。裡，謂五畝之宅。樹，謂耕桑。畜，謂雞彘也。趙氏曰：「善養老者，教導之使可以養其老耳，非家賜而人益之也。」

朱熹章句 易、斂，皆去聲。易，治也。疇，耕治之田也。勝，音升。

斂，則國無橫征；故民皆可令其富足也。食之以時，用之以禮，則食用舒，而財有餘，故不可勝用也。水火為人民生活所必需；但昏暮之時，有敲人之門戶而求水火者，沒有不給他的。因為水火是頂多的東西，故不吝惜。聖人治理天下，一定要使百姓所有的菽粟如水火之多。這樣，大家有飯吃了，百姓還有不仁愛的嗎？蓋百姓的不仁愛，或至於為盜，大都是為衣食所迫，鋌而走險的也。按管子亦言「衣食足，知榮辱；倉廩實，知禮節。」韓非子亦言「豐歲則饟過客，而饑歲則不食幼弟。」蓋人之為非作惡，大多由經濟所迫，所謂飢寒生盜心也。故治國必先解決民生問題。先哲見到此義者多矣。

教民節儉，則財用足也。焉，於虔反。

水火，民之所急，宜其愛之而反不愛者，多故也。

尹氏曰：「言禮義生於富足，民無常產，則無常心矣。」

〔二十四〕

孟子曰：「孔子登東山而小魯，登太山而小天下。故觀於海者難爲水，游於聖人之門者難爲言。觀水有術，必觀其瀾。日月有明，容光必照焉。流水之爲物也，不盈科不行。君子之志於道也，不成章不達。」

廣解《 東山，魯國境內之山。泰山，齊魯兩國共有之山。所登愈高，所望愈遠，眼界亦愈大，故「登東山而小魯，登泰山而小天下」也。所見愈廣，所知愈多，眼界亦愈高，故「觀於海者難為水，遊於聖人之門者難為言」也。蓋遊於聖人之門者，見聖人之德高智廣，名言讜論，層出不窮，就覺得難為言了。此以登山觀

朱熹章句 此言聖人之道大也。東山，蓋魯城東之高山，而太山則又高矣。此言所處益高，則其視下益小；所見既大，則其小者不足觀也。難為水，難為言，猶仁不可為眾之意。

此言道之有本也。瀾，水之湍急處也。明者，光之體；光者，明之用也。觀水之瀾，則知其源之有本

海，喻遊聖人之門；以「小魯、」「小天下」及「難為水，」喻「難為言。」觀水也有方法，見波瀾之湍急，則知水來有源，所以滔滔不絕，故「必觀其瀾」也。日月亦然。日月的本體是有光明的，所以凡是容得光亮的地方，就無隙不照。此言以水與日月比道之有本。流水這樣東西，不把坎陷的地方都滿溢了，是不向前進的。君子志在學道，不先學成一個體段，是不躐等而進，由此達彼的。此以流水喻學道之必須循序漸進。此章言學道，當有識見；識廣見高，不至故步自封；而求進步之法，尤須循序漸進，決不能不蹴而幾。青年學子當三復之。

〔二十五〕

孟子曰：「雞鳴而起，孳孳爲善者，舜之徒也。雞鳴而起，孳孳爲利者，蹠之徒也。欲知舜與蹠之分，無他，利與善之間也。」

廣解

「孳，」音之。孳孳即孜孜，努力不倦之意。蹠，古時候的大盜。舜與蹠皆雞鳴而起，孳孳不倦；其分別便在一是為善，一是為利而已。為善，便是舜之徒；為利，便是蹠之徒了。此所謂「差以毫釐失之千里」者也。

矣；觀日月於容光之隙無不照，則知其明之有本矣。言學當以漸，乃能至也。成章，所積者厚，而文章外見也。達者，足於此而通於彼也。此章言聖人之道大而有本，學之者必以其漸，乃能至也。

朱熹章句

孳孳，勤勉之意。言雖未至於聖人，亦是聖人之徒也。蹠，盜蹠也。程子曰：「言閒者，謂相去不遠，所爭毫末耳。善與利，公私而已矣。纔出於善，便以利言也。」楊氏曰：「舜蹠之相去遠矣，而其分，乃在利善之閒而已，是豈可以不謹？然講之不熟，見之不明，未有不以利為義者，又學者所當深察也。」或問：「雞鳴而起，若未接物，如何為善？」程子曰：「只主於敬，便是為善。」

〔二十六〕

孟子曰：「楊子取為我，拔一毛而利天下，不為也。墨子兼愛，摩頂放踵，利天下，為之。子莫執中，執中為近之，執中無權，猶執一也。所惡執一者，為其賊道也，舉一而廢百也。」

廣解《 楊朱之書，今已不存。偽列子有楊朱篇張湛注云：「或云字子居，戰國時人，後於墨子。」此篇載朱之言曰：「古之人，損一毫利天下，不為也；悉天下奉一身，不取也。人人不損一毫，人人不利天下，天下治矣。」又云：「禽子（名滑釐，墨子弟子。）問楊朱曰：『去子體之一毛，以濟一世，汝為之乎？』楊子曰：『世固非一毛所能濟。』禽子曰：『假濟，為之乎？』楊子弗應。禽子出語孟孫陽。孟孫陽曰：『子不達夫子之心。吾請言之。有侵若肌膚獲萬金者，若為之乎？』曰：『為之。』孟孫陽曰：『有斷若一節得一國者，子為之乎？』禽子默然有間，孟孫陽曰：『一毛微於肌膚，肌膚微於一節，省矣。然則積一毛以成肌膚，積肌膚以成一節，一毛固一體萬分中之一物，奈何輕之乎？』」此楊朱不肯拔一毛以利天下之理論也。墨子名翟，魯人，曾為宋大夫，為墨家之祖。其書今存，有兼愛篇。「摩頂」者，趙朱均云：「摩突其頂。」按「突」，同「禿」。（莊子說劍「蓬頭突鬢；」荀子非相，「叔敖突禿。」皆以「突」為「禿」。）放，至也。「摩頂放踵。」猶云犧牲全身，對楊之不拔一毛而言。子莫，趙氏以

朱熹章句 為我之為，去聲。楊子，名朱。取者，僅足之意。取為我者，僅足於為我而已，不及為人也。列子稱其言曰，「伯成子高不以一毫利物」，是也。放，上聲。墨子，名翟。兼愛，無所不愛也。摩頂，摩突其頂也。放，至也。子莫，魯之賢人也。知楊墨之失中也，故度於二者之閒而執其中。近，近道也。權，稱錘也，所以稱物之輕重而取中也。執中而無權，則膠於一定之中而不知變，是亦執一而已矣。程子曰：「中字最難識，須是默識心通。且試言一廳，則中央為中；一家，則廳非中而堂為中；一國，則堂非中而國之中為中，推此類可見矣。」又曰：「中不可執也，識得則事事物物皆有自然之中，不待安排，安排著則不中矣。」惡、為，皆去聲。賊，害也。為我害仁，兼愛害義，執中者害於時中，皆舉一而廢百者也。此章言道之所貴者中，中之所貴者權。楊氏曰：「禹稷三過其門而不入，苟不當其可，則與墨子無異。顏子在陋巷，不改其樂，苟不當其可，則與楊氏無異。子莫執為我兼愛之中而無權，鄉鄰有斗而不知閉戶，同室有斗而不知救之，是亦猶執一耳，故孟子以為賊道。禹、稷、顏回，易地則皆然，以其有權也；不然，則是亦楊墨而已矣。」

為魯之賢人。焦氏疑莊子「儒墨楊秉四」之「秉，」即指子莫執中一派，亦為確據。楊墨各趨極端，便是「執一。」子莫知「執中，」執中為近道矣。但執中而無權衡，則其所執仍是一定之中，而非「時中，」則猶之執一耳。「惡，」去聲。賊，害也。執一而不知通，故舉其一而廢其百也。楊朱是極端的個人主義，只知「我，」不復知有社會國家。墨子反之，只知有社會國家，而不復知有個人之「我。」子莫自以為能執二者之中。此如一主衣葛，一主衣裘，各執一端，而子莫則主衣袷，以為執其中，而不知當視四時寒暑之變，故曰「無權，」故曰「猶執一也。」禹稷之己飢己溺，勞身苦思，有似墨子之兼愛；顏子之簞瓢陋巷，自樂其樂，有似楊朱之為我；其易地皆然者，因「有權」以度其所處之地位也。子思之居衛不去，不越寇，有似墨子；曾子之寇至則去，寇退則反，有似楊朱；其易地皆然者，因「有權」以度其所處之地位也。子莫之「執中，」所以與舜湯之「執中，」孔子之「時中」不同在此。

〔二十七〕

孟子曰：「飢者甘食，渴者甘飲，是未得飲食之正也，飢渴害之也。豈惟口腹有飢渴之害，人心亦皆有害。人能無以飢渴之害爲心害，則不及人，不爲憂矣。」

朱熹章句　口腹為飢渴所害，故於飲食不暇擇，而失其正味；人心為貧賤所害，故於富貴不暇擇，而失

廣解《　人在飢極渴極的時候，不論什麼食，什麼湯，只要有得吃喝，都覺得是甘甜的；這個是沒有得著飲食的正當味道，

是飢渴害他的。不但口腹有飢渴之害，人心也有同樣的害處。人們能夠不把飢渴害口腹般的事件去害著心，那末就是道德不及他人，也就不必憂慮了。蓋不正當的行為，本非吾人心之所願；有時因經濟壓迫，或其他不得已的緣故而為之，正如飢渴之人，不知滋味，飲食皆甘一樣。人能把持己心，使心不受害，便不必以不及人為憂了。

〔二十八〕

孟子曰：「柳下惠不以三公易其介。」

廣解《 介者，自己堅定的操守也。柳下惠雖為聖之和，做了小官，又被三黜，但即以三公之高爵誘之，亦不肯失其操守，故曰：「不以三公易其介」也。古以太師，太傅，太保，為三公。

〔二十九〕

孟子曰：「有為者，辟*若掘井。掘井九軔而不及泉，猶為棄井也。」

廣解《 「辟，」今作「譬。」「軔，」音刃，與「仞」同。八尺為仞。此言有作為的人，必須把目的達到，不可功虧一簣。譬如掘一口井，雖已掘得九軔之深，而沒有掘到泉水，如其停止不掘了，還是個無用的棄井也。此以喻半途而廢，一無所成者，等於盡棄前功。

其正理。人能不以貧賤之故而動其心，則過人遠矣。

朱熹章句 介，有分辨之意。柳下惠進不隱賢，必以其道，遺佚不怨，阨窮不憫，直道事人，至於三黜，是其介也。此章言柳下惠和而不流，與孔子論夷齊不念舊惡意正相類，皆聖賢微顯闡幽之意也。

朱熹章句 辟，讀作譬。軔，音刃，與仞同。八尺為仞。言鑿井雖深，然未及泉而止，猶為自棄其井也。呂侍講曰：「仁不如堯，孝不如舜，學不如孔子，終未入於聖人之域，終未至於天道，未免為半塗而廢、自棄前功也。」

〔三十〕

孟子曰：「堯舜，性之也。湯武，身之也。五霸，假之也。久假而不歸，惡知其非有也。」

廣解《 「堯舜性之」者，言堯舜之仁，出於天性，是「安仁」者也。「湯武身之」者，言湯武能身體力行之，是「體仁」「行仁」者也。「五霸假之」者，言五霸假借仁義，挾天子以令諸侯也。惡，平聲。「久假而不歸，惡知其非有也，」有三說。（一）趙注云：「五霸若能久假仁義，譬如假物久而不歸，安知其非真有也。」（二）「言竊其名以終身，而不自知其非真有。」（三）「蓋歎世人莫覺其偽。」後二說，均見朱注。三說中以第二說為長。

朱熹章句 堯舜天性渾全，不假修習。湯武修身體道，以復其性。五霸則假借仁義之名，以求濟其貪慾之私耳。惡，平聲。歸，還也。有，實有也。言竊其名以終身，而不自知其非真有。或曰：「蓋歎世人莫覺其偽者。」亦通。舊說，久假不歸，即為真有，則誤矣。尹氏曰：「性之者，與道一也；身之者，履之也，及其成功則一也。五霸則假之而已，是以功烈如彼其卑也。」

〔三十一〕

公孫丑曰：「伊尹曰：『予不狎于不順。』放太甲于桐，民大悅。太甲賢，又反之，民大悅。賢者之爲人臣也，其君不賢，則固可放與*？」孟子曰：「有伊尹之志，則可；無伊尹之志則篡也。」與，作歟。

廣解《 狎者，習見也。不順者，不合理也。「予不狎于不順，」是公孫丑引伊尹的話，言我看不慣不合理的行為也。伊尹把太甲放到桐的地方，百姓大為歡喜。後來太甲改過了，伊尹又把太甲迎歸到京城，仍做天子，百姓又大歡喜。以上是引伊尹的事。「賢者之為人臣也，其君不賢則固可放與？」是公孫丑問孟

朱熹章句 予不狎於不順，太甲篇文。狎，習見也。不順，言太甲所為，不順義理也。余見前篇。與，平聲。伊尹之志，公天下以為心而無一毫之私者也。

子的話。孟子曰：「有伊尹之志則可，無伊尹之志則篡也」者，言有伊尹那樣公正的志向，自己不貪天子之位，方可以如此做；否則，就是篡位了。伊尹放太甲，後世只霍光學之，廢昌邑王，立漢宣帝，而不篡位。其餘廢君立君，無不為自己，或為子孫謀天子之位。皆所謂「無伊尹之志則篡」者也。

〔三十二〕

公孫丑曰：「詩曰：『不素餐兮！』君子之不耕而食，何也？」孟子曰：「君子居是國也，其君用之，則安富尊榮。其子弟從之，則孝弟*忠信。『不素餐兮，』孰大於是！」

朱熹章句 餐，七丹反。詩魏國風伐檀之篇。素，空也。無功而食祿，謂之素餐，此與告陳相、彭更之意同。

廣解《 「素餐，」猶今人言「吃白飯，」謂無功受祿也。「不素餐兮，」是詩經伐檀篇裏的一句詩。公孫丑引了這詩問孟子道：「今世的君子，多是不耕而食祿的，是何意義呢？」孟子道：「君子住在這個國裏，這國的君主用了他，就能安富尊榮；這國的青年子弟從了他，就能修著孝悌忠信的品行；這樣看來，所謂『不吃白飯』者，還有誰能夠比得過呢？」這是說君子受人奉養，並不是吃白飯；他的功勞很大，誰也比不上也。若無君子之實，竊君子之名，而受人奉養，便是吃白飯了。

〔三十三〕

王子墊*問曰：「士何事？」孟子曰：「尚志。」曰：「何謂尚志？」曰：「仁義而已矣。殺一無罪，非仁也。非其有而取之，非義也。居惡*在？仁是也。路惡*在？義是也。居仁由義，大人之事備矣。」墊，音店。惡，音烏。

廣解 王子墊，齊王之子，名墊也。墊以為公卿大夫，有政治之事，農工商賈，亦各有其職業；獨士則不作事而坐食，故有此問。「尚志」者，言做士的，既不得行公卿大夫之道，又不就農工商賈之業，只是懷抱著一種高尚的志向罷了。墊又問：「何謂尚志？」孟子答以「仁義而已矣」者，言所謂尚志者，即志在仁義也。「殺一無罪，非仁也；非其有而取之者，非義也。」這是釋「仁義」二字。居者，所以處其身；路者，所遵由之道。惡，音烏，何也。士所自處者「仁」也。所由循行者義也。如能居仁，行義，則大人的事，已完備了。

朱熹章句 墊，丁念反。墊，齊王之子也。上則公卿大夫，下則農工商賈，皆有所事；而士居其閒，獨無所事，故王子問之也。尚，高尚也。志者，心之所之也。士既未得行公、卿、大夫之道，又不當為農、工、商、賈之業，則高尚其志而已。惡，平聲。非仁非義之事，雖小不為；而所居所由，無不在於仁義，此士所以尚其志也。大人，謂公、卿、大夫。言士雖未得大人之位，而其志如此，則大人之事體用已全。若小人之事，則固非所當為也。

〔三十四〕

孟子曰：「仲子，不義與之齊國而弗受，人皆信之。是舍*簞食*豆羹之義也。人莫大焉亡*親戚君臣上下。以其小者，信其大者，奚可哉！」

廣解　仲子，即居於陵之陳仲子。如不合於義，即使把齊國給與仲子，他必定不肯；這是大家都相信他的。孟子卻批評道：「是舍簞食豆羹之義也。」「舍，」同「捨。」言其廉潔，不過守小義耳；未嘗知大義也。焉，於也。（見經傳釋詞。）亡，同無。「人莫……」十一字當作一句讀，言人莫大於無親戚君臣上下也。陳仲子避兄離母，是無親戚也；以兄戴之蓋祿為不義，是無君臣上下也。以其小廉而信其大節，豈可乎？孟子此章，與論語子路責荷蓧丈人知長幼之節之不可廢，而廢君臣之大倫，同一用意。

朱熹章句　舍，音捨。食，音嗣。

仲子，陳仲子也。言仲子設若非義而與之齊國，必不肯受。齊人皆信其賢，然此但小廉耳。其辟兄離母，不食君祿，無人道之大倫，罪莫大焉。豈可以小廉信其大節，而遂以為賢哉？

〔三十五〕

桃應問曰：「舜為天子，皋陶為士，瞽瞍殺人，則如之何？」孟子曰：「執之而已矣！」「然則舜不禁與？」曰：「夫舜，惡得而禁之！夫有所受之也。」「然則舜如之何？」曰：「舜視棄天下，猶棄敝蹝也。竊負而逃，遵海濱而處，終身訢然樂而忘天下。」

廣解　「與，」同「歟。」「夫，」音扶。「蹝，」音徙。「訢，」同「欣。」「樂，」音洛。桃應，孟子弟子。士即士師，法官也。敝蹝，破草鞋也。訢然，高興的樣子。桃應問道：「舜做天子，皋陶做士，這時候，倘若瞽瞍殺了人，則怎麼樣呢？」孟子道：「這時候的皋陶，只有把瞽瞍捉來罷了！」桃應又問道：「然則舜不去禁止他嗎？」孟子道：「皋陶之執法捕人，是曾受舜的委任的。舜怎

朱熹章句　桃應，孟子弟子也。其意以為舜雖愛父，而不可以私害公；皋陶雖執法，而不可以刑天子之父。故設此問，以觀聖賢用心之所極，非以為真有此事也。言皋陶之心，知有法而已，不知有天子之父也。與，平聲。

桃應問也。夫，音扶。惡，平聲。

言皋陶之法，有所傳受，非所敢私，雖天子之命亦不得而廢之也。桃應問也。

麼可以禁止他呢！如禁止他捕人，則舜自壞其法矣。」桃應又道：「然則這時候的舜，將怎麼樣呢？」孟子道：「舜看得棄掉天下，猶之乎丟掉一雙破草鞋。他只好把天子丟掉不做，私下把父親馱在背上逃走，沿著海邊住下；這樣也是他終身很高興的，快活得把天下都忘記了。」此章本是孟子師生假設的問答，由此可見孟子把國法私情分得很明白，天子的父親犯了法，亦不能禁司法官之拘捕，實具有近世法律平等之精神。

〔三十六〕

孟子自范之齊，望見齊王之子，喟然歎曰：「居移氣，養移體，大哉居乎！夫非盡人之子與*？」（孟子曰：）「王子宮室車馬衣服多與人同；而王子若彼者，其居使之然也。況居天下之廣居者乎！魯君之宋，呼於垤澤之門，守者曰：『此非吾君也；何其聲之似我君也！』此無他，居相似也。」

廣解

范，是齊國的一邑。「自范之齊！」從范縣到齊國都城去也。望見，望而見之。所處的地位與環境也。養，奉養也。地位環境不同，則氣度因之而異；奉養不同，則身體因之而異；故曰：「居移氣，養移體」也。「大哉居乎，」言地位環境的力量之偉大也。「夫，」音扶，彼也，指王子。言王子亦人之子也。「孟子曰」三字，朱注以為衍文。蓋此二節語意銜接，當合為一章也。王子的房屋車馬衣服，多與人同，而王子的氣體像那樣的不與

蹝，音徙。欣，與欣同。樂，音洛。蹝，草履也。遵，循也。言舜之心。知有父而已，不知有天下也。孟子嘗言舜視天下猶草芥，而惟順於父母可以解憂，與此意互相發。

此章言為士者，但知有法，而不知天子父之為尊；為子者，但知有父，而不知天下之為大。蓋其所以為心者，莫非天理之極，人倫之至。學者察此而有得焉，則不待較計論量，而天下無難處之事矣。

朱熹章句

夫，音扶。與，平聲。范，齊邑。居，謂所處之位。養，奉養也。言人之居處，所繫甚大，王子亦人子耳，特以所居不同，故所養不同而其氣體有異也。張鄒皆雲羨文也。廣居，見前篇。尹氏曰：「睟然見於面，盎於背，居天下之廣居者然也。」

呼，去聲。

垤澤，宋城門名也。孟子又引此事為證。

人同者，是他的地位環境使他這樣的。何況居天下之廣居的仁人呢？自然生色睟然，見於面，盎於背，施於四體，心廣體胖了。垤澤，宋城門名。魯君到宋國去，叫管垤澤城門的人開門。管城門的人說道：「這個人不是我們的國君，何以他的聲音，這樣像我們的國君呢！」這沒有其他的緣故，因為魯君與宋君的地位環境相像罷了。此章是說地位環境會變化人的氣度，意思是說仁人居天下之廣居，故其氣度自然與眾不同。王子，魯君，不過用作說明此旨的比喻例證而已。

〔三十七〕

孟子曰：「食*而弗愛，豕交之也。愛而不敬，獸畜之也。恭敬者，幣之未將者也。恭敬而無實，君子不可虛拘。」

廣解

此章論諸侯對於士的交際。食，音嗣。但予以吃食而沒有愛之之心，則其交士像養豬一樣。能愛之矣，而沒有恭敬之心，則其養士，也和畜養犬馬無異。幣，指交際的所送的幣帛而言。將，猶奉也。交際重在恭敬之心，不在幣帛之豐。幣帛者，不過以之表示恭敬而已。幣帛是有形之物，是可以將奉的；恭敬是無形之心，是不能掬出來將奉的；故曰：「恭敬者，幣之未將者也。」但必須有恭敬之實。若僅將奉幣帛，貌為恭敬，而實際上無此恭敬之心，則君子固不可以此虛偽之恭敬拘留之也。

朱熹章句

食，音嗣。畜，許六反。交，接也。畜，養也。獸，謂犬馬之屬。將，猶奉也。詩曰：「承筐是將。」程子曰：「恭敬雖因威儀幣帛而後發見，然幣之未將時，已有此恭敬之心，非因幣帛而後有也。」此言當時諸侯之待賢者，特以幣帛為恭敬，而無其實也。拘，留也。

按孟子此言，雖為當時國君接待賢士而發，也可以引用於一般人的交際。與人交際，總要看他有無恭敬的誠心，不可貪一些禮物，就為人所牢籠也。

〔三十八〕

孟子曰：「形色，天性也；惟聖人，然後可以踐形。」

廣解《 形，指人的身體形狀；色，指人的面貌顏色。形色即是天性。禽獸之形不同乎人，故禽獸之性亦不同乎人。踐，猶「踐言」之踐。惟聖人能盡人之性，故惟聖人能踐人之形。若徒有人之形，而不知努力以盡人之性，則陷溺梏亡，終且淪於禽獸，形雖猶人，性已非人矣，所謂「人面獸心」者是也。舉形可以包色，故不曰「踐形色」而曰「踐形」也。

〔三十九〕

齊宣王欲短喪。公孫丑曰：「爲朞之喪，猶愈於已乎？」孟子曰：「是猶或紾其兄之臂，子謂之姑徐徐云爾；亦教之孝弟*而已矣。」

廣解《 齊宣王以為穿三年的喪服太長久，想把喪期減短。公孫丑聽見了，就去問孟子。朞，一年也。言能穿一年的喪服，

朱熹章句 人之有形有色，無不各有自然之理，所謂天性也。踐，如踐言之踐。蓋眾人有是形，而不能盡其理，故無以踐其形；惟聖人有是形，而又能盡其理，然後可以踐其形而無歉也。程子曰：「此言聖人盡得人道而能充其形也。蓋人得天地之正氣而生，與萬物不同。既為人，須盡得人理，然後稱其名。眾人有之而不知，賢人踐之而未盡，能充其形，惟聖人也。」楊氏曰：「天生烝民，有物有則。物者，形色也。則者，性也。各盡其則，則可以踐形矣。」

朱熹章句 已，猶止也。紾，之忍反。紾，戾也。教之以孝弟之道，則彼當自知兄之不可戾，而喪之不可短矣。孔子曰：「子生三年，然後免

總比不穿好些吧？已者，止也，言不穿喪服也。孟子答道：「你這個辦法，猶之乎有人捩轉其兄的臂膊，你叫他且慢慢地捩轉來。兄的臂，是不應該捩轉的；捩轉得慢些，難道好算敬兄嗎？你只要教他孝弟好了。懂得孝弟，便不會紾兄之臂；和他說紾得慢些，終不是根本辦法也。」

王子有其母死者，其傅為*之請數月之喪。公孫丑曰：「若此者，何如也？」曰：「是欲終之而不可得也，雖加一日愈於已。謂夫莫之禁而弗為者也。」

廣解《

這時候，剛巧有個王子的生母死了。他的生母是庶母；因為有嫡母在，不能穿長期喪服。照古禮，他的生母一落葬，就要把喪服除掉的。這王子的師傅，就為他向齊王請求，為生母服數個月的喪。公孫丑就引了這件事，問孟子道：「像這件事何如呢？」孟子說：「這王子是本來想要穿三年之喪而不可得的。不但數月，就是能夠加一日，也比不加好些。我所以不贊成你『為期之喪，猶愈於已』的話，是對那些並沒有誰禁止他，而自己不肯終喪的人說的。」「為之」「為，」去聲。「夫，」音扶。

於父母之懷，予也有三年之愛於其父母乎？」所謂教之以孝弟者如此。蓋示之以至情之不能已者，非強之也。

朱熹章句

為，去聲。

陳氏曰：「王子所生之母死，厭於嫡母而不敢終喪。其傅為請於王，欲使得行數月之喪也。時又適有此事，丑問如此者，是非何如？」按儀禮：「公子為其母練冠、麻衣、縓緣，既葬除之。」疑當時此禮已廢，或既葬而未忍即除，故請之也。夫，音扶。

言王子欲終喪而不可得，其傅為請，雖止得加一日，猶勝不加。我前所譏，乃謂夫莫之禁而自不為者耳。

此章言三年通喪，天經地義，不容私意有所短長。示之至情，則不肖者有以企而及之矣。

孟子曰：「君子之所以教者五：有如時雨化之者，有成德者，有達財者，有答問者，有私淑艾*者。此五者，君子之所以教也。」

廣解《 此章言君子教人的法子有五種。第一種是「如時雨化之者。」時雨，及時之雨。言如時雨潤化萬物，使之發榮滋長也。第二種是「成德者，」言因他固有的德性，教之使有成就也。第三種是「達財者，」「財」同材，言因他的材料，教之使通達而有用也。第四種是「答問者，」言就其所問而答之，以解他的疑惑也。第五種是「私淑艾者，」趙朱二注均云：「淑，善也。艾，治也。」言雖未能直接教誨，而其人私慕其道，取以善治其身也。上篇孟子自言：「予未得為孔子徒也，予私淑諸人也；」即無異孔子之教之也。焦氏正義謂「淑」同「叔」。「叔，捨取也。見說文。「艾，」音乂，通「刈。」刈，取也。見詩周南葛覃「是刈是濩」句釋文引韓詩。是「淑艾」二字同義疊用，「私淑艾，」即「私淑，」言未親受業，而間接的私取諸人。其說亦通。莫木受時雨之化，勃然而興；此喻聖人不言之教，化人至速，如孔子之於顏曾是也。成德，則如孔子之於冉閔；達材，則如孔子於由賜，各因其材而篤之者也。答問，則如孔子之於樊遲，孟子之於萬章，足以解其惑者也。私淑艾，則如孟子之於孔子是矣。

朱熹章句 下文五者，蓋因人品高下，或相去遠近先後之不同。時雨，及時之雨也。草木之生，播種封植，人力已至而未能自化，所少者，雨露之滋耳。及此時而雨之，則其化速矣。教人之妙，亦猶是也，若孔子之於顏曾是已。財，與材同。此各因其所長而教之者也。成德，如孔子之於冉閔；達財，如孔子之於由賜。就所問而答之，若孔孟之於樊遲、萬章也。艾，音乂。私，竊也。淑，善也。艾，治也。人或不能及門受業，但聞君子之道於人，而竊以善治其身，是亦君子教誨之所及，若孔孟之於陳亢、夷之是也。孟子亦曰：「予未得為孔子徒也，予私淑諸人也。」聖賢施教，各因其材，小以成小，大以成大，無棄人也。

公孫丑曰：「道則高矣，美矣，宜若登天然似不可及也。何不使彼爲可幾及，而日孳孳也？」孟子曰：「大匠不爲拙工，改廢繩墨。羿不爲拙射，變其彀率。君子引而不發，躍如也。中道而立，能者從之。」

廣解《 「宜若，」殆若也。「幾，」平聲，庶幾也。「不為」之「為，」去聲。率，音律。彀，張弓；彀率，張弓之度也。公孫丑對孟子說：「夫子之道，高極了，美極了，好像登天一樣，似乎是不可以及到的。何不把你的道稍稍降低一點，使我庶幾可以及得到，而日日孳孳不倦地去學呢？」孟子答道：「大匠不為了笨拙的徒弟而改變廢棄他用繩墨的方法，羿不為了學射的人的笨拙而改變張弓的限度以求速效。君子的教人，如教人射箭，雖只張者弓而不發箭，發箭中的之勢已活躍地在人的心目中。中道者，無過與不及也。君子教人，不為過難，不為過易，中道而立，猶教射者之引而不發，讓能夠學的人都去跟他學習，不能為學者降低其「道」也。

朱熹章句 幾，音機。為，去聲。彀，古候反。率，音律。

彀率，彎弓之限也。言教人者，皆有不可易之法，不容自貶以殉學者之不能也。引，引弓也。發，發矢也。躍如，如踴躍而出也。因上文彀率，而言君子教人，但授以學之法，而不告以得之之妙，如射者之引弓而不發矢，然其所不告者，已如踴躍而見於前矣。中者，無過不及之謂。中道而立，言其非難非易。能者從之，言學者當自勉也。

此章言道有定體，教有成法；卑不可抗，高不可貶；語不能顯，默不能藏。

〔四十二〕

孟子曰：「天下有道，以道殉身。天下無道，以身殉道。未聞以道殉乎人者也。」

廣解《 殉，同徇，從也。天下有道的時候，身見而道隨之行，此以道殉身也。天下無道的時候，道既不行，當退隱守道，此身殉道也。若枉道以遷就他，則是以道殉人矣。此古之君子所決不為，故曰「未聞。」

朱熹章句 殉，如殉葬之殉，以死隨物之名也。身出則道在必行，道屈則身在必退，以死相從而不離也。以道從人，妾婦之道。

〔四十三〕

公都子曰：「滕更*之在門也，若在所禮，而不答，何也？」孟子曰：「挾貴而問，挾賢而問，挾長*而問，挾有勳勞而問，挾故而問，皆所不答也。滕更有二焉。」

廣解《 滕更，滕君之弟。在門，在門下為弟子也。「若在所禮，」言似亦在所禮待之列。挾者，有所挾持而自負也。挾貴，自負其貴；挾賢，自負其賢。長，上聲。挾長，自負年長。挾有勳勞，自負有功。挾故，自負為師長之親戚故舊。凡有所挾持而自負者，其來問也，往往望其師之答教，對己特別巴結，其意已不誠敬，故不答也。滕更有二挾，趙氏以為是挾貴挾賢。按滕更有無賢名，已無可考；或係因滕文公與孟子的關係而挾故，亦未可知。

朱熹章句 更，平聲。趙氏曰：「滕更，滕君之弟，來學者也。」長，上聲。趙氏曰：「二，謂挾貴、挾賢也。」尹氏曰：「有所挾，則受道之心不專，所以不答也。」此言君子雖誨人不倦，又惡夫意之不誠者。

〔四十四〕

孟子曰：「於不可已而已者，無所不已。於所厚者薄，無所不薄也。其進銳者其退速。」

廣解《 已，止也。「不可已，」指不可止的事。不可止的事而竟止矣，則無論什麼事，都可以停止了。故曰：「於不可已而已者，無所不已。」「所厚，」指關係密切，應該厚待的人，應厚待的人，尚且薄待，則無論什麼人，都可以薄待了。故曰：「於所厚者薄，無所不薄。」吾人求學做事，易有欲速之心。欲速成者，當初或有很快的進步。但是其氣易衰，其力難繼，他的退下來，也一定是很快的。故曰：「其進銳者其退速」也。按趙氏以「已」為「棄，」指罷斥而言；以「進退」為用人之進退。今從朱注。

朱熹章句 已，止也。不可止，謂所不得不為者也。所厚，所當厚者也。此言不及者之弊。進銳者，用心太過，其氣易衰，故退速。三者之弊，理勢必然，雖過不及之不同，然卒同歸於廢弛。

〔四十五〕

孟子曰：「君子之於物也，愛之而弗仁。於民也，仁之而弗親。親親而仁民，仁民而愛物。」

廣解《 物，人類以外之物也。言君子於物，但當愛育之，而弗當以仁加之。若犧牲，則不得不殺也。對於人民，當仁愛之，而弗當親之，以愛有差等也。能親其親，然後能仁民。所謂「老吾老，以及人之老；幼吾幼，以及人之幼」也。能仁民，然後能愛物。否則，恩足以及禽獸，而功不至於百姓矣。此章可以見儒家與墨家之異。墨家言無論何人何物，皆當兼而愛之。儒家之仁，雖亦訓愛人，但須由親而及疏，由近而及遠也。

朱熹章句 物，謂禽獸草木。愛，謂取之有時，用之有節。程子曰：「仁，推己及人，如老吾老以及人之老，於民則可，於物則不可。統而言之則皆仁，分而言之則有序。」楊氏曰：「其分不同，故所施不能無差等，所謂理一而分殊者也。」尹氏曰：「何以有是差等？一本故也，無偽也。」

〔四十六〕

孟子曰：「知者，無不知也，當務之爲急。仁者，無不愛也，急親賢之爲務。堯舜之知而不偏物，急先務也。堯舜之仁不偏愛人，急親賢也。不能三年之喪，而緦小功之察。放飯流歠，而問無齒決，是之謂不知務。」

廣解

「知者」及「之知」之知，同「智。」言有智者，對於人情物理，無不通曉；但總揀應當用力幹的事情先去做。仁者對人，無一不愛；但總先急急地親愛賢者。故以堯舜之智，而不事事物物都去整治，因為他們是急急地辨那些應該先辦的事也。以堯舜之仁，而不偏愛一切人民，因為急於先要親愛賢人也。這正是所謂「知所先後。」「三年之喪，服之最重者。緦，是緦麻，是三個月的喪服；小功，是五個月的喪服；都是喪服之輕者。不能服三年之喪，則是大不孝矣；乃偏偏注意細察三個月的緦麻服和五個月的小功服，這就是不知輕重緩急了。放飯，大吃而飯粒狼籍也。流歠，大喝而湯水從口角流溢也。齒決，牙齒咬斷乾肉也。問，講究的意思。在尊長前面吃飯，狼吞虎咽地大吃大渴，這是大不敬了；乃偏偏講究那不要用牙齒咬斷乾肉的小禮節，這又是不知輕重緩急了。這兩層是舉例以明事有輕重緩急；做事應知當務之急，先其重者急者，後其輕者緩者。上章言親親而後仁民，仁民而後愛物，亦是此旨。

朱熹章句

知者之知，並去聲。

知者固無不知，然常以所當務者為急，則事無不治，而其為知也大矣；仁者固無不愛，然常急於親賢，則恩無不洽，而其為仁也博矣。

飯，扶晚反。歠，昌悅反。

三年之喪，服之重者也。緦麻三月，小功五月，服之輕者也。察，致詳也。放飯，大飯。流歠，長歠，不敬之大者也。齒決，嚙斷乾肉，不敬之小者也。問，講求之意。

此章言君子之於道，識其全體，則心不狹；知所先後，則事有序。豐氏曰：「智不急於先務，雖徧知人之所知、偏能人之所能，徒弊精神，而無益於天下之治矣。仁不急於親賢，雖有仁民愛物之心，小人在位，無由下達，聰明日蔽於上，而惡政日加於下，此孟子所謂不知務也。

〔四十七〕

孟子曰：「不仁哉，梁惠王也！仁者以其所愛，及其所不愛。不仁者，以其所不愛，及其所愛。」公孫丑曰：「何謂也？」「梁惠王以土地之故，糜爛其民而戰之。大敗，將復之。恐不能勝，故驅其所愛子弟以殉之。是之謂以其所不愛，及其所愛也。」

廣解《 「以其所愛，及其所不愛」者，即由親親推而仁民也。「以其所不愛，及其所愛，」則適得其反矣。孟子以此論梁惠王之不仁，公孫丑不解其意，所以問孟子。糜爛，爛如粥糜也。梁惠王為爭奪土地之故，不管百姓身體的糜爛，迫百姓去打仗。打了一個大敗仗，又想復讎；恐怕不能夠得勝，所以又驅自己所愛的子弟，壓著百姓去打。不料又打了一個大敗仗，連自己的子弟，也死在裏頭。百姓是他所不愛的；子弟是他所愛的；故曰「以其所不愛，及其所愛。」

朱熹章句 親親而仁民，仁民而愛物，所謂以其所愛及其所不愛也。梁惠王以下，孟子答辭也。糜爛其民，使之戰鬥，糜爛其血肉也。復之，復戰也。子弟，謂太子申也。以土地之故及其民，以民之故及其子，皆以其所不愛及其所愛也。此承前篇之末三章之意，言仁人之恩，自內及外；不仁之禍，由疏逮親。

〔四十八〕

孟子曰：「春秋無義戰，彼善於此，則有之矣。征者，上伐下也，敵國不相征也。」

廣解《 義戰，是合理的戰事。言春秋時沒有合理的戰事。交戰的兩方彼善於此的，則有之矣。征者，聲罪致討也。只有諸侯犯罪，天子下令討伐，方可叫做「征。」征者，正也，正其不正者

朱熹章句 春秋每書諸侯戰伐之事，必加譏貶，以著其擅興之罪，無有以為合於義而許之者。但就中彼善於此者則有之，如召陵之師之類是也。征，所以正人也。諸侯有罪，則天子討而正之，此春

也。若彼此都是諸侯，是同等的國家，只能說是「戰，」不能說是征也。按此是就春秋戰國的時局而言，讀者不可以辭害意。如湯武的弔民伐罪，即是以下伐上，亦可叫做「征。」所以只要看這戰爭的義不義，就可以定它是不是「征。」如近代合理的革命，以武力推翻暴虐腐敗的政府，抵抗侵略的戰爭，以武力維護國家民族的獨立自由，便都是義戰，便可以說是「征」也。

〔四十九〕

孟子曰：「盡信書，則不如無書。吾於武成，取二三策而已矣。仁人無敵於天下；以至仁伐至不仁，而何其血之流杵*也？」

廣解《 書，趙注以為尚書，太泥。此蓋泛指古書而言。不過以武成為例耳。武成尚書中之篇名，記周武王伐紂的戰事。因武王武功告成，故名武成。策，竹簡也。僅取二三策，言不可盡信也。武成裏面有「血流漂杵」一句話，杵者，舂米的木桿。「杵」一說作鹵，楯也。楯即是藤牌。言殺人之多，流血成河，連杵都漂浮著也。仁人是無敵於天下的。以周武王之至仁去伐紂王之至不仁，決沒有十分激烈的抵抗的。如此，則不必殺很多的人了。那裏會有血流漂杵的事呢？按文人之辭，往往形容過甚，前篇所引雲漢之詩的「周餘黎民，靡有孑遺，」也和「血流漂杵」相同。王充論衡的藝增，劉勰文心雕龍的夸飾，汪中述學釋三九的論「詞之形容，」論之甚詳。

秋所以無義戰也。

朱熹章句 程子曰：「載事之辭，容有重稱而過其實者，學者當識其義而已；苟執於辭，則時或有害於義，不如無書之愈也。」武成，周書篇名，武王伐紂歸而記事之書也。策，竹簡也。取其二三策之言，其餘不可盡信也。程子曰：「取其奉天伐暴之意，反政施仁之法而已。」杵，舂杵也。或作鹵，楯也。武成言武王伐紂，紂之「前徒倒戈，攻於後以北，血流漂杵」。孟子言此則其不可信者。然書本意，乃謂商人自相殺，非謂武王殺之也。孟子之設是言，懼後世之惑，且長不仁之心耳。

〔五十〕

孟子曰：「有人曰：『我善爲陳*，我善爲戰，』大罪也。國君好*仁，天下無敵焉。南面而征北狄怨，東面而征西夷怨，曰：『奚爲後我？』武王之伐殷也，革車三百兩*，虎賁*三千人，王曰：『無畏，寧爾也，非敵百姓也。』若崩厥角稽首。征之爲言正也，各欲正己也，焉*用戰？」

廣解》 「陳，」今作「陣。」「好，」去聲。「兩，」今作「輛。」「賁，」音奔。焉，平聲，安也，何也。孟子痛斥戰事，故曰：「有人說：『我善於擺陣，我善於作戰，』這便是大罪。國君好仁，就可以無敵於天下。」南面而征北狄怨，東面而征西夷怨，曰，奚為後我？」是引用湯的事情，已見前篇。古時用車戰，革車者，以皮革為帷的戰車也。其數只有三百輛。虎賁，猶言勇猛如虎的兵士也。司馬法曰：「革車一乘，士十人，徒二十人。」虎賁，即士也。每車十人，故革車三百兩，虎賁三千人也。王指武王，武王對殷人說：你們不要怕，我是來安撫你們的，不是來和你們百姓做對敵的。厥，頓也。角，額角。厥角，即頓首也。稽首，磕頭至地也。「若崩厥角稽首，」即「厥角稽首若崩。」言殷民聽了武王的話，一起跪下頓首磕頭，人多勢驟，故如山之崩也。征字的意義，原是正其不正。各處受暴虐的百姓，都想有仁人來矯正他本國的不仁之政，對於仁人的軍隊，只有歡迎，沒有抵抗，那裏用得著戰爭呢？

朱熹章句 陳，去聲。制行伍曰陳，交兵曰戰。好，去聲。此引湯之事以明之，解見前篇。兩，去聲。賁，音奔。又以武王之事明之也。兩，車數，一車兩輪也。千，書序作百。書太誓文與此小異。孟子之意當云：王謂商人曰：無畏我也。我來伐紂，本為安寧汝，非敵商之百姓也。於是商人稽首至地，如角之崩也。焉，於虔反。

民為暴君所虐，皆欲仁者來正己之國也。

〔五十一〕

孟子曰：「梓匠輪輿，能與人規矩，不能使人巧。」

廣解 此章全是比喻之辭。梓人匠人輪人輿人之教學徒，只能以規矩法度傳授之，不能使拙工巧也。蓋法度可以言傳，巧妙全在心悟。與莊子輪扁論斲輪之旨相同。一切技藝、文學、兵法、政治，以至道德之修養，莫不皆然。

朱熹章句 尹氏曰：「規矩，法度可告者也。巧則在其人，雖大匠亦末如之何也已。蓋下學可以言傳，上達必由心悟，莊周所論斲輪之意蓋如此。」

〔五十二〕

孟子曰：「舜之飯糗茹草也，若將終身焉。及其爲天子也，被袗衣，鼓琴，二女果，若固有之。」

廣解 「飯，」上聲，吃也。「糗，」去久反，乾糧也。「茹，」音汝，亦吃也。「被，」音披，穿也。「袗，」音軫，趙朱二注皆曰「畫衣也。」古者衣用繪，裳用繡。袗衣，黼黻之衣。又說文衣部云：「袗，盛服也。」錢大昕養新錄引梁同書說，謂三國志魏文帝紀注「舜承堯禪，被珍裘，妻二女，若固有之，」當本孟子。袗衣，即珍裘，其說亦通。「果，」說文作「婐，」烏果反，侍也。袗衣及琴，皆堯所賜。二女，堯之二女，妻舜者也。「若將終身焉」者，言其安貧自得；「若固有之」者，言其行所無事，不改常態。

朱熹章句 飯，上聲。糗，去久反。茹，音汝。袗，之忍反。果，說文作婐，烏果反。飯，食也。糗，干糒也。茹，亦食也。袗，畫衣也。二女，堯二女也。果，女侍也。言聖人之心，不以貧賤而有慕於外，不以富貴而有動於中，隨遇而安，無預於己，所性分定故也。

〔五十三〕

孟子曰：「吾今而後知殺人親之重也。殺人之父，人亦殺其父；殺人之兄，人亦殺其兄，然則非自殺之也，一間*耳！」

廣解《 「間，」去聲。一間者，言相去僅一間而已。殺人之父兄，致人亦殺其父兄，則已雖不殺父兄，父兄實由己而死。故殺人之親，是一件極重大的事情。

〔五十四〕

孟子曰：「古之爲關也，將以禦暴。今之爲關也，將以爲暴。」

廣解《 關者，關卡城門之類。古時候人的造關，是用以抵禦盜賊或鄰國的兵之殘暴的。今時人的造關，只知徵收捐款，阻難行旅，暴虐人民，是「禦暴」者，適所以「為暴」也。

〔五十五〕

孟子曰：「身不行道，不行於妻子。使人不以道，不能行於妻子。」

廣解《 此言自身不行道，即不能使其道行於妻子；使令人而不以道，則其命令不能行於妻子。妻子且然，更不必論他人了。

朱熹章句 間，去聲。言吾今而後知者，必有所為而感發也。一間者，我往彼來，間一人耳，其實與自害其親無異也。范氏曰：「知此則愛敬人之親，人亦愛敬其親矣。」

朱熹章句 譏察非常。徵稅出入。范氏曰：「古之耕者什一，後世或收大半之稅，此以賦斂為暴也。文王之囿，與民同之；齊宣王之囿，為阱國中，此以園囿為暴也。後世為暴，不止於關，若使孟子用於諸侯，必行文王之政，凡此之類，皆不終日而改也。」

朱熹章句 身不行道者，以行言之。不行者，道不行也。使人不以道者，以事言之。不能行者，令不行也。

〔五十六〕

孟子曰：「周于利者，凶年不能殺。周于德者，邪世不能亂。」

廣解》 周者，足也。言積財足者，雖遇凶年，不至餓殺。積德足者，雖處邪世，不能亂他的志也。上二句是比喻，下二句是本旨。

朱熹章句 周，足也，言積之厚則用有餘。

〔五十七〕

孟子曰：「好*名之人，能讓千乘*之國。苟非其人，簞食*豆羹見*於色。」

廣解》 此章言好名的人，矯情干譽，能讓千乘的大國。然若本非真正能輕富貴的人，則有時為了一筲簞飯，一木碗羹，得失喜怒之情，反不知不覺地從臉色上流露出來了。所謂「觀人必於其微」也。按此從朱注。趙氏以「誠非好名者」釋「苟非其人，」與朱注異。

朱熹章句 好、乘、食，皆去聲。見，音現。

好名之人，矯情干譽，是以能讓千乘之國；然若本非能輕富貴之人，則於得失之小者，反不覺其真情之發見矣。蓋觀人不於其所勉，而於其所忽，然後可以見其所安之實也。

〔五十八〕

孟子曰：「不信仁賢，則國空虛。無禮義，則上下亂。無政事，則財用不足。」

廣解》 空虛，言無人也。韓非子亡徵篇云：「亡國之廷無人焉。」與此言「空虛」是一樣的意思。禮義者，所以辨上下，定民志，沒有了禮義，上下當然大亂了。不知生財之道，取之無度，用之無節，就是無政事；這樣，自然出多入少，財用不足了。

朱熹章句 空虛，言若無人然。禮義，所以辨上下，定民志。生之無道，取之無度，用之無節故也。尹氏曰：「三者以仁賢為本。無仁賢，則禮義政事，處之皆不以其道矣。」

〔五十九〕

孟子曰：「不仁而得國者有之矣。不仁而得天下，未之有也。」

廣解《 得國，指為諸侯；得天下，指為天子。孟子時諸國之君未有能仁者，而皆有得天下之野心，故發此言。

朱熹章句 言不仁之人，騁其私智，可以盜千乘之國，而不可以得丘民之心。鄒氏曰：「自秦以來，不仁而得天下者有矣；然皆一再傳而失之，猶不得也。所謂得天下者，必如三代而後可。」

〔六十〕

孟子曰：「民爲貴，社稷次之，君爲輕。是故得乎丘民而爲天子，得乎天子爲諸侯，得乎諸侯爲大夫。諸侯危社稷，則變置。犧牲既成，粢盛*既潔，祭祀以時，然而旱乾水溢，則變置社稷。」盛，音成。

廣解《 社，是土神；社壇設在東面，祭祀五土的，稷，是穀神。稷壇設西面，祭祀五穀的，古時是神權政治，中國又是農業國，故建國時候必立社稷壇，且以社稷代表國家。凡國家的成立，以得民心為第一，以民為邦本也。故曰：「民為貴。」「社稷次之，」猶云國家次之。因建國家以設制度，施政治，無非為民，故其重要次於人民。君者，不過辦理國家政治的人罷了，故曰：「君為輕。」朱注云：「丘民，田野之民。」王念孫廣雅疏證云：「丘，眾也。」「丘民，」猶今言「民眾。」能得民眾的心，然後可為天子。這樣推下去，則得了天子之心，天子可以封之為諸侯；

朱熹章句 社，土神。稷，穀神。建國則立壇壝以祀之。蓋國以民為本，社稷亦為民而立，而君之尊，又繫於二者之存亡，故其輕重如此。丘民，田野之民，至微賤也。然得其心，則天下歸之。天子至尊貴也，而得其心者，不過為諸侯耳，是民為重也。諸侯無道，將使社稷為人所滅，則當更立賢君，是君輕於社稷也。盛，音成。祭祀不失禮，而土谷之神不能為民御災捍患，則毀其壇壝而更置之，亦年不順成，八蠟不通之意，是社稷雖重於君而輕於民也。

得了諸侯之心，諸侯可以命之為大夫。這是說明「民為貴」的道理。「諸侯危社稷，則變置」者，言諸侯無道，危及國家者，就可以廢掉他，另置賢君。這是說明「君為輕」的道理。犧牲是祭祀用的牲畜，粢盛是祭品，黍稷叫做粢，在器中的食物叫做盛。如果祭祀的牛羊已經肥碩齊備，祭祀皀飯食已經清潔，祭祀是按著時候舉行的，然而社稷之神，卻不能保佑這國家，而有水旱之災，那末就當毀壞舊的社稷壇，另置新社稷壇以奉祀之，以為神不能保護人民之懲罰。這是說明社稷輕於人民的道理。世界各國，都經過神權政治的階段。只有中國古代，雖奉神權，然以人民為神的代表。如尚書皐陶謨言：「天工，人其代之。」泰誓言：「天視自我民視，天聽自我民聽。」是天子雖尊貴，仍須受人民之監督也。孟子此言，固為當時視民如草芥的國君而發，然而正合近世民權的真諦。

〔六十二〕

孟子曰：「聖人，百世之師也；伯夷 柳下惠是也。故聞伯夷之風者，頑夫廉，懦夫有立志。聞柳下惠之風者，薄夫敦，鄙夫寬。奮乎百世之上。百世之下，聞者莫不興起也；非聖人而能若是乎？而況於親炙之者乎？」

廣解《 伯夷 柳下惠之風云云，已見前篇。奮起乎百世之上，百世之下，聞其者莫不興起，要不是聖人，能夠這樣的麼？親炙

朱熹章句 興起，感動奮發也。親炙，親近而熏炙之也，餘見前篇。

者，言親身受過聖人的教化，好像被火薰炙過一樣。百世以下的人，尚能仰慕聖人而以為師，何況親身受過聖人的教化的呢？

〔六十二〕

孟子曰：「仁也者，人也；合而言之，道也。」

廣解 儒家的中心學說，就是一個「仁」字。仁者，就是所以為人的道理。「合而言之」者，合仁與人言之；人而能仁，就是「道」也。按「仁」字古文為「忎，」從千從心會意，是說一千個人，都同此一心也。小篆為「仁，」從人從二。蓋一人獨處空山荒島，無所謂人道；必與人相偶，由二人以上，至全體人類，人道乃見。故仁者，即做人之道也。

朱熹章句 仁者，人之所以為人之理也。然仁，理也；人，物也。以仁之理，合於人之身而言之，乃所謂道者也。程子曰：「中庸所謂率性之謂道是也。」或曰：「外國本，人也之下，有『義也者宜也，禮也者履也，智也者知也，信也者實也』，凡二十字。」今按如此，則理極分明，然未詳其是否也。

〔六十三〕

孟子曰：「孔子之去魯，曰：『遲遲吾行也，』去父母國之道也。去齊，接淅而行，去他國之道也。」

廣解 此章已見萬章篇，係重出。但無「去他國之道也」句。

朱熹章句 重出。

〔六十四〕

孟子曰：「君子之戹*於陳蔡之閒，無上下之交也。」

廣解 「君子，」指孔子。「戹，」同「厄。」孔子之困戹於陳蔡之間，甚至絕糧，為了在這兩國的君臣，沒有與他交往的也。

朱熹章句 君子，孔子也。戹，與厄同，君臣皆惡，無所與交也。

〔六十五〕

貉*稽曰：「稽大不理於口。」孟子曰：「無傷也。士憎茲多口。詩云：『憂心悄悄，慍于羣小，』孔子也。『肆不殄厥慍，亦不隕厥問，』文王也。」

廣解 「貉，」有二讀，一音陌，為北方人種名；一音鶴，姓也。趙氏以為貉稽姓貉，焦氏引纂文以為貉人名稽。未知孰是。「不理於口」者，趙氏云：「為眾口所訕。理，賴也。」焦氏引國語晉語韋昭注「賴，利也；」謂「不理於口，」即「不利於眾口。」意與趙氏同。孟子答以「無傷」者，言「不理於口，」是無妨的。趙氏以「益多口」釋「憎茲多口，」朱注因謂「憎」為「增」字傳寫之誤。按趙氏之意謂為士者益為此眾口所訕，蓋以「憎」為「增」之通借字耳。翟灝考異則謂「理」字兼條分修治之義，「不理於口」者，稽自痛其言之無文。孟子答以「士憎茲多口」者，謂徒理於口，亦為士君子所憎惡；多口者，即論語所謂「禦人以口給」也。惟能以文王孔子之道理其身心，即有憎其不理於口者，亦僅群小

朱熹章句 貉，音陌。

趙氏曰：「貉姓，稽名，為眾口所訕。」理，賴也。今按漢書無俚，方言亦訓賴。趙氏曰：「為士者，益多為眾口所訕。」按此則憎當從土，今本皆從心，蓋傳寫之誤。

詩邶風柏舟，及大雅緜之篇也。悄悄，憂貌。慍，怒也。本言衛之仁人見怒於群小。孟子以為孔子之事，可以當之。肆，發語辭。隕，墜也。問，聲問也。本言太王事昆夷，雖不能殄絕其慍怒，亦不自墜其聲問之美。孟子以為文王之事，可以當之。

尹氏曰：「言人顧自處如何，盡其在我者而已。」

而已，已之聲聞，無隕越也。求理於口，徒茲多口，反為有道之士所不取耳。翟氏之說與趙氏異，且讀「茲」為「滋」。」但按之下引詩語，孟子之意，蓋謂文王 孔子亦不免為群小所慍，則多口之訕，聖人且不免，故曰「無傷。」翟氏之意，似不如趙 注為長。「憂心悄悄，慍于群小，」是詩經邶風 柏舟篇的兩句詩。悄悄，憂貌。慍者，怨恨也。群小，一班小人也。此言為群小所慍也。詩本非為孔子而作，孟子引以況孔子耳。「肆不殄厥慍，亦不殞厥問，」是詩經 大雅緜篇的句子。肆，是發語詞，無義。殄，絕也。隕，失墜的意思。「問，」同「聞，」聲聞也。此詩是詠文王，言雖不能殄絕小人的怨恨，然而也不至於喪失文王的令聞也。

〔六十六〕

孟子曰：「賢者以其昭昭，使人昭昭。今以其昏昏，使人昭昭。」

朱熹章句 昭昭，明也。昏昏，闇也。尹氏曰：「大學之道，在自昭明德，而施於天下國家，其有不順者寡矣。」

廣解 昭昭，明也。昏，暗也。賢者，先自明其明德，然後以先知覺後知，以先覺覺後覺，教人也明白。今日在位的人，自己已是昏昏，不明義理，只知貪自私，卻要教人明白義理，奉公守法，豈可得乎？

〔六十七〕

孟子謂高子曰：「山徑之蹊間，介*然用之而成路。爲間*不用，則茅塞之矣。今茅塞子之心矣。」

廣解《 朱注謂「徑」是小路；「蹊」是人行處；「介然」是倏然之頃；「用，」由也；「路，」大路也；「為間，」少頃也。朱子之意，山上小路人所行處，倏然之間有人走它，便成為一條大路；少頃沒有人走了，便又有茅草生長，塞住了。按禮記月令，「孟冬塞徯徑。」鄭玄注：「徯徑，鳥獸之道也。」「徯，」淮南子及呂氏春秋作「蹊。」周易鄭玄注亦云：「徑路為山間鹿兔之蹊。」則「山徑之蹊間，」謂山中獸蹄所經，非人行之處也。漢書歷律志云：「介然有常。」「介然用之而成路」者，言人專由此路，常常走它，則獸之所經，可以成行人之路也。方言云：「用，行也。」用之，即行之，言走此處也；不用，即不行，言不走此路也。此以山徑之蹊間，常走則成路，不走則茅塞，喻為學不可中斷。若一暴十寒，則亦茅塞其心矣。「為間」之間，去聲。

朱熹章句 介，音戛。徑，小路也。蹊，人行處也。介然，倏然之頃也。用，由也。路，大路也。為間，少頃也。茅塞，茅草生而塞之也。言理義之心，不可少有閒斷也。

〔六十八〕

高子曰：「禹之聲，尚文王之聲。」孟子曰：「何以言之？」曰：「以追*蠡*。」曰：「是奚足哉？城門之軌，兩馬之力與*？」

廣解《 尚，加也，過也。高子言禹之樂聲，過於文王的樂聲。追，音堆，鐘紐也。蠡，音禮，蟲齧過的樣子。高子以為禹所用的鐘，它的紐好像蟲齧過的樣子，就要斷絕，可見它用得多。文王的鐘紐，還沒有這種將斷絕的形狀，可見它不大為人所用，以此為禹之，勝於文王之聲的證據。「是奚足哉，」孟子言這不足以為證據也。軌，車輪所經之迹。城門下面，不得並行，故車輪拉過的凹痕更顯。這不是一車兩馬拉之力所能致，車子過得多，日子長了，所以如此。言禹王的鐘紐將要斷絕，也是歷年長久的緣故。文王在禹之後千餘年，所以他的鐘紐，還不見將斷的形狀，這並不是禹之聲勝過文王之聲的證據也。「與」同「歟。」

朱熹章句 尚，加尚也。豐氏曰：「言禹之樂，過於文王之樂。」追，音堆。蠡，音禮。豐氏曰：「追，鐘紐也。周禮所謂旋蟲是也。蠡者，齧木蟲也。言禹時鐘在者，鐘紐如蟲齧而欲絕，蓋用之者多，而文王之鐘不然，是以知禹之樂過於文王之樂也。」與，平聲。豐氏曰：「奚足，言此何足以知之也。軌，車轍跡也。兩馬，一車所駕也。城中之塗容九軌，車可散行，故其轍跡淺；城門惟容一車，車皆由之，故其轍跡深。蓋日久車多所致，非一車兩馬之力，能使之然也。言禹在文王前千餘年，故鐘久而紐絕；文王之鐘，則未久而紐全，不可以此而議優劣也。」此章文義本不可曉，舊說相承如此，而豐氏差明白，故今存之，亦未知其是否也。

〔六十九〕

齊饑。陳臻曰：「國人皆以夫子將復*爲發棠，殆不可復。*」孟子曰：「是爲馮婦也。晉人有馮婦者，善搏虎，卒爲善士。則之野，有衆逐虎，虎負嵎，莫之敢攖，望見馮婦，趨而迎之。馮婦攘臂下車，衆皆悅之，其爲士者笑之。」

廣解《 棠，齊邑名。發棠者。以齊國饑荒，孟子曾請齊王發棠邑之倉，出穀米以賑濟人民。這回齊國又饑荒了，所以陳臻來告訴孟子，國中的人，都以為孟子又將去請齊王發棠邑的穀米

朱熹章句 復，扶又反。先時齊國嘗饑，孟子勸王發棠邑之倉，以振貧窮。至此又饑，陳臻問言齊人望孟子復勸王發棠，而又自言恐其不可也。

了。「殆不可復」者，陳臻自己猜想的話，言怕不可再請齊王發棠也。孟子就借一個故事，表明自己的意思。馮婦，馮姓婦名，是一個勇士。搏虎，空手打虎也。後來改從善行，終成了善士。之，往也。馮婦偶然到野外去也。嵎，山曲。負嵎者，在山曲處蹲著，背山向人，眈眈而視，張著嘴以待逐牠的人也。，觸犯也。逐虎的人見虎如此，沒有人敢上前去觸犯牠。望見馮婦來了，大家跑過去迎接他。馮婦見獵心喜，好勇的故態復萌，所以揎袖伸臂，跳下車來。逐虎的眾人見了，都很高興；為士者則以馮婦既改行為善，忽又下車搏虎，故笑之也。孟子說這個故事，是表明自己不為馮婦，就是不復為發棠之意。蓋發倉賑饑，本非齊王所願，前次發棠之請，齊王原是勉強聽從；此時已將去齊，若再請發棠，必如馮婦，為有識者所笑也。

手執曰搏。卒為善士，後能改行為善也。之，適也。負，依也。山曲曰嵎。攖，觸也。笑之，笑其不知止也。疑此時齊王已不能用孟子，而孟子亦將去矣，故其言如此。

〔七十〕

孟子曰：「口之於味也，目之於色也，耳之於聲也，鼻之於臭也，四肢之於安佚也，性也。有命焉，君子不謂性也。仁之於父子也，義之於君臣也，禮之於賓主也，智之於賢者也，聖人之於天道也，命也。有性焉，君子不謂命也。」

廣解《 味，謂美味；色，謂美色；聲，謂美妙的聲音；臭，香氣也，即易「其臭如蘭」之臭；四體即四肢。口之於美味，目之於美色，耳之於妙音，鼻之於香氣，四肢之於安逸，是人人喜歡的，

朱熹章句 程子曰：「五者之欲，性也。然有分，不能皆如其願，則是命也。不可謂我性之所有，而求必得之也。」愚按：不能皆如其願，不止為貧賤。蓋

這是人的本來性質，故曰「性也。」但這五項雖為人人所喜歡，能否如願，卻有命在，君子不說它是天性而求必得之也。父子應行其「仁，」君臣應行其「義，」賓主應行其「禮，」賢者應行其「智，」聖人應行其「天道，」這原是理之當然。但以舜為子而有瞽瞍之父，以龍逢比干為臣而有桀紂之君，賓主之間未必能行禮，賢者未必能行其智，聖人未必能行其道，此則有命存焉。但仁義禮智天道，原在性分之中；君子不說牠是命，而棄置之也。蓋世人以前五者為性，雖有不得，必欲求之；以後五者為命，一有不至，不復致力。君子則於前五者之不可必得，不謂之性而諉之命，不汲汲以強求；於後者之或有所缺，不諉之命而謂之性，必孜孜而不倦也。

〔七十一〕

浩生不害問曰：「樂正子何人也？」孟子曰：「善人也。信人也。」「何謂善？何謂信？」曰：「可欲之謂善，有諸己之謂信，充實之謂美，充實而有光輝之謂大，大而化之之謂聖，聖而不可知之之謂神。樂正子二之中，四之下也。」

廣解》 浩生是姓，不害是名，齊國人。他問孟子樂正子是怎樣的一個人？孟子答以樂正子是善人。又是信人。浩生不害又問何謂善？何謂信？孟子因詳告之。「可欲之謂善」者，言人人

雖富貴之極，亦有品節限制，則是亦有命也。程子曰：「仁義禮智天道，在人則賦於命者，所稟有厚薄清濁，然而性善可學而盡，故不謂之命也。」張子曰：「晏嬰智矣，而不知仲尼。是非命邪？」愚按：所稟者厚而清，則其仁之於父子也至，義之於君臣也盡，禮之於賓主也恭，智之於賢否也哲，聖人之於天道也，無不吻合而純亦不已焉。薄而濁，則反是，是皆所謂命也。或曰「者」當作否，「人」衍字，更詳之。

愚聞之師曰：「此二條者，皆性之所有而命於天者也。然世之人，以前五者為性，雖有不得，而必欲求之；以後五者為命，一有不至，則不復致力，故孟子各就其重處言之，以伸此而抑彼也。張子所謂『養則付命於天，道則責成於己』。其言約而盡矣。」

朱熹章句 趙氏曰：「浩生，姓；不害，名，齊人也。」不害問也。天下之理，其善者必可欲，其惡者必可惡。其為人也，可欲而不可惡，則可謂善人矣。凡所謂善，皆實有之，如惡惡臭，如好好色，是則可

都覺得他可愛而不可惡，這就叫做「善。」「有諸己之謂信」者，言凡是善的，他都實在有的，這就叫做「信。」「充實之謂美」者，言力行他的善，至於充滿而積實，這就叫做「美。」「充實而有光輝之謂大」者，言善既充滿在身，又能發揮而光大之，這就叫做「大。」「大而化之之謂聖」者，言既是大了，又能加以變化，這就叫做「聖。」「聖而不可知之之謂神」者，言聖人的作為，如天地自然之變化，眾人無從測度，這就叫做「神」了。孟子所說，共有六等，樂正子的為人，恰在「善」與「信」二者之中，而「美、」「大、」「聖、」「神」四者之下。

謂信人矣。張子曰：「志仁無惡之謂善，誠善於身之謂信。」力行其善，至於充滿而積實，則美在其中而無待於外矣。和順積中，而英華發外；美在其中，而暢於四支，發於事業，則德業至盛而不可加矣。大而能化，使其大者泯然無復可見之跡，則不思不勉、從容中道，而非人力之所能為矣。張子曰：「大可為也，化不可為也，在熟之而已矣。」

程子曰：「聖不可知，謂聖之至妙，人所不能測。非聖人之上，又有一等神人也。」蓋在善信之間，觀其從於子敖，則其有諸己者或未實也。張子曰：「顏淵、樂正子皆知好仁矣。樂正子志仁無惡而不致於學，所以但為善人信人而已；顏子好學不倦，合仁與智，具體聖人，獨未至聖人之止耳。」程子曰：「士之所難者，在有諸己而已。能有諸己，則居之安，資之深，而美且大可以馴致矣。徒知可欲之善，而若存若亡而已，則能不受變於俗者鮮矣。」尹氏曰：「自可欲之善，至於聖而不可知之神，上下一理。擴充之至於神，則不可得而名矣。」

〔七十二〕

孟子曰：「逃墨必歸於楊，逃楊必歸於儒。歸，斯受之而已矣，今之與楊墨辯者，如追放豚，既入其苙，又從而招之。」

廣解《 墨即墨翟，楊即楊朱。孟子時，墨翟 楊朱與孔 孟的儒家，為三大派。按偽列子 楊朱篇禽滑釐謂楊朱弟子孟孫陽曰：「以子之言問老聃關尹，則子言當矣。」是楊朱亦道家也。戰國時九流十家紛然並起，其卓然有以自立者，儒道墨三家而已。曰逃曰歸者，脫離這一派，去入那一派也。既來歸，就接受他罷

朱熹章句 墨氏務外而不情，楊氏太簡而近實，故其反正之漸，大略如此。歸斯受之者，憫其陷溺之久，而取其悔悟之新也。放豚，放逸之豕豚也。苙，闌也。招，罥也，羈其足也。言彼既來歸，而又追咎其既往之失也。

此章見聖賢之於異端，距之甚嚴，而於其來歸，待之

了。放豚者，逃出豬欄外的豬也。苙，即豬欄。招音翹，也，羈其足也。趙朱二注均謂孟子主張「歸斯受之，」故以追放豚者，豚既歸而入苙，又其足，喻今之與楊墨辯者，既歸而又追咎其既往，未免過甚。按孟子於楊墨，辯斥最力。今之與楊墨辯者，孟子自謂也。言我今之與楊墨者，如追放豚然，「既入其苙，」正以放豚為喻，謂入楊墨之苙而不知來歸者；我之所以不憚辭費，與之辯者，欲從而招之，使棄楊墨而來歸耳。此章所說，蓋分二層：其自脫而來歸者，斯受之；其迷而未反，入楊墨之苙者，則以辯說破其迷執而招之也。

甚恕。距之嚴，故人知彼說之為邪；待之恕，故人知此道之可反，仁之至，義之盡也。

〔七十三〕

孟子曰：「有布縷之征，粟米之征，力役之征。君子用其一，緩其二。用其二而民有殍，用其三而父子離。」

廣解《 征就是收稅。古時向人民收稅，有上述三種。布縷者，所織的布，與所紡的絲縷也。粟米者，人民的糧食也。力役者，國家有什麼工程建築。把人民招來，叫他們做工也。君子治國，只用一項而緩用其他的二項。如三項之中，用了二項，則人民就要成為餓殍。三項都一齊用起來，則必至人民父子離散，不能安居，而亂事起矣。

朱熹章句 征賦之法，歲有常數，然布縷取之於夏，粟米取之於秋，力役取之於冬，當各以其時；若並取之，則民力有所不堪矣。今兩稅三限之法，亦此意也。尹氏曰：「言民為邦本，取之無度，則其國危矣。」

〔七十四〕

孟子曰：「諸侯之寶三：土地，人民，政事。寶珠玉者，殃必及身。」

廣解《 殃，即禍患也。言諸侯所寶貴的，是土地，人民，政事，三項。若寶貴珠玉，禍患必及到他的身上也。

朱熹章句 尹氏曰：「言寶得其寶者安，寶失其寶者危。」

〔七十五〕

盆成括仕於齊。孟子曰：「死矣，盆成括！」盆成括見殺。門人問曰：「夫子何以知其將見殺？」曰：「其爲人也，小有才，未聞君子之大道也，則足以殺其軀而已矣。」

廣解《 盆成是姓，括是名。「死矣，盆成括」是倒裝句，猶云「盆成括將死矣。」後來盆成括果然被殺。孟子的門人問孟子道：「夫子怎麼會知道他將要被殺的呢？」孟子道：「他的做人，有些小小的才能，卻還沒有聽見君子做人的大道理，這就足以招殺身之禍了。」即此可見自負才智，不知大道，胡作妄為，是取禍之道。

朱熹章句 盆成，姓；括，名也。恃才妄作，所以取禍。徐氏曰：「君子道其常而已。括有死之道焉，設使幸而獲免，孟子之言猶信也。」

〔七十六〕

孟子之滕，館於上宮。有業屨*於牖上，館人求之弗得。或問之曰：「若是乎，從者之廋*也？」曰：「子以是爲竊*屨來與*？」曰：「殆非也。」「夫子（予）之設科也，往者不追，來者不拒。苟以是心至，斯受之而已矣。」屨，音句。廋，音廋。與，作歟。

廣解≪ 趙氏云：「上宮，樓也。」朱子以為是滕君的別宮。按上宮猶云上舍，謂上等的館舍耳。屨，麻鞋也。業屨者，正織著尚未完成的麻鞋也。牖，窗也。「有業屨於牖上，館人求之弗得」者，言有人把未完工的麻鞋，放在窗上，忽而不見，館裏的人，尋找弗得也。「廋，」同「叟，」藏匿也。或人疑為孟子之從者所藏匿，故問之也。「若是乎，」疑而未決之辭。「與，」同「歟。」孟子道：「你以為我的學生是專為偷麻鞋來的嗎？」那人道：「這總是不至於的。」設科者，設教科，授弟子也。是心，謂求學之心。「夫子之設科也，往者不追，來者不拒，苟以是心至，斯受之而已矣，」這一段話，趙注以為是孟子自己說的；朱注以為仍是或人說的。如是孟子自己說的話，不當自稱「夫子。」如是或人說的話，則仍含有譏刺孟子之意，孟子前既以「子以是為竊屨來歟」反詰之，何以或人再加譏刺，反默爾而息？按阮元孟子校勘記，宋、岳、廖、孔、韓諸本，「子」字均作「予。」趙注云：「夫我設教授之科，」則趙本「子」亦作「予」可知。「予」上之「夫，」當音扶。「往者不追，」即論語孔子所謂「不保其往」之意。

朱熹章句 館，舍也。上宮，別宮名。業屨，織之有次業而未成者，蓋館人所作，置之牖上而失之也。從、為，並去聲。與，平聲。夫子，如字，舊讀為扶余者非。

或問之者，問於孟子也。廋，匿也。言子之從者，乃匿人之物如此乎？孟子答之，而或人自悟其失，因言此從者固不為竊屨而來，但夫子設置科條以待學者，苟以向道之心而來，則受之耳，雖夫子亦不能保其往也。門人取其言，有合於聖賢之指，故記之。

孟子曰：「人皆有所不忍，達之於其所忍，仁也。人皆有所不為，達之於其所為，義也。人能充無欲害人之心，而仁不可勝*用也。人能充無穿窬之心，而義不可勝*用也。人能充無受爾汝之實，無所往而不為義也。士未可以言而言，是以言餂*之也；可以言而不言，是以不言餂之也，是皆穿窬之類也。」

廣解

人皆有所不忍，有所不為者，因惻隱之心，羞惡之心，人皆有之也。不願害人，即是有所不忍；不願穿窬，即是有所不為。達者，推此心以通之彼也。其有所忍，有所為者，未能達此不忍不為之心而已。充，是擴大的意思。勝，平聲。不可勝用，言仁義之心積而廣大，用之不盡也。窬竇也。穿窬，掘牆洞，做偷兒也。「窬，」一作「踰；」則穿謂掘洞，踰謂跳牆矣。「爾」「汝，」為人輕賤之稱。古時對人稱「子，」稱「夫子；」稱「爾」「汝，」則輕賤之，非人所願受。實，實情也。言人如能擴充不願害人之心，即是「仁；」如能充不願穿窬之心，不願受人輕賤之情，即是「義」也。「餂，」音忝，餂，即以舌頭舐物，試試味道而後吃也；有試探的意思。尚未可以說話時而說話，是要想用言語去試探別人；到了可以說話的時候，而不說話，是要想以不言去試探別人。這種行為，都是穿窬偷竊的一類。能充無穿窬之心者，決不肯做這類事情。

朱熹章句

惻隱羞惡之心，人皆有之，故莫不有所不忍不為，此仁義之端也。然以氣質之偏、物慾之蔽，則於他事或有不能者。但推所能，達之於所不能，則無非仁義矣。

勝，平聲。

充，滿也。穿，穿穴；窬，踰牆，皆為盜之事也。能推所不忍，以達於所忍，則能滿其無慾害人之心，而無不仁矣；能推其所不為，以達於所為，則能滿其無穿窬之心，而無不義矣。

此申說上文充無穿窬之心之意也。蓋爾汝人所輕賤之稱，人雖或有所貪昧隱忍而甘受之者，然其中心必有慚忿而不肯受之之實。人能即此而推之，使其充滿無所虧缺，則無適而非義矣。

餂，音忝。

餂，探取之也。今人以舌取物曰餂，即此意也。便佞隱默，皆有意探取於人，是亦穿窬之類。然其事隱微，人所易忽，故特舉以見例。明必推無穿窬之心，以達於此而悉去之，然後為能充其無穿窬之心也。

〔七十八〕

孟子曰：「言近而指遠者，善言也。守約而施*博者，善道也。君子之言也，不下帶而道存焉。君子之守，修其身而天下平。人病舍其田而芸*人之田，所求於人者重，而所以自任者輕。」

朱熹章句 施，去聲。古人視不下於帶，則帶之上，乃目前常見至近之處也。舉目前之近事，而至理存焉，所以為言近而指遠也。此所謂守約而施博也。舍，音捨。此言不守約而務博施之病。

廣解 言近指遠者，所說的話雖極淺近，而所含的義指，極其遠大，這是極好極有用的話，故曰「善言。」「守約而施博」者，言對於事事物物，所守的是最簡約的原則，而其應用卻處處可通，這是最好最有用的道理，故曰「善道。」帶，腰帶。古人視不下帶，謂只視帶之上，注意目前常見之事物而已。「君子之言也，不下帶而道存焉」者，是說君子所說的話，都是常見之近事，而大道卻存乎其間，即上文所謂「言近指遠」之善言也。「君子之守，修其身而天下平」者，言君子所守之道，以修身為本，而治國平天下，皆在乎此，即上文所謂「守約施博」之善道也。「舍，」同「捨。」「芸，」同「耘。」言人之所患，在捨己之田而耘人之田；在所求於他人者重，而所以自引為責任者輕；此即不知自修其身者也。

〔七十九〕

孟子曰：「堯舜，性者也。湯武，反之也。動容周旋中*禮者，盛德之至也。哭死而哀，非為*生者也。經德不回，非以干祿也。言語必信，非以正行*也，君子行法以俟命而已矣。」

廣解《 堯舜所行的善事仁政，都是從本心裏自然流出的，故曰：「堯舜，性者也。」湯武修身求學，回反到本性上去，故曰：「反之也。」「中，」去聲。「動容周旋中禮者，」謂一切動作儀容，以及來往應對，種種細微曲折，無不合於禮節。這是君子的盛德，好到極處了，故曰：「盛德之至也。」「為，」去聲。「哭死而哀，非為生者也」者，言哭死人而很悲哀，全是對於死者而感發，不是為了活的人哭給他看也。經，常也。回曲也。「經德不回，非以干祿也」者，言守著常德，不肯邪曲，並非為了求官做也。「言語必信，非以正行也」者，言所說的話，必須信實，不是用以表示自己的品行端正也。法者，天理之當然者也。言君子做人，只要行天理當然之事，以俟正命而已，並非有所為而為也。為生者而哭死，為干祿而經德，為正行而信言，則或以納交，或以求官，或以釣名，是為假飾，不由本；性，便非盛德，有所干求，即存徼幸，便非俟命矣。

〔八十〕

朱熹章句 性者，得全於天，無所汙壞，不假修為，聖之至也。反之者，修為以復其性，而至於聖人也。程子曰：「性之反之，古未有此語，蓋自孟子發之。」呂氏曰：「無意而安行，性者也，有意利行，而至於無意，復性者也。堯舜不失其性，湯武善反其性，及其成功則一也。」中、為、行，並去聲。細微曲折，無不中禮，乃其盛德之至。自然而中，而非有意於中也。經，常也。回，曲也。三者亦皆自然而然，非有意而為之也，皆聖人之事，性之之德也。法者，天理之當然者也。君子行之，而吉兇禍福有所不計，蓋雖未至於自然，而已非有所為而為矣。此反之之事，董子所謂「正其義不謀其利，明其道不計其功」，正此意也。程子曰：「動容周旋中禮者，盛德之至。行法以俟命者，『朝聞道夕死可矣』之意也。」呂氏曰：「法由此立，命由此出，聖人也；行法以俟命，君子也。聖人性之，君子所以復其性也。」

孟子曰：「說*大人則藐*之，勿視其巍巍然。堂高數仞，榱*題數尺，我得志弗爲也。食前方丈，侍妾數百人，我得志弗爲也。般*樂*飲酒，驅騁田獵，後車千乘*，我得志弗爲也。在彼者，皆我所不爲也；在我者，皆古之制也。吾何畏彼哉！」藐，音妙。榱，音衰。般，音盤。樂，音洛。乘，去聲。

廣解《

「說，」音稅。大人，指有權勢富貴之人。藐之者，看輕他也。巍巍者，權大勢大之貌。言去說有權勢富貴的人，要存一個看輕他的心，勿要注意他的巍巍然的勢派也。八尺為一仞。榱者，簷下椽子也。題者，頭也。幾丈高的堂，簷下數尺長的椽子頭，是大人所住的華屋，我就是得志了，也不屑這樣講究的。「食前方丈」者，言吃食的案桌，排列碗碟甚多，佔有一方丈的地方也。「侍妾數百人，」言侍奉的姬妾之多。般，音盤。「般樂飲酒」者，任性的狂歡唱酒也。「驅騁田獵」者，騎著馬奔來奔去打獵也。「後車千乘」者，言隨從的僕役眾也。我就是得志了，也不屑這樣縱樂的。所以在他的種種，都是我所不為；在我的種種，都是合於古先聖王的法度的。這樣兩方面一比較，則我何必怕他呢！所以能「藐之」也。一般人和所謂大人說話，先存一怕懼他的心理，豔羨他的心理，於是諂媚奉承無所不至；而所謂大人者，因此更看人不起了。故必如孟子所言，方能不失自己的身分。以此章與韓非說難一比，真有天淵之別了。

朱熹章句

說，音稅。藐，音眇。

趙氏曰：「大人，當時尊貴者也。藐，輕之也。巍巍，富貴高顯之貌。藐焉而不畏之，則志意舒展，言語得盡也。」

榱，楚危反。般，音盤。樂，音洛。乘，去聲。

榱，桷也。題，頭也。食前方丈，饌食列於前者，方一丈也。此皆其所謂巍巍然者，我雖得志，有所不為，而所守者皆古聖賢之法，則彼之巍巍者，何足道哉！

楊氏曰：「孟子此章，以己之長，方人之短，猶有此等氣象，在孔子則無此矣。」

〔八十一〕

孟子曰：「養心莫善於寡欲*。其爲人也寡欲*，雖有不存焉者寡矣。其爲人也多欲*，雖有存焉者寡矣。」

廣解《

「欲，」通「慾。」嗜慾也。要把養心，最好是減少嗜慾。「存」「不存，」指「心。」前篇云，「操則存，舍則亡，」「亡」即「不存」也。心放，故不存。嗜慾多，則心為外物所誘，放而不存。嗜慾寡，則外物不能誘之，故心存而不放也。

朱熹章句

欲，如口鼻耳目四支之欲，雖人之所不能無，然多而不節，未有不失其本心者，學者所當深戒也。程子曰：「所欲不必沈溺，只有所向便是欲。」

〔八十二〕

曾皙嗜羊棗，而曾子不忍食羊棗。公孫丑問曰：「膾*炙與羊棗孰美？」孟子曰：「膾*炙哉！」公孫丑曰：「然則曾子何爲食膾*炙而不食羊棗？」曰：「膾*炙所同也，羊棗所獨也。諱名不諱姓；姓所同也，名所獨也。」

廣解《

羊棗，形圓色黑的小棗，又叫羊矢棗。曾皙喜歡吃羊棗，後來曾皙死了，曾子不忍再吃羊棗，因為看見羊棗，就想到已死的父親也。肉細切曰膾，烹炒曰炙。公孫丑問：「膾炙比羊棗，那一種的味道好？」孟子道：「自然是膾炙咯！」公孫丑之意，以為膾炙既然味道比羊棗好，曾皙一定也喜歡吃的，那末曾子為什麼吃膾炙，不吃羊棗呢？孟子答道：「喜歡吃膾炙是

朱熹章句

羊棗，實小黑而圓，又謂之羊矢棗。曾子以父嗜之，父歿之後，食必思親，故不忍食也。肉聶而切之為膾。炙，炙肉也。

人人所同的。喜歡吃羊棗是曾皙一人的口味。曾子因為羊棗是曾皙獨自喜歡吃的東西，所以看見羊棗，就要想起父親，因此不忍吃也。譬如避親的諱；姓是大家所同的，所以不必諱；至於名，只有一個人獨有，所以要諱也。」

〔八十三〕

萬章問曰：「孔子在陳曰：『盍歸乎來！吾黨之士狂簡，進取。』不忘其初。孔子在陳，何思魯之狂士？」孟子曰：「孔子不得中道而與之，必也狂獧*乎！狂者進取，獧*者有所不爲也。孔子豈不欲中道哉？不可必得，故思其次也。」

廣解《 朱注云：「盍，何不也。狂簡，謂志大而略於事。進取，謂求望高遠。不忘其初，謂不能改其舊也。」趙注云：「不忘其初，孔子思故舊也。」按此事亦見論語公冶長篇，所記孔子之言，與此略異。孔子在陳而思其鄉黨及門之士，即是不忘故舊。儀禮覲禮注云：「初，猶故也。」是「初」字有故舊之義。「盍歸乎來……進取，」為孔子之言；「不忘其初，則述孔子之言者之辭。趙說較朱為長。下「孔子在陳」二句，則為萬章問孟子之言。孟子答語，亦見論語子路篇。「中道」作「中行，」「獧，」作「狷，」義並同。國語晉語：「小心狷介。」韋昭注云：「狷者守分，有所不為也。」蓋狂者過，狷者不及，中道則中庸也。

朱熹章句 盍，何不也。狂簡，謂志大而略於事。進取，謂求望高遠。不忘其初，謂不能改其舊也。此語與論語小異。獧，音絹。不得中道，至有所不為，據論語亦孔子之言。然則孔子字下當有曰字。論語道作行，獧作狷。有所不為者，知恥自好，不為不善之人也。孔子豈不欲中道以下，孟子言也。

「敢問何如斯可謂狂矣？」曰：「如琴張、曾晳、牧皮者，孔子之所謂狂矣。」「何以謂之狂也？」曰：「其志嘐嘐然。（「何以是嘐嘐也？」「言不顧行，行不顧言。則曰：）曰古之人，古之人。』夷考其行而不掩焉者也。狂者又不可得，欲得不屑不潔之士而與之，是獧也；是又其次也。孔子曰：『過我門而不入我室，我不憾焉者，其惟鄉原乎！鄉原德之賊也。』」

廣解

「敢問何如斯可謂狂矣？」萬章問；「曰」字以下，孟子答。琴張，趙氏以為即顓孫師字子張者。朱子以為即琴牢，字子張。（即論語子罕罕曰：「子云：『吾不試，故藝』」之「牢。」見論語注。）按莊子大宗師言予琴張與子桑戶孟子反友，子桑戶死，二人編曲鼓琴，相和而歌。檀弓亦記季武子死，曾晳倚其門而歌。論語先進記曾晳言志，與子路、冉有、公西華異。牧皮，未詳。「何以謂之狂也。」萬章又問：「曰：『其志嘐嘐然。』」孟子又答。「嘐，」音火交反。嘐嘐，志大言大也。此句下，舊逕接「曰古之人，古之人。……」俞樾謂有錯簡。下節「何以是嘐嘐也……則曰古之人古之人」二十二字，當在此處「其志嘐嘐然」句之下。此處「曰古之人古之人」七字，乃脫爛之未盡者。「何以是嘐嘐也？」萬章又問也。「言不顧行……」以下，孟子又答也。見古書疑義舉例。今從俞說校正。蓋狂者志大言大，言不顧行，行不顧言，「曰古之人古之人，」好評論古人也。但平時考察其行，不能掩覆其言者也。行不能掩其言，故曰「言不顧行，行不顧言；」其

朱熹章句

琴張，名牢，字子張。子桑戶死，琴張臨其喪而歌。事見莊子。雖未必盡然，要必有近似者。曾晳見前篇。季武子死，曾晳倚其門而歌，事見檀弓。又言誌異乎三子者之撰，事見論語。牧皮，未詳。萬章問。

嘐，火交反。行，去聲。

嘐嘐，志大言大也。重言古之人，見其動輒稱之，不一稱而已也。夷，平也。掩，覆也。言平考其行，則不能覆其言也。

程子曰：「曾晳言志，而夫子與之。蓋與聖人之志同，便是堯舜氣象也，特行有不掩焉耳，此所謂狂也。」

此因上文所引，遂解所以思得獧者之意。狂，有志者也；獧，有守者也。有志者能進於道，有守者不失其身。屑，潔也。鄉原，非有識者。原，與愿同。荀子「原愨」，字皆讀作愿，謂謹愿之人也。故鄉里所謂愿人，謂之鄉原。孔子以其似德而非德，故以為德之賊。過門不入而不恨之，以其不見親就為幸，深惡而痛絕之也。萬章又引孔子之言而問也。

言夸大，故謂之「嘐嘐」也。不屑為汙濁不潔之行者，即是狷。孟子之意，以中道為第一，狂次之，狷又次之。至於鄉愿，則孔子以為德之賊，雖過門不入，亦不憾也。「原，」同「愿。」「鄉原，德之賊也。」孔子語，見論語陽貨篇。

曰：「何如斯可謂之鄉原矣？」曰：（何以是嘐嘐也？言不顧行，行不顧言。則曰：『古之人！古之人！』）「『行何爲踽踽涼涼？生斯世也，爲斯世也，善斯可矣。』*閹然媚於世也者，是鄉原也。」

廣解

「曰：何如斯可謂之鄉原矣？」萬章又問也。「何以是嘐嘐也……古之人」二十二字，錯簡，已依俞樾說，移在上節「其志嘐嘐然」句之下，此處當刪。「曰行何為踽踽涼涼……」以下，孟子又答也。「行，」去聲。「踽，」其禹反。朱注云：「踽踽，獨行不進之貌。涼涼，薄也，不見親厚於人也。」按傳唐風杕杜「獨行踽踽，」毛傳云：「踽踽，無所親也。」說文云：「踽，疏也。」無所親，故疏。涼訓為薄，亦見說文薄者厚之反，亦疏而不親之意。踽踽涼涼，即落落寡合也。「行何為踽踽涼涼……善可斯矣」四句，孟子述鄉原之言。謂吾人之行，生於此世，即為此世之人；世俗以為善則可矣。何為落落與世寡合乎？鄉原之主張如此，故閹然媚世也。爾雅釋天李巡注云：「閹，蔽也。」閹然，是遮遮掩掩的意思。

朱熹章句

行，去聲。踽，其禹反。閹，音奄。

踽踽，獨行不進之貌。涼涼，薄也，不見親厚於人也。鄉原譏狂者曰：何用如此嘐嘐然，行不掩其言，而徒每事必稱古人邪？又譏狷者曰：何必如此踽踽涼涼，無所親厚哉？人既生於此世，則但當為此世之人，使當世之人皆以為善則可矣，此鄉原之志也。閹，如奄人之奄，閉藏之意也。媚，求悅於人也。孟子言此深自閉藏，以求親媚於世，是鄉原之行也。

萬章曰：「一鄉皆稱原人焉，無所往而不為原人，孔子以為德之賊，何哉？」曰：「非之無舉也，刺之無刺也。同乎流俗，合乎汙世。居之似忠信，行之似廉潔。眾皆悅之，自以為是，而不可與入堯舜之道。故曰：『德之賊也。』孔子曰：『惡似而非者：惡莠，恐其亂苗也。惡佞，恐其亂義也。惡利口，恐其亂信也。惡鄭聲，恐其亂樂也。惡紫，恐其亂朱也。惡鄉原，恐其亂德也。』君子反經而已矣！經正則庶民興；庶民興，斯無邪慝矣！」

廣解

「原，」同「愿。」「原人，」猶現在所說的忠厚人。萬章以為如鄉原者，一鄉的人，都稱他是忠厚人，不論到什麼地方，沒有不說他是忠厚人的，獨孔子以為他是「德之賊，」是何意義呢？「曰」字以下，是孟子的答辭。鄉原是偽道學的一流人，遮遮掩掩地欺眾媚世，故說他不是，則沒有可舉的事跡；譏刺他也沒有可譏刺的地方也。流俗者，隨風而靡之俗習，汙世者，汙濁的世界。「居之似忠信」者，實不是忠信而自處似乎忠信；「行之似廉潔」者，實不廉潔而行誼似乎廉潔。因此，一般人都喜歡他；他也自以為是，其實是不可以入堯舜之道的，所以孔子說是德之賊也。孟子解釋了鄉原為德之賊以後，又引孔子的話以證之。惡，去聲，厭恨也。孔子所最厭恨的，為「似是而實非」者；莠與苗，佞與義，利口與信，鄭聲與雅樂，紫與朱，鄉原與德，皆似是而非易相混亂者也。經，常也。真實的，可常行的常

朱熹章句

原，亦謹厚之稱，而孔子以為德之賊，故萬章疑之。呂侍講曰：「言此等之人，欲非之則無可舉，欲刺之則無可刺也。」流俗者，風俗頹靡，如水之下流，眾莫不然也。汙，濁也。非忠信而似忠信，非廉潔而似廉潔。惡，去聲。莠，音有。孟子又引孔子之言以明之。莠，似苗之草也。佞，才智之稱，其言似義而非義也。利口，多言而不實者也。鄭聲，淫樂也。樂，正樂也。紫，閒色。朱，正色也。鄉原不狂不獧，人皆以為善，有似乎中道而實非也，故恐其亂德。

反，復也。經，常也，萬世不易之常道也。興，興起於善也。邪慝，如鄉原之屬是也。世衰道微，大經不正，故人人得為異說以濟其私，而邪慝並起，不可勝正，君子於此，亦復其常道而已。常道既復，則民興於善，而是非明白，無所回互，雖有邪慝，不足以惑之矣。

尹氏曰：「君子取夫狂獧者，蓋以狂者志大而可與進道，獧者有所不為，而可與有為也。所惡於鄉原，而

道，叫做「經。」「反經」者，回復到做人的常道也。中道，合乎經者也；狂與獧，雖不合乎經，而可以反乎者也。反乎經，則經正矣。慝，隱惡也。經正，則庶民皆聞風興起，可以無邪慝，雖然鄉原自不能媚世惑眾也。

〔八十四〕

孟子曰：「由堯舜至於湯，五百有餘歲，若禹皋陶，則見而知之。若湯，則聞而知之。由湯至於文王，五百有餘歲。若伊尹萊朱則見而知之。若文王，則聞而知之。由文王至於孔子，五百有餘歲，若太公望散宜生，則見而知之。若孔子，則聞而知之。由孔子而來，至於今，百有餘歲，去聖人之世，若此其未遠也。近聖人之居，若此其甚也。然而無有乎爾！則亦無有乎爾！」

廣解《 此章所舉人名，前多見過。只萊朱、散宜生二人未見。趙注萊朱為湯賢臣，一云就是仲虺。按仲虺，史記殷本紀作中𤳳。「𤳳，」讀若「壘，」焦氏以為與「萊」字為一音之轉。散宜生為文王賢臣。「今，」孟子之時。從孔子至孟子時，僅百餘歲，則去聖人之世為未遠也。鄒魯隣國，則去聖人之居，又如此其近也。然堯舜湯文，皆以聖人而在天子之位，其道行於天下，為人所共睹，故禹、皋陶、伊尹、萊朱、太公望、散宜生，得見而知之。若

欲痛絕之者，為其似是而非，惑人之深也。絕之之術無他焉，亦曰反經而已矣。」

朱熹章句 趙氏曰：「五百歲而聖人出，天道之常；然亦有遲速，不能正五百年，故言有餘也。」尹氏曰：「知，謂知其道也。」趙氏曰：「萊朱，湯賢臣。」或曰：「即仲虺也，為湯左相。」散，素亶反。散，氏；宜生，名；文王賢臣也。子貢曰：「文武之道，未墜於地，在人。賢者識其大者，不賢者識其小者，莫不有文武之道焉。夫子焉不學？」此所謂聞而知之也。

林氏曰：「孟子言孔子至今時未遠，鄒魯相去又近，

孔子，則有無位，其道不行。即顏淵曾子等高弟，亦僅能聞其講述，不能見其實施。及孔子歿而微言絕，七十子喪而大義乖；至孟子之時，楊墨盛行，異端邪說，風行一時，孔子之道，而不著。不但無見而知之者，且亦將無聞而知之者矣。「然而無有乎爾，」謂無見而知之者也。「則亦無有乎爾，」謂恐聞而知之者亦將無有也。孟子蓋歎孔子之不得行其道，不能見之行事，而徒託之空言；己之生也，幸而去聖人之世未遠，離聖人之居又近，雖未得為孔子之徒，尚得私淑諸人，與乎聞知之列；而道終不行，則此聞而知之者，仍不得施之天下，見之行事也。朱注云云，謂孟子以道統之傳自任，復引程頤之言，以確指所謂「道統」之傳，惟程顥能上接孟子。此後學者，遂謂此章為道統之說之所由起。此則宋儒之言，非孟子之本旨矣。

然而已無有見而知之者矣；則五百餘歲之後，又豈復有聞而知之者乎？」愚按：此言，雖若不敢自謂已得其傳，而憂後世遂失其傳，然乃所以自見其有不得辭者，而又以見夫天理民彝不可泯滅，百世之下，必將有神會而心得之者耳。故於篇終，歷序群聖之統，而終之以此，所以明其傳之有在，而又以俟後聖於無窮也，其指深哉！

有宋元豐八年，河南程顥伯淳卒。潞公文彥博題其墓曰：「明道先生。」而其弟頤正叔序之曰：「周公歿，聖人之道不行；孟軻死，聖人之學不傳。道不行，百世無善治；學不傳，千載無真儒。無善治，士猶得以明夫善治之道，以淑諸人，以傳諸後；無真儒，則天下貿貿焉莫知所之，人慾肆而天理滅矣。先生生乎千四百年之後，得不傳之學於遺經，以興起斯文為己任。辨異端，辟邪說，使聖人之道渙然復明於世。蓋自孟子之後，一人而已。然學者於道不知所向，則孰知斯人之為功？不知所至，則孰知斯名之稱情也哉？」

大學、中庸分類索引

論語分類索引

卷一　孔子的言論

關於修養的

關於處世的

關於教學的

關於詩及禮樂的

關於政治的

問於批評人事的

卷二　孔子的人格

孔子的事蹟

（章名）/（篇名）/（卷數）/（頁數）

孔子的生活態度

弟子時人對於孔子的評論

卷三　孔子的弟子

孔子對於弟子的批評

（章名）/（篇名）/（卷數）/（頁數）

孔子弟子的言行

附錄　論語所見雜事

（章名）/（篇名）/（卷數）/（頁數）

孟子分類索引

卷一　心性的研討

(章名) / (篇名) / (卷數) / (頁數)

卷二　修養的方法

(章名) / (篇名) / (卷數) / (頁數)

卷三　處世的態度

（章名）/（篇名）/（卷數）/（頁數）

卷四　政治的主張

卷五　人事之批評

國家圖書館出版品預行編目資料

新刊廣解四書讀本／蔣伯潛廣解、朱熹集註 —初版—
臺北市：商周出版；家庭傳媒城邦分公司發行；2016.08
面：公分. --（中文可以更好：37）

ISBN 978-986-477-086-1（精裝）

1. 四書 2.注釋

121.212 100006001

中文可以更好 37

新刊廣解四書讀本

編　　著／蔣伯潛廣解、朱熹集註
責任編輯／謝函芳、洪偉傑、陳名珉

版　　權／翁靜如
行銷業務／李衍逸、黃崇華
總 編 輯／楊如玉
總 經 理／彭之琬
事業群總經理／黃淑貞

發 行 人／何飛鵬
法律顧問／元禾法律事務所　王子文律師
出　　版／商周出版
台北市104民生東路二段141號9樓
電話：(02)2500-7008 傳真：(02)2500-7759
E-mail：bwp.service@cite.com.tw
發　　行／英屬蓋曼群島商家庭傳媒股份有限公司 城邦分公司
台北市中山區民生東路二段141號2樓
書虫客服服務專線：(02)2500-7718 傳真：(02)2500-7719
服務時間：週一至週五上午09:30-12:00；下午13:30-17:00
24 小時傳真專線：(02)2500-1990；(02)2500-1991
劃撥帳號：19863813；戶名：書虫股份有限公司
讀者服務信箱：service@readingclub.com.tw
城邦讀書花園：www.cite.com.tw
香港發行所／城邦（香港）出版集團有限公司
香港灣仔駱克道193號號東超商業中心1樓
E-mail：hkcite@biznetvigator.com
電話：(852) 2508-6231　傳真：(852) 2578-9337
馬新發行所／城邦(馬新)出版集團【Cite (M) Sdn. Bhd. (458372U)】
41, Jalan Radin Anum, Bandar Baru Sri Petaling
57000 Kuala Lumpur, Malaysia
電話：(603) 9056-3833　傳真：(603) 9056-2833

封面設計／徐璽工作室
排　　版／唯翔電腦排版工作室
印　　刷／韋懋實業股份有限公司
經 銷 商／聯合發行股份有限公司
電話：(02) 2917-8022　傳真：(02) 2911-0053
地址：新北市231新店區寶橋路235巷6弄6號2樓

■2016年8月4日初版1刷
■2021年11月5日初版2.8刷
ISBN 978-986-477-086-1

城邦讀書花園
www.cite.com.tw

定價／650元

商周出版

廣　告　回　函
北區郵政管理登記證
北臺字第10158號
郵資已付，免貼郵票

104　台北市民生東路二段141號2樓

英屬蓋曼群島商家庭傳媒股份有限公司城邦分公司　收

請沿虛線對摺，謝謝！

商周出版

書號：BK6037C　　書名：新刊廣解四書讀本

請於此處用膠水黏貼

商周出版

讀者回函卡

謝謝您購買我們出版的書籍！請費心填寫此回函卡，我們將不定期寄上城邦集團最新的出版訊息。

姓名：

性別：□男 □女

生日：西元＿＿＿＿年＿＿＿＿月＿＿＿＿日

地址：

聯絡電話：＿＿＿＿ 傳真：

E-mail：

職業：□1.學生 □2.軍公教 □3.服務 □4.金融 □5.製造 □6.資訊
□7.傳播 □8.自由業 □9.農漁牧 □10.家管 □11.退休
□12.其他

您從何種方式得知本書消息?
□1.書店□2.網路□3.報紙□4.雜誌□5.廣播 □6.電視 □7.親友推薦
□8.其他

您通常以何種方式購書?
□1.書店□2.網路□3.傳真訂購□4.郵局劃撥 □5.其他

您喜歡閱讀哪些類別的書籍?
□1.財經商業□2.自然科學 □3.歷史□4.法律□5.文學□6.休閒旅遊
□7.小說□8.人物傳記□9.生活、勵志□10.其他

對我們的建議：

請於此處用膠水黏貼